인강드림 공인중개사
실전모의고사

2차 중개사법령 및 실무 / 부동산공법
부동산공시법 / 부동산세법

인강드림 공인중개사 교수진 편저

출재가능성 높은 모의고사 8회분 + 이해하기 쉬운 상세한 설명 + 실전 시험처럼 OMR카드 포함

인강드림

[인강드림 공인중개사 실전모의고사]

특별한 이유!

01

합격을 위한 최적의 난이도!

너무 어렵거나 너무 쉬운 문제를 풀면서 시간을 낭비하지 마세요. 실제 시험 난이도를 반영해 상 중 하 문제를 적절히 배치하여 구성하였습니다.

02

시험 출제유형 완벽히 반영한 교재

최근 기출문제 유형을 분석하여 34회 시험에 출제 가능성이 높은 문제 유형과 지문을 배치한 시험 전 필수 모의고사 입니다.

03

틀리는 문제를 집중적으로 보완

본 교재를 통해 자주 틀리는 문제 유형과 출제 포인트를 파악하여 집중적으로 보완할 수 있도록 구성하였습니다.

04

교재 구매시 강의 무료수강

본 교재를 구매하시면 전과목 교수진의 모의고사 해설 강의를 무료로 수강하실 수 있습니다.

★ 교재를 서점에서 구매하신경우 인강드림에 무료강의 신청해 주세요.

머리말 | preface

제34회 공인중개사 시험만을 바라보고 쉬지 않고 달려오신 수험생 여러분!

뜨거운 여름 날씨와 대내외적인 경기 불황으로 인해, 정신적으로나 육체적으로 지치기 쉬운 시간을 보내고 있습니다. 이중고에 시달리다 보면, 의지도 약해지기 마련이어서 꾸준히 공부해온 리듬이 깨질 수도 있습니다.
긴 시간이 아니더라도, 잠시나마 시간을 할애하여 몸과 마음의 여유를 갖고 다가오는 시험에 대비해야 하겠습니다.

이제는 기본이론 학습을 모두 끝내고, 문제풀이 연습을 하거나 핵심요약으로 복습을 하며 그간 학습한 내용의 내실을 다져가는 시기입니다. 이러한 시기에 이르러 학습의 중간 점검, 더 나아가 시험의 실전연습을 위한 교재를 출간하게 되었습니다. OMR 카드에 직접 마킹하며, 실제 시험시간에 맞춰 실전연습을 해보시기 바랍니다.

제34회 공인중개사 시험 합격을 위한 "인강드림 공인중개사 실전모의고사"의 특징은 다음과 같습니다.

최신 출제경향을 분석하여 기출유형에 맞춰 구성

최신 출제경향을 분석하여 단원별 출제비중, 소분류 출제 빈도율, 시험의 난이도 등을 종합적으로 고려한 맞춤형 실전 모의고사입니다. 사례형 문제, 박스형 문제 등 최근의 출제유형에 맞춰 구성하였습니다.

출제가능성이 높은 부분을 집중적으로 수록

최근 빈출 지문을 분석하여 자주 출제되는 지문을 응용, 제34회 시험에 출제 가능성이 높은 부분을 집중적으로 문제화하고, 개정법령을 충실히 반영하였습니다.

파이널 정리교재로 활용 가능한 상세한 해설

각 문항에 상세한 해설을 곁들여 이론의 보충학습 효과를 가져올 수 있으며, 핵심요약집과 더불어 파이널 정리교재로도 활용이 가능합니다.

실전연습을 위한 OMR 카드 수록

국가자격시험에서 사용되는 실제 OMR 카드를 수록하였습니다. 실제 시험처럼 주어진 시험시간에 문제를 풀고 OMR 카드에 마킹을 해 봄으로써, 실제 시험에서는 좀 더 편안하게 적응할 수 있습니다.

공인중개사 자격시험안내

01 응시자격

제한 없음

☑ 다만, 법에 의한 응시결격사유에 해당하는 자는 제외(www.Q-net.or.kr에서 확인가능)

02 원서접수방법

- 국가자격시험 공인중개사 홈페이지(www.Q-net.or.kr/site/junggae)에 접속하여 소정의 접수절차를 거쳐 접수
- 시험에 응시하고자 하는 자는 인터넷 원서 접수 시 최근 6개월 이내에 촬영한 여권용 사진(3.5cm×4.5cm)을 JPG파일로 등록하여야 함
- 인터넷접수가 어려운 수험자를 위해 공단 권역별 지역본부 및 지사에서 인터넷 원서접수 도우미서비스 제공(단, 토·일요일·공휴일 제외)

  ☑ 방문시 준비물 : 신분증, 사진 1매(3.5×4.5㎝), 전자결제 수단(신용카드, 결제통장 등)

03 시험시간

구 분		시험과목	입실완료	시험시간	시험방법
제1차	1교시	1 부동산학개론 2 민법 및 민사특별법	09:00	09:30~11:10(100분)	• 과목당 40문항 • 객관식 5지선다형
제2차	1교시	1 공인중개사법령 및 중개실무 2 부동산공법	12:30	13:00~14:40(100분)	
	2교시	부동산공시법 및 세법	15:10	15:30~16:20(50분)	

☑ 답안작성은 시험시행일 현재 시행되고 있는 법령을 기준으로 작성

04 합격자 결정 방법

- 1 · 2차 시험 공통 매 과목 100점을 만점으로 하여 매 과목 40점 이상, 전 과목 평균 60점 이상 득점한 자
- 1차 시험 합격자는 다음 회의 시험에 한하여 1차 시험을 면제

  ☑ 제1차 시험에 불합격한 자의 제2차 시험에 대하여는 「공인중개사법 시행령」 제5조 제3항에 따라 이를 무효로 함

05 시험과목 및 출제비율

구 분	시험과목	시험범위	출제비율
제1차 시험 1교시 (2과목)	① 부동산학개론	1. 부동산학개론(세부내역 하단 참조)	85% 내외
		2. 부동산감정평가론(세부내역 하단 참조)	15% 내외
	② 민법 및 민사특별법 중 부동산 중개에 관련되는 규정	1. 민법의 범위 1) 총칙 중 법률행위 2) 질권을 제외한 물권법 3) 계약법 중 총칙·매매·교환·임대차	85% 내외
		2. 민사특별법의 범위 1) 주택임대차보호법 2) 집합건물의 소유 및 관리에 관한 법률 3) 가등기담보 등에 관한 법률 4) 부동산 실권리자명의 등기에 관한 법률 5) 상가건물 임대차보호법	15% 내외
제2차 시험 1교시 (2과목)	① 공인중개사의 업무 및 부동산 거래신고에 관한 법령 및 중개실무	1. 공인중개사법 2. 부동산 거래신고 등에 관한 법률	70% 내외
		3. 중개실무(부동산거래 전자계약 포함)	30% 내외
	② 부동산공법 중 부동산 중개에 관련되는 규정	1. 국토의 계획 및 이용에 관한 법률	30% 내외
		2. 도시개발법 3. 도시 및 주거환경정비법	30% 내외
		4. 주택법 5. 건축법 6. 농지법	40% 내외
제2차 시험 2교시 (1과목)	부동산공시에 관한 법령 (부동산등기법, 공간정보의 구축 및 관리 등에 관한 법률) 및 부동산 관련 세법	1. 부동산등기법	30% 내외
		2. 공간정보의 구축 및 관리 등에 관한 법률 제2장 제4절 및 제3장	30% 내외
		3. 부동산 관련 세법(상속세, 증여세, 법인세, 부가가치세 제외)	40% 내외

최근 출제경향

03 공인중개사법령 및 실무(24~33회)

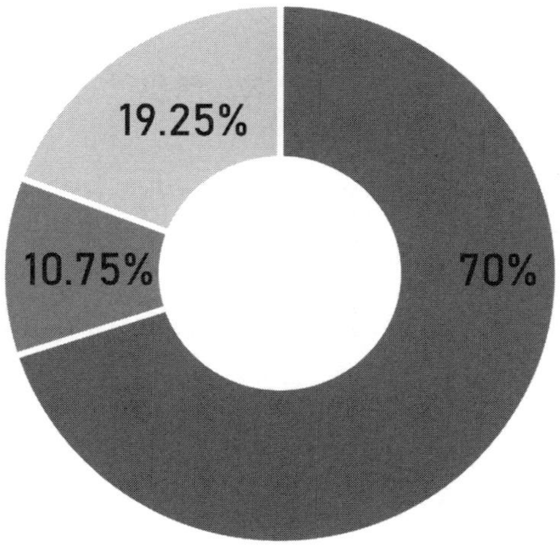

- 공인중개사법령 70%
- 부동산 거래신고등에 관한 법률 10.75%
- 중개실무 19.25%

04 부동산공법(24~33회)

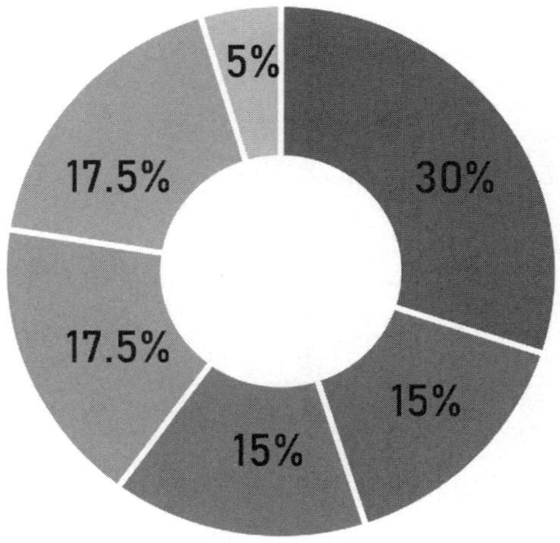

- 국토의 계획 및 이용에 관한 법률 30%
- 도시개발법 15%
- 도시 및 주거환경정비법 15%
- 건축법 17.5%
- 주택법 17.5%
- 농지법 5%

05 부동산공시법(24~33회)

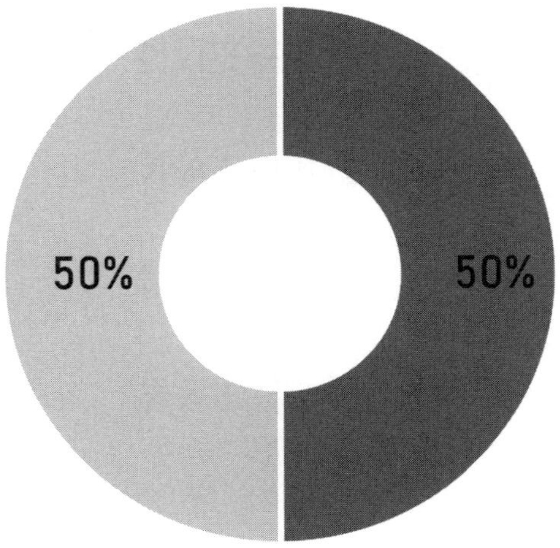

- 공간정보의 구축 및 관리 등에 관한 법률 50%
- 부동산 등기법 50%

06 부동산세법(24~33회)

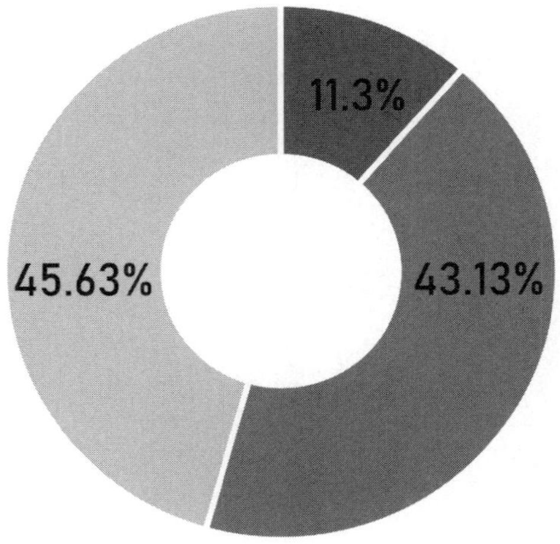

- 조세총론 11.3%
- 지방세 43.13%
- 국세 45.53%

차 례 contents

2023년도 제34회 공인중개사 2차 국가자격시험

실전모의고사 제1회

교 시	문제형별	시 간	시험과목
1교시	A	100분	1 공인중개사의 업무 및 부동산 거래 신고에 관한 법령 및 중개실무 2 부동산공법 중 부동산중개에 관련되는 규정

수험번호		성 명	

【 수험자 유의 사항 】

1. **시험문제지 표지와** 시험문제지 내 **문제형별의 동일여부** 및 시험 문제지의 **총면수 · 문제번호 일련순서 · 인쇄상태** 등을 확인하시고, 문제지 표지에 수험번호와 성명을 기재하시기 바랍니다.
2. 답은 각 문제마다 요구하는 **가장 적합하거나 가까운 답 1개**만 선택하고, 답안카드 작성 시 시험문제지 **형별누락, 마킹착오**로 인한 불이익은 전적으로 수험자에게 책임이 있음을 알려드립니다.
3. 답안카드는 국가전문자격 공통 표준형으로 문제번호가 1번부터 125번까지 인쇄되어 있습니다. 답안마킹시에는 반드시 **시험문제지의 문제번호와 동일한 번호에 마킹**하여야 합니다. <u>(2차 1교시: 1번~80번)</u>
4. **감독관의 지시에 불응시 불이익이 발생될 수 있으며, 시험시간 종료 후 답안카드를 제출하지 않을 경우** 시험무효처리 됨을 알려드립니다.
5. 이의제기에 관한 개별회신은 하지 않으며, **최종 정답 발표로 갈음**합니다.
6. 시험 중 **중간 퇴실은 불가**합니다. 단, 부득이하게 퇴실할 경우 **시험포기 각서 제출 후 퇴실은 가능**하나 **재입실이 불가**하며, **해당시험은 무효처리됩니다.**
7. 시험문제지는 시험 종료 후 가져가시기 바랍니다.

인강드림 공인중개사

제1과목: 공인중개사의 업무 및 부동산 거래 신고 등에 관한 법령 및 중개실무

1. 다음은 공인중개사법상 휴업 등에 관한 설명이다. 옳지 않은 것은?

① 개업공인중개사가 6월을 초과하여 휴업을 하고자 하는 때에는 미리 등록관청에 신고하여야 한다.

② 개업공인중개사는 특별한 사유가 없다면 휴업은 6월을 초과할 수 없다.

③ 개업공인중개사가 폐업을 할 경우에는 등록증을 첨부하여 미리 등록관청에 신고하여야 한다.

④ 개업공인중개사가 휴업기간을 변경하고자 하는 때에는 전자문서에 의하여 신고할 수 있다.

⑤ 개업공인중개사가 휴업한 중개업을 재개하고자 하는 때에는 미리 등록관청에 재개신고를 하여야 한다.

2. 공인중개사법상 전속중개계약에 관한 설명이다. 옳지 않은 것은?

① 전속중개계약을 체결한 개업공인중개사는 법정서식에 따른 전속 중개계약서를 작성하고 이를 3년간 보존하여야 한다.

② 의뢰인의 비공개 요청이 없다면 개업공인중개사는 의뢰인의 인적 사항과 중개대상물에 관한 정보를 부동산거래정보망 또는 일간신문에 공개하여야 한다.

③ 개업공인중개사가 공개하여야 할 정보에는 중개대상물의 벽면 및 도배의 상태도 포함된다.

④ 전속중개계약의 유효기간 내에 의뢰인이 다른 개업공인중개사에게 중개를 의뢰하여 거래한 경우 의뢰인은 중개보수에 해당하는 금액을 개업공인중개사에게 위약금으로 지불하여야 한다.

⑤ 개업공인중개사는 의뢰인에게 전속중개계약 체결 후 2주일에 1회 이상 중개업무 처리상황을 문서로써 통지하여야 한다.

3. 다음 보기 중 거래정보사업자로 지정을 신청하기 위해 갖추어야 할 요건으로 바르게 묶인 것은?

> ㉠ 전국에서 500인 이상이고 2개 이상의 시 · 도에서 각 20인 이상의 개업공인중개사가 가입 · 이용신청을 하였을 것
> ㉡ 시 · 도지사가 정하는 용량 및 성능을 갖춘 컴퓨터설비를 확보할 것
> ㉢ 개업공인중개사 1인 이상을 확보할 것
> ㉣ 정보처리기사 1인 이상을 확보할 것
> ㉤ 전기통신사업법에 따른 부가통신사업자로 신고하였을 것

① ㉠, ㉡, ㉣　② ㉠, ㉣, ㉤
③ ㉡, ㉢, ㉤　④ ㉡, ㉤
⑤ ㉣, ㉤

4. 공인중개사인 개업공인중개사 A가 고용한 소속공인중개사 B가 중개의뢰인과 직접 거래한 사실이 등록관청에 적발되었다. 다음 중 옳은 것은?

① 국토교통부장관은 B의 자격을 취소할 수 있다.

② 금지행위를 한 소속공인중개사는 자격정지 처분을 받을 수 있다.

③ B는 1년 이하의 징역 또는 1천만 원 이하의 벌금에 처한다.

④ A는 3년 이하의 징역 또는 3천만 원 이하의 벌금에 처한다.

⑤ 개업공인중개사 A가 양벌규정으로 벌금형을 받게 되면 중개사무소의 개설등록이 취소된다.

5. 다음은 개업공인중개사가 건물의 매매계약을 체결하는 과정을 기술한 것이다. 옳지 않은 것은?

① 개업공인중개사는 중개가 완성되기 전에 매수의뢰인에게 확인 설명을 하여야 하며 소속공인중개사가 이를 대신할 수 있다.

② 확인 · 설명을 하는 경우 토지대장 · 등기사항증명서등 설명의 근거 자료를 제시하여야 한다.

③ 개업공인중개사는 성실 · 정확한 확인 · 설명을 위해 중개대상물의 상태에 관하여 매도의뢰인에게 자료를 요구할 수 있다.

④ 개업공인중개사가 거래계약서를 작성하는 때에는 확인 · 설명 사항을 서면으로 작성하여 거래당사자에게 교부하고 3년간 원본, 사본 또는 전자문서를 보존하여야 한다.

⑤ 확인 · 설명서에는 개업공인중개사가 서명 · 날인하되 소속공인중개사가 있는 경우 함께 서명 · 날인하여야 한다.

6. 공인중개사법상의 용어의 정의에 관한 다음 설명 중 옳지 않은 것은?

① "중개"라 함은 제3조의 규정에 의한 중개대상물에 대하여 거래당사자간의 매매 · 교환 · 임대차 그 밖의 권리의 득실변경에 관한 행위를 알선하는 것을 말한다.

② "공인중개사"라 함은 이 법에 의한 공인중개사자격을 취득한 자를 말한다.

③ "중개업"이라 함은 다른 사람의 의뢰에 의하여 일정한 보수를 받고 중개를 업으로 행하는 것을 말한다.

④ "소속공인중개사"라 함은 개업공인중개사에 소속된 공인중개사(개업공인중개사인 법인의 사원 또는 임원으로서 공인중개사인 자를 제외한다)로서 중개업무를 수행하거나 개업공인중개사의 중개업무와 관련된 단순한 업무를 보조하는 자를 말한다.

⑤ "중개보조원"이라 함은 공인중개사가 아닌 자로서 중개업자에 소속되어 중개대상물에 대한 현장안내 및 일반서무 등 개업공인중개사의 중개업무와 관련된 단순한 업무를 보조하는 자를 말한다.

7. 다음은 공인중개사법상 중개대상권리 및 중개행위에 관한 설명이다. 옳은것은? (다툼이 있는 경우 판례에 의함)

① 발명권, 특허권 등의 무채재산권은 중개대상 권리가 될 수 있다.

② 개업공인중개사가 임대차계약을 알선한 후 보증금의 지급이나 목적물의 인도 등에 관여하여 계약상 의무가 원만하게 이행되도록 주선하는 행위는 개업공인중개사의 중개실무상 행위로 볼 수 없다.

③ 경매부동산에 대한 권리분석 및 취득의 알선은 법인인 개업공인중개사가 적법하게 매수신청대리를 할 수 있다.

④ 부동산에 관한 등기된 환매권은 개업공인중개사의 중개대상권리가 될 수 없다.

⑤ 판례에 의하면 금전소비대차계약에 부수하여 저당권의 설정을 하는 경우 중개대상인 권리에 해당하지 않는다.

8. 다음 중 중개대상물로 볼 수 없는 것은? (다툼이 있는 경우 판례에 의함).

① 미등기, 무허가 건물

② 명인방법을 갖춘 수목의 집단

③ 가등기, 가처분, 가압류된 건물

④ 장래에 건축될 미래의 건축물

⑤ 분양계약을 체결하지 않고 아파트의 분양예정자로 선정될 수 있는 지위

9. 다음은 공인중개사법상 중개사무소 개설등록에 관한 설명이다. 옳지 않은 것은?

① 중개사무소 개설등록의 신청을 받은 등록관청은 개업공인중개사의 종별에 따라 구분하여 개설등록을 하고, 개설등록 신청을 받은 날부터 7일 이내에 등록신청인에게 서면으로 통지하여야 한다.

② 개설등록 후 3월을 초과하여 업무를 개시하지 않고자 하는 경우 휴업신고를 하여야 한다.

③ 중개사무소 개설등록을 한 개업공인중개사가 종별을 달리하여 업무를 계속하고자 하는 경우에는 원칙적으로 등록신청서를 다시 제출하여야 한다.

④ 외국인은 등록의 결격사유에 해당하지 아니함을 증명하는 서류를 등록신청 시에 등록관청에 반드시 제출할 필요는 없다.

⑤ 소속공인중개사는 중개사무소 개설등록을 신청할 수 없다.

10. 다음은 이 법에 의한 중개사무소 개설등록의 신청서류를 열거한 것이다. 제출하지 않아도 되는 것은?

① 외국인이나 외국에 주된 영업소를 둔 법인의 경우에 「외국공문서에 대한 인증의 요구를 폐지하는 협약」을 체결한 국가의 경우에는 해당 국가의 정부나 공증인, 그 밖의 권한이 있는 기관이 발행한 것으로서 해당 국가의 아포스티유(Apostille) 확인서 발급 권한이 있는 기관이 그 확인서를 발급한 서류

② 공인중개사자격증 사본

③ 실무교육의 수료확인증 사본

④ 개설등록신청서

⑤ 건축물대장에 기재된 건물(준공검사, 준공인가, 사용승인, 사용검사 등을 받은 건물로서 건축물대장에 기재되기 전의 건물을 포함한다)에 중개사무소를 확보하였음을 증명하는 서류. 다만, 건축물대장에 기재되지 아니한 건물에 중개사무소를 확보하였을 경우에는 건축물대장 기재가 지연되는 사유를 적은 서류도 함께 내야 한다.

11. 다음은 공인중개사법령에 관한 설명이다. 옳지 않은 것은?

① 개업공인중개사는 중개가 완성된 때에는 국토교통부장관이 정한 표준서식에 따라 거래계약서를 작성하여 거래당사자에게 교부하여야 한다.

② 개업공인중개사가 서로 다른 2 이상의 거래계약서를 작성한 경우 등록관청은 등록을 취소할 수 있다.

③ 거래계약서에는 확인 · 설명서의 교부 일자를 기재하여야 한다.

④ 개업공인중개사 등은 그 업무상 알게 된 비밀을 누설하여서는 아니 되나 공인중개사법에 특별한 규정이 있는 경우는 그러하지 아니하다.

⑤ 소속공인중개사는 신의와 성실로써 공정하게 중개관련 업무를 수행하여야 한다.

12. **부동산거래신고 등에 관한 법률에 관한 설명으로 <u>틀린</u> 것은?**

① 최근 개정된 법률에서 부동산 거래계약 체결 시 실제 거래가격 등을 신고하여야 하는 기한을 해당 계약체결일부터 60일 이내에서 30일 이내로 단축하였다.

② 거래당사자는 부동산 거래신고 후 해당 거래계약이 해제, 무효 또는 취소된 경우 해제 등이 확정된 날부터 30일 이내에 공동으로 신고하여야 한다.

③ 부동산 거래계약을 체결하지 아니하였거나 부동산거래 신고 후 해당 거래계약의 해제 등이 되지 아니하였음에도 불구하고 거짓으로 신고하는 행위를 고발한 자에게 신고포상금을 지급할 수 있다.

④ 거래당사자는 부동산거래 신고한 후 해당 거래계약이 해제, 무효 또는 취소된 경우 해제 등이 확정된 날부터 30일 이내에 해당 신고관청에 공동으로 신고하여야 한다. 다만, 거래당사자 중 일방이 신고를 거부하는 경우에는 국토교통부령으로 정하는 바에 따라 단독으로 신고할 수 있다.

⑤ 계약을 체결하지 아니하였음에도 불구하고 거짓으로 부동산거래 신고를 하는 행위자에게는 해당 부동산 등의 취득가액의 100분의 10 이하에 상당하는 금액의 과태료를 부과한다.

13. **부동산거래신고 등에 관한 법률에 관한 설명으로 <u>틀린</u> 것은?**

① 부동산거래신고 대상 계약체결 후 그 신고를 거짓으로 한 자에게는 해당 부동산 등의 취득가액의 100분의 10 이하에 상당하는 금액의 과태료를 부과한다.

② 계약을 체결하지 아니하였음에도 불구하고 거짓으로 부동산거래 신고를 하는 자에게는 3년 이하의 징역 또는 3,000만원이하의 형벌이 부과되지 아니한 자는 3천만원 이하의 과태료를 부과한다.

③ 거래당사자는 부동산 거래신고 후 해당 거래계약이 해제, 무효 또는 취소된 경우 해제 등이 확정된 날부터 30일 이내에 해제신고 하지 않는 자에게는 500만원 이하의 과태료를 부과한다.

④ 부동산거래신고 후 해당 거래계약의 해제 등이 되지 아니하였음에도 불구하고 거짓으로 해제신고를 하는 행위를 한 자에게는 3천만원 이하의 과태료를 부과한다.

⑤ 거래대금 지급을 증명할 수 있는 자료 외의 자료를 제출하지 아니하거나 거짓으로 제출한 자에게는 3년 이하의 징역 또는 3,000만원이하의 형벌이 부과되지 아니한 자는 3천만원 이하의 과태료를 부과한다.

14. **부동산거래신고 등에 관한 법률에 관한 설명으로 <u>틀린</u> 것은?**

① 외국인등이 건축물의 신축·증축·개축·재축한 경우 6월 이내에 국토교통부령으로 정하는 서류를 첨부하여 신고하여야 한다.

② 외국인등이 건축물의 신축·증축·개축·재축한 경우 6월 이내에 신고관청에 신고하지 않는 경우 100만원 이하 과태료 대상이다

③ 한국인이 국적이 변경되어 외국인이 되었다면 국적변경일로부터 6월 이내 신고관청에 신고하여야 한다.

④ 외국인등이 계약을 원인으로 부동산을 취득하면 계약체결일로부터 60일 이내 신고하여야 한다.

⑤ 투기과열지구 또는 조정대상지역이 아닌 비규제지역의 경우에는 6억원 초과하는 주택거래 신고 시에만 '주택취득자금 조달 및 입주계획서'를 제출하여야 한다.

15. **다음은 개업공인중개사가 중개대상물의 권리관계에 관한 사항을 조사·확인한 내용이다. 옳지 <u>않은</u> 것은?**

① 입목에 관한 법률에 의한 입목이 경매 등의 사유로 토지와 입목이 각각 다른 소유자에게 속하는 경우에도 토지소유자에게 법정지상권이 인정된다.

② 토지소유자와 입목의 소유자가 다르다고 하더라도 입목의 등기 여부를 토지등기사항증명서 표제부를 통해서 확인할 수 있다.

③ 가족묘지는 1개소에 한하며 100㎡를 초과할 수 없으며, 1기당 면적은 10㎡, 합장은 15㎡를 초과할 수 없다.

④ 타인의 토지에 승낙 없이 분묘를 설치한 경우 분묘의 연고자는 20년간 평온, 공연하지 않았다면 분묘의 보존을 위한 권리를 주장하지 못한다.

⑤ 토지 소유자·묘지 설치자 또는 연고자는 일정한 절차를 거쳐 무연고분묘에 매장된 시체 또는 유골을 개장할 수 있다.

16. 다음은 외국인이 토지취득의 허가를 요하는 경우를 설명한 것이다. 옳지 않은 것은?

① 계약을 원인으로 토지를 취득하는 경우에도 불구하고 외국인 등이 취득하고자 하는 토지가 문화재보호법의 규정에 의한 지정문화재와 이를 위한 보호물 또는 보호구역 등에 해당하는 구역 · 지역 등의 토지인 경우에는 토지취득계약을 체결하기 전에 시장 · 군수 또는 구청장의 허가를 받아야 한다.

② 시장 · 군수 또는 구청장은 외국인 등이 위의 ①규정에 해당하는 구역 · 지역 등의 토지를 취득하는 것이 당해 구역 · 지역 등의 지정 목적달성에 지장을 주지 아니 한다고 인정되는 경우에는 토지취득의 허가를 하여야 한다.

③ 토지취득의 허가신청을 받은 시장 · 군수 또는 구청장은 허가신청을 받은 날부터 60일 이내에 허가 또는 불허가의 처분을 하여야 한다.

④ 위의 규정에 위반하여 체결한 토지취득계약은 그 효력이 발생하지 아니한다.

⑤ 이 법의 규정에 의한 허가를 받지 아니하고 토지취득계약을 체결하거나 부정한 방법으로 허가를 받아 토지취득계약을 체결한 외국인은 2년 이하의 징역 또는 2천만원 이하의 벌금에 처한다.

17. 다음은 공인중개사법상 주거용 건축물의 중개대상물 확인 · 설명서(Ⅰ) 작성 방법을 설명한 것이다. 옳지 않은 것은?

① "대상 물건의 상태에 관한 자료요구 사항" 에는 매도(임대) 의뢰인에게 요구한 사항 및 그 관련자료의 제출 여부와 실제 권리관계 또는 공시되지 않은 물건의 권리사항부터 환경조건까지의 항목을 확인하기 위한 자료의 요구 및 그 불응 여부를 적습니다.

② 토지이용계획, 공법상 이용제한 및 거래규제에 관한 사항(토지)의 "건폐율 상한 및 용적률 상한" 은 시 · 군의 조례에 따라 기재한다.

③ 거래예정금액 등의 "거래예정금액" 은 중개가 완성되기 전 거래예정금액을, "개별공시지가" 및 "건물(주택)공시가격" 은 중개가 완성되기 전 공시된 공시지가 또는 공시가격을 적습니다.

④ 실제권리관계 또는 공시되지 아니한 물건의 권리에 관한 사항은 매도(임대)의뢰인이 고지한 사항(법정지상권, 유치권, 토지에 부착된 조각물 및 정원수 등)을 적습니다.

⑤ 중개보수 및 실비는 개업공인중개사와 중개의뢰인이 협의하여 결정한 금액을 기재하되 "중개보수" 는 실제거래금액을 기준으로 계산한다.

18. 다음은 개업공인중개사가 주거용 건물에 대한 임대차계약 체결을 중개하면서 임차인에게 설명한 내용이다. 옳지 않은 것은?

① 임차인이 임대인의 동의를 얻어 전대차를 하고 전차인이 주민등록을 마친 때에는 그 익일부터 전차인이 대항력을 취득한다.

② 임차인이 주택의 인도와 주민등록을 마친 당일 임대차계약서에 확정일자를 갖춘 경우 그 익일에 우선변제권이 발생한다.

③ 주택의 소유자가 그 주택을 매도함과 동시에 임차인으로 남기로 하는 계약을 체결한 경우 그 주택에 최초로 전입한 때를 기준으로 대항력이 발생한다.

④ 임차권등기명령신청은 임대차가 종료되고 보증금을 받지 못한 때에만 신청할 수 있다.

⑤ 소액임차인은 임차주택과 별도로 그 대지만이 경매될 경우에도 그 대지의 환가대금에 대하여 우선변제권을 행사할 수 있다.

19. 다음은 상가건물임대차보호법에 대한 기술이다. 옳은 것은?

① 기본적으로 보호대상의 환산보증금은 서울에서 보증금 8억 이하인 상가의 경우 동법이 적용된다.

② 대항요건을 갖추고 법원등기소 등에서 임대차계약서에 확정일자를 받으면 우선변제권이 발생한다.

③ 임차인이 2기의 차임액을 연체한 사실이 인정되는 경우 임대인은 임차인의 계약갱신요구를 거절할 수 있다.

④ 소유권이전청구권 보전가등기가 경료된 후에 대항력을 취득한 임차인은 그 가등기에 기하여 본등기를 경료한 자에 대하여 대항할 수 없다.

⑤ 임대인이 임차한 건물의 전부 또는 대부분을 철거하거나 재건축하려는 경우 임차인에게 상당한 금액을 보상하여야 계약 갱신 요구를 거절할 수 있다.

20. 다음 중 공인중개사법상 개업공인중개사 등의 결격사유에 해당되지 않는 자는?

① 공인중개사의 자격이 정지된 자로서 자격정지기간 중에 있는 자

② 이 법상의 금지행위 위반으로 등록이 취소된 후 3년이 경과되지 아니한 자

③ 도로교통법을 위반하여 벌금형 300만원의 선고를 받고 3년이 경과되지 아니한 자

④ 피한정후견인이 사원 또는 임원으로 있는 법인

⑤ 징역형의 집행유예를 받고 그 유예기간 경과 후 2년이 되지 않은 자

21. 공인중개사법상 개업공인중개사의 업무범위에 관한 내용으로 옳지 않은 것은?

① 부칙 제6조 제2항의 규정에 의하여 개설등록을 한 것으로 보는 자는 경매부동산에 대한 권리분석 및 취득의 알선을 할 수 없다.

② 부칙 제6조 제2항의 등록을 한 것으로 보는 자는 원칙적으로 당해 중개사무소가 소재하는 특별시, 광역시, 도내의 중개대상물에 한하여 중개할 수 있다.

③ 중개법인의 분사무소는 전국을 업무지역으로 한다.

④ 공인중개사인 개업공인중개사는 이 법 제14조에 의한 분양대행을 할 수 없다.

⑤ 중개법인은 도배업체나 이사업체를 소개하는 등 주거이전에 부수되는 용역의 알선을 할 수 있다.

22. 다음은 공인중개사법상 중개사무소 등에 관한 설명이다. 옳지 않은 것은?

① 개업공인중개사가 7월 30일 중개사무소를 이전하고 8월 7일에 이전 후 등록관청에 신고하였다.

② 개업공인중개사가 아파트 모델하우스 앞에 파라솔을 설치하고 중개행위를 하여 100만 원의 벌금형을 받았다.

③ 중개법인은 등록관청에 분사무소 설치신고서를 제출하는 때에는 보증설정 증명서류를 함께 제출하여야 한다.

④ 중개법인이 종로구에 소재한 분사무소를 강남구로 이전하고 주사무소 등록관청에 이전 사실을 신고하였다.

⑤ 개업공인중개사가 다른 개업공인중개사와 공동사무소를 설치하는 경우 이전하고자 하는 건물 임대인의 승낙서를 첨부하여 중개사무소 이전 신고를 하여야 한다.

23. 다음은 공인중개사법상 중개사무소의 명칭표시방법에 관한 설명이다. 옳은 것은?

① 개업공인중개사가 아닌 甲이 그 사무소의 명칭에 '부동산중개' 라는 명칭을 사용하여 100만 원의 과태료처분을 받았다.

② 중개법인의 분사무소가 옥외광고물을 설치하는 경우에는 대표자 및 분사무소 책임자의 성명을 표기하여야 한다.

③ 부칙 6조의 개설등록을 한 것으로 보는 자가 옥외광고물에 '부동산중개' 라는 문자를 사용하여 100만 원 이하의 과태료 처분을 받았다.

④ 공인중개사인 개업공인중개사 A는 사무소의 명칭을 '제일공인중개사' 라고 하였다.

⑤ 법인인 개업공인중개사가 중개사무소의 옥외광고물에 대표자의 성명을 인식할 수 있는 정도의 크기로 성명을 표기하였다.

24. 다음은 공인중개사법령에 관한 설명이다. 옳지 않은 것은?

① 중개보조원이 고의 또는 과실로 거래당사자에게 손해를 입힌 경우에 그 중개보조원을 고용한 개업공인중개사와 중개보조원이 연대하여 손해배상책임을 진다.

② 개업공인중개사가 중개보조원을 고용한 때에는 고용일로부터 10일 이내에 등록관청에 신고하여야 한다.

③ 법인인 개업공인중개사는 상업등기규칙에 의하여 신고한 법인의 인장을 등록하여야 한다.

④ 분사무소에서 사용할 인장은 주된 사무소 관할 등록관청에 등록하여야 한다.

⑤ 개업공인중개사가 중개보조원을 고용함에 소속공인중개사와 합한 수의 5배 이상 초과 고용하면 1년이하의 징역 또는 1,000만원 이하의 벌금형 사유이면서 절대적 등록취소사유이다.

25. 다음 중 공인중개사법상 소속공인중개사에 대한 자격정지 처분 사유에 해당하지 않는 것은?

① 거래계약서에 거래금액 등 거래내용을 거짓으로 기재하거나 서로 다른 2 이상의 거래계약서를 작성한 경우

② 거래계약서를 작성 · 교부하지 아니한 경우

③ 성실 · 정확하게 중개대상물의 확인 · 설명을 하지 아니하거나 설명의 근거자료를 제시하지 아니한 경우

④ 인장등록을 하지 아니하거나 등록하지 않은 인장을 사용한 경우

⑤ 금지행위를 한 경우

26. 다음은 공인중개사법상 개업공인중개사에 대한 행정처분을 기술한 것이다. 가장 옳은 것은?

① 법인인 개업공인중개사가 해산하여 등록관청이 등록을 취소하고자 하는 경우 청문을 실시하여야 한다.

② 개업공인중개사가 등록취소 또는 업무정지처분을 받은 때에는 7일 이내에 등록관청에 등록증을 반납하여야 한다.

③ 등록기준이 미달되어 등록이 취소된 자는 등록기준을 다시 갖추어 곧바로 등록을 신청할 수 있다.

④ 등록관청이 위반행위의 동기 · 결과 및 횟수 등을 참작하여 가중하여 처분하는 경우 업무정지기간은 6월을 초과할 수 있다.

⑤ 등록취소처분은 그 사유가 발생한 날부터 3년이 경과한 때에는 이를 할 수 없다.

27. 다음은 공인중개사법상 행정처분효과의 승계에 관한 기술이다. 옳지 않은 것은?

① 개업공인중개사가 폐업신고 후 다시 중개사무소의 개설등록을 한 때에는 폐업신고 전의 개업공인중개사의 지위를 승계한다.

② 폐업신고 전에 받았던 과태료처분의 효과는 그 처분일로부터 1년간 재등록 개업공인중개사에게 승계된다.

③ 3년을 초과하여 폐업한 후 재등록한 개업공인중개사에 대하여 등록관청은 폐업 전의 사유로 등록을 취소할 수 없다.

④ 6월을 초과하여 폐업한 후 재등록한 개업공인중개사에 대하여 등록관청은 폐업 전의 사유로 업무정지처분을 할 수 없다.

⑤ 등록관청이 재등록 개업공인중개사에 대하여 행정처분을 함에 있어서는 폐업의 사유를 고려하여야 한다.

28. 다음 중 과태료 처분권자가 시, 군, 구청장 즉, 등록관청이나 신고관청이 아닌 다른 하나는?

① 중개사무소의 이전신고를 하지 아니한 자

② 자격취소 후 공인중개사자격증을 반납하지 아니한 자

③ 개업공인중개사로 하여금 부동산거래신고를 하지 아니하게 하거나 거짓된 내용을 신고하도록 요구한 자

④ 부동산거래신고를 하지 아니한 자

⑤ 휴업, 폐업, 휴업한 중개업의 재개 또는 휴업 기간의 변경신고를 하지 아니한 자

29. 다음 중 1년 이하의 징역 또는 1천만 원 이하의 벌금 사유에 해당하는 것으로 바르게 묶인 것은?

㉠ 중개보조원 채용 상한 규정을 위반하여 고용한 경우
㉡ 부정한 방법으로 공인중개사의 자격을 취득한 자
㉢ 부칙6조의 개업공인중개사가 그 사무소의 명칭에 "공인중개사사무소"라는 문자를 사용한 경우
㉣ 거래정보사업자가 개업공인중개사로부터 의뢰받지 아니한 정보를 공개하거나, 의뢰받은 내용과 다르게 또는 개업공인중개사에 따라 차별적으로 정보를 공개한 경우
㉤ 업무정지 기간 중에 중개업무를 하거나 자격정지처분을 받은 소속공인중개사로 하여금 자격정지기간 중에 중개업무를 하게 한 개업공인중개사

① ㉠, ㉡, ㉤　　② ㉠, ㉢, ㉣
③ ㉠, ㉢　　④ ㉠, ㉣
⑤ ㉠, ㉢, ㉤

30. 다음 중 개업공인중개사가 법원입찰부동산에 대한 권리분석 후 입찰에 참가하는 경우 실제 상 위험성이 가장 큰 것은?

① 등기부에 선순위 권리로 보전가등기가 되어 있는 경우

② 등기부에 선순위 가압류 등기의 후순위로 가처분등기가 있는 경우

③ 등기부에 선순위 전세권이 있으며 배당요구 종기까지 배당 요구를 한 경우

④ 등기부에 선순위 근저당에 앞서 담보가등기가 있는 경우

⑤ 등기부에 선순위 권리자보다 앞서 대항요건과 확정일자를 갖춘 다수의 임차인이 있으나 모두 배당 요구한 경우

31. 다음은 민사집행법에 따른 경매에 관한 기술이다. 옳지 않은 것은?

① 매수신청보증은 최저매각가격의 10분의 1로 한다.

② 최고가 매수신고인은 법원에서 정한 기한내 나머지 대금을 완납하여야 한다..

③ 배당요구의 종기는 경매개시결정에 따른 압류의 효력이 생긴 때부터 1주일 내에 결정하되 매각결정기일 이전의 날로 정한다.

④ 차순위 매수신고는 최고가매수신고액에서 그 보증을 뺀 금액을 넘는 때에만 할 수 있다.

⑤ 민간임대주택에 관한 법에 의한 임차인이 우선매수 하겠다는 신고를 할 수 있다.

32. 다음은 공인중개사법령상 500만원 이하의 과태료사유에 해당하지 않는 것은?

① 중개의뢰인에게 본인이 중개보조원이란 사실을 미리 알리지 아니한 사람과 그가 소속된 개업공인중개사

② 정당한 사유없이 정보통신 모니터링 자료를 제출하지 아니한 자

③ 중개사무소 이전신고를 위반한 자

④ 개업공인중개사가 성실, 정확하게 자료를 제시하면서 중개대상물을 설명하지 아니한 자

⑤ 공제사업운용실적을 공시하지 아니한 협회

33. 다음 중 개업공인중개사의 매수신청대리행위의 범위에 속하지 않는 것은?

① 매수신청 보증의 제공
② 임차인의 임대주택 우선매수신고
③ 차순위 매수신고
④ 인도명령신청의 대행
⑤ 임대주택 임차인의 우선매수신고에 따라 차순위 매수신고인으로 보게 되는 경우 그 차순위 매수신고인의 지위를 포기하는 행위

34. 다음은 공인중개사의 매수신청대리인 등록 등에 관한 규칙 및 예규에 관한 기술이다. 옳지 않은 것은?

① 매수신청대리인이 되고자 하는 개업공인중개사는 중개사무소가 있는 곳을 관할하는 지방법원장에게 매수신청대리인 등록을 하여야 한다.
② 매수신청대리인 등록을 하고자 하는 개업공인중개사는 등록신청일전 1년 이내에 법원행정처장이 지정하는 교육기관에서 부동산경매에 관한 실무교육을 이수하여야 한다.
③ 업무정지처분을 받은 때에는 업무정지사실을 당해 중개사무소의 출입문에 표시하여야 한다.
④ 개업공인중개사는 대리행위를 하는 경우 각 대리행위마다 대리권을 증명하는 문서(본인의 인감증명서가 첨부된 위임장과 대리인등록증 사본 등)를 제출하여야 한다.
⑤ 대리행위를 함에 있어서 개업공인중개사 또는 소속공인중개사는 매각장소 또는 집행법원에 직접 출석하여야 한다.

35. 다음은 공인중개사법상 중개보수 및 실비에 관한 기술이다. 옳지 않은 것은?

① 거래당사자 간의 사정으로 거래계약이 무효·취소 또는 해제된 경우 개업공인중개사는 중개보수를 받을 수 있다.
② 주택 외의 중개대상물인 경우 개업공인중개사는 거래금액의 1천 분의 8 범위 안에서 실제 자기가 받고자 하는 중개보수의 상한요율을 중개보수·실비의 요율표에 명시하여야 한다.
③ 상가 임대차의 경우 보증금 3천만 원에 월차임이 10만원이면 월차임에 70을 곱한 금액과 보증금을 합산한 금액을 거래금액으로 한다.
④ 경기도 안양시에 중개사무소를 둔 개업공인중개사가 충청남도 공주시에 소재한 주택을 중개하는 경우 경기도 조례가 정하는 바에 따라 중개보수를 받아야 한다.
⑤ 중개대상물의 권리관계 확인에 소요한 실비는 매도·임대 의뢰인에게 청구하여야 한다.

36. 개업공인중개사 甲은 乙 소유의 상가(거래금액 3억 원)와 丙소유의 토지(거래금액 1억 5천만 원)를 상호교환하기로 하는 계약을 중개하였다. 개업공인중개사 甲이 乙과 丙으로부터 최대로 받을 수 있는 중개보수의 총액은? (단, 개업공인중개사는 주택 외의 중개대상물에 대하여 1천분의 9로 중개보수·실비의 요율 및 한도액 표에 명시하였다).

① 210만 원
② 420만 원
③ 540만 원
④ 140만 원
⑤ 350만 원

37. 다음은 공인중개사법상 실무교육에 관한 설명이다. 옳지 않은 것은?

① 중개법인의 사원 또는 임원의 전원은 등록신청일 전 1년 이내에 실무교육을 이수하여야 한다.
② 실무교육의 교육시간은 28시간 이상 32시간 이하로 한다.
③ 시·도지사는 국토교통부장관이 실시하는 실무교육의 전국적인 균형유지를 위하여 필요하다고 인정하면 실무교육지침을 마련하여 시행할 수 있다.
④ 공인중개사인 개업공인중개사의 소속공인중개사는 실무교육의 대상에 포함된다.
⑤ 국토교통부장관이 실무교육지침을 수립할 때에는 실무교육의 전국적 균형유지에 필요한 교육대상, 교육내용, 교육 방법 등에 관한 기준과 절차를 포함하여야 한다.

38. 다음은 공인중개사법상 포상금 제도에 관한 설명이다. 옳지 않은 것은?

① 등록증을 양수·대여 받은 자를 신고 또는 고발한 자에 대하여 등록관청은 포상금을 지급할 수 있다.
② 포상금은 1건당 50만 원으로 하며, 국고에서 50%까지 보조할 수 있다.
③ 포상금을 지급받고자 하는 자는 별지 서식의 포상금지급 신청서를 제출하여야 한다.
④ 포상금은 그 지급결정일 부터 1월 이내에 지급하여야 한다.
⑤ 포상금은 당해 신고 또는 고발사건에 대하여 검사가 공소제기 또는 집행유예의 결정을 한 경우에 한하여 지급한다.

39. **다음은 공인중개사협회에 관한 기술이다. 옳지 않은 것은?**

① 공인중개사협회는 법인으로 한다.

② 공인중개사협회는 반드시 서울특별시에 주된 사무소를 둘 필요는 없다.

③ 공인중개사협회를 설립하기 위한 창립총회에는 회원 600인 이상이 출석하여야 한다.

④ 공인중개사협회는 총회의 의결내용을 지체 없이 시 · 도지사에게 보고하여야 한다.

⑤ 공인중개사협회는 개업공인중개사의 손해배상책임을 보장하기 위하여 공제사업을 할 수 있다.

40. **국토교통부장관, 시 · 도지사 및 등록관청이 개업공인중개사 또는 거래정보사업자에 대하여 지도 · 감독을 할 수 있는 요건에 해당되지 않는 것은?**

① 이 법 위반행위의 확인, 개업공인중개사에 대한 등록취소 · 업무정지 등 행정처분을 위하여 필요한 경우

② 부동산투기 등 거래동향의 파악을 위하여 필요한 경우

③ 중개사무소 개설등록기준에의 적합 여부를 확인하기 위하여 필요한 경우

④ 공인중개사법 위반행위의 확인을 위하여 필요한 경우

⑤ 공인중개사의 자격취소 · 자격정지 등 행정처분을 위하여 필요한 경우

제2과목 : 부동산공법 중 부동산 중개에 관련되는 규정

41. **국토의 계획 및 이용에 관한 법령에서 용어정의에 관한 설명으로 옳은 것을 모두 고르시오.**

> ㄱ. 광역도시계획은 광역시의 장기발전방향을 제시하는 계획을 말한다.
> ㄴ. 도시 · 군계획에는 광역도시계획과 도시 · 군기본계획은 포함되어도 도시 · 군관리계획은 포함되지 아니한다.
> ㄷ. 원칙적으로 도시 · 군계획을 수립하는 관할 구역인 특별시 · 광역시 · 특별자치시 · 특별자치도 · 시 또는 군에서 "군" 의 범위에는 광역시의 군은 제외된다.
> ㄹ. 도시 · 군기본계획은 도시 · 군관리계획 수립의 지침이 되는 계획을 말한다.

① ㄱ, ㄴ
② ㄴ, ㄷ
③ ㄷ, ㄹ
④ ㄱ, ㄷ
⑤ ㄴ, ㄹ

42. **국토의 계획 및 이용에 관한 법령에서 광역계획권의 지정에 대한 내용으로 옳은 것은?**

① 광역계획권이 둘 이상의 시 · 도의 관할 구역에 걸쳐 있는 경우에는 시 · 도지사가 공동으로 지정한다.

② 광역계획권이 도의 관할 구역에 속하여 있는 경우에는 국토교통부장관이 지정한다.

③ 중앙행정기관의 장은 국토교통부장관에게 광역계획권의 지정을 요청할 수 있지만 변경을 요청할 수는 없다.

④ 관할 구역의 일부를 광역계획권에 포함시키려면 시 · 군 · 구의 단위로 하여야 한다.

⑤ 국토교통부장관은 광역계획권을 변경하려면 관계 시 · 도지사, 시장 또는 군수의 의견을 들은 후 중앙도시계획위원회의 심의를 거쳐야 한다.

43. 국토의 계획 및 이용에 관한 법령에서 도시·군관리계획으로 결정할 수 있는 내용으로 옳은 것을 모두 고르시오.

ㄱ. 개발밀도관리구역의 지정에 관한 계획
ㄴ. 개발진흥지구의 지정에 관한 계획
ㄷ. 제1종일반주거지역의 지정에 관한 계획
ㄹ. 공원의 정비에 관한 계획
ㅁ. 지구단위계획의 변경에 관한 계획

① ㄱ
② ㄴ, ㄷ, ㄹ, ㅁ
③ ㄴ, ㄷ, ㅁ
④ ㄴ, ㄷ, ㄹ
⑤ ㄱ, ㄴ

44. 국토의 계획 및 이용에 관한 법령상 국토교통부장관이 도시·군관리계획을 결정하는 사유가 아닌 것은?

① 국가계획과 관련된 도시·군관리계획
② 둘 이상의 시·도에 걸쳐 이루어지는 사업의 계획 중 도시·군관리계획으로 결정하여야 할 사항
③ 개발제한구역의 지정 및 변경에 관한 도시·군관리계획
④ 시가화조정구역의 지정 및 변경에 관한 도시·군관리계획(국가계획과 연계하여 시가화조정구역의 지정 또는 변경이 필요한 경우)
⑤ 수산자원보호구역의 지정 및 변경에 관한 도시·군관리계획

45. 국토의 계획 및 이용에 관한 법령에서 용도지역의 종류에 대한 설명이다. 이 중에 괄호 안에 들어간 내용 중에 옳은 것을 모두 고르시오.

ㄱ. 공동주택 중심의 양호한 주거환경을 보호하기 위하여 필요한 지역은 제2종일반주거지역이다.
ㄴ. 중고층주택을 중심으로 편리한 주거환경을 조성하기 위하여 필요한 지역은 준주거지역이다.
ㄷ. 환경을 저해하지 아니하는 공업의 배치를 위하여 필요한 지역은 전용공업지역이다.
ㄹ. 도시의 녹지공간의 확보, 도시확산의 방지, 장래 도시용지의 공급 등을 위하여 보전할 필요가 있는 지역으로서 불가피한 경우에 한하여 제한적인 개발이 허용되는 지역은 자연녹지지역이다.
ㅁ. 도시지역으로의 편입이 예상되는 지역이나 자연환경을 고려하여 제한적인 이용·개발을 하려는 지역으로서 계획적·체계적인 관리가 필요한 지역은 계획관리지역이다.

① ㄱ, ㄴ
② ㄴ, ㄷ
③ ㄷ, ㄹ
④ ㄹ, ㅁ
⑤ ㄱ, ㄹ

46. 국토의 계획 및 이용에 관한 법률 시행령에서 규정한 용도지역에서의 용적률 기준이 낮은 것부터 높은 순서대로 열거된 것은?

ㄱ. 중심상업지역
ㄴ. 준주거지역
ㄷ. 일반공업지역
ㄹ. 제3종 일반주거지역
ㅁ. 계획관리지역
ㅂ. 보전녹지지역

① ㄱ－ㄴ－ㄷ－ㄹ－ㅁ－ㅂ
② ㄱ－ㄷ－ㄴ－ㄹ－ㅁ－ㅂ
③ ㄷ－ㄴ－ㄱ－ㅂ－ㅁ－ㄹ
④ ㅂ－ㅁ－ㄷ－ㄹ－ㄴ－ㄱ
⑤ ㅂ－ㅁ－ㄹ－ㄷ－ㄴ－ㄱ

47. 국토의 계획 및 이용에 관한 법령에서 용도구역의 지정권자에 대한 설명으로 틀린 것은?

① 용도구역의 지정권자는 원칙적으로 도시·군관리계획의 결정권자이다.
② 입지규제최소구역의 지정권자는 시장 또는 군수이다.
③ 도시자연공원구역의 지정권자는 시·도지사 또는 대도시 시장이다.
④ 국가계획과 연계된 시가화조정구역의 지정권자는 국토교통부장관이다.
⑤ 개발제한구역의 지정권자는 국토교통부장관이다.

48. 국토의 계획 및 이용에 관한 법령에서 도시·군계획시설사업의 시행자에 대한 설명으로 틀린 것은?

① 도시·군계획시설사업이 둘 이상의 특별시·광역시·특별자치시·특별자치도·시 또는 군의 관할 구역에 걸쳐 시행되는 경우에는 관계 특별시장·광역시장·특별자치시장·특별자치도지사·시장 또는 군수가 서로 협의하여 시행자를 정한다.
② 국가계획과 관련되거나 그 밖에 특히 필요하다고 인정되면 국토교통부장관이 관계 특별시장·광역시장·특별자치시장·특별자치도지사·시장 또는 군수의 의견을 들어 직접 시행할 수 있다.
③ 도시·군계획시설사업의 시행자는 도시·군계획시설사업을 효율적으로 추진하기 위하여 필요하다고 인정되면 사업시행대상지역을 둘 이상으로 분할하여 도시·군계획시설사업을 시행할 수 있다.
④ 민간시행자가 도시·군계획시설사업의 시행자로 지정을 받고자 하는 때에는 도시·군계획시설사업대상 토지(국공유지는 제외)면적의 3분의 2 이상에 해당하는 토지를 소유하고, 토지소유자 총수의 2분의 1 이상에 해당하는 자의 동의를 받아야 한다.
⑤ 행정청인 시행자의 처분에 대하여 불복하는 자는 감사원에 행정심판을 제기하여야 한다.

49. **국토의 계획 및 이용에 관한 법령상 지구단위계획구역으로 지정할 수 있는 지역으로 잘못된 것은?**

① 자연녹지지역에서 준주거지역으로 변경되는 구역

② 산업입지 및 개발에 관한 법률에 따른 산업단지와 준산업단지로 지정된 지역

③ 자연공원법에 따른 자연공원으로 지정된 지역

④ 보전녹지지역에서 일반상업지역으로 변경되는 구역

⑤ 시범도시로 지정된 지역

50. **국토의 계획 및 이용에 관한 법령에서 개발행위 허가대상이 아닌 것은?**

> ㄱ. 건축법에 따른 건축물의 건축
> ㄴ. 인공을 가하여 제작한 시설물의 설치
> ㄷ. 절토(切土:땅깎기) · 성토(盛土:흙쌓기) · 정지(整地:땅고르기) · 포장 등의 방법으로 토지의 형상을 변경하는 행위와 공유수면의 매립
> ㄹ. 농림지역에서 사용승인을 받은 건축물의 울타리 안(적법한 절차에 의하여 조성된 대지만 해당)에 위치하지 아니한 토지에 물건을 1개월 이상 쌓아놓는 행위
> ㅁ. 건축물이 없는 대지에서 건축법에 따른 분할제한면적 미만으로의 토지의 분할

① ㄱ
② ㄴ
③ ㄷ
④ ㄹ
⑤ ㅁ

51. **국토의 계획 및 이용에 관한 법령에서 개발행위 허가의 제한에 대한 설명으로 옳은 것은?**

① 개발행위허가를 국토교통부장관이나 도지사는 제한할 수 없다.

② 녹지지역이나 보전관리지역으로서 수목이 집단적으로 자라고 있는 지역은 개발행위 허가를 제한할 수 있다.

③ 개발행위 허가는 원칙적으로 한 차례만 3년 이내의 기간 동안 제한할 수 있지만 최장 5년간 제한하는 경우도 있다.

④ 개발행위허가를 제한하려는 자는 해당 지역의 주민의 의견청취와 도시계획위원회의 심의를 거쳐야 한다.

⑤ 개발행위허가를 제한하거나 연장 제한하는 경우에는 도시계획위원회의 심의를 거쳐야 한다.

52. **국토의 계획 및 이용에 관한 법령상 기반시설부담구역의 지정과 관련된 내용으로 잘못된 것은?**

① 기반시설부담구역의 지정권자는 특별시장 · 광역시장 · 특별자치시장 · 특별자치도지사 · 시장 또는 군수이다.

② 기반시설부담구역을 지정 또는 변경하려면 주민의 의견을 들어야 하며, 해당 지방자치단체에 설치된 지방도시계획위원회의 심의를 거쳐 해당 지방자치단체의 공보와 인터넷 홈페이지에 고시하여야 한다.

③ 특별시장 · 광역시장 · 특별자치시장 · 특별자치도지사 · 시장 또는 군수는 기반시설부담구역이 지정되면 기반시설설치계획을 수립하고, 도시 · 군관리계획에 반영한다.

④ 지구단위계획을 수립한 경우에는 기반시설설치계획을 수립한 것으로 본다.

⑤ 기반시설부담구역의 지정 · 고시일부터 3년이 되는 날까지 기반시설설치계획을 수립하지 아니하면 그 3년이 되는 날의 다음 날에 기반시설부담구역의 지정은 해제된 것으로 본다.

53. **도시개발법령상 도시개발사업의 계획**(이하 "개발계획" 이라 함)**에 대한 설명으로 옳은 것은?**

① 개발계획은 특별시장 · 광역시장 · 특별자치도지사 · 시장 또는 군수가 수립한다.

② 지정권자는 환지(換地) 방식의 도시개발사업에 대한 개발계획을 수립하려면 환지 방식이 적용되는 지역의 토지면적의 3분의 2 이상에 해당하는 토지 소유자와 그 지역의 토지 소유자 총수의 2분의 1 이상의 동의를 받아야 한다.

③ 자연녹지지역에 도시개발구역을 지정하려면 먼저 해당 도시개발구역에 대한 개발계획을 수립하여야 한다.

④ 도시개발사업의 시행자는 지정권자에게 개발계획의 변경을 요청할 수 없다.

⑤ 100만제곱미터 이상인 도시개발구역에 관한 개발계획을 수립할 때에는 해당 구역에서 주거, 생산, 교육, 유통, 위락 등의 기능이 서로 조화를 이루도록 노력하여야 한다.

54. **도시개발법령상 도시개발구역 지정·고시의 효과에 대한 설명으로 옳은 것은?**

① 도시개발구역이 지정·고시된 경우 해당 도시개발구역은 원칙적으로 도시지역과 지구단위계획구역으로 결정되어 고시된 것으로 본다.

② 도시개발구역 지정에 관한 주민 등의 의견청취를 위한 공고가 있는 지역에서 건축물의 건축 등의 행위를 하려는 자는 허가를 받을 필요가 없다.

③ 도시개발구역에서 죽목의 벌채 및 식재는 허가를 요하지 아니한다.

④ 개발행위 허가를 받아도 국토의 계획 및 이용에 관한 법률에 따라 개발행위 허가를 별도로 받아야 한다.

⑤ 도시개발구역의 지정 및 고시 당시 이미 관계 법령에 따라 행위 허가를 받고 그 공사나 사업에 착수한 자는 도시개발구역이 지정·고시된 날부터 3월 이내에 특별시장·광역시장·특별자치도지사·시장 또는 군수에게 신고한 후 이를 계속 시행할 수 있다.

55. **도시개발법령상 도시개발사업의 시행자에 대한 설명으로 옳은 것은?**

① 도시개발구역의 토지 소유자가 도시개발을 위하여 설립한 조합은 도시개발사업의 전부를 수용 또는 사용방식으로 시행하는 경우에만 시행자가 될 수 있다.

② 도시개발구역의 전부를 환지 방식으로 시행하는 경우에는 원칙적으로 지방자치단체등을 시행자로 지정한다.

③ 도시개발사업에 관한 실시계획의 인가를 받은 후 1년 이내에 사업을 착수하지 아니하는 경우에는 지정권자는 시행자를 변경할 수 있다.

④ 조합을 설립하려면 도시개발구역의 토지 소유자 7명 이상이 정관을 작성하여 지정권자에게 조합 설립의 인가를 받아야 한다.

⑤ 행정청인 시행자가 한 처분에 불복하는 자는 다른 법률에 특별한 규정이 있는 경우 외에는 지정권자에게 행정심판을 제기하여야 한다.

56. **도시개발법령상 도시개발사업의 시행방식에 대한 내용으로 <u>잘못된</u> 것은?**

① 도시개발사업의 시행방식은 수용 또는 사용방식, 환지 방식, 혼용방식이 있다.

② 대지로서의 효용증진과 공공시설의 정비를 위하여 필요한 경우에는 수용 또는 사용방식으로 시행한다.

③ 도시개발사업을 시행하는 지역의 지가가 인근의 다른 지역에 비하여 현저히 높아 수용 또는 사용방식으로 시행하는 것이 어려운 경우에는 환지 방식으로 시행할 수 있다.

④ 시행자는 도시개발사업을 혼용방식으로 시행하려는 경우에는 분할 혼용방식 또는 미분할 혼용방식으로 시행할 수 있다.

⑤ 사업시행지구를 분할하여 시행하는 경우에는 각 사업지구에서 부담하여야 하는 국토의 계획 및 이용에 관한 법률에 따른 기반시설의 설치비용 등을 명확히 구분하여 실시계획에 반영하여야 한다.

57. **도시개발법령상 수용 또는 사용방식에서 추첨의 방법으로 공급할 수 있는 경우가 <u>아닌</u> 것을 모두 고르시오.**

ㄱ. 주택법에 따른 국민주택규모 이하의 주택건설용지(공공시행자가 공급하는 임대주택은 제외)
ㄴ. 주택법에 따른 공공택지
ㄷ. 국토교통부령으로 정하는 면적(330제곱미터) 이하의 단독주택용지
ㄹ. 공장용지
ㅁ. 국공립 학교용지

① ㄱ, ㄴ, ㄷ ② ㄴ, ㄷ, ㅁ
③ ㄷ, ㄹ ④ ㄹ, ㅁ
⑤ ㅁ

58. **도시개발법령상 다음 조건에서 환지계획구역의 토지부담률은?**

• 환지계획구역 면적 : 120만제곱미터
• 보류지 면적 : 60만제곱미터
• 체비지 면적 : 30만제곱미터
• 시행자에게 무상귀속되는 공공시설 면적 : 20만제곱미터
• 청산 대상 토지 면적 : 10만제곱미터

① 10퍼센트 ② 25퍼센트
③ 40퍼센트 ④ 50퍼센트
⑤ 60퍼센트

59. **도시 및 주거환경정비법령상 정비사업에 대한 설명으로 괄호 안에 들어갈 알맞은 내용을 고르시오.**

> ㄱ. 주거환경개선사업이란 도시저소득 주민이 집단거주하는 지역으로서 정비기반시설이 극히 열악하고 노후 · 불량건축물이 과도하게 밀집한 지역의 주거환경을 개선하거나 (　　) 및 다세대주택이 밀집한 지역에서 정비기반시설과 공동이용시설 확충을 통하여 주거환경을 보전 · 정비 · 개량하기 위한 사업을 말한다.
> ㄴ. 재개발사업이란 정비기반시설이 열악하고 노후 · 불량건축물이 밀집한 지역에서 주거환경을 개선하거나 (　　　　　) 등에서 도시기능의 회복 및 상권활성화 등을 위하여 도시환경을 개선하기 위한 사업을 말한다.
> ㄷ. 재건축사업이란 정비기반시설은 (　　)하나 노후 · 불량건축물에 해당하는 "공동주택"이 밀집한 지역에서 주거환경을 개선하기 위한 사업을 말한다.

① ㄱ-단독주택, ㄴ-상업지역 · 공업지역, ㄷ-양호
② ㄱ-연립주택, ㄴ-상업지역 · 공업지역, ㄷ-열악
③ ㄱ-단독주택, ㄴ-주거지역 · 상업지역, ㄷ-양호
④ ㄱ-연립주택, ㄴ-주거지역 · 상업지역, ㄷ-열악
⑤ ㄱ-단독주택, ㄴ-주거지역 · 공업지역, ㄷ-양호

60. **도시 및 주거환경정비법령상 정비구역에서의 행위제한에 대한 설명으로 옳은 것은?**

① 정비구역에서 건축법에 따른 건축물(가설건축물 제외)의 건축, 용도변경의 행위를 하려는 자는 시장 · 군수등의 허가를 받아야 한다.
② 이동이 쉽지 아니한 물건을 2개월 이상 쌓아놓는 행위는 허가대상이다.
③ 정비구역에 존치하기로 결정된 대지에 물건을 쌓아놓는 행위는 허가대상이다.
④ 관상용 죽목의 임시식재는 허가대상이 아니지만 대지에서의 임시식재는 허가를 받아야 한다.
⑤ 정비구역등에서는 주택법상 지역주택조합의 조합원을 모집해서는 아니된다.

61. **도시 및 주거환경정비법령상 주민대표회의와 토지 등 소유자 전체회의에 대한 설명으로 <u>틀린</u> 것은?**

① 토지등소유자가 시장 · 군수등 또는 토지주택공사등의 사업시행을 원하는 경우에는 정비구역 지정 · 고시 후 주민대표회의를 구성하여야 한다.
② 주민대표회의는 토지등소유자의 과반수의 동의를 받아 구성하며, 국토교통부령으로 정하는 방법 및 절차에 따라 국토교통부장관의 승인을 받아야 한다.
③ 주민대표회의는 위원장을 포함하여 5명 이상 25명 이하로 구성하며, 위원장과 부위원장 각 1명과 1명 이상 3명 이하의 감사를 둔다.
④ 사업시행자로 지정된 신탁업자는 일정한 사항에 대하여 해당 정비사업의 토지등소유자 전원으로 구성되는 토지등소유자 전체회의의 의결을 거쳐야 한다.
⑤ 토지등소유자 전체회의는 사업시행자가 직권으로 소집하거나 토지등소유자 5분의 1 이상의 요구로 사업시행자가 소집한다.

62. **도시 및 주거환경정비법령상 정비사업조합의 임원에 대한 설명으로 <u>틀린</u> 것은?**

① 조합에 두는 이사의 수는 3명 이상으로 하되 토지등소유자의 수가 100명을 초과하는 경우에는 이사의 수를 7명 이상으로 한다.
② 조합임원의 임기는 3년 이하의 범위에서 정관으로 정하되, 연임할 수 있다.
③ 조합장 또는 이사가 자기를 위하여 조합과 계약이나 소송을 할 때에는 감사가 조합을 대표한다.
④ 도시 및 주거환경정비법을 위반하여 벌금 100만 원 이상의 형을 선고받고 10년이 지나지 아니한 자는 임원이 될 수 없다.
⑤ 조합임원이 선임 당시 결격사유에 해당하는 자이었음이 판명된 때에는 당연 퇴임하며, 퇴임된 임원이 퇴임 전에 관여한 행위는 그 효력을 잃지 아니한다.

63. 도시 및 주거환경정비법령상 임시거주시설 · 임시상가의 설치 등에 대한 설명으로 틀린 것은?

① 사업시행자는 주거환경개선사업 및 재개발사업의 시행으로 철거되는 주택의 소유자 또는 세입자에게 해당 정비구역 안과 밖에 위치한 임대주택 등의 시설에 임시로 거주하게 하거나 주택자금의 융자를 알선하는 등 임시거주에 상응하는 조치를 하여야 한다.

② 국가 또는 지방자치단체는 사업시행자로부터 임시거주시설에 필요한 건축물이나 토지의 사용신청을 받은 때에는 임시거주시설의 설치를 위하여 필요한 건축물이나 토지에 대하여 제3자와 이미 매매계약을 체결한 경우에는 이를 거절할 수 있다.

③ 사업시행자는 정비사업의 공사를 완료한 때에는 그 완료한 날부터 30일 이내에 임시거주시설을 철거하고, 사용한 건축물이나 토지를 원상회복하여야 한다.

④ 사업시행자는 임시거주시설의 설치 등을 위하여 필요하더라도 국가 · 지방자치단체의 시설이나 토지는 일시 사용할 수 없다.

⑤ 재개발사업의 사업시행자는 사업시행으로 이주하는 상가세입자가 사용할 수 있도록 정비구역 또는 정비구역 인근에 임시상가를 설치할 수 있다.

64. 도시 및 주거환경정비법령상 관리처분계획인가와 관련된 내용으로 틀린 것은?

① 시장 · 군수등은 사업시행자의 관리처분계획인가의 신청이 있은 날부터 1년 이내에 인가 여부를 결정하여 사업시행자에게 통보하여야 하지만, 관리처분계획의 타당성 검증을 요청하는 경우에는 관리처분계획인가의 신청을 받은 날부터 90일 이내에 인가 여부를 결정하여 사업시행자에게 통지하여야 한다.

② 시장 · 군수등은 관리처분계획상의 정비사업비가 사업시행계획서상 정비사업비 기준으로 100분의 10 이상 늘어나는 경우에는 토지주택공사등이나 한국부동산원에 관리처분계획의 타당성 검증을 요청하여야 한다.

③ 특별시장 · 광역시장 또는 도지사로부터 사업시행계획인가 또는 관리처분계획인가의 시기를 조정하도록 요청을 받은 시장, 군수 또는 구청장은 특별한 사유가 없으면 그 요청에 따라야 하며, 사업시행계획인가 또는 관리처분계획인가의 조정 시기는 인가를 신청한 날부터 1년을 넘을 수 없다.

④ 사업시행자는 정비사업의 시행으로 건설된 건축물을 인가받은 관리처분계획에 따라 토지등소유자에게 공급하여야 한다.

⑤ 종전의 토지 또는 건축물의 소유자 · 지상권자 · 전세권자 · 임차권자 등 권리자는 관리처분계획인가의 고시가 있은 때에는 소유권이전고시가 있는 날까지 원칙적으로 종전의 토지 또는 건축물을 사용하거나 수익할 수 없다.

65. 주택법령상 주택에 대한 설명으로 옳은 것은?

① 주택이란 세대의 구성원이 장기간 독립된 주거생활을 할 수 있는 구조로 된 건축물의 전부 또는 일부를 말하며, 부속토지는 제외되고, 단독주택과 공동주택으로 구분한다.

② 국가 · 지방자치단체, 한국토지주택공사 또는 지방공사가 건설하는 주택으로서 국민주택규모 이하인 주택은 국민주택에 속한다.

③ 국민주택규모란 주거의 용도로만 쓰이는 주거전용면적이 1호(戶) 또는 1세대당 85제곱미터 이하인 주택(수도권정비계획법에 따른 수도권을 포함한 도시지역인 읍 또는 면 지역은 1호 또는 1세대당 주거전용면적이 100제곱미터 이하인 주택)을 말한다.

④ 민영주택이란 민간건설사업주체가 건설하는 주택을 말한다.

⑤ 도시형 생활주택이란 150세대 미만의 국민주택규모에 해당하는 주택으로서 국토의 계획 및 이용에 관한 법률에 따른 관리지역에 건설하는 일정한 주택을 말한다.

66. 주택법상 사업계획의 승인을 받아 건설하는 세대구분형 공동주택에 대한 설명으로 틀린 것은?

① 주택건설기준 등을 적용하는 경우 세대구분형 공동주택의 세대수는 구분된 공간의 세대에 관계없이 하나의 세대로 산정한다.

② 세대별로 구분된 각각의 공간마다 별도의 욕실, 부엌과 현관을 설치할 것

③ 세대구분형 공동주택의 세대수가 해당 주택단지 안의 공동주택 전체 세대수의 3분의 1을 초과하지 아니할 것

④ 구분된 공간의 세대수는 기존 세대를 포함하여 2세대 이하일 것

⑤ 하나의 세대가 통합하여 사용할 수 있도록 세대 간에 연결문 또는 경량 구조의 경계벽 등을 설치할 것

67. 주택법령상 수직증축형 리모델링에 관한 설명으로 틀린 것은?

① 상가는 2개 층이고 아파트는 12개 층인 주상복합건축물은 2개 층까지 증축이 가능하다.

② 층수가 50층인 아파트는 5개 층까지 증축이 가능하다.

③ 층수가 13층인 아파트는 2개 층까지 증축이 가능하다.

④ 층수가 20층인 아파트는 3개 층까지 증축이 가능하다.

⑤ 상가는 3개 층이고 아파트 12개 층인 주상복합건축물은 3개 층까지 증축이 가능하다.

68. **주택법령상 주택조합에 대한 설명으로 틀린 것은?**

① 주택조합이란 많은 수의 구성원이 사업계획승인을 받아 건설하는 주택을 마련하거나 리모델링하기 위하여 결성하는 조합을 말한다.

② 공동주택의 소유자가 그 주택을 리모델링하기 위하여 설립한 조합을 리모델링주택조합이라 한다.

③ 주택조합을 설립하려는 경우에는 관할 특별자치시장, 특별자치도지사, 시장, 군수 또는 구청장(구청장은 자치구의 구청장을 말하며, 이하 "시장 · 군수 · 구청장" 이라 함)의 인가를 받아야 하며, 인가받은 내용을 변경하거나 주택조합을 해산하려는 경우에는 신고만으로 한다.

④ 국민주택을 공급받기 위하여 직장주택조합을 설립하려는 자는 관할 시장 · 군수 · 구청장에게 신고하여야 하며, 신고한 내용을 변경하거나 직장주택조합을 해산하려는 경우에도 신고만으로 한다.

⑤ 인가받은 내용을 변경하거나 주택조합을 해산하려는 경우에는 해당 주택건설대지의 80퍼센트 이상에 해당하는 토지의 사용권원과 15퍼센트 이상에 해당하는 토지의 소유권을 확보하지 않아도 된다.

69. **주택법령상 국토의 계획 및 이용에 관한 법률에 따른 지구단위계획의 결정이 필요한 주택건설사업에서 주택건설대지의 소유권 확보와 관련된 내용으로 옳은 것은?**

① 해당 대지면적의 60퍼센트 이상을 소유권을 확보하고, 확보하지 못한 대지가 매도청구 대상이 되는 대지에 해당하는 경우에는 주택건설대지의 소유권을 확보하지 않아도 된다.

② 사용권원을 확보하지 못한 대지의 소유자 중 지구단위계획구역 결정고시일 10년 이전에 해당 대지의 소유권을 취득하여 계속 보유하고 있는 자에게 매도청구할 수 있다.

③ 주택건설대지면적 중 95퍼센트 이상에 대하여 사용권원을 확보한 경우에는 사용권원을 확보하지 못한 대지의 모든 소유자에게 매도청구할 수 있다.

④ 해당 주택건설대지 중 사용할 수 있는 권원을 확보하지 못한 대지(건축물 포함)의 소유자에게 그 대지를 감정가격으로 매도할 것을 청구할 수 있다.

⑤ 매도청구대상이 되는 대지의 소유자와 매도청구를 하기 전에 1개월 이상 협의하여야 한다.

70. **주택법령상 착공신고와 관련된 내용으로 괄호 안에 들어갈 알맞은 내용을 고르시오.**

> • 사업주체가 공사를 시작하려는 경우에는 (ㄱ)에게 신고하여야 한다. 사업계획승인권자는 신고를 받은 날부터 (ㄴ)일 이내에 신고수리 여부를 신고인에게 통지하여야 한다.
> • 사업주체가 착공신고한 후 공사를 시작하려는 경우 사업계획승인을 받은 해당 주택건설대지에 매도청구 대상이 되는 대지가 포함되어 있으면 해당 매도청구 대상 대지에 대하여는 그 대지의 소유자가 매도에 대하여 합의를 하거나 매도청구에 관한 법원의 (ㄷ)(확정되지 아니한 판결을 포함)을(를) 받은 경우에만 공사를 시작할 수 있다.

① ㄱ-사업계획승인권자, ㄴ-20, ㄷ-승소판결
② ㄱ-국토교통부장관, ㄴ-30, ㄷ-재판상 화해
③ ㄱ-사업계획승인권자, ㄴ-20, ㄷ-재판상 화해
④ ㄱ-시장 · 군수 · 구청장, ㄴ-30, ㄷ-승소판결
⑤ ㄱ-시장 · 군수 · 구청장, ㄴ-15, ㄷ-승소판결

71. **주택법령상 분양가상한제를 적용하지 않는 주택으로 옳은 것을 모두 고르시오.**

> ㄱ. 도시형 생활주택
> ㄴ. 경제자유구역에서 건설 · 공급하는 일정한 공동주택
> ㄷ. 관광특구에서 건설 · 공급하는 공동주택으로서 해당 건축물의 층수가 50층 이상이거나 높이가 150미터 이상인 경우
> ㄹ. 「도시 및 주거환경정비법」에 따른 공공재건축사업에서 건설 · 공급하는 주택
> ㅁ. 도시개발사업에서 공공사업시행자가 수용 또는 사용방식으로 공급하는 공동주택
> ㅂ. 공공사업시행자가 조성하는 택지개발사업에서 건설되는 공동주택

① ㄱ, ㄴ, ㄷ ② ㄴ, ㄷ, ㄹ
③ ㄷ, ㄹ, ㅁ ④ ㄹ, ㅁ, ㅂ
⑤ ㄱ, ㄷ, ㅁ

72. **건축법령상 건축법을 적용하지 아니하는 건축물에 대한 설명으로 옳은 것은?**

① 문화재보호법에 따른 지정문화재, 임시지정문화재는 건축법을 적용한다.

② 하천법에 따른 하천구역 내의 수문조작실은 건축법을 적용한다.

③ 철도 선로의 위나 아래를 가로지르는 보행시설은 건축법을 적용하지 아니하고 플랫폼은 건축법을 적용한다.

④ 고속도로 통행료 징수시설은 건축법을 적용하지 아니한다.

⑤ 컨테이너를 이용한 간이창고로서 산업집적활성화 및 공장설립에 관한 법률에 따른 공장의 용도로만 사용되는 건축물의 대지에 설치하는 것으로서 이동이 곤란한 것은 건축법을 적용하지 아니한다.

73. **건축법령상 건축에 대한 설명으로 괄호 안에 들어갈 알맞은 내용을 고르시오.**

> ㄱ. 부속건축물만 있는 대지에 새로이 주된 건축물을 축조하는 것은 (　　)이다.
> ㄴ. 기존 건축물의 일부를 해체하여 건축면적은 줄이고 층수를 증가시키는 것은 (　　)이다.
> ㄷ. 건축물이 천재지변이나 그 밖의 재해(災害)로 멸실된 경우 그 대지에 연면적 합계는 종전 규모 이하로 하고 동수, 층수 및 높이가 모두 종전 규모 이하로 축조하면 (　　)이다.

① ㄱ-신축, ㄴ-개축, ㄷ-이전

② ㄱ-증축, ㄴ-개축, ㄷ-재축

③ ㄱ-신축, ㄴ-증축, ㄷ-재축

④ ㄱ-증축, ㄴ-개축, ㄷ-신축

⑤ ㄱ-신축, ㄴ-증축, ㄷ-개축

74. **건축법령상 건축 관련 입지와 규모의 사전결정에 대한 설명으로 옳은 것은?**

① 건축허가 대상 건축물을 건축하려는 자는 건축허가를 신청하기 전에 허가권자에게 그 건축물을 해당 대지에 건축하는 것이 이 법이나 다른 법령에서 허용되는지 등에 대한 사전결정을 반드시 신청하여야 한다.

② 사전결정신청자는 건축위원회 심의와 도시교통정비 촉진법에 따른 교통영향평가서의 검토를 동시에 신청할 수 없다.

③ 허가권자는 사전결정이 신청된 건축물의 대지면적이 환경영향평가법에 따른 소규모 환경영향평가 대상사업인 경우 협의를 생략할 수 있다.

④ 허가권자는 사전결정으로 허가 · 신고 또는 협의가 의제되는 내용이 포함된 사전결정을 하려면 미리 관계 행정기관의 장과 협의하여야 하며, 협의를 요청받은 관계 행정기관의 장은 요청받은 날부터 30일 이내에 의견을 제출하여야 한다.

⑤ 사전결정신청자는 사전결정을 통지받은 날부터 2년 이내에 건축허가를 신청하여야 하며, 이 기간에 건축허가를 신청하지 아니하면 사전결정의 효력이 상실된다.

75. **건축법령상 건축신고대상으로 옳은 것은?**

① 국토의 계획 및 이용에 관한 법률에 따른 공업지역에서 건축하는 2층 이하인 건축물로서 연면적의 합계가 1,000제곱미터 이하인 공장

② 연면적이 200제곱미터 이상이거나 3층 이상인 건축물의 기둥 세 개를 증설하는 대수선

③ 연면적이 200제곱미터 미만이고 3층 미만인 건축물의 대수선

④ 농업을 영위하기 위하여 지역계획 또는 도시 · 군계획에 지장이 없는 읍 · 면지역에서 건축하는 연면적 200제곱미터 이하의 축사 · 작물재배사(作物栽培舍)

⑤ 수산업을 영위하기 위하여 지역계획 또는 도시 · 군계획에 지장이 없는 읍 · 면지역에서 연면적 400제곱미터 이하의 창고

76. 건축법령상 대지의 안전과 관련된 내용으로 틀린 것은?

① 대지는 어떠한 경우에도 인접한 도로면보다 낮아서는 아니 된다.

② 습한 토지, 물이 나올 우려가 많은 토지에 건축물을 건축하는 경우에는 성토, 지반 개량 등 필요한 조치를 하여야 한다.

③ 손궤의 우려가 있는 토지에 대지를 조성하려면 옹벽을 설치하거나 그 밖에 필요한 조치를 하여야 한다.

④ 옹벽은 성토 또는 절토하는 부분의 경사도가 1 : 1.5 이상으로서 높이가 1미터 이상인 부분에 설치하여야 한다.

⑤ 옹벽의 외벽면에는 이의 지지 또는 배수를 위한 시설 외의 구조물이 밖으로 튀어 나오지 아니하게 하여야 한다.

77. 건축법령상 초고층 건축물에는 피난층 또는 지상으로 통하는 직통계단과 직접 연결되는 피난안전구역을 지상층으로부터 최대 (　　)개 층마다 1개소 이상 설치하여야 한다. 준초고층 건축물에는 피난층 또는 지상으로 통하는 직통계단과 직접 연결되는 피난안전구역을 해당 건축물 전체 층수의 1/2에 해당하는 층으로부터 상하 (　　)개층 이내에 1개소 이상 설치하여야 한다. 괄호 속에 각각 알맞은 숫자를 넣으시오.

① 20 - 5　　② 30 - 5

③ 30 - 3　　④ 50 - 5

⑤ 50 - 10

78. 건축법령상 특별건축구역으로 지정할 수 없는 지역이 아닌 것은?

① 「개발제한구역의 지정 및 관리에 관한 특별조치법」에 따른 개발제한구역

② 「자연공원법」에 따른 자연공원

③ 「도로법」에 따른 접도구역

④ 「산지관리법」에 따른 보전산지

⑤ 「군사기지 및 군사시설 보호법」에 따른 군사기지 및 군사시설 보호구역

79. 농지법령상 농지에 대한 설명으로 틀린 것은?

① 조경 또는 관상용 수목과 그 묘목을 식재한 토지는 농지이지만 조경목적으로 식재한 토지는 농지에서 제외된다.

② 농막이 있는 토지도 농지에 속한다.

③ 공간정보의 구축 및 관리 등에 관한 법률에 따른 지목이 전·답, 과수원이 아닌 토지로서 농작물 경작지 또는 다년생식물 재배지로 계속하여 이용되는 기간이 3년 이상인 토지는 농지에 속한다.

④ 초지법에 따라 조성된 초지는 농지에 속한다.

⑤ 공간정보의 구축 및 관리 등에 관한 법률에 따른 지목이 임야인 토지로서 산지관리법에 따른 산지전용허가를 거치고 농작물의 경작 또는 다년생식물의 재배에 이용되는 토지는 농지에 속한다.

80. 농지법령상 농지취득자격증명의 발급과 관련하여 (　　) 안에 들어갈 알맞은 숫자를 순서대로 고르시오.

> 시·구·읍·면의 장은 농지취득자격증명의 발급신청을 받은 때에는 ㉠ 그 신청을 받은 날부터 (　　)일, ㉡ 다만, 농업경영계획서를 작성하지 아니하고 농지취득자격증명의 발급신청을 할 수 있는 경우에는 (　　)일, ㉢ 농지위원회의 심의 대상의 경우에는 (　　)일 이내에 일정한 요건에 적합한지의 여부를 확인하여 이에 적합한 경우에는 신청인에게 농지취득자격증명을 발급하여야 한다.

① ㉠ - 7, ㉡ - 4, ㉢ - 14

② ㉠ - 7, ㉡ - 4, ㉢ - 21

③ ㉠ - 4, ㉡ - 2, ㉢ - 7

④ ㉠ - 4, ㉡ - 2, ㉢ - 14

⑤ ㉠ - 7, ㉡ - 2, ㉢ - 14

MEMO

2023년도 제34회 공인중개사 2차 국가자격시험

실전모의고사 제1회

교 시	문제형별	시 간	시험과목
2교시	A	50분	① 부동산공시에 관한 법령 및 부동산 관련 세법

수험번호		성 명	

【 수험자 유의 사항 】

1. **시험문제지 표지와** 시험문제지 내 **문제형별의 동일여부** 및 시험 문제지의 **총면수 · 문제번호 일련순서 · 인쇄상태** 등을 확인하시고, 문제지 표지에 수험번호와 성명을 기재하시기 바랍니다.
2. 답은 각 문제마다 요구하는 **가장 적합하거나 가까운 답 1개**만 선택하고, 답안카드 작성시 시험문제지 **형별누락, 마킹착오**로 인한 불이익은 전적으로 수험자에게 책임이 있음을 알려드립니다.
3. 답안카드는 국가전문자격 공통 표준형으로 문제번호가 1번부터 125번까지 인쇄되어 있습니다. 답안마킹시에는 반드시 **시험문제지의 문제번호와 동일한 번호에 마킹**하여야 합니다. (2차 2교시: 1번~40번)
4. **감독관의 지시에 불응시 불이익이 발생될 수 있으며, 시험시간 종료 후 답안카드를 제출하지 않을 경우** 시험무효처리 됨을 알려드립니다.
5. 이의제기에 관한 개별회신은 하지 않으며, **최종 정답 발표로 갈음**합니다.
6. 시험 중 **중간 퇴실은 불가**합니다. 단, 부득이하게 퇴실할 경우 **시험포기 각서 제출 후 퇴실은 가능**하나 **재입실이 불가**하며, **해당시험은 무효처리됩니다.**
7. 시험문제지는 시험 종료 후 가져가시기 바랍니다.

인강드림 공인중개사

제1과목: 부동산공시에 관한 법령 및 부동산 관련 세법

1. 공간정보의 구축 및 관리 등에 관한 법령상 토지의 조사·등록에 관한 설명으로 옳은 것은?

① 지적소관청은 모든 토지에 대하여 필지별로 소재·지번·지목·면적·경계 또는 좌표 등을 조사·측량하여 지적공부에 등록하여야 한다.

② 지적공부에 등록하는 지번·지목·면적·경계 또는 좌표는 토지의 이동이 있을 때 토지소유자의 신청을 받아 국토교통부장관이 결정한다.

③ 지적소관청은 토지의 이동현황을 직권으로 조사·측량하여 토지의 지번·지목·면적·경계 또는 좌표를 결정하려는 때에는 토지이용현황조사계획을 수립하여야 한다.

④ 지적소관청은 토지이동현황조사계획에 따라 토지의 이동현황을 조사한 때에는 지번별조서에 토지의 이동현황을 적어야 한다.

⑤ 지적소관청은 토지이동현황조사 결과에 따라 토지의 지번·지목·면적·경계 또는 좌표를 결정한 때에는 이에 따라 지적공부를 정리하여야 한다.

2. 공간정보의 구축 및 관리 등에 관한 법령상 지목의 구분으로 옳은 것은?

① 「장사 등에 관한 법률」 제2조 제9호에 따른 봉안시설과 이에 접속된 부속시설물의 부지 및 묘지의 관리를 위한 건축물의 부지의 지목은 '묘지'로 한다.

② 자연의 유수가 있거나 있을 것으로 예상되는 소규모 수로부지는 '구거'로 한다.

③ 연·왕골 등을 재배하는 토지의 지목은 '유지'로 한다.

④ 지하에서 석유류 등이 용출되는 용출구와 그 유지에 사용되는 부지는 '주유소용지'로 한다.

⑤ 1필지가 둘 이상의 용도로 활용되는 경우에는 종된 용도에 따라 지목을 설정하여야 한다.

3. 공간정보의 구축 및 관리 등에 관한 법령상 지상경계의 결정기준에 관한 설명으로 옳은 것은?

① 연접되는 토지 간에 높낮이 차이가 없는 경우 : 그 구조물 하단부

② 연접되는 토지 간에 높낮이 차이가 있는 경우 : 그 구조물 등의 중앙

③ 도로·구거 등의 토지에 절토된 부분이 있는 경우 : 그 경사면의 하단부

④ 토지가 해면 또는 수면에 접하는 경우 : 최대만조위 또는 최소만수위가 되는 선

⑤ 공유수면매립지의 토지 중 제방 등을 토지에 편입하여 등록하는 경우 : 바깥쪽 어깨 부분

4. 토지대장·임야대장에 등록하는 면적 측정으로 틀린 것은?

번호	경계점좌표등록부, 1/600		1/1,000 ~ 1/6,000	
	측정면적	등록면적	측정면적	등록면적
①	425.66㎡	425.7㎡	637.6㎡	638㎡
②	316.54㎡	316.5㎡	545.4㎡	545㎡
③	427.45㎡	427.4㎡	286.5㎡	286㎡
④	923.15㎡	923.2㎡	954.51㎡	954㎡
⑤	0.31㎡	0.3㎡	0.31㎡	1㎡

5. 공간정보의 구축 및 관리 등에 관한 법령상 토지대장 및 임야대장에 등록되는 사항으로 묶은 것은?

ㄱ. 개별공시지가
ㄴ. 지적기준점의 위치
ㄷ. 필지별 토지대장·임야대장의 장 번호
ㄹ. 토지의 이동사유
ㅁ. 건물명칭

① ㄱ, ㄴ, ㄷ
② ㄱ, ㄷ, ㅁ
③ ㄱ, ㄷ, ㄹ
④ ㄴ, ㅁ
⑤ ㄷ, ㅁ

6. **공간정보의 구축 및 관리 등에 관한 법령상 지적도의 축척에 해당하지 않는 것은?**

① 1/500

② 1/600

③ 1/1,200

④ 1/2,000

⑤ 1/3,000

7. **공간정보의 구축 및 관리 등에 관한 법령상 지적공부의 복구에 관한 설명으로 틀린 것은?**

① 지적공부를 복구할 때 소유자에 관한 사항은 부동산등기부나 법원의 확정판결에 따라 복구하여야 한다.

② 토지대장은 복구되고 지적도면이 복구되지 아니한 토지가 축척변경 시행지역이나 도시개발사업 등의 시행지역에 편입된 때에는 지적도면을 복구하지 아니할 수 있다.

③ 지적소관청은 지적공부의 전부 또는 일부가 멸실되거나 훼손된 경우에는 지체 없이 이를 복구하여야 한다.

④ 복구자료도에 따라 측정한 면적과 지적복구자료 조사서의 조사된 면적의 증감이 허용범위를 초과하는 경우에는 복구측량을 하여야 한다.

⑤ 지적소관청은 복구자료의 조사 또는 복구측량 등이 완료되어 지적공부를 복구하려는 경우에는 복구하려는 토지의 표시 등을 시·군·구 게시판 및 인터넷 홈페이지에 20일 이상 게시하여야 한다.

8. **분할에 대한 설명으로 틀린 것은?**

① 분할에 따른 지상경계는 지상건축물을 걸리게 결정하지 않는 것이 원칙이다.

② 토지소유자는 지적공부에 등록된 1필지의 일부가 형질변경 등으로 용도가 변경된 경우에는 용도가 변경된 날부터 90일 이내에 분할을 신청하여야 한다.

③ 토지를 분할하는 경우 주거 · 사무실 등의 건축물이 있는 필지에 대하여는 분할 전의 지번을 우선하여 부여하여야 한다.

④ 甲이 분할을 위한 측량을 의뢰하고자 하는 경우, 지적측량수행자에게 신청하여야 한다.

⑤ 공공사업으로 도로를 개설하기 위하여 토지를 분할하는 경우에는 지상건축물에 걸리게 지상경계를 결정할 수 있다.

9. **지적소관청이 직권으로 조사 · 측량하여 정정할 수 있는 경우가 아닌 것은?**

① 토지 합필 제한에 위반한 등기신청 각하에 따른 등기관의 통지가 있는 경우

② 지적공부의 작성 또는 재작성 당시 잘못 정리된 경우

③ 소유자정리결의서의 내용과 다르게 정리된 경우

④ 지적측량성과와 다르게 정리된 경우

⑤ 지적공부의 등록사항이 잘못 입력된 경우

10. **공간정보의 구축 및 관리 등에 관한 법령상 축척변경위원회의 심의 · 의결사항으로 틀린 것은?**

① 지적측량 기술자의 징계에 관한 사항

② 지번별 ㎡당 금액의 결정에 관한 사항

③ 축척변경 시행계획에 관한 사항

④ 청산금의 산정에 관한 사항

⑤ 청산금의 이의신청에 관한 사항

11. **공간정보의 구축 및 관리 등에 관한 법령상 지적측량을 실시하여야 할 대상으로 틀린 것은?**

① 경계점을 지상에 복원하는 경우

② 지적측량수행자가 실시한 측량성과에 대하여 지적소관청이 검사를 위해 지적측량을 하는 경우

③ 지적도에 등록된 토지를 작은 축척에서 큰 축척으로 변경하여 등록하는 경우

④ 도시 및 주거환경정비법」에 따른 정비사업 시행지역에서 토지의 이동이 있는 경우로서 측량을 할 필요가 있는 경우

⑤ 지적공부에 등록된 지목을 다른 지목으로 바꾸어 등록하는 경우

12. **지적기준점성과와 그 측량기록의 보관 및 열람 등에 관한 설명으로 틀린 것은?**

① 지적기준점성과의 열람 및 등본 발급신청을 받은 지적측량수행자는 이를 열람하게 하거나 등본을 발급하여야 한다.

② 지적삼각점성과를 열람하거나 등본을 발급받으려는 자는 시 · 도지사 또는 지적소관청에 신청하여야 한다.

③ 지적기준점측량의 절차는 계획의 수립, 준비 및 현지답사, 선점(選點) 및 조표(調標), 관측 및 계산과 성과표의 작성순서에 따른다.

④ 지적도근점성과를 열람하거나 등본을 발급받으려는 자는 지적소관청에 신청하여야 한다.

⑤ 지적소관청이 지적삼각점을 설치하거나 변경하였을 때에는 그 측량성과를 시 · 도지사에게 통보한다.

13. **등기의 효력에 대한 설명으로 옳은 것은?**

① 등기의 추정력은 갑구 · 을구의 등기에 인정되지 않으나, 표제부의 등기에는 인정된다.

② 등기원인에는 추정력이 없다.

③ 토지거래허가구역 내의 토지에 관하여, 최초 매도인으로부터 최종 매수인 앞으로 한 소유권이전등기는 유효하다.

④ 같은 주등기에 관한 부기등기 상호간의 순위는 그 등기 순서에 따른다.

⑤ 乙의 토지에 甲 명의의 소유권이전등기 청구권보전을 위한 가등기가 있다면 甲은 소유권이전등기를 청구할 정당한 법률관계가 있다고 추정한다.

14. **등기부 등에 관한 설명으로 틀린 것은?**

① 폐쇄한 등기기록은 영구히 보존해야 한다.

② 구분건물의 등기기록에 대지권이 등기된 후 토지만에 관한 소유권이전등기를 할 수 없다.

③ 등기기록에 기록되어 있는 사항은 이해관계인에 한해 열람을 청구할 수 있다.

④ 등기사항증명서 발급신청 시 매매목록은 그 신청이 있는 경우에만 등기사항증명서에 포함하여 발급한다.

⑤ 1동 건물을 구분한 건물에 있어서는 1동의 건물에 속하는 전부에 대하여 1개의 등기기록을 사용한다.

15. **등기신청절차에 대한 설명으로 옳은 것은?**

① 국립대학교는 학교 명의로 등기를 신청할 수 없지만, 사립대학교는 학교 명의로 등기를 신청할 수 있다.

② 丙의 채무 담보를 위하여 甲과 乙이 근저당권설정 계약을 체결한 경우, 丙은 근저당권설정등기 신청에서 당사자적격이 있다.

③ 법인 아닌 사단은 그 사단의 명의로 대표자나 관리인이 등기를 신청한다.

④ 태아로 있는 동안에는 태아의 명의로 대리인이 등기를 신청한다.

⑤ 민법상 조합은 직접 자신의 명의로 등기를 신청한다.

16. **토지 소유권이전등기 신청정보의 내용에 해당하지 않는 것은?**

① 면적

② 지목

③ 등기원인과 등기의 목적

④ 관할 등기소의 표시

⑤ 등기권리자의 주소를 증명하는 정보

17. **전산정보처리조직에 의한 등기신청에 관한 설명으로 옳은 것은?**

① 본인이 대리인에게 대리권을 수여한 경우, 본인도 사용자등록을 하여야 대리인이 전자신청할 수 있다.

② 등기신청의 당사자나 대리인이 전자신청을 하려면 미리 사용자등록을 해야 하며, 사용자등록의 유효기간은 2년이다.

③ 사용자등록을 할 때에는 인감증명을 제출하여야 한다.

④ 법인이 아닌 사단의 경우, 그 사단 명의로 대표자가 전자신청을 할 수 있다.

⑤ 변호사나 법무사가 아닌 자도 위임이 있으면 다른 사람을 대리하여 전자신청 할 수 있다.

18. 등기관이 등기를 마쳤을 때에 등기완료통지를 하여야 할 필요가 없는 경우는?

① 승소한 등기의무자의 등기신청에 있어서 등기권리자
② 소유권의 처분제한의 등기촉탁에 있어서 직권 소유권보존등기 명의인
③ 대위채권자의 등기신청에 있어서 등기권리자
④ 행정구역변경으로 인하여 등기관이 직권으로 행한 주소변경등기를 마친 경우 등기명의인
⑤ 등기필정보를 제공해야 하는 등기신청에서 등기필정보를 제공하지 않고 확인정보 등을 제공한 등기신청에 있어서 등기의무자

19. 소유권보존등기에 대한 설명으로 옳은 것은?

① 미등기토지에 가처분등기를 하기 위하여 등기관이 직권으로 소유권보존등기를 한 경우, 법원의 가처분등기 말소촉탁이 있으면 직권으로 소유권보존등기를 말소한다.
② 건물에 대하여 국가를 상대로 한 소유권확인판결에 의해서 소유권보존등기를 신청할 수 있다.
③ 군수의 확인에 의해 미등기건물이 자기의 소유임을 증명하는 자는 소유권보존등기를 신청할 수 있다.
④ 소유권보존등기를 신청하는 신청인은 등기소에 등기필정보를 제공하여야 한다.
⑤ 미등기토지에 대하여 토지대장상 최초 소유자의 상속인은 자기 명의로 소유권보존등기를 신청할 수 없다.

20. 신청정보의 필요적 기록사항으로 옳은 것을 모두 고른 것은?

ㄱ. 지상권 : 지상권 설정목적과 범위, 지료
ㄴ. 지역권 : 승역지 등기기록에서 설정목적과 범위, 요역지
ㄷ. 전세권 : 전세금과 설정목적과 범위
ㄹ. 임차권 : 차임과 존속기간, 범위
ㅁ. 저당권 : 채권액과 채무자, 저당권의 목적인 소유권 이외의 권리표시

① ㄱ, ㅁ
② ㄴ, ㄷ
③ ㄴ, ㄹ
④ ㄴ, ㅁ
⑤ ㄹ, ㅁ

21. 저당권등기에 대한 설명으로 틀린 것은?

① 저당권이전등기 신청의 경우에는 신청정보에 저당권이 채권과 같이 이전한다는 뜻을 적어야 한다.
② 근저당권의 피담보채권이 확정되기 전에 그 피담보채권이 양도된 경우, 계약양도를 원인으로 하여 근저당권이전등기를 신청할 수 있다.
③ 금전채권이 아닌 채권을 담보하기 위한 저당권설정등기를 할 수 없다.
④ 구분건물을 신축하여 양도한 자가 그 건물의 대지사용권을 나중에 취득해 이전하기로 약정한 경우, 현재 구분건물의 소유명의인과 공동으로 대지사용권에 관한 이전등기를 신청할 수 있다.
⑤ 민법상 저당권부 채권에 대한 질권을 설정함에 있어서 채권최고액은 등기할 수 있다.

22. 등기에 관한 설명으로 틀린 것은?

① 건물의 구조 변경이 있는 경우 등기기록상 소유자는 60일 이내에 등기신청을 하여야 한다.
② 지상권등기를 말소하는 경우 그 지상권을 목적으로 하는 저당권자는 이해관계인이다.
③ 근저당권이 이전된 후 근저당권의 양수인은 소유자인 근저당권설정자와 공동으로 그 근저당권 말소등기를 신청할 수 있다.
④ 등기기록과 대장상 소유자표시가 불일치한 경우 등기기록상 소유자는 등기기록을 기초로 대장상 소유자의 표시변경등록을 하지 않으면 그 부동산에 대해 다른 등기를 신청할 수 없다.
⑤ 저당권의 목적이 된 소유권의 말소등기에 있어서는 이해관계인인 저당권자의 동의가 필요하다.

23. 등기상 이해관계 있는 제3자의 승낙이 없으면 부기등기가 아닌 주등기로 해야 하는 것은?

① 소유자가 주소를 변경하는 등기명의인표시의 변경등기
② 근저당권을 甲에서 乙로 이전하는 근저당권이전등기
③ 전세금을 9천만 원에서 1억 원으로 증액하는 전세권변경등기
④ 등기원인에 권리의 소멸에 관한 약정이 있을 경우, 그 약정에 관한 등기
⑤ 질권의 효력을 저당권에 미치도록 하는 권리질권의 등기

24. 다음 중 가등기의 대상이 되는 것은?

① 가등기에 기한 본등기를 금지하는 취지의 가처분등기
② 소유권보존등기의 가등기
③ 물권적 청구권을 보전하기 위한 가등기
④ 사인증여를 원인으로 소유권이전등기청구권보전의 가등기
⑤ 수인의 가등기권리자 중 1인이 신청한 전부에 대한 본등기

25. 다음은 납세의무의 성립시기에 관한 설명이다. 틀린 것은?

① 취득세: 과세물건을 취득하는 때
② 등록에 대한 등록면허세의 지방교육세 : 재산권과 그 밖의 권리를 등기하거나 등록하는 때
③ 종합부동산세 : 과세기준일
④ 수시부과에 의하여 징수하는 재산세 : 수시부과할 사유가 발생하는 때
⑤ 예정신고납부하는 양도소득세 : 소득을 지급하는 때

26. 부동산 관련 조세의 부과징수에 관한 다음의 설명 중 틀린 것은?

① 재산세는 세무공무원이 납세고지서를 해당 납세의무자에게 교부하여 재산세를 부과 · 징수한다.
② 취득세는 납세의무자가 신고기한 이내에 납부하여야 할 취득세의 산출세액을 신고하고 납부한다.
③ 종합부동산세는 납세의무자가 신고기한 이내에 신고 · 납부하여야 하며, 이러한 신고 · 납부가 이루어지지 아니하면 관할세무서장이 납부하여야 할 종합부동산세의 세액을 결정하여 부과징수한다
④ 지방소득세는 징수의 편의가 있는 자(특별징수의무자)로 하여금 지방세를 징수하게 하고 그 징수한 세액을 납부한다.
⑤ 양도소득세는 납세의무자가 신고기한 이내에 신고 · 납부하여야 하며, 이러한 신고 · 납부가 이루어지지 아니하면 관할세무서장이 납부하여야 할 양도소득세의 세액을 결정하여 부과징수한다.

27. 다음 중 양도소득세가 과세되는 경우로 옳은 것은?

① 미등기된 토지와 건물의 양도
② 등기하지 아니한 부동산임차권의 양도
③ 사업에 사용하는 건물과 분리한 영업권만의 양도
④ 국민주택채권 또는 토지개발채권의 양도
⑤ 부동산과 함께 양도하는 관련 법률에 따른 이축권으로 해당 이축권 가액을 감정평가업자가 감정한 가액을 구분하여 신고하는 경우의 양도

28. 소득세법상 양도에 해당하는 것은? (단, 거주자의 국내자산으로 가정함)

① 「도시개발법」 이나 그 밖의 법률에 따른 환지처분으로 지목이 변경되는 경우
② 부담부 증여 시 그 증여가액 중 채무액에 해당하는 부분을 제외한 부분
③ 「소득세법 시행령」 제151조 제1항에 따른 양도담보계약을 체결한 후 채무불이행으로 인하여 당해 자산을 변제에 충당한 때
④ 매매원인 무효의 소에 의하여 그 매매사실이 원인무효로 판시되어 소유권이 환원되는 경우
⑤ 위탁자와 수탁자 간 신임관계에 기하여 위탁자의 자산에 신탁이 설정되고 그 신탁재산의 소유권이 수탁자에게 이전된 경우로서 위탁자가 신탁 설정을 해지하거나 신탁의 수익자를 변경할 수 있는 등 신탁재산을 실질적으로 지배하고 소유하는 것으로 볼 수 있는 경우

29. 다음 자료에 의하여 양도소득세의 과세되는 양도차익은 얼마인가? (다만, 다음 제시된 사항만 고려하시오)

○ 실지취득가액 6억원
○ 실지양도가액 15억원
○ 취득일 : 2015년 2월 5일
○ 양도일 : 2023년 3월 20일
○ 양도당시 동일 세대원 중 보유한 주택은 해당 양도주택에 한하며 이외의 주택은 없다.

① 1천만원 ② 1억원
③ 1억8천만원 ④ 3억6천만원
⑤ 9억원

30. **다음 중 양도소득세의 양도차익 계산에 관한 설명 중 옳은 것은 몇 개인가?**

> ○ 양도와 취득시의 실지거래가액을 확인할 수 있는 경우에는 양도가액과 취득가액을 실지거래가액으로 산정한다.
> ○ 양도자가 취득당시 실지거래가액을 확인할 수 없는 경우에는 매매사례가액, 환산취득가액, 감정가액, 기준시가를 순차로 적용하여 산정한 가액을 취득가액으로 한다.
> ○ 관할세무서장이 양도 또는 취득 당시 실지거래가액을 확인 또는 인정할 수 없는 경우의 추계조사결정·경정은 매매사례가액, 감정가액, 환산취득가액 또는 기준시가의 순서에 의한다.
> ○ 취득가액을 매매사례가액, 감정가액, 환산취득가액 또는 기준시가로 하는 경우 기타필요경비는 필요경비개산공제액(= 취득당시 기준시가×양도물건별 공제율)으로 한다.

① 4개　② 3개
③ 2개　④ 1개
⑤ 0개

31. **다음은 양도소득세의 장기보유특별공제에 관한 설명이다. 옳지 않은 것은?**

① 장기보유특별공제액은 그 자산의 양도차익에 보유기간별 공제율을 곱하여 계산한다.
② 미등기양도자산(법령이 정하는 자산은 제외)과 양도소득세 세율이 할증과세되는 조정대상지역 내의 2주택 이상에 해당하는 주택에 대하여는 장기보유특별공제대상에서 제외한다.
③ 조합원으로서 취득한 조합원입주권을 양도하는 경우에는 「도시 및 주거환경정비법」 제74조에 따른 관리처분계획인가 및 「빈집 및 소규모주택 정비에 관한 특례법」 제29조에 따른 사업시행계획인가 전 토지분 또는 건물분의 양도차익으로 한정한다.
④ 양도소득세가 과세되는 1세대 1주택으로 4년 거주하고 12년 보유한 경우의 장기보유특별공제율은 양도차익의 24%이다.
⑤ 등기된 비사업용 토지를 5년 보유하고 양도하는 경우 양도차익의 10% 상당액의 장기보유특별공제를 받을 수 있다.

32. **2023년 3월 28일에 건물을 양도한 경우 양도소득세의 신고납부에 관한 다음의 설명 중 틀린 것은?**

① 양도소득과세표준 예정신고의무가 있으나, 양도차익이 없거나 양도차손이 발생한 때에는 그러하지 아니하다.
② 양도소득과세표준의 예정신고기한은 2023년 5월 31일이다.
③ 만약 부담부증여인 경우에는 채무액에 해당하는 부분으로서 양도로 보는 경우의 예정신고기한은 2023년 6월 30일이다.
④ 예정신고 납부세액이 1,800만원인 경우 납부기한이 지난 후 2개월 이내에 분할납부할 수 있는 세액은 800만원 이하이다.
⑤ 양도소득세 납세의무자는 양도소득세액의 10% 상당액에 대한 지방소득세 납세의무가 있다.

33. **다음은 지방세법상 취득세의 납세의무에 관한 설명이다. 옳은 것은?**

① 부동산의 취득은 「민법」 등 관계 법령에 따른 등기를 하지 아니한 경우라도 사실상 취득하면 취득한 것으로 본다.
② 「주택법」 에 따른 주택조합이 해당 조합원용으로 취득하는 조합주택용 부동산 중 조합원에게 귀속되지 아니하는 부동산은 그 조합원이 취득한 것으로 본다.
③ 건축물 중 조작 설비, 그 밖의 부대설비에 속하는 부분으로서 그 주체구조부와 하나가 되어 건축물로서의 효용가치를 이루고 있는 것에 대하여 주체구조부 취득자 외의 자가 가설한 경우에는 그 가설한 자가 취득한 것으로 본다.
④ 배우자 간에 부동산을 서로 교환한 경우에는 무상으로 취득한 것으로 본다.
⑤ 형제지간에 증여자의 채무를 인수하는 부담부 증여의 경우에는 그 채무액에 상당하는 부분은 부동산등을 무상으로 취득하는 것으로 본다.

34. **부동산의 취득에 대한 취득세의 과세표준에 관한 설명으로 옳지 않은 것은?**

① 취득세의 과세표준은 취득 당시의 가액으로 한다. 다만, 연부로 취득하는 경우 취득세의 과세표준은 연부금액(매회 사실상 지급되는 금액을 말하며, 취득금액에 포함되는 계약보증금을 포함한다)으로 한다.

② 무상취득(상속 제외)하는 경우 취득 당시의 가액은 취득시기 현재 불특정 다수인 사이에 자유롭게 거래가 이루어지는 경우 통상적으로 성립된다고 인정되는 가액인 시가인정액으로 한다.

③ 상속에 따른 무상취득의 경우 취득 당시의 가액은 시가표준액으로 한다.

④ 유상승계취득하는 경우 취득당시가액은 취득시기 이전에 해당 물건을 취득하기 위하여 거래 상대방이나 제3자에게 지급하였거나 지급하여야 할 일체의 비용인 사실상의 취득가격으로 한다.

⑤ 부동산등을 원시취득하는 경우 취득당시가액은 사실상취득가격으로 한다. 다만, 법인이 아닌 자가 건축물을 건축하여 취득하는 경우로서 사실상취득가격을 확인할 수 없는 경우의 취득당시가액은 시가인정액으로 한다.

35. **다음은 지방세법상 부동산 취득의 취득세 표준세율이다. 옳은 것은?** (다만, 주택취득중과대상은 제외한다)

① 상속으로 인한 농지취득 : 1천분의 28

② 원시취득 : 1천분의 23

③ 합유물 및 총유물의 분할로 인한 취득 : 1천분의 30

④ 매매로 인한 농지 외의 토지 취득 : 1천분의 30

⑤ 유상거래를 원인으로 주택을 취득하는 경우에는 주택의 취득가액에 따라 1%~3%의 세율을 적용한다.

36. **지방세법상 등록에 대한 등록면허세의 설명으로 옳은 것은?**

① 납세의무자는 공부에 등기 또는 등록을 받는 등기 · 등록부상에 기재된 사실상 등기 또는 등록권리자이다.

② 법인이 국가로부터 취득한 부동산은 등기 당시에 자산재평가의 사유로 가액이 증가한 것이 그 법인장부로 입증되더라도 재평가 전의 가액을 과세표준으로 한다.

③ 지상권 설정등기의 경우 채권금액을 과세표준으로 하여 1,000분의 2의 세율을 적용하여 계산한 금액을 등록면허세 세액으로 한다.

④ 등록을 하려는 자가 신고의무를 다하지 않은 경우 등록면허세 산출세액을 등록하기 전까지 납부하였을 때에도 무신고가산세 및 과소신고가산세를 부과한다.

⑤ 채권자대위자는 납세의무자를 대위하여 부동산의 등기에 대한 등록면허세를 신고 · 납부할 수 있다. 이 경우 지방자치단체의 장은 납세의무자에게 그 사실을 즉시 통보하여야 한다.

37. **지방세법상 재산세의 납세의무자에 관한 설명으로 옳은 것은?**

① 과세기준일 현재 사실상의 소유자가 재산세를 납부할 의무가 있다.

② 상속이 개시된 재산으로서 상속등기가 이행되지 아니하고 사실상의 소유자를 신고하지 아니하였을 때에는 공부상의 소유자가 재산세를 납부할 의무가 있다.

③ 「신탁법」 제2조에 따른 수탁자의 명의로 등기 또는 등록된 신탁재산의 경우에는 수탁자가 재산세를 납부할 의무가 있다.

④ 지방단체와 재산세 과세대상 재산을 연부로 매매계약을 체결하고 그 재산의 사용수익권을 무상으로 부여받은 경우에는 매도계약자를 납세의무자로 본다.

⑤ 과세기준일 현재 소유권의 귀속이 분명하지 아니하여 사실상의 소유자를 확인할 수 없는 경우 공부상 소유자를 납세의무자로 본다.

38. 2023년 개인이 소유하는 주택에 대한 종합부동산세의 설명으로 옳지 않은 것은?

① 과세기준일 현재 주택분 재산세의 납세의무자는 종합부동산세를 납부할 의무가 있다.

② 1세대 1주택자에 대한 과세표준은 납세의무자별로 주택의 공시가격을 합산한 금액에서 9억을 공제한 금액에 공정시장가액비율 100%를 곱한 금액으로 한다.

③ 과세표준을 계산할 때 1주택과 상속을 원인으로 취득한 주택으로서 과세기준일 현재 상속개시일부터 5년이 경과하지 않은 주택을 함께 소유하고 있는 경우에는 1세대 1주택자로 본다.

④ 납세의무자가 조정대상지역에 2주택을 소유한 경우 세율은 0.5% ~ 2.7% 7단계초과누진세율을 적용한다.

⑤ 주택분 과세표준 금액에 대하여 해당 과세대상 주택의 주택분 재산세로 부과된 세액은 주택분 종합부동산세액에서 이를 공제한다.

39. 다음은 재산세의 종합합산과세토지이다. 아닌 것은?

① 취득세 중과세대상인 골프장이나 고급오락장용 토지

② 목장용지 · 공장용지 및 영업용 건축물의 부속토지로서 기준면적 초과 토지

③ 갈대밭 · 채석장 · 비행장 등 잡종지

④ 지상건축물이 없는 토지

⑤ 허가 등이나 사용승인(임시사용승인을 포함한다)을 받지 아니하고 주거용으로 사용하는 면적이 전체 건축물 면적(허가 등이나 사용승인을 받은 면적을 포함한다)의 50% 이상인 건축물 전체의 그 부속토지

40. 다음은 지방세법상 재산세에 관한 설명이다. 이 중 옳은 것은?

① 시 · 군 · 구를 달리하여 여러 곳에 토지 · 건축물 또는 주택을 소유한 경우 소유자의 주소지를 납세지로 한다.

② 재산세 과세기준일 현재 행정관청으로부터 철거명령을 받았거나 철거보상계약이 체결된 건축물의 부속토지에 대하여는 재산세를 부과하지 아니한다.

③ 별장과 고급주택에 대하여는 4%의 세율을 적용한다.

④ 법인이 소유하는 재산으로서 법인장부 등에 의하여 사실상의 거래가액이 증명되는 경우에도 시가표준액을 과세표준으로 한다.

⑤ 해당 연도에 부과할 토지분 재산세의 세액이 20만원 이하인 경우에는 조례로 정하는 바에 따라 납기를 7월 16일부터 7월 31일까지로 하여 한꺼번에 부과 · 징수할 수 있다.

MEMO

2023년도 제34회 공인중개사 2차 국가자격시험

실전모의고사 제2회

교 시	문제형별	시 간	시험과목
1교시	A	100분	① 공인중개사의 업무 및 부동산 거래신고에 관한 법령 및 중개실무 ② 부동산공법 중 부동산중개에 관련되는 규정

수험번호		성 명	

【 수험자 유의 사항 】

1. **시험문제지 표지와** 시험문제지 내 **문제형별의 동일여부** 및 시험 문제지의 **총면수 · 문제번호 일련순서 · 인쇄상태** 등을 확인하시고, 문제지 표지에 수험번호와 성명을 기재하시기 바랍니다.
2. 답은 각 문제마다 요구하는 **가장 적합하거나 가까운 답 1개**만 선택하고, 답안카드 작성 시 시험문제지 **형별누락, 마킹착오**로 인한 불이익은 전적으로 수험자에게 책임이 있음을 알려드립니다.
3. 답안카드는 국가전문자격 공통 표준형으로 문제번호가 1번부터 125번까지 인쇄되어 있습니다. 답안마킹시에는 반드시 **시험문제지의 문제번호와 동일한 번호에 마킹**하여야 합니다. (2차 1교시: 1번~80번)
4. **감독관의 지시에 불응시 불이익이 발생될 수 있으며, 시험시간 종료 후 답안카드를 제출하지 않을 경우** 시험무효처리 됨을 알려드립니다.
5. 이의제기에 관한 개별회신은 하지 않으며, **최종 정답 발표로 갈음**합니다.
6. 시험 중 **중간 퇴실은 불가**합니다. 단, 부득이하게 퇴실할 경우 **시험포기 각서 제출 후 퇴실은 가능**하나 **재입실이 불가**하며, **해당시험은 무효처리됩니다.**
7. 시험문제지는 시험 종료 후 가져가시기 바랍니다.

인강드림 공인중개사

제1과목: 공인중개사의 업무 및 부동산 거래 신고 등에 관한 법령 및 중개실무

1. 공인중개사법령상 중개에 관한 설명 중 틀린 것은?

① 우연한 기회에 타인간의 거래행위를 중개한 것에 불과한 경우는 중개업에 해당하지 아니한다.

② 타인의 의뢰에 의하여 일정한 보수를 받고 저당권의 설정에 관한 행위의 알선을 업으로 하였다 하더라도 이것이 금전소비대차의 알선에 부수하여 이루어진 경우에는 중개업에 해당하지 아니한다.

③ 중개를 중개대상물에 대한 매매 · 교환 · 임대차 그밖의 권리의 득실 · 변경에 관한 행위를 알선하는 것으로 정의하는 경우의 "그밖의 권리" 에는 저당권 등 담보물권도 포함된다는 것이 판례의 입장이다.

④ 부동산 중개업무는 상법상의 기본적 상행위에 해당하고, 개업공인중개사가 중개에 대한 책임으로 보증각서를 작성하여 매수인의 잔금채무를 보증한 경우, 그 보증행위는 영업을 위하여 한 것으로 추정된다는 것이 판례의 입장이다.

⑤ 중개행위에는 개업공인중개사가 거래의 쌍방 당사자로부터 의뢰를 받아 중개하는 경우뿐만 아니라 거래의 일방 당사자의 의뢰에 의하여 중개하는 경우도 포함한다.

2. 다음 중개대상물에 대한 공인중개사법령상 설명으로 가장 옳지 않은 것은?

① 담장이나 축대 등은 토지에의 부합정도가 너무 강하므로 독립한 부동산으로 간주되지 않으며 공인중개사법상의 중개대상물이 아니다.

② 명인방법이란 수목의 집단, 미분리의 과실 등의 소유권이 누구에게 귀속하고 있다는 것을 제3자가 명백하게 인식할 수 있도록 공시하는 일체의 방법을 말하는 것이므로 동네 사람들이 그 소유자를 아는 것만으로는 명인방법을 갖추었다 할 수 없다.

③ 매매와 교환처럼 소유권이전이 수반되는 토지거래는 필지 단위로 거래되는 것이므로 1필지 토지 중 일부는 소유권 양도나 저당권을 설정 할 수 없다. 다만, 용익물권은 1필의 일부도 중개가 가능하다.

④ 명인방법을 갖춘 수목의 집단이나 입목에 관한 법률에 의한 입목이나 독립한 부동산으로 간주되어 소유권의 목적이 되는 점에서 동일하나, 입목은 저당권의 목적이 될 수 있는 반면 명인방법에 의한 수목의 집단은 그러하지 아니하다.

⑤ 분양계약이 체결되어 특정 동 · 호수가 지정된 분양권은 장래에 건축 예정인 건물이므로 독립한 중개대상물이 되며, 개업공인중개사가 분양권의 매매를 업으로 하는 것은 적법한 행위이다.

3. 공인중개사법령상 공인중개사 시험의 응시에 관한 설명 중 옳은 설명은?

① 공인중개사 시험의 응시자는 원칙적으로 국토교통부장관이 결정 · 공고하는 수수료를 납부하여야 한다.

② 시험을 공인중개사협회 또는 대통령령이 정하는 기관에 위탁한 경우에는 당해 업무를 위탁받은 자가 국토부장관의 승인을 얻어 결정 · 공고하는 수수료를 각각 납부하여야 한다.

③ 응시원서 접수마감일의 다음 날부터 7일 이내에 접수를 취소하는 경우에는 납입한 수수료의 100분의 50을 반환한다.

④ 시험부정행위자는 그 시험을 무효로 하고, 그 처분일로 부터 5년간 시험응시자격을 정지한다. 이 경우 시험시행기관장은 지체 없이 이를 다른 시험시행기관장에게 통보하여야 한다. 이는 법제10조의 등록의 결격사유에도 해당한다.

⑤ 시 · 도지사는 합격자에게 시험합격자결정 공고일로부터 1월 이내에 시험합격자에 관한 사항을 공인중개사자격증교부대장에 기재한 후, 당해 시험합격자에게 공인중개사자격증을 교부하여야 한다.

4. 공인중개사법령상 중개사무소개설등록의 기준과 절차 등에 대한 설명으로 옳은 것은?

① 중개사무소 개설등록을 하지 않고 중개업을 한 경우 이에 따른 거래계약의 효력은 유효하지만 중개보수 청구권은 인정되지 아니한다.

② 가설건축물대장에 기재된 타인 건물을 임차한 공인중개사는 등록을 신청할 수 있다.

③ 등록을 신청하는 자는 등록신청일 전 1년 이내에 등록관청이 실시하는 실무교육을 받아야 한다.

④ 중개사무소 개설등록을 하지 아니하고 중개업을 한 자와 거짓 그 밖의 부정한 방법으로 중개사무소의 개설등록을 하여 중개업을 한 자에 대한 행정형벌 내용은 다르다.

⑤ 소속공인중개사로서 그에 대한 고용관계 종료 신고 후 1년이 경과되지 아니한 자는 중개사무소개설등록을 신청할 수 없다.

5. **공인중개사법 제10조가 규정한 등록의 결격사유에 대한 다음의 설명 중 가장 타당한 것은?**

① 개업공인중개사가 결격사유에 해당하게 된 경우에는 등록관청이 등록취소처분을 하지 않아도 자동으로 등록의 효력은 소멸한다.

② 공인중개사인 개업공인중개사가 이 법에 의하여 공인중개사 자격이 취소되어 등록이 취소되면, 자격 취소 후 3년간 결격사유가 진행된다.

③ 중개사무소의 개설등록을 하지 않고 중개업을 하는 자나 등록의 결격사유에 해당함에도 중개업을 영위한 개업공인중개사나 모두 무등록상태에서 중개업을 한자로 처벌받는 점에서는 같다.

④ 징역형의 선고가 확정된 자가 법률의 변경에 의하여 그 행위가 범죄를 구성하지 아니하여 집행이 면제되면 곧바로 등록신청이 가능하다.

⑤ 공인중개사법에 위반하여 300만원 이상의 벌금형의 선고를 받은 자는 벌금형의 선고를 받고 5년이 경과되어야 결격사유를 벗어날 수 있다.

6. **다음 중 공인중개사법령상 중개사무소에 관한 내용으로 틀린 것은?**

① 공인중개사인 개업공인중개사는 “공인중개사 사무소” 또는 “부동산 중개” 라는 명칭을 사용할 수 있다.

② 중개사무소를 등록관청 외의 지역으로 이전한 때에는 이전한 날로부터 10일 이내에 이전 후의 등록관청에 신고하여야 한다.

③ 중개사무소는 원칙적으로 건축물대장(가설건축물대장 포함)에 기재된 건물에 중개사무소를 확보하여야 한다.

④ 중개사무소는 준공검사, 준공인가, 사용승인, 사용검사 등을 받은 건물이면 건축물대장에 기재되기 전의 건물로도 확보가 가능하다.

⑤ 중개사무소에 관하여는 일정한 면적확보 의무는 없다.

7. **다음 중 공인중개사법령상의 업무 범위를 위반한 개업공인중개사는?**

① 서울시 성동구에 중개사무소를 둔 공인중개사인 개업공인중개사 甲은 중개의뢰인 A로부터 경기도 수원시에 있는 임야의 매각의뢰를 받고 거래계약을 체결시켜 주었다.

② 乙 중개법인은 「건축물의 분양에 관한 법률」 제5조의 규정에 따른 분양 신고 대상인 상가를 분양 대행하였다.

③ 법 부칙 제6조2의 개업공인중개사 丙은 중개사무소 내에서 중개업 외에 부동산컨설팅업을 겸하고 있다.

④ 경기도 안산시 단원구에서 중개업을 하고 있는 법부칙제6조2의 개업공인중개사 丁은 의뢰인 A로부터 주택을 구입해 달라는 의뢰를 받고 부동산거래정보망을 통하여 서울특별시 성동구 왕십리에 있는 매도의뢰인 B의 주택을 중개하여 계약을 체결시켰다.

⑤ 서울시 노원구 상계동에 사무실을 두고 있는 법부칙 제6조2의 개업공인중개사 戊는 노원구 하계동에 살고 있는 중개의뢰인 A로부터 경기도 수원시 장안구에 있는 그의 소유빌딩의 매각의뢰를 받고 이를 중개하여 계약을 체결시켰다

8. **공인중개사법령상 개업공인중개사의 고용인에 대한 설명 중 올바른 것은?**

① 개업공인중개사들이 공동사용 사무소를 설치하여 운영하는 경우에 공동사용 사무소에서는 공동고용인을 고용할 수 있다.

② 거래당사자에게 재산상 손해가 발생하면 개업공인중개사 및 고용인의 업무상행위와는 인과관계가 입증되지 않은 경우라도 개업공인중개사는 무과실책임으로서 손해배상책임을 진다.

③ 고용인의 업무상행위로 인한 의뢰인의 재산상 손해를 개업공인중개사가 중개의뢰인에게 손해배상을 한때에도 개업공인중개사는 고용인을 상대로 구상권을 행사할 수 없다.

④ 소속공인중개사는 인장등 록을 하여야 하며, 고용 신고 시 함께 인장 등록을 할 수 있다.

⑤ 고용인이 금지행위에 위반하면 등록관청은 고용한 개업공인중개사의 등록을 취소하여야 한다.

9. **공인중개사법령상 개업공인중개사 및 소속공인중개사의 인장등록에 관한 설명으로 틀린 것은?**

① 개업공인중개사 및 소속공인중개사의 인장 등록은 중개사무소 개설등록신청 할 때나 소속공인중개사에 대한 고용 신고와 같이 할 수도 있으나 업무를 개시하기 전에는 중개행위에 사용할 인장을 등록관청에 등록하여야 한다.

② 등록한 인장을 변경한 경우에는 개업공인중개사 및 소속공인중개사는 변경일부터 7일 이내에 그 변경된 인장을 등록관청에 등록하여야 한다.

③ 공인중개사인 개업공인중개사, 부칙에 규정된 개업공인중개사 및 소속공인중개사의 경우에는 「가족관계의 등록 등에 관한 법률」에 따른 가족관계등록부 또는 「주민등록법」에 따른 주민등록표에 기재되어 있는 성명이 나타난 인장으로서 그 크기가 가로ㆍ세로 각각 10밀리미터 이상 30밀리미터 이내인 인장을 등록하여야 한다.

④ 법인인 개업공인중개사의 경우에는 「상업등기규칙」에 따라 신고한 법인의 인장이어야 한다. 다만, 분사무소에서 사용할 인장의 경우에는 「상업등기규칙」에 따라 법인의 대표자가 보증하는 인장을 등록할 수 있다.

⑤ 법인인 개업공인중개사의 인장 등록은 「상업등기규칙」에 따른 인감증명서의 제출로 갈음하고, 공인중개사인 개업공인중개사, 부칙에 규정된 개업공인중개사 및 소속공인중개사의 인장의 등록은 별지 서식인 인장 등록 신고서를 제출한다.

10. **다음 중 모든 개업공인중개사가 항상 중개사무소안의 보기 쉬운 곳에 게시할 공인중개사법령상 서면에 해당하지 않는 것은?**

① 등록증 원본

② 공인중개사 자격증 원본

③ 시도조례로 정한 중개보수 및 실비의 요율 및 한도액표

④ 보증의 설정을 증명할 수 있는 서류

⑤ 소속공인중개사가 있는 경우 그의 자격증 원본

11. **다음 중 공인중개사법상 휴업 및 폐업에 관한 설명 중 타당하지 않은 것은?**

① 개업공인중개사가 한달 간 휴업하고자 할 때에는 휴업신고 없이 휴업 할 수 있다.

② 개업공인중개사의 사망은 절대적 등록취소 사유일 뿐만 아니라 등록의 효력소멸사유에 해당하므로 일단은 사망한 시점부터 등록의 효력은 소멸된다.

③ 중개사무소 개설등록 후 3월을 초과하여도 업무를 개시하지 아니하면 휴업신고의무위반으로 본다.

④ 휴업하였던 개업공인중개사가 업무를 재개하고자 할 때에는 항상 등록관청에 재개 신고를 하여야 한다.

⑤ 폐업신고를 관할 세무서에서 사업자등록에 폐업신고를 하면 등록관청에 중개업등록에 대한 폐업신고는 별도로 할 필요는 없다.

12. **다음 중 공인중개사법상의 전속중개계약제도의 장점에 관한 설명 중 타당하지 아니한 것은?**

① 중개의뢰인이 어느 한 개업공인중개사와의 중개계약으로 중개대상물의 정보를 광범위하게 전파시킬 수 있으므로 거래의 신속을 이룰 수 있게 된다.

② 전속중개계약서 작성에 의하여 중개계약당사자 간에 권리와 의무관계를 명확히 하여 분쟁의 예방을 가능하게 한다.

③ 개업공인중개사는 보다 적극적이고 책임있는 중개를 할 수 있다.

④ 중개의뢰인이 스스로 발견한 상대방과 직접 거래를 성사하였을 경우에도 개업공인중개사는 중개보수를 받을 수 있으므로 개업공인중개사에게도 유리하다.

⑤ 의뢰인은 일정한 기간 내에 개업공인중개사에게 업무처리상황을 통지받으므로 편리하다.

13. **공인중개사법령상 부동산거래정보망의 설치 및 운영에 관한 설명 중 옳은 것은?**

① 부가통신사업자가 일정한 요건을 갖춘 경우에 시, 도지사는 부동산거래정보망을 설치ㆍ운영할 자를 지정할 수 있다.

② 거래정보사업자로 지정을 받기 위해서는 전국적으로 1000명이상의 개업공인중개사가 가입하여야 하며, 10개 이상의 시 도에서 30인 이상의 개업공인중개사가 가입하여야 한다.

③ 거래정보사업자로 지정 받기 위해서는 반드시 공인중개사 2인 이상, 정보처리기사 2인 이상을 확보하여야 한다.

④ 부동산거래정보망이란 개업공인중개사와 중개의뢰인 상호간에 중개대상물의 중개에 관한 정보를 교환하는 체계를 말한다.

⑤ 공인중개사협회는 거래정보사업자가 될 수 있으나, 법인인 개업공인중개사는 거래정보사업자가 될 수 없다.

14. 공인중개사법령상의 거래계약서 및 일반중개계약서에 관한 설명 중 가장 타당한 것은?

① 개업공인중개사의 중개로 거래가 성사되었을 경우 개업공인중개사는 거래계약서를 작성하여야 한다. 그러나 개업공인중개사는 의뢰인의 요청이 있다 하더라도 항상 일반중개계약서를 작성하여야 하는 것은 아니다.

② 개업공인중개사가 작성하는 거래계약서는 법령상 사용이 강제되는 서식이나, 거래계약서를 작성할 때 반드시 기재하여야 하는 필요적 기재사항을 직접 규정하고 있지 않다.

③ 당해 중개업무를 보조한 고용인은 개업공인중개사와 함께 거래계약서에 서명 및 날인하여야 한다.

④ 공인중개사협회는 거래계약서 표준서식을 정하여 국토교통부장관의 인가를 받아 개업공인중개사에게 이의 사용을 권장 할 수 있다.

⑤ 법인의 경우에는 당해 법인의 임원과 당해 업무를 수행한 소속공인중개사가 거래계약서에 함께 서명 및 날인 하여야 한다.

15. 공인중개사법상 중개대상물 확인 · 설명의무에 관한 내용 중 옳은 설명은?

① 개업공인중개사는 중개가 완성되어 거래계약서를 작성하는 경우 지체없이 확인 · 설명의무를 이행하여야 한다.

② 중개대상물 확인 · 설명은 중개대상물에 관한 매도 임대의뢰인 등 권리를 이전하려는 중개의뢰인에게 하여야 한다.

③ 성실 · 정확하게 설명하고 중개대상물 확인 · 설명서, 업무보증설정증명서류, 실무교육수료증 사본 등을 제시하여야 한다.

④ 당해 중개행위를 한 소속공인중개사라 하더라도 개업공인중개사와 함께 중개대상물에 대하여 확인 · 설명을 하여야 할 의무는 없다.

⑤ 당해 중개행위를 수행한 소속공인중개사는 개업공인중개사와 함께 중개대상물 확인 · 설명서를 작성하여야 한다.

16. 공인중개사법령상 개업공인중개사가 이전의뢰인과 취득의뢰인 모두에게 동시에 이행하여야 하는 의무가 아닌 것은?

① 확인 · 설명서 작성 및 교부의무.

② 거래성사시 거래계약서 작성 및 교부의무

③ 업무보증관련 내용 설명 및 업무보증관계증서 사본 교부

④ 신의와 성실로서 공정하게 중개해야할 의무

⑤ 전속중개계약서 작성 및 교부의무

17. 부동산 중개와 관련한 판례이다. 틀린 것은?

① 부동산 유치권은 피담보채권과 목적물의 점유를 함께 이전할 경우 그 이전이 가능하므로 부동산 유치권은 중개대상 권리에 해당 된다.

② 중개행위는 개업공인중개사가 거래의 쌍방당사자로부터 중개의뢰를 받은 경우뿐만 아니라 거래의 일방당사자의 의뢰에 의하여 중개대상물의 권리변동에 관한 행위를 알선하는 경우도 포함된다.

③ 중개를 업으로 한다는 것은 반복 · 계속하여 영업으로 알선 · 중개하는 것을 의미한다고 해석하여야 할 것이므로, 우연한 기회에 단 1회 건물전세계약의 중개를 하고 중개보수를 받은 사실만으로는 중개를 업으로 한 것이라 할 수 없다.

④ 중개업 등록을 하지 아니한 자가 개업공인중개사임을 표시하는 사무소명칭표시를 하고 단 1회를 중개하고 중개보수를 받았더라도 간판은 영업의 표시로 간주되므로 중개업에 해당한다.

⑤ 중개사무소 개설등록을 하지 아니한 자가 부동산 중개행위를 한 후 현실적으로 중개보수를 받지 않았으나 당사자들과 중개보수지급에 관하여 약정한 사실로도 무등록중개업을 이유로 처벌할 수 있다.

18. 공인중개사법령상 개업공인중개사의 손해배상책임과 업무보증에 관한 내용이다. 틀린 것은?

① 공동사무소는 구성 개업공인중개사가 모두 각각의 업무보증을 설정하여야 한다.

② 특수법인도 모두 예외 없이 업무개시 전까지 업무보증 설정을 하여야 한다.

③ 보증기간의 만료로 다시 보증을 설정하고자 하는 자는 당해 보증기간 만료일까지 다시 보증을 설정하고 신고하여야 한다.

④ 개업공인중개사는 보증보험금 또는 공제금으로 손해배상을 한 때에는 15일 이내에 부족하게 된 금액을 보전하여야 한다.

⑤ 개업공인중개사는 등록을 한 후부터 업무개시 전까지 업무보증을 설정하여 신고하여야 한다. 다만, 보증기관이 직접 통보한 경우에는 신고를 생략할 수 있다.

19. **다음 개업공인중개사의 공인중개사법령상 중개보수에 관한 다음 설명 중 타당한 것은?**

① 개업공인중개사의 중개보수 청구권의 행사의 법률적 근거는 중개계약이 체결되어야 하며 청구권의 행사여부는 중개가 완성되어야 하나 중개완성이 되지 못한 경우라도 중개보수 중 일부는 청구할 수 있다.

② 개업공인중개사는 중개보수 및 실비의 요율 및 한도액표에 중개대상물이 주택인 경우 국토부령이 정한 한도 내에서 실제 자신이 받고자하는 요율을 정하여 이를 명시하여 사무소 내 게시하고 이를 초과하여 받아서는 아니 된다

③ 월차임이 있는 임대차계약을 중개한 경우 산출액 산정 방법은 '보증금+(월세×100)'으로 하나, 산출액이 5000만원 이하일 경우에는 '월세 × 70'을 보증금과 합산한다.

④ 중개보수는 의뢰인 쌍방으로부터 받되, 부동산정보 유통체계를 통한 공동중개로 거래계약이 체결된 경우에는 의뢰인 쌍방에게 받을 수 없고 일방으로부터 받을 수 있다.

⑤ 주택 외의 중개대상물에 대한 중개보수는 중개의뢰인 쌍방으로부터 각각 받되, 그 쌍방으로부터 합산하여 받을 수 있는 중개보수의 한도는 거래금액의 1천분의 9이내이다.

20. **다음 중 공인중개사법령상 시 · 도지사로부터 실무교육에 관한 업무를 위탁 받을 수 있는 기관 또는 단체가 <u>아닌</u> 것은?**

① 「공공기관의 운영에 관한 법률」에 따른 공기업

② 「고등교육법」에 따라 설립된 부동산 관련 학과가 개설된 학교

③ 공인중개사협회

④ 거래정보사업자

⑤ 「공공기관의 운영에 관한 법률」에 따른 준정부기관

21. **다음 중 공인중개사법령상 개업공인중개사에게 업무정지 처분 할 수 있는 사유가 <u>아닌</u> 것은?**

① 개업공인중개사가 인장등록을 하지 아니한 경우

② 이중사무소를 설치한 경우

③ 개업공인중개사가 분양권 매매업을 한 경우

④ 개업공인중개사가 국토교통부장관의 감독상 명령에 위반한 경우

⑤ 업무정지 기간 중 업무를 한 경우

22. **다음의 공인중개사법상 형벌 중 1년 이하의 징역 또는 1천만 원 이하의 벌금형에 해당하는 것은?**

① 관계 법령에서 양도 · 알선 등이 금지된 부동산의 분양 · 임대 등과 관련 있는 증서 등의 매매 · 교환 등을 중개하거나 그 매매를 업으로 하는 행위

② 이중으로 중개사무소의 개설등록을 하는 행위

③ 탈세 등 관계 법령을 위반할 목적으로 소유권보존등기 또는 이전등기를 하지 아니한 부동산이나 관계 법령의 규정에 의하여 전매 등 권리의 변동이 제한된 부동산의 매매를 중개하는 등 부동산투기를 조장하는 행위

④ 단체를 구성하여 특정중개대상물에 대하여 중개를 제한 하거나 단체구성원외의 자와 공동중개를 제한행위

⑤ 안내문 온라인커뮤니티 등을 이용하여 특정가격이하로 중개를 의뢰하지 아니하도록 유도하는 행위

23. **다음 중 공인중개사법령상 공인중개사협회의 고유 업무 내용이 <u>아닌</u> 것은?**

① 회원의 품위유지를 위한 업무

② 부동산중개제도의 연구 · 개선에 관한 업무

③ 회원의 자질향상을 위한 지도 및 교육 · 연수에 관한 업무

④ 회원의 윤리헌장 제정 및 그 실천에 관한 업무

⑤ 중개업의 경영기법 및 경영정보 제공에 관한 업무

24. **다음 설명 중 공인중개사법령상 옳은 것은?**

① 시 · 도지사는 연수교육을 실시하려는 경우 실무교육 또는 연수교육을 받은 후 2년이 되기 2개월 전까지 연수교육의 일시 · 장소 · 내용 등을 대상자에게 통지하여야 한다.

② 소속공인중개사로서 고용관계 종료 신고 후 1년 이내에 중개사무소의 개설등록을 신청하려는 경우에도 실무교육은 다시 받아야한다.

③ 실무교육의 시간은 7시간 이상 11시간 이내로 한다.

④ 공인중개사법상의 실무교육, 연수교육, 직무교육의 실시권자는 시 · 도지사 뿐이다.

⑤ 개업공인중개사 및 소속공인중개사, 중개보조원은 실무교육 또는 직무교육을 받은 후 2년마다 시 · 도지사가 실시하는 연수교육을 받아야 한다.

25. **공인중개사법상의 포상금에 관한 설명으로 <u>틀린</u> 것은?**

① 중개사무소의 개설등록을 하지 아니하고 중개업을 한 자 또는 거짓 그 밖의 부정한 방법으로 중개사무소의 개설등록을 한 자를 신고하면 포상금을 받을 수 있다.

② 투기과열지구에서 상습적으로 투기행위를 하다가 적발된 자를 신고하면 포상금을 받을 수 있다.

③ 중개사무소등록증 또는 공인중개사자격증을 다른 사람에게 양도·대여하거나 다른 사람으로부터 양수·대여 받은 자를 신고하면 포상금을 받을 수 있다.

④ 포상금은 등록관청이나 수사기관에 신고 또는 고발한 자에게 그 신고 또는 고발사건에 대하여 검사가 공소제기 또는 기소유예의 결정을 한 경우에 지급한다.

⑤ 포상금은 1건당 50만원으로 하고 포상금의 지급에 소요되는 비용 중 국고에서 보조할 수 있는 비율은 100분의 50 이내로 한다.

26. **부동산거래신고 등에 관한 법률에 관한 설명 중 자진 신고자에 대한 과태료 감면 등의 대상에 해당하는 것은?**

① 계약을 체결하지 아니하였음에도 불구하고 거짓으로 부동산거래 신고를 하는 행위

② 해당 계약이 해제 등이 되지 아니하였음에도 불구하고 거짓으로 해제신고를 하는 행위

③ 부동산거래신고를 거짓으로 한 자

④ 거래대금 지급을 증명할 수 있는 자료를 제출하지 아니하거나 거짓으로 제출한 자 또는 그 밖의 필요한 조치를 이행하지 아니한 자

⑤ 거래대금 지급을 증명할 수 있는 자료외의 자료를 제출하지 아니하거나 거짓으로 제출한 자

27. **부동산거래신고 등에 관한 법률에 관한 설명으로 <u>틀린</u> 것은?**

① 비규제지역에서 실제 거래가격이 6억원 이상인 「주택법」 상 주택의 취득에 필요한 자금의 조달계획 및 지급방식과 본인이 입주할지 여부와 입주 예정 시기를 신고해야 한다.

② 거래금액에 관계없이 투기과열지구 또는 조정대상지역에 소재하는 주택으로서 매매계약을 체결한 경우에도 자금조달계획을 신고하여야 한다.

③ 거래당사자 중 매수인이 국가 등인 경우는 자금조달계획을 신고하지 않는다.

④ 투기과열지구에 소재하는 주택으로서 주택의 매매계약을 체결한 경우에는 자금의 조달계획을 증명하는 서류를 첨부해야 한다.

⑤ 투기과열지구에서 주택의 자금 조달계획을 증명하는 서류를 매수인 외의 자가 제출하는 경우 매수인은 부동산거래계약을 신고하려는 자에게 거래계약의 체결일부터 30일 이내에 그 증명자료를 제공해야 한다.

28. **부동산거래신고 등에 관한 법령상 전자문서를 접수하는 방법으로 제출할 수 있는 것은 몇 개인가?**

> ㉠ 거래당사자 중 일방이 신고를 거부하여 단독으로 부동산거래신고
> ㉡ 국가 등이 단독으로 부동산거래신고
> ㉢ 거래당사자의 주소·전화번호 또는 휴대전화번호 정정신청
> ㉣ 부동산 등의 면적 변경이 없는 상태에서 거래가격 변경신고
> ㉤ 거래당사자가 공동으로 부동산거래계약의 해제 등 신고
> ㉥ 거래가격 중 분양가격 및 선택품목 변경신고

① 1개　② 2개

③ 3개　④ 4개

⑤ 5개

29. 공인중개사법령상 개업공인중개사가 중개대상물에 대한 확인 · 설명 의무를 이행함에 있어 틀린 설명은?

① 개업공인중개사는 확인 또는 설명을 위하여 필요한 경우에는 중개대상물의 매도의뢰인 또는 임대의뢰인등에게 당해 중개대상물의 상태에 관한 자료를 요구할 수 있다.

② 개업공인중개사가 중개의뢰를 받은 경우에는 취득의뢰인에게만 설명하면 된다.

③ 법인인 개업공인중개사는 법인의 임원과 함께 당해 업무를 수행한 소속공인중개사가 확인 · 설명서에 서명 또는 날인하여야 한다.

④ 개업공인중개사는 거래 성립 시 중개대상물 확인 · 설명서를 작성하여 서명 및 날인한 후 쌍방에게 교부하여야 하며 3년간 보관 의무를 진다.

⑤ 개업공인중개사는 중개대상물 확인 · 설명시에 각종 공부 등의 근거자료를 제시하고 설명하여야 한다.

30. 토지가 중개대상물일 경우 의뢰인에게 설명하여야 하는 기본적인 사항 중 지목에 관한 설명이다. 옳은 것은?

① 공간정보 구축 및 관리에 관한 법률에 따른 지목은 가장 기초적인 땅의 분류법으로서 대장상의 지목과 등기사항증명서상의 지목이 불일치하면 등기사항증명서가 우선한다.

② 지목을 정할 때는 필지마다 하나의 지목을 설정하는 게 원칙이나 1필지가 여러 용도에 사용될 때에는 각기 다른 지목이 부여될 수도 있다.

③ 지목은 용도지역과는 달리 원칙적으로 소유자의 의지에 따라 지목변경을 신청할 수 있다.

④ 건축할 수는 있으나 건축물이 들어서지는 않는 빈 땅의 지목을 공간정보 구축 및 관리에 관한 법률상 지목은 '나대지'라 한다.

⑤ 사방이 도로에 접하지 않은 땅의 지목을 공간정보 구축 및 관리에 관한 법률상 지목은 '맹지'라 한다.

31. 개업공인중개사가 묘지가 있는 토지를 매수하려는 중개의뢰인에게 설명한 내용 중 틀린 것은? (다툼이 있으면 판례에 의함)

① 분묘의 수호 관리나 봉제사에 대하여 현실적으로 또는 관습상 호주상속인인 종손이 그 권리를 가지고 있다면 그 권리는 종손에게 전속하는 것이고 종손이 아닌 다른 후손이나 종중에서 관여할 수는 없다고 할 것이나, 공동선조의 후손들로 구성된 종중이 선조 분묘를 수호 관리하여 왔다면 분묘의 수호 관리권 내지 분묘기지권은 종중에 귀속한다.

② 분묘기지권의 효력이 미치는 범위 내에서 기존의 분묘에 단분(單墳)형태로 합장(合葬)하여 새로운 분묘를 설치하는 것은 허용되지 않는다.

③ 토지소유자의 승낙을 얻어 분묘가 설치된 경우 분묘소유자는 분묘기지권을 취득하고, 분묘기지권의 존속기간에 관하여는 당사자 사이에 약정이 있는 등 특별한 사정이 있으면 그에 따를 것이나, 그러한 사정이 없는 경우에는 권리자가 분묘의 수호와 봉사를 계속하며 그 분묘가 존속하고 있는 동안 존속한다고 해석함이 타당하다.

④ 분묘기지권을 시효로서 취득하는 경우에는 지료에 관한 약정이 없다 하더라도 지료는 지급을 하여야 한다.

⑤ 분묘가 멸실된 경우 유골이 존재하여 분묘의 원상회복이 가능한 정도의 일시적인 멸실에 불과하다면 분묘기지권은 존속하고 있다.

32. 개업공인중개사가 중개를 완성하여 거래계약서 작성의무를 이행할 때의 유의사항이다. 가장 옳은 설명을 고르시오.

① 매매계약의 당사자가 대리인일 경우에는 매수인의 대리인이 매도인의 대리인보다 거래상의 위험성이 더 높으므로 유의하여야 한다.

② 부동산에 가등기, 가처분, 가압류 등기가 되어 있는 경우에는 관련 내용을 말소하여야만 거래가 가능하므로 말소 전에는 중개를 하여서는 안된다.

③ 토지가 중개대상물일 경우 1필토지의 일부는 분필절차를 거쳐야만 중개가 가능하므로 분필 전에 중개하여서는 않된다.

④ 중개완성으로 인하여 거래가 성사되어 거래계약서를 작성하는 경우 공인중개사법상 필수기재사항을 기재하지 않아도 그 계약은 유효하다.

⑤ 민법상 일상가사대리권에 따라 부부재산에 관하여 배우자는 당연히 대리권은 있으므로 배우자가 계약체결의 당사자가 되는 것은 무방하다.

33. **개업공인중개사의 중개로 거래가 성사되었을 경우 개업공인중개사는 거래계약서 작성의무가 있다. 다음 중 개업공인중개사의 거래계약서 작성과 관련하여 적절치 못한 설명은?**

① 당해업무를 수행한 소속공인중개사가 있을 경우 그를 고용한 개업공인중개사의 종별과 상관없이 함께 서명 및 날인하여야 한다.

② 거래계약서의 검인신청 의무는 개업공인중개사에게 중개의뢰인이 요청했을 경우에도 검인신청 의무는 없다.

③ 개업공인중개사는 중개대상물에 관하여 중개가 완성된 때에는 거래당사자의 인적 사항, 물건의 표시, 계약일, 물건의 인도일시, 권리이전의 내용, 거래대금과 계약금액 및 그 지급방법, 조건 및 기한, 확인 · 설명서 교부일자, 그밖의 약정내용을 빠뜨리지 아니하고 확인하여 작성하고 이에 서명 및 날인하여야 한다.

④ 국토교통부장관이 개업공인중개사가 작성하는 계약서에 관하여 표준이 되는 서식을 정할 경우에는 이를 반드시 사용하여야 한다.

⑤ 거래계약서를 작성시에는 거래내용을 허위로 기재해서는 아니된다.

34. **甲은 乙과 사전 합의, 甲이 丙 소유 부동산을 직접 매입 후 등기는 乙명의로 하는 약정을 체결한 뒤 甲이 丙과 매매계약을 체결하였고 등기는 乙명의로 이전되었다. 이후 乙이 다시 丁과 매매계약을 체결, 丁에게로 이전등기가 된 경우 위 사안과 관련한 다음 보기 중 맞는 것은?**

① 甲과 丙간의 매매계약은 효력이 발생하지 않아 법적 지위는 무효이다.

② 丁이 악의의 경우 乙과 丁사이의 매매계약, 등기 모두 무효이다.

③ 甲은 乙에게 이전등기가 된 상태에서는 丙에게는 대항 할 수 없다.

④ 甲은 丁에게는 대항 할 수 있다.

⑤ 丙에게서 乙로 이전된 등기는 무효이나 乙에게서 丁으로 이전된 등기는 유효이다.

35. **개업공인중개사가 대한민국 내 부동산을 취득하려는 외국인에게 설명한 내용이다. 틀린 것은?**

① 취득계약을 체결한 경우에는 계약체결일로부터 60일 이내에 신고하여야 하며, 위반 시 300만 원 이하의 과태료 사유이다.

② 공인중개사법상 부동산거래신고를 한 경우에는 이 법상의 신고는 한 것으로 본다.

③ 허가 없이 문화재보호구역이나 군사시설보호구역 내의 토지를 취득하는 계약을 체결한 경우에는 2년 이하의 징역 또는 2천만 원 이하의 벌금대상이다.

④ 부동산거래신고 등에 관한 법률상의 토지거래허가를 받은 경우에는 별도의 이 법상의 허가는 받을 필요가 없다.

⑤ 법원경매로 토지를 취득하는 경우에는 매각결정기일로부터 6월 이내에 신고하여야 하고, 위반 시 100만 원 이하의 과태료 대상이다.

36. **다음은 장사등에 관한 법률상의 분묘의 설치면적과 기간에 관한 설명이다. 타당한 것은?**

① 공설묘지, 가족묘지, 종중 · 문중묘지 또는 법인묘지안의 분묘 1기 및 당해 분묘의 상석, 비석 등 시설물의 설치구역 면적은 30㎡를 초과하여서는 아니된다.

② 공설묘지 및 사설묘지에 설치된 분묘의 설치기간은 30년으로 한다

③ 설치기간이경과한 분묘의 연고자가 시 · 도지사, 시장 · 군수 · 구청장에게 당해 설치기간의 연장을 신청하는 경우에는 15년씩 3회에 한하여 당해 설치기간을 연장하여야 한다.

④ 개인묘지는 10㎡를 초과하여서는 아니된다.

⑤ 설치기간이 종료된 분묘의 연고자는 설치기간이 종료된 날부터 10월 이내에 당해 분묘에 설치된 시설물을 철거하고 매장된 유골을 화장 또는 봉안하여야 한다.

37. **개업공인중개사가 「주택임대차보호법」을 설명한 내용 중 옳지 않은 것은?**

① 일시 사용을 위한 임대차인 경우에는 「주택임대차보호법」이 적용되지 못한다.

② 계약기간을 1년으로 약정한 경우라 하더라도 임차인은 2년을 주장할 수 있다.

③ 임대차기간이 만료되어 당사자간 합의로 재계약을 하는 경우에는 보증금 및 차임의 증액은 종전 보증금 및 차임의 20분의 1을 초과할 수 있다.

④ 임대차계약기간 중이라도 임차인은 임차 주택이 소재하는 지방법원 등에 임차권등기명령을 신청할 수 있다.

⑤ 대항요건과 계약서에 확정일자를 받은 임차인은 당해 주택의 경매 처분시 경락금액에서 후순위 물권자 기타 일반채권자에 우선하여 보증금을 변제받을 수 있다.

38. **개업공인중개사가 상가건물임대차계약을 중개하면서 임대인 甲과 임차인 乙에게 설명한 내용 중 옳은 것은?**

① 임대차는 그 등기가 없는 경우에도 乙이 건물의 인도와 사업자등록을 신청한 때에는 그 다음날부터 제3자에 대하여 대항력이 생긴다.

② 乙은 소액임차인으로서 대항력만 갖추면 어떠한 경우에도 소액보증금 전부를 최우선적으로 변제받을 수 있다.

③ 乙이 소액임차인일 때 건물가액의 1/3 범위 안에서 보증금중 일정액을 다른 담보물권보다 우선하여 변제 받을 권리가 있다.

④ 甲과 乙이 상가건물의 임대차계약기간을 1년 미만으로 정하는 경우에는 甲과 乙 모두 그 기간이 유효함을 주장할 수 없다.

⑤ 乙이 동주민센터에서 임대차계약서에 확정일자를 받으면 본 상가건물의 경매 시 배당에서 후순위 물권보다 우선하여 변제를 받을 수 있다.

39. **다음은 개업공인중개사가 법원경매물건의 의뢰인에게 설명한 내용이다. 틀린 것은?**

① 경매를 통하여 토지거래허가구역 내 농지를 취득하고자 하는 경우 토지거래허가는 받을 필요가 없다.

② 경매 농지의 최고가 매수신고인인 경우 농지취득자격증명을 제출하여야 매각허가결정을 받을 수 있다.

③ 경매개시결정등기 후 대항요건을 갖춘 소액 주택임차인의 경우 주택임대차보호법에 의한 최우선변제권을 인정받을 수 없다.

④ 경매부동산 관련 유치권, 법정지상권은 그 성립순위에 관계없이 매수인에게 인수 된다.

⑤ 주택경매의 경우 입찰보증금은 매수신청가격의 10분의 1을 제공하여야 한다.

40. **매수신청대리인의 대리권 범위에 해당되지 않는 것은?**

① 「민사집행법」 규정에 따른 매수신청 보증의 제공

② 공유자 또는 임대주택 임차인의 우선매수신고에 따라 차순위 매수신고인으로 보게 되는 경우 그 차순위 매수신고인의 지위를 포기하는 행위

③ 인도명령 및 명도소송의 대행

④ 「민사집행법」 규정에 따라 매수신청의 보증을 돌려 줄 것을 신청하는 행위

⑤ 「민사집행법」 규정에 따른 공유자 및 「임대주택법」 규정에 따른 임차인의 임대주택의 우선매수신고

제2과목 : 부동산공법 중 부동산 중개에 관련되는 규정

41. 국토의 계획 및 이용에 관한 법령에서 도시 · 군관리계획으로 수립하는 계획을 모두 고르시오.

> ㄱ. 지구단위계획
> ㄴ. 입지규제최소구역계획
> ㄷ. 성장관리계획
> ㄹ. 기반시설설치계획

① ㄱ
② ㄱ, ㄴ
③ ㄱ, ㄴ, ㄷ
④ ㄴ, ㄷ, ㄹ
⑤ ㄱ, ㄴ, ㄷ, ㄹ

42. 국토의 계획 및 이용에 관한 법령에서 광역도시계획에 대한 설명으로 옳은 것은?

① 광역도시계획을 수립하는 시장 또는 군수가 협의를 거쳐 요청하는 경우에는 도지사와 시장 또는 군수가 공동으로 수립할 수 있다.
② 국가계획과 관련된 광역도시계획은 국토교통부장관이 지정하는 자가 수립하여야 한다.
③ 광역도시계획을 공동으로 수립하는 시 · 도지사는 그 내용에 관하여 서로 협의가 되지 아니하면 공동이나 단독으로 국토교통부장관에게 조정(調停)을 신청할 수 있다.
④ 국토교통부장관이 광역계획권을 지정하거나 변경하려면 관계 중앙행정기관의 장, 관계 시 · 도지사, 시장 또는 군수의 의견을 들은 후 지방도시계획위원회의 심의를 거쳐야 한다.
⑤ 도지사가 관할 시장 · 군수와 공동으로 광역도시계획을 수립하거나, 시장 · 군수가 협의를 거쳐 요청하여 도지사가 수립하는 경우에는 국토교통부장관의 승인을 받아야 한다.

43. 국토의 계획 및 이용에 관한 법령에서 도시 · 군관리계획의 입안과 관련된 내용으로 <u>틀린</u> 것은?

① 원칙적으로 도시 · 군관리계획의 입안은 특별시장 · 광역시장 · 특별자치시장 · 특별자치도지사 · 시장 또는 군수가 한다.
② 국가계획과 관련된 경우에는 국토교통부장관이 직접 또는 관계 중앙행정기관의 장의 요청에 의하여 도시 · 군관리계획을 입안할 수 있다.
③ 둘 이상의 시 · 도에 걸쳐 용도지역을 지정하는 도시 · 군관리계획은 국토교통부장관이 직접 또는 관계 중앙행정기관의 장의 요청에 의하여 입안할 수 있다.
④ 둘 이상의 시 · 군에 걸쳐 도시 · 군계획사업을 시행하기 위한 도시 · 군관리계획은 도지사가 직접 또는 시장이나 군수의 요청에 의하여 입안할 수 있다.
⑤ 기반시설의 설치에 관하여 주민이 직접 도시 · 군관리계획을 입안할 수 있다.

44. 국토의 계획 및 이용에 관한 법령에서 시장 · 군수가 도시 · 군관리계획을 결정하는 사유로 옳은 것을 모두 고르시오.

> ㄱ. 시장 또는 군수가 입안한 지구단위계획구역의 지정 · 변경과 지구단위계획의 수립 · 변경에 관한 도시 · 군관리계획
> ㄴ. 시가화조정구역의 지정 및 변경에 관한 도시 · 군관리계획
> ㄷ. 지구단위계획으로 대체하는 용도지구 폐지에 관한 도시 · 군관리계획(해당 대도시가 아닌 시장 또는 군수가 도지사와 미리 협의한 경우에 한정)
> ㄹ. 수산자원보호구역의 지정 및 변경에 관한 도시 · 군관리계획
> ㅁ. 둘 이상의 시 · 도에 걸쳐 이루어지는 사업의 계획 중 도시 · 군관리계획으로 결정하여야 할 사항

① ㄱ, ㄴ
② ㄴ, ㄷ
③ ㄱ, ㄷ
④ ㄹ, ㅁ
⑤ ㄱ, ㅁ

45. **국토의 계획 및 이용에 관한 법령상 용도지역의 지정절차상의 특례에 대한 설명으로 틀린 것은?**

① 공유수면(바다만 해당)의 매립목적이 그 매립구역과 이웃하고 있는 용도지역의 내용과 같으면 도시 · 군관리계획의 입안 및 결정절차 없이 그 매립준공구역은 그 매립의 준공인가일부터 이와 이웃하고 있는 용도지역으로 지정된 것으로 본다.

② 공유수면의 매립목적이 그 매립구역과 이웃하고 있는 용도지역의 내용과 다른 경우 및 그 매립구역이 둘 이상의 용도지역에 걸쳐 있거나 이웃하고 있는 경우 그 매립구역이 속할 용도지역은 도시 · 군관리계획결정으로 지정하여야 한다.

③ 관리지역에서 「농지법」에 따른 농업진흥지역으로 지정 · 고시된 지역은 이 법에 따른 농림지역으로 결정 · 고시된 것으로 본다.

④ 관리지역의 산림 중 「산지관리법」에 따라 보전산지로 지정 · 고시된 지역은 이 법에 따른 농림지역 또는 자연환경보전지역으로 결정 · 고시된 것으로 본다

⑤ 구역 · 단지 · 지구 · 지역 등(이하 "구역등" 이라 함)이 개발사업의 완료로 해제되는 경우에는 이 법 또는 다른 법률에서 그 구역등이 어떤 용도지역에 해당되는지를 따로 정하고 있지 아니한 경우에는 지정하기 이전의 용도지역으로 환원된 것으로 본다.

46. **국토의 계획 및 이용에 관한 법령에서 용도지역과 관련된 행위제한으로 괄호 안에 옳은 것은?**

ㄱ. 미지정 지역에서 건축제한, 용도지역에서의 건폐율 · 용적률에 관한 규정을 적용할 때에 (　　　)에 관한 규정을 적용한다.
ㄴ. 건축제한, 용도지역에서의 건폐율 · 용적률에 관한 규정을 적용할 때에 해당 용도지역이 미세분된 도시지역인 경우에는 (　　　)에 관한 규정을 적용한다.
ㄷ. 건축제한, 용도지역에서의 건폐율 · 용적률에 관한 규정을 적용할 때에 해당 용도지역이 미세분된 관리지역인 경우에는 (　　　)에 관한 규정을 적용한다.

① ㄱ-자연환경보전지역, ㄴ-보전녹지지역, ㄷ-보전관리지역
② ㄱ-농림지역, ㄴ-자연녹지지역, ㄷ-계획관리지역
③ ㄱ-자연환경보전지역, ㄴ-생산녹지지역, ㄷ-생산관리지역
④ ㄱ-농림지역, ㄴ-자연녹지지역, ㄷ-보전관리지역
⑤ ㄱ-자연환경보전지역, ㄴ-보전녹지지역, ㄷ-계획관리지역

47. **국토의 계획 및 이용에 관한 법령상 시가화조정구역의 지정과 관련된 내용으로 틀린 것은?**

① 시가화조정구역은 도시지역과 그 주변지역에 지정한다.

② 국토교통부장관 또는 시 · 도지사는 시가화조정구역을 지정 또는 변경하려면 3년 이상 10년 이내에서 시가화유보기간을 정하여야 한다.

③ 시가화유보기간은 도시 · 군관리계획으로 정하여야 한다.

④ 시가화조정구역의 지정에 관한 도시 · 군관리계획의 결정은 시가화유보기간이 끝난 날의 다음 날부터 그 효력을 잃는다.

⑤ 위 ④에서 실효된 경우 국토교통부장관은 관보에, 시 · 도지사는 공보에 게재하는 방법으로 그 사실을 고시하여야 한다.

48. **국토의 계획 및 이용에 관한 법령에서 도시 · 군계획시설사업에서 실시계획의 실효에 관한 내용으로 괄호 안에 들어갈 알맞은 내용을 고르시오.**

도시 · 군계획시설결정의 고시일부터 (ㄱ)년 이후에 실시계획을 작성하거나 인가(다른 법률에 따라 의제된 경우는 제외) 받은 장기미집행 도시 · 군계획시설사업의 시행자가 실시계획 고시일부터 (ㄴ)년 이내에 「공익사업을 위한 토지 등의 취득 및 보상에 관한 법률」에 따른 재결신청을 하지 아니한 경우에는 실시계획 고시일부터 (ㄴ)년이 지난 다음 날에 그 실시계획은 효력을 잃는다. 다만, 장기미집행 도시 · 군계획시설사업의 시행자가 재결신청을 하지 아니하고 실시계획 고시일부터 5년이 지나기 전에 해당 도시 · 군계획시설사업에 필요한 토지 면적의 3분의 2 이상을 소유하거나 사용할 수 있는 권원을 확보하고 실시계획 고시일부터 (ㄷ)년 이내에 재결신청을 하지 아니한 경우 실시계획 고시일부터 (ㄷ)년이 지난 다음 날에 그 실시계획은 효력을 잃는다.

① ㄱ-5, ㄴ-10, ㄷ-10
② ㄱ-10, ㄴ-5, ㄷ-10
③ ㄱ-5, ㄴ-5, ㄷ-7
④ ㄱ-10, ㄴ-5, ㄷ-7
⑤ ㄱ-5, ㄴ-10, ㄷ-7

49. **국토의 계획 및 이용에 관한 법령상 지구단위계획구역으로 지정하여야 하는 지역으로 <u>틀린</u> 것은?** (다만, 관계 법률에 따라 그 지역에 토지 이용과 건축에 관한 계획이 수립되어 있는 경우에는 그러하지 아니하다.)

① 시가화조정구역에서 해제되는 지역으로서 면적이 30만제곱미터 이상인 체계적 · 계획적인 개발 · 관리가 필요한 지역

② 택지개발지구에서 시행되는 사업이 끝난 후 10년이 지난 지역

③ 도시개발구역에서 시행되는 사업이 끝난 후 10년이 지난 지역

④ 공원에서 해제되는 지역으로서 면적이 30만제곱미터 이상인 체계적 · 계획적인 개발 · 관리가 필요한 지역

⑤ 녹지지역에서 주거지역 · 상업지역 또는 공업지역으로 변경되는 지역으로서 면적이 30만제곱미터 이상인 체계적 · 계획적인 개발 · 관리가 필요한 지역

50. **국토의 계획 및 이용에 관한 법령상 개발행위에 대한 설명으로 <u>틀린</u> 것은?**

① 토지의 일부를 국유지 또는 공유지로 하거나 공공시설로 사용하기 위한 토지의 분할은 허가대상이 아니다.

② 건축물이 없는 대지의 「건축법」에 따른 분할제한면적 미만으로의 토지 분할은 허가대상이 아니다.

③ 사업기간을 단축하는 경우 그 사실을 특별시장 · 광역시장 · 특별자치시장 · 특별자치도지사 · 시장 또는 군수에게 통지하여야 한다.

④ 부지면적 또는 건축물 연면적을 5퍼센트 범위에서 축소(공작물의 무게, 부피 또는 수평투영면적을 5퍼센트 범위에서 축소하는 경우를 포함)하는 경우 그 사실을 특별시장 · 광역시장 · 특별자치시장 · 특별자치도지사 · 시장 또는 군수에게 통지하여야 한다.

⑤ 도시개발사업에 의한 개발행위는 허가대상이 아니다.

51. **국토의 계획 및 이용에 관한 법령상 개발행위에 따른 공공시설의 귀속에 대한 설명으로 <u>틀린</u> 것은?**

① 행정청이 개발행위허가를 받은 경우 새로 설치된 공공시설은 그 시설을 관리할 관리청에 무상으로 귀속된다.

② 행정청이 개발행위허가를 받은 경우 종래의 공공시설은 개발행위허가를 받은 자에게 감정가격으로 양도한다.

③ 행정청이 아닌 자가 개발행위허가를 받은 경우 새로 설치한 공공시설은 그 시설을 관리할 관리청에 무상으로 귀속된다.

④ 행정청이 아닌 자가 개발행위허가를 받은 경우 개발행위로 용도가 폐지되는 공공시설은 새로 설치한 공공시설의 설치비용에 상당하는 범위에서 개발행위허가를 받은 자에게 무상으로 양도할 수 있다.

⑤ 개발행위허가를 받은 자는 개발행위가 끝나 준공검사를 마친 때에는 해당 시설의 관리청에 공공시설의 종류와 토지의 세목(細目)을 통지하여야 한다. 공공시설은 그 통지한 날에 해당 시설을 관리할 관리청과 개발행위허가를 받은 자에게 각각 귀속된 것으로 본다.

52. **국토의 계획 및 이용에 관한 법령상 기반시설설치비용의 부과와 관련된 내용으로 <u>틀린</u> 것은?**

① 기반시설부담구역에서 기반시설설치비용의 부과대상인 건축행위는 단독주택 및 숙박시설 등의 시설로서 200제곱미터를 초과하는 건축물의 신축 · 개축 행위로 한다.

② 위 ①에서 200제곱미터를 계산할 때 기존 건축물의 연면적을 포함한다.

③ 기존 건축물을 철거하고 신축하는 경우에는 기존 건축물의 건축연면적을 초과하는 건축행위만 부과대상으로 한다.

④ 민간 개발사업자가 부담하는 부담률은 100분의 20으로 하며, 특별시장 · 광역시장 · 특별자치시장 · 특별자치도지사 · 시장 또는 군수가 건물의 규모, 지역 특성 등을 고려하여 100분의 25의 범위에서 부담률을 가감할 수 있다.

⑤ 타인 소유의 토지를 임차하여 건축행위를 하는 경우에는 그 행위자가 기반시설설치비용을 내야 한다.

53. 도시개발법령상 도시개발사업의 계획(이하 "개발계획" 이라 함)**에 대한 내용으로 틀린 것은?**

① 지정권자는 도시개발구역의 지정을 요청할 수 있는 관계 중앙행정기관의 장의 요청을 받아 개발계획을 변경할 수 있다.

② 지정권자는 도시개발사업을 환지 방식으로 시행하려고 개발계획을 수립하거나 변경할 때에 도시개발사업의 시행자가 국가나 지방자치단체이면 토지 소유자의 동의를 받을 필요가 없다.

③ 광역도시계획이나 도시 · 군기본계획이 수립되어 있는 지역에 대하여 개발계획을 수립하려면 개발계획의 내용이 해당 광역도시계획이나 도시 · 군기본계획에 들어맞도록 하여야 한다.

④ 지정권자는 직접 또는 도시개발사업의 시행자의 요청을 받아 개발계획을 변경할 수 있다.

⑤ 초고속 정보통신망계획은 개발계획에 포함되는 내용이 아니다.

54. 도시개발법령상 도시개발구역 지정 · 고시의 효과에 대한 설명으로 잘못된 것은?

① 도시지역 외의 지역에 지정된 지구단위계획구역에 도시개발구역이 지정 · 고시되면 그 구역은 도시지역으로 결정되어 고시된 것으로 보지는 않는다.

② 취락지구에 도시개발구역이 지정 · 고시되면 그 구역은 도시지역과 지구단위계획구역으로 결정되어 고시된 것으로 본다.

③ 도시지역과 지구단위계획구역으로 결정 · 고시된 것으로 보는 사항에 대하여 도시 · 군관리계획에 관한 지형도면의 고시는 국토의 계획 및 이용에 관한 법률의 규정에도 불구하고 도시개발사업의 시행 기간에 할 수 있다.

④ 건축물의 건축 등 개발행위를 할 때 허가를 받아야 하는 지역은 도시개발구역으로 지정 · 고시된 지역은 물론 도시개발구역 지정에 관한 주민 등의 의견청취를 위한 공고가 있는 지역도 포함된다.

⑤ 도시개발구역에서 옮기기 쉽지 아니한 물건을 1월 이상 쌓아놓는 행위를 하려면 특별시장 · 광역시장 · 특별자치도지사 · 시장 또는 군수의 허가를 받아야 한다.

55. 도시개발법령상 도시개발조합에 대한 설명으로 옳은 것은?

① 조합 설립의 인가를 신청하려면 해당 도시개발구역의 토지면적의 3분의 2 이상에 해당하는 토지 소유자와 그 구역의 토지 소유자 총수의 2분의 1 이상의 동의를 받아야 한다.

② 조합을 설립하려는 조합의 대표자는 설립등기를 한 날로부터 30일 이내에 설립인가를 신청하여야 한다.

③ 조합의 조합원은 조합설립에 동의한 도시개발구역의 토지 소유자로 한다.

④ 조합장 또는 감사의 자기를 위한 조합과의 계약이나 소송에 관하여는 이사가 조합을 대표한다.

⑤ 의결권을 가진 조합원의 수가 100인 이상인 조합은 총회의 권한을 대행하게 하기 위하여 대의원회를 둘 수 있다.

56. 도시개발법령상 수용 또는 사용방식에서 조성토지 등의 공급에 대한 설명으로 옳은 것은?

① 시행자는 조성토지 등을 공급하려고 할 때에는 조성토지 등의 공급 계획을 작성하여 국토교통부장관에게 제출하여야 한다.

② 시 · 도지사가 승인권자인 경우 공급계획을 승인할 때 주민의 의견을 미리 들어야 한다.

③ 시행자는 조성토지 등을 개발계획에 따라 공급하여야 한다.

④ 주택법에 따른 국민주택규모 이하의 주택건설용지에 대하여는 수의계약의 방법으로 분양할 수 있지만, 공공시행자가 국민주택규모 이하의 임대주택건설용지를 공급하는 경우에는 수의계약의 방법으로 분양하여야 한다.

⑤ 조성토지 등의 가격 평가는 원칙적으로 감정가격으로 한다.

57. **도시개발법령상 원형지의 공급과 개발에 대한 내용으로 틀린 것은?**

① 시행자는 도시를 자연친화적으로 개발하거나 복합적·입체적으로 개발하기 위하여 필요한 경우에는 미리 지정권자의 승인을 받아 일정한 자에게 도시개발구역 전체 토지 면적의 3분의 1 이내에서 원형지를 공급하여 개발하게 할 수 있다.

② 국가 및 지방자치단체를 제외한 원형지개발자는 원형지 공급계약일부터 10년, 원형지에 대한 공사완료 공고일부터 5년 중 먼저 끝나는 기간 안에는 원형지를 매각할 수 없다.

③ 원형지 공급가격은 개발계획이 반영된 원형지의 감정가격에 시행자가 원형지에 설치한 기반시설 등의 공사비를 더한 금액을 기준으로 시행자와 원형지개발자가 협의하여 결정한다.

④ 원형지개발자의 선정은 원칙적으로 경쟁입찰방법으로 하지만, 원형지를 학교나 공장 등의 부지로 직접 사용하는 자의 선정은 수의계약의 방식으로 할 수 있다.

⑤ 시행자는 원형지 공급 해제사유에 해당하는 경우 원형지개발자에게 2회 이상 시정을 요구하여야 하고, 원형지개발자가 시정하지 아니한 경우 원형지 공급계약을 해제할 수 있다.

58. **도시개발법령상 환지 방식에 의한 사업시행과 관련된 내용으로 옳은 것은?**

① 조성토지 등의 가격을 평가할 때에는 토지평가협의회의 심의를 거친 후 대통령령으로 정하는 공인평가기관이 평가하게 하여야 한다.

② 환지 방식은 평면 환지와 입체 환지로 구분하고, 입체 환지는 환지 전 토지에 대한 권리를 도시개발사업으로 조성되는 토지에 이전하는 방식이다.

③ 과소 토지에 대하여 2 이상의 토지 또는 건축물 소유자의 신청을 받아 환지 후 하나의 토지나 구분건축물에 공유의 환지를 지정할 수 없다.

④ 종전 토지의 합필 또는 분필로 인하여 환지 계획을 변경하는 경우에는 특별자치도지사·시장·군수 또는 구청장의 인가를 받아야 한다.

⑤ 지방공사가 환지 계획을 작성한 경우에는 특별자치도지사·시장·군수 또는 구청장의 인가를 받아야 한다.

59. **도시 및 주거환경정비법령상 토지등소유자에 해당하는 자를 모두 고르시오.**

ㄱ. 주거환경개선사업에서 정비구역에 위치한 토지 또는 건축물의 저당권자
ㄴ. 재건축사업에서 정비구역에 위치한 건축물 및 그 부속토지의 소유자
ㄷ. 재개발사업에서 정비예정구역에 위치한 건축물 및 그 부속토지의 소유자
ㄹ. 재건축사업에서 정비구역에 위치한 토지의 지상권자
ㅁ. 신탁업자가 사업시행자로 지정된 경우 토지 등 소유자가 정비사업을 목적으로 신탁업자에게 신탁한 토지 또는 건축물에 대하여는 위탁자

① ㄱ, ㄷ　　② ㄴ, ㅁ
③ ㄱ, ㅁ　　④ ㄴ, ㄹ
⑤ ㄷ, ㄹ

60. **도시 및 주거환경정비법령상 정비구역등의 해제와 관련된 설명으로 <u>틀린</u> 것은?**

① 정비사업의 시행으로 토지등소유자에게 과도한 부담이 발생할 것으로 예상되는 경우 지방도시계획위원회의 심의를 거쳐 정비구역등을 해제할 수 있다.

② 토지등소유자의 100분의 50 이상이 정비구역등(추진위원회가 구성된 구역으로 한정)의 해제를 요청하는 경우 지방도시계획위원회의 심의를 거쳐 정비구역등을 해제할 수 있다.

③ 정비구역등이 해제된 경우에는 정비계획으로 변경된 용도지역, 정비기반시설 등은 정비구역 지정 이전의 상태로 환원된 것으로 본다.

④ 정비구역등이 해제된 경우 정비구역의 지정권자는 해제된 정비구역등을 도시재생 활성화 및 지원에 관한 특별법에 따른 도시재생선도지역으로 지정하도록 국토교통부장관에게 요청할 수 있다.

⑤ 정비구역등이 해제·고시된 경우 추진위원회 구성승인 또는 조합설립인가는 취소된 것으로 본다.

61. **도시 및 주거환경정비법령상 조합설립추진위원회**(이하 "추진위원회" 라 한다)**에 대한 설명으로 틀린 것은?**

① 추진위원회는 추진위원회를 대표하는 추진위원장 1명과 이사 및 감사를 두어야 한다.

② 조합설립에 대한 동의철회(조합설립에 대한 반대의 의사표시를 포함) 및 방법은 조합설립인가 신청일 60일 전까지 추진위원회 구성에 동의한 토지등소유자에게 등기우편으로 통지하여야 한다.

③ 추진위원장이 사임, 해임, 임기만료, 그 밖에 불가피한 사유 등으로 직무를 수행할 수 없는 때부터 6개월 이상 선임되지 아니한 경우 전문조합관리인을 선정하여 조합임원의 업무를 대행하게 할 수 있다.

④ 추진위원회는 수행한 업무를 총회에 보고하여야 하며, 그 업무와 관련된 권리·의무는 조합이 포괄승계한다.

⑤ 추진위원회는 사용경비를 기재한 회계장부 및 관계 서류를 조합설립인가일부터 30일 이내에 조합에 인계하여야 한다.

62. **도시 및 주거환경정비법령상 정비사업조합의 임원에 대한 설명으로 틀린 것은?**

① 정비구역에서 거주하고 있는 자로서 선임일 직전 3년 동안 정비구역 내 거주 기간이 1년 이상인 조합원은 임원이 될 수 있다.

② 정비구역에 거주하지 않고 있는 조합원이 정비구역에 위치한 건축물 또는 토지(재건축사업의 경우에는 건축물과 그 부속토지)를 3년 이상 소유하고 있는 경우 임원이 될 수 있다.

③ 조합장은 선임일부터 관리처분계획인가를 받을 때까지는 해당 정비구역에서 거주(영업을 하는 자의 경우 영업을 말함)하여야 한다.

④ 조합임원은 같은 목적의 정비사업을 하는 다른 조합의 임원 또는 직원을 겸할 수 없다.

⑤ 조합임원은 조합원 10분의 1 이상의 요구로 소집된 총회에서 조합원 과반수의 출석과 출석 조합원 과반수의 동의를 받아 해임할 수 있다.

63. **도시 및 주거환경정비법령상 재건축사업에서의 매도청구와 토지분할에 대한 설명으로 틀린 것은?**

① 재건축사업의 사업시행자는 조합설립인가의 고시가 있은 날부터 60일 이내에 조합설립에 동의하지 아니한 자에게 조합설립에 관한 동의 여부를 회답할 것을 서면 또는 구두로 촉구하여야 한다.

② 촉구를 받은 토지등소유자는 촉구를 받은 날부터 2개월 이내에 회답하여야 하며, 회답기간 내에 회답하지 아니한 경우 그 토지등소유자는 조합설립에 동의하지 아니하겠다는 뜻을 회답한 것으로 본다.

③ 회답기간이 지나면 사업시행자는 그 기간이 만료된 때부터 2개월 이내에 조합설립에 동의하지 아니하겠다는 뜻을 회답한 토지등소유자와 건축물 또는 토지만 소유한 자에게 건축물 또는 토지의 소유권과 그 밖의 권리를 매도할 것을 청구할 수 있다.

④ 사업시행자 또는 추진위원회는 재건축사업에서 조합설립의 동의요건을 충족시키기 위하여 필요한 경우에는 그 주택단지 안의 일부 토지에 대하여 건축법에도 불구하고 분할하려는 토지면적이 건축법에서 정하고 있는 최소분할면적에 미달되더라도 토지분할을 청구할 수 있다.

⑤ 사업시행자 또는 추진위원회는 토지등소유자와의 토지분할의 협의가 성립되지 아니한 경우에는 법원에 토지분할을 청구할 수 있다.

64. **도시 및 주거환경정비법령상 준공인가 등에 대한 설명으로 틀린 것은?**

① 토지주택공사등인 사업시행자(공동시행자인 경우 포함)가 다른 법률에 따라 자체적으로 준공인가를 처리한 경우에는 준공인가를 받은 것으로 보며, 이 경우 토지주택공사등인 사업시행자는 그 내용을 지체 없이 시장·군수등에게 통보하여야 한다.

② 정비구역의 지정은 준공인가의 고시가 있은 날[관리처분계획을 수립하는 경우에는 (소유권)이전고시가 있은 때]의 다음 날에 해제된 것으로 본다.

③ 정비구역의 지정이 해제된 경우 지방자치단체는 해당 지역을 국토의 계획 및 이용에 관한 법률에 따른 지구단위계획으로 관리하여야 한다.

④ 위 ②에서 정비구역이 해제되면 조합이 소멸된 것으로 본다.

⑤ 시장·군수등은 준공인가를 하기 전이라도 완공된 건축물이 사용에 지장이 없는 등 대통령령으로 정하는 기준에 적합한 경우에는 입주예정자가 완공된 건축물을 사용할 수 있도록 사업시행자에게 허가할 수 있다.

65. 주택법령상 국민주택규모에 대한 설명으로 틀린 것은?

① 수도권에서는 용도지역이나 행정구역에 관계없이 주거의 용도로만 쓰이는 주거전용면적이 85제곱미터 이하가 국민주택규모이다.

② 수도권 외의 지역에서 행정구역이 동에 속하는 도시지역에서는 주거의 용도로만 쓰이는 주거전용면적이 85제곱미터 이하가 국민주택규모이다.

③ 수도권 외의 지역에서 행정구역이 동에 속하는 관리지역에서는 주거의 용도로만 쓰이는 주거전용면적이 85제곱미터 이하가 국민주택규모이다.

④ 수도권 외의 지역에서 행정구역이 읍에 속하는 도시지역에서는 주거의 용도로만 쓰이는 주거전용면적이 100제곱미터 이하가 국민주택규모이다.

⑤ 수도권 외의 지역에서 행정구역이 면에 속하는 계획관리지역에서는 주거의 용도로만 쓰이는 주거전용면적이 100제곱미터 이하가 국민주택규모이다.

66. 주택법령상 주택단지와 공구에 대한 설명으로 틀린 것은?

① 공구별 세대수는 각각 200세대 이상 되어야 한다.

② 전체 세대수가 600세대 이상인 주택단지는 공구별로 분할하여 주택을 건설·공급할 수 있다.

③ 철도·고속도로·자동차전용도로에 의하여 분리된 토지는 각각 별개의 주택단지로 본다.

④ 주택단지가 폭 15미터인 일반도로에 의하여 분리된 토지는 하나의 주택단지로 본다.

⑤ 주택단지가 폭 10미터인 도시계획예정도로에 의하여 분리된 토지는 각각 별개의 주택단지로 본다.

67. 주택법령상 주택건설사업 등을 하기 위한 등록여부에 대한 설명으로 틀린 것은?

① 지방자치단체가 대지조성사업을 시행하려면 국토교통부장관에게 등록할 필요가 없다.

② 한국토지주택공사가 주택건설사업을 시행하려면 국토교통부장관에게 등록할 필요가 없다.

③ 주택조합이 등록사업자와 공동으로 주택건설사업을 시행하려면 국토교통부장관에게 등록하여야 한다.

④ 고용자가 등록사업자와 공동으로 주택건설사업을 시행하려면 국토교통부장관에게 등록할 필요가 없다.

⑤ 지방공사가 주택건설사업을 시행하려면 국토교통부장관에게 등록할 필요가 없다.

68. 주택법령상 리모델링주택조합을 설립하려는 경우에는 다음의 구분에 따른 구분소유자와 의결권의 결의를 증명하는 서류를 첨부하여 관할 시장·군수·구청장의 인가를 받아야 한다. 괄호 안에 들어갈 알맞은 숫자는?

> ㉠ 주택단지 전체를 리모델링하려는 경우 : 주택단지 전체의 구분소유자와 의결권의 각 (   )의 결의 및 각 동의 구분소유자와 의결권의 각 (   )의 결의
> ㉡ 동을 리모델링하려는 경우 : 그 동의 구분소유자 및 의결권의 각 (   )의 결의

① 2분의 1 이상 - 과반수 - 2분의 1 이상

② 3분의 2 이상 - 과반수 - 3분의 2 이상

③ 3분의 2 이상 - 2분의 1 이상 - 3분의 2 이상

④ 과반수 - 2분의 1 이상 - 과반수

⑤ 3분의 2 이상 - 과반수 - 과반수

69. 주택법령상 사업계획승인과 관련된 내용으로 옳지 않은 것은?

① 사업계획승인권자는 사업계획승인의 신청을 받은 때에는 정당한 사유가 없으면 그 신청을 받은 날부터 60일 이내에 사업주체에게 승인여부를 알려야 한다.

② 사업계획승인을 받은 경우 원칙적으로 승인받은 날부터 5년 이내에 공사를 시작하여야 한다.

③ 사업계획승인을 받은 사업주체는 최초로 공사를 진행하는 공구 외의 공구에서는 해당 주택단지에 대한 최초 착공신고일부터 2년 이내에 공사를 시작하여야 한다.

④ 해당 사업시행지에 대한 소유권 분쟁(소송절차가 진행 중인 경우만 해당)으로 인하여 공사 착수가 지연되는 경우에는 사업주체의 신청을 받아 그 사유가 없어진 날부터 1년의 범위에서 공사의 착수기간을 연장할 수 있다.

⑤ 공구별로 분할하여 사업을 시행하는 경우 최초 공구에서 정상적으로 공사를 시작하였으나 최초 공구 외의 공구에서 사업주체가 공사착수기간을 위반하여 공사를 시작하지 아니한 경우에는 사업계획승인을 취소할 수 있다.

70. **주택법령상 사업주체가 100호 또는 100세대 이상의 주택 건설사업을 시행하는 경우 또는 16,500제곱미터 이상의 대지조성사업을 시행하는 경우 간선시설의 설치에 대한 내용으로 옳지 <u>않은</u> 것은?**

① 국가는 우체통을 설치하여야 한다.

② 간선시설의 설치는 특별한 사유가 없으면 사용검사일까지 설치를 완료하여야 한다.

③ 간선시설의 설치 비용은 설치의무자가 부담하지만 지방자치단체가 설치해야 하는 도로 및 상하수도시설의 설치 비용은 그 비용의 50퍼센트의 범위에서 국가가 보조할 수 있다.

④ 전기간선시설을 지중선로(地中線路)로 설치하는 경우에는 전기를 공급하는 자가 3분의 2, 지중에 설치할 것을 요청하는 자가 3분의 1의 비율로 그 설치 비용을 부담한다.

⑤ 간선시설의 설치비상환계약에서 정하는 설치비의 상환기간은 해당 공사의 사용검사일부터 3년 이내로 하여야 한다.

71. **주택법령상 투기과열지구에 대한 설명으로 옳지 <u>않은</u> 것은?**

① 국토교통부장관 또는 시 · 도지사는 투기과열지구를 지정할 수 있다.

② 주택가격의 안정을 위하여 필요한 경우에 투기과열지구를 지정할 수 있고, 주거정책심의위원회(시 · 도지사의 경우에는 시 · 도 주거정책심의위원회)의 심의를 거쳐 지정한다.

③ 국토교통부장관은 1년마다 주거정책심의위원회의 회의를 소집하여 투기과열지구로 지정된 지역별로 해당 지역의 주택가격 안정여건 변화 등을 고려하여 투기과열지구 지정의 유지 여부를 재검토하여야 한다.

④ 국토교통부장관이 투기과열지구를 지정하거나 해제할 경우에는 미리 시 · 도지사의 의견을 듣고 그 의견에 대한 검토의견을 회신하여야 한다.

⑤ 투기과열지구는 해당 지역의 주택가격상승률이 물가상승률보다 현저히 높은 지역으로서 대통령령으로 정하는 기준을 충족하는 곳이어야 한다.

72. **건축법령상 신고대상인 공작물에 대한 설명으로 <u>잘못된</u> 것은?**

① 산이 무너지지 않도록 설치하는 옹벽은 그 높이가 3미터인 경우 시장에게 신고하고 설치하여야 한다.

② 건축물의 옥상에 설치하는 광고탑의 높이가 6미터이면 군수에게 신고하고 설치하여야 한다.

③ 주거지역 · 상업지역에 설치하는 통신용 철탑의 높이가 8미터이면 구청장에게 신고하고 설치하여야 한다.

④ 기계식 주차장 및 철골 조립식 주차장으로서 외벽이 없는 높이 6미터인 것은 광역시장에게 신고하고 설치하여야 한다.

⑤ 태양에너지를 이용하는 발전설비로서 그 높이가 6미터인 것은 군수에게 신고하고 설치하여야 한다.

73. **건축법령상 대수선에 해당하는 것은?** (다만, 증축 · 개축 또는 재축에 해당하지 아니하는 것을 말한다)

① 내력벽을 20제곱미터 수선하는 것

② 기둥을 2개 변경하는 것

③ 지붕틀을 1개 해체하는 것

④ 옥외계단을 증설하는 것

⑤ 건축물의 외벽에 사용하는 마감재료를 증설 또는 해체하거나 벽면적 20제곱미터 를 변경하는 것

74. **건축법령상 건축허가권자에 대한 설명이 <u>틀린</u> 것은?**

① 건축물을 건축하려는 자만이 아니라 대수선하려는 자도 원칙적으로 특별자치시장 · 특별자치도지사 또는 시장 · 군수 · 구청장의 허가를 받아야 한다.

② 서울특별시 강남구에서 25층인 호텔을 신축하려면 특별시장의 허가를 받아야 한다.

③ 서울특별시 중구에서 연면적이 8만 제곱미터이고 10층인 업무용 빌딩을 연면적이 10만4천제곱미터이고 12층으로 증축하는 행위는 구청장의 허가를 받아야 한다.

④ 인천광역시 남동구에서 연면적의 합계가 20만제곱미터인 공장을 신축하려면 구청장의 허가를 받아야 한다.

⑤ 대전광역시 유성구에서 연면적의 합계가 20만제곱미터인 백화점을 신축하려면 광역시장의 허가를 받아야 한다.

75. **건축법령상 대수선 중 신고대상이 <u>아닌</u> 것은?** (다만 주요구조부의 해체는 없는 것으로 한다.)

① 연면적이 180제곱미터이고 2층인 건축물의 대수선
② 연면적이 200제곱미터이고 3층인 건축물의 특별피난계단을 수선하는 것
③ 연면적이 500제곱미터이고 5층인 건축물의 내력벽의 면적을 50제곱미터 수선하는 것
④ 연면적이 800제곱미터이고 2층인 건축물의 기둥을 5개 수선하는 것
⑤ 연면적이 200제곱미터이고 2층인 건축물의 대수선

76. **건축법령상 대지의 조경에 대한 설명으로 옳은 것은?**

① 녹지지역에 건축하는 건축물에는 조경 등의 조치를 하지 아니할 수 있다.
② 면적이 500제곱미터 이상인 대지에 건축을 하는 건축주는 용도지역 및 건축물의 규모에 따라 해당 지방자치단체의 조례로 정하는 기준에 따라 대지에 조경이나 그 밖에 필요한 조치를 하여야 한다.
③ 산업집적활성화 및 공장설립에 관한 법률에 따른 산업단지의 공장에 대하여는 조경 등의 조치를 하여야 한다.
④ 도시·군계획시설에 건축하는 허가대상 가설건축물에 대하여는 조경 등의 조치를 하여야 한다.
⑤ 주거지역에 건축하는 연면적의 합계가 1,000제곱미터인 물류시설로서 국토교통부령으로 정하는 것은 조경 등의 조치를 하지 않아도 된다.

77. **건축법령상 바닥면적에 산입하지 아니하는 것을 모두 고르시오.**

> ㄱ. 필로티나 그 밖에 이와 비슷한 구조(벽면적의 2분의 1 이상이 그 층의 바닥면에서 위층 바닥 아래면까지 공간으로 된 것만 해당)의 부분은 그 부분이 공중의 통행이나 차량의 통행 또는 주차에 전용되는 경우와 공동주택의 경우
> ㄴ. 다락[층고(層高)가 1.5미터(경사진 형태의 지붕인 경우에는 1.8미터) 이하인 것]
> ㄷ. 주택의 발코니 등 노대등의 바닥은 난간 등의 설치 여부에 관계없이 노대등의 면적(외벽의 중심선으로부터 노대등의 끝부분까지의 면적)에서 노대등이 접한 가장 긴 외벽에 접한 길이에 1.5미터를 곱한 값을 뺀 면적

① ㄱ ② ㄱ, ㄴ
③ ㄷ ④ ㄱ, ㄷ
⑤ ㄴ, ㄷ

78. **건축법령상 건축협정에 대한 설명으로 옳은 것은?**

① 토지 또는 건축물의 소유자등의 과반수의 합의로 일정한 지역 또는 구역에서 건축협정을 체결할 수 있다.
② 건축협정에는 건축·대수선 또는 리모델링에 관한 사항 등이 포함되지 아니한다.
③ 협정체결자는 건축협정서를 작성하여 건축협정인가권자의 인가를 받아야 하지만 건축협정운영회의 대표자는 인가를 받을 수 없다.
④ 건축협정 체결 대상 토지가 둘 이상의 특별자치시 또는 시·군·구에 걸치는 경우 건축협정 체결 대상 토지면적의 과반(過半)이 속하는 건축협정인가권자에게 인가를 신청할 수 있다.
⑤ 협정체결자 또는 건축협정운영회의 대표자는 건축협정을 폐지하려는 경우에는 협정체결자 전원의 동의를 받아 건축협정인가권자의 인가를 받아야 한다.

79. **농지법령상 농업인에 속하지 않는 경우는?**

① 1,000제곱미터 이상의 농지에서 농작물 또는 다년생식물을 경작 또는 재배하는 자

② 농지에 330제곱미터 이상의 고정식온실 · 버섯재배사 · 비닐하우스 그 밖에 농업생산에 필요한 시설을 설치하여 농작물 또는 다년생식물을 경작 또는 재배하는 자

③ 대가축 2두, 중가축 10두, 소가축 100두, 가금 1,000수 또는 꿀벌 10군 이상을 사육하는 자

④ 1년 중 90일 이상 농업에 종사하거나 100일 이상 축산업에 종사하는 자

⑤ 농업경영을 통한 농산물의 연간 판매액이 120만 원 이상인 자

80. **농지법령상 농지취득자격증명을 발급받아야 농지를 취득할 수 있는 것으로 옳은 것은?**

① 국가나 지방자치단체가 농지를 소유하는 경우

② 농업법인의 합병으로 농지를 취득하는 경우

③ 상속(상속인에게 한 유증 포함)으로 농지를 취득하여 소유하는 경우

④ 토지수용으로 농지를 취득하여 소유하는 경우

⑤ 주말 · 체험영농을 하려고 농업진흥지역 외의 농지를 소유하는 경우

2023년도 제34회 공인중개사 2차 국가자격시험

실전모의고사 제2회

교 시	문제형별	시 간	시험과목
2교시	A	50분	1 부동산공시에 관한 법령 및 부동산 관련 세법

수험번호		성 명	

【 수험자 유의 사항 】

1. **시험문제지 표지와** 시험문제지 내 **문제형별의 동일여부** 및 시험 문제지의 **총면수 · 문제번호 일련순서 · 인쇄상태** 등을 확인하시고, 문제지 표지에 수험번호와 성명을 기재하시기 바랍니다.
2. 답은 각 문제마다 요구하는 **가장 적합하거나 가까운 답 1개**만 선택하고, 답안카드 작성 시 시험문제지 **형별누락, 마킹착오**로 인한 불이익은 전적으로 수험자에게 책임이 있음을 알려드립니다.
3. 답안카드는 국가전문자격 공통 표준형으로 문제번호가 1번부터 125번까지 인쇄되어 있습니다. 답안마킹시에는 반드시 **시험문제지의 문제번호와 동일한 번호에 마킹**하여야 합니다. (2차 2교시: 1번~40번)
4. **감독관의 지시에 불응시 불이익이 발생될 수 있으며, 시험시간 종료 후 답안카드를 제출하지 않을 경우** 시험무효처리 됨을 알려드립니다.
5. 이의제기에 관한 개별회신은 하지 않으며, **최종 정답 발표로 갈음**합니다.
6. 시험 중 **중간 퇴실은 불가**합니다. 단, 부득이하게 퇴실할 경우 **시험포기 각서 제출 후 퇴실은 가능**하나 **재입실이 불가**하며, **해당시험은 무효처리됩니다.**
7. 시험문제지는 시험 종료 후 가져가시기 바랍니다.

인강드림 공인중개사

제1과목: 부동산공시에 관한 법령 및 부동산 관련 세법

1. 공간정보의 구축 및 관리 등에 관한 법령상 지번의 구성 및 부여방법 등에 관한 설명으로 틀린 것은?

① 지적소관청은 도시개발사업 시행 등의 사유로 지번에 결번이 생긴 때에는 지체 없이 그 사유를 결번대장에 기재하여 영구히 보존하여야 한다.

② 축척변경 시행지역의 필지에 지번을 부여할 때에는 그 지번부여지역에서 인접토지의 본번에 부번을 붙여서 지번을 부여하여야 한다.

③ 지번은 본번과 부번으로 구성하되, 본번과 부번 사이에 '-' 표시로 연결한다. 이 경우 '-' 표시는 '의' 라고 읽는다.

④ 등록전환대상 토지가 여러 필지로 되어 있는 경우에는 그 지번부여지역의 최종 본번의 다음 순번부터 본번으로 하여 순차적으로 지번을 부여할 수 있다.

⑤ 합병의 경우로서 토지소유자가 합병 전의 필지에 주거 · 사무실 등의 건축물이 있어서 그 건축물이 위치한 지번을 합병 후의 지번으로 신청할 때에는 그 지번을 합병 후의 지번으로 부여하여야 한다.

2. 공간정보의 구축 및 관리 등에 관한 법령상 지목의 구분으로 옳은 것은?

① 산림 및 원야를 이루고 있는 자갈땅 · 모래땅 · 습지 · 황무지 등의 토지는 '잡종지' 로 한다.

② 아파트 · 공장 등 단일 용도의 일정한 단지 안에 설치된 통로 등은 '도로' 로 한다.

③ 「산업집적활성화 및 공장설립에 관한 법률」 등 관계 법령에 따른 공장부지 조성공사가 준공된 토지의 지목은 '산업용지' 로 한다.

④ 자동차 · 선박 · 기차 등의 제작 또는 정비공장 안에 설치된 급유 · 송유시설의 부지는 '주유소용지' 로 한다.

⑤ 교통운수를 위하여 일정한 궤도 등의 설비와 형태를 갖추어 이용되는 토지는 '철도용지' 로 한다.

3. 공간정보의 구축 및 관리 등에 관한 법령상 경계점좌표등록부의 등록사항으로 옳은 것만 나열한 것은?

① 토지의 고유번호, 토지의 지목, 부호 및 부호도, 필지별 경계점좌표등록부의 장 번호

② 필지별 경계점좌표등록부의 장 번호, 경계, 토지의 소재, 부호 및 부호도

③ 부호 및 부호도, 필지별 경계점좌표등록부의 장 번호, 토지의 소재, 지적도면의 번호

④ 좌표, 개별공시지가, 부호 및 부호도, 필지별 경계점좌표등록부의 장 번호

⑤ 토지의 지번, 부호 및 부호도, 건물 명칭, 필지별 경계점좌표등록부의 장 번호

4. 공간정보의 구축 및 관리 등에 관한 법령상 공유지연명부의 등록사항이 아닌 것은?

① 소재와 지번

② 토지의 고유번호

③ 토지소유자가 변경된 날과 그 원인

④ 필지별 공유지연명부의 장 번호

⑤ 전유부분 건물의 표시

5. 다음 보기의 (   )안에 들어갈 내용을 순서대로 연결한 것은?

> 경계점좌표등록부를 갖춰 두는 지역의 (ㄱ)에는 해당 도면의 제명 (ㄴ) '좌표' 라고 표시하고, 도곽선의 (ㄷ) 아래 끝에 '이 도면에 의하여 측량할 수 없음' 이라고 적어야 한다.

① ㄱ. 지적도 ㄴ. 앞에 ㄷ. 오른쪽

② ㄱ. 임야도 ㄴ. 앞에 ㄷ. 오른쪽

③ ㄱ. 지적도 ㄴ. 앞에 ㄷ. 왼쪽

④ ㄱ. 지적도 ㄴ. 끝에 ㄷ. 왼쪽

⑤ ㄱ. 지적도 ㄴ. 끝에 ㄷ. 오른쪽

6. 지적에 대한 설명 중 틀린 것은?

① 지적소관청이 지적공부를 복구하려는 경우에는 관할 시 · 도지사의 승인을 받아야 한다.

② 국토교통부장관은 정보통신망을 이용하여 전자화폐 · 전자결제 등의 방법으로 지적공부의 열람 및 등본교부 수수료를 납부하게 할 수 있다.

③ 지적소관청은 부동산종합공부의 등록사항 중 등록사항 상호간에 일치하지 아니하는 사항에 대해서는 등록사항을 관리하는 기관의 장에게 그 내용을 통지하여 등록사항 정정을 요청할 수 있다.

④ 지적공부를 복구하려는 토지의 표시 등에 이의가 있는 자는 게시기간 내에 지적소관청에 이의신청을 할 수 있다.

⑤ 부동산종합공부를 열람하거나 부동산종합공부 기록사항의 전부 또는 일부에 관한 증명서를 발급받으려는 자는 지적소관청이나 읍 · 면 · 동의 장에게 신청할 수 있다.

7. 공간정보의 구축 및 관리 등에 관한 법령상 합병 신청을 할 수 있는 경우는?

① 합병하려는 토지의 지번부여지역, 지목 또는 소유자가 서로 다른 경우

② 합병하려는 각 필지의 지반이 연속되지 아니한 경우

③ 합병하려는 토지 전부에 대한 「부동산등기법」 제81조 제1항 각 호의 등기사항이 동일한 신탁등기

④ 지적도에 등록된 토지와 임야도에 등록된 토지

⑤ 합병하려는 토지가 등기된 토지와 등기되지 아니한 토지인 경우

8. 공간정보의 구축 및 관리 등에 관한 법령상 축척변경에 관한 설명이다. (   ) 안에 들어갈 내용으로 옳은 것은?

> ㄱ. 지적소관청은 청산금을 산정하였을 때에는 청산금 조서를 작성하고, 청산금이 결정되었다는 뜻을 (ㄱ) 이상 공고하여 일반인이 열람할 수 있게 하여야 한다.
> ㄴ. 지적소관청은 청산금의 결정을 공고한 날부터 (ㄴ) 이내에 토지소유자에게 청산금의 납부고지 또는 수령통지를 하여야 한다.
> ㄷ. 납부고지를 받은 자는 그 고지를 받은 날부터 (ㄷ) 이내에 청산금을 지적소관청에게 내야 한다.

① ㄱ. 20일, ㄴ. 15일, ㄷ. 6개월

② ㄱ. 15일, ㄴ. 20일, ㄷ. 6개월

③ ㄱ. 15일, ㄴ. 30일, ㄷ. 6개월

④ ㄱ. 20일, ㄴ. 15일, ㄷ. 3개월

⑤ ㄱ. 20일, ㄴ. 30일, ㄷ. 3개월

9. 공간정보의 구축 및 관리 등에 관한 법령상 토지소유자가 하여야 하는 토지의 이동 신청을 대신할 수 있는 자가 아닌 것은?

① 「주택법」에 따른 공동주택의 부지인 경우는 「집합건물의 소유 및 관리에 관한 법률」에 따른 관리인

② 국가나 지방자치단체가 취득하는 토지인 경우에는 해당 토지를 관리하는 행정기관의 장 또는 지방자치단체의 장

③ 민법 제404조에 따른 채권자 및 근저당권자

④ 「주택법」에 따른 공동주택의 부지인 경우는 「집합건물의 소유 및 관리에 관한 법률」에 따른 해당 사업의 시행자

⑤ 공공사업 등에 따라 하천 · 구거 · 유지 · 수도용지 등의 지목으로 되는 토지인 경우는 해당 사업의 시행자

10. 공간정보의 구축 및 관리 등에 관한 법령상 토지소유자 등 이해관계인이 지적측량수행자에게 지적측량을 의뢰할 수 없는 경우는?

① 토지를 신규등록하는 경우로서 지적측량을 할 필요가 있는 경우

② 「지적재조사에 관한 특별법」에 따른 지적재조사사업에 따라 토지의 이동이 있는 경우로서 지적측량을 할 필요가 있는 경우

③ 지상구조물과 지형·지물이 점유하는 위치 현황을 지적도 및 임야도에 등록된 경계와 대비하여 표시하기 위한 지적현황측량

④ 도시개발사업 등의 시행지역에서 토지의 이동이 있는 경우로서 지적측량을 할 필요가 있는 경우

⑤ 토지를 분할하는 경우로서 지적측량을 할 필요가 있는 경우

11. 지적측량의 절차에 관한 설명으로 틀린 것은?

① 토지소유자는 토지를 분할하는 경우로서 지적측량을 할 필요가 있는 경우에는 지적측량수행자에게 지적측량을 의뢰하여야 한다.

② 지적측량수행자는 지적측량 의뢰를 받은 때에는 측량기간, 측량일자 및 측량수수료 등을 적은 지적측량수행계획서를 그 다음 날까지 지적소관청에 제출하여야 한다.

③ 지적측량의뢰인과 지적측량수행자가 서로 합의하여 따로 기간을 정하는 경우에는 전체 기간의 4분의 3은 측량기간으로, 전체 기간의 4분의 1은 측량검사기간으로 본다.

④ 지적기준점을 설치하지 않고 측량 또는 측량검사를 하는 경우 지적측량의 측량기간은 5일, 측량검사기간은 4일을 원칙으로 한다.

⑤ 국토교통부장관이 정하여 고시하는 면적 규모 이상의 지적확정측량성과는 지적소관청이 검사하여야 한다.

12. 공간정보의 구축 및 관리 등에 관한 법령상 지적측량성과에 대하여 다툼이 있는 경우 토지소유자가 국토교통부장관을 거쳐 지적측량적부재심사를 청구할 수 있는 위원회는?

① 지방지적위원회

② 중앙지적위원회

③ 토지수용위원회

④ 축척변경위원회

⑤ 지적개발위원회

13. 등기의 효력에 대한 설명으로 틀린 것은?

① 등기관이 등기를 마친 경우 그 등기는 접수한 때부터 효력이 발생한다.

② 소유권이전등기가 경료된 경우, 그 등기명의인은 직전 소유자에 대하여 적법한 등기원인에 의하여 소유권을 취득한 것으로 추정된다.

③ 甲의 A부동산을 乙이 매수하여 丙에게 전매한 경우 甲이 동의하지 않으면 丙은 甲에게 소유권이전등기를 청구할 수 없다.

④ 건물멸실로 무효인 소유권보존등기라도 이해관계 있는 제3자가 있기 전 신축건물에 유용하기로 합의한 경우에는 유효하다.

⑤ 등기를 마친 경우 그 등기의 효력은 대법원규칙으로 정하는 등기신청정보가 전산정보처리조직에 저장된 때 발생한다.

14. 관공서가 촉탁하는 등기에 관한 설명으로 틀린 것은?

① 관공서가 촉탁정보 및 첨부정보를 적은 서면을 제출하는 방법으로 등기촉탁하는 경우에는 우편으로 그 촉탁서를 제출할 수 있다.

② 공동신청을 해야 할 경우, 등기권리자가 지방자치단체인 때에는 등기의무자의 승낙을 받아 해당 등기를 등기소에 촉탁해야 한다.

③ 관공서가 공매처분을 한 경우에 등기권리자의 청구를 받으면 지체 없이 체납처분으로 인한 압류등기를 등기소에 촉탁해야 한다.

④ 관공서가 체납처분으로 인한 압류등기를 촉탁하는 경우에는 등기명의인을 갈음하여 등기명의인의 표시변경등기를 함께 촉탁할 수 있다.

⑤ 수용으로 인한 소유권이전등기를 신청하는 경우에는 보상이나 공탁을 증명하는 정보를 첨부정보로서 등기소에 제공하여야 한다.

15. 등기신청에 대한 설명으로 틀린 것은?

① 절차법상 등기의무자에 해당하는지 여부는 등기기록상 형식적으로 판단하여야 한다.

② 소유권보존등기의 말소등기는 단독으로 신청한다.

③ 상속을 원인으로 하여 농지에 대한 소유권이전등기를 신청하는 경우, 농지취득자격증명은 필요하지 않다.

④ 부동산이 甲→乙→丙으로 매도되었으나 등기명의가 甲에게 남아 있어 丙이 乙을 대위하여 소유권이전등기를 신청하는 경우, 丙은 절차법상 등기권리자에 해당한다.

⑤ 같은 채권의 담보를 위하여 여러 개의 부동산에 대한 저당권설정등기를 신청하는 경우, 1건의 신청정보로 일괄하여 등기를 신청할 수 있다.

16. **부동산등기를 신청하는 경우 첨부해야 하는 인감증명이 아닌 것은?**

① 소유권의 등기명의인이 등기의무자로서 등기신청을 하는 경우, 등기의무자의 인감증명

② 등기신청서에 제3자의 동의·승낙을 요하는 경우에 동의서 또는 승낙서가 공증서면인 경우, 동의자·승낙자의 인감증명

③ 소유권 이외의 권리의 등기명의인이 등기의무자로서 등기필정보 대신에 확인정보 등을 첨부하여 등기를 신청하는 경우, 등기의무자의 인감증명

④ 협의분할상속등기를 신청하는 경우, 분할협의서에 날인한 상속인 전원의 인감증명

⑤ 소유권에 관한 가등기명의인이 가등기의 말소등기를 신청하는 경우, 가등기명의인의 인감증명

17. **공동소유에 관한 등기에 대한 설명으로 옳은 것은?**

① 합유등기를 하는 경우, 합유자의 지분을 기록하여야 한다.

② 미등기부동산의 공유자 중 1인은 전체 부동산에 대한 소유권보존등기를 신청할 수 없다.

③ 민법상 조합의 소유인 부동산을 등기할 경우, 조합원 전원의 명의로 합유등기를 한다.

④ 공유물의 소유권등기에 부기등기된 분할금지약정의 변경등기는 단독으로 신청한다.

⑤ 2인의 합유자 중 1인이 사망한 경우, 잔존 합유자는 그의 단독소유로 소유권이전등기 신청을 할 수 있다.

18. **소유권에 관한 등기 절차에 대한 설명으로 틀린 것은?**

① 매매계약서를 가지고 소유권이전등기를 신청하는 경우, 신고필증에 기록된 금액을 등기기록 중 갑구의 권리자 및 기타사항란에 거래가액으로 기록한다.

② 확정판결에 의하여 자기의 소유권을 증명하여 소유권보존등기를 신청할 경우, 소유권확인판결에 한한다.

③ 진정명의회복을 원인으로 하는 소유권이전등기에는 등기원인일자를 기록하지 않는다.

④ 신고필증상의 부동산이 1개인 경우에는 매도인과 매수인이 각각 복수인 경우, 매매목록을 제출하여야 한다.

⑤ 甲 소유 토지에 대해 수용으로 소유권이전등기를 하는 경우, 수용개시일 후 甲이 丙에게 매매를 원인으로 경료한 소유권이전등기는 직권말소된다.

19. **신탁등기에 대한 설명으로 옳은 것은?**

① 등기관이 수탁자의 고유재산으로 된 뜻의 등기와 함께 신탁등기의 말소등기를 할 경우, 각각의 순위번호를 사용한다.

② 신탁재산이 수탁자의 고유재산이 되었을 때에는 그 뜻의 등기를 부기등기로 하여야 한다.

③ 여러 명의 수탁자 중 1인이 그 임무가 종료된 경우 다른 수탁자는 단독으로 권리변경등기를 신청할 수 있다.

④ 신탁종료로 신탁재산에 속한 권리가 이전된 경우 수탁자는 단독으로 신탁등기의 말소등기를 신청할 수 없다.

⑤ 수탁자가 수인일 경우, 신탁재산은 수탁자의 공유로 한다.

20. **지역권 등기에 대한 설명으로 옳은 것은?**

① 승역지의 지상권자는 지역권설정자로서 등기의무자가 될 수 있다.

② 등기관이 승역지의 등기기록에 지역권설정의 등기를 할 때에는 지역권설정의 목적을 기록하여야 한다.

③ 요역지의 소유권이 이전된 경우, 지역권이전의 효력이 발생하기 위한 별도의 지역권이전등기를 하여야 한다.

④ 요역지소유자가 등기의무자, 승역지소유자가 등기권리자가 되어 공동신청 한다.

⑤ 지역권설정등기 시 요역지 지역권의 등기사항은 법원의 촉탁으로 한다.

21. **말소등기에 관한 설명으로 틀린 것은?**

① 말소등기는 기존의 등기가 원시적 또는 후발적인 원인에 의하여 등기사항 전부가 부적법할 것을 요건으로 한다.

② 말소등기를 신청하는 경우, 그 말소에 대하여 등기상 이해관계 있는 제3자가 있으면 그 제3자의 승낙이 필요하다.

③ 가등기의무자는 가등기명의인의 승낙을 받아 단독으로 가등기의 말소를 신청할 수 있다.

④ 소유권이전청구권 보전을 위한 가등기에 기해 본등기를 한 경우, 가등기 이후에 된 근저당권설정등기는 직권말소를 하겠다는 통지를 한 후 소정의 기간을 기다려 직권으로 말소한다.

⑤ 농지를 목적으로 하는 전세권설정등기가 실행된 경우, 등기관은 이를 직권으로 말소할 수 있다.

22. 등기에 대한 설명으로 옳은 것은?

① 순위 2번 저당권등기를 말소하는 경우 순위 1번 저당권자는 이해관계인이다.

② 미등기부동산을 대장상 소유자로부터 양수인이 이전받아 양수인명의로 한 소유권보존등기는 무효이다.

③ 등기의무자가 2인 이상일 경우, 직권으로 경정등기를 마친 등기관은 그 전원에게 그 사실을 통지하여야 한다.

④ 토지소유권의 이전등기가 완료된 때에는 등기관은 지체 없이 지적소관청에 그 뜻을 통지하여야 한다.

⑤ 권리의 말소등기는 단독으로 신청하는 것이 원칙이다.

23. 가등기에 관한 설명으로 틀린 것은?

① 가등기 후 본등기의 신청이 있는 경우, 가등기의 순위번호를 사용하여 본등기를 하여야 한다.

② 가등기 후 본등기 전에 마쳐진 해당 가등기상 권리를 목적으로 하는 가압류등기는 직권말소 대상이 아니다.

③ 부동산임차권의 이전청구권을 보전하기 위한 가등기는 허용된다.

④ 가등기에 의한 본등기를 한 경우, 물권변동은 본등기 때 발생한다.

⑤ 가등기 후 제3자에게 소유권이 이전된 경우, 가등기에 의한 본등기 신청의 등기의무자는 제3취득자이다.

24. 대위신청에 대한 설명으로 옳은 것은?

① 甲 乙 간의 매매 후 등기 전에 매수인 乙이 사망한 경우, 乙의 상속인 丙은 甲과 공동으로 乙 명의의 소유권이전등기를 신청할 수 있다.

② 멸실된 건물의 소유자인 등기명의인이 멸실 후 3개월 이내에 그 건물의 멸실등기를 신청하지 않는 경우, 그 건물대지의 소유자가 멸실등기를 대위신청할 수 있다.

③ 1동의 건물에 속하는 구분건물 중 일부만에 관하여 소유권보존등기를 신청하는 경우에는 나머지 구분건물의 권리에 관한 등기를 동시에 신청하여야 한다.

④ 등기원인이 발생한 후에 등기권리자 또는 등기의무자에 대하여 상속이나 그 밖의 포괄승계가 있는 경우에는 상속인이나 그 밖의 포괄승계인이 그 등기를 신청할 수 있다.

⑤ 등기관이 대위신청에 의하여 등기를 할 때에는 대위자의 성명.주소, 주민등록번호 및 대위원인을 기록하여야 한다.

25. 납세의무의 확정시기에 관한 다음의 설명 중 옳은 것은?

① 취득세 : 해당 지방자치단체가 과세표준과 세액을 결정하는 때

② 재산세 : 납세의무자가 과세표준과 세액을 지방자치단체에 신고하는 때

③ 인지세 : 납세의무가 성립하는 때에 특별한 절차없이 그 세액이 확정

④ 양도소득세 : 과세표준과 세액을 정부가 결정하는 때

⑤ 신고납부하는 종합부동산세 : 과세표준과 세액을 정부가 결정하는 때

26. 2023년 국내소재 부동산관련 조세에 대한 다음의 설명 중 틀린 것은? (다만, 제시된 사항만 고려하시오)

① 취득세에서 유상승계취득의 경우에는 사실상의 잔금지급일에 취득한 것으로 본다. 다만, 사실상의 잔금지급일을 확인할 수 없는 경우에는 그 계약상의 잔금지급일(계약상 잔금지급일이 명시되지 않은 경우에는 계약일부터 60일이 경과한 날을 말한다)을 취득일로 본다.

② 취득세 부과제척기간이 경과한 물건의 등기 또는 등록은 등록면허세의 등기 또는 등록에 포함한다.

③ 「건축법」 등 관계 법령에 따라 허가 등을 받아야 하는 건축물로서 허가 등을 받지 않은 공장용 건축물이나 사용승인을 받아야 하는 건축물로서 사용승인(임시사용승인을 포함한다)을 받지 않고 사용 중인 공장용 건축물의 부속토지는 0.2% 분리과세대상 토지에서 제외한다.

④ 개인이 조정대상지역에 소재하는 2주택을 소유한 경우의 종합부동산세 세율은 3주택 이상을 소유한 개인과 동일한 세율을 적용한다.

⑤ 배우자 또는 직계존비속으로부터 증여받은 부동산, 분양권 · 조합원입주권, 회원권 등을 증여받은 날로부터 10년 이내 제3자에게 양도하는 경우의 취득가액은 증여한 배우자 또는 직계존비속의 취득 당시 가액으로 한다.

27. **다음 중 토지분 재산세의 별도합산과세대상토지인 것은?** (다만, 제시된 사항만 고려한다.)

① 도시지역 안의 개발제한구역과 녹지지역을 제외한 지역에 소재하는 개인소유 농지로서 과세기준일 현재 실제 영농에 사용하고 있는 전·답·과수원

② 도시지역 안의 산업단지 또는 공업지역에 위치한 공장용 건축물의 부속토지로서 기준면적 이내분

③ 여객자동차운송사업 또는 화물자동차운송사업 및 자동차대여사업의 차고용 토지

④ 종중(宗中)이 소유하는 농지와 임야

⑤ 관련 법률에 따라 면허 또는 인가를 받은 자가 계속하여 사용하는 여객자동차터미널 및 물류터미널용 토지

28. **「지방세법」 상 2023년 재산세에 관한 다음의 설명 중 옳지 않은 것은?**

① 법인이 소유하는 주택에 대한 세부담상한은 주택의 시가표준액과 관계없이 150%이다.

② 토지 · 건축물 및 주택에 대한 재산세의 과세표준은 시가표준액에 공정시장가액비율을 곱하여 산정한 가액으로 하며, 모든 건축물의 공정시장가액비율은 70%이다.

③ 건축물에서 허가 등이나 사용승인(임시사용승인을 포함한다)을 받지 아니하고 주거용으로 사용하는 면적이 전체 건축물 면적(허가 등이나 사용승인을 받은 면적을 포함한다)의 100분의 50 이상인 경우에는 그 건축물 전체를 주택으로 보지 아니한다.

④ 주택, 종합합산과세대상토지 및 별도합산과세대상토지는 누진세율을 적용한다.

⑤ 토지분 재산세로 해당 연도에 부과할 세액이 20만원 이하인 경우에는 조례로 정하는 바에 따라 납기를 7월 16일부터 7월 31일까지로 하여 한꺼번에 부과 · 징수할 수 있다.

29. **2023년 6월 1일 현재 63세인 개인 甲이 소유하는 주택이 다음과 같은 경우 종합부동산세 과세표준금액은?** (다만, 법령에서 정하는 해당 주택의 요건은 모두 갖추었다)

구 분	공시가격	보유기간	비고
A주택	24억원	10년	거주
B주택	20억원	1년	일시적2주택
C주택	15억원	2년	상속받은 주택
D주택	3억원	7년	지방저가주택
계	62억원		

① 6억원 ② 24억원
③ 30억원 ④ 36억원
⑤ 62억원

30. **「소득세법」 상 거주자의 2023년 부동산임대소득의 비과세 및 총수입금액에 관한 설명으로 옳은 것은?**

① 임대하는 국내소재 1주택의 비과세 여부 판단시 가액은 「소득세법」 상 기준시가 9억원을 기준으로 판단한다.

② 「소득세법」 상 기준시가가 5억원인 국외에 소재하는 1주택을 임대하는 경우에는 소득세를 과세하지 아니한다.

③ 전기료 · 수도료 등의 공공요금의 명목으로 지급받은 금액이 공공요금의 납부액을 초과할 때 그 초과하는 금액은 부동산임대소득의 총수입금액에 산입하지 아니한다.

④ 국내소재 3주택을 소유한 자가 받은 주택임대보증금의 합계액이 4억원인 경우, 그 보증금에 대하여 법령에서 정한 산식으로 계산한 금액을 총수입금액에 산입한다.

⑤ 부부가 각각 주택을 1채씩 보유한 상태에서 그 중 1주택을 임대하고 연간 1,800만원의 임대료를 받았을 경우 주택임대에 따른 과세소득이 없다.

31. 다음 중 실지거래가액방식에 의한 양도차익의 산정에 있어서 취득가액에 포함되는 것은?

① 현재가치할인차금과 「부가가치세법」 제10조 제1항(면세전용) 및 제6항(폐업시 잔존재화)에 따라 납부하였거나 납부할 부가가치세

② 「지적재조사에 관한 특별법」 제18조에 따른 경계의 확정으로 지적공부상의 면적이 증가되어 같은 법 제20조에 따라 징수한 조정금과 「소득세법」 상의 부당행위계산에 의한 시가초과액

③ 당초 약정에 따른 거래가액의 지급기일의 지연으로 인하여 추가로 발생하는 이자상당액

④ 양도자산의 보유기간 중에 현재가치할인차금의 상각액 또는 감가상각비를 각 연도의 사업소득금액 계산 시 필요경비에 산입하였거나 산입할 금액

⑤ 취득에 관한 쟁송이 있는 자산에 대하여 그 소유권 등을 확보하기 위하여 직접 소요된 소송비용 · 화해비용 등의 금액으로서 그 지출한 연도의 각 소득금액의 계산에 있어서 필요경비에 산입된 것

32. 다음 중 개인이 부동산을 취득하는 경우 취득세 과세표준에 포함되는 것은 몇 개인가?

- ○ 건설자금에 충당한 차입금의 이자 또는 이와 유사한 금융비용
- ○ 취득대금 외에 당사자의 약정에 따른 취득자 조건 부담액과 채무인수액
- ○ 공인중개사에게 지급한 중개보수
- ○ 할부 또는 연부(年賦) 계약에 따른 이자 상당액 및 연체료

① 0개　② 1개　③ 2개　④ 3개　⑤ 4개

33. 다음 중 양도소득세가 비과세되는 1세대 1주택에 관한 설명으로 틀린 것은?

① 1세대 1주택(고가주택 제외)과 이에 딸린 토지의 양도로 인하여 발생하는 소득에 대하여는 과세하지 않는다.

② 1세대가 양도일 현재 국내에 1주택을 보유하고 있는 경우로서 해당 주택의 보유기간이 2년 이상인 것을 말한다.

③ 양도 당시에 조정대상지역에 있는 주택의 경우에는 해당 주택의 보유기간이 2년 이상이고 그 보유기간 중 거주기간이 2년 이상인 것을 말한다.

④ 양도 당시 국내에 1개의 주택을 보유하고 있는 것으로 충분하며, 2년의 보유기간 동안 다른 주택을 소유한 사실이 없어야 하는 것은 아니다.

⑤ 2개 이상의 주택을 같은 날에 양도하는 경우 해당 거주자가 선택하는 순서에 따라 주택을 양도한 것으로 본다.

34. 지방세법상 취득세액을 계산할 때 중과기준세율만을 적용하는 경우를 모두 고른 것은? (단, 취득세 중과물건이 아님)

ㄱ. 개수로 인하여 건축물 면적이 증가하는 경우 그 증가한 가액
ㄴ. 토지의 지목을 사실상 변경함으로써 그 가액이 증가한 경우
ㄷ. 법인설립 후 유상 증자시에 주식을 취득하여 최초로 과점주주가 된 경우
ㄹ. 무덤과 이에 접속된 부속시설물의 부지로 사용되는 토지로서 지적공부상 지목이 묘지인 토지를 취득하는 경우
ㅁ. 토지에 정원 또는 부속시설물 등을 조성 · 설치하는 경우로서 토지 소유자가 취득한 것으로 보는 경우

① ㄱ, ㄴ　② ㄱ, ㄷ, ㄹ　③ ㄴ, ㄷ, ㄹ　④ ㄴ, ㄷ, ㄹ, ㅁ　⑤ ㄱ, ㄴ, ㄷ, ㄹ, ㅁ

35. 다음 중 취득세의 부과징수에 관한 설명으로 옳은 것은?

① 취득세는 관할 지방자치단체의 장이 세액을 산정하여 보통징수의 방법으로 부과 · 징수한다.

② 납세의무자가 등기 · 등록을 하고자 할 때에는 취득세 영수필통지서 1통과 영수필확인서 1통을 등기 또는 등록에 관한 서류에 첨부하여야 한다.

③ 취득세 과세물건을 취득한 후에 그 과세물건이 중과세율의 적용대상이 되었을 때에는 사유발생일부터 30일 이내에 중과세율을 적용하여 산출한 세액에서 이미 납부한 세액(가산세 포함)을 공제한 금액을 신고하고 납부하여야 한다.

④ 토지의 지목변경에 따른 납세의무자가 취득세 신고를 하지 아니하고 매각하는 경우에는 산출세액에 100분의 80을 가산한 금액을 세액으로 하여 보통징수의 방법으로 징수한다.

⑤ 지방자치단체의 장은 취득세 납세의무자가 있는 법인이 장부 등의 작성과 보존의무를 이행하지 아니한 경우에는 산출된 세액 또는 부족세액의 100분의 20에 상당하는 금액을 징수하여야 할 세액에 가산한다.

36. 다음은 「지방세법」 상 등록면허세에 관한 설명이다. 옳지 않은 것은?

① 등기 · 등록이 된 이후 법원의 판결 등에 의해 그 등기 또는 등록이 무효 또는 취소가 되어 등기 · 등록이 말소되는 경우에는 이미 납부한 등록면허세는 과오납으로 환급할 수 없다.

② 행정구역의 변경, 주민등록번호의 변경, 지적 소관청의 지번 변경, 계량단위의 변경, 등록 담당 공무원의 착오 및 이와 유사한 사유로 인한 등록으로서 주소, 성명, 주민등록번호, 지번, 계량단위 등의 단순한 표시변경 · 회복 또는 경정 등록에 대하여는 등록면허세를 부과하지 아니한다.

③ 채권금액에 의해 과세액을 정하는 경우에 일정한 채권금액이 없을 때에는 채권의 목적이 된 것의 가액 또는 처분의 제한의 목적이 된 금액을 그 채권금액으로 본다.

④ 상속으로 인한 농지의 소유권이전등기는 부동산가액의 1,000분의 8이다.

⑤ 부동산등기에 대한 산출세액이 6천원보다 적을 때에는 등록면허세를 부과하지 아니한다.

37. 다음은 재산세의 납세의무자에 관한 설명이다. 옳은 것은?

① 甲이 乙에게 재산을 매도한 후 乙이 소유권이전등기를 이행하지 않았더라도 사실상 소유자는 乙이므로 甲의 소유권변동신고 여부에 관계없이 재산세 납세의무자는 乙이다.

② 상속이 개시된 재산은 상속등기의 이행 여부나 사실상의 소유자신고 여부에 관계없이 법정상속인이 연대하여 재산세 납세의무를 진다.

③ 등기부상 甲 개인소유로 등재되어 있는 재산은 甲이 사실상 종중소유임을 과세관청에 신고하더라도 재산세 납세의무자는 甲이다.

④ 국가가 선수금을 받아 조성하는 매매용 토지로서 사실상 조성이 완료된 토지의 사용권을 무상으로 받은 경우 그 사용권을 무상으로 받은 자를 납세의무자로 본다.

⑤ 「주택법」 에 따른 지역주택조합 및 직장주택조합이 조합원이 납부한 금전으로 매수하여 소유하고 있는 신탁재산의 경우 재산세 납세의무자는 위탁자인 조합원이다.

38. 다음과 같은 1세대 1주택의 비과세 요건을 갖춘 주택을 15억원(실지거래가액)에 양도하였을 경우 양도소득세가 비과세되는 면적은 얼마인가? (단, 관련 법률에 따른 수도권의 도시지역 중 주거지역에 소재하며, 주어진 조건 외에는 고려하지 않음)

㉠ 대지면적 : 800㎡
㉡ 건물연면적 : 250㎡
㉢ 주거용으로 사용되는 건물면적 : 200㎡
㉣ 상업용으로 사용되는 건물면적 : 50㎡

① 건물 50㎡, 대지 200㎡
② 건물 200㎡, 대지 640㎡
③ 건물 200㎡, 대지 600㎡
④ 건물 250㎡, 대지 640㎡
⑤ 건물 250㎡, 대지 800㎡

39. 「소득세법」 상 2023년 양도소득금액의 계산에 있어서 장기보유특별공제에 대한 설명 중 틀린 것은?

① 등기된 토지 또는 건물로서 그 자산의 보유기간이 3년 이상인 것에 대하여 적용하나, 미등기양도자산에 대하여는 그러하지 아니한다.

② 조합원입주권(조합원으로부터 취득한 것은 제외한다)을 양도하는 경우에도 장기보유특별공제를 적용받을 수 있다.

③ 장기보유특별공제금액은 양도차익에 보유기간별 공제율을 곱한 금액으로 하며, 이를 양도차익에서 차감한다.

④ 1세대 1주택으로 5년 보유하고 3년 거주한 고가주택의 보유기간별 공제율은 32%이다.

⑤ 조합원입주권의 보유기간은 관리처분계획등 인가일부터 조합원입주권의 양도일까지로 한다.

40. 부동산을 양도할 때마다 예정신고를 한 자는 해당 소득에 대한 확정신고를 하지 아니할 수 있다. 다만, 다음의 경우에는 확정신고를 하여야 한다. 옳은 것을 묶은 것은?

> ㉠ 당해연도에 누진세율의 적용대상 자산에 대한 예정신고를 2회 이상 한 자가 이미 신고한 양도소득금액과 합산하여 신고하지 아니한 경우
> ㉡ 부동산 등을 2회 이상 양도한 경우로서 감면소득금액이 있는 경우의 양도소득기본공제를 적용할 경우 당초 신고한 양도소득산출세액이 달라지는 경우
> ㉢ 부동산 등을 2회 이상 양도한 경우로서 해당 과세기간의 양도소득과세표준 합계액에 대하여 누진세율을 적용하여 계산한 양도소득 산출세액과 자산별 양도소득 산출세액의 합계액 중 큰 것을 적용할 경우 당초 신고한 양도소득산출세액이 달라지는 경우
> ㉣ 당해연도에 양도소득세 과세대상인 이축권과 골프회원권에 대한 예정신고를 2회 이상 한 자가 이미 신고한 양도소득금액과 합산하여 신고한 경우

① ㉠, ㉡　　② ㉡, ㉢

③ ㉠, ㉣　　④ ㉠, ㉡, ㉢

⑤ ㉠, ㉡, ㉢, ㉣

2023년도 제34회 공인중개사 2차 국가자격시험

실전모의고사 제3회

교 시	문제형별	시 간	시험과목
1교시	A	100분	① 공인중개사의 업무 및 부동산 거래신고에 관한 법령 및 중개실무 ② 부동산공법 중 부동산중개에 관련되는 규정

수험번호		성 명	

【 수험자 유의 사항 】

1. **시험문제지 표지와** 시험문제지 내 **문제형별의 동일여부** 및 시험 문제지의 **총면수 · 문제번호 일련순서 · 인쇄상태** 등을 확인하시고, 문제지 표지에 수험번호와 성명을 기재하시기 바랍니다.
2. 답은 각 문제마다 요구하는 **가장 적합하거나 가까운 답 1개**만 선택하고, 답안카드 작성시 시험문제지 **형별누락, 마킹착오**로 인한 불이익은 전적으로 수험자에게 책임이 있음을 알려드립니다.
3. 답안카드는 국가전문자격 공통 표준형으로 문제번호가 1번부터 125번까지 인쇄되어 있습니다. 답안마킹시에는 반드시 **시험문제지의 문제번호와 동일한 번호에 마킹**하여야 합니다. (2차 1교시: 1번~80번)
4. **감독관의 지시에 불응시 불이익이 발생될 수 있으며, 시험시간 종료 후 답안카드를 제출하지 않을 경우** 시험무효처리 됨을 알려드립니다.
5. 이의제기에 관한 개별회신은 하지 않으며, **최종 정답 발표로 갈음**합니다.
6. 시험 중 **중간 퇴실은 불가**합니다. 단, 부득이하게 퇴실할 경우 **시험포기 각서 제출 후 퇴실은 가능**하나 **재입실이 불가**하며, **해당시험은 무효처리됩니다.**
7. 시험문제지는 시험 종료 후 가져가시기 바랍니다.

인강드림 공인중개사

제1과목: 공인중개사의 업무 및 부동산 거래 신고 등에 관한 법령 및 중개실무

1. 「공인중개사법」 제2조 용어의 정의에 관한 기술로서 타당한 것은?

① '개업공인중개사' 는 다른 사람의 의뢰에 의하여 일정한 보수를 받고 중개를 업으로 행하는 자를 말한다.

② '중개업' 은 다른 사람의 의뢰에 의하여 일정한 보수를 받고 중개대상물에 대하여 거래당사자 간의 매매 · 교환 · 임대차 그 밖의 권리의 득실변경에 관한 행위를 알선하는 것을 업으로 행하는 것을 말한다.

③ '공인중개사' 는 이 법에 의한 공인중개사자격을 취득하고 중개사무소 개설등록을 한 자를 말한다.

④ '소속공인중개사' 는 개업공인중개사에 소속된 공인중개사가 아닌 자로서 중개업무를 수행하거나 개업공인중개사의 중개업무를 보조하는 자를 말한다.

⑤ '중개보조원' 은 공인중개사로서 개업공인중개사에 소속되어 중개대상물에 대한 현장 안내 및 일반 서무 등 개업공인중개사의 중개업무와 관련된 단순한 업무를 보조하는 자를 말한다.

2. 「공인중개사법령」 상 중개사무소의 개설등록을 할 수 있는 요건으로 가장 타당하지 않은 것은?

① 주식회사인 법인의 6명의 임원 중(대표자 제외) 3명은 공인중개사이며, 나머지 3명은 공인중개사 자격이 없는 일반인이다.

② 중개사무소를 개설하고자 하는 법인은 자본금 9천만원의 합자회사이다.

③ 업무정지 처분을 받고 폐업신고를 한 후 업무정지처분기간 종료 후에 다시 중개사무소의 개설등록신청을 하였다.

④ 중개사무소를 개설하고자 하는 법인이 분양권의 매매업을 영위할 목적으로 설립되었다.

⑤ 중개사무소의 개설등록을 하고자 하는 공인중개사가 개설등록을 신청하기 6개월 전 시 · 도지사가 실시하는 실무교육을 받았다.

3. 「공인중개사법령」 에는 중개사무소 등록을 할 수 없는 개업공인중개사 등의 결격사유가 제시되어 있다. 이에 해당되는 자는?

① 2년간 폐업했다가 재등록한 개업공인중개사로서 폐업신고 전의 위반행위를 원인으로 등록취소처분을 받고 2년이 경과된 자

② 금고 이상의 형의 선고유예처분을 받고 유예기간 중에 있는 자

③ 심신이 박약하거나 재산의 낭비로 자기나 가족의 생활을 궁박하게 할 염려가 있는 자

④ 혼인한 미성년자

⑤ 폭행죄로 벌금 300만원을 선고 받고 1년이 경과된 자

4. 개업공인중개사는 중개업무를 함에 있어서 중개보조원 등을 고용하여 중개업무를 할 수 있다. 개업공인중개사 갑과 그가 고용한 중개보조원 을에 관한 설명으로 틀린 것은?

① 을의 위반행위에 대해 그를 고용한 갑 개업공인중개사가 상당한 주의와 감독을 한 경우에는 등록관청은 갑에게 벌금형을 부과 하지 않을 수 있다.

② 을의 고의 또는 과실로 갑이 중개의뢰인에게 손해배상을 한 경우에도 갑은 을에게 구상권을 행사할 수는 없다.

③ 을이 고의 또는 과실로 중개의뢰인에게 손해를 끼친 경우에 개업공인중개사 갑은 을과 손해배상책임을 부담하는 부진정연대채무의 관계에 있다.

④ 을이 업무상 행위로 중개의뢰인에게 손해를 끼친 경우에 개업공인중개사 갑이 무과실이라 하더라도 손해배상책임을 진다.

⑤ 을이 행정형벌에 해당되는 위반행위를 하여 그를 고용한 갑이 벌금형을 선고 받았다고 하더라도 개업공인중개사 갑이 결격사유에 해당되는 것은 아니다.

5. 다음 내용 중 「공인중개사법령」 에서 제시하는 중개법인의 업무 범위에 해당되는 것은?

① 부동산 임대업

② 중개업 창업을 준비 중인 공인중개사를 대상으로 중개업의 경영기법 제공

③ 중개업 창업을 위한 부동산자금 알선업

④ 경매대상 부동산에 대한 매수신청 또는 입찰신청의 대리

⑤ 도시개발사업의 공장용지에 대한 준공 전 분양 대행

6. 개업공인중개사는 등록관청에 중개사무소 등록을 하고 중개업을 영위하여야 한다. 「공인중개사법령」 상 중개사무소에 관련된 내용 중 타당한 것은?

① 중개법인이 분사무소 설치신고를 하는 경우에는 분사무소 설치를 위한 업무보증설정을 증명할 수 있는 서류는 제출할 필요가 없다.

② 다른 법률의 규정에 따라 중개업을 할 수 있는 법인의 분사무소인 경우에도 공인중개사를 책임자로 두어야 한다.

③ 분사무소의 설치신고를 하고자 하는 자는 분사무소를 두고자 하는 지역을 관할하는 시장 · 군수 · 구청장에게 하여야 한다.

④ 개업공인중개사가 중개사무소를 공동으로 사용하고자 할 경우에도 중개사무소 관할 시장 · 군수 · 구청장에게 공동사용 신고를 할 필요는 없다.

⑤ 법인의 분사무소는 주된 사무소 소재지가 속한 시 · 군 · 구를 포함한 시 · 군 · 구별로 설치할 수 있으나 각 시 · 군 · 구별로 1개소를 초과할 수는 없다.

7. 개업공인중개사는 중개사무소를 전국 어디든지 이전할 수 있다. 이에 관련된 중개사무소 이전에 관한 내용 중 타당하지 <u>않은</u> 것은?

① 중개사무소 이전신고를 하고자 하는 자는 건축물대장에 기재된 건물에 중개사무소를 확보(소유 · 전세 · 임대차 또는 사용대차 등의 방법에 의하여 사용권을 확보하여야 한다)하였음을 증명하는 서류를 제출해야 한다.

② 중개사무소를 등록관청의 관할 지역 외의 지역으로 이전한 경우에는 이전 후의 중개사무소를 관할하는 시장 · 군수 또는 구청장에게 신고하여야 한다.

③ 법인인 개업공인중개사가 분사무소를 시 · 군 · 구의 관할구역 밖으로 이전한 경우에도 주된 사무소 등록관청에 사무소 이전 신고를 하여야 한다.

④ 중개사무소 이전신고 전에 발생한 사유로 인한 개업공인중개사에 대한 행정처분은 이전 전 등록관청이 이를 행한다.

⑤ 개업공인중개사가 중개사무소를 이전한 때에는 이전한 날부터 10일 이내에 등록관청에 이전사실을 신고하여야 한다.

8. 「공인중개사법령」 상 개업공인중개사는 언제든지 자유롭게 휴 · 폐업할 수 있다. 이러한 휴 · 폐업에 대한 내용 중 타당한 것은?

① 개업공인중개사가 휴업 기간 중에 업무보증의 기간이 만료되었으나 재설정하지 않은 경우에는 등록을 취소할 수 있다.

② 휴업 기간 중에 있는 개업공인중개사는 당해 기간 중이라도 다른 개업공인중개사의 고용인이 될 수 있다.

③ 개업공인중개사가 3월을 초과하여 휴업하고자 하는 경우에는 신고해야 하며, 이 경우 당연히 전자문서에 의한 신고도 가능하다.

④ 휴업기간 중에 있는 개업공인중개사는 중개업무를 하지 않으므로 중개사무소를 두지 않아도 된다.

⑤ 휴업기간은 6월을 초과할 수 없으나 질병으로 인한 요양, 징집으로 인한 입영, 취학, 임신출산 등 부득이한 사유가 있는 경우에는 그러하지 아니하다.

9. 개업공인중개사는 업무의 책임 소재, 공신력 확보 등을 위해 사용할 인장을 등록하고 중개업을 영위하여야 한다. 개업공인중개사의 인장 등록에 관한 설명으로서 타당한 것은?

① 등록한 인장을 변경한 경우에는 개업공인중개사 및 소속공인중개사는 변경일로부터 10일 이내에 그 변경된 인장을 등록관청에 등록하여야 한다.

② 법인의 분사무소에 소속된 공인중개사는 상업등기규칙에 의하여 대표자가 보증하는 인장을 주된 사무소 등록관청에 등록할 수 있다.

③ 법인의 분사무소에서 사용할 인장의 경우에는 상업등기규칙에 따라 법인의 대표자가 보증하는 인장을 등록하여 사용할 수 있으며, 주된 사무소 소재지 등록관청에 등록하여야 한다.

④ 중개법인의 사원이나 임원은 모두 중개행위에 사용할 인장을 등록관청에 반드시 등록하여야 한다.

⑤ 공인중개사인 개업공인중개사가 등록한 인장을 사용하지 않은 경우에는 자격정지 처분 사유에 해당된다.

10. 개업공인중개사는 중개계약으로부터 중개실무를 시작하게 된다. 이에 관한 「공인중개사법령」 상 전속중개계약에 관한 설명 중 타당한 것은?

① 전속중개계약의 유효기간 내에 의뢰인이 다른 개업공인중개사에게 중개를 의뢰하여 거래한 경우에 중개의뢰인은 원래의 개업공인중개사가 중개를 위하여 지출한 비용을 위약금으로 지불하여야 한다.

② 임대를 전속중개계약으로 의뢰받은 개업공인중개사는 중개대상물을 부동산거래정보망에 공개하는 경우에 공시지가도 함께 공개하여야 한다.

③ 개업공인중개사는 전속중개계약을 체결한 때에는 7일 이내에 중개대상물에 대한 정보를 부동산거래정보망 또는 일간신문에 공개하여야 한다.

④ 전속중개계약을 체결한 중개의뢰인은 개업공인중개사가 중개대상물의 정보를 공개하는 경우에 비공개를 요청할 수 없다.

⑤ 전속중개계약을 체결한 개업공인중개사는 권리자의 주소, 성명 등 인적사항에 관한 정보도 부동산거래정보망 등에 공개하여야 한다.

11. 「공인중개사법」 에서 제시하는 부동산거래정보망에 대한 기술 중 타당한 것은?

① 국토교통부장관은 개업공인중개사와 중개의뢰인 상호간에 부동산매매 등에 관한 정보의 공개와 유통을 촉진하고 공정한 부동산 거래질서를 확립하기 위하여 부동산거래정보망을 설치 · 운영할 자를 지정할 수 있다.

② 거래정보사업자 지정을 받고자 하는 자는 공인중개사인 개업공인중개사 2인 이상과 정보처리기사 2인 이상을 확보하여야 한다.

③ 거래정보사업자가 부동산거래정보망에 개업공인중개사로부터 받은 정보를 차별적으로 또는 다르게 공개한 경우에는 1년 이하의 징역이나 1천만원 이하의 벌금형에 처해진다.

④ 거래정보사업자 지정을 받은 자는 지정을 받은 날부터 30일 이내에 운영규정을 정하여 국토교통부장관의 승인을 얻어야 한다. 이를 변경하고자 하는 경우에도 또한 같다.

⑤ 거래정보사업자 지정을 받은 자는 정당한 사유가 없는 한 6월 이내에 부동산거래정보망을 설치 · 운영해야 한다.

12. 「공인중개사법령」 상 개업공인중개사의 중개대상물 확인, 설명의무에 대한 내용 중 타당한 것은?

① 개업공인중개사는 중개를 의뢰받은 경우에는 중개가 완성되기 전에 확인 · 설명사항을 서면으로 작성하여 거래당사자에게 교부하고 3년간 보존하여야 한다.

② 개업공인중개사는 중개가 완성되어 거래계약서를 작성하는 때에는 당해 중개대상물에 관한 권리를 취득하고자 하는 중개의뢰인에게 성실 · 정확하게 설명하고, 토지대장 · 등기사항증명서 등본 등 설명의 근거자료를 제시하여야 한다.

③ 개업공인중개사는 확인 · 설명을 위하여 필요한 경우에는 중개대상물의 매수의뢰인 · 임차의뢰인 등에게 당해 중개대상물의 상태에 관한 자료를 요구할 수 있다.

④ 확인 · 설명서에는 당해 중개행위를 한 소속공인중개사가 서명 및 날인하여야 하며, 소속공인중개사가 서명 및 날인한 경우에는 개업공인중개사는 별도로 서명 및 날인을 하지 않아도 된다.

⑤ 개업공인중개사는 매도의뢰인 · 임대의뢰인 등이 중개대상물의 상태에 관한 자료요구에 불응한 경우에는 그 사실을 매수의뢰인 · 임차의뢰인 등에게 설명하고 중개대상물 확인 · 설명서에 기재하여야 한다.

13. 「공인중개사법령」 상 개업공인중개사의 거래계약서 작성의 업무처리에 관한 설명 중 옳은 것은?

① 거래계약서를 작성하는 때에는 거래금액 등 거래내용을 거짓으로 기재하거나 서로 다른 2 이상의 거래계약서를 작성하여서는 아니 된다. 이를 위반하면 상대적 등록취소사유에 해당된다.

② 소속공인중개사가 거래계약서를 작성한 경우에는 당해 업무를 수행한 공인중개사만 서명 및 날인하면 된다.

③ 개업공인중개사는 중개가 완성된 때에는 거래계약서를 작성하고 이에 서명 및 날인하여야 하며, 3년 동안 그 원본, 사본 또는 전자문서를 보존하여야 한다.

④ 거래계약서를 작성할 때에는 국토교통부장관이 정하는 표준서식에 따라야 한다.

⑤ 개업공인중개사가 중개를 완성하고 거래계약서를 작성하지 않으면 거래계약이 성립되지 않으므로 반드시 거래계약서를 작성하여야 한다.

14. 부동산거래신고 등에 관한 법령상 자진 신고자에 대한 감경 또는 면제의 대상인 것은 몇 개 인가?

> a. 거래대금지급자료 제출하지 아니한 자
> b. 거래대금 지급을 증명할 수 있는 자료 외의 자료를 제출하지 아니한 자
> c. 계약을 체결하지 아니하였음에도 불구하고 거짓으로 부동산거래신고 한 자
> d. 해당 계약이 해제 등이 되지 아니하였음에도 불구하고 거짓으로 해제신고를 하는 행위

① 1개　② 2개　③ 3개
④ 4개　⑤ 0개

15. 「공인중개사법령」에는 개업공인중개사가 중개행위를 함에 있어서 하여서는 아니 되는 금지행위로서 부작위의무가 규정되어 있다. 다음 중 개업공인중개사 등의 금지행위에 대한 내용으로 타당하지 <u>않은</u> 것은? (다툼이 있으면 판례에 의함)

① 직접 거래란 개업공인중개사가 중개의뢰인으로부터 의뢰 받은 매매 · 교환 · 임대차 등과 같은 권리의 득실변경에 관한 행위의 직접 상대방이 되는 경우를 의미한다.

② 개업공인중개사가 미등기 전매행위 등 부동산투기를 조장하는 행위를 한 경우에는 설사 양도 차액을 남기지 못하였다고 하더라도 개업공인중개사 등의 금지행위에 해당된다.

③ 개업공인중개사에 대하여 직접 거래의 규정을 적용하기 위해서는 먼저 개업공인중개사가 중개의뢰인으로부터 중개의뢰를 받았다는 점이 전제되어야만 한다.

④ 개업공인중개사가 중개의뢰인으로부터 중개보수 명목으로 법정 한도를 초과하는 당좌수표를 교부받았으나 그 후에 부도 처리된 경우에도 개업공인중개사 등의 금지행위에 해당된다.

⑤ 개업공인중개사 甲이 매수의뢰인 乙의 중개의뢰를 받고 매도의뢰인 丙과의 매매계약 체결을 중개하려 했으나, 乙이 교통사고로 입원하는 바람에 乙을 대리하여 丙과 직접 계약을 체결한 경우 개업공인중개사 등의 금지행위에 해당된다.

16. 「공인중개사법령」 상 중개의뢰인에 대한 손해배상책임을 위한 개업공인중개사의 업무보증설정 의무에 대한 내용 중 타당하지 <u>않은</u> 것은?

① 개업공인중개사의 손해배상책임이 개업공인중개사가 가입한 업무보증 설정금액 한도로 제한되는 것은 아니다.

② 법인인 개업공인중개사가 분사무소를 4개 설치한 경우에 업무보증 설정한도는 최소 4억원 이상이다.

③ 개업공인중개사가 공탁한 공탁금(담보공탁)은 개업공인중개사가 폐업, 등록취소 또는 사망한 날부터 3년 이내에는 이를 회수할 수 없다.

④ 개업공인중개사는 보증보험금 · 공제금 또는 공탁금으로 손해배상을 한 때에는 15일 이내에 보증보험 또는 공제에 다시 가입하거나 공탁금 중 부족하게 된 금액을 보전하여야 한다.

⑤ 지역농업협동조합이 부동산중개업을 하고자 하는 때에는 보증금액 2천만원 이상의 보증을 설정하여야 한다.

17. 다음 중 「공인중개사법령」 상 계약금 등의 반환채무이행의 보장을 위한 제도에 관한 내용으로서 가장 타당한 것은?

① 개업공인중개사 명의로 예치된 계약금 등은 거래당사자의 동의 없이는 어떤 경우에도 사전에 인출할 수 없다.

② 계약금 등을 예치하는 경우에는 금융기관, 공제사업자, 신탁업자 중의 하나의 기관에만 예치해야 한다.

③ 계약금 등을 수령할 수 있는 권한이 있는 매도의뢰인 등은 계약이 해제되었을 때 계약금 등의 반환을 보장하는 내용의 금융기관 등의 보증서를 예치기관에 교부하고 계약금 등을 미리 수령할 수 있다.

④ 개업공인중개사는 거래계약의 이행이 완료될 때까지 계약금 등을 개업공인중개사 자신의 명의로 금융기관에 예치하도록 거래당사자에게 권고할 수 있다.

⑤ 계약금 등을 금융기관 등에 예치하는 경우에 소요되는 비용은 매도, 임대 그 밖의 권리를 이전하고자 하는 의뢰인이 부담한다.

18. 「공인중개사법령」은 개업공인중개사가 중개사무소에 게시해야 할 의무를 부과하고 있다. 해당 사항이 아닌 것은?

① 사업자등록증

② 중개보수 · 실비의 요율 및 한도액표

③ 개업공인중개사 및 소속공인중개사의 공인중개사 자격증 원본(해당하는 자가 있는 경우에 한한다)

④ 중개사무소 등록증 원본(분사무소 설치신고 확인서 원본)

⑤ 실무교육 이수증

19. 개업공인중개사의 중개보수에 대한 「공인중개사법령」상 내용 중에 타당한 것은?(다툼이 있으면 판례에 따른다)

① 동일한 중개대상물에 대하여 매매를 포함한 둘 이상의 거래가 동일 기회에 이루어지는 경우에는 매매계약에 관한 거래금액만을 적용한다.

② 개업공인중개사가 거래계약서를 작성하지 못하였다고 하더라도 계약체결에 있어 중개행위가 거래성립에 결정적인 기여를 하였다면 보수청구가 가능하다.

③ 중개가 완성된 후에 중개의뢰인의 사정으로 거래계약이 해제되었다면 중개보수 청구권은 당연히 소멸된다.

④ 주택 외의 중개대상물의 중개에 대한 중개보수는 중개의뢰인 쌍방으로부터 각각 받되, 그 일방으로부터 받을 수 있는 한도는 매매 · 교환의 경우에는 거래금액의 1천분의 9 이내로 하고, 임대차 등의 경우에는 거래금액의 1천분의 8 이내로 한다.

⑤ 중개보수는 중개가 완성된 경우 거래당사자 쌍방으로부터 균분하여 받는다.

20. 「공인중개사법령」상 공인중개사에 대한 행정처분으로는 자격취소와 자격정지가 있다. 자격취소 및 자격정지처분에 대한 내용 중 타당하지 않은 것은?

① 자격취소처분을 받은 자는 7일 이내에 자격증을 반납하여야 하나, 자격정지처분을 받은 자는 반드시 자격증을 반납하지 않아도 된다.

② 자격정지처분사유에 해당하는 경우에 사무소 소재지를 관할하는 시 · 도지사와 자격증을 교부한 시 · 도지사가 서로 다른 경우에는 중개사무소를 관할하는 시 · 도지사가 행정처분을 행한다.

③ 형법에 위반하여 징역형을 선고받았다고 하더라도 공인중개사 자격이 반드시 취소되는 것은 아니다.

④ 공인중개사의 자격을 취소하고자 하는 경우에는 청문을 실시하여야 하나, 자격정지처분을 하고자 하는 경우에는 청문을 실시할 필요가 없다.

⑤ 등록관청은 공인중개사가 자격정지처분의 어느 하나에 해당하는 사실을 알게 된 때에는 지체없이 그 사실을 시 · 도지사에게 통보하여야 한다.

21. 다음 중 「공인중개사법령」상 중개사무소 개설등록을 반드시 취소해야 하는 사유로서 타당한 경우는?

① 거래계약서에 거래금액 등 거래내용을 거짓으로 기재하거나 서로 다른 2 이상의 거래계약서를 작성한 경우

② 법인인 개업공인중개사가 계속하여 6월을 초과하여 휴업한 경우

③ 개업공인중개사가 「공인중개사법」을 위반하여 벌금형 500만원을 선고받은 경우

④ 전속중개계약을 체결한 개업공인중개사가 중개대상물에 관한 정보를 공개하지 아니하거나 중개의뢰인의 비공개요청에도 불구하고 정보를 공개한 경우

⑤ 부칙 제6조의 개업공인중개사가 임시 중개시설물을 설치한 경우

22. 「공인중개사법령」에서 제시하는 개업공인중개사의 행정처분에 대한 내용 중 타당하지 않은 것은?

① 폐업 신고 전의 위반행위를 원인으로 하여 재등록한 개업공인중개사에게 등록취소처분을 한 경우에는 등록취소처분을 받은 날부터 3년에서 폐업 기간을 공제한 기간이 결격사유 기간이 된다.

② 폐업 신고 전의 위반행위에 대한 행정처분이 업무정지에 해당하는 경우로서 폐업 기간이 1년을 초과한 경우는 행정처분을 할 수 없다.

③ 폐업 신고를 한 날부터 다시 중개사무소의 개설등록을 한 날까지의 기간이 1년을 초과한 경우에는 폐업 신고 전의 위반 행위에 대한 등록취소를 할 수 없다.

④ 폐업 신고 전의 개업공인중개사에 대하여 「공인중개사법」 위반행위를 사유로 행한 업무정지처분과 과태료처분의 효과는 그 처분일로부터 1년간 다시 중개사무소의 개설등록을 한 자에게 승계된다.

⑤ 개업공인중개사에 대한 업무정지는 그 사유가 발생한 날로부터 3년이 지나면 업무정지처분을 할 수 없다.

23. 「공인중개사법령」상 개업공인중개사의 교육관련 사항이다. 다음 중 가장 타당한 것은?

① 시, 도지사는 연수교육 · 실무교육을 이수한 개업공인중개사와 소속공인중개사를 대상으로 매 3년마다 실시하여야 한다.

② 중개보조원은 시, 도지사 또는 등록관청이 실시하는 직무교육을 3~4시간 이수하여야 한다.

③ 분사무소 소속 공인중개사가 되고자 하는 자는 중개업무를 수행하기 위해서 실무교육을 수료할 필요는 없다.

④ 국토교통부장관은 실무교육의 전국적인 균형, 유지 등을 위하여 실무교육지침을 마련하여 시행할 수 없다.

⑤ 공인중개사 자격증이 없는 일반인이 법인의 사원이나 임원이 되고자 하는 경우에는 실무교육을 수료하지 않아도 된다.

24. 「공인중개사법」상 개업공인중개사 등에 대한 벌칙 적용에 관한 설명으로 틀린 것은?

① 중개의뢰인과 직접 거래하였다는 이유로 법인인 개업공인중개사가 1,500만원의 벌금형을 받았다.

② 부칙 제6조의 개업공인중개사가 중개사무소 이전신고 의무 위반으로 30만원의 과태료처분을 받았다.

③ 공인중개사협회가 공제사업 운용실적 공시의무 위반으로 500만원의 벌금형을 받았다.

④ 다른 사람에게 자기의 성명을 사용하여 중개업무를 하게 한 공인중개사인 개업공인중개사가 500만원의 벌금형을 받았다.

⑤ 중개사무소의 개설등록을 하지 아니하고 중개업을 한 무등록개업공인중개사가 500만원의 벌금형을 받았다.

25. 「공인중개사법령」상 여러 가지 위반행위에 대한 벌칙이다. 다음 내용 중 옳게 연결된 것은?

① 사무소 이전 신고에 위반한 공인중개사인 개업공인중개사 – 500만원 이하의 과태료

② 공인중개사 협회가 공제사업의 운용실적을 공시하지 않는 경우 – 100만원 이하의 과태료

③ 공인중개사가 아닌 자가 공인중개사 또는 이와 유사한 명칭을 사용한 경우 – 3년 이하의 징역 또는 3천만원 이하의 벌금

④ 임시 중개시설물을 설치한 법인인 개업공인중개사 – 1년 이하의 징역 또는 1천만원 이하의 벌금

⑤ 거짓 그 밖의 부정한 방법으로 중개사무소 개설등록을 한 자 – 1년 이하의 징역 또는 1천만원 이하의 벌금

26. 「부동산거래신고에 관한법률」에는 포상금지급의 규정이 있다. 다음 중 그 대상이 되는 행위자가 아닌 것은?

① 부동산거래신고를 거짓으로 한 자

② 매매계약이 체결되지 아니함에도 불구하고 체결 신고한 자

③ 중개의뢰인과 직접 거래하거나 거래당사자 쌍방을 대리한 자

④ 매매계약이 해제 되지 아니함에도 불구하고 해제신고를 한 자

⑤ 토지거래허가의 변경허가를 받지 아니하고 계약을 체결한 자

27. 개업공인중개사는 경매업무를 하고자 하는 경우 대법원규칙에 따라야 한다. 대법원규칙에 의한 매수신청(대리)인 등록에 대한 내용 중 타당하지 않은 것은?

① 매수신청대리인 등록을 한 법인인 개업공인중개사는 손해배상책임을 보장하기 위해 2억원 이상의 보증을 설정하여야 한다. 다만, 분사무소를 두는 경우에는 분사무소마다 1억원 이상을 추가로 설정하여야 한다.

② 매수신청대리인 등록신청을 받은 지방법원장은 14일 안에 공인중개사 또는 중개법인으로 종별을 구분하여 등록증을 교부하여야 한다.

③ 매수신청대리인 등록을 한 개업공인중개사는 등록증, 매수신청대리 수수료표, 보증의 설정을 증명할 수 있는 서류를 당해 중개사무소 안의 보기 쉬운 곳에 게시하여야 한다.

④ 중개법인이 매수신청대리인 등록을 하고자 하는 경우에는 중개법인의 사원이나 임원은 등록신청일 전 1년 이내에 법원행정처장이 지정하는 교육기관에서 부동산경매에 관한 실무교육을 이수하여야 한다.

⑤ 매수신청대리인 등록을 하고자 하는 자는 보증을 제공하였음을 증명하는 보증보험증서 사본, 공제증서 사본 또는 공탁증서 사본을 등록신청 시 제출해야 한다.

28. **다음 내용은 중개계약의 종류와 그 특징을 설명한 것이다. 가장 타당한 것은?**

① 일반중개계약은 중개의뢰인이 불특정 다수의 개업공인중개사에게 경쟁적으로 중개를 의뢰하는 방식을 말하며 개업공인중개사의 책임중개를 기대할 수 있다는 특징이 있다.

② 전속중개계약이란 중개의뢰인이 중개를 의뢰함에 있어서 특정 개업공인중개사를 정하여 중개대상물을 중개하도록 하는 계약으로 개업공인중개사에게 가장 유리한 중개계약이다.

③ 독점중개계약은 특정 개업공인중개사에게 독점적으로 중개의뢰를 하는 계약형태로서 계약이 체결되면 거래계약을 누가 성사시키든 간에 그 개업공인중개사가 중개보수를 받게 된다.

④ 공동중개계약은 독점중개계약을 보완한 것으로서 부동산개업공인중개사의 단체 또는 2인 이상의 개업공인중개사들의 공동활용에 의해 중개업무가 이루어지는 방식을 말하며, 우리나라에서 가장 많이 이용되고 있는 중개계약이다.

⑤ 순가중개계약은 중개의뢰인이 미리 매도 또는 매수가격을 제시하여 그 가격을 초과하는 금액을 개업공인중개사가 중개보수로 취득하도록 하는 계약으로 부동산 가격을 상승시켜 투기를 조장할 염려가 있으므로 「공인중개사법령」 상 당연히 금지행위에 해당된다.

29. **「공인중개사법령」 상 개업공인중개사가 중개대상물에 대하여 확인 · 설명하여야 하는 내용에 관한 조사방법 중 틀린 것은?**

① 공법상 이용제한 및 거래규제에 관한 사항은 토지이용계획확인서를 통하여 조사한다.

② 소유권 · 저당권 등 권리관계에 관한 사항은 등기사항증명서를 통하여 조사한다.

③ 건폐율 상한 및 용적률 상한은 토지이용계획확인서를 통하여 조사한다.

④ 토지소유권에 대한 지분을 공유지연명부와 등기사항증명서 등을 통해 조사한다.

⑤ 중개대상물의 종류 · 면적 · 용도 등 중개대상물에 관한 기본적인 사항은 토지대장 및 건축물대장 등본 등을 통하여 조사한다.

30. **개업공인중개사가 등기사항증명서를 통하여 권리관계를 조사 · 확인하는 경우에 가장 많이 접하는 것이 저당권이다. 다음 중 저당권에 대한 권리분석 중 타당하지 않은 것은?** (다툼이 있으면 판례에 의함)

① 근저당권자보다 선순위의 가압류권자가 있는 경우에 경매 처분되면 가압류권자와 근저당권자는 동 순위이다.

② 근저당권이 설정된 경우에 채권최고액은 현재의 채무액과 일치하는 것은 아니다.

③ 근저당권이 설정된 경우 개업공인중개사가 현재의 채무액을 잘못 설명해서 의뢰인에게 손해를 발생시킨 때에는 그 손해를 배상할 책임이 있다.

④ 등기사항증명서에 저당권이 기재된 경우에 개업공인중개사는 피담보채권만 확인할 수 있고 채권자와 변제기 등은 탐문을 통하여 조사해야 한다.

⑤ 근저당권이 설정된 경우에 개업공인중개사는 채권최고액만을 설명하면 되고 현재의 채무액까지 조사해서 설명해 주어야 할 의무가 있는 것은 아니다.

31. **중개실무과정에서 개업공인중개사가 임야를 중개하는 경우에 가장 힘든 것이 묘지 관계이다. 다음 묘지 관계에 관한 개업공인중개사의 설명 중 타당하지 않은 것은?** (다툼이 있으면 판례에 의함)

① 분묘기지권을 시효취득하는 경우에도 청구가 있으면 지료를 지급하여야 된다.

② 분묘기지권을 집단으로 취득하는 경우에는 그 일단의 토지 전체에 분묘기지권의 효력이 미친다. 그 범위 내에서는 이장을 하더라도 분묘기지권은 계속 존속한다.

③ 분묘기지권이 시효취득된 경우 사망자의 연고자는 종손이 분묘를 관리할 수 있는 때에도 토지 소유자에 대하여 분묘기지권을 주장할 수 있다.

④ 「장사 등에 관한 법률」 이 시행되기 이전에 타인 소유의 토지에 소유자의 승낙 없이 분묘를 설치한 경우에도 20년간 평온, 공연하게 그 분묘의 기지를 점유하면 분묘기지권을 시효로 취득한다.

⑤ 분묘기지권은 분묘의 사성(莎城 : 무덤 뒤를 반달형으로 둘러 쌓은 둔덕)이 조성되어 있는 경우에도 당연히 그 부분까지 미치는 것은 아니다.

32. **개업공인중개사가 주말 · 체험영농을 목적으로 농지를 취득하려는 의뢰인에게 설명한 내용 중 타당하지 않은 것은?**

① 주말 · 체험 영농을 위해 농지를 취득하고자 하는 세대원은 합산하여 1,000㎡ 미만의 농지를 취득할 수 있다.

② 주말 · 체험 영농을 목적으로 농지를 취득하고자 하는 경우에는 농지취득자격증명을 발급받지 않아도 된다.

③ 「농지법」에 의한 농업인이 농지를 취득하여 8년 이상을 농지소재지에 거주하고 자경하면 양도소득세가 감면된다고 설명하였다.

④ 주말 · 체험 영농으로 취득하는 농지는 임대 · 휴경 등을 할 수 없다.

⑤ 개인이 아닌 법인의 경우에는 주말 · 체험 영농 목적의 농지취득이 제한된다.

33. **상호주의에 의해 외국인도 우리나라 토지를 취득할 수 있다. 이와 관련된 개업공인중개사의 설명 중 타당하지 않은 것은?**

① 외국인이 계약을 원인으로 토지를 취득한 경우에는 60일 이내에 신고하여야 하나 부동산거래신고를 한 경우에는 그 신고를 생략할 수 있다.

② 외국인이 허가구역 안에서 허가를 받지 아니하고 토지취득계약을 체결하거나 부정한 방법으로 허가를 받아 토지취득계약을 체결한 외국인은 2년 이하의 징역 또는 2천만원 이하의 벌금에 처해진다.

③ 토지취득의 허가신청을 받은 시장 · 군수 또는 구청장은 허가신청을 받은 날부터 15일 이내에 허가 또는 불허가의 처분을 하여야 한다.

④ 외국인이 「토지수용법」 그 밖의 관계 법률의 규정에 의한 계약 외의 원인인 환매권의 행사나 법원의 확정판결을 원인으로 토지를 취득하는 경우에는 60일 이내에 시장 · 군수 · 구청장에게 신고하여야 한다.

⑤ 내국인이 외국인으로 변경된 경우에 외국인이 국내 토지를 계속 보유하고자 하는 경우에는 외국인으로 변경된 날부터 6월 이내에 시장 · 군수 또는 구청장에게 신고하여야 한다.

34. **「공인중개사법령」 상 개업공인중개사는 중개가 완성되면 중개대상물 확인 · 설명서를 작성하여야 한다. 중개대상물 확인 · 설명서 작성 방법으로서 타당하지 않은 것은?**

① 비주거용 건축물의 '그 밖의 시설물' 란에는 공업용은 전기용량, 오수 · 정화시설 용량, 용수시설 등을 기재한다.

② 주거용 건축물의 '그 밖의 시설물' 란에는 가정 자동화시설, 내진설계, 단독경보형감지기의 설치 여부를 기재한다.

③ '토지이용계획, 공법상 이용제한이나 거래규제' 란의 도시계획시설, 지구단위계획구역, 그 밖의 도시관리계획은 토지이용계획확인서로 확인하여 기재한다.

④ '토지이용계획, 공법상 이용제한이나 거래규제' 란의 지역지구 등 지정 여부나 허가 · 신고구역 여부 등은 반드시 토지이용계획확인서의 내용을 확인하여 기재한다.

⑤ '중개대상물의 내 · 외부 시설물의 상태' 와 벽면 · 도배상태는 개업공인중개사가 이전 의뢰인에게 자료를 요구하여 확인한 사항을 기재한다.

35. **「공인중개사법령」 상 개업공인중개사는 계약이 체결되면 거래계약서를 작성하여야 한다. 다음 내용 중 거래계약서 작성 시 주의사항으로서 타당한 것은?**

① 공유인 부동산은 공유자 중 일인이 자유롭게 처분할 수 있는 것이 원칙이다.

② 개업공인중개사는 매도의뢰인이 진정한 소유자인지의 여부를 주민등록등본이나 등기사항증명서로 확인하여야 한다.

③ 개업공인중개사가 피성년후견인과 계약체결을 중개하는 경우에는 법정대리인의 동의가 있어도 피성년후견인과의 직접계약체결은 피하고 법정대리인 또는 후견인과 거래계약체결을 중개해야 한다.

④ 의사무능력자가 단독으로 거래계약을 체결하면 그 거래계약은 취소할 수 있다.

⑤ 미성년자와 계약체결을 중개하는 경우에는 혼인을 하였어도 미성년자의 법정대리인과 계약체결을 중개하거나 법정대리인의 동의 여부를 확인해야 한다.

36. 개업공인중개사가 거래계약체결을 중개하고 거래계약서를 작성하는 경우, 그 밖의 관련 사항도 확인하여야 한다. 이에 관한 설명으로서 타당하지 <u>않은</u> 것은?

① 부동산을 이중매매한 경우에 제2매수인이 매도인의 배임행위에 적극적으로 가담한 경우에는 그 제2의 매매행위는 무효이다.

② 별도의 특약이 없으면 중도금이 지불되기 전, 매매계약에서 계약금을 받은 매도인은 계약금의 배액의 해약금을 지불하고 해약할 수 없다.

③ 매매비용은 매매계약을 체결함에 있어서 일반적으로 소요되는 비용으로서 감정평가 비용, 공증 비용 등이 해당되며 당사자가 균분하여 부담하는 것이 원칙이다.

④ 수량 매매는 당사자가 매매의 목적인 특정물이 일정한 수량을 가지고 있다는 데 주안을 두고 대금도 그 수량을 기준으로 하여 정한 경우를 말한다.

⑤ 담보책임이나 위험부담 등은 계약서에 명시하지 않더라도 민법에서 규정된 내용에 따라 책임을 물을 수 있는 법정책임이다.

37. 다음은 개업공인중개사가 중개의뢰인에게 「부동산 실권리자명의 등기에 관한 법률」에 대하여 설명한 내용이다. 바르게 설명하지 못한 것은?

① 배우자와 종중, 종교단체는 조세 포탈이나 강제집행의 면탈 등을 목적으로 하지 않는 경우 예외적으로 명의신탁이 허용된다.

② 등기명의신탁에서는 신탁자가 수탁자에게 신탁부동산의 반환을 청구할 수 있으나, 계약명의신탁에서는 신탁자가 수탁자에게 신탁부동산의 반환을 청구할 수 없다.

③ 이 법에 의하면 등기명의신탁이나 계약명의신탁의 경우에도 명의신탁에 의한 등기이전은 항상 무효라고 설명하였다.

④ 이 법에 의하면 등기명의신탁이나 계약명의신탁의 경우에도 명의신탁약정은 항상 무효라고 설명하였다.

⑤ 이 법에 의하면 등기명의신탁이나 계약명의신탁의 경우에도 선의·악의를 불문하고 제3자에게 대항하지 못한다고 설명하였다.

38. 「주택임대차보호법」에 의한 개업공인중개사가 주거용 건물에 대하여 임대차계약을 중개하면서 중개의뢰인에 대하여 설명한 내용 중 <u>틀린</u> 설명은?

① 임차권등기명령의 집행에 의한 임차권등기가 경료되면 대항력과 우선변제권을 취득하고, 종전에 취득한 대항력과 우선변제권은 요건을 결여하더라도 그대로 유지된다.

② 주택의 인도와 전입신고와 확정일자를 동일한 날에 받은 경우에는 익일부터 그 주택이 경매된 경우에 후순위 물권에 우선하여 경락대금에서 배당받을 수 있다.

③ 계약기간의 만료 후 보증금을 반환받지 못할 경우 임차인이 대항력을 갖추고 있으면 집을 비워주지 않고도 집행권원을 얻어 경매신청을 할 수 있다.

④ 현행 법령상 소액임차인에 해당한다고 하더라도 「주택임대차보호법」의 종전 규정에 의할 경우에 선순위 저당권자와의 관계에서 소액임차인에 해당되지 않는 경우가 있을 수 있다.

⑤ 주택의 인도와 전입신고를 하고 며칠 후에 확정일자를 받았으나 확정일자를 받은 날에 저당권설정이 이루어진 경우에는 저당권설정이 확정일자에 우선한다고 설명하였다.

39. 개업공인중개사가 「상가건물임대차보호법」에 의한 상가건물을 중개하면서 설명한 내용 중 <u>틀린</u> 것은? (다툼이 있으면 판례에 의함)

① 상가건물 임차인이 건물에 대한 경매신청등기 전에 대항요건을 갖추었다면 보증금 중 일정액을 다른 담보물권자보다 우선하여 변제받을 권리가 있다.

② 사업자등록을 마친 상가건물 임차인이 폐업신고를 하였다가 다시 같은 상호 및 등록번호로 사업자등록을 한 경우, 「상가건물임대차보호법」상의 대항력 및 우선변제권은 그대로 존속한다.

③ 보증금의 전부 또는 일부를 월단위의 차임으로 전환하는 경우 산정률은 연 1할 2푼 또는 기준금리에 4.5배를 곱한 비율 중 낮은 금액으로 하며 보증금의 증액은 연 5%를 초과할 수 없다.

④ 상가건물 임차인이 3기의 차임액에 달하도록 차임을 연체한 사실이 있는 경우 임대인은 임차인의 계약갱신 요구를 거절할 수 있다.

⑤ 상가건물을 임차하고 사업자등록을 마친 사업자가 임차건물의 전대차 등으로 당해 사업을 개시하지 않거나 사실상 폐업한 경우 「상가건물임대차보호법」상 적법한 사업자등록이라고 볼 수 없다.

40. 개업공인중개사가 경매물건의 권리분석을 함에 있어서 위험한 권리에 해당할 수 있는 권리는?

① 근저당권

② 유치권

③ 경매개시등기

④ 가압류

⑤ 담보가등기

제2과목 : 부동산공법 중 부동산 중개에 관련되는 규정

41. 국토의 계획 및 이용에 관한 법령상 기반시설의 종류에 대한 내용으로 틀린 것은?

① 교통시설 : 항만 · 공항 · 주차장 · 차량 검사 및 면허시설

② 유통 · 공급시설 : 수도, 방송 · 통신시설, 공동구 · 시장

③ 공간시설 : 하수도 · 폐기물처리 및 재활용시설 · 빗물 저장 및 이용시설 · 수질오염방지시설 · 폐차장

④ 보건위생시설 : 장사시설 · 도축장 · 종합의료시설

⑤ 방재시설 : 하천 · 유수지(遊水池) · 저수지 · 방화설비 · 방풍설비 · 방수설비 · 사방설비

42. 국토의 계획 및 이용에 관한 법령에서 도시 · 군기본계획과 관련된 설명으로 옳은 것은?

① 도시 · 군기본계획은 광역도시계획에 부합하여야 하며, 도시 · 군기본계획과 광역도시계획의 내용이 다른 경우에는 도시 · 군기본계획의 내용이 우선한다.

② 수도권에 속하고 광역시와 경계를 같이하지 아니한 인구 10만 이하인 시 또는 군에서는 도시 · 군기본계획을 수립하지 아니할 수 있다.

③ 도시 · 군기본계획은 원칙적으로 특별시장 · 광역시장 · 특별자치시장 · 특별자치도지사 · 시장 또는 군수가 수립하지만 국가계획과 관련된 도시 · 군기본계획은 국토교통부장관이 수립한다.

④ 특별시장 · 광역시장 · 특별자치시장 · 특별자치도지사 · 시장 또는 군수는 도시 · 군기본계획을 수립하거나 변경하려면 국토교통부장관의 승인을 받아야 한다.

⑤ 도시 · 군기본계획은 5년마다 그 타당성을 전반적으로 재검토하여 정비하여야 한다.

43. 국토의 계획 및 이용에 관한 법령에서 도시 · 군관리계획 입안의 제안에 대한 설명이 옳은 것은?

① 주민만 도시 · 군관리계획의 입안을 제안할 수 있다.

② 산업 · 유통개발진흥지구의 지정 및 변경에 관한 사항에 대한 제안을 하려는 경우 대상 토지 면적의 3분의 2 이상의 토지소유자(국 · 공유지는 제외)의 동의를 받아야 한다.

③ 주민은 입지규제최소구역의 지정을 입안해 달라고 제안할 수 없다.

④ 입안권자는 부득이한 사정이 있으면 제안일부터 최장 45일 이내에 도시 · 군관리계획 입안에의 반영 여부를 제안자에게 통보하면 된다.

⑤ 도시 · 군관리계획의 입안을 제안 받은 자는 제안된 도시 · 군관리계획의 입안 및 결정에 필요한 비용을 제안자에게 부담시킬 수 없다.

44. 국토의 계획 및 이용에 관한 법령에서 도시 · 군관리계획 결정 · 고시의 효과에 대한 내용으로 옳은 것은?

① 도시 · 군관리계획 결정은 그 결정이 고시된 날부터 효력이 발생한다.

② 도시 · 군관리계획 결정 당시 이미 사업이나 공사에 착수한 자는 그 도시 · 군관리계획 결정 이후에 인 · 허가를 다시 받고 그 사업이나 공사를 계속할 수 있다.

③ 시가화조정구역의 지정에 관한 도시 · 군관리계획의 결정 당시 이미 사업에 착수한 자는 결정의 고시일로부터 1월 이내에 그 사업의 내용을 허가받고 계속할 수 있다.

④ 수산자원보호구역의 지정에 관한 도시 · 군관리계획의 결정 당시 이미 사업에 착수한 자는 결정의 고시일로부터 3월 이내에 그 사업의 내용을 신고하고 계속할 수 있다.

⑤ 특별시장 · 광역시장 · 특별자치시장 · 특별자치도지사 · 시장 또는 군수는 10년마다 관할 구역의 도시 · 군관리계획에 대하여 대통령령으로 정하는 바에 따라 그 타당성을 전반적으로 재검토하여 정비하여야 한다.

45. 국토의 계획 및 이용에 관한 법령에서 용도지역에서의 건축 제한으로 옳은 것은?

① 용도지역에서의 건축물이나 그 밖의 시설의 용도 · 종류 및 규모 등의 제한을 건축제한이라고 한다.

② 용도지역에서 도시 · 군계획시설에 대하여는 건축제한을 적용한다.

③ 부속건축물은 건축제한을 적용하지 아니한다.

④ 국토의 계획 및 이용에 관한 법령에서 21개 용도지역 모두 건축할 수 있는 건축물이나 시설을 규정하고 있다.

⑤ 단독주택을 건축할 수 없는 용도지역은 일반상업지역과 준공업지역이다.

46. 국토의 계획 및 이용에 관한 법률상 복합용도지구에 대한 내용으로 옳은 것을 모두 고르시오.

ㄱ. 시 · 도지사 또는 대도시 시장은 일반주거지역 · 일반공업지역 · 계획관리지역에 복합용도지구를 지정할 수 있다.
ㄴ. 일반공업지역에 복합용도지구가 지정되면 그 안에서는 준공업지역에서 건축할 수 있는 건축물을 건축할 수 있지만 아파트는 건축할 수 없다.
ㄷ. 복합용도지구는 용도지역의 지정목적이 크게 저해되지 아니하도록 해당 용도지역 전체 면적의 2분의 1 이하의 범위에서 지정하여야 한다.

① ㄱ, ㄴ, ㄷ　　② ㄱ, ㄷ
③ ㄱ, ㄴ　　④ ㄱ
⑤ ㄴ, ㄷ

47. **국토의 계획 및 이용에 관한 법령상 입지규제최소구역과 관련된 내용으로 틀린 것은?**

① 입지규제최소구역에서의 행위제한은 용도지역 및 용도지구에서의 토지의 이용 및 건축물의 용도·건폐율·용적률·높이 등에 대한 제한을 강화하거나 완화하여 따로 입지규제최소구역계획으로 정한다.

② 입지규제최소구역에 대하여는 「주차장법」에 따른 부설주차장의 설치에 관한 규정을 적용하지 아니할 수 있다.

③ 입지규제최소구역으로 지정된 지역은 「건축법」에 따른 특별건축구역으로 지정된 것으로 본다.

④ 입지규제최소구역계획에는 건축물의 건폐율·용적률·높이에 관한 사항이 포함된다.

⑤ 도시·군관리계획의 결정권자가 입지규제최소구역 및 입지규제최소구역계획의 도시·군관리계획을 결정하기 위하여 관계 행정기관의 장과 협의하는 경우 협의 요청을 받은 기관의 장은 그 요청을 받은 날부터 30일이 이내에 의견을 회신하여야 한다.

48. **국토의 계획 및 이용에 관한 법령상 도시·군계획시설사업에 따른 비용의 부담에 관한 설명으로 틀린 것은?**

① 도시·군계획시설사업에 관한 비용은 이 법 또는 다른 법률에 특별한 규정이 있는 경우 외에는 국가가 하는 경우에는 국가예산에서, 지방자치단체가 하는 경우에는 해당 지방자치단체가, 행정청이 아닌 자가 하는 경우에는 그 자가 부담함을 원칙으로 한다.

② 국토교통부장관이나 시·도지사는 그가 시행한 도시·군계획시설사업으로 현저히 이익을 받는 시·도, 시 또는 군이 있으면 그 도시·군계획시설사업에 든 비용의 일부를 그 이익을 받는 시·도, 시 또는 군에 부담시킬 수 있다.

③ 국토교통부장관은 시·도, 시 또는 군에 비용을 부담시키기 전에 기획재정부장관과 협의하여야 한다.

④ 시·도에 속하지 아니하는 특별시·광역시·특별자치시·특별자치도·시 또는 군에 비용을 부담시키려면 해당 지방자치단체의 장과 협의하여야 하고, 협의가 성립되지 아니하는 경우에는 행정안전부장관이 결정하는 바에 따른다.

⑤ 지방자치단체가 부담하는 비용의 총액은 해당 도시·군계획시설사업에 소요된 비용의 50퍼센트를 넘지 못한다.

49. **국토의 계획 및 이용에 관한 법령에서 원칙적으로 지구단위계획에 반드시 포함되어야 하는 내용은 모두 몇 개인가?**

ㄱ. 보행안전 등을 고려한 교통처리계획
ㄴ. 일정한 기반시설의 배치와 규모
ㄷ. 건축물의 용도제한
ㄹ. 건축물의 건폐율 또는 용적률
ㅁ. 건축물 높이의 최고한도 또는 최저한도
ㅂ. 건축물의 배치·형태·색채 또는 건축선에 관한 계획

① 1개　② 2개　③ 3개　④ 4개　⑤ 5개

50. **국토의 계획 및 이용에 관한 법령상 개발행위 허가기준으로 옳은 것은 몇 개인가?**

가. 용도지역별 특성을 고려하여 토지의 형질변경이 일정한 규모에 적합할 것
나. 도시·군관리계획 및 성장관리방안의 내용에 어긋나지 아니할 것
다. 도시·군계획사업의 시행에 지장이 없을 것
라. 주변지역의 토지이용실태 또는 토지이용계획, 건축물의 높이, 토지의 경사도, 수목의 상태, 물의 배수, 하천·호소·습지의 배수 등 주변환경이나 경관과 조화를 이룰 것
마. 해당 개발행위에 따른 기반시설의 설치나 그에 필요한 용지의 확보계획이 적절할 것

① 1개　② 2개　③ 3개　④ 4개　⑤ 5개

51. **국토의 계획 및 이용에 관한 법령에서 성장관리계획과 관련된 내용으로 괄호 안에 알맞은 것을 고르시오.**

> ㄱ. 성장관리계획구역 내 ( )에서는 용도지역에서의 용적률 규정에도 불구하고 125퍼센트 이하의 범위에서 성장관리계획으로 정하는 바에 따라 특별시 · 광역시 · 특별자치시 · 특별자치도 · 시 또는 군의 조례로 정하는 비율까지 용적률을 완화하여 적용할 수 있다.
> ㄴ. 특별시장 · 광역시장 · 특별자치시장 · 특별자치도지사 · 시장 또는 군수는 ( )년마다 관할 구역 내 수립된 성장관리계획에 대하여 대통령령으로 정하는 바에 따라 그 타당성 여부를 전반적으로 재검토하여 정비하여야 한다.

① ㄱ-계획관리지역, ㄴ-3
② ㄱ-계획관리지역, ㄴ-5
③ ㄱ-자연녹지지역, ㄴ-3
④ ㄱ-자연녹지지역, ㄴ-5
⑤ ㄱ-보전관리지역, ㄴ-10

52. **국토의 계획 및 이용에 관한 법령상 기반시설 유발계수가 가장 높은 시설은?**

① 관광휴게시설
② 제2종 근린생활시설
③ 판매시설
④ 숙박시설
⑤ 공동주택

53. **도시개발법령상 도시개발구역의 지정권자가 <u>아닌</u> 자를 고르시오.**

① 국토교통부장관
② 특별시장
③ 특별자치도지사
④ 구청장
⑤ 대도시 시장

54. **도시개발법령상 공동출자법인에 관련된 내용으로 <u>틀린</u> 것은?**

① 공공시행자와 민간참여자가 공동으로 법인을 설립하여 도시개발사업을 시행하려는 경우 민간참여자의 이윤율은 총사업비 중 공공시행자의 부담분을 제외한 비용의 100분의 30 이내로 한다.
② 공동출자법인이 작성하는 사업계획에는 민간참여자의 이윤율 상한에 관한 사항이 포함되어야 한다.
③ 민간참여자로 선정되려는 자가 공공시행자에게 사업을 제안하는 경우 제안자(2인 이상이 공동으로 제안하는 경우에는 그 중 1인)가 대상 지역 토지면적의 3분의 2 이상을 소유하여야 한다.
④ 민간참여자로 선정되려는 자가 공공시행자에게 사업을 제안하는 경우 대상 지역이 「국토의 계획 및 이용에 관한 법률」 제6조제1호에 따른 도시지역(개발제한구역은 제외)에 해당하여야 한다.
⑤ 민간참여자로 선정되려는 자가 공공시행자에게 사업을 제안하는 경우 대상 지역의 면적이 10만제곱미터 미만이어야 한다.

55. **도시개발법령상 총회에서만 의결하여야 하고 대의원회에서는 의결할 수 없는 사항인 것을 모두 고르시오.**

> ㄱ. 정관의 변경
> ㄴ. 개발계획의 수립 및 변경(다만, 개발계획의 경미한 변경은 제외)
> ㄷ. 청산금의 징수나 교부의 완료 후 조합의 해산
> ㄹ. 조합임원의 선임
> ㅁ. 실시계획의 수립 및 변경

① ㄱ, ㄴ, ㄷ
② ㄱ, ㄴ, ㄹ
③ ㄷ, ㄹ, ㅁ
④ ㄱ, ㄷ, ㄹ
⑤ ㄴ, ㄷ, ㅁ

56. 도시개발법령상 지정권자는 도시개발구역 지정 이후 지가 상승 등 지역개발 여건의 변화로 도시개발사업 시행방식 지정 당시의 요건을 충족하지 못하나 다른 요건을 충족한 경우에는 도시개발사업의 시행방식을 변경할 수 있다. 이 중 옳은 것을 모두 고르시오.

> ㄱ. 공공시행자가 도시개발사업의 시행방식을 수용방식에서 전부 환지 방식으로 변경하는 경우
> ㄴ. 공공시행자가 도시개발사업의 시행방식을 환지방식에서 전부 수용 방식으로 변경하는 경우
> ㄷ. 공공시행자가 도시개발사업의 시행방식을 혼용방식에서 전부 환지 방식으로 변경하는 경우
> ㄹ. 시행자(조합제외)가 도시개발사업의 시행방식을 수용방식에서 혼용방식으로 변경하는 경우

① ㄱ, ㄴ, ㄷ
② ㄴ, ㄷ, ㄹ
③ ㄷ, ㄹ
④ ㄱ, ㄷ, ㄹ
⑤ ㄱ, ㄷ

57. 도시개발법령상 환지 방식에 관한 내용이다. ( )에 들어갈 내용으로 옳은 것은?

> (ㄱ) : 환지 전 토지에 대한 권리를 도시개발사업으로 조성되는 토지에 이전하는 방식
> (ㄴ) : 환지 전 토지나 건축물(무허가 건축물은 제외)에 대한 권리를 도시개발사업으로 건설되는 구분건축물에 이전하는 방식

① ㄱ : 평면 환지, ㄴ : 입체 환지
② ㄱ : 평가 환지, ㄴ : 입체 환지
③ ㄱ : 입체 환지, ㄴ : 평가 환지
④ ㄱ : 평면 환지, ㄴ : 유동 환지
⑤ ㄱ : 유동 환지, ㄴ : 평면 환지

58. 도시개발법령상 환지 예정지의 지정과 관련된 내용으로 <u>잘못된</u> 것은?

① 시행자는 도시개발사업의 시행을 위하여 필요하면 도시개발구역의 토지에 대하여 환지 예정지를 지정할 수 있다.
② 종전의 토지에 대한 임차권자 등이 있으면 해당 환지 예정지에 대하여 해당 권리의 목적인 토지 또는 그 부분을 아울러 지정하여야 한다.
③ 환지 예정지가 지정되면 종전의 토지의 소유자와 임차권자 등은 환지 예정지 지정의 효력발생일부터 환지처분이 공고되는 날까지 환지 예정지나 해당 부분에 대하여 종전과 같은 내용의 권리를 행사할 수 있으며 종전의 토지는 사용하거나 수익할 수 없다.
④ 시행자는 체비지의 용도로 환지 예정지가 지정된 경우에는 도시개발사업에 드는 비용을 충당하기 위하여 이를 사용 또는 수익하게 할 수는 있어도 처분할 수는 없다.
⑤ 임차권 등의 목적인 토지에 관하여 환지 예정지가 지정된 경우 임대료 · 지료(地料), 그 밖의 사용료 등의 증감청구 등의 행사는 환지 예정지 지정의 효력발생일부터 60일이 경과하면 행사할 수 없다.

59. 도시 및 주거환경정비법령상 도시 · 주거환경정비기본계획(이하 "기본계획이라 한다)의 수립 또는 변경과 관련된 내용으로 <u>틀린</u> 것은?

① 기본계획의 수립권자는 10년 단위로 수립하여야 하고, 5년마다 그 타당성을 검토하여 그 결과를 기본계획에 반영하여야 한다.
② 기본계획의 수립권자는 14일 이상의 주민공람과 함께 지방의회의 의견을 들어야 하며, 지방의회는 기본계획의 수립권자가 기본계획을 통지한 날부터 60일 이내에 의견을 제시하여야 하며, 의견제시 없이 60일이 지난 경우 이의가 없는 것으로 본다.
③ 대도시의 시장은 기본계획을 수립하거나 변경하려면 도지사의 승인을 받아야 하며, 기본계획의 수립권자는 기본계획을 고시한 때에는 국토교통부장관에게 승인을 받아야 한다.
④ 건폐율 및 용적률의 각 20퍼센트 미만의 범위에서 변경하는 경우에는 주민공람과 지방의회의 의견청취 절차를 거치지 아니할 수 있다.
⑤ 정비기반시설의 규모를 확대하거나 그 면적을 10퍼센트 미만의 범위에서 축소하는 경우에는 주민공람과 지방의회의 의견청취 절차를 거치지 아니할 수 있다.

60. **도시 및 주거환경정비법령상 공공재개발사업에 관한 내용으로 틀린 것을 고르시오.**

① 시장 · 군수등 또는 토지주택공사등은 공공재개발사업의 시행자가 될 수 있다.

② 건설 · 공급되는 주택의 전체 세대수 또는 전체 연면적 중 토지등소유자 대상 분양분을 제외한 나머지 주택의 세대수 또는 연면적의 100분의 50 이상을 지분형주택, 공공임대주택 또는 공공지원민간임대주택으로 건설 · 공급하여야 한다.

③ 정비구역의 지정권자는 공공재개발사업 예정구역이 지정 · 고시된 날부터 2년이 되는 날까지 공공재개발사업 예정구역이 공공재개발사업을 위한 정비구역으로 지정되지 아니하거나, 공공재개발사업 시행자가 지정되지 아니하면 그 2년이 되는 날의 다음 날에 공공재개발사업 예정구역 지정을 해제하여야 한다. 다만, 정비구역의 지정권자는 1회에 한하여 1년의 범위에서 공공재개발사업 예정구역의 지정을 연장할 수 있다.

④ 정비계획의 지정권자는 공공재개발사업을 위한 정비구역을 지정 · 고시한 날부터 1년이 되는 날까지 공공재개발사업 시행자가 지정되지 아니하면 그 1년이 되는 날의 다음 날에 공공재개발사업을 위한 정비구역의 지정을 해제하여야 한다. 다만, 정비구역의 지정권자는 1회에 한하여 1년의 범위에서 공공재개발사업을 위한 정비구역의 지정을 연장할 수 있다.

⑤ 공공재개발사업 시행자는 공공재개발사업을 시행하는 경우 지방도시계획위원회 및 도시재정비위원회의 심의를 거쳐 법적상한용적률의 100분의 150(이하 "법적상한초과용적률" 이라 한다)까지 건축할 수 있다.

61. **도시 및 주거환경정비법령상 정비사업조합의 설립인가 및 변경을 위한 동의요건으로 옳은 것은?**

① 재개발사업의 추진위원회가 조합을 설립하려면 토지 등 소유자의 4분의 3 이상 및 토지면적의 3분의 2 이상의 토지소유자의 동의를 받아야 한다.

② 재건축사업의 추진위원회가 주택단지에서 조합을 설립하려는 때에는 주택단지의 공동주택의 각 동별 구분소유자의 과반수 동의와 주택단지의 전체 구분소유자의 4분의 3 이상 및 토지면적의 4분의 3 이상의 토지소유자의 동의를 받아야 한다.

③ 재건축사업에서 주택단지가 아닌 지역이 정비구역에 포함된 때에는 주택단지가 아닌 지역의 토지 또는 건축물 소유자의 4분의 3 이상 및 토지면적의 2분의 1 이상의 토지소유자의 동의를 받아야 한다.

④ 재개발사업 및 주택단지에서의 재건축사업에 따라 설립된 조합이 인가받은 사항을 변경하려는 때에는 총회에서 조합원의 과반수의 찬성으로 의결하여야 한다.

⑤ 조합설립인가를 받은 후 토지 또는 건축물의 매매 등으로 조합원의 권리가 이전된 경우의 조합원의 교체 또는 신규가입인 경우에는 총회의 의결을 거친 후 시장 · 군수등에게 신고하고 변경할 수 있다.

62. **도시 및 주거환경정비법령상 사업시행계획서와 사업시행계획인가에 대한 설명으로 틀린 것은?**

① 사업시행계획서에는 사업시행기간 동안 정비구역 내 가로등 설치, 폐쇄회로 텔레비전 설치 등 범죄예방대책이 포함되어야 한다.

② 지정개발자가 정비사업을 시행하려는 경우에는 사업시행계획인가를 신청하기 전에 토지등소유자의 과반수의 동의 및 토지면적의 2분의 1 이상의 토지소유자의 동의를 받아야 한다.

③ 사업시행계획인가를 받은 후 대지면적을 10퍼센트의 범위에서 변경하는 때에는 시장 · 군수등에게 인가를 받아야 한다.

④ 토지등소유자가 재개발사업을 시행하려는 경우에는 사업시행계획인가를 신청하기 전에 사업시행계획서에 대하여 토지등소유자의 4분의 3 이상 및 토지면적의 2분의 1 이상의 토지소유자의 동의를 받아야 한다.

⑤ 사업시행자가 사업시행계획인가를 받은 때에는 주택법에 따른 사업계획의 승인을 받은 것으로 본다.

63. **도시 및 주거환경정비법령상 분양신청과 관련된 내용으로 옳은 것은?**

① 사업시행자는 사업시행계획인가의 고시가 있은 날(사업시행계획인가 이후 시공자를 선정한 경우에는 시공자와 계약을 체결한 날)부터 60일 이내에 분양대상자별 분담금의 추산액 등을 토지등소유자에게 통지하여야 한다.

② 분양신청기간은 사업시행계획인가의 고시가 있은 날부터 30일 이상 60일 이내로 하여야 하지만, 사업시행자는 관리처분계획의 수립에 지장이 없다고 판단하는 경우에는 분양신청기간을 20일의 범위에서 한 차례만 연장할 수 있다.

③ 사업시행자는 정관등으로 정하고 있거나 총회의 의결을 거친 경우 인가된 관리처분계획에 따라 분양대상에서 제외된 자에게 분양신청을 다시 하게 할 수 있다.

④ 사업시행자는 관리처분계획이 인가 · 고시된 다음 날부터 90일 이내에 분양신청을 하지 아니한 자와 토지, 건축물 또는 그 밖의 권리의 손실보상에 관한 협의를 하여야 한다.

⑤ 사업시행자는 손실보상에 관한 협의가 성립되지 아니하면 그 기간의 만료일 다음 날부터 30일 이내에 수용재결을 신청하거나 매도청구소송을 제기하여야 한다.

64. **도시 및 주거환경정비법령상 소유권 이전 등과 관련된 내용으로 틀린 것은?**

① 사업시행자는 공사완료에 따른 고시가 있은 때에는 지체 없이 대지확정측량을 하고 토지의 분할절차를 거쳐 관리처분계획에서 정한 사항을 분양받을 자에게 통지하고 대지 또는 건축물의 소유권을 이전하여야 한다.

② 대지 또는 건축물을 분양받을 자는 (소유권 이전의) 고시가 있은 날에 그 대지 또는 건축물의 소유권을 취득한다.

③ 정비사업의 효율적인 추진을 위하여 필요한 경우에는 해당 정비사업에 관한 공사가 전부 완료되기 전이라도 완공된 부분은 준공인가를 받아 대지 또는 건축물별로 분양받을 자에게 소유권을 이전할 수 있다.

④ 취득하는 대지 또는 건축물 중 토지등소유자에게 분양하는 대지 또는 건축물은 도시개발법에 따라 행하여진 환지로 본다.

⑤ 정비사업에 관하여 소유권 이전고시가 있은 날부터 등기가 있을 때까지는 저당권 등의 다른 등기를 하지 못한다.

65. **주택법령상 도시형 생활주택에 대한 설명으로 옳은 것은?**

① 도시형 생활주택은 단지형 연립주택, 단지형 다세대주택, 소형주택, 기숙사형 주택으로 구분된다.

② 도시형 생활주택은 200세대 미만으로 건설한다.

③ 단지형 연립주택은 건축법에 따른 연립주택 중 소형 주택을 제외한 주택을 말하지만, 건축법에 따라 건축위원회의 심의를 받은 경우에는 주택으로 쓰는 층수를 6개 층까지 건축할 수 있다.

④ 소형 주택의 세대별 주거전용면적은 60제곱미터 이하이어야 한다.

⑤ 소형 주택과 주거전용면적이 85제곱미터를 초과하는 주택 1세대를 함께 건축하는 것은 불가능하다.

66. **주택법령상 용어정의에 대한 설명으로 옳은 것은?**

① 공공택지란 일정한 공공사업에 따라 개발 · 조성되는 단독주택이 건설되는 용지를 말한다.

② 기반시설이란 도로 · 상하수도 · 전기시설 · 가스시설 · 통신시설 · 지역난방시설 등을 말한다.

③ 준주택에는 제2종 근린생활시설에 속하는 다중생활시설은 포함되어도 숙박시설에 속하는 다중생활시설은 포함되지 않는다.

④ 공구란 하나의 주택단지에서 일정한 기준을 모두 충족한 둘 이상으로 구분되는 일단의 구역으로, 착공신고 및 사업계획승인을 별도로 수행할 수 있는 구역을 말한다.

⑤ 간선시설이란 도로 · 상하수도 · 전기시설 · 가스시설 · 통신시설 및 지역난방시설 등 주택단지 안의 기간시설을 그 주택단지 밖에 있는 같은 종류의 기간시설에 연결시키는 시설을 말한다.

67. **주택법령상 등록사업자를 건설산업기본법에 따른 건설사업자로 보아 주택건설공사를 시공할 수 있는 기준으로 틀린 것은?**

① 법인인 경우에는 자본금이 10억 원 이상, 개인인 경우에는 자산평가액이 5억 원 이상 되어야 한다.

② 건축분야 및 토목분야기술인 3명 이상 있어야 하되 건축시공기술사 또는 건축기사 중 1명, 토목분야기술인 1명이 각각 포함되어야 한다.

③ 최근 5년간 100호 또는 100세대 이상의 주택건설실적이 있어야 한다.

④ 주택으로 쓰는 층수가 6개 층 이상의 아파트를 건설한 실적이 있거나 최근 3년간 300세대 이상의 공동주택을 건설한 실적이 있는 등록사업자는 주택으로 쓰는 층수가 6개 층 이상의 주택을 건설할 수 있다.

⑤ 건설공사비가 자본금과 자본준비금 및 이익준비금을 합한 금액의 10배(개인인 경우에는 자산평가액의 5배)를 초과할 수 없다.

68. 주택법령상 주택조합 청약의 철회 및 가입비의 반환에 대한 설명으로 <u>틀린</u> 것은?

① 주택조합의 가입을 신청한 자는 가입비 등을 예치한 날부터 30일 이내에 주택조합 가입에 관한 청약을 철회할 수 있다.

② 청약 철회를 서면으로 하는 경우에는 청약 철회의 의사를 표시한 서면을 발송한 날에 그 효력이 발생한다.

③ 모집 주체는 주택조합의 가입을 신청한 자에게 청약 철회를 이유로 위약금 또는 손해배상을 청구할 수 있다.

④ 모집 주체는 주택조합의 가입을 신청한 자가 청약 철회를 한 경우 청약 철회 의사가 도달한 날부터 7일 이내에 예치기관의 장에게 가입비등의 반환을 요청하여야 한다.

⑤ 예치기관의 장은 가입비 등의 반환 요청을 받은 경우 요청일부터 10일 이내에 그 가입비 등을 예치한 자에게 반환하여야 한다.

69. 주택법령상 공사의 착수기간과 관련된 내용으로 <u>틀린</u> 것은?

① 사업계획승인을 받은 경우 승인받은 날부터 5년 이내에 공사를 시작하여야 한다.

② 공구별 분할시행에 따라 사업계획승인을 받은 경우 최초로 공사를 진행하는 공구에서는승인받은 날부터 5년 이내에 공사를 시작하여야 한다.

③ 공구별 분할시행에 따라 사업계획승인을 받은 경우 최초로 공사를 진행하는 공구 외의 공구에서는 해당 주택단지에 대한 최초 착공신고일부터 2년 이내에 공사를 시작하여야 한다.

④ 사업계획승인권자는 정당한 사유가 있다고 인정하는 경우에는 사업주체의 신청을 받아 그 사유가 없어진 날부터 1년의 범위에서 최초로 공사를 진행하는 공구에서는 공사의 착수기간을 연장할 수 있다.

⑤ 사업계획승인권자는 정당한 사유가 있다고 인정하는 경우에는 사업주체의 신청을 받아 그 사유가 없어진 날부터 1년의 범위에서 최초로 공사를 진행하는 공구 외의 공구에서는 공사의 착수기간을 연장할 수 있다.

70. 주택법령상 사용검사 후 매도청구에 대한 설명으로 <u>틀린</u> 것은?

① 주택(복리시설을 포함)의 소유자들은 주택단지 전체 대지에 속하는 일부의 토지에 대한 소유권이전등기 말소소송 등에 따라 사용검사(동별 사용검사를 포함)를 받은 이후에 해당 토지의 소유권을 회복한 실소유자에게 해당 토지를 시가(市價)로 매도할 것을 청구할 수 있다.

② 매도청구를 하려는 경우에는 해당 토지의 면적이 주택단지 전체 대지 면적의 20퍼센트 미만이어야 한다.

③ 매도청구의 의사표시는 실소유자가 해당 토지 소유권을 회복한 날부터 2년 이내에 해당 실소유자에게 송달되어야 한다.

④ 주택의 소유자들은 대표자를 선정하여 매도청구에 관한 소송을 제기할 수 있다. 이 경우 대표자는 주택의 소유자 전체의 4분의 3 이상의 동의를 받아 선정한다.

⑤ 주택의 소유자들은 매도청구로 인하여 발생한 비용의 전부를 사업주체에게 구상(求償)할 수 있다.

71. 주택법령상 전매행위 제한사유로 옳은 것은 모두 몇 개인가?

ㄱ. 세대원이 근무 또는 생업상의 사정이나 질병치료·취학·결혼으로 인하여 세대원 전원이 경기도에서 서울특별시로 이전하는 경우
ㄴ. 상속에 따라 취득한 주택으로 세대원 일부가 이전하는 경우
ㄷ. 세대원 전원이 2년 이상의 기간 해외에 체류하려는 경우
ㄹ. 이혼으로 인하여 입주자로 선정된 지위 또는 주택을 그 배우자에게 이전하는 경우
ㅁ. 분양가상한제 적용주택, 공공택지 외의 택지 및 공공재개발사업(공공택지 외의 택지에서 일정한 지역에 한정)에서 건설·공급되는 주택의 소유자가 국가·지방자치단체 및 금융기관에 대한 채무를 이행하지 못하여 경매 또는 공매가 시행되는 경우
ㅂ. 입주자로 선정된 지위 또는 주택의 일부를 그 배우자에게 증여하는 경우
ㅅ. 실직·파산 또는 신용불량으로 경제적 어려움이 발생한 경우

① 2개 ② 3개
③ 4개 ④ 5개
⑤ 6개

72. **건축법령상 용어와 관련된 내용으로 틀린 것은?**

① 층수는 32층이고 높이는 110미터인 건축물은 고층건축물에 속한다.

② 층수는 48층이고 높이는 210미터인 건축물은 초고층건축물에 속한다.

③ 층수는 40층이고 높이가 180미터인 건축물은 준초고층 건축물이 아니다.

④ 다중이용 건축물 외의 건축물로서 문화 및 집회시설(동물원 및 식물원은 제외) 등의 용도로 쓰는 바닥면적의 합계가 1,000제곱미터 이상인 건축물은 준다중이용 건축물에 속한다.

⑤ 기둥과 기둥 사이의 거리(기둥의 중심선 사이의 거리를 말하며, 기둥이 없는 경우에는 내력벽과 내력벽의 중심선 사이의 거리)가 20미터 이상인 건축물은 특수구조 건축물에 속한다.

73. **건축법령상 사용승인을 받은 건축물의 용도를 변경하려는 내용으로 틀린 것은? 다만, 예외는 고려하지 아니한다.**

① 자동차 관련 시설을 위험물 저장 및 처리시설로 변경하려면 특별자치시장 · 특별자치도지사 또는 시장 · 군수 · 구청장에게 신고를 하여야 한다.

② 바닥면적의 합계가 300제곱미터 미만인 야영장 시설을 종교시설로 변경하려면 특별자치시장 · 특별자치도지사 또는 시장 · 군수 · 구청장에게 허가를 받아야 한다.

③ 노유자시설을 수련시설로 변경하려면 특별자치시장 · 특별자치도지사 또는 시장 · 군수 · 구청장에게 건축물대장 기재내용의 변경을 신청하여야 한다.

④ 야외음악당을 야외극장으로 변경하려면 특별자치시장 · 특별자치도지사 또는 시장 · 군수 · 구청장에게 건축물대장 기재내용의 변경을 신청할 필요가 없다.

⑤ 상위 시설군으로의 용도변경은 신고대상이고 하위 시설군으로의 용도변경은 허가대상이다.

74. **건축법령상 대지의 소유권확보 및 매도청구에 대한 설명으로 옳은 것은?**

① 분양을 목적으로 하는 공동주택의 건축주가 대지의 소유권을 확보하지 못하였으나 그 대지를 사용할 수 있는 권원을 확보한 경우에는 해당 대지의 소유권을 확보하지 아니하여도 건축허가를 받을 수 있다.

② 건축주가 건축물의 노후화 또는 구조안전 문제 등 대통령령으로 정하는 사유로 건축물을 신축 · 개축 · 재축 및 리모델링을 하기 위하여 건축물 및 해당 대지의 공유자 수의 100분의 80 이상의 동의를 얻고 동의한 공유자의 지분 합계가 전체 지분의 100분의 80 이상인 경우에는 해당 대지의 소유권을 확보하지 아니하여도 건축허가를 받을 수 있다.

③ 건축허가를 받은 건축주는 해당 건축물 또는 대지의 공유자 중 동의하지 아니한 공유자에게 그 공유지분을 공시지가로 매도할 것을 청구할 수 있고, 매도청구를 하기 전에 매도청구 대상이 되는 공유자와 1개월 이상 협의를 하여야 한다.

④ 건축허가를 받은 건축주는 해당 건축물 또는 대지의 공유자가 거주하는 곳을 확인하기가 현저히 곤란한 경우에는 전국적으로 배포되는 둘 이상의 일간신문에 두 차례 이상 공고하고, 공고한 날부터 15일 이상이 지났을 때에는 매도청구 대상이 되는 건축물 또는 대지로 본다.

⑤ 건축주는 매도청구 대상 공유지분의 감정평가액에 해당하는 금액을 법원에 공탁(供託)하고 착공할 수 있고, 공유지분의 감정평가액은 건축주가 추천하는 감정평가법인등 2명 이상이 평가한 금액을 산술평균하여 산정한다.

75. **건축법령상 건축신고대상의 규모로 괄호 안에 옳은 것으로 고르시오.**

> ㉠ 연면적의 합계가 (　　)제곱미터 이하인 건축물의 신축
> ㉡ 건축물의 높이를 (　　)m 이하의 범위에서 증축하는 건축물

① 50 - 2　　② 100 - 2

③ 50 - 3　　④ 100 - 3

⑤ 200 - 2

76. 건축법령상 공개공지등에 대한 설명으로 옳은 것은?

① 공개공지등을 설치하면 건폐율, 용적률, 높이제한이 완화대상이지만 시행령에서는 높이제한은 완화하지 않고 있다.

② 공개공지등에는 연간 60일 이내의 기간 동안 건축조례로 정하는 바에 따라 주민들을 위한 문화행사를 열거나 판촉활동을 할 수 있다.

③ 일반공업지역에서 바닥면적의 합계가 5,000제곱미터인 공장의 대지에는 공개공지등을 확보하여야 한다.

④ 공개공지등의 면적은 건축면적의 100분의 10 이하의 범위에서 건축조례로 정한다.

⑤ 모든 주거지역과 모든 상업지역에서는 공개공지등을 설치하여야 하는 대상 지역이다.

77. 건축법 시행령상 건축물이 있는 대지의 최소분할 대지면적의 기준으로 <u>틀린</u> 것은?

① 주거지역 : 60제곱미터

② 상업지역 : 150제곱미터

③ 공업지역 : 180제곱미터

④ 녹지지역 : 200제곱미터

⑤ 관리지역 · 농림지역 · 자연환경보전지역 : 60제곱미터

78. 건축법령상 결합건축에 대한 설명으로 <u>틀린</u> 것은?

① 상업지역에서 대지 간의 최단거리가 100m 이내의 범위에서 2개의 대지의 건축주가 서로 합의한 경우 용적률을 개별 대지마다 적용하지 아니하고, 2개의 대지를 대상으로 통합적용하여 건축물을 건축할 수 있다.

② 결합건축을 하고자 하는 건축주는 건축허가를 신청하는 때에는 일정한 사항을 명시한 결합건축협정서를 첨부하여야 하며 국토교통부령으로 정하는 도서를 제출하여야 한다.

③ 허가권자는 건축허가를 하기 전에 건축위원회의 심의를 거쳐야 한다.

④ 결합건축협정서에 따른 협정체결 유지기간은 최소 30년으로 한다. 다만, 결합건축협정서의 용적률 기준을 종전대로 환원하여 신축 · 개축 · 재축하는 경우에는 그러하지 아니한다.

⑤ 결합건축협정서를 폐지하려는 경우에는 결합건축협정체결자 과반이 동의하여 허가권자에게 허가를 받아야 하며, 허가권자는 용적률을 이전받은 건축물이 멸실된 것을 확인한 후 결합건축의 폐지를 수리하여야 한다.

79. 농지법령상 농지의 소유에 대한 설명으로 옳은 것은?

① 농업진흥지역 외의 농지를 주말 · 체험영농을 하려는 사람은 총 1,000제곱미터 미만의 농지를 소유할 수 있다.

② 시장 · 군수 또는 구청장은 농지를 효율적으로 이용하고 농업생산성을 높이기 위하여 통상적인 영농 관행 등을 감안하여 농지 1필지를 공유로 소유(상속농지의 경우는 제외)하려는 자의 최대인원수를 5인 이하의 범위에서 시 · 군 · 구의 조례로 정하는 바에 따라 제한할 수 있다.

③ 농지법에서 금지된 경우 외에는 농지 소유에 관한 특례를 정할 수 있다.

④ 상속으로 농지를 취득한 사람으로서 농업경영을 하는 사람은 그 상속 농지 중에서 총 10,000제곱미터까지만 소유할 수 있다.

⑤ 5년 이상 농업경영을 하던 사람이 이농(離農)한 후에도 이농 당시 소유하고 있던 농지를 계속 소유할 수 있다.

80. 농지법령상 농지의 처분 및 이행강제금에 관한 설명으로 옳은 것은?

① 농지 소유 상한을 초과하여 농지를 소유한 것이 판명된 경우에는 해당 농지 전부를 1년 이내에 처분하여야 한다.

② 시장 · 군수 또는 구청장은 처분의무 기간에 처분 대상 농지를 처분하지 아니한 농지 소유자에게 3개월 이내에 그 농지를 처분할 것을 명할 수 있다.

③ 시장 · 군수 또는 구청장은 처분의무 기간에 처분 대상 농지를 처분하지 아니한 농지 소유자가 해당 농지를 자기의 농업경영에 이용하는 경우에는 처분의무 기간이 지난 날부터 1년간 처분명령을 직권으로 유예할 수 있다.

④ 처분명령을 받고도 처분하지 아니한 자에게는 「감정평가 및 감정평가사에 관한 법률」에 따른 감정평가법인등이 감정평가한 감정가격 또는 「부동산 가격공시에 관한 법률」에 따른 개별공시지가(해당 토지의 개별공시지가가 없는 경우에는 표준지공시지가를 기준으로 산정한 금액) 중 더 높은 가액의 25/100에 해당하는 이행강제금을 부과한다.

⑤ 이행강제금을 부과하는 때에는 30일 이상의 기간을 정하여 이행강제금 처분대상자에게 의견제출의 기회를 주어야 한다.

2023년도 제34회 공인중개사 2차 국가자격시험

실전모의고사 제3회

교 시	문제형별	시 간	시험과목
2교시	A	50분	1 부동산공시에 관한 법령 및 부동산 관련 세법

수험번호		성 명	

【 수험자 유의 사항 】

1. **시험문제지 표지와** 시험문제지 내 **문제형별의 동일여부** 및 시험 문제지의 **총면수 · 문제번호 일련순서 · 인쇄상태** 등을 확인하시고, 문제지 표지에 수험번호와 성명을 기재하시기 바랍니다.
2. 답은 각 문제마다 요구하는 **가장 적합하거나 가까운 답 1개**만 선택하고, 답안카드 작성시 시험문제지 **형별누락, 마킹착오**로 인한 불이익은 전적으로 수험자에게 책임이 있음을 알려드립니다.
3. 답안카드는 국가전문자격 공통 표준형으로 문제번호가 1번부터 125번까지 인쇄되어 있습니다. 답안마킹시에는 반드시 **시험문제지의 문제번호와 동일한 번호에 마킹**하여야 합니다. (2차 2교시: 1번~40번)
4. **감독관의 지시에 불응시 불이익이 발생될 수 있으며, 시험시간 종료 후 답안카드를 제출하지 않을 경우** 시험무효처리 됨을 알려드립니다.
5. 이의제기에 관한 개별회신은 하지 않으며, **최종 정답 발표로 갈음**합니다.
6. 시험 중 **중간 퇴실은 불가**합니다. 단, 부득이하게 퇴실할 경우 **시험포기 각서 제출 후 퇴실은 가능**하나 **재입실이 불가**하며, **해당시험은 무효처리됩니다.**
7. 시험문제지는 시험 종료 후 가져가시기 바랍니다.

인강드림 공인중개사

제1과목: 부동산공시에 관한 법령 및 부동산 관련 세법

1. 지번을 부여하는 지역에서 지번이 3, 3-1, 3-2, 3-5 필지 중 3-1필지가 3필지로 분할하는 경우, 올바른 지번 부여방법은?

① 3, 3-3, 3-4
② 3-1, 3-3, 3-4
③ 3-1, 3-6, 3-7
④ 3-1, 4, 5
⑤ 3-6, 3-7, 3-8

2. 공간정보의 구축 및 관리 등에 관한 법령상 지목의 구분으로 옳은 것은?

① 제조업을 하고 있는 공장시설물의 부지와 같은 구역에 있는 의료시설 등 부속시설물의 부지는 '공장용지' 로 한다.
② 「도시공원 및 녹지 등에 관한 법률」 에 따른 묘지공원으로 결정 · 고시된 토지는 '공원' 으로 한다.
③ 용수 또는 배수를 위하여 일정한 형태를 갖춘 인공적인 수로 · 둑 및 그 부속시설물의 부지는 '유지' 로 한다.
④ 해상에 인공으로 조성된 수산생물의 번식 또는 양식을 위한 시설을 갖춘 부지와 이에 접속된 부속시설물의 부지는 '양어장' 으로 한다.
⑤ 물을 상시적으로 직접 이용하여 벼 · 연(蓮) · 미나리 · 왕골 등의 식물을 주로 재배하는 토지는 '전' 으로 한다.

3. 토지의 표시에 관한 설명 중 옳은 것은?

① 분할의 경우 분할 후의 필지 중 주거 · 사무실 등의 건축물이 있는 필지에 대하여는 토지소유자가 신청하면 분할 전의 지번을 우선하여 부여하여야 한다.
② 도로 · 구거 등의 토지에 절토(切土)된 부분이 있는 경우에는 그 경사면의 하단부를 경계로 한다.
③ 토지대장 및 지적도에 지목을 등록할 때에는 부호로 표기하여야 한다.
④ 지적도의 축척이 600분의 1인 지역에서 1필지의 면적을 계산한 값이 0.03㎡인 경우 토지대장에 등록하는 면적은 1㎡이다.
⑤ 도시 · 군관리계획선에 따라 토지를 분할하려는 경우에는 지상건축물에 걸리게 분할할 수 있다.

4. 공간정보의 구축 및 관리 등에 관한 법령상 지상경계의 위치표시 및 결정 등에 관한 설명으로 <u>틀린</u> 것은?

① 지상경계의 구획을 형성하는 구조물 등의 소유자가 다른 경우에는 그 소유권에 따라 지상경계를 결정한다.
② 지적소관청은 토지의 이동에 따라 지상경계를 새로 정한 경우에는 경계점좌표등록부를 작성 · 관리하여야 한다.
③ 토지의 지상경계는 둑, 담장이나 그 밖에 구획의 목표가 될 만한 구조물 및 경계점표지 등으로 표시한다.
④ 매매 등을 위하여 토지를 분할하려는 경우 지상경계점에 경계점표지를 설치하여 측량할 수 있다.
⑤ 분할에 따른 지상경계는 지상건축물을 걸리게 결정해서는 아니된다. 다만, 법원의 확정판결이 있는 경우에는 그러하지 아니하다.

5. 공간정보의 구축 및 관리 등에 관한 법령상 대지권등록부의 등록사항이 <u>아닌</u> 것은?

① 토지의 고유번호
② 소유자의 성명 (또는 명칭), 주소 및 주민등록번호
③ 대지권의 비율
④ 건축물 및 구조물 등의 위치
⑤ 건물 명칭

6. 지적에 대한 설명으로 <u>틀린</u> 것은?

① 정보처리시스템으로 기록 · 저장된 지적공부(지적도 및 임야도는 제외한다)를 열람하거나 그 등본을 발급받으려는 경우에는 시 · 도지사, 시장 · 군수 · 구청장 또는 읍 · 면 · 동의 장에게 신청할 수 있다.
② 지적소관청은 지적도면의 관리에 필요한 경우에는 지번부여지역마다 일람도와 지번색인표를 작성하여 갖춰 둘 수 있다.
③ 지적측량업무에 종사하는 지적기술자가 그 업무와 관련하여 지적공부를 열람하는 경우, 그 수수료를 면제한다.
④ 지적도면의 축척은 지적도 7종, 임야도 2종으로 구분한다.
⑤ 지적서고의 기준은 창문과 출입문은 2중으로 하되, 바깥쪽 문은 반드시 철제로 하고 안쪽 문은 곤충 · 쥐 등의 침입을 막을 수 있도록 철망 등을 설치하여야 한다.

7. 공간정보의 구축 및 관리 등에 관한 법령상 부동산종합공부의 등록사항에 해당하지 않는 것은?

① 토지의 이용 및 규제에 관한 사항
② 개별공시지가, 개별주택가격 및 공동주택가격 공시내용
③ 토지이동정리결의서의 내용에 관한 사항
④ 토지의 표시와 소유자에 관한 사항
⑤ 부동산의 가격에 관한 사항

8. 지적에 관한 설명 중 틀린 것은?

① 국토교통부장관은 정보처리시스템으로 기록 · 저장된 지적공부가 멸실되거나 훼손될 경우를 대비하여 지적공부를 복제하여 관리하는 정보관리체계를 구축하여야 한다.
② 국토교통부장관은 지적공부의 효율적인 관리 및 활용을 위하여 지적정보 전담 관리 기구를 설치 · 운영한다.
③ 국토교통부장관은 지적공부를 과세나 부동산정책자료 등으로 활용하기 위하여 주민등록전산자료, 가족관계등록전산자료, 부동산등기전산자료 또는 공시지가전산자료 등을 관리하는 기관에 그 자료를 요청할 수 있다.
④ 국토교통부장관은 모든 토지에 대하여 필지별로 소재, 지번, 지목, 면적, 경계, 또는 좌표 등을 조사 · 측량하여 지적공부에 등록하여야 한다.
⑤ 국토교통부장관은 부동산종합공부를 영구히 보존하여야 하며, 부동산종합공부의 멸실 또는 훼손에 대비하여 이를 별도로 복제하여 관리하는 정보관리체계를 구축하여야 한다.

9. 합병에 대한 설명으로 틀린 것은?

① 토지소유자는 도로, 제방, 하천, 구거, 유지의 토지로서 합병하여야 할 토지가 있으면 그 사유가 발생한 날부터 60일 이내에 지적소관청에 합병을 신청하여야 한다.
② 토지소유자가 합병 전의 필지에 주거 · 사무실 등의 건축물이 있어서 그 건축물이 위치한 지번을 합병 후의 지번으로 신청할 때에는 그 지번을 합병 후의 지번으로 부여하여야 한다.
③ 합병에 따른 경계는 따로 측량을 하지 않고 합병 전 각 필지의 경계 중 합병으로 필요 없게 된 부분을 말소하여 합병 후 필지의 경계로 결정한다.
④ 등기원인 및 그 연월일과 접수번호가 동일한 저당권이 설정된 토지를 합병할 수 있다.
⑤ 1-1, 1-2, 3-1, 5, 7의 5필지가 한 필지로 합병을 하였다면 합병 후의 지번은 1-1이다.

10. 축척변경의 절차에 대한 설명으로 옳은 것은?

① 지적소관청은 축척변경을 하려면 토지소유자 2분의 1 이상의 동의를 받고 축척변경위원회의 의결을 거친 후 시 · 도지사 또는 대도시 시장의 승인을 받아야 한다.
② 지적소관청은 수령통지를 한 날부터 3개월 이내에 청산금을 지급하여야 한다.
③ 축척변경에 따른 청산금의 납부 및 지급이 완료되었을 때에는 지적소관청은 지체 없이 축척변경의 확정공고를 하여야 한다.
④ 지적소관청은 청산금의 결정을 공고한 날부터 30일 이내에 토지소유자에게 청산금의 납부고지 또는 수령통지를 하여야 한다.
⑤ 납부고지되거나 수령통지된 청산금에 관하여 이의가 있는 자는 납부고지 또는 수령통지를 받은 날부터 1개월 이내에 축척변경위원회에 이의신청을 할 수 있다

11. 지적측량에 관한 설명으로 옳은 것은?

① 지적공부의 복구 · 신규등록 · 합병 및 축척변경을 하기 위하여 세부측량을 하는 경우에는 필지마다 면적을 측정하여야 한다.
② 지적측량수행자가 경계복원측량을 실시한 때에는 시 · 도지사 또는 지적소관청에게 측량성과에 대한 검사를 받아야 한다.
③ 지적삼각보조점성과를 열람하거나 등본을 발급받으려는 자는 지적측량수행자에게 신청하여야 한다.
④ 지적현황측량은 지상건축물 등의 현황을 지형도에 등록된 경계와 대비하여 표시하는 데에 필요한 경우 실시한다.
⑤ 지적측량은 지적기준점을 정하기 위한 기초측량과 1필지의 경계와 면적을 정하는 세부측량으로 구분한다.

12. 공간정보의 구축 및 관리 등에 관한 법률에 의한 중앙지적위원회의 심의 · 의결 사항이 아닌 것은?

① 지적 관련 정책개발 및 업무개선 등에 관한 사항
② 측량기술자 중 지적분야 측량기술자의 양성에 관한 사항
③ 지적측량기술의 연구 · 개발 및 보급에 관한 사항
④ 지적기술자의 업무정지처분 및 징계요구에 관한 사항
⑤ 청산금에 대한 이의신청에 관한 사항

13. 등기의 효력에 대한 설명으로 틀린 것은?

① 무효인 매매계약을 원인으로 이전등기가 된 경우, 그 등기의 말소등기를 하지 않고 매도인 명의로의 소유권이전등기를 할 수 있다.

② 부동산을 증여하였으나 등기원인을 매매로 기록한 소유권이전등기는 유효이다.

③ 甲의 미등기 부동산을 乙이 매수하여 직접보존등기를 한 경우 그 등기가 실체관계와 부합하더라도 무효이다.

④ 중복등기기록 중 어느 한 등기기록의 최종소유권의 등기명의인은 그 명의의 등기기록의 폐쇄를 신청할 수 있다.

⑤ 대지권을 등기한 후에 한 건물의 권리에 관한 등기는 건물만에 관한 것이라는 뜻의 부기등기가 없으면 대지권에 대하여 동일한 등기로서 효력이 있다.

14. 가처분등기 등에 대한 설명으로 옳은 것은?

① 저당권설정등기청구권을 보전하기 위한 가처분등기 후 제3자 명의의 등기는 말소대상이다.

② 처분금지가처분등기가 된 후 가처분채무자를 등기의무자로 하여 소유권이전등기를 신청하는 가처분채권자는 그 가처분등기 후에 마쳐진 등기 전부의 말소를 단독으로 신청할 수 있다.

③ 가압류등기의 말소등기는 등기권리자와 등기의무자가 공동으로 신청해야 한다.

④ 처분금지가처분등기가 되어 있는 토지에 대하여는 지상권설정등기를 신청할 수 없다.

⑤ 가처분 채권자의 말소신청에 따라 가처분등기 후의 등기를 말소하는 등기관은 그 가처분등기를 직권으로 말소하여야 한다.

15. 등기신청절차에 대한 설명으로 옳은 것은?

① 지방자치단체도 등기신청의 당사자능력이 인정되므로, 읍·면도 등기신청적격이 인정된다.

② 대법원장은 어느 등기소의 관할에 속하는 사무를 다른 등기소에 위임하게 할 수 있다.

③ 특별법에 의하여 설립된 농업협동조합의 부동산은 조합원의 합유로 등기하여야 한다.

④ 등기신청의 각하결정에 대해 제3자는 이의신청을 할 수 있다.

⑤ 17세인 甲은 소유권보존등기 신청에서 등기신청 능력을 갖지 않는다.

16. 등기원인정보에 관한 설명으로 틀린 것은?

① 등기원인정보란 등기할 권리변동의 원인인 법률행위, 기타 법률사실의 성립을 증명하는 정보를 말한다.

② 신탁해지약정서를 원인서면으로 첨부하여 소유권이전등기를 신청하는 경우에는 검인을 받아야 한다.

③ 판결에 의해 등기를 신청하는 경우에는 집행력 있는 확정판결서 정본이 등기원인정보가 된다.

④ 매매계약 해제로 인한 소유권이전등기의 말소등기신청 시 그 등기원인증서인 매매계약 해제증서에 검인을 받아야 한다.

⑤ 진정명의회복을 원인으로 하는 소유권이전등기를 신청할 때에는 검인을 받지 않는다.

17. 다음에서 각하사유에 해당하는 것을 모두 묶은 것은?

ㄱ. 매매로 인한 소유권이전등기 이후에 환매특약등기를 신청한 경우
ㄴ. 5년의 기간을 넘는 공유물분할금지약정의 등기
ㄷ. 지역권을 요역지와 분리하여 양도하는 등기
ㄹ. 관공서 또는 법원의 촉탁으로 실행되어야 할 등기를 신청한 경우
ㅁ. 공동상속인 중 일부가 자신의 상속지분만에 대한 상속등기를 신청한 경우

① ㄱ, ㄴ, ㄷ, ㅁ ② ㄱ, ㄴ, ㄹ, ㅁ
③ ㄱ, ㄷ, ㄹ, ㅁ ④ ㄴ, ㄷ, ㄹ, ㅁ
⑤ ㄱ, ㄴ, ㄷ, ㄹ, ㅁ

18. 소유권보존등기에 대한 설명으로 틀린 것은?

① 미등기토지에 대하여 특별자치도지사, 시장·군수·구청장의 확인에 의하여 소유권을 증명하는 자는 자기명의로 소유권보존등기를 신청할 수 있다.

② 토지대장에 최초의 소유자로 등록되어 있는 자로부터 그 토지를 포괄유증받은 자는 자기 명의로 소유권보존등기를 신청할 수 있다.

③ 미등기토지에 대해 소유권에 처분제한의 등기촉탁이 있는 경우, 등기관이 직권으로 소유권보존등기를 한다.

④ 건물소유권보존등기를 신청하는 경우, 건물의 표시를 증명하는 첨부정보를 제공해야 한다.

⑤ 일부지분에 대한 소유권보존등기를 신청한 경우에는 그 등기신청은 각하되어야 한다.

19. 수용으로 인한 등기절차에 관한 설명으로 옳은 것은?

① 수용으로 인한 소유권이전등기를 신청할 때 보상금수령증원부, 공탁서 원본, 등기필정보를 제공하여야 한다.

② 수용으로 인한 소유권이전등기는 토지수용위원회의 재결서를 등기원인증서로 첨부하여 사업시행자가 단독으로 신청할 수 있다.

③ 수용에 의한 소유권이전등기를 할 경우, 그 부동산의 처분제한등기와 그 부동산을 위해 존재하는 지역권등기는 직권으로 말소할 수 없다.

④ 수용에 의한 소유권이전등기 완료 후 수용재결의 실효로 그 말소등기를 신청하는 경우, 피수용자 단독으로 기업자명의의 소유권이전등기 말소등기신청을 할 수 있다.

⑤ 수용으로 인한 소유권이전등기신청서에 등기원인은 토지수용으로, 그 연월일은 수용의 재결일로 기재하여야 한다.

20. 소유권 이외의 등기에 대한 설명으로 옳은 것은?

① 전세권이 소멸하기 전에 전세금반환채권의 일부양도에 따른 전세권 일부이전등기를 신청할 수 있다.

② 「상가건물 임대차보호법」 상 등기명령에 의한 임차권등기에 기초하여 임차권이전등기를 할 수 있다.

③ 지상권설정등기를 신청할 때에 그 범위가 토지의 일부인 경우, 그 부분을 표시한 토지대장을 첨부정보로서 등기소에 제공하여야 한다.

④ 일정한 금액을 목적으로 하지 않는 채권의 담보를 위한 저당권설정등기 신청의 경우, 그 채권의 평가액을 신청정보의 내용으로 등기소에 제공해야 한다.

⑤ 공동저당 부동산 중 일부의 매각대금을 먼저 배당하여 경매부동산의 후순위 저당권자가 대위등기를 할 때, 매각대금을 기록하는 것이 아니라 선순위 저당권자가 변제받을 금액을 기록해야 한다.

21. 저당권등기에 대한 설명으로 틀린 것은?

① 민법상 조합 자체를 채무자로 표시하여 근저당권설정등기를 할 수 없다.

② 채권의 일부에 대한 대위변제로 인한 저당권 일부이전등기는 가능하다.

③ 채권의 일부에 대하여 양도로 인한 저당권 일부이전등기를 할 때 양도액을 기록해야 한다.

④ 저당권설정등기를 한 토지 위에 설정자가 건물을 신축한 경우에는 저당권자는 토지와 함께 그 건물에 대해서도 경매청구를 할 수 있다.

⑤ 근저당권이전등기를 신청할 경우, 근저당권설정자가 물상보증인이면 그의 승낙을 증명하는 정보를 등기소에 제공하여야 한다.

22. 유증으로 인한 소유권이전등기에 관한 설명으로 틀린 것은? (다툼이 있으면 판례에 따름)

① 미등기기록 부동산이 특정유증된 경우, 수증자 명의로 소유권보존등기를 신청하여야 한다.

② 포괄유증은 수증자 명의의 등기가 없어도 유증의 효력이 발생하는 시점에 물권변동의 효력이 발생한다.

③ 유증으로 인한 소유권이전등기는 유증자로부터 직접 수증자 명의로 소유권이전등기를 신청하여야 한다.

④ 유증으로 인한 소유권이전등기신청이 상속인의 유류분을 침해하는 내용이라 하더라도 등기관은 이를 수리하여야 한다.

⑤ 등기원인은 '○년 ○월 ○일 유증' 으로 기록하되, 그 연월일은 '유증자가 사망한 날' 을 신청정보의 내용으로 제공한다.

23. 다음 중 주등기로 실행하는 것은?

① 지상권에 저당권설정등기

② 소유권에 처분제한의 등기

③ 전전세권설정등기

④ 소유권 외의 권리에 대한 처분제한의 등기

⑤ 환매특약등기

24. 가등기에 관한 설명으로 옳은 것은?

① 임차권설정등기 청구권보전가등기에 의한 본등기를 마친 경우, 등기관은 가등기 후 본등기 전에 가등기와 동일한 부분에 마친 부동산용익권등기를 직권말소 대상이 아니다.

② 매매예약완결권의 행사로 소유권이전청구권이 장래에 불확정되게 될 경우, 이 청구권을 미리 보전하기 위한 가등기를 할 수 있다.

③ 지상권설정등기 청구권보전가등기에 의하여 본등기를 한 경우, 가등기 후 본등기 전에 마쳐진 당해 토지에 대한 저당권설정등기는 직권말소 대상이 아니다.

④ 하나의 가등기에 관하여 여러 사람의 가등기권리자가 있는 경우에 그중 일부의 가등기권리자가 자기의 가등기 지분에 관하여 본등기를 신청할 수 없다.

⑤ 가등기에 의하여 순위 보전의 대상이 되어 있는 물권변동 청구권이 양도된 경우, 그 가등기상의 권리에 대한 이전등기를 주등기로 할 수 있다.

25. 지방세의 가산금에 관한 설명으로 <u>틀린</u> 것은? (단, 제시된 사항만 고려한다)

① 지방세를 납세고지서의 납부기한까지 납부하지 아니할 때에 고지세액에 가산하여 징수하는 금액과 납부기한이 지난 후 일정기한까지 납부하지 아니할 때에 그 금액에 다시 가산하여 징수하는 금액을 말한다.

② 지방세를 납세고지서의 납부기한까지 완납하지 아니하면 납부기한이 지난 날부터 체납된 지방세의 100분의 3에 상당하는 가산금을 징수한다.

③ 체납된 납세고지서의 세목별로 세액이 20만원 이상일 때에는 납부기한이 지난 날부터 1개월이 지날 때마다 체납된 지방세의 1만분의 75에 상당하는 중가산금을 가산금에 더하여 징수한다.

④ 중가산금을 가산하여 징수하는 기간은 60개월을 초과할 수 없다.

⑤ 국가와 지방자치단체(「지방자치법」 제176조에 따른 지방자치단체조합을 포함한다)에 대해서는 가산금을 징수하지 아니한다.

26. 다음은 2023년 부동산관련 조세의 법정신고기한 또는 납기에 관한 설명이다. 옳은 것은 몇 개인가?

> ㉠ 무상취득(상속은 제외한다)으로 인한 취득세의 법정신고기한은 취득일부터 60일 이내이다.
> ㉡ 주택분 재산세로서 해당 연도에 부과할 세액이 20만원 이하인 경우 재산세의 납기를 7월 16일부터 7월 31일까지로 하여 한꺼번에 부과 · 징수할 수 있다.
> ㉢ 납세의무자가 신고납부방식을 택하는 경우 종합부동산세의 법정신고기한은 해당 연도 12월 31일이다.
> ㉣ 부담부증여의 채무액에 해당하는 부분으로서 양도로 보는 경우 양도소득세의 예정신고 · 납부기한은 그 양도일이 속하는 달의 말일부터 2개월 이내이다.

① 0개 ② 1개
③ 2개 ④ 3개
⑤ 4개

27. 다음은 「지방세법」 상 2023년 과세기준일 현재 공부상의 소유자가 재산세의 납세의무자인 경우이다. 옳은 것은 몇 개인가?

> ○ 공부상의 소유자가 매매 등의 사유로 소유권이 변동되었는데도 신고하지 아니하여 사실상의 소유자를 알 수 없을 경우
> ○ 상속이 개시된 재산으로서 상속등기가 이행되지 아니하고 사실상의 소유자를 신고하지 아니하였을 경우
> ○ 공부상에 개인 등의 명의로 등재되어 있는 사실상의 종중재산으로서 종중소유임을 신고하지 아니하였을 경우
> ○ 재산세 과세기준일 현재 소유권의 귀속이 분명하지 아니하여 사실상의 소유자를 확인할 수 없는 경우
> ○ 「채무자 회생 및 파산에 관한 법률」에 따른 파산선고 이후 파산종결의 결정까지 파산재단에 속하는 재산의 경우

① 0개 ② 1개
③ 2개 ④ 3개
⑤ 4개

28. 「지방세법」 상 재산세의 과세표준과 세율에 관한 설명으로 **틀린** 것은?

① 골프장 및 고급오락장용 건축물의 재산세 과세표준은 거래가격 등을 고려하여 시장 · 군수 · 구청장이 결정한 가액에 80%를 산정한 가액으로 한다.

② 주택의 공정시장가액비율 범위는 시가표준액의 40%부터 80%까지이다. 다만, 시가표준액이 9억원 이하인 1세대 1주택은 30%부터 70%까지이다.

③ 별장, 취득세 중과대상인 고급주택을 포함한 모든 주택과 종합합산과세대상토지 및 별도합산과세대상토지는 누진세율을 적용한다.

④ 모든 분리과세대상토지와 건축물은 비례세율을 적용한다.

⑤ 지방자치단체의 장은 특별한 재정수요나 재해 등의 발생으로 재산세의 세율 조정이 불가피하다고 인정되는 경우 조례로 정하는 바에 따라 표준세율의 100분의 50의 범위에서 가감할 수 있다. 다만, 가감한 세율은 해당 연도에만 적용한다.

29. 「종합부동산세법」 상 2023년 종합부동산세에 관한 설명으로 **틀린** 것은? (다만, 제시되지 아니한 조건은 해당 요건을 모두 충족한 것으로 본다)

① 관련 법령에 따른 공동명의 1주택자의 납세의무 등에 관한 특례대상인 경우에도 당해 연도 9월 16일부터 9월 30일까지 관할세무서장에게 신청하여야 해당 1주택에 대한 납세의무자로 할 수 있다.

② 관련 법령에 따른 일시적 1세대 2주택(각각 주택의 공시가액은 15억원과 10억원)의 종합부동산세 과세표준금액은 9억6천만원이다.

③ 1세대 1주택자 여부를 판단할 때 종합부동산세 과세대상에서 제외되는 주택으로서 합산배제신고를 한 주택은 1세대가 소유한 주택 수에서 제외한다.

④ 과세기준일 현재 1세대 1주택자로서 만 60세 이상이거나 해당 주택을 5년 이상 보유하고 있으며 법령에 따른 소득 기준*을 충족하며 해당 연도의 주택분 종합부동산세액이 100만원을 초과하는 경우에는 주택분 종합부동산세액의 납부유예를 그 납부기한 만료 3일 전까지 신청할 수 있다.

⑤ 신탁주택의 위탁자가 종합부동산세 또는 강제징수비를 체납한 경우로서 그 위탁자의 다른 재산에 대하여 강제징수를 하여도 징수할 금액에 미치지 못할 때에는 해당 신탁주택의 수탁자는 그 신탁주택으로써 위탁자의 종합부동산세등을 납부할 의무가 있다.

30. 「지방세법」 상 취득세의 납세의무에 관한 설명으로 옳은 것을 모두 묶은 것은?

> ㉠ 법인설립 시에 발행하는 주식을 취득함으로써 과점주주가 된 때에는 해당 법인의 부동산 등을 취득한 것으로 본다.
> ㉡ 「도시개발법」 에 따른 도시개발사업의 시행으로 해당 사업의 대상이 되는 부동산의 소유자가 환지계획에 따라 공급받는 토지의 경우에는 그 소유자가 승계 취득한 것으로 본다. 이 경우 토지는 당초 소유한 토지 면적을 초과하는 경우로서 그 초과한 면적에 해당하는 부분에 한정하여 취득한 것으로 본다.
> ㉢ 「도시 및 주거환경정비법」 에 따른 정비사업의 시행으로 해당 사업의 대상이 되는 부동산의 소유자가 관리처분계획에 따라 공급받거나 토지상환채권으로 상환받는 건축물은 그 소유자가 원시취득한 것으로 본다.
> ㉣ "갑"소유의 미등기건물에 대하여 "을"이 채권확보를 위하여 법원의 판결에 의한 소유권보존등기를 "갑"의 명의로 등기할 경우의 취득세 납세의무는 "갑"에게 있다.

① ㉠ ② ㉠, ㉡
③ ㉢, ㉣ ④ ㉡, ㉢, ㉣
⑤ ㉠, ㉡, ㉢, ㉣

31. 다음은 「지방세법」 의 규정에 의한 취득세의 비과세대상이다. **아닌** 것은?

① 대한민국 정부기관의 취득에 대하여 과세하지 않는 외국정부의 취득

② 「주택법」 에 따른 공동주택으로서 개수(건축법에 따른 대수선은 제외한다)로 인한 취득 당시 주택의 시가표준액이 9억원 이하인 주택과 관련된 개수로 인한 취득

③ 「신탁법」 에 따른 신탁등기가 병행되는 신탁재산으로서 주택조합등과 조합원 간의 부동산 취득 및 주택조합 등의 비조합원용 부동산 취득

④ 임시흥행장 등 존속기간이 1년을 초과하지 아니하는 임시건축물의 취득

⑤ 관련 법률에 따른 동원대상지역 내의 토지의 수용 · 사용에 관한 환매권의 행사로 매수하는 부동산의 취득

32. 「소득세법」 상 양도소득세가 과세되는 양도에 해당하지 않는 것을 모두 고른 것은?

> ㉠ 이혼으로 인하여 혼인 중에 형성된 부부공동재산을 「민법」 제839조의2에 따라 재산분할하는 경우
> ㉡ 행정관청으로부터 인가 · 허가 · 면허 등을 받음으로써 발생한 경제적 이익을 부동산과 분리하여 양도하는 경우
> ㉢ 「도시개발법」 이나 그 밖의 법률에 따른 환지처분으로 지목 또는 지번이 변경되거나 보류지(保留地)로 충당되는 경우
> ㉣ 배우자 또는 직계존비속간의 부담부증여로서 채무를 인수하지 않는 것으로 추정하여 채무인수액을 증여세 과세가액에서 공제하지 아니하는 경우
> ㉤ 부동산과 함께 양도하는 이축권으로 그 가액을 감정평가업자가 감정한 가액으로 구분하여 신고하는 경우

① ㉣, ㉤
② ㉢, ㉣
③ ㉠, ㉡, ㉢
④ ㉢, ㉣, ㉤
⑤ ㉠, ㉡, ㉢, ㉣, ㉤

33. 「소득세법」 상 양도소득세 비과세인 1세대 1주택을 거주자가 다음과 같이 양도한 경우 이에 대한 설명 중 옳은 것을 모두 고른 것은? (단, 제시된 사항에 따라 답항별로 각각 판단하되, 주어진 자료 외의 비과세 요건은 모두 충족한 서울의 주거지역에 소재하는 것으로 가정한다)

> ㉠ 비과세에 관한 규정을 적용하지 않을 경우 양도소득 산출세액 3억원인 주택을 실지거래가액 14억원에 양도하면서 양도계약서에 12억원으로 기재하여 신고한 경우, 양도소득세의 비과세받을 세액에서 뺄 금액은 3억원이다.
> ㉡ 대지면적 800㎡, 건물연면적 200㎡, 주거용으로 사용되는 건물면적 150㎡, 상업용으로 사용되는 건물면적 50㎡인 주택을 실지양도가액 15억원에 양도하는 경우 과세되는 건물과 토지면적은 각각 50㎡와 350㎡이다.
> ㉢ 실지양도가액이 15억원이고 양도차익이 5억원인 경우 양도소득세가 비과세되는 양도차익은 4억원이다.
> ㉣ 1년 이상 거주한 주택을 사업상 형편으로 양도하고 세대 전원이 다른 시 · 군으로 거주를 이전한 경우 그 보유기간 및 거주기간의 제한을 받지 않고 비과세규정을 적용한다.

① ㉠, ㉣
② ㉡, ㉢
③ ㉠, ㉡, ㉢
④ ㉡, ㉢, ㉣
⑤ ㉠, ㉡, ㉢, ㉣

34. 다음 중 양도소득세의 양도차익 계산에 관한 설명으로 옳지 않은 것은? (다만, 그 지출에 관한 증명서류를 수취·보관하거나 실제 지출사실이 금융거래 증명서류에 의하여 확인된다)

① 「지적재조사에 관한 특별법」 제18조에 따른 경계의 확정으로 지적공부상의 면적이 증가되어 같은 법 제20조에 따라 징수한 조정금은 취득가액에 포함되지 않는다.
② 양도자산의 보유기간 중에 그 자산의 현재가치할인차금의 상각액으로서 부동산임대소득금액의 계산 시에 필요경비로 산입한 금액은 취득가액에서 공제한다.
③ 용도변경 · 개량 또는 이용의 편의를 위하여 지출한 비용(재해 · 노후화 등 부득이한 사유로 인하여 건물을 재건축한 경우 그 철거비용을 포함한다)은 자본적지출액에 포함한다.
④ 부동산 매매계약의 해약으로 인하여 지급하는 위약금은 자본적 지출액에 포함한다.
⑤ 매매계약에 따른 인도의무를 이행하기 위하여 양도자가 지출하는 명도비용은 양도비에 포함한다.

35. 양도소득세의 과세표준에 관한 다음의 설명으로 옳지 않은 것은?

① 양도소득에 대한 과세표준은 종합소득 및 퇴직소득에 대한 과세표준과 구분하여 계산한다.
② 「소득세법」 상의 부당행위계산에 의한 시가초과액은 실지취득가액에 포함되지 않는다.
③ 조합원으로서 취득한 조합원입주권을 양도하는 경우에는 관련 법률에 따른 관리처분계획인가 및 사업시행계획인가 전 토지분 또는 건물분의 양도차익으로 한정하여 장기보유특별공제를 한다.
④ 양도소득금액에 감면소득금액이 있는 때에는 해당 감면소득금액 외의 양도소득금액에서 먼저 양도소득기본공제하고, 감면소득금액 외의 양도소득금액에서는 해당 연도 중 먼저 양도한 자산의 양도소득 금액에서 순차로 공제한다.
⑤ 자산의 취득가액을 매매사례가액, 감정가액, 환산취득가액 또는 기준시가로 하는 경우에는 자본적지출액과 양도비를 양도가액에서 차감하여 양도차익을 계산한다.

36. 소득세법상 거주자가 국내에 있는 자산을 양도한 경우 양도소득과세표준에 적용되는 세율로 틀린 것은? (단, 모두 2021년 6월 1일 이후에 양도하며, 분양권은 2021.1.1 이후 취득하였고, 주어진 조건 외에는 고려하지 않음)

① 보유기간이 1년 미만인 조합원입주권 : 100분의 70

② 보유기간이 1년 이상 2년 미만인 등기된 상업용 건물 : 100분의 40

③ 보유기간이 1년 이상 2년 미만인 주택 : 100분의 60

④ 보유기간이 2년 이상인 분양권 : 6~45% 8단계초과누진세율

⑤ 미등기건물(미등기양도제외 자산 아님) : 100분의 70

37. 「지방세법」상 부동산에 대한 취득세의 과세표준에 관한 다음의 설명 중 틀린 것은? (다만, 제시되지 않은 사항은 고려하지 아니한다)

① 취득세의 과세표준은 취득 당시의 가액으로 한다. 연부로 취득하는 경우에는 연부금액(매회 사실상 지급되는 금액을 말하며, 취득금액에 포함되는 계약보증금을 포함한다)으로 한다.

② 유상거래로 승계취득하는 경우 취득당시가액은 취득시기 이전에 해당 물건을 취득하기 위하여 거래 상대방이나 제3자에게 지급하였거나 지급하여야 할 일체의 비용인 사실상의 취득가격으로 한다.

③ 증여 등(상속 제외)에 따른 무상취득의 경우 시가인정액을 취득당시가액으로 한다.

④ 부동산등을 원시취득하는 경우 취득당시가액은 사실상취득가격으로 한다.

⑤ 개인이 토지의 지목을 사실상 변경한 경우로서 그 변경으로 증가한 가액에 해당하는 사실상 취득가격을 확인할 수 없는 경우 취득 당시 가액은 지목변경 이후의 토지에 대한 시가표준액으로 한다.

38. 「지방세법」상 취득세에 관한 설명으로 옳은 것은?

① 차량, 기계장비, 항공기 및 주문에 의하여 건조하는 선박은 원시취득의 경우에 한한다.

② 증여에 의한 취득의 경우에도 등기를 하지 아니하고 취득일부터 60일 이내에 제출한 행정안전부령으로 정하는 계약해제신고서 등에 의해 계약이 해제된 사실이 입증되는 경우에는 취득한 것으로 보지 아니한다.

③ 특수관계인으로부터 시가인정액보다 낮은 가격으로 부동산을 취득한 경우로서 시가인정액과 사실상취득가격의 차액이 3억원 이상이거나 시가인정액의 5% 이상인 경우 지방자치단체의 장은 사실상 취득가격에도 불구하고 시가표준액을 취득당시가액으로 결정할 수 있다.

④ 건축(신축과 재축 제외) 또는 개수로 인하여 건축물 면적이 증가할 때에는 건축물 전체 가액을 과세표준으로 하여 유상취득의 1,000분의 40의 취득세의 세율을 적용한다.

⑤ 일시적 2주택으로 신고하였으나 그 취득일로부터 2년 내에 조정대상지역에 있는 종전 주택을 처분하지 못하여 1주택으로 되지 아니한 경우 그 부족세액에 가산세를 합한 금액을 세액으로 하여 보통징수의 방법으로 징수한다.

39. 甲이 乙소유 부동산에 관해 저당권설정등기를 하는 경우 지방세법상 등록에 대한 등록면허세에 관한 설명으로 옳은 것은?

① 등록면허세의 납세의무자는 저당권설정의무자인 乙이다.

② 부동산 소재지와 乙의 주소지가 다른 경우 등록면허세의 납세지는 乙의 주소지로 한다.

③ 저당권설정등기에 대한 등록면허세의 표준세율은 부동산가액의 1,000분의 2이다.

④ 저당권설정등기에 대한 등록면허세의 산출세액이 건당 6천원보다 적을 때에는 등록면허세를 부과하지 아니한다.

⑤ 만약 丙이 甲으로부터 저당권을 이전받아 등기하는 경우라면 등록면허세의 납세의무자는 丙이다.

40. 「지방세법」 상 재산세에 관한 설명으로 틀린 것은?

① 재산세 과세대상인 "주택"이란 「주택법」 제2조 제1호에 따른 주택을 말한다. 이 경우 토지와 건축물의 범위에서 주택은 제외한다.

② 국가가 1년 이상 공용에 유료로 사용하는 재산에 대하여는 재산세를 부과하지 아니한다.

③ 세대원이 소유하고 있는 토지 위에 토지를 사용할 수 있는 정당한 권원이 없는 자가 「건축법」 에 따른 허가 · 신고 등을 받지 않고 건축하여 사용(건축한 자와 다른 자가 사용하고 있는 경우를 포함한다) 중인 주택(부속토지만을 소유하고 있는 자로 한정한다)은 특례세율 적용대상인 1세대 1주택의 범위에서 제외한다.

④ 지방자치단체의 장은 법정 요건을 모두 충족하는 납세의무자가 그 납부기한 만료 3일 전까지 납부유예를 신청하는 경우 이를 허가할 수 있으며, 납부유예를 신청한 납세의무자는 그 유예할 주택 재산세에 상당하는 담보를 제공하여야 한다.

⑤ 관계 법령에 따라 허가 등을 받아야 함에도 불구하고 허가 등을 받지 않고 재산세의 과세대상 물건을 이용하는 경우로서 사실상 현황에 따라 재산세를 부과하면 오히려 재산세 부담이 낮아지는 경우에는 공부상 등재현황에 따라 재산세를 부과한다.

2023년도 제34회 공인중개사 2차 국가자격시험

실전모의고사 제4회

교 시	문제형별	시 간	시험과목
1교시	A	100분	1 공인중개사의 업무 및 부동산 거래 신고에 관한 법령 및 중개실무 2 부동산공법 중 부동산중개에 관련되는 규정

수험번호		성 명	

【 수험자 유의 사항 】

1. **시험문제지 표지와** 시험문제지 내 **문제형별의 동일여부** 및 시험 문제지의 **총면수 · 문제번호 일련순서 · 인쇄상태** 등을 확인하시고, 문제지 표지에 수험번호와 성명을 기재하시기 바랍니다.
2. 답은 각 문제마다 요구하는 **가장 적합하거나 가까운 답 1개**만 선택하고, 답안카드 작성 시 시험문제지 **형별누락, 마킹착오**로 인한 불이익은 전적으로 수험자에게 책임이 있음을 알려드립니다.
3. 답안카드는 국가전문자격 공통 표준형으로 문제번호가 1번부터 125번까지 인쇄되어 있습니다. 답안마킹시에는 반드시 **시험문제지의 문제번호와 동일한 번호에 마킹**하여야 합니다. (2차 1교시: 1번~80번)
4. **감독관의 지시에 불응시 불이익이 발생될 수 있으며, 시험시간 종료 후 답안카드를 제출하지 않을 경우** 시험무효처리 됨을 알려드립니다.
5. 이의제기에 관한 개별회신은 하지 않으며, **최종 정답 발표로 갈음**합니다.
6. 시험 중 **중간 퇴실은 불가**합니다. 단, 부득이하게 퇴실할 경우 **시험포기 각서 제출 후 퇴실은 가능**하나 **재입실이 불가**하며, **해당시험은 무효처리됩니다.**
7. 시험문제지는 시험 종료 후 가져가시기 바랍니다.

인강드림 공인중개사

제1과목: 공인중개사의 업무 및 부동산 거래 신고 등에 관한 법령 및 중개실무

1. 다음 중 개업공인중개사의 거래계약서 작성에 관한 설명으로 타당한 것은?

① 거래계약서는 거래당사자 간의 약정사항을 서면화하는 것이므로 개업공인중개사의 주관적 의사는 기재될 여지가 없다.

② 매매계약서에 정원수 · 정원석 등 미공시 중요 시설물에 대하여 소유관계를 명시하지 않은 경우 그 소유권은 매도인에게 귀속된다.

③ 1필지 토지의 일부는「공간정보의 구축 및 관리에 관한 법률」상 분할절차를 밟기 전에는 부동산거래의 목적물이 될 수 없으므로 유의한다.

④ 계약 내용은 반드시 서면에 의해서 작성하고 공법상의 이용제한 사항을 기재하여야 한다.

⑤ 건물의 경우 하자담보책임에 관하여 계약서에 명시하지 않으면 장차 하자담보책임을 물을 수 없기 때문에 반드시 계약서에 명시하여야 한다.

2.「공인중개사법령」상 중개대상물에 관한 설명 중 <u>틀린</u> 것은?

① 소유권이전을 수반하는 토지거래는 필지를 단위로 거래가 이루어지므로 1필지의 일부에 대해서는 분필절차를 마치기 전에는 소유권의 양도나 저당권을 설정할 수 없다.

② 특정한 아파트에 입주할 수 있는 권리가 아니라 아파트에 대한 추첨기일에 신청을 하여 당첨이 되면 아파트 분양예정자로 선정될 수 있는 지위를 가리키는 데에 불과한 입주권은「공인중개사법」상 소정의 중개대상물인 건물에 해당한다고 보기 어렵다.

③ 공장재단은 이를 1개의 부동산으로 보며, 공장재단은 소유권과 저당권 이외의 권리의 목적이 되지 못하나 저당권자의 동의를 얻은 경우에는 임대할 수 있다.

④ 광업재단의 소유권보존등기는 그 등기 후 1년 내에 저당권설정등기를 하지 아니하는 경우에는 그 효력을 상실한다.

⑤ 입목은 이를 부동산으로 보며, 입목의 소유자는 토지와 분리하여 입목을 양도하거나 저당권의 목적으로 할 수 있다.

3. 공인중개사에 관한 내용 중 옳은 것은?

① 공인중개사가 되려는 자는 원칙적으로 국토교통부장관이 실시하는 공인중개사 자격시험에 합격하여야 한다.

② 피성년후견인 또는 피한정후견인은 공인중개사가 될 수 없다.

③ 공인중개사 자격시험에 있어 부정행위 후 3년이 경과되지 아니한 자는 자격시험에 응시할 수 없다.

④ 특별자치도지사는 시험시행기관장이 될 수 없다.

⑤ 공인중개사가 다른 사람에게 자기의 성명을 사용하여 중개업무를 하게 한 경우에는 행정형벌을 받게 된다.

4. 중개법인의 분사무소에 대한 설명 중 옳은 것은?

① 다른 법률의 규정에 따라 중개업을 할 수 있는 법인의 분사무소의 경우에는 공인중개사를 책임자로 두지 않아도 된다.

② 분사무소를 이전하는 경우 분사무소를 이전하고자 하는 시 · 군 · 구에 신고하여야 한다.

③ 법인의 분사무소는 분사무소마다 5천만원 이상의 업무보증을 설정하여야 한다.

④ 분사무소의 책임자는 공인중개사이어야 하나 실무교육은 이수하지 않아도 된다.

⑤ 법인의 분사무소는 모든 시 · 군 · 구별로 설치하되 시 · 군 · 구별로 1개소를 초과할 수 없다.

5. 개업공인중개사가 의뢰인에게「주택임대차보호법」에 관해 설명한 내용 중 옳은 것은?

① 계약기간의 만료 후 보증금을 반환받지 못한 임차인이 대항력을 갖추고 있으면 집을 비워주지 않고도 경매신청을 할 수 있으며, 매각이 되어 법원에서 보증금을 수령할 때에도 집을 비워 주지 않아도 된다.

② 임차권등기명령에 의한 임차권등기가 경료된 주택을 그 이후에 임차한 임차인은 소액임차인에 해당하더라도 최우선변제권이 인정되지 아니하나 확정일자를 받은 경우에 우선변제권은 인정된다.

③ 임차인이 대항요건과 확정일자를 받으면 보증금액에 관계없이 경매절차에서 후순위 권리자 그 밖의 채권자보다 우선변제를 받을 수 있는 권리가 인정되며, 우선변제권에 기해 경매신청권도 발생된다.

④ 임대차기간이 종료되지 않았다 하더라도 보증금을 돌려받지 못할 우려가 있는 경우에는 임차권등기명령을 신청할 수 있다.

⑤ 차임 등의 증액청구에 대한 제한규정은 임대차계약이 종료된 후 재계약을 하는 경우에도 적용된다.

6. 중개사무소 개설등록에 관한 설명 중 틀린 것은?

① 중개업을 영위하고자 하는 자는 중개사무소를 두고자 하는 지역을 관할하는 시장 · 군수 · 구청장에게 중개사무소의 개설등록을 하여야 한다.

② 중개법인으로 개설등록을 하고자 하는 경우에는 법인의 대표자가 반드시 공인중개사이어야 하며, 대표자를 제외한 임원 또는 사원의 3분의 1 이상이 공인중개사이어야 한다.

③ 무등록개업공인중개사의 중개행위로 인한 매매계약의 효력은 당연히 무효이다.

④ 중개사무소 개설등록을 한 개업공인중개사가 사망한 경우에는 개설등록 취소절차를 마치기 전이라도 개설등록의 효력은 소멸된다.

⑤ 중개사무소 개설등록 신청 시 첨부서류에는 보증설정 증명서류가 첨부되지 않는다.

7. 중개사무소 이전에 관한 설명 중 옳은 것은?

① 개업공인중개사는 중개사무소를 이전한 때에는 이전한 날부터 7일 이내에 등록관청에 이전사실을 신고하여야 한다.

② 중개사무소를 등록관청의 관할구역 외의 지역으로 이전한 경우에는 이전 전의 중개사무소를 관할하는 등록관청에게 신고하여야 한다.

③ 중개사무소의 이전신고를 하고자 하는 자는 중개사무소 이전신고서에 중개사무소 등록증과 건축물대장에 기재된 건물에 중개사무소를 확보하였음을 증명하는 서류를 첨부하여야 한다.

④ 중개사무소 이전신고 전에 발생한 사유로 인한 개업공인중개사에 대한 행정처분은 이전 전 등록관청이 이를 행한다.

⑤ 중개사무소 이전신고와 관련한 의무를 위반한 경우에는 100만원 이하의 벌금에 처해진다.

8. 개업공인중개사 등의 결격사유에 해당되지 않는 자는?

① 「변호사법」 위반으로 벌금형 300만원 이상을 선고받은 자가 사원으로 있는 법인

② 법정대리인의 동의를 얻은 피한정후견인

③ 업무정지처분을 받고 폐업 신고를 한 자로서 업무정지기간이 경과되지 아니한 자

④ 공인중개사 자격이 취소된 후 3년이 경과 되지 아니한 자

⑤ 금고 이상의 형의 집행유예를 받고 그 유예기간 종료 후 2년 미 경과자

9. 부동산의 셀링 포인트(Selling Point)에 관한 설명으로서 틀린 것은?

① 건축공법 등 기술적 측면의 셀링 포인트는 시간이 흐름에 따라 감소되는 경향이 있다.

② 부동산은 개별성이 강하므로 셀링 포인트가 다양화되지 못하는 것이 단점이다.

③ 개업공인중개사가 법률적 측면에서 권리분석을 하였다 하여 그에게 무한책임을 지울 수는 없다.

④ 부동산의 셀링 포인트는 인공적인 것 외에도 자연적인 것도 많다.

⑤ 개업공인중개사는 중개대상물의 특성 설명과 함께 고객의 잠재적 욕망을 자극하도록 셀링 포인트를 조성하여 강조할 필요가 있다.

10. 다음 중 중개법인의 업무범위에 속하는 것은?

① 부동산컨설팅

② 개업공인중개사를 대상으로 한 부동산거래정보망사업

③ 토지에 대한 분양 대행

④ 개업공인중개사의 손해배상책임을 보장하기 위한 공제사업

⑤ 주택저당채권의 발행 및 유통

11. 개업공인중개사의 고용인 등에 관한 설명으로 틀린 것은?

① 개업공인중개사는 소속공인중개사를 고용하거나 고용관계가 종료된 때에는 고용은 업무개시 전, 고용관계가 종료되면 10일 이내에 등록관청에 신고하여야 한다.

② 개업공인중개사는 중개보조원을 고용하거나 고용관계가 종료된 때에는 고용은 업무개시 전, 고용관계가 종료되면 10일 이내에 등록관청에 신고하여야 한다.

③ 등록관청은 개업공인중개사의 고용인에 대하여 고용 · 종료 신고를 받은 때에는 다음 달 10일까지 공인중개사협회에 통보하여야 한다.

④ 소속공인중개사 또는 중개보조원의 업무상 행위는 그를 고용한 개업공인중개사의 행위로 본다.

⑤ 개업공인중개사의 고용인도 품위를 유지하고 신의와 성실로써 공정하게 중개업무를 수행할 의무가 있다.

12. 분묘가 있는 토지를 중개하면서 설명한 내용 중 <u>틀린</u> 것은?

① 분묘기지권은 타인의 토지에 분묘를 설치한 자가 그 분묘를 소유하기 위하여 그 묘지 부분의 타인소유 토지를 사용할 수 있는 일종의 물권이다.

② 분묘기지권은 당사자의 약정 등 특별한 사정이 없으면 권리자가 분묘의 수호를 계속하여 그 분묘가 존속하고 있는 동안 존속한다.

③ 가족묘지 · 종중 · 문중묘지 또는 법인 묘지를 설치 · 관리하고자 하는 자는 보건복지부령이 정하는 바에 따라 묘지를 관할하는 시장 · 군수 · 구청장에게 신고하여야 한다.

④ 「장사 등에 관한 법률」에서는 공설묘지 및 사설 묘지에 설치된 분묘의 설치기간을 30년으로 한다.

⑤ 설치기간이 종료된 분묘의 연고자는 설치기간이 종료된 날부터 1년 이내에 분묘에 설치된 시설물을 철거하고 매장된 유골을 화장 또는 봉안하여야 한다.

13. 개업공인중개사의 휴 · 폐업에 대한 기술 중 옳은 것은?

① 개업공인중개사가 휴업기간을 변경하고자 하는 경우에도 휴업기간 변경신고를 하여야 하나 전자문서에 의한 신고는 인정되지 아니한다.

② 중개사무소의 개설등록 후 6월이 경과되도록 업무를 개시하지 아니하는 경우에는 100만원 이하의 과태료에 처해진다.

③ 개업공인중개사가 휴업기간 중에 업무를 재개하고자 하는 경우뿐만 아니라 휴업기간이 만료되어 휴업한 중개업을 재개하는 경우에도 재개 신고를 하여야 한다.

④ 개업공인중개사가 사망한 때에는 그 개업공인중개사와 세대를 같이하고 있는 자가 등록관청에 폐업 신고를 하여야 한다.

⑤ 개업공인중개사가 3월을 초과하여 휴업하고자 하는 경우에는 미리 신고해야 하며 전자문서에 의한 신고도 가능하다.

14. 중개계약에 관한 설명 중 <u>틀린</u> 것은?

① 중개의뢰인은 중개의뢰 내용을 명확하게 하기 위하여 필요한 경우에는 개업공인중개사에게 일반중개계약서의 작성을 요청하여야 한다.

② 개업공인중개사가 중개의뢰인과 일반중개계약을 체결한 경우 부동산거래정보망에 중개대상물에 관한 정보를 공개할 의무에 대한 명문규정은 없다.

③ 중개의뢰인은 일반중개계약을 체결한 개업공인중개사 외의 또 다른 개업공인중개사에게도 중개를 의뢰할 수 있다.

④ 중개계약 중 현행 법령상 명문으로 인정되는 것은 일반중개계약과 전속중개계약이다.

⑤ 판례는 개업공인중개사와 중개의뢰인 간의 관계는 민법상 위임관계와 유사하다고 하여 중개계약을 위임계약과 유사한 계약으로 본다.

15. 「공인중개사법령」 상 전속중개계약에 관한 설명 중 옳은 것은?

① 전속중개계약을 체결한 때에는 부동산거래정보망에 거래예정금액, 권리관계사항, 권리자의 주소 · 성명 등 인적 사항에 관한 정보, 중개대상물의 종류 등을 공개해야 한다.

② 전속중개계약은 당사자의 약정으로 유효기간을 정할 수 있기 때문에 법으로 유효기간을 정하고 있지 않다.

③ 전속중개계약을 체결한 개업공인중개사에게는 중개의뢰인에게 서면으로 업무처리 상황을 보고할 의무는 없다.

④ 등록관청은 국토교통부령에서 정하고 있는 전속중개계약서에 의하지 아니하고 전속중개계약을 체결하였다는 이유로 개업공인중개사에게 3월의 업무정지를 명하였다.

⑤ 전속중개계약을 체결한 때에는 당해 계약서를 5년간 보존하여야 한다는 명문의 규정이 있다.

16. 「공인중개사의 매수신청대리인 등록 등에 관한 규칙 및 예규」에서 정한 보수에 대하여 잘못 설명한 것은?

① 개업공인중개사는 매수신청대리에 관하여 위임인으로부터 예규에서 정한 보수표의 범위 안에서 소정의 보수를 받는다.

② 개업공인중개사는 위임인으로부터 매수신청대리 대상물의 권리관계 등의 확인 또는 매수신청대리의 실행과 관련하여 발생하는 별도의 실비를 약정이 있으면 약정에 따르고 약정이 없으면 대금 지급 완료 시 받을 수 있다.

③ 매수신청대리의 보수는 매각허가결정이 확정되어 매수인으로 된 경우 감정가의 1.5% 이하 또는 최저매각가격의 1% 이하의 범위 안에서 당사자의 합의에 의하여 결정한다.

④ 상담 및 권리분석 보수는 50만원 범위 안에서 당사자의 합의에 의하여 결정하되, 4개 부동산 이상의 일괄 매각의 경우에는 3개를 초과하는 것부터 1 부동산당 5만원의 범위 안에서 상한선을 증액할 수 있다.

⑤ 개업공인중개사는 보수를 받은 경우 예규에서 정한 서식에 의한 영수증을 작성하여 「공인중개사법」 규정에 의해 등록된 인장을 사용하여 서명 및 날인한 후 위임인에게 교부하여야 한다.

17. 「공인중개사법령」 상 부동산거래정보망에 관한 설명으로 옳은 것은?

① 부동산거래정보망을 설치 · 운영할 자로 지정받으려는 자는 신청서류를 등록관청에 제출하여야 한다.

② 부동산거래정보사업자 지정신청서에 개업공인중개사의 주된 컴퓨터 설비의 내역을 기재하여야 한다.

③ 부동산거래정보사업자는 부가통신사업자가 아니어도 지정을 받을 수 있다.

④ 부동산거래정보사업자는 개업공인중개사로부터 의뢰받은 중개대상물의 정보에 한하여 공개하여야 하며, 거래가 이루어진 때에는 거래사실을 지체없이 개업공인중개사에게 통보하여야 한다.

⑤ 부동산거래정보망을 이용하는 개업공인중개사가 거래정보망에 정보를 거짓으로 공개하여 6개월의 업무정지 처분을 받았다.

18. 중개대상물 확인 · 설명 및 확인 · 설명서 작성에 대한 설명으로 옳은 것은?

① 개업공인중개사는 중개를 완성한 때에는 권리관계 및 상태 · 입지, 공법상 이용제한 및 거래규제 등 대통령령이 정하는 사항을 권리를 취득하고자 하는 의뢰인에게 확인 · 설명하여야 한다.

② 개업공인중개사는 매도 · 임대의뢰인에게 중개대상물의 상태에 관한 자료를 요구하여야 하며, 자료요구 사실을 매수 · 임차의뢰인에게 설명하여야 한다.

③ 개업공인중개사가 확인 · 설명을 할 때에는 등기사항증명서, 토지대장 등본, 토지이용계획확인서, 확인 · 설명서 등 설명의 근거자료를 제시하여야 한다.

④ 확인 · 설명서의 '실제 권리관계 또는 공시되지 아니한 물건의 권리에 관한 사항' 란에는 매도 · 임대의뢰인이 고지한 사항을 기재한다.

⑤ 개업공인중개사는 확인 · 설명서 원본, 사본 또는 전자문서를 5년간 보존하여야 한다.

19. 다음은 개업공인중개사의 매매계약서 작성에 관한 설명이다. 타당한 것은?

① 매매계약서 작성 시 등기사항증명서상의 소유자와 실제의 소유자가 다른 경우에는 실제의 소유자와 계약을 체결한다.

② 법정 필요적 기재 사항을 기재하지 아니한 계약은 원칙적으로 효력을 발생하지 않는다.

③ 계약금은 당사자의 약정에 의하여 법적 성질이 결정되나 약정이 없으면 위약금으로서의 법적 성질을 갖는다.

④ 계약서는 반드시 원본으로 3부를 작성하여야 하며 거래당사자 쌍방에게 각각 1부씩 교부하고 1부는 개업공인중개사가 원본으로 보존하여야 한다.

⑤ 계약서는 법정 서식은 없으나 반드시 서면에 의하여 작성하여야 하며, 「공인중개사법」 상 필요적 기재 사항을 빠뜨리지 말고 기재한 다음 반드시 개업공인중개사와 소속공인중개사가 서명 및 날인할 것을 요한다.

20. 부동산거래신고 등에 관한 법률상 신고포상금의 지급 대상이 아닌 것은?

① 개업공인중개사가 부동산 등의 실제 거래가격을 거짓으로 신고한 자
② 계약을 체결하지 아니하였음에도 불구하고 거짓으로 부동산거래 신고한 자
③ 거래당사자가 해제 등이 확정된 날부터 30일 이내에 신고관청에 해제 신고하지 아니한 자
④ 거래신고 후 해당 계약이 해제 등이 되지 아니하였음에도 불구하고 거짓으로 해제 신고한 자
⑤ 토지거래계약 허가를 받아 취득한 토지를 허가받은 목적대로 이용하지 아니한 자

21. 부동산거래신고 등에 관한 법률에 관한 설명으로 옳은 것은?

① 부동산거래 신고한 계약이 해제된 경우 해제가 확정된 날부터 30일 이내에 공동 신고를 거부한 거래당사자에게는 500만원 이하의 과태료를 부과한다.
② 개업공인중개사가 부동산거래 신고를 한 경우에는 개업공인중개사가 해제 신고(공동으로 중개를 한 경우에는 해당 개업공인중개사가 공동으로 신고하는 것을 말한다)를 하여야 한다.
③ 개업공인중개사의 위임을 받은 소속공인중개사는 해제 신고서 등의 제출을 대행할 수 없다.
④ 해제 신고는 거래당사자 중 일방이 국가 등인 경우 국가 등이 단독으로 서명 또는 날인하여 신고관청에 제출하여야 한다.
⑤ 거래당사자의 위임을 받은 사람은 부동산거래신고서 제출은 대행할 수 있지만, 해제 신고서 등의 제출을 대행할 수 없다.

22. 「공인중개사법」 에서 규정하고 있는 업무보증 설정에 관한 설명 중 틀린 것은?

① 개업공인중개사는 손해배상책임을 보장하기 위한 보증을 설정한 경우 그 증명서류를 갖추어 등록관청에 신고하여야 한다.
② 개업공인중개사가 고의 또는 중과실로 인하여 거래당사자에게 재산상의 손해를 발생하게 한 때에는 손해배상책임이 있으나 경과실인 경우에는 손해배상책임이 없다.
③ 보증기관이 보증 사실을 등록관청에 직접 통보한 경우에는 신고를 생략할 수 있다.
④ 지역농업협동조합이 중개업을 영위하기 위해서는 보증을 설정하여야 한다.
⑤ 중개법인의 분사무소의 경우 분사무소 설치 신고를 할 때 보증 설정 증명서면을 제출하여야 한다.

23. 「공인중개사법령」 상 계약금 등의 반환채무이행의 보장제도에서 예치명의자가 될 수 없는 자는?

① 개업공인중개사
② 「은행법」 에 따른 은행
③ 거래당사자
④ 공제사업을 하는 자
⑤ 부동산 거래계약의 이행을 보장하기 위하여 계약금 · 중도금 또는 잔금 및 계약 관련 서류를 관리하는 업무를 수행하는 전문회사

24. 「공인중개사법」 에서 규정하고 있는 중개보수 등에 관한 설명으로 틀린 것은?

① 주택의 중개에 대한 중개보수는 국토교통부령이 정하는 범위 안에서 특별시 · 광역시 또는 도의 조례로 정한다.
② 거래계약이 거래당사자의 사정으로 합의 해제되거나 채무불이행 등의 이유로 파기된 경우에도 개업공인중개사에게는 여전히 중개보수 청구권이 존재한다.
③ 권리금은 법령상의 중개대상물이 아니므로 중개보수에 관한 규정이 적용되지 않는다.
④ 개업공인중개사는 권리관계 확인에 소요되는 실비를 권리를 취득하려는 의뢰인에게 청구할 수 있다.
⑤ 법령상 상한을 초과하는 부동산 중개보수 약정은 그 한도를 넘는 범위 내에서 무효이다.

25. 「공인중개사법령」 상 개업공인중개사의 금지행위에 관한 설명으로 틀린 것은?

① 개업공인중개사가 의뢰인 일방을 대리하는 것은 금지행위에 해당되지 않는다.
② 중개보조원이 개업공인중개사에게 매도 의뢰된 물건을 직접 매수하였다면 금지행위에 해당된다.
③ 개업공인중개사가 중개를 함에 있어서 매도의뢰인이 의뢰한 건물이 붕괴의 위험이 크다는 사실을 알면서도 말하지 않은 것은 금지행위에 해당되지 아니한다.
④ 아파트 분양권에 대한 매매를 알선하는 행위는 소정의 '부동산의 분양과 관련 있는 증서 등의 매매를 알선 · 중개하는 행위' 에 해당한다고 볼 수 없다.
⑤ 부당한 이익을 얻거나 제3자에게 부당한 이익을 얻게 할 목적으로 중개대상물의 시세에 부당한 영향을 줄 우려가 있는 행위도 금지행위에 해당한다.

26. 「공인중개사법령」 상 행정제재처분효과의 승계에 관한 설명으로 옳은 것은?

① 개업공인중개사가 폐업 신고 후 다시 중개사무소의 개설등록을 한 때에는 폐업 신고 전의 개업공인중개사의 지위를 승계하지 아니한다.

② 폐업 신고 전의 개업공인중개사에 대하여 업무정지 처분, 과태료 처분의 위반행위를 사유로 행한 행정처분의 효과는 그 처분일로부터 3년간 다시 중개사무소의 개설등록을 한 자(재등록 개업공인중개사)에게 승계된다.

③ 폐업 신고를 한 날부터 다시 중개사무소의 개설등록을 한 날까지의 기간(폐업기간)이 1년을 초과한 경우에는 등록취소처분을 할 수 없다.

④ 폐업 신고 전의 위반행위에 대한 행정처분이 업무정지에 해당하는 경우로서 폐업기간이 6월을 초과한 경우에는 업무정지 처분을 행할 수 없다.

⑤ 재등록 개업공인중개사에 대한 행정처분을 함에 있어서는 폐업기간과 폐업의 사유 등을 고려하여야 한다.

27. 다음은 「공인중개사법령」 상의 자격취소 및 자격정지에 관한 설명으로 옳지 <u>않은</u> 것은?

① 시 · 도지사는 공인중개사의 자격을 취소하고자 하는 경우에는 청문을 실시하여야 한다.

② 자격증을 교부한 시 · 도지사와 공인중개사 사무소의 소재지를 관할하는 시 · 도지사가 서로 다른 경우에는 자격증을 교부한 시 · 도지사가 자격 취소 처분 또는 자격정지 처분에 필요한 절차를 모두 이행한 후 공인중개사 사무소의 소재지를 관할하는 시 · 도지사에게 통보하여야 한다.

③ 자격증을 교부한 시 · 도지사는 공인중개사의 자격 취소 처분을 한 때에는 5일 이내에 이를 국토교통부장관에게 보고하고 다른 시 · 도지사에게 통지하여야 한다.

④ 공인중개사 자격증을 반납하고자 하는 자는 자격취소 처분을 받은 날부터 7일 이내에 그 공인중개사 자격증을 교부한 시 · 도지사에게 공인중개사 자격증을 반납하여야 한다.

⑤ 분실 등의 사유로 인하여 공인중개사 자격증을 반납할 수 없는 자는 자격증 반납을 대신하여 그 이유를 기재한 사유서를 시 · 도지사에게 제출하여야 한다.

28. 개업공인중개사 甲은 매매가 4억원, 임대가 2억원의 주택에 대하여 매도의뢰인 A와 매수의뢰인 B와의 매매계약을 알선하고, 동일 기회에 매도의뢰인 A를 임차인으로 하는 임대차계약도 함께 중개하였다. 개업공인중개사 甲이 받을 수 있는 중개보수의 총액은? (단, 주택의 매매의 경우 2억원 이상 6억원 미만에 대한 요율은 0.4%, 임대차의 경우 1억원 이상 3억원 미만에 대한 요율은 0.3%로 한다)

① 120만원 ② 240만원
③ 160만원 ④ 320만원
⑤ 280만원

29. 다음은 「공인중개사법」 에서 규정하고 있는 소속공인중개사에 대한 자격정지 처분 사유이다. 그 처분 기간의 기준이 다른 하나는?

① 2 이상의 중개사무소에 소속된 경우

② 성실 · 정확하게 중개대상물의 확인 · 설명을 하지 아니하거나 설명의 근거자료를 제시하지 아니한 경우

③ 인장등록을 하지 아니하거나 등록하지 아니한 인장을 사용한 경우

④ 거래계약서에 서명 및 날인을 하지 아니한 경우

⑤ 중개대상물의 확인 · 설명서에 서명 및 날인을 하지 아니한 경우

30. 주택 · 상가건물임대차와 관련된 내용으로 <u>틀린</u> 것은? (다툼이 있으면 판례에 의함)

① 임대인의 보증금 반환의무와 임차인의 임차권등기 말소의무가 동시이행관계에 있느냐에 관하여 임대인의 임대차보증금의 반환의무가 임차인의 임차권등기 말소의무보다 먼저 이행되어야 할 의무라고 본다.

② 상가건물의 임차인이 임대차보증금 반환채권에 대하여 대항력 또는 우선변제권을 가지려면 상가건물의 인도 및 사업자등록을 구비하고 확정일자를 받아야 하며, 그중 사업자등록은 대항력 또는 우선변제권의 취득요건일 뿐 존속요건은 아니므로 배당요구의 종기까지 존속하지 않아도 된다.

③ 상가건물을 임차하고 사업자등록을 마친 사업자가 임차건물의 전대차 등으로 당해 사업을 개시하지 않거나 사실상 폐업한 경우 「상가건물임대차보호법」 상 적법한 사업자등록이라고 볼 수 없다.

④ 사업자등록의 대상이 되는 영업용 건물의 임대차에 대해서만 적용되므로 교회 · 동창회 · 종친회 등의 사무실에 대한 임대차는 적용대상이 아니다.

⑤ 「주택임대차보호법」 은 보증금의 전부 또는 일부를 월 단위의 차임으로 전환하는 경우 산정률은 연 1할 또는 기준금리+2% 금액 중 낮은 금액으로 하여야 한다.

31. 「공인중개사법령」 상 협회의 업무로 볼 수 없는 것은?

① 회원의 품위유지를 위한 업무

② 부동산 정보제공에 관한 업무

③ 개업공인중개사를 대상으로 한 중개업의 경영기법 및 경영정보의 제공에 관한 업무

④ 공제사업

⑤ 회원의 자질향상을 위한 지도 및 교육 · 연수에 관한 업무

32. 「공인중개사법령」 위반 시의 행정처분 및 벌칙 등에 관한 다음 설명 중 옳은 것은?

① 전속중개계약을 체결한 개업공인중개사가 정보를 공개하지 아니하거나 전속중개계약서를 사용하지 아니한 때에는 등록이 취소될 수 있다.

② 개업공인중개사에게 부동산거래신고를 하지 못하게 하거나 거짓신고를 하도록 요구한 거래당사자에 대한 과태료 처분은 등록관청이 행한다.

③ 고용인이 중개업무에 관하여 행정형벌에 해당하는 위반행위를 한 때에는 그 행위자를 벌하는 외에 그를 고용한 개업공인중개사에게도 동일한 금액의 벌금형을 과한다.

④ 개업공인중개사가 거래계약서에 거래금액 등 거래내용을 거짓으로 기재한 경우에는 등록이 취소될 수 있고 1년 이하의 징역 또는 1천만원 이하의 벌금형에 처해진다.

⑤ 거래정보사업자가 운영규정의 승인을 받지 아니한 경우에는 지정이 취소될 수 있고 500만원 이하의 과태료에 처해진다.

33. 개업공인중개사가 대한민국 내 토지를 취득하려는 외국인에게 설명한 내용 중 틀린 것은?

① 외국인이 「문화재보호법」의 규정에 의한 지정문화재와 이를 위한 보호물 또는 보호구역의 토지를 취득하고자 할 때에는 계약체결에 앞서 허가를 받아야 한다.

② 외국인이 허가 없이 「자연환경보전법」 규정에 의한 생태 · 경관보전지역 내의 토지를 취득하는 계약을 체결한 경우 그 효력이 발생하지 아니한다.

③ 외국인이 허가를 받아야 함에도 불구하고 허가를 받지 아니하고 토지취득계약을 체결한 경우에는 징역형 또는 벌금형의 대상이 된다.

④ 외국인이 토지취득계약을 체결한 경우에는 계약체결일로부터 60일 이내에 신고하여야 한다.

⑤ 시장, 군수, 구청장은 외국인이 부동산을 취득하면 그 내용을 매월 시, 도지사에게 보고하고 시, 도지사는 이를 1개월 내로 국토교통부장관에게 보고하여야 한다.

34. 다음 중 「공인중개사법」에서 규정하고 있는 100만원 이하의 과태료에 해당하는 경우는 몇 개인가?

> ㉠ 개업공인중개사가 옥외광고물을 설치하는 경우 중개사무소등록증에 표기된 개업공인중개사의 성명을 표기하지 아니한 경우
> ㉡ 거래대금지급증명자료 외의 자료를 제출하지 아니한 경우
> ㉢ 개업공인중개사가 광고물의 표시 · 광고 의무를 위반한 경우
> ㉣ 부동산 거래신고를 하지 아니한 자
> ㉤ 공인중개사가 아닌 자가 공인중개사 또는 이와 유사한 명칭을 사용한 경우
> ㉥ 소속공인중개사가 서로 다른 2 이상의 거래계약서를 작성한 경우

① 1개 ② 2개 ③ 3개

④ 4개 ⑤ 없음

35. 부동산전자계약에 관한 설명으로 틀린 것은?

① 전자계약은 종이 계약서를 대신하여 온라인으로 거래계약서를 작성하고 전자서명을 하여 계약을 체결하는 것이다.

② 전자계약은 사전에 무등록중개업을 차단하고 거래 안전을 기할 수 있다.

③ 시간 및 경비를 절감할 수 있고 신청서류의 간소화 등으로 문서 유통비와 교통비 등을 절감할 수 있다.

④ 전자계약을 하더라도 부동산거래신고는 별도로 하여야 한다.

⑤ 주택임차인은 전자계약증서상에 확정일자 부여 신청할 수 있고 주민센터 등은 접수된 당일 확정일자를 부여함으로 별도로 확정일자를 받을 필요는 없다.

36. **다음은 법정지상권에 대한 설명이다. 옳지 않은 것은?**

① 법정지상권은 건물의 소유에 부속되는 종속적인 권리로서 건물의 소유자가 건물과 법정지상권 중 어느 하나만을 처분하는 것은 불가능하다.

② 저당물의 경매로 인하여 토지와 그 지상 건물이 다른 소유자에 속한 경우에는 토지 소유자는 건물소유자에 대하여 지상권을 설정한 것으로 본다.

③ 지상물 중 독립된 건물로 볼 수 없는 단순한 지상구조물인 자전거 보존소와 철봉에 관하여는 관습법상의 법정지상권을 취득할 여지가 없다.

④ 저당권설정 당시의 건물이 멸실되거나 철거된 후 재건축한 경우에도 저당물의 경매로 인하여 토지와 그 지상 건물이 다른 소유자에 속한 경우 법정지상권이 인정된다.

⑤ 나대지에 저당권이 설정된 후 저당권설정자가 그 위에 건물을 건축하였다가 담보권의 실행을 위한 경매로 인하여 그 토지와 지상 건물이 소유자를 달리하였을 경우에는 법정지상권이 인정되지 않는다.

37. **다음은 부동산거래신고에 관한 법률 제 11조에 의한 토지거래허가 위반시 제재에 관한 사항에 관한 기술이다. 옳지 않은 것은?**

① 토지거래허가를 받은 자가 당초 목적대로 이용하지 아니하고 방치한 경우 토지취득가액의 10%를 이행강제금으로 부과한다.

② 토지거래허가를 받은 자가 당초 목적대로 이용하지 아니하고 임대한 경우 토지취득가액의 7%를 이행강제금으로 부과한다.

③ 토지거래허가를 받은 자가 승인도 받지 아니하고 이용목적을 변경한 경우 토지취득가액의 5%를 이행강제금으로 부과한다

④ 토지거래허가를 받지 아니하고 체결하거나 부정한 방법으로 체결한 자 2년 이하의 징역 또는 5,000만원 이하의 벌금형 사유이다.

⑤ 토지거래허가는 토지에 관한 소유권, 지상권의 취득을 목적으로 이전하거나 설정의 유상계약이 허가 대상이다.

38. **「공인중개사법령」의 내용에 관한 설명으로 틀린 것은? (다툼이 있으면 판례에 의함)**

① 중개행위인지의 여부는 개업공인중개사가 진정으로 거래당사자를 위하여 거래를 알선·중개하려는 의사를 갖고 있었는가를 기준으로 판단한다.

② 중개사무소 개설등록을 하지 아니하고 부동산거래를 중개하면서 그에 대한 수수료를 약속·요구하는 데 그친 행위는 「공인중개사법령」 상 처벌 대상이 되지 않는다.

③ 부동산 중개행위가 부동산 컨설팅행위에 부수하여 이루어졌다고 하여 이를 소정의 중개업에 해당하지 않는다고 볼 것은 아니다.

④ 개업공인중개사가 계약의 성립에 결정적인 역할을 하였음에도 중개행위가 그의 책임 없는 사유로 중단되어 최종적인 계약서 작성 등에 관여하지 못하였다는 등의 특별한 사정이 있는 경우에는 중개보수를 청구할 권한이 있다.

⑤ 부동산개업공인중개사의 자격 요건을 갖추지 못한 자가 한 부동산 중개보수 약정은 무효이다.

39. **「공인중개사법령」 상 중개대상물 확인·설명서에 명시된 기재사항으로 틀린 것은?**

① 토지 – 등기사항증명서로 확인한 소유권·저당권 등의 권리 사항

② 주거용 건축물 – 개업공인중개사가 조사한 주차장·판매 및 교육시설 등의 입지조건

③ 비주거용 건축물 – 매도인에게 자료를 요구하여 확인할 사항은 벽면 상태, 전기·소방 등의 시설물 상태

④ 입목·광업재단·공장재단 – 재단목록 또는 입목의 생육 상태

⑤ 토지 – 매도인에게 자료를 요구하여 확인할 사항은 수도·전기·가스 등의 시설물 상태

40. 법원경매의 진행절차이다. 각 괄호 안에 들어갈 내용을 순서대로 바르게 나열한 것은?

경매신청 및 경매개시결정 → (　　) → (　　) → (　　) → (　　) → (　　) → 매각대금의 납부 → 배당절차 → 소유권이전등기 등의 촉탁 → 부동산의 인도 또는 명도

㉠ 매각허부결정절차 ㉡ 매각 및 매각결정기일의 지정 · 공고 · 통지 ㉢ 배당요구의 종기결정 및 공고 ㉣ 매각의 준비 ㉤ 매각의 실시

① ㉣, ㉢, ㉠, ㉡, ㉤
② ㉢, ㉣, ㉡, ㉤, ㉠
③ ㉣, ㉢, ㉡, ㉠, ㉤
④ ㉢, ㉣, ㉠, ㉡, ㉤
⑤ ㉠, ㉣, ㉡, ㉤, ㉢

제2과목 : 부동산공법 중 부동산 중개에 관련되는 규정

41. 국토의 계획 및 이용에 관한 법령에서 용어정의에 관한 설명으로 옳은 것은?

① 둘 이상의 관할 구역에서 공동으로 이용하는 시설인 항만 · 공항 · 자동차정류장 · 공원은 광역시설에서 제외된다.

② 지구단위계획은 광역도시계획 수립대상 지역의 전부에 대하여 수립하는 도시 · 군관리계획이다.

③ 용도지구는 토지의 이용 및 건축물의 용도 · 건폐율 · 용적률 · 높이 등에 대한 용도지역의 제한을 강화하기 위해서만 지정하고 완화하는 경우는 없다.

④ 도시개발사업이란 도시 · 군계획시설을 설치 · 정비 또는 개량하는 사업을 말한다.

⑤ 기반시설부담구역은 개발밀도관리구역 외의 지역으로서 개발로 인하여 도로, 공원, 녹지 등 기반시설의 설치가 필요한 지역을 대상으로 기반시설을 설치하거나 그에 필요한 용지를 확보하게 하기 위하여 지정 · 고시하는 구역이다.

42. 국토의 계획 및 이용에 관한 법령에서 도시 · 군기본계획과 관련된 설명으로 <u>틀린</u> 것은?

① 관할 구역 전부에 대하여 광역도시계획이 수립되어 있고 해당 광역도시계획에 도시 · 군기본계획에 포함될 사항이 모두 포함되어 있는 시 또는 군에서는 도시 · 군기본계획을 수립하지 아니할 수 있다.

② 도시 · 군기본계획은 특별시 · 광역시 · 특별자치시 · 특별자치도 · 시 또는 군의 관할 구역에 수립하여야 하지만 수립하지 아니할 수 있는 특별시 · 광역시도 있다.

③ 지역여건상 필요하다고 인정되면 인접한 특별시 · 광역시 · 특별자치시 · 특별자치도 · 시 또는 군의 관할 구역 전부 또는 일부를 포함하여 도시 · 군기본계획을 수립할 수 있다.

④ 인접한 관할 구역을 포함하여 도시 · 군기본계획을 수립하는 경우 미리 그 특별시장 · 광역시장 · 특별자치시장 · 특별자치도지사 · 시장 또는 군수와 협의만 하면 되고 공동으로 수립하는 것은 아니다.

⑤ 도시 · 군기본계획 입안일부터 5년 이내에 토지적성평가 또는 재해취약성분석을 실시한 경우에는 토지적성평가 또는 재해취약성분석을 실시하지 아니할 수 있다.

43. 국토의 계획 및 이용에 관한 법령에서 도시 · 군관리계획을 수립하기 위한 기초조사를 전부 생략할 수 있는 사유로 옳은 것을 모두 고르시오.

> ㄱ. 해당 지구단위계획구역이 도심지(상업지역과 상업지역에 연접한 지역을 말함)에 위치하는 경우
> ㄴ. 주거지역 · 상업지역 또는 공업지역에 도시 · 군관리계획을 입안하는 경우
> ㄷ. 개발제한구역에서 조정 또는 해제된 지역에 대하여 도시 · 군관리계획을 입안하는 경우
> ㄹ. 해당 지구단위계획구역 안의 나대지면적이 구역면적의 2퍼센트에 미달하는 경우
> ㅁ. 지구단위계획구역 또는 도시 · 군계획시설부지에서 도시 · 군관리계획을 입안하는 경우

① ㄱ, ㄹ
② ㄴ, ㄹ
③ ㄷ, ㅁ
④ ㄹ, ㅁ
⑤ ㄱ, ㅁ

44. 국토의 계획 및 이용에 관한 법령에서 시 · 도지사 또는 시장 · 군수가 도시 · 군관리계획을 결정할 때 시 · 도, 시 · 군에 두는 건축위원회와 도시계획위원회가 공동으로 하는 심의를 거쳐야 하는 사유로 모두 옳은 것은?

> ㄱ. 시 · 도지사 또는 시장 · 군수가 지구단위계획을 결정할 때
> ㄴ. 개발제한구역의 지정 및 변경에 관한 도시 · 군관리계획을 결정할 때
> ㄷ. 기존의 용도지구를 폐지하고 그 용도지구에서의 건축물이나 그 밖의 시설의 용도 · 종류 및 규모 등의 제한을 지구단위계획으로 대체하는 용도지구 폐지에 관한 사항을 결정할 때
> ㄹ. 둘 이상의 시 · 도에 걸쳐 이루어지는 사업의 계획 중 도시 · 군관리계획으로 결정할 때

① ㄱ
② ㄴ, ㄹ
③ ㄱ, ㄷ
④ ㄱ, ㄴ, ㄷ
⑤ ㄱ, ㄴ, ㄷ, ㄹ

45. 국토의 계획 및 이용에 관한 법률 시행령에서 규정한 용도지역에서의 건폐율 기준이 높은 것부터 낮은 순서대로 열거된 것은?

① 유통상업지역 – 일반공업지역 – 제1종일반주거지역 – 제1종전용주거지역 – 계획관리지역
② 일반공업지역 – 유통상업지역 – 제1종일반주거지역 – 제1종전용주거지역 – 계획관리지역
③ 유통상업지역 – 일반공업지역 – 제1종전용주거지역 – 제1종일반주거지역 – 계획관리지역
④ 유통상업지역 – 제1종일반주거지역 – 일반공업지역 – 제1종전용주거지역 – 계획관리지역
⑤ 유통상업지역 – 일반공업지역 – 제1종일반주거지역 – 계획관리지역 – 제1종전용주거지역

46. 국토의 계획 및 이용에 관한 법령에서 용도지구에서의 행위제한(건축제한)으로 옳은 것은? (다만, 조례는 고려하지 아니한다)

① 경관지구에서는 도시 · 군관리계획으로 정하는 건축물을 건축할 수 없다.
② 고도지구에서는 도시 · 군계획조례로 정하는 높이를 초과하는 건축물을 건축할 수 없다.
③ 지구단위계획 또는 관계 법률에 따른 개발계획을 수립하지 아니하는 개발진흥지구에서는 해당 용도지역에서 허용되는 건축물을 건축할 수 있다.
④ 자연취락지구에서의 건축제한에 관하여는 개발제한구역의 지정 및 관리에 관한 특별조치법령이 정하는 바에 의한다.
⑤ 일반주거지역에 복합용도지구가 지정되면 그 안에서는 준주거지역에서 건축할 수 있는 건축물을 건축할 수 있는데 장례시설도 건축할 수 있다.

47. 국토의 계획 및 이용에 관한 법령에서 공동구의 설치 · 관리에 관한 설명으로 틀린 것은?

① 도시개발법에 따른 도시개발구역에서 100만 제곱미터를 초과하는 개발사업을 시행하는 사업시행자는 공동구를 설치하여야 한다.

② 공동구의 설치(개량하는 경우를 포함)에 필요한 비용은 이 법 또는 다른 법률에 특별한 규정이 있는 경우를 제외하고는 공동구 점용예정자와 사업시행자가 부담한다.

③ 공동구의 관리에 소요되는 비용은 그 공동구를 점용하는 자가 함께 부담하되, 부담비율은 점용면적을 고려하여 공동구관리자가 정한다.

④ 공동구관리자는 공동구의 관리에 드는 비용을 연 2회로 분할하여 납부하게 하여야 한다.

⑤ 공동구관리자는 5년마다 해당 공동구의 안전 및 유지관리계획을 대통령령으로 정하는 바에 따라 수립 · 시행하여야 한다.

48. 국토의 계획 및 이용에 관한 법령에서 도시 · 군계획시설부지에서의 매수 청구에 대한 설명으로 옳은 것은?

① 매수하기로 결정한 토지는 매수 결정을 알린 날부터 6개월 이내에 매수하여야 한다.

② 도시 · 군계획시설결정의 고시일부터 20년 이내에 그 도시 · 군계획시설의 설치에 관한 도시 · 군계획시설사업이 시행되지 아니하는 경우에 매수를 청구할 수 있다.

③ 토지 등의 소유자는 특별시장 · 광역시장 · 특별자치시장 · 특별자치도지사 · 시장 또는 군수에게만 매수를 청구할 수 있다.

④ 매수 청구를 받은 날부터 2년 이내에 매수 여부를 결정하여야 한다.

⑤ 도시 · 군계획시설의 부지로 되어 있는 토지 중 지목(地目)이 대(垈)인 토지만 매수 청구 대상이고 그 토지에 있는 건축물 및 정착물도 포함된다.

49. 국토의 계획 및 이용에 관한 법령에서 지구단위계획의 수립과 관련된 내용으로 옳은 것은?

① 한옥마을을 보존하려는 경우 지구단위계획으로 주차장법에 따른 주차장 설치기준을 50퍼센트까지 완화하여 적용할 수 있다.

② 제1종일반주거지역을 준주거지역으로 변경하는 것은 지구단위계획으로는 할 수 없다.

③ 도시지역에 개발진흥지구를 지정하고 해당 지구를 지구단위계획구역으로 지정한 경우에는 지구단위계획으로 건축물 높이의 150퍼센트 이내에서 높이제한을 완화하여 적용할 수 있다.

④ 도시지역 외 지구단위계획구역에서 개발진흥지구(계획관리지역에 지정된 개발진흥지구를 제외)에 지정된 지구단위계획구역에 대하여는 공동주택 중 아파트 및 연립주택은 허용되지 아니한다.

⑤ 주민이 입안을 제안한 지구단위계획에 관한 도시 · 군관리계획결정의 고시일부터 3년 이내에 이 법 또는 다른 법률에 따라 허가 · 인가 · 승인 등을 받아 사업이나 공사에 착수하지 아니하면 그 3년이 된 날의 다음 날에 그 지구단위계획에 관한 도시 · 군관리계획결정은 효력을 잃는다.

50. 국토의 계획 및 이용에 관한 법령상 개발행위 허가와 관련된 내용으로 옳은 것은?

① 개발행위 허가를 받은 후 부지면적 또는 건축물 연면적을 5퍼센트 범위에서 확대하는 경우에는 허가권자에게 통지하여야 한다.

② 자연녹지지역은 유보용도지역에 해당한다.

③ 도시 · 군계획사업에 지장이 없는지 허가권자는 미리 도시 · 군계획시설사업 시행자의 동의를 받아야 한다.

④ 지구단위계획 또는 성장관리계획을 수립한 계획관리지역에서 3만제곱미터 이상 토지의 형질변경을 하는 경우에는 도시계획위원회의 심의를 거쳐야 한다.

⑤ 지방자치단체가 시행하는 개발행위로서 조경을 조건으로 하는 경우 이행보증금을 일부만 예치한다.

51. 국토의 계획 및 이용에 관한 법령상 개발밀도관리구역에 대한 설명으로 틀린 것은?

① 개발밀도관리구역은 특별시장 · 광역시장 · 특별자치시장 · 특별자치도지사 · 시장 또는 군수가 지정한다.

② 주거 · 상업 또는 공업지역에서의 개발행위로 기반시설(도시 · 군계획시설을 포함)의 처리 · 공급 또는 수용능력이 부족할 것으로 예상되는 지역 중 기반시설의 설치가 곤란한 지역을 개발밀도관리구역으로 지정할 수 있다.

③ 향후 2년 이내에 해당 지역의 학생 수가 학교수용능력을 30퍼센트 이상 초과할 것으로 예상되는 지역은 개발밀도관리구역으로 지정할 수 있다.

④ 향후 2년 이내에 해당 지역의 수도에 대한 수요량이 수도시설의 시설용량을 초과할 것으로 예상되는 지역은 개발밀도관리구역으로 지정할 수 있다.

⑤ 개발밀도관리구역을 지정하거나 변경하려면 개발밀도관리구역의 명칭 등을 포함하여 해당 지방자치단체에 설치된 지방도시계획위원회의 심의를 거쳐야 한다.

52. 국토의 계획 및 이용에 관한 법령에서 토지에의 출입 등에 관한 설명으로 옳은 것은?

① 국토교통부장관, 시 · 도지사, 시장 또는 군수나 도시 · 군계획시설사업의 시행자는 타인의 토지에 출입하거나 타인의 토지를 재료적치장 또는 임시통로로 일시 사용할 수 있지만, 나무, 흙, 돌, 그 밖의 장애물을 변경하거나 제거할 수는 없다.

② 타인의 토지에 출입하려는 자는 특별시장 · 광역시장 · 특별자치시장 · 특별자치도지사 · 시장 또는 군수의 허가를 받아야 하지만, 행정청인 도시 · 군계획시설사업의 시행자는 허가가 필요 없다.

③ 일출 전이나 일몰 후에는 그 토지 소유자의 승낙 없이 택지나 담장 또는 울타리로 둘러싸인 타인의 토지에 출입할 수 없다.

④ 타인의 토지를 재료적치장 또는 임시통로로 일시 사용하거나 나무, 흙, 돌, 그 밖의 장애물을 변경 또는 제거하려는 자는 토지의 소유자 · 점유자 또는 관리인의 허가를 받아야 한다.

⑤ 토지에의 출입 등의 행위로 인하여 손실을 입은 자가 있으면 그 행위자나 도시 · 군계획시설사업의 시행자가 그 손실을 보상하여야 한다.

53. 도시개발법령상 도시개발구역의 지정면적 기준으로 괄호 안에 들어갈 알맞은 내용을 고르시오. (다만, 예외는 고려하지 아니한다.)

> ㄱ. 제2종일반주거지역 : (   )제곱미터 이상
> ㄴ. 일반상업지역 : (   )제곱미터 이상
> ㄷ. 준공업지역 : (   )제곱미터 이상
> ㄹ. 농림지역 : (   )제곱미터 이상

① ㄱ-10,000, ㄴ-10,000, ㄷ-30,000, ㄹ-10만

② ㄱ-10,000, ㄴ-30,000, ㄷ-10,000, ㄹ-30만

③ ㄱ-30,000, ㄴ-30,000, ㄷ-10,000, ㄹ-10만

④ ㄱ-10,000, ㄴ-10,000, ㄷ-30,000, ㄹ-30만

⑤ ㄱ-10,000, ㄴ-10,000, ㄷ-30,000, ㄹ-5만

54. 도시개발법령상 조합설립인가에 관련된 내용으로 틀린 것은?

① 조합설립 인가권자는 지정권자이고, 인가를 받은 사항 중 주된 사무소의 소재지를 변경하려면 변경인가를 받아야 한다.

② 인가받기 위한 동의요건에서 도시개발구역의 토지면적을 산정하는 경우에는 국공유지를 포함하여 산정한다.

③ 국공유지를 제외한 전체 사유 토지면적 및 토지 소유자에 대하여 환지 방식 적용지역의 법정 동의 요건 이상으로 동의를 받은 후에 그 토지면적 및 토지 소유자의 수가 법적 동의 요건에 미달하게 된 경우에는 국공유지 관리청의 동의를 받아야 한다.

④ 구역 지정을 위해 주민의 의견을 청취하기 위한 공람 · 공고일 후에 집합건물의 소유 및 관리에 관한 법률에 따른 구분소유권을 분할하게 되어 토지 소유자의 수가 증가하게 된 경우에는 공람 · 공고일 전의 토지 소유자의 수를 기준으로 산정하고, 증가된 토지 소유자의 수는 토지 소유자 총수에 추가 산입하지 않는다.

⑤ 토지 소유자는 조합 설립인가의 신청 전에 동의를 철회할 수 있다.

55. 도시개발법령상 다음의 괄호 안에 들어갈 알맞은 내용을 고르시오.

> ㄱ. 지정권자는 토지 소유자 2인 이상이 도시개발사업을 시행하려고 할 때 또는 토지 소유자가 민간시행자(조합은 제외)와 공동으로 도시개발사업을 시행하려고 할 때에는 도시개발사업에 관한 (　　)을 정하게 할 수 있다.
> ㄴ. 지방자치단체등이 도시개발사업의 전부를 환지 방식으로 시행하려고 할 때와 공공시행자(공동출자법인 포함)가 도시개발사업의 일부를 환지 방식으로 시행하려고 할 때에는 (　　　)을 작성하여야 한다.

① ㄱ - 정관, ㄴ - 시행규정
② ㄱ - 규약, ㄴ - 정관
③ ㄱ - 운영규정, ㄴ - 시행규정
④ ㄱ - 정관, ㄴ - 운영규정
⑤ ㄱ - 규약, ㄴ - 시행규정

56. 도시개발법령상 토지상환채권에 대한 설명으로 옳은 것은?

① 시행자는 토지 소유자가 원하면 토지상환채권을 발행하여야 한다.
② 토지상환채권의 발행규모는 그 토지상환채권으로 상환할 토지·건축물이 해당 도시개발사업으로 조성되는 분양토지 또는 분양건축물 면적의 3분의 1을 초과하지 아니하도록 하여야 한다.
③ 모든 시행자는 금융기관인 은행, 보험회사 또는 건설산업기본법에 따른 공제조합으로부터 지급보증을 받은 경우에만 이를 발행할 수 있다.
④ 시행자는 토지상환채권을 발행하려면 토지상환채권의 발행계획을 작성하여 미리 지정권자의 승인을 받아야 한다.
⑤ 토지상환채권은 기명식(記名式) 증권으로 발행하므로 타인에게 이전이나 양도가 불가능하다.

57. 도시개발법령상 환지 계획과 관련된 내용으로 괄호 안에 들어갈 알맞은 것은?

> ㄱ. 보류지 중 일부를 (　　　)로 정하여 도시개발사업에 필요한 경비에 충당할 수 있다.
> ㄴ. (　　　)의 용지에 대하여는 환지 계획을 정할 때 그 위치·면적 등에 관하여 환지 계획의 원칙적인 작성 기준을 적용하지 아니할 수 있다.
> ㄷ. (　　　)은 {[도시개발사업으로 조성되는 토지·건축물의 평가액 합계(공공시설 또는 무상으로 공급되는 토지·건축물의 평가액 합계는 제외) - 총 사업비]/환지 전 토지·건축물의 평가액 합계(시행자에게 무상귀속되거나 시행자가 소유하는 토지 및 장애물 취급 손실보상 대상 건축물의 평가액 합계는 제외)} × 100으로 계산한다.

① ㄱ-체비지, ㄴ-공공시설, ㄷ-비례율
② ㄱ-입체환지, ㄴ-공공시설, ㄷ-비례율
③ ㄱ-체비지, ㄴ-기간시설, ㄷ-평균 토지부담률
④ ㄱ-입체환지, ㄴ-기간시설, ㄷ-평균 토지부담률
⑤ ㄱ-체비지, ㄴ-복리시설, ㄷ-평균 토지부담률

58. 도시개발법령상 환지처분에 대한 설명으로 <u>틀린</u> 것은?

① 환지 계획에서 환지를 정하지 아니한 종전의 토지에 있던 권리는 그 환지처분이 공고된 날이 끝나는 때에 소멸한다.
② 환지 예정지가 체비지의 용도로 지정된 경우 이미 처분된 체비지는 환지처분이 공고된 날의 다음 날에 소유권을 취득한다.
③ 입체 환지의 경우 종전의 토지에 대한 저당권은 환지처분이 공고된 날의 다음 날부터 해당 건축물의 일부와 해당 건축물이 있는 토지의 공유지분에 존재하는 것으로 본다.
④ 환지 계획에 따라 환지처분을 받은 자는 환지처분이 공고된 날의 다음 날에 환지 계획으로 정하는 바에 따라 건축물의 일부와 해당 건축물이 있는 토지의 공유지분을 취득한다.
⑤ 행정청인 시행자가 체비지 또는 보류지를 관리하거나 처분하는 경우에는 국가나 지방자치단체의 재산처분에 관한 법률을 적용하지 아니한다.

59. **도시 및 주거환경정비법령상 정비계획 입안을 위한 안전진단에 대한 설명으로 틀린 것은?**

① 안전진단에 드는 비용은 정비계획의 입안권자가 부담하지만, 안전진단 사유 중 안전진단의 실시가 요청된 경우 정비계획의 입안권자는 안전진단에 드는 비용을 해당 안전진단의 실시를 요청하는 자에게 부담하게 할 수 있다.

② 정비계획의 입안권자는 안전진단의 실시가 필요하다고 결정한 경우에는 시설물의 안전 및 유지관리에 관한 특별법에 따른 안전진단전문기관에 안전진단을 의뢰할 수 있다.

③ 시·도지사는 안전진단전문기관이 제출한 안전진단 결과보고서를 받은 경우에는 한국건설기술연구원 또는 국가안전관리원에 안전진단 결과보고서의 적정성 여부에 대한 검토를 의뢰할 수 있다.

④ 국토교통부장관은 안전진단의 결과와 도시계획 및 지역여건 등을 종합적으로 검토하여 정비계획의 입안 여부를 결정하여야 한다.

⑤ 안전진단 결과의 적정성 여부에 따른 검토 비용은 적정성 여부에 대한 검토를 의뢰 또는 요청한 국토교통부장관 또는 시·도지사가 부담한다.

60. **도시 및 주거환경정비법령상 정비사업의 시행방법으로 옳은 것은?**

① 사업시행자가 정비구역에서 정비기반시설 및 공동이용시설을 새로 설치하거나 확대하고 토지등소유자가 스스로 주택을 보전·정비하거나 개량하는 방법은 재개발사업에서 가능하다.

② 정비구역에서 인가받은 관리처분계획에 따라 건축물을 건설하여공급하는 방법은 주거환경개선사업에서 가능하다.

③ 정비구역에서 인가받은 관리처분계획에 따라 주택, 부대시설·복리시설 및 오피스텔을 건설하여공급하는 방법은 재건축사업에서 가능하다.

④ 재건축사업에서 오피스텔을 건설하여 공급하는 경우에는 국토의 계획 및 이용에 관한 법률에 따른 일반주거지역 및 상업지역에서만 건설할 수 있고, 오피스텔의 연면적은 전체 건축물 연면적의 100분의 50 이하이어야 한다.

⑤ 사업시행자가 정비구역에서 인가받은 관리처분계획에 따라 주택 및 부대시설·복리시설을 건설하여 공급하는 방법은 재개발사업에서 가능하다.

61. **도시 및 주거환경정비법령상 주거환경개선사업, 재개발사업의 경우 각종 토지등소유자의 동의자 수 산정방법으로 틀린 것을 모두 고르시오.** (다만, 예외는 고려하지 아니한다.)

> ㄱ. 1필지의 토지 또는 하나의 건축물을 여럿이서 공유할 때에는 그 여럿을 대표하는 1인을 토지등소유자로 산정할 것
> ㄴ. 토지에 지상권이 설정되어 있는 경우 토지의 소유자와 해당 토지의 지상권자를 각각 토지등소유자로 산정할 것
> ㄷ. 1인이 다수 필지의 토지 또는 다수의 건축물을 소유하고 있는 경우에는 필지나 건축물의 수에 관계없이 토지등소유자를 1인으로 산정할 것
> ㄹ. 둘 이상의 토지 또는 건축물을 소유한 공유자가 동일한 경우에는 그 공유자 여럿을 대표하는 1인을 토지등소유자로 산정할 것

① ㄱ, ㄴ
② ㄴ
③ ㄷ, ㄹ
④ ㄴ, ㄹ
⑤ ㄴ, ㄷ

62. **도시 및 주거환경정비법령상 사업시행계획인가의 특례에 대한 내용으로 괄호 안에 들어갈 알맞은 숫자를 고르시오.**

> ㄱ. 시장·군수등은 사업시행계획인가를 하려는 경우 정비구역부터 (   )미터 이내에 교육시설이 설치되어 있는 때에는 해당 지방자치단체의 교육감 또는 교육장과 협의하여야 한다.
> ㄴ. 시장·군수등은 재개발사업의 사업시행계획인가를 하는 경우 해당 정비사업의 사업시행자가 토지등소유자인 지정개발자인 때에는 정비사업비의 (   )의 범위에서 시·도조례로 정하는 금액을 예치하게 할 수 있다.

① ㄱ-200, ㄴ-100분의 20
② ㄱ-200, ㄴ-100분의 10
③ ㄱ-100, ㄴ-100분의 20
④ ㄱ-300, ㄴ-100분의 10
⑤ ㄱ-300, ㄴ-100분의 20

63. 도시 및 주거환경정비법령상 관리처분계획의 내용 중 시장 · 군수등에게 신고하고 할 수 있는 경미한 변경의 내용으로 틀린 것은?

① 주택분양에 관한 권리를 포기하는 토지등소유자에 대한 임대주택의 공급에 따라 관리처분계획을 변경하는 때

② 정관 및 사업시행계획인가의 변경에 따라 관리처분계획을 변경하는 경우

③ 재건축사업에서 매도청구에 대한 판결에 따라 관리처분계획을 변경하는 경우

④ 사업시행자 등 권리자의 권리 · 의무의 변동이 있는 경우로서 분양설계의 변경을 수반하지 아니하는 경우

⑤ 계산착오 · 오기 · 누락 등에 따른 조서의 단순정정으로 불이익을 받는 자가 있는 경우

64. 도시 및 주거환경정비법령상 공사완료에 따른 조합의 해산에 관한 내용으로 틀린 것을 모두 고르시오.

ㄱ. 조합장은 소유권 이전고시가 있은 날부터 3년 이내에 조합 해산을 위한 총회를 소집하여야 한다.
ㄴ. 조합장이 총회를 소집하지 아니한 경우 조합원 1/10 이상의 요구로 소집된 총회에서 조합원 과반수의 출석과 출석 조합원 과반수의 동의를 받아 해산을 의결할 수 있다.
ㄷ. 시장 · 군수등은 조합이 정당한 사유 없이 해산을 의결하지 아니하는 경우에는 조합설립인가를 취소할 수 있다.
ㄹ. 해산하는 조합에 청산인이 될 자가 없는 경우에는 민법의 규정에도 불구하고 시장 · 군수등은 법원에 청산인의 선임을 청구할 수 있다.

① ㄱ, ㄴ
② ㄴ, ㄷ
③ ㄷ, ㄹ
④ ㄱ, ㄹ
⑤ ㄱ, ㄷ

65. 주택법령상 도시형 생활주택 중 소형 주택에 대한 설명이다. 이 중 틀린 것을 모두 고르시오.

ㄱ. 세대수는 500세대이고 주거전용면적은 20제곱미터인 소형 주택은 건축이 불가능하다.
ㄴ. 주거전용면적이 30제곱미터 이상인 소형 주택은 욕실 및 보일러실을 제외한 부분을 네 개 이하의 침실(각각의 면적이 7제곱미터 이상)과 그 밖의 공간으로 구성할 수 있으며, 침실이 두 개 이상인 세대수는 소형 주택 전체 세대수의 5분의 1을 초과하지 않아야 한다.
ㄷ. 소형 주택의 지하층에는 세대를 설치할 수 있다.
ㄹ. 소형 주택은 세대별로 독립된 주거가 가능하도록 욕실, 부엌을 설치하여야 한다.
ㅁ. 소형 주택은 세대별 주거전용면적을 60제곱미터로 건축하는 것이 가능하다.

① ㄱ, ㄴ
② ㄴ, ㄷ
③ ㄷ, ㄹ
④ ㄹ, ㅁ
⑤ ㄴ, ㅁ

66. 주택법령상 리모델링에 관한 설명으로 틀린 것은?

① 리모델링은 건축물의 노후화 억제 또는 기능향상 등을 위하여 한다.

② 리모델링은 공동주택을 대상으로 대수선 또는 증축하는 방법으로 할 수 있다.

③ 증축 리모델링은 사용검사일(주택단지의 공동주택 전부에 대하여 임시사용승인을 받은 경우에는 그 임시사용승인일) 또는 건축법에 따른 사용승인일부터 15년[15년 이상 20년 미만의 연수 중 시 · 도의 조례가 정하는 경우 그 연수]이 경과되어야 할 수 있다.

④ 증축 리모델링은 각 세대의 주거전용면적의 30퍼센트 이내에서 전유부분을 증축할 수 있지만 세대의 주거전용면적이 60제곱미터 미만인 경우에는 40퍼센트 이내까지 증축할 수 있다.

⑤ 각 세대의 증축 가능 면적을 합산한 면적의 범위에서 기존 세대수의 15퍼센트 이내로 세대수를 증가하는 증축 행위가 가능하다.

67. 주택법령상 지역 또는 직장주택조합을 설립하여 주택을 마련하기 위하여 주택조합설립인가를 받으려는 자는 해당 주택건설대지의 (　　)퍼센트 이상에 해당하는 토지의 사용권원을 확보하고, (　　)퍼센트 이상에 해당하는 토지의 소유권을 확보하여야 하는가?

① 50 - 10
② 50 - 30
③ 80 - 30
④ 80 - 15
⑤ 90 - 15

68. 주택법령상 주택조합에 관한 내용이다. 괄호 안에 알맞은 것을 고르시오.

> 주택조합의 발기인은 조합원 모집 신고가 수리된 날부터 (ㄱ)년이 되는 날까지 주택조합 설립인가를 받지 못하는 경우 주택조합 가입 신청자 전원으로 구성되는 총회 의결을 거쳐 주택조합 사업의 종결 여부를 결정하도록 하여야 한다. 주택조합의 발기인은 총회에서 주택조합 가입 신청자 (ㄴ) 이상의 찬성으로 의결하고 (ㄷ) 이상이 직접 출석(다만, 감염병 예방 및 관리를 위한 집합제한이나 금지조치가 내려진 경우에는 전자적 방법으로 대신)해야 한다.

① ㄱ-2년, ㄴ-3분의 2, ㄷ-100분의 20
② ㄱ-2년, ㄴ-2분의 1, ㄷ-100분의 20
③ ㄱ-2년, ㄴ-3분의 2, ㄷ-100분의 10
④ ㄱ-3년, ㄴ-3분의 2, ㄷ-100분의 10
⑤ ㄱ-3년, ㄴ-2분의 1, ㄷ-100분의 20

69. 주택법령상 주택건설사업 등을 시행하기 위한 조치로 옳은 것은?

① 주택조합은 사업계획의 수립을 위한 조사 또는 측량을 하려는 경우 타인의 토지에 출입할 수 있다.
② 민영주택을 건설·공급하는 사업주체는 주택건설사업 또는 대지조성사업을 시행할 때 필요한 경우에는 등기소나 그 밖의 관계 행정기관의 장에게 필요한 서류의 열람·등사나 그 등본 또는 초본의 발급을 무료로 청구할 수 있다.
③ 국가·지방자치단체·한국토지주택공사 및 지방공사인 사업주체는 국민주택을 건설하거나 국민주택을 건설하기 위한 대지를 조성하는 경우에는 토지 등을 수용하거나 사용할 수 있다.
④ 국가 또는 지방자치단체는 국민주택규모의 주택을 80퍼센트 이상으로 건설을 목적으로 그 토지의 매수나 임차를 원하는 자가 있으면 그에게 우선적으로 그 토지를 매각하거나 임대할 수 있다.
⑤ 사업주체가 국민주택용지로 사용하기 위하여 환지(換地) 방식에 따라 사업을 시행하는 도시개발사업시행자에게 체비지(替費地)의 매각을 요구한 경우 그 도시개발사업시행자는 체비지의 총면적의 3분의 2의 범위에서 이를 우선적으로 사업주체에게 매각할 수 있다.

70. 주택법령상 주택상환사채에 대한 설명으로 옳은 것은?

① 한국토지주택공사와 자산평가액이 10억 원 이상인 개인등록사업자는 주택상환사채를 발행할 수 있다.
② 한국토지주택공사는 금융기관 또는 주택도시보증공사의 보증을 받은 경우에만 주택상환사채를 발행할 수 있다.
③ 주택상환사채는 기명증권(記名證券)으로 하고 액면의 방법으로만 발행한다.
④ 등록사업자가 발행할 수 있는 주택상환사채의 규모는 최근 10년간의 연평균 주택건설호수 이내로 한다.
⑤ 주택상환사채를 발행하려는 자는 주택상환사채발행계획을 수립하여 국토교통부장관의 승인을 받아야 한다.

71. **주택법령상 공동주택의 리모델링에 대한 설명으로 틀린 것을 고르시오.**

① 증축형 리모델링을 하려는 자는 시장 · 군수 · 구청장에게 안전진단을 요청하여야 하며, 안전진단을 요청받은 시장 · 군수 · 구청장은 해당 건축물의 증축 가능 여부의 확인 등을 위하여 안전진단을 실시하여야 한다.

② 특별시장 · 광역시장 및 대도시의 시장(리모델링 기본계획을 수립하는 대도시가 아닌 시의 시장을 포함)은 리모델링 기본계획을 수립하거나 변경하려면 14일 이상 주민에게 공람하고, 지방의회의 의견을 들어야 한다.

③ 특별시장 · 광역시장 및 대도시의 시장은 리모델링 기본계획을 10년 단위로 수립하고 5년마다 리모델링 기본계획의 타당성을 검토하여 그 결과를 리모델링 기본계획에 반영하여야 한다.

④ 리모델링에 동의한 소유자는 리모델링주택조합 또는 입주자대표회의가 시장 · 군수 · 구청장에게 허가신청서를 제출하기 전까지 서면으로 동의를 철회할 수 있다.

⑤ 대도시의 시장(리모델링 기본계획을 수립하는 대도시가 아닌 시장 포함)은 리모델링 기본계획을 수립하거나 변경하려면 도지사의 승인을 받을 필요가 없다.

72. **건축법령상 주요구조부에 속하지 않는 것은?**

① 내력벽(耐力壁)

② 최하층 바닥

③ 기둥

④ 지붕틀

⑤ 주계단

73. **건축법령상 건축물의 용도변경과 관련된 설명으로 괄호 안에 들어갈 알맞은 숫자를 고르시오.**

> ㄱ. 용도변경에 따른 허가나 신고 대상인 경우로서 용도변경하려는 부분의 바닥면적의 합계가 (　　　)제곱미터 이상인 경우의 사용승인에 관하여는 제22조(건축물의 사용승인)를 준용한다. 다만, 용도변경하려는 부분의 바닥면적의 합계가 500제곱미터 미만으로서 대수선에 해당되는 공사를 수반하지 아니하는 경우에는 그러하지 아니하다.
>
> ㄴ. 용도변경에 따른 허가 대상인 경우로서 용도변경하려는 부분의 바닥면적의 합계가 (　　　)제곱미터 이상인 용도변경의 설계에 관하여는 제23조(건축물의 설계)를 준용한다.

① ㄱ-100, ㄴ-500
② ㄱ-100, ㄴ-1,000
③ ㄱ-300, ㄴ-500
④ ㄱ-300, ㄴ-1,000
⑤ ㄱ-100, ㄴ-300

74. **건축법령상 건축허가 및 착공의 제한에 대한 설명으로 옳은 것은?**

① 국토교통부장관은 도시 · 군계획에 특히 필요하다고 인정하면 허가권자의 건축허가를 제한할 수 있다.

② 특별시장 · 광역시장 · 도지사는 국토관리를 위하여 특히 필요하다고 인정하면 시장 · 군수 · 구청장의 허가를 받은 건축물의 착공을 제한할 수 있다.

③ 특별시장 · 광역시장 · 도지사가 제한한 경우 즉시 국토교통부장관에게 보고하여야 하며, 보고를 받은 국토교통부장관은 제한 내용이 지나치다고 인정하면 해제를 명할 수 있다.

④ 건축허가나 건축물의 착공을 제한하는 경우 제한기간은 3년 이내로 하지만, 1회에 한하여 2년 이내의 범위에서 제한기간을 연장할 수 있다.

⑤ 국토교통부장관이나 특별시장 · 광역시장 · 도지사는 건축허가나 건축물의 착공을 제한하는 경우 직접 이를 공고하여야 한다.

75. **건축법령상 건축 공사현장 안전관리 예치금에 대한 설명으로 틀린 것은?**

① 건축허가를 받은 자는 건축물의 건축공사를 중단하고 장기간 공사현장을 방치할 경우 공사현장의 미관 개선과 안전관리 등 필요한 조치를 하여야 한다.

② 허가권자는 연면적이 1,000제곱미터 이상으로서 지방자치단체의 조례로 정하는 건축물에 대하여는 착공신고를 하는 건축주에게 예치금을 예치하게 할 수 있다.

③ 한국토지주택공사 또는 건축사업을 수행하기 위하여 설립된 지방공사는 예치하지 아니할 수 있다.

④ 예치금은 건축공사비의 3퍼센트의 범위에서 현금 또는 보증서로 예치하게 할 수 있다.

⑤ 허가권자는 착공신고 이후 건축 중에 공사가 중단된 건축물로서 공사 중단 기간이 2년을 경과한 경우에는 건축주에게 서면으로 고지한 후 예치금을 사용하여 공사현장의 미관과 안전관리 개선을 위한 조치를 할 수 있다.

76. **건축법령상 대지와 도로의 관계에 대한 설명으로 옳은 것은?**

① 건축물의 대지는 원칙적으로 3미터 이상이 도로에 접하여야 한다.

② 농지법에 따른 농막을 건축하는 경우 대지는 도로에 2미터 이상 접하여야 한다.

③ 연면적의 합계가 2,000제곱미터 이상인 축사의 대지는 너비 6미터 이상의 도로에 4미터 이상 접하여야 한다.

④ 연면적의 합계가 2,500제곱미터인 공장의 대지가 너비 4미터인 도로에 2미터를 접하면 건축허가를 받을 수 없다.

⑤ 연면적의 합계가 3,000제곱미터인 백화점의 대지는 너비 6미터 이상의 도로에 4미터 이상 접하여야 한다.

77. **건축법령상 건축물의 높이나 층수에 관련된 내용으로 옳은 것은?**

① 층고는 방의 바닥구조체 윗면으로부터 위층 바닥구조체의 아랫면까지의 높이로 한다.

② 반자높이는 방의 바닥면으로부터 반자까지의 높이로 하지만, 동일한 방에서 반자높이가 다른 부분이 있는 경우에는 최저높이와 최고높이를 산술평균한 높이로 한다.

③ 층의 구분이 명확하지 아니한 건축물은 그 건축물의 높이 4미터마다 하나의 층으로 보고 그 층수를 산정한다.

④ 건축물이 부분에 따라 그 층수가 다른 경우 가중평균한 층수를 그 건축물의 층수로 본다.

⑤ 건축물의 면적·높이 및 층수 등을 산정할 때 지표면에 고저차가 있는 경우에는 건축물의 주위가 접하는 각 지표면 부분의 높이를 그 지표면 부분의 수평거리에 따라 가중평균한 높이의 수평면을 지표면으로 본다. 이 경우 그 고저차가 5미터를 넘는 경우에는 그 고저차 5미터 이내의 부분마다 그 지표면을 정한다.

78. **건축법령상 이행강제금을 부과하는 비율이 가장 높은 경우는?**

① 허가를 받지 아니하고 건축한 경우

② 용적률을 초과하여 건축한 경우

③ 건폐율을 초과하여 건축한 경우

④ 신고를 하지 아니하고 건축한 경우

⑤ 건축물의 높이 제한을 위반하여 건축한 경우

79. **농지법령상 농지의 소유상한에 대한 설명으로 틀린 것은?**

① 상속으로 농지를 취득한 사람으로서 농업경영을 하지 아니하는 사람의 소유 상한은 그 상속 농지 중에서 총 10,000제곱미터이다.

② 8년 이상 농업경영을 한 후 이농한 사람의 소유 상한은 이농 당시의 소유 농지 중에서 총 10,000제곱미터이다.

③ 상속으로 농지를 취득한 사람으로서 농업경영을 하지 아니하는 사람은 소유 상한 초과농지를 한국농어촌공사에게 위탁할 수 없다.

④ 주말·체험영농을 하려는 사람은 총 1,000제곱미터 미만의 농지를 소유할 수 있는데, 면적 계산은 그 세대원 전부가 소유하는 총 면적으로 한다.

⑤ 8년 이상 농업경영을 한 후 이농한 사람이 소유상한제한규정에 따른 소유 상한을 초과하여 소유하고 있는 농지를 한국농어촌공사에게 위탁하여 임대하거나 무상사용하게 하는 경우에는 그 기간 중에는 계속하여 소유할 수 있다.

80. **농지법령상 농지의 임대차제도에 관한 설명으로 <u>틀린</u> 것은?**

① 60세 이상인 사람으로서 농지소유자가 거주하는 시(특별시 및 광역시 포함) · 군 또는 이에 연접한 시 · 군에 소재하는 소유농지 중 자기의 농업경영에 이용한 기간이 5년이 넘은 농지는 임대할 수 있다.

② 농업경영을 하려는 자에게 임대하는 임대차계약은 서면 계약을 원칙으로 하며, 임대차계약은 그 등기가 없는 경우에도 임차인이 농지소재지를 관할하는 시 · 구 · 읍 · 면의 장의 확인을 받고, 해당 농지를 인도(引渡)받은 경우에는 그 다음 날부터 제3자에 대하여 효력이 생긴다.

③ 임대차 기간은 원칙적으로 3년 이상으로 하여야 하고, 임대차 기간을 정하지 아니하거나 3년보다 짧은 경우에는 3년으로 약정된 것으로 본다.

④ 임대인은 질병, 징집 등 불가피한 사유가 있는 경우에는 임대차 기간을 3년 미만으로 정할 수 있다.

⑤ 농지의 임차인이 농지로 인정받는 다년생식물의 재배지로 이용하는 농지는 임대차 기간을 10년 이상으로 하여야 한다.

2023년도 제34회 공인중개사 2차 국가자격시험

실전모의고사 제4회

교 시	문제형별	시 간	시험과목
2교시	A	50분	1 부동산공시에 관한 법령 및 부동산 관련 세법

수험번호		성 명	

【 수험자 유의 사항 】

1. **시험문제지 표지와** 시험문제지 내 **문제형별의 동일여부** 및 시험 문제지의 **총면수 · 문제번호 일련순서 · 인쇄상태** 등을 확인하시고, 문제지 표지에 수험번호와 성명을 기재하시기 바랍니다.
2. 답은 각 문제마다 요구하는 **가장 적합하거나 가까운 답 1개**만 선택하고, 답안카드 작성 시 시험문제지 **형별누락, 마킹착오**로 인한 불이익은 전적으로 수험자에게 책임이 있음을 알려드립니다.
3. 답안카드는 국가전문자격 공통 표준형으로 문제번호가 1번부터 125번까지 인쇄되어 있습니다. 답안마킹시에는 반드시 **시험문제지의 문제번호와 동일한 번호에 마킹**하여야 합니다. (2차 2교시: 1번~40번)
4. **감독관의 지시에 불응시 불이익이 발생될 수 있으며, 시험시간 종료 후 답안카드를 제출하지 않을 경우** 시험무효처리 됨을 알려드립니다.
5. 이의제기에 관한 개별회신은 하지 않으며, **최종 정답 발표로 갈음**합니다.
6. 시험 중 **중간 퇴실은 불가**합니다. 단, 부득이하게 퇴실할 경우 **시험포기 각서 제출 후 퇴실은 가능**하나 **재입실이 불가**하며, **해당시험은 무효처리됩니다.**
7. 시험문제지는 시험 종료 후 가져가시기 바랍니다.

인강드림 공인중개사

제1과목: 부동산공시에 관한 법령 및 부동산 관련 세법

1. 공간정보의 구축 및 관리 등에 관한 법령상 지번의 구성 및 부여방법 등에 관한 설명으로 틀린 것은?

① 분할의 경우에는 분할 후의 필지 중 1필지의 지번은 분할 전의 지번으로 하고, 나머지 필지의 지번은 최종 본번 다음 순번의 본번을 순차적으로 부여하여야 한다.

② 지번은 지적소관청이 지번부여지역별로 북서(北西)에서 남동(南東)으로 순차적으로 부여한다.

③ 신규등록대상 토지가 멀리 떨어져 있는 경우의 지번부여는 그 지번부여지역의 최종 본번 다음 순번부터 본번으로 하여 순차적으로 지번을 부여할 수 있다.

④ 지번변경으로 인해 지번을 새로이 부여할 때에는 지적확정측량을 실시한 지역의 지번부여방법을 준용한다.

⑤ 등록전환의 경우에는 그 지번부여지역 안에서 인접토지의 본번에 부번을 붙여서 지번을 부여하는 것을 원칙으로 한다.

2. 공간정보의 구축 및 관리 등에 관한 법령상 지목의 구분으로 옳은 것은?

① 유수(流水)를 이용한 요트장 및 카누장은 '체육용지' 로 한다.

② 물을 상시적으로 이용하지 않고 곡물 · 원예작물(과수류 제외) 등의 식물을 주로 재배하는 토지와 죽림지의 지목은 '전' 으로 한다.

③ 동력으로 바닷물을 끌어들여 소금을 제조하는 공장시설물의 부지는 '염전' 으로 한다.

④ 과수류를 집단적으로 재배하는 토지와 이에 접속된 주거용 건축물의 부지는 '과수원' 으로 한다.

⑤ 공항시설 및 항만 시설부지는 '잡종지' 로 한다.

3. 공간정보의 구축 및 관리 등에 관한 법률에서 규정하고 있는 면적에 관한 설명 중 옳은 것은?

① 지적도의 축척이 1/1,200인 지역의 1필지 면적이 0.1㎡ 미만일 때에는 0.1㎡로 한다.

② 면적은 토지대장 및 대지권등록부의 등록사항이다.

③ 경계점좌표등록부에 등록하는 지역의 1필지 면적이 1㎡ 미만일 때에는 1㎡로 한다.

④ 지적도의 축척이 1/1,200인 지역에서 토지면적은 ㎡ 단위로 한다.

⑤ 경계점좌표등록부를 비치하는 지역에서 토지의 측정면적을 계산한 값이 736.253㎡인 경우 토지대장에는 736.2㎡로 등록한다.

4. 공간정보의 구축 및 관리 등에 관한 법령상 지적도 및 임야도의 등록사항만으로 나열된 것은?

① 토지의 소재, 건물의 번호, 지목, 삼각점 및 지적기준점의 위치

② 토지의 지번, 경계, 건축물 및 구조물 등의 위치, 토지이동 사유

③ 경계, 토지의 고유번호, 토지의 지번, 도곽선과 그 수치

④ 지목, 부호 및 부호도, 도곽선과 그 수치, 삼각점 및 지적기준점의 위치

⑤ 지목, 축척, 경계, 좌표에 의해 계산된 경계점 간의 거리(경계점좌표등록부 비치 지역의 지적도)

5. 공간정보의 구축 및 관리 등에 관한 법령상 지적공부의 열람 및 등본 발급 등에 관한 설명으로 옳은 것은?

① 지적공부를 열람하거나 그 등본을 교부받고자 하는 자는 열람 및 등본교부 수수료를 그 지방자치단체의 수입인지로 지적소관청에 납부하여야 한다.

② 정보처리시스템을 통하여 기록 · 저장된 지적공부(지적도 및 임야도는 제외한다)를 열람 · 발급받으려는 경우에는 시 · 도지사, 시장 · 군수 또는 구청장이나 읍 · 면 · 동의 장에게 신청할 수 있다.

③ 지적공부를 정보처리시스템을 통하여 기록 · 저장한 경우 관할 시 · 도지사, 시장 · 군수 또는 구청장은 그 지적공부를 지적정보관리체계에 영구히 보존하여야 한다.

④ 지적소관청은 지적공부의 효율적인 관리 및 활용을 위하여 지적정보 전담관리기구를 설치·운영한다.

⑤ 지적공부를 열람하거나 그 등본을 발급받으려는 자는 지적소관청 또는 읍 · 면 · 동의 장에게 그 열람 또는 발급을 신청하여야 한다.

6. 부동산종합공부에 관한 설명으로 틀린 것은?

① 지적소관청은 멸실 또는 훼손에 대비하여 이를 별도로 복제하여 관리하는 정보관리체계를 구축하여야 한다.

② 부동산종합공부를 열람하거나 부동산종합공부 기록사항의 전부 또는 일부에 관한 증명서를 발급받으려는 자는 지적소관청이나 읍 · 면 · 동의 장에게 신청할 수 있다.

③ 부동산종합공부에는 토지의 이용 및 규제에 관한 사항을 등록한다.

④ 토지소유자는 부동산종합공부의 토지의 표시에 관한 사항의 등록사항에 잘못이 있음을 발견하면 지적소관청이나 읍 · 면 · 동의 장에게 그 정정을 신청할 수 있다.

⑤ 지적소관청은 불일치 등록사항에 대해서는 등록사항을 관리하는 기관의 장에게 그 내용을 통지하여 등록사항 정정을 요청할 수 있다.

7. 토지이동 등에 대한 설명으로 틀린 것은

① 신규등록할 토지가 있는 때에는 60일 이내 지적소관청에 신청하여야 하며, 이를 게을리하여도 과태료를 부과하지 않는다.

② 바다로 되어 등록말소된 토지가 지형의 변화 등으로 다시 토지가 된 경우, 토지소유자는 그 사유가 발생한 날부터 90일 이내에 토지의 회복등록을 지적소관청에 신청하여야 한다.

③ 토지소유자는 토지나 건축물의 용도가 변경되어 지목변경을 하여야 할 토지가 있으면, 그 사유가 발생한 날부터 60일 이내 지적소관청에 지목변경을 신청하여야 한다.

④ 임야도에 등록된 토지가 사실상 형질변경되었으나 지목변경을 할 수 없는 경우에는 지목변경 없이 등록전환을 신청할 수 있다.

⑤ 「도시개발법」에 따른 도시개발사업의 원활한 추진을 위하여 사업시행자가 공사 준공 전에 토지의 합병을 신청하는 경우에는 지목변경을 신청할 수 있다.

8. 축척변경위원회 구성에 대한 설명이다. ( )안에 들어갈 내용을 순서대로 연결한 것은?

> ○ 축척변경위원회는 (ㄱ) 이하의 위원으로 구성하되, 위원의 (ㄴ) 이상을 토지소유자로 하여야 한다. 이 경우 그 축척변경 시행지역의 토지소유자가 (ㄷ)명 이하일 때에는 토지소유자 전원을 위원으로 위촉하여야 한다.
> ○ 위원장은 축척변경위원회의 회의를 소집할 때에는 회의 일시·장소 및 심의안건을 회의 개최 (ㄹ)일 전까지 각 위원에게 서면으로 통지하여야 한다.

① ㄱ. 5명 이상 10명 ㄴ. 2분의 1 ㄷ. 7 ㄹ. 5

② ㄱ. 5명 이상 15명 ㄴ. 2분의 1 ㄷ. 5 ㄹ. 5

③ ㄱ. 5명 이상 10명 ㄴ. 2분의 1 ㄷ. 5 ㄹ. 5

④ ㄱ. 5명 이상 10명 ㄴ. 2분의 1 ㄷ. 5 ㄹ. 7

⑤ ㄱ. 5명 이상 10명 ㄴ. 3분의 2 ㄷ. 5 ㄹ. 5

9. 공간정보의 구축 및 관리 등에 관한 법령상 도시개발사업 등 시행지역의 토지이동신청 특례에 관한 설명으로 틀린 것은?

① 「농어촌정비법」에 따른 농어촌정비사업의 시행자는 그 사업의 착수 · 변경 및 완료 사실을 시 · 도지사에게 신고하여야 한다.

② 도시개발사업의 착수를 지적소관청에 신고하려는 자는 도시개발사업 등의 착수(시행) · 변경 · 완료신고서에 사업인가서, 지번별 조서, 사업계획도를 첨부하여야 한다.

③ 토지의 이동은 토지의 형질변경 등의 공사가 준공된 때에 이루어진 것으로 본다.

④ 도시개발사업 등의 착수 · 변경 또는 완료 사실의 신고는 그 사유가 발생한 날부터 15일 이내에 하여야 한다.

⑤ 신청대상 지역이 환지를 수반하는 경우에는 지적소관청에 신고한 사업완료신고로써 이를 갈음할 수 있다.

10. **지적정리 등에 대한 설명으로 틀린 것은?**

① 「주택법」에 따른 주택건설사업의 시행자가 파산 등의 이유로 토지의 이동신청을 할 수 없을 때에는 그 주택의 시공을 보증한 자 또는 입주예정자 등이 신청할 수 있다.

② 등기기록에 기록된 토지의 표시가 지적공부와 일치하지 아니하는 때에는 지적공부의 토지소유자를 정리할 수 없다.

③ 지적소관청은 토지이동(신규등록은 제외)에 따른 토지의 표시변경에 관한 등기를 할 필요가 있는 경우에는 지체 없이 관할 등기관서에 그 등기를 촉탁하여야 한다.

④ 토지의 표시에 관한 변경등기가 필요하지 아니한 경우에는 지적소관청이 지적공부에 등록한 날부터 10일 이내에 해당 토지소유자에게 하여야 한다.

⑤ 지적소관청은 지적공부를 복구하였으나 지적공부 정리내용을 통지받을 자의 주소나 거소를 알 수 없는 경우에는 일간신문, 해당 시 · 군 · 구의 공보 또는 인터넷홈페이지에 15일 이상 공고하여야 한다.

11. **공간정보의 구축 및 관리 등에 관한 법령상 지적측량을 실시하여야 할 대상이 아닌 것은?**

① 지상건축물 등의 현황을 지적도 및 임야도에 등록된 경계와 대비하여 표시하기 위해 측량을 할 필요가 있는 경우

② 지적공부의 등록사항을 정정하는 경우

③ 「지적재조사에 관한 특별법」에 따른 지적재조사사업에 따라 토지의 이동이 있는 경우

④ 행정구역 개편으로 인해 지번을 새로이 부여하는 경우

⑤ 지적소관청이 지적공부의 일부가 멸실되어 이를 복구하기 위하여 측량을 할 필요가 있는 경우

12. **지적측량의 기간에 관한 내용이다. ( )에 들어갈 내용으로 옳은 것은?**

> 지적기준점을 설치하여 측량 또는 측량검사를 하는 경우 지적기준점이 (ㄱ) 이하인 경우에는 (ㄴ)을, 15점을 초과하는 경우에는 (ㄷ)에 15점을 초과하는 4점마다 (ㄹ)을 가산한다.

① ㄱ. 15점 ㄴ. 4일 ㄷ. 4일 ㄹ. 1일

② ㄱ. 10점 ㄴ. 4일 ㄷ. 4일 ㄹ. 1일

③ ㄱ. 15점 ㄴ. 4일 ㄷ. 4일 ㄹ. 4일

④ ㄱ. 15점 ㄴ. 5일 ㄷ. 5일 ㄹ. 4일

⑤ ㄱ. 15점 ㄴ. 5일 ㄷ. 5일 ㄹ. 1일

13. **집합건물의 등기에 관한 설명으로 옳은 것은?**

① 구분건물의 등기기록에 대지권이 등기된 후 건물만에 관한 저당권설정등기를 할 수 있다.

② 전유부분의 등기기록의 표제부에 건물번호를 기록한다.

③ 구분건물로 될 수 있는 객관적 요건을 갖춘 경우에는 건물소유자는 구분건물로 등기하여야 한다.

④ 1동의 건물에 속하는 구분건물 중의 일부만에 관하여 소유권보존등기를 신청하는 경우에는 그 나머지 구분건물에 관하여는 권리에 관한 등기를 동시에 신청하여야 한다.

⑤ 대지권이 있는 경우, 전유부분 건물의 등기기록의 표제부에 대지권의 목적인 토지의 표시에 관한 사항을 기록한다.

14. **「부동산등기 특별조치법」상 등기신청의무에 관한 설명으로 옳은 것은?** (다툼이 있으면 판례에 따름)

① 계약을 체결할 당시에는 보존등기를 할 수 없었고 계약을 체결한 후 소유권보존등기를 신청할 수 있게 된 경우라면 계약을 체결한 날부터 60일 이내 보존등기를 신청하여야 한다.

② 乙의 토지에 대하여 부담 없는 증여계약을 체결한 甲은 그 토지를 인도받은 날부터 60일 내 등기신청을 하여야 한다.

③ 乙이 토지에 대하여 매매계약을 체결한 甲이 잔금을 지급한 후 丙에게 그 토지를 매도하려면, 먼저 甲 명의로 소유권이전등기를 한 후 丙과 계약을 체결하여야 한다.

④ 乙의 토지에 대하여 매매계약을 체결한 甲이 잔금 지급 전에 丙에게 매도하려면, 甲은 丙과 계약을 체결한 날부터 60일 내 먼저 甲 명의로 소유권이전등기를 신청하여야 한다.

⑤ 甲이 자기 소유의 건물을 보존등기할 수 있었음에도 불구하고 등기하지 않은 채 乙과 매매계약을 체결하였다면, 甲은 보존등기를 할 수 있었던 날부터 60일 내 보존등기를 신청하여야 한다.

15. 단독으로 신청할 수 있는 등기로만 묶은 것은? (단, 판결에 의한 신청은 제외함)

> ㄱ. 근저당권의 채권최고액을 감액하는 변경등기
> ㄴ. 신탁재산에 속하는 부동산의 신탁등기
> ㄷ. 등기명의인의 표시변경이나 경정의 등기
> ㄹ. 부동산표시의 변경이나 경정(更正)의 등기
> ㅁ. 환매권행사로 인한 소유권이전등기 후 환매특약등기의 말소

① ㄱ, ㄴ, ㄷ ② ㄱ, ㄷ, ㄹ
③ ㄱ, ㄴ, ㅁ ④ ㄴ, ㄷ, ㄹ
⑤ ㄴ, ㅁ

16. 인감증명을 첨부하는 경우에 대리인이 등기를 신청할 때 대리인의 인감증명도 함께 첨부하여야 하는 경우가 아닌 것은?

① 소유권의 등기명의인이 등기의무자로 등기를 신청할 때 등기의무자를 대신하여 대리인이 등기를 신청하는 경우
② 소유권에 관한 가등기 명의인이 가등기 말소를 신청할 때 가등기 명의인을 대신하여 대리인이 등기를 신청하는 경우
③ 등기신청서에 제3자의 동의·승낙을 요하는 경우에는 동의자·승낙자를 대신하여 대리인이 등기를 신청한 경우
④ 협의 분할에 의한 상속등기를 신청하는 경우 상속인을 대신하여 대리인이 등기를 신청하는 경우
⑤ 소유권 이외의 권리의 등기명의인이 등기의무자로서 등기필정보가 멸실하여 확인 정보 등을 첨부해서 등기를 신청할 때 등기의무자를 대신하여 대리인이 등기를 신청하는 경우

17. 부동산등기법령상 등기관의 처분에 대한 이의절차에 관한 설명으로 옳은 것은?

① 이의에는 집행정지의 효력이 있다.
② 새로운 사실이나 새로운 증거방법을 근거로 이의신청을 할 수 있다.
③ 관할 지방법원은 이의신청에 대하여 결정하기 전에 등기관에게 이의가 있다는 뜻의 부기등기를 명령할 수 있다.
④ 등기관의 결정 또는 처분에 이의가 있는 자는 관할 지방법원에 이의신청서를 제출한다.
⑤ 지상권설정등기의 기록명령이 있었으나, 그 기록명령에 따른 등기 전에 동일한 부분에 전세권의 설정등기가 되어 있는 경우, 등기할 수 있다.

18. 소유권보존등기에 대한 설명으로 틀린 것은?

① 자치구 구청장의 확인에 의하여 자기의 토지소유권을 증명하는 자는 토지소유권보존등기를 신청할 수 없다.
② 소유권보존등기를 신청할 때에는 등기원인 및 일자를 기록하지 않는다.
③ 토지에 대한 기존의 소유권보존등기를 말소하지 않고는 그 토지에 대한 소유권보존등기를 할 수 없다.
④ 미등기 토지를 토지 대장상의 소유자로부터 증여받은 자는 직접 자기 명의로 소유권보존등기를 신청할 수 없다.
⑤ 등기관이 미등기부동산에 관하여 과세관청의 촉탁에 따라 체납처분으로 인한 압류등기를 하기 위해서는 직권으로 소유권보존등기를 하여야 한다.

19. 소유권에 관한 등기절차에 대한 설명으로 옳은 것은?

① 건물은 국가를 상대로 소송을 제기하여 소유권보존등기를 신청할 수 있다.
② 갑구 순위번호 2번에 기록된 A의 공유지분 4분의 3 중 절반을 B에게 이전하는 경우, 등기목적란에 '2번 A지분 4분의 3 중 일부(2분의 1)이전'으로 기록한다.
③ 2006.1.1.이후에 받은 판결서를 등기원인 정보로 소유권이전등기를 신청한 경우에는 거래가액을 등기하여야 한다.
④ 집합건물의 규약상 공용부분에 대해 공용부분이라는 뜻을 정한 규약을 폐지한 경우, 공용부분의 취득자는 지체없이 소유권보존등기를 신청해야 한다.
⑤ 소유자가 6개월 이내에 그 건물의 멸실등기를 신청하지 않는 경우, 그 건물대지의 소유자가 대위하여 멸실등기를 신청할 수 있다.

20. 등기신청에 대한 설명으로 틀린 것은?

① 甲이 그 소유의 부동산을 乙에게 매도한 경우 乙은 甲의 위임을 받더라도 그의 대리인으로서 소유권이전등기를 신청할 수 없다.

② 소유권의 일부에 대한 이전등기를 신청하는 경우, 이전되는 지분을 신청정보의 내용으로 등기소에 제공하여야 한다.

③ 등기의 말소를 공동으로 신청해야 하는 경우, 등기의무자의 소재불명으로 제권판결을 받으면 등기권리자는 그 사실을 증명하여 단독으로 등기의 말소를 신청할 수 있다.

④ 甲이 그 소유의 부동산을 乙에게 매도한 경우 소유권이전등기가 마쳐지면, 乙은 등기신청을 접수한 때 부동산에 대한 소유권을 취득한다.

⑤ 甲 소유의 부동산에 관하여 甲과 乙이 매매계약을 체결한 후 아직 등기신청을 하지 않고 있는 동안, 매도인 甲이 사망한 경우에는 상속등기를 생략하고 甲의 상속인이 등기의무자가 되어 그 등기를 신청할 수 있다.

21. 말소등기에 관한 설명으로 틀린 것은?

① 피담보채무의 소멸을 이유로 근저당권설정등기가 말소되는 경우, 채무자를 추가한 근저당권 변경의 부기등기는 직권으로 말소된다.

② 말소되는 등기의 종류에는 제한이 없으나, 말소등기의 말소등기는 허용되지 않는다.

③ 지상권등기를 말소하는 경우 그 지상권을 목적으로 하는 저당권자는 이해관계인이다.

④ 등기관이 가처분등기 이후의 등기를 말소할 때에는 직권으로 그 가처분등기도 말소하여야 한다.

⑤ 근저당권설정등기 후 소유권이 제3자에게 이전된 경우, 제3취득자가 근저당권설정자와 공동으로 그 근저당권말소등기를 신청할 수 있다.

22. 전세권등기에 대한 설명으로 옳은 것은?

① 등기관이 전세권설정등기를 할 때에는 전세금과 목적을 기록하여야 한다.

② 수인의 공유자중 1인이 자기지분에 대한 전세권설정등기를 할 수 있다.

③ 전세권설정등기를 하기로 합의하였으나 당사자신청의 착오로 임차권으로 경정하는 등기는 할 수 있다.

④ 수 개의 부동산에 관한 권리를 목적으로 하는 전세권설정등기를 할 수 있다.

⑤ 전세권 존속기간을 연장하는 변경등기를 신청하는 경우, 후순위저당권자는 등기법상 이해관계인에 해당하지 않는다.

23. A건물에 대해 甲이 소유권이전등기 청구권보전가등기를 2023. 2. 4.에 하였다. 甲이 위 가등기에 의해 2023. 6. 15. 소유권이전의 본등기를 한 경우, A 건물에 있던 다음 등기 중 직권으로 말소하는 등기는?

① 해당 가등기상 권리를 목적으로 2023. 6. 8.에 한 가압류등기

② 2023. 1. 5. 등기된 근저당권에 의해 2023. 5. 6.에 한 임의경매개시결정등기

③ 해당 가등기상 권리를 목적으로 2023. 6. 7.에 한 가처분등기

④ 2023. 3. 15. 등기된 가압류에 의해 2023. 6. 5.에 한 강제경매개시결정등기

⑤ 甲에게 대항할 수 있는 주택임차권에 의해 2023. 5. 4.에 한 주택임차권등기

24. 다음 사례를 보고 설명한 것 중 틀린 것은?

> 乙이 甲의 부동산을 상대로 소유권이전등기 청구 소송을 제기하면서 가처분등기를 한 후 甲의 소유권은 丙에게 이전되었다.

① 乙의 가처분등기신청은 법원의 촉탁으로 한다.

② 乙이 승소하여 판결서를 가지고 소유권이전등기를 신청할 때 丙의 소유권이전등기는 등기관이 직권으로 말소한다.

③ 乙이 승소하여 판결서를 가지고 소유권이전등기를 신청할 때 丙의 말소등기를 동시에 신청한다.

④ 乙의 승소로 소송이 종결한 후 가처분등기는 등기관이 직권으로 말소한다.

⑤ 乙의 가처분등기 이후 甲이 丙에게 소유권이전등기를 신청하면 각하하지 않는다.

25. 「지방세법」 상 부동산의 유상취득으로 보지 않는 것은?

① 파산선고로 인하여 처분되는 배우자의 부동산을 취득한 경우

② 공매를 통하여 직계비속의 부동산을 취득한 경우

③ 직계존속의 부동산을 취득한 경우로서 그 취득대가를 지급한 사실을 증명한 경우

④ 형제지간의 매매로 부동산을 취득한 경우

⑤ 권리의 이전이나 행사에 등기가 필요한 부동산을 배우자 간 서로 매매한 경우

26. **다음은 「소득세법 시행령」 제155조 '1세대1주택의 특례'에 관한 조문의 내용이다. 괄호 안에 들어갈 법령상의 숫자를 순서대로 옳게 나열한 것은?** (다만, 제시된 사항만 고려한다)

> ○ 조정대상지역에 1주택을 소유한 1세대가 종전의 주택을 양도하기 전에 조정대상지역에 있는 다른 신규 주택을 취득함으로써 일시적으로 2주택이 된 경우 종전 주택을 취득한 후 ( )년 이상 경과한 후 다른 주택을 취득하고 그 다른 주택을 취득한 날부터 ( )년 이내에 양도하는 종전의 주택
> ○ 1주택을 보유하고 1세대를 구성하는 자가 1주택을 보유하고 있는 60세 이상의 직계존속을 동거봉양하기 위하여 세대를 합침으로써 1세대가 2주택을 보유하게 되는 경우 합친 날부터 ( )년 이내에 먼저 양도하는 주택
> ○ 취학, 근무상의 형편, 질병의 요양, 그 밖에 부득이한 사유로 취득한 수도권 밖에 위치하는 주택과 그 밖의 일반주택을 각각 1개씩 소유하고 있는 1세대가 그 부득이한 사유가 해소된 날부터 ( )년 이내 양도하는 일반주택
> ○ 영농 또는 영어의 목적으로 취득한 수도권 밖의 읍 또는 면지역에 소재하는 귀농주택인 농어촌주택과 그 밖의 일반주택을 각각 1개씩 소유하고 있는 1세대가 그 귀농주택을 취득한 날부터 ( )년 이내에 귀농 후 최초로 양도하는 1개의 일반주택

① 1, 3, 10, 3, 5
② 2, 3, 10, 5, 3
③ 1, 2, 10, 5, 3
④ 2, 3, 5, 3, 5
⑤ 1, 2, 5, 3, 5

27. **다음은 취득세 납세의무가 성립되는 취득시기에 관한 설명이다. 가장 틀린 것은?**

① 개인 간 매매에 의한 취득의 경우로서 「부동산 거래신고 등에 관한 법률」에 의한 부동산 거래신고를 한 경우에는 계약상 잔금 지급일
② 연부로 취득하는 것(취득가액의 총액이 법 제17조의 적용을 받는 것은 제외한다)은 그 사실상의 연부금 지급일
③ 주택건설법인으로부터 아파트를 분양받는 경우에는 사실상의 잔금지급일과 소유권이전등기일 중 빠른 날
④ 증여 등 무상승계취득의 경우에는 계약일. 다만, 등기를 하지 아니하고 취득일부터 60일 이내에 제출한 행정안전부령으로 정하는 계약해제신고서 등에 의해 계약이 해제된 사실이 입증되는 경우에는 취득한 것으로 보지 아니한다.
⑤ 토지의 지목변경에 따른 취득은 토지의 지목이 사실상 변경된 날과 공부상 변경된 날 중 빠른 날

28. **「지방세법」상 2023년 과세기준일 현재 재산세의 납세의무자에 관한 설명으로 옳은 것은?**

> ㉠ 甲이 乙에게 재산을 매도한 후 乙이 소유권이전등기를 이행하지 아니하여 甲이 6월 15일까지 소유권변동신고를 한 경우 : 사실상 소유자
> ㉡ 주택의 건물과 부속토지의 소유자가 다를 경우 : 그 주택에 대한 산출세액을 건축물과 그 부속토지의 시가표준액 비율로 안분계산한 부분에 대해서는 그 소유자
> ㉢ 재개발사업의 시행에 따른 환지계획에서 일정한 토지를 환지로 정하지 아니하고 체비지로 정한 경우 : 사업시행자
> ㉣ 「주택법」에 따른 지역주택조합 및 직장주택조합이 조합원이 납부한 금전으로 매수하여 소유하고 있는 신탁재산의 경우 : 위탁자

① ㉠
② ㉠, ㉡
③ ㉢, ㉣
④ ㉠, ㉡, ㉢
⑤ ㉠, ㉡, ㉢, ㉣

29. **「지방세법」상 재산세 과세대상 토지의 분류로 다음 중 틀린 것은?** (다만, 상업지역의 적용배율은 3배이며, 제시된 사항만 고려한다)

① 종중이 소유하고 있는 농지와 임야 : 0.07% 분리과세대상토지
② 「여객자동차운수사업법」의 규정에 의하여 면허 또는 인가를 받은 자가 계속하여 사용하는 여객자동차터미널용 토지 : 0.2% 분리과세대상토지
③ 도시지역의 상업지역에 소재하는 공장용 건축물의 부속토지로서 법령 소정의 공장입지 기준면적 범위 안의 토지 : 종합합산과세대상토지
④ 과세기준일 현재 건축물 또는 주택이 사실상 철거·멸실된 날부터 6개월이 지나지 아니한 건축물 또는 주택의 부속토지 : 별도합산과세대상토지
⑤ 도시지역 안의 상업지역에 있는 영업용 건축물(바닥면적 600㎡)의 부속토지 2,000㎡ 중 200㎡ : 종합합산과세대상토지

30. 다음의 어느 하나에 해당하는 취득에 대한 취득세는 부동산취득의 표준세율에서 중과기준세율 2%를 뺀 특례세율로 산출한 금액을 그 세액으로 한다. 아닌 것은 몇 개인가? (다만, 주택과 중과세율적용 과세대상은 제외한다)

> ○ 환매등기를 병행하는 부동산의 매매로서 환매기간 내에 매도자가 환매한 경우의 그 매도자와 매수자의 취득
> ○ 상속으로 인한 1가구 1주택의 취득
> ○ 공유물 · 합유물의 분할 또는 부동산의 공유권 해소를 위한 지분이전으로 인한 취득(등기부등본상 본인 지분을 초과하는 부분의 경우에는 제외한다)
> ○ 민법 제834조, 제839조의2 및 제840조에 따른 재산분할로 인한 취득
> ○ 이전한 건축물의 가액이 종전 건축물의 가액을 초과하지 아니하는 건축물의 이전으로 인한 취득

① 0개
② 1개
③ 2개
④ 3개
⑤ 4개

31. 다음은 부동산의 보유와 양도 시에만 발생하는 조세이다. 옳은 것은?

① 지방소득세
② 지방교육세
③ 농어촌특별세
④ 부가가치세
⑤ 인지세

32. 지방세법상 등록면허세에 관한 설명으로 옳지 않은 것은?

① 취득세 부과제척기간이 경과한 물건의 등기 또는 등록에 대하여는 등록면허세를 부과한다.

② 무덤과 이에 접속된 부속시설물의 부지로 사용되는 토지로서 지적공부상 지목이 묘지인 토지에 관한 등기에 대하여는 등록면허세를 부과하지 아니한다.

③ 등록면허세를 비과세, 과세면제 또는 경감받은 후에 해당 과세물건이 등록면허세 부과대상 또는 추징대상이 되었을 때에는 그 사유발생일부터 30일 이내에 그 부족세액에 가산세를 합한 금액을 세액으로 하여 보통징수의 방법으로 징수한다.

④ 무상으로 인한 소유권 이전 등기의 세율은 부동산 가액의 1천분의 15이다. 다만, 상속으로 인한 소유권 이전 등기의 경우에는 부동산 가액의 1천분의 8로 한다.

⑤ 같은 채권의 담보를 위하여 설정하는 둘 이상의 저당권을 등록하는 경우에는 이를 하나의 등록으로 보아 그 등록에 관계되는 재산을 처음 등록하는 등록관청 소재지를 납세지로 한다.

33. 2023년 거주자의 국내소재 부동산관련 조세에 대한 설명 중 틀린 것은?

① 취득세에서 「도시개발법」에 따른 환지방식의 도시개발사업의 시행으로 토지의 지목이 사실상 변경된 때에는 그 환지계획에 따라 공급되는 환지는 사업시행자가, 체비지 또는 보류지는 조합원이 각각 취득한 것으로 본다.

② 별장에 대하여 취득세와 재산세의 중과를 적용하지 아니한다.

③ 종합부동산세에서 조정대상지역에 2주택을 소유한 개인인 경우 0.5%~2.7% 7단계 초과누진세율을 적용한다.

④ 과세기간 종료일 현재 또는 양도일 현재 주택과 부수토지의 기준시가가 12억원을 초과하는 고가주택의 임대소득에 대하여는 소득세를 과세한다.

⑤ 보유기간 2년 이상으로서 2022.5.10.부터 2024.5.9.까지 양도하는 주택에 대하여는 조정대상지역에 대한 양도소득세 누진세율의 20% 또는 30%의 할증과세를 적용하지 아니한다.

34. 종합부동산세의 과세기준일 현재 과세대상자산인 것을 모두 고른 것은? (단, 아래의 물건별로 판단하며, 주어진 조건 외에는 고려하지 않음)

> ㉠ 관련 법률에 따라 면허를 받은 자가 계속하여 사용하는 여객자동차 터미널용 토지의 공시가격이 100억원인 경우
> ㉡ 국내에 있는 부부공동명의(지분비율이 동일하며, 공동명의 1주택자를 신청하지 않았음)로 된 1세대 1주택의 공시가격이 18억원인 경우
> ㉢ 주거용 건축물로서 늘 주거용으로 사용하지 아니하고 휴양 · 피서 · 놀이 등의 용도로 사용하는 건축물과 그 부속 토지로서 공시가격이 15억원인 경우
> ㉣ 법인이 소유하는 주택의 공시가격이 6억원인 경우

① ㉣
② ㉢, ㉣
③ ㉠, ㉡, ㉢
④ ㉠, ㉢, ㉣
⑤ ㉠, ㉡, ㉢, ㉣

35. 주택에 대한 종합부동산세의 과세표준을 적용할 때 다음의 어느 하나에 해당하는 경우에는 1세대 1주택자로 본다. 옳은 것은 몇 개인가? (다만, 관련 법령에 따른 1세대 1주택의 요건은 모두 충족하였다)

> ○ 1주택(주택의 부속토지만을 소유한 경우는 제외한다)과 다른 주택의 부속토지(주택의 건물과 부속토지의 소유자가 다른 경우의 그 부속토지를 말한다)를 함께 소유하고 있는 경우
> ○ 1세대 1주택자가 보유하고 있는 주택을 양도하기 전에 다른 1신규주택을 취득하여 2주택이 된 경우로서 과세기준일 현재 신규주택을 취득한 날부터 3년이 경과하지 않은 경우
> ○ 1주택과 상속을 원인으로 취득하여 과세기준일 현재 상속개시일부터 5년이 경과하지 않은 주택(조합원입주권 또는 분양권을 상속받아 사업시행 완료 후 취득한 신축주택 포함)을 함께 보유하는 경우
> ○ 1주택과 공시가격이 3억원 이하인 지방 저가 주택을 함께 보유하는 경우

① 0개
② 1개
③ 2개
④ 3개
⑤ 4개

36. 「소득세법」 상 거주자의 부동산 임대와 관련하여 발생한 소득에 관한 설명으로 옳은 것은?

① 공익사업과 관련된 지역권 · 지상권을 설정하거나 대여함으로써 발생하는 소득은 사업소득으로, 그 밖의 지역권 · 지상권의 설정 · 대여소득은 기타소득으로 구분한다.

② 과세기간 종료일 현재 주택과 부수토지의 기준시가가 12억원을 초과하는 1주택을 소유한 자의 주택임대소득은 소득세를 과세하지 아니한다.

③ 해당 과세기간에 주거용 건물 임대업에서 발생한 수입금액의 합계액이 2천만원 이하인 자의 주택임대소득은 소득세를 과세하지 아니한다.

④ 주택(법령에 따른 소형주택 아님) 2채와 상업용 건물 2개를 소유한 거주자가 보증금을 받은 경우 주택과 상업용 건물 모두에 대하여 간주임대료를 사업소득 총수입금액에 산입한다.

⑤ 주거용 건물 임대업에서 발생한 결손금은 종합소득 과세표준을 계산할 때 근로소득금액, 연금소득금액, 기타소득금액, 이자소득금액, 배당소득금액 順으로 공제한다.

37. 「소득세법」 상 양도소득세의 양도차익 계산 시 취득 및 양도시기로 <u>틀린</u> 것은?

① 대금을 청산한 날이 분명하지 아니한 경우 : 등기부 · 등록부 또는 명부 등에 기재된 등기 · 등록접수일 또는 명의개서일

② 관련 법률에 따른 환지처분으로 인하여 취득한 토지의 경우 : 환지 전의 토지의 취득일

③ 「공익사업을 위한 토지 등의 취득 및 보상에 관한 법률」 에 따라 공익사업을 위하여 수용되는 경우로서 소유권에 관한 소송으로 보상금이 공탁된 경우 : 보상금 공탁일

④ 「민법」 상 점유로 인하여 부동산의 소유권을 취득한 경우 : 점유를 개시한 날

⑤ 자기가 건설한 건축물에 있어서는 「건축법」 제22조제2항에 따른 사용승인서 교부일. 다만, 사용승인서 교부일 전에 사실상 사용하거나 임시사용승인을 받은 경우에는 그 사실상의 사용일 또는 임시사용승인을 받은 날 중 빠른 날

38. 다음은 거주자 甲의 상가건물 양도소득세 관련 자료이다. 이 경우 과세되는 양도차익은? (단, 양도차익을 최소화하는 방향으로 필요경비를 선택하고, 부가가치세는 고려하지 않음)

① 취득 및 양도 내역

구분	실지거래가액	기준시가	거래일자
양도당시	5억원	4억원	2023. 4. 30
취득당시	확인 불가능	2억원	2021. 3. 7

② 자본적지출액 및 소개비 : 2억 6천만원(세금계산서 수취함)

③ 주어진 자료 외에는 고려하지 않는다.

① 2억원
② 2억 4천만원
③ 2억 4천4백만원
④ 2억 5천만원
⑤ 2억 6천만원

39. 「소득세법」 상 거주자 甲이 2018년 1월 20일에 취득한 토지(취득가액 3억원)를 乙에게 2022년 7월 5일자로 증여(해당 토지의 시가 7억원, 증여세 1천만원 납부)한 후, 乙이 2023년 9월 27일에 해당 토지를 甲 · 乙의 특수관계인이 아닌 丙에게 10억원에 매도하였다. 해당 토지의 양도소득세에 관한 설명으로 틀린 것은? (단, 취득 · 증여 · 매도의 모든 단계에서 등기를 마쳤고, 증여자에게 부과되는 양도소득세가 수증자가 부담하게 되는 증여세와 양도소득세의 합계액보다 크며, 해당 과세기간에 다른 자산의 양도는 없다)

① 甲과 乙이 증여당시 부부였으나 양도당시 이혼한 경우의 양도차익은 6억 9천만원이다.

② 甲과 乙이 형제지간인 경우 양도차익은 7억원이다.

③ 甲과 乙이 특수관계인이 아닌 경우 양도차익은 3억원이다.

④ 甲과 乙이 친인척인 경우 양도소득이 乙에게 실질적으로 귀속된 경우에도 甲이 직접 양도한 것으로 본다.

⑤ 甲과 乙이 형제지간인 경우 양도소득세 납세의무자는 甲이나, 乙은 연대납세의무를 부담한다.

40. 소득세법상 양도일까지 계속 5년 이상 국내에 주소를 둔 거주자의 양도소득세에 관한 설명으로 옳은 것은?

① 「건축법 시행령」 별표 1 제1호 다목에 해당하는 다가구주택은 해당 다가구 주택을 구획된 부분별로 양도하지 아니하고 하나의 매매단위로 하여 양도하는 경우 그 구획된 부분을 각각 하나의 주택으로 본다.

② 특수관계에 있는 자로부터 시가보다 높은 가격으로 자산을 매입하여 시가와 거래가액의 차액이 3억원 이상이거나 시가의 5% 이상인 경우 그 취득가액을 실지거래가액에 의하여 계산한다.

③ 건물을 신축하고 그 취득일부터 5년 이내에 양도하는 경우로서 감정가액 또는 환산취득가액을 취득가액으로 하는 경우에는 그 감정가액 또는 환산취득가액의 5%에 해당하는 금액을 양도소득 결정세액에 가산한다. 다만, 양도소득 산출세액이 없는 경우에도 적용하지 아니한다.

④ 법령에 따른 부담부증여의 채무액에 해당하는 부분으로서 양도로 보는 경우 그 양도일이 속하는 달의 말일부터 2개월 이내에 양도소득과세표준을 납세지 관할 세무서장에게 신고하여야 한다.

⑤ 3년 이상 보유한 국외 부동산의 양도에 대하여 장기보유특별공제는 적용받을 수 없으나, 국내 부동산등과는 별개로 연 250만원의 양도소득기본공제는 적용받을 수 있다.

2023년도 제34회 공인중개사 1차 국가자격시험

실전모의고사 제5회

교 시	문제형별	시 간	시험과목
1교시	A	100분	1 공인중개사의 업무 및 부동산 거래 신고에 관한 법령 및 중개실무 2 부동산공법 중 부동산중개에 관련되는 규정

수험번호		성 명	

【 수험자 유의 사항 】

1. **시험문제지 표지와** 시험문제지 내 **문제형별의 동일여부** 및 시험 문제지의 **총면수 · 문제번호 일련순서 · 인쇄상태** 등을 확인하시고, 문제지 표지에 수험번호와 성명을 기재하시기 바랍니다.
2. 답은 각 문제마다 요구하는 **가장 적합하거나 가까운 답 1개**만 선택하고, 답안카드 작성 시 시험문제지 **형별누락, 마킹착오**로 인한 불이익은 전적으로 수험자에게 책임이 있음을 알려드립니다.
3. 답안카드는 국가전문자격 공통 표준형으로 문제번호가 1번부터 125번까지 인쇄되어 있습니다. 답안마킹시에는 반드시 **시험문제지의 문제번호와 동일한 번호에 마킹**하여야 합니다. (2차 1교시: 1번~80번)
4. **감독관의 지시에 불응시 불이익이 발생될 수 있으며, 시험시간 종료 후 답안카드를 제출하지 않을 경우** 시험무효처리 됨을 알려드립니다.
5. 이의제기에 관한 개별회신은 하지 않으며, **최종 정답 발표로 갈음**합니다.
6. 시험 중 **중간 퇴실은 불가**합니다. 단, 부득이하게 퇴실할 경우 **시험포기 각서 제출 후 퇴실은 가능**하나 **재입실이 불가**하며, **해당시험은 무효처리됩니다.**
7. 시험문제지는 시험 종료 후 가져가시기 바랍니다.

인강드림 공인중개사

제1과목: 공인중개사의 업무 및 부동산 거래 신고 등에 관한 법령 및 중개실무

1. 부동산중개에 관한 설명 중 옳은 것은?

① 등록을 하지 않은 자의 중개행위는 중개업에 해당될 수 없다.

② 중개란 법정중개대상물에 대하여 거래당사자간에 매매 교환 임대차에 관한 행위만을 알선하는 것을 말한다.

③ 개업공인중개사의 중개행위는 중개계약으로부터 거래계약 체결까지이다.

④ 개업공인중개사가 매도인으로부터 토지거래허가를 취득하여 소유권이전등기에 관한 업무를 위임받는 것은 공인중개사법에 의한 중개행위로 볼 수 있다.

⑤ 개업공인중개사란 이 법에 의하여 중개사무소 개설등록을 한 자를 의미하므로 중개사무소 개설등록 절차를 거치지 않은 자는 어떠한 경우에도 개업공인중개사가 아니다.

2. 공인중개사법령상 중개대상물에 관한 설명으로 옳은 것은? (다툼이 있으면 판례에 따름)

> ㄱ. 콘크리트 지반 위에 볼트 조립방식을 사용하여 철제 파이프 기둥을 세우고 지붕을 덮은 다음 3면에 천막을 설치한 세차장구조물은 중개대상물이 될 수 있다.
> ㄴ. 분양계약이 체결되지는 아니하였다고 하더라도, 대상 아파트 전체의 건축이 완료된 입주권은 중개대상물이 될 수 있다.
> ㄷ. 거래처, 신용, 영업상의 노하우 또는 점포위치에 따른 영업상의 이점 등 무형의 재산적 가치는 중개대상물이 될 수 있다.
> ㄹ. 소유권보존등기가 경료된 수목의 집단 및 명인방법을 갖춘 수목의 집단은 모두 저당권설정 목적인 중개대상물이 될 수 있다.
> ㅁ. 주택이 철거될 경우, 일정한 요건하에 택지개발지구 내에 이주자택지를 공급받을 지위인 대토권은 중개대상물이 될 수 있다.

① ㄴ ② ㄴ, ㄷ
③ ㄴ, ㄹ ④ ㄱ, ㄹ, ㅁ
⑤ ㄱ, ㄴ, ㄹ

3. 공인중개사법령상 공인중개사 자격시험에 관한 설명으로 옳은 것을 모두 고른 것은?

> ㄱ. 공인중개사가 되려는 자는 시·도지사가 시행하는 공인중개사자격시험에 합격하여야 한다.
> ㄴ. 공인중개사 자격이 취소된 후 5년이 경과되지 아니한 자는 공인중개사가 될 수 없다.
> ㄷ. 징역형에 대한 집행유예기간 중에 있는 자는 공인중개사가 될 수 없다.
> ㄹ. 국토교통부장관이 시험을 시행한 경우에는 국토교통부장관이 합격자에게 공인중개사자격증 교부하여야 한다.

① ㄱ ② ㄱ, ㄴ
③ ㄱ, ㄷ ④ ㄱ, ㄴ, ㄷ
⑤ ㄱ, ㄴ, ㄷ, ㄹ

4. 다음의 법인 중 중개사무소 개설등록이 가능한 법인은?

① 甲 법인은 2년6월전에 공인중개사법상의 금지행위 위반으로 개설등록이 취소되었던 법인이다.

② 乙 법인은 협동조합기본법상의 사회적협동조합으로서 대표이사는 공인중개사이나, 임원중 과반수가 공인중개사이다.

③ 丙 법인은 10인의 임원으로 구성된 법인으로 3인이 공인중개사이다.

④ 丁 법인은 자본금 5천만원의 상법상 유한회사로서 중개업과 경매부동산입찰대리를 주된 업무로 설립된 법인이다.

⑤ 戊 법인의 사원 3인중 공인중개사인 임원 1인만이 실무교육을 최근 1년 이내에 이수하였다.

5. 공인중개사법령상 개업공인중개사의 업무범위에 관한 설명으로 옳은 것은?

① 모든 개업공인중개사는 개업공인중개사를 대상으로한 중개업의 경영기법 제공업무를 할 수 있다.

② 법인이 아닌 모든 개업공인중개사는 법인인 개업공인중개사에게 허용된 업무를 모두 할 수 있다.

③ 법인인 개업공인중개사는 부동산의 이용·개발 및 거래에 관한 상담업무를 겸업해야 한다.

④ 법인인 개업공인중개사는 도배·이사업을 할 수 있다.

⑤ 법인이 아닌 모든 개업공인중개사는「민사집행법」에 따른 경매대상 부동산의 매수신청대리를 할 수 있다.

6. **공인중개사법령상 법인이 중개사무소를 개설등록하려는 경우, 이에 관한 설명으로 옳은 것을 모두 고른 것은?**

> ㄱ. 중개업 및 주택의 분양대행을 영위할 목적으로 설립된 「협동조합 기본법」 제2조 제1호에 규정된 협동조합은 개설등록을 할 수 있다.
> ㄴ. 대표자를 제외한 임원이 3명이라면 그중 2명이 공인중개사이어야 한다.
> ㄷ. 대표자 및 임원·사원의 실무교육 수료확인증 사본은 실무교육을 위탁받은 기관 또는 단체가 실무교육수료여부를 등록관청이 전자적으로 확인할 수 있도록 조치한 경우는 제출하지 아니한다.
> ㄹ. 등록을 신청하는 때에는 대표자 및 공인중개사인 임원·사원의 공인중개사자격증 사본 및 법인등기사항증명서를 등록관청에 제출해야 한다.
> ㅁ. 외국에 주된 영업소를 둔 법인이 등록을 신청하는 때에는 「상법」 제614조에 따른 영업소의 등기를 증명할 수 있는 서류를 제출해야 한다.

① ㄱ, ㄴ, ㄹ　② ㄱ, ㄷ, ㅁ
③ ㄱ, ㄹ, ㅁ　④ ㄴ, ㄷ, ㄹ
⑤ ㄷ, ㄹ, ㅁ

7. **공인중개사법령상 중개사무소에 관한 내용으로 틀린 것은?**

① 이 법상 중개사무소의 면적에 대한 제한 규정이 없다.
② 개업공인중개사는 그 사무소의 명칭에 "공인중개사사무소" 또는 "부동산중개"라는 문자를 사용하여야 한다.
③ 업무정지처분을 받은 개업공인중개사는 지체 없이 사무소의 간판을 철거하여야 한다.
④ 개업공인중개사가 의뢰받은 중개대상물에 대하여 표시·광고를 하려면 중개사무소 소재지, 개업공인중개사의 성명 등에 관한 사항을 명시하여야 한다.
⑤ 개업공인중개사는 천막 그 밖에 이동이 용이한 임시 중개시설물을 설치하여서는 아니 된다

8. **개업공인중개사가 당해 중개사무소안의 보기 쉬운 곳에 게시하여야 하는 내용 중 틀린 것은?**

① 개업공인중개사는 중개사무소등록증 원본을 게시하여야 하며, 분사무소의 경우에는 분사무소설치신고필증 원본을 게시하여야 한다.
② 중개보수 · 실비의 요율 및 한도액표는 사무소가 소재한 지역을 관할하는 특별시·광역시 도의 조례로 정한 것을 게시하여야 한다.
③ 경매대리업무를 위하여 대법원규칙이 정하는 등록을 한 개업공인중개사는 별도의 게시의무가 부담된다.
④ 보증의 설정을 증명할 수 있는 서류를 게시하여야 한다
⑤ 법부칙제6조2항의 개업공인중개사가 중개사무소내에 공인중개사자격증 원본을 게시하여야 하는 의무가 발생하는 일은 없다.

9. **인장등록의무에 관한 설명이다. 옳은 것은?**

① 법인인 개업공인중개사는 분사무소의 경우 대표자의 인장을 등록하여야 한다.
② 개업공인중개사가 인장의 등록을 하지 않고 업무개시를 하였다 하더라도 무등록으로 중개업을 한자로 처벌되는 것은 아니다. 그러나 업무정지처분을 받을 수는 있다.
③ 개업공인중개사는 인장을 변경하고자 하는 경우에는 변경 전 7일 이내에 등록하여야 한다.
④ 법인인 개업공인중개사의 경우에는 임원 또는 사원이 인장등록을 하여야 한다.
⑤ 개업공인중개사의 고용인도 모두 인장등록을 하여야 한다.

10. **개업공인중개사의 고용인에 대한 설명 중 올바른 것은?**

① 개업공인중개사들이 공동사용사무소를 설치하여 운영하는 경우에 공동사용사무소에서는 공동 고용인을 고용할 수 있다.
② 거래당사자에게 재산상손해가 발생하면 개업공인중개사 및 고용인의 업무상행위와는 인과관계가 입증되지 않은 경우라도 개업공인중개사는 무과실책임으로서 손해배상책임을 진다.
③ 고용인의 업무상행위로 인한 의뢰인의 재산상 손해를 개업공인중개사가 중개의뢰인에게 손해배상을 한때에도 개업공인중개사는 고용인을 상대로 구상권을 행사할 수 없다.
④ 소속공인중개사는 인장등록을 하여야 하며, 고용신고 시 함께 인장등록을 할 수 있다.
⑤ 고용인이 금지행위에 위반하면 등록관청은 고용한 개업공인중개사의 등록을 취소하여야 한다.

11. 공인중개사법령상 개업공인중개사의 중개계약에 관한 설명으로 옳은 것(O)과 틀린 것(X)을 바르게 표시한 것은?

> ㄱ. 개업공인중개사는 국토교통부장관이 일반중개계약의 표준이 되는 서식을 정하여 그 사용을 권장한 경우, 그 표준서식을 사용해야 하며 3년간 보존해야 한다.
> ㄴ. 전속중개계약은 표준서식에 따라야 하며, 개업공인중개사는 당해 전속중개계약서를 3년간 보존해야 한다.
> ㄷ. 전속중개의뢰인이 그 유효기간 내에 스스로 발견한 상대방과 직접거래한 경우에는 중개보수의 50%를 개업공인중개사에게 위약금으로 지불하여야 한다.
> ㄹ. 임대에 관한 전속중개계약을 체결한 개업공인중개사는 7일 이내에 공시지가등을 공개하여야 하나, 의뢰인의 비공개를 요청이 있다면 중개대상물에 관한 정보를 공개하여서는 아니된다.
> ㅁ. 전속개업공인중개사는 각 권리자의 주소·성명 등 인적사항 등에 관한 정보를 공개하여서는 아니된다.

① ㄱ(O), ㄴ(X), ㄷ(O), ㄹ(X), ㅁ(X)
② ㄱ(X), ㄴ(O), ㄷ(X), ㄹ(X), ㅁ(O)
③ ㄱ(O), ㄴ(O), ㄷ(X), ㄹ(O), ㅁ(X)
④ ㄱ(X), ㄴ(O), ㄷ(O), ㄹ(O), ㅁ(O)
⑤ ㄱ(X), ㄴ(X), ㄷ(X), ㄹ(X), ㅁ(O)

12. 공인중개사법령상 부동산거래정보망에 대한 설명 중 옳은 것은?

① 지정을 신청하는 자는 부가통신사업자로 신고된 자 이어야 하며, 1,000명 이상(2 이상의 시·도에서 각 각 30명 이상)의 개업공인중개사로부터 가입·이용신청을 받아야 한다.
② 지정을 신청하는 자는 확보한 공인중개사의 자격증사본 등을 국토교통부장관에게 제출하여야 한다.
③ 지정을 신청하는 자는 운영규정을 정하여 지정권자의 승인을 얻어야 한다.
④ 지정권자는 지정신청을 받은 날부터 3월 이내에 거래정보사업자로 지정하여야 하며, 지정을 받은 자는 6월 이내에 부동산거래정보망을 설치·운영하여야 한다.
⑤ 거래정보사업자는 개업공인중개사로부터 공개 의뢰받은 정보에 한하여 이를 공개하여야 하며, 이를 위반하는 경우 지정권자는 지정을 취소하여야 한다.

13. 공인중개사법령상 개업공인중개사의 중개대상물 확인·설명에 관한 다음의 설명 중 틀린 것은?

① 중개가 완성되기 전에 확인·설명을 하여야 한다.
② 확인·설명은 매수인 등 권리를 취득하고자 하는 중개의뢰인에게 하여야 한다.
③ 중개대상물에 관한 권리를 취득함에 따라 부담하여야 할 조세의 종류 및 세율을 설명하여야 한다.
④ 개업공인중개사는 중개가 완성되어 거래계약서를 작성하는 때에는 확인·설명사항을 서면으로 작성하여 매수인 등 권리를 취득하고자 하는 중개의뢰인 일방에게만 발급하면 된다.
⑤ 개업공인중개사는 중개업무의 수행을 위하여 중개의뢰인에게 주민등록증 등 신분을 확인할 수 있는 증표를 제시할 것을 요구할 수 있다.

14. 개업공인중개사가 중개 완성시 작성하는 거래계약서의 필수적기재사항이 아닌것은?

① 계약일
② 확인·설명서 교부일자
③ 물건의 인도일시
④ 거래당사자의 인적사항
⑤ 공법상거래규제 및 이용제한

15. 전문직업인으로서의 품위를 유지하고 신의와 성실로써 공정하게 중개관련 업무를 수행하여야 할 공인중개사법상의 기본윤리의무에 대한 설명 중 틀린 것은?

① 소속공인중개사도 준수하여야 할 의무가 있다.
② 중개보조원도 품위를 유지할 수 있다.
③ 개업공인중개사 및 소속공인중개사가 그 업무를 떠난 후에도 준수할 의무가 있는 것은 아니다.
④ 상기의 의무 위반시에 등록관청은 개업공인중개사에게 업무정지처분을 내릴 수 있다.
⑤ 상기의 의무 위반시에 시·도지사는 소속공인중개사에게 자격정지처분을 내릴 수 있다.

16. **다음 개업공인중개사 등의 비밀준수 의무와 관련한 사항으로서 올바르지 않은 것은?**

① 비밀준수 의무는 개업공인중개사등은 전 · 현직 모두 의무를 준수하여야 한다.

② 비밀준수 의무 위반 시 현행법상 행정형벌만 규정되어 있으나 위반자의 형벌선고결과에 따라 행정처분을 받을 수도 있다.

③ 비밀준수 의무는 개업공인중개사는 물론 고용인도 모두 부담하는 의무이다

④ 개업공인중개사 등이 범죄사건의 증인인 경우 법정증언 등을 하는 경우 예외로 비밀을 누설할 수 있다

⑤ 비밀준수 의무는 위반에 따른 처벌은 피해자의 고소 없이 검사는 공소를 제기할 수 없다.

17. **다음 중 개업공인중개사 등의 금지행위와 관련한 설명으로 옳지 못한 것을 고르면 모두 몇 개인가?**

> ㉠ 중개대상물의 '매매를 업' 으로 한다는 것은 중개대상물의 매매행위가 그 태양이나 규모, 횟수, 보유기간 등에 비추어 사회통념상 영업활동으로 볼 수 있을 정도의 계속성 · 반복성 · 영리성이 있는 경우를 의미한다.
>
> ㉡ 중개의뢰인과 1회 중개대상물에 대하여 매매를 하는 행위는 금지행위가 아니다.
>
> ㉢ 중개대상물에 대한 분양대행업을 영위하거나 컨설팅업을 영위하는 것은 금지행위가 아니다.
>
> ㉣ 법정중개보수 이외에 실비를 받는 행위는 금지행위에 해당하지 아니한다.
>
> ㉤ 개업공인중개사 등이 금지행위에 해당하기 위해서는 반드시 중개의뢰인에게 재산상 손해가 발생될 것을 요한다.

① 없음 ② 1개
③ 2개 ④ 3개
⑤ 4개

18. **공인중개사법령상 부동산거래질서교란행위의 신고등에 관한 설명으로 틀린 것은?**

① 부동산거래질서교란행위 신고센터(이하 '신고센터' 라함)에 부동산거래질서교란행위를 신고하려는 자는 부동산거래질서교란행위의 발생일시 · 장소 및 그 내용등 사항을 서면(전자문서 포함)으로 제출해야 한다.

② 신고센터는 신고내용이 명백히 거짓인 경우에는 국토교통부장관의 승인을 받아 접수된 신고사항의 처리를 종결할 수 있다.

③ 신고센터는 제출받은 신고사항에 대해 시 · 도지사 및 등록관청 등에 조사 및 조치를 요구해야 한다.

④ 위 ③에 따른 요구를 받은 시 · 도지사 및 등록관청 등은 신속하게 조사 및 조치를 완료하고, 완료한 날부터 30일 이내에 그 결과를 신고센터에 통보해야 한다.

⑤ 신고센터는 매월 10일까지 직전 달의 신고사항 접수 및 처리 결과 등을 국토교통부장관에게 제출해야 한다.

19. **공인중개사법상 계약금 등 반환채무이행보장에 관한 다음 설명 중 틀린 것은?**

① 이는 일종의 에스크로우와 유사한 것이다.

② 개업공인중개사는 거래의 안전을 보장하기 위하여 필요하다고 인정하는 경우에는 거래계약의 이행이 완료될 때까지 계약금 등을 예치하도록 거래당사자에게 권고할 수 있다.

③ 개업공인중개사 또는 대통령령이 정하는자의 명의로 금융기관, 공제 사업을 하는 자, 신탁업자 등에 예치할 수 있다.

④ 개업공인중개사는 계약금 등을 그의 명의로 금융기관 등에 예치하는 경우 자기 소유의 예치금과 분리하여 관리될 수 있도록 하여야 하며, 예치된 계약금 등은 거래당사자의 동의 없이 인출하여서는 아니된다.

⑤ 계약금 등을 예치한 경우 매도인 · 임대인 등 계약금 등을 수령할 수 있는 권리가 있는 자는 당해 계약을 해제한때에 계약금등의 반환을 보장하는 내용의 금융기관, 공제사업을 하는자, 신탁업자가 발행하는 보증서를 계약금 등의 예치명의자에게 교부하고 계약금등을 미리 수령할 수 있다.

20. **공인중개사법령상 개업공인중개사의 손해배상책임과 관련된 설명으로 <u>틀린</u> 것은?** (다툼이 있으면 판례에 의함)

① 개업공인중개사는 중개업무상 고의 또는 과실이 없는 경우, 거래당사자가 입은 재산상 손해를 배상할 책임이 없다.

② 개업공인중개사는 자기의 중개사무소를 다른 사람의 중개행위의 장소로 제공함으로서 거래당사자에게 재산상 손해가 발생한 때에는 배상할 책임 없다.

③ 보증보험계약이 유효하게 성립하기 위해서는 계약 당시에 보험사고의 발생 여부가 확정되어 있지 않아야 한다는 우연성과 선의성의 요건을 갖추어야 한다.

④ 보증보험은 개업공인중개사가 중개행위를 함에 있어서 고의 또는 과실로 인하여 거래당사자에게 입힌 재산상의 손해를 보상하기 위하여 체결된 이른바 제3자(타인)를 위한 손해보험계약의 성질을 갖는다.

⑤ 개업공인중개사는 중개가 완성된 때에 손해배상책임의 보장에 관한 업무보증설정 내용을 거래당사자에게 설명해야 한다.

21. **Y시에 중개사무소를 둔 개업공인중개사 A의 중개로 매도인 甲과 매수인 乙 간에 X주택을 2억원에 매매하는 계약을 체결하고, 동시에 X주택을 乙이 임차인 丙에게 보증금 2천만원, 월차임 20만원에 임대하는 계약을 체결하였다. A가 乙로부터 받을 수 있는 중개보수의 총액은?**

<table>
<tr><th rowspan="2">구분</th><th colspan="3">중개보수 요율 상한 및 한도액</th></tr>
<tr><th>거래금액</th><th>요율상한(%)</th><th>한도액</th></tr>
<tr><td rowspan="2">매매 · 교환</td><td>5천만원 이상
~2억원 미만</td><td>0.5</td><td>80만원</td></tr>
<tr><td>2억원 이상
~6억원 미만</td><td>0.4</td><td>–</td></tr>
<tr><td rowspan="2">임대차 등</td><td>5천만원 미만</td><td>0.5</td><td>20만원</td></tr>
<tr><td>5천만원 이상
~1억원 미만</td><td>0.4</td><td>30만원</td></tr>
</table>

① 800,000원 ② 970,000원
③ 1,000,000원 ④ 1,940,000원
⑤ 2,000,000원

22. **다음은 공인중개사협회 공제사업운영위원회에 관한 설명이다. 잘못된 것은?**

① 공제사업에 관한 사항을 심의하고 그 업무집행을 감독하기 위하여 협회에 운영위원회를 둔다.

② 운영위원회에는 위원장과 부위원장을 각각 1명을 두되, 위원장 및 부위원장은 위원중에서 국토교통부장관이 지명한다.

③ 운영위원회의 회의는 재적위원 과반수의 출석으로 개의하고, 출석위원 과반수의 찬성으로 심의사항을 의결한다.

④ 운영위원회 위원은 19명 이내로 한다.

⑤ 운영위원회 임기는 2년으로 하되 1회에 한하여 연임할 수 있다.

23. **공인중개사법령상 개업공인중개사의 중개사무소 개설등록을 취소할 수 있는 사유에 해당하지 않는 것은?**

① 천막 등 이동이 용이한 임시 중개시설물을 설치한 경우

② 등록기준에 미달하게 된 경우

③ 손해배상책임을 보장하기 위한 조치를 이행하지 아니하고 업무를 개시한 경우

④ 부당한 이익을 얻을 목적으로 거짓으로 거래가 완료된 것처럼 꾸미는 등 중개대상물의 시세에 부당한 영향을 주는 행위를 한 경우

⑤ 부동산거래정보망에 중개대상물에 관한 정보를 거짓으로 공개한 경우

24. **공인중개사법령상 벌칙에 관한 설명 중 <u>틀린</u> 것은?**

① 개업공인중개사인 법인의 사원 · 임원의 중개업무에 관하여도 법인인 개업공인중개사에게 양벌규정이 적용된다.

② 개업공인중개사가 소속공인중개사의 위반행위를 방지하기 위해 해당 업무에 관하여 상당한 주의와 감독을 게을리 하지 않았다면 벌칙 규정의 2분의 1의 범위 내에서 그 형을 감경할 수 있다.

③ 「형법」 제38조에도 불구하고 공인중개사법에 규정된 죄와 다른 죄의 경합범(競合犯)에 대하여 벌금형을 선고하는 경우에는 이를 분리 선고하여야 한다.

④ 업무상 알게 된 비밀을 누설한 개업공인중개사는 피해자의 명시한 의사에 반하여 벌하지 아니한다.

⑤ 과태료의 부과기준은 대통령령으로 정한다.

25. 「공인중개사법령」에 관한 설명으로 옳은 것은?

① 개업공인중개사는 중개사무소등록증을 교부받은 때에는 그 사실을 다음 달 10일까지 공인중개사협회에 통보하여야 한다.

② 개업공인중개사는 업무정지기간 중인 다른 개업공인중개사의 중개사무소로 이전할 수 있다.

③ 보증기간이 만료되어 다시 보증을 설정하고자 하는 개업공인중개사는 그 보증기간 만료 후 15일 이내에 다시 보증을 설정하여야 한다.

④ 협회가 공제사업을 하는 경우, 공제규정상 공제료는 공제사고발생률, 보증보험료 등을 종합적으로 고려하여 결정한 금액으로 한다.

⑤ 개업공인중개사는 등록관청에 휴업사실을 신고한 경우에는 지체없이 사무소의 간판을 철거하여야 한다.

26. 공인중개사법령상 교육에 관한 설명 중 옳은 것은?

① 등록을 신청하려는 공인중개사는 등록신청일전 1년 이내에 등록관청이 실시하는 실무교육을 이수하여야 한다.

② 중개법인의 임원이 되고자 하는 자는 공인중개사가 아니어도 되나 등록신청일전 1년이내에 시·도지사가 실시하는 실무교육을 수료하여야 한다.

③ 중개보조원은 고용신고일전 1년 이내에 시·도지사가 실시하는 연수교육을 수료하여야 한다.

④ 분사무소 책임자가 되고자 하는 공인중개사는 실무교육 수료대상이 아니다.

⑤ 소속공인중개사도 직무교육의 대상이다.

27. 공인중개사법령상 해당 지방자치단체의 조례가 정하는 바에 따라 수수료를 납부하여야하는 자로 옳은 것을 모두 고른 것은?

ㄱ. 공인중개사자격증의 재교부를 신청하는 자
ㄴ. 국토교통부장관이 시행하는 공인중개사자격시험에 응시하는 자
ㄷ. 소속공인중개사 고용 신고를 하는 자
ㄹ. 분사무소 설치의 신고를 하는 자

① ㄱ, ㄴ
② ㄱ, ㄹ
③ ㄴ, ㄷ
④ ㄷ, ㄹ
⑤ ㄱ, ㄴ, ㄹ

28. 공인중개사법령상 포상금에 관한 설명으로 옳은 것 (○)과 <u>틀린</u> 것(×)을 바르게 표시한 것 은?

ㄱ. 포상금은 등록관청이 지급하며, 1건당 50만원으로 한다.
ㄴ. 포상금의 지급에 소요되는 비용은 그 전부를 국고에서 보조할 수 있다.
ㄷ. 포상금은 그 신고 또는 고발사건에 대하여 검사가 기소유예결정을 한 경우에는 지급하지 아니한다.
ㄹ. 등록관청은 하나의 사건에 대하여 2건 이상의 신고 또는 고발이 접수된 경우에는 최초로 신고 또는 고발한 자에게 포상금을 지급한다.

① ㄱ(×), ㄴ(×), ㄷ(○), ㄹ(○)
② ㄱ(○), ㄴ(×), ㄷ(×), ㄹ(○)
③ ㄱ(×), ㄴ(×), ㄷ(×), ㄹ(○)
④ ㄱ(○), ㄴ(×), ㄷ(×), ㄹ(×)
⑤ ㄱ(○), ㄴ(○), ㄷ(○), ㄹ(○)

29. 부동산거래신고의무에 관한 설명 중 가장 옳은 것은?

① 개업공인중개사에게 신고를 하지 아니하게 하거나 거짓으로 신고하도록 요구한 자는 3천만원 이하의 과태료처분의 대상이 된다.

② 실제거래가격이 6억원을 초과하는 상가의 매매계약이라면 자금조달 계획 및 입주계획도 신고하여야 한다.

③ 개업공인중개사가 모든 법정중개대상물의 매매계약체결을 중개완성한 때에는 당해 개업공인중개사가 부동산거래신고의무를 진다.

④ 부동산거래신고의무는 잔금지급일로부터 60일 이내에 당해 토지 또는 건축물 소재지의 관할 시장·군수 또는 구청장에게 공동으로 신고하여야 한다.

⑤ 부동산거래신고 위반에 따른 과태료는 개업공인중개사에게도 신고를 받는 관청이 부과·징수한다.

30. 「부동산거래신고등에 관한 법령」 상 외국인 등의 부동산 등의 취득 등에 대한 특례규정의 설명으로 옳은 것은?

① 외국인 등이 대한민국 안의 부동산 등을 취득하는 증여계약을 체결하였을 때에는 계약체결일부터 6개월 이내에 신고하여야 한다.

② 외국인 등이 경매 등 계약 외의 원인으로 대한민국 안의 부동산 등을 취득한 때에는 부동산 등을 취득한 날부터 6개월 이내에 신고하여야 한다.

③ 대한민국 안의 부동산 등을 가지고 있는 대한민국 국민이 외국인 등으로 변경된 경우 그 외국인 등이 해당 부동산 등을 계속 보유하려는 경우에는 외국인 등으로 변경된 날부터 60일 이내에 신고하여야 한다.

④ 외국인 등이 취득하려는 토지가 「자연환경보전법」 에 따른 생태 · 경관보전지역의 토지인 경우, 토지취득계약을 체결한 날부터 60일 이내에 신고하여야 한다.

⑤ 취득허가대상인 토지인 경우 허가신청서를 받은 신고관청은 1월 이내에 허가 또는 불허가처분을 하여야 한다.

31. 다음 중 토지거래허가구역 안에서 토지거래계약체결시 허가를 받아야 하는 것은?

① 국유재산법에 따른 국유재산관리계획에 따라 국유재산을 일반경쟁입찰에 의하여 처분하는 경우

② 「산업입지 및 개발에 관한 법률」 에 따른 산업단지개발사업 또는 준산업단지를 개발하기 위한 사업으로 조성된 토지를 같은 법에 따른 사업시행자가 분양하는 경우

③ 부동산 거래신고 등에 관한 법률에 따라 외국정부 또는 국제기구가 토지취득의 신고를 하거나 허가를 받은 경우

④ 한국자산관리공사가 「금융기관부실자산 등의 효율적 처리 및 한국자산관리공사의 설립에 관한 법률」 의 규정에 의하여 토지를 취득하거나 경쟁입찰을 거쳐서 매각하는 경우 및 한국자산관리공사에 매각이 의뢰되어 2회 이상 공매하였으나 유찰된 토지를 매각하는 경우

⑤ 「산업집적활성화 및 공장설립에 관한 법률」 에 따라 지식산업센터를 분양하는 경우

32. 다음 중 순가 중개계약에 관한 설명 중 옳은 것은?

① 중개업의 조직화와 능률화에 가장 이상적인 형태의 계약이다.

② 계약기간은 원칙적으로 3개월이나 당사자 약정이 있으면 그에 의한다.

③ 국토교통부에서 권장하는 형태의 중개계약이다.

④ 공인중개사법에서 명문으로 금지하고 있지는 않으나 금지행위에 해당될 개연성이 높은 중개계약이다.

⑤ 시간과 비용이 절약되고 신속한 중개완성이 가능하다.

33. 공인중개사법령상 개업공인중개사가 비주거용 건축물 중개대상물 확인 · 설명서[Ⅱ]를 작성하는 경우 그 작성방법에 관한 설명으로 옳은 것은?

① 건축물의 내진설계 적용 여부와 내진능력, 건축물대장상 위반건축물 여부는 개업공인중개사가 확인하여 개업공인중개사 기본 확인사항에 적는다.

② 권리관계 중 민간임대등록 여부는 등기사항증명서를 확인하여 적는다.

③ 임대차의 경우, 취득 시 부담할 조세의 종류 및 세율은 중개가 완성되기 전의 「지방세법」 내용을 확인하여 적는다.

④ 일조량, 소음, 진동에 관한 환경조건은 매도(임대)의뢰인에게 자료를 요구하여 확인한 사항을 개업공인중개사 세부 확인사항에 적는다.

⑤ 내 · 외부 시설물의 상태 중 소방시설에 단독경보형 감지기 설치 여부 등에 대하여 개업공인중개사 세부 확인사항에 적는다.

34. 다음 중 분묘기지권과 관련한 내용으로서 틀린 것은?

① 분묘기지권은 판례가 인정한 관습법상의 지상권에 유사한 일종의 물권이다.

② 판례는 타인의 토지에 승낙없이 분묘를 설치하고 20년간 평온 · 공연하게 그 분묘의 기지를 점유함으로써 취득시효가 완성된 경우에는 분묘기지권을 취득한다고 본다.

③ 분묘기지권의 존속기간은 당사자 사이에 약정이 있더라도 분묘를 수호 · 봉사하는 한 계속된다.

④ 부부 중 일방이 먼저 사망하여 이미 그 분묘가 설치되고 그 분묘기지권이 미치는 범위 내에서 그 후에 사망한 다른 일방의 합장을 위하여 쌍분(雙墳), 단분(單墳)형태의 분묘를 다시 설치하는 것도 허용되지 않는다.

⑤ 타인의 토지에 분묘를 설치 또는 소유하는 자는 점유의 성질상 소유의 의사는 추정되지 않는다.

35. 「부동산등기특별조치법」 상 검인제도에 관한 설명으로 틀린 것은?

① 토지 또는 건축물에 대한 소유권 이전에 대한 가등기 원인서면과 지상권설정 계약서는 검인대상이 아니다.

② 토지에 대한 매매계약서는 검인의 대상이지만 부동산거래신고필증 또는 토지거래허가증을 발급받으면 검인을 받은 것으로 본다.

③ 계약서를 작성한 개업공인중개사는 검인을 신청 할 수 있다.

④ 2개 이상의 시 · 군 · 구에 있는 수개의 부동산을 거래하는 경우 그 중 1의 부동산을 관할하는 시장 · 군수 · 구청장에게 검인을 신청할 수 있다. 이 경우 계약서 원본 및 부동산 시 · 군 · 구 수에 1을 더한 통수의 사본을 제출해야 한다.

⑤ 검인신청을 받은 관할청이 검인할 때에는 계약서 내용의 진정성을 확인해야 한다.

36. 다음은 부동산실권리자 명의등기에 관한 법률이다. 틀린 것은?

① 양도담보, 가등기담보, 부동산구분소유자의 공유등기 등은 위법한 명의신탁약정에 해당되지 아니한다.

② 명의신탁약정의 무효와 명의신탁약정에 따라 행하여진 등기에 의한 부동산에 관한 물권변동의 무효는 제3자에게 대항하지 못한다.

③ 배우자 명의로 부동산에 관한 물권을 등기한 경우에는 조세포탈, 강제집행의 면탈 또는 법령상의 제한의 회피를 목적으로 하지 아니하는 한 명의신탁약정의 효력 및 과징금 · 벌칙의 규정이 적용되지 아니한다.

④ 명의신탁약정의 금지에 위반한 명의신탁자에 대하여는 3년 이하의 징역 또는 1억 원 이하의 벌금에 처한다.

⑤ 부동산 소유자로부터 명의수탁을 받은 자가 이를 임의로 처분하였다면 명의신탁자에 대한 횡령죄가 성립한다.

37. 주택임대차보호법에 관한 내용으로 틀린 것은?

① 임대인이 임대차기간이 끝나기 6개월 전부터 2개월 전까지(임차인은 임대차기간이 끝나기 2개월 전까지)의 기간에 갱신거절 등을 통지하지 아니한 경우에는, 그 기간이 끝난 때에 전 임대차와 동일한 조건으로 다시 임대차한 것으로 본다.

② 임차인이 2기의 차임액에 달하도록 차임을 연체한 때에는 묵시적 갱신을 인정하지 아니한다.

③ 임차인의 묵시적 갱신의 해지통지는 임대인이 그 통지를 받은 날부터 3개월이 지나면 그 효력이 발생한다.

④ 차임 등의 증액청구는 약정한 차임 등의 20분의 1의 금액을 초과하지 못하며, 임대차계약 또는 약정한 차임등의 증액이 있은 후 1년 이내에는 하지 못한다.

⑤ 대항요건을 갖춘 임차인이라면 저당권설정등기 이후 증액된 임차보증금에 관하여 저당권에 기해 주택을 경락받은 소유자에게 대항할 수 있다.

38. 「상가건물임대차보호법」 상 임차인의 계약갱신요구권에 관한 설명 중 틀린 것은?

① 임대인은 임차인이 임대차기간 만료 전 6월부터 1월 전까지 행하는 갱신요구에 정당한 사유 없이 이를 거절하지 못한다.

② 계약갱신요구권은 최초 임대차기간을 제외한 전체 임대차기간이 5년을 초과하지 않는 범위 내에서만 행사할 수 있다.

③ 갱신되는 임대차는 전 임대차와 동일한 조건으로 다시 계약한 것으로 보며, 이 경우 차임과 보증금은 증액할 수 있다.

④ 3기의 차임액에 달하도록 차임을 연체한 사실이 있는 임차인에 대해 임대인은 계약 갱신요구를 거절할 수 있다.

⑤ 임대인의 동의를 받고 전대차계약을 체결한 전차인은 임차인의 계약갱신요구권 행사기간 범위 내에서 임차인을 대위하여 임대인에게 계약갱신요구권을 행사 할 수 있다.

39. 다음은 배당분석에 대한 설명이다. 틀린 것은? (매각대금 1억원)

일자	권리	채권액
2018.1.1.	A : 근저당	5,000만원
2018.2.1.	B : 가압류	3,000만원
2018.3.1.	C : 근저당	4,000만원
2018.4.1.	D : 근저당	3,000만원

① A는 5천만원을 배당받을 수 있다.

② B는 1천5백만원을 배당받을 수 있다.

③ C는 3천5백만원을 배당받을 수 있다.

④ C는 2천만원을 배당받을 수 있다.

⑤ D는 배당금액이 전혀 없다.

40. 甲은 매수신청대리인으로 등록한 개업공인중개사 乙에게 민사집행법에 의한 경매대상 부동산에 대한 매수신청대리의 위임을 하였다. 이에 관한 설명으로 틀린 것은?

① 乙은 동일한 부동산에 대하여 이해관계가 다른 2 이상의 대리인이 되어서는 아니 된다.

② 乙은「민사집행법」에 따른 차순위매수신고를 할 수 있다.

③ 乙은 매수신청대리인 등록증을 자신의 중개사무소 안의 보기 쉬운 곳에 게시해야 한다.

④ 乙이 중개업을 휴업한 경우, 관할 지방법원장은 乙의 매수신청대리인 등록을 취소해야 한다.

⑤ 乙은 매수신청대리 사건카드에 중개행위에 사용하기 위해 등록한 인장을 사용하여 서명날인해야 한다.

제2과목 : 부동산공법 중 부동산 중개에 관련되는 규정

41. 국토의 계획 및 이용에 관한 법령상 도시·군관리계획으로 결정하여야 할 대상이 아닌 것은?

① 도시·군기본계획에 따른 도심과 부도심에 대하여 입지규제최소구역의 지정

② 농림지역에 관광·휴양개발진흥지구의 지정

③ 자연환경보전지역에 대한 성장관리계획구역의 지정

④「도시개발법」에 따른 도시개발사업

⑤ 도시지역 외의 주거개발진흥지구에 대한 지구단위계획구역의 지정

42. 국토의 계획 및 이용에 관한 법령상 입지규제최소구역에 관한 설명으로 옳은 것은?

① 도시 · 군관리계획 결정권자(시장 또는 군수 제외)는 도시지역에서 복합적인 토지이용을 증진시켜 도시 정비를 촉진하고 지역 거점을 육성할 필요가 있다고 인정되면 입지규제최소구역으로 지정할 수 있다.

② 주민은 대상 토지면적의 5분의 4 이상의 토지소유자의 동의를 받아 입지규제최소구역의 지정을 위한 도시 · 군관리계획의 입안을 제한할 수 있다.

③ 두개 이상의 노선이 교차하는 대중교통 결절지로부터 5킬로미터 이내에 위치한 지역과 그 주변지역의 전부 또는 일부를 입지규제최소구역으로 지정할 수 있다

④ 다른 법률에서 도시 · 군관리계획의 결정을 의제하고 있는 경우에는 이 법에 따르지 아니하고 입지규제최소구역의 지정과 입지규제최소구역계획을 결정할 수 있다.

⑤ 입지규제최소구역으로 지정된 지역은「건축법」상 건축협정구역으로 지정된 것으로 본다.

43 국토의 계획 및 이용에 관한법령상 대지가 둘 이상의 용도지역 등에 걸치는 대지에 대한 행위제한 등에 관한 설명으로 옳은 것은?

① 하나의 대지(1500㎡)가 도로변에 띠 모양으로 지정된 중심상업지역에 900㎡, 준주거지역에 600㎡가 걸친 경우 전체 대지의 건폐율 및 용적률은 중심상업지역에 관한 기준을 적용한다.

② 위 ①의 경우 건축제한은 각 용도지역의 기준이 적용된다.

③ 하나의 건축물이 방화지구와 그 밖의 지역에 걸쳐 있는 경우에는 그 전부에 대하여 방화지구의 건축물 및 대지에 관한 규정을 적용한다.

④ 하나의 대지(1200㎡)가 자연녹지지역(700㎡)과 제1종 전용주거지역(500㎡)에 걸쳐 있는 경우 각 용도지역의 건축물 및 토지에 관한 규정을 적용한다.

⑤ 녹지지역의 건축물이 고도지구에 걸친 경우에는 그 건축물 및 대지의 전부에 대하여 녹지지역의 건축물 및 대지에 관한 규정을 적용한다.

44. 국토의 계획 및 이용에 관한 법령상 산업·유통개발진흥지구의 지정제안에 관한 설명으로 옳은 것은?

① 지정제안의 대상지역은 자연녹지지역·계획관리지역 또는 생산관리지역에 해당하여야 한다.

② 지정 대상 지역의 전체 면적에서 계획관리지역의 면적이 차지하는 비율이 100분의 80 이상이어야 한다.

③ 위 ②의 경우 자연녹지지역 또는 생산관리지역 중 도시 · 군관리계획에 반영된 지역은 계획관리지역으로 보아 그 면적을 산정한다.

④ 도시 · 군관리계획 입안의 제안은 그 제안 일부터 60일 이내에 반영여부를 제안자에게 통보하여야 한다.

⑤ 제안을 도시 · 군관리계획입안에 반영할 것인지 여부를 결정함에 있어서는 중앙도시계획위원회 또는 지방도시계획위원회의 심의를 거쳐야 한다.

45. 국토의 계획 및 이용에 관한 법령상 방재지구에 관한 설명으로 옳은 것은?

① 방재지구는 재해 및 화재의 위험을 예방하기 위하여 그 지정을 도시 · 군관리계획으로 결정한다.

② 방재지구 안에서 건축제한에 관한사항은 이 법과 그 시행령에서 정한다.

③ 건축물·인구가 밀집되어 있는 지역으로서 시설 개선 등을 통하여 재해 예방을 목적으로 하는 것은 시가지방재지구이다.

④ 국토교통부장관은 「연안관리법」 상 연안침식관리구역으로 지정된 지역에 대하여 방재지구의 지정을 도시·군관리계획으로 결정할 수 있다.

⑤ 위 ④의 방재지구의 지정에 관한 도시·군관리계획의 내용에는 해당 방재지구의 재해저감대책에 관한사항을 포함할 수도 있다.

46. 국토의 계획 및 이용에 관한 법령상 개발행위 허가의 절차에 관한 설명으로 옳은 것은?

① 개발행위 허가를 제한할 사유가 없어진 경우에도 그 제한기간 중에는 이를 해제 할 수 없고, 제한 기간이 끝난 후 지체 없이 그 제한을 해제하여야 한다.

② 개발행위허가 대상 토지가 둘 이상의 용도지역 등에 걸치는 경우에는 각각의 용도지역에 위치하는 토지부분에 대하여는 각각의 용도지역의 개발행위 허가 규모에 관한 규정을 적용한다.

③ 지구단위계획구역으로 지정된 지역은 개발행위 허가의 제한 기간을 한 차례 1년 범위에서 연장할 수 있다.

④ 위 ③의 개발행위허가의 제한기간을 연장하려는 경우에는 중앙도시계획위원회나 지방도시계획위원회의 심의를 거쳐야 한다.

⑤ 농림지역 안에서는 5만㎡인 토지형질변경은 허가 될 수 있다.

47. 국토의 계획 및 이용에 관한 법령상 개발제한구역에 관한 설명으로 옳은 것은?

① 주민(이해관계자를 포함한다)은 개발제한구역의 변경에 관한 도시 · 군관리계획의 입안을 제안할 수 있다.

② 개발제한구역에서의 행위 제한이나 그 관리에 필요한 사항은 따로 법률로 정한다.

③ 개발제한구역의 지정 및 변경에 관한 도시 · 군관리계획은 환경부장관이 결정한다.

④ 도시의 자연환경 및 경관을 보호하고 도시민에게 건전한 여가 · 휴식공간을 제공하기 위하여 도시지역 안에서 식생이 양호한 산지의 개발을 제한을 목적으로 지정된다.

⑤ 개발제한구역에 대하여는 「건축법」 상 특별건축구역을 지정할 수 있다.

48. **국토의 계획 및 이용에 관한 법령상 도시 · 군계획시설에 관한 설명으로 틀린 것은?**

① 도시 · 군계획시설결정의 고시일부터 10년 이내에 사업이 시행되지 아니하고 그 실효 시까지 집행계획이 없는 경우에는 그 도시 · 군계획시설 부지의 소유자는 그 결정 해제를 위한 도시 · 군관리계획 입안을 신청할 수 있다.

② 입안권자는 위 ①의 해제를 위한 입안 신청을 받은 날부터 3개월 이내에 입안 여부를 결정하여 토지 소유자에게 알려야 한다.

③ 결정이 고시된 도시 · 군계획시설의 설치 할 필요성이 없어진 경우 관할 지방자치단체의 장은 그 현황과 단계별 집행계획을 해당 지방의회에 보고하여야 한다.

④ 보고를 받은 지방의회는 보고가 지방의회에 접수된 날부터 90일 이내에 해제를 권고하는 서면을 지방자치단체의 장에게 보내어 그 해제를 권고할 수 있다.

⑤ 지방의회에 보고한 장기미집행 도시 · 군계획시설 중 도시 · 군계획시설 결정이 해제되지 아니한 장기미집행 도시 · 군계획시설등에 대하여 최초로 지방의회에 보고한 때부터 매년마다 지방의회에 보고하여야 한다.

49. **국토의 계획 및 이용에 관한 법령상 개발밀도관리구역에 관한 설명으로 옳은 것은?**

① 해당 지역의 전년도 개발행위허가 건수가 전전년도 개발행위허가 건수보다 20% 이상 증가한 지역은 개발밀도관리구역을 지정 할 수 있다.

② 지정권자는 시 · 도지사 또는 대도시시장이다.

③ 개발밀도관리구역에서는 해당 용도지역에 적용되는 용적률의 최대한도의 50%를 강화하여 적용한다.

④ 개발밀도관리구역을 지정하려면 주민의 의견을 들어야 하며, 해당 지방자치단체에 설치된 지방도시계획위원회의 심의를 거쳐야 한다.

⑤ 개발밀도관리구역의 지정고시 일부터 1년이 되는 날까지 개발밀도관리계획을 수립하지 아니하면 그 1년이 되는 날의 다음 날에 그 지정은 해제된 것으로 본다.

50. **국토의 계획 및 이용에 관한 법령상 지구단위계획구역 안의 건축제한 완화에 관한 설명 중 다음의 빈칸 (ⓐ), (ⓑ), (ⓒ), (ⓓ)에 순서대로 옳은 것은?**

> ㉠ 도시지역 외에 지정하는 지구단위계획구역에서는 지구단위계획으로 당해 용도지역 또는 개발진흥지구에 적용되는 건폐율의 (ⓐ)% 및 용적률의 (ⓑ)% 이내에서 완화하여 적용할 수 있다.
> ㉡ 지정된 지구단위계획구역 내 준주거지역에서 도심 공공주택 복합사업 또는 「빈집 및 소규모주택 정비에 관한 특례법」에 따른 소규모재개발사업을 시행하는 경우에는 지구단위계획으로 해당지역 용적률의 (ⓒ)% 이내의 범위에서 용적률을 완화하여 적용할 수 있다.
> ㉢ 지정된 지구단위계획구역 내 준주거지역에서는 지구단위계획으로 「건축법」에 따른 채광 등의 확보를 위한 건축물의 높이 제한을 (ⓓ)% 이내의 범위에서 완화하여 적용할 수 있다.

① 150 - 200 - 140 - 200

② 140 - 200 - 150 - 200

③ 200 - 150 - 140 - 150

④ 140 - 150 - 150 - 200

⑤ 150 - 200 - 150 - 200

51. **국토의 계획 및 이용에 관한 법령상 다음 중 옳은 것을 모두 고른 것은?**

> ㉠ 국가계획으로 설치하는 광역시설은 그 광역시설의 설치 · 관리를 사업목적 또는 사업종목으로 하여 다른 법률에 따라 설립된 법인이 이를 설치 · 관리할 수 있다.
> ㉡ 기반시설 중 공간시설에는 공원, 광장, 녹지, 유원지, 공공공지가 있다.
> ㉢ 하수도, 폐기물처리 및 재활용시설은 보건위생시설에 해당한다.
> ㉣ 광역시설의 설치 및 관리는 제43조(도시 · 군계획시설의 설치 · 관리) 에 따른다.
> ㉤ 가스관과 하수도관은 공동구에 수용하기 위하여 공동구협의회 심의를 거쳐야 한다.

① ㉠　　② ㉠, ㉡

③ ㉠, ㉡, ㉢　　④ ㉠, ㉡, ㉢, ㉣

⑤ ㉠, ㉡, ㉣, ㉤

52. 국토의 계획 및 이용에 관한 법령상의 행정쟁송 등에 관한 설명으로 틀린 것은?

① 용도지역 변경에 관한 도시 · 군관리계획 결정 · 고시는 행정쟁송의 대상이 될 수 있다.

② 도지사의 도시 · 군기본계획 승인 취소처분은 행정쟁송의 대상이 될 수 있다.

③ 이 법에 따른 도시 · 군계획시설사업 시행자의 처분에 대하여는 「행정심판법」에 따라 행정심판을 제기할 수 있다.

④ 다만, 위 ③의 경우 행정청이 아닌 시행자의 처분에 대하여는 그 시행자를 지정한 자에게 행정심판을 제기하여야 한다.

⑤ 도시 · 군계획시설사업의 실시계획인가 취소처분을 하려면 청문을 하여야 한다.

53. 도시개발법령상 도시개발구역에서 그 개발행위에 대하여 허가를 받아야 하는 것은?

① 농림수산물의 생산에 직접 이용되는 비닐하우스, 양잠장, 고추, 잎담배, 김 등 농림수산물의 건조장의 설치

② 경작을 위한 토지의 형질변경

③ 도시개발구역의 개발에 지장을 주지 아니하고 자연경관을 훼손하지 아니하는 범위에서의 토석 채취

④ 경작지에서의 관상용 죽목의 임시 식재

⑤ 도시개발구역에 남겨두기로 결정된 대지에서 물건을 쌓아놓는 행위

54. 도시개발법령상 "수용방식"에 관한 설명으로 옳은 것은?

① 시행자가 아닌 지정권자는 도시개발사업에 필요한 토지 등을 수용하거나 사용할 수 있다.

② 「지방공기업법」상 지방공사인 시행자는 사업대상 토지면적의 3분의 2 이상에 해당하는 토지를 소유하고 토지 소유자 총수의 2분의 1 이상에 해당하는 자의 동의를 받아 수용의 주체가 될 수 있다.

③ 토지의 세부목록을 고시한 경우에는 「공익사업을 위한 토지 등의 취득 및 보상에 관한 법률」에 따른 사업인정 및 그 고시가 있었던 것으로 본다.

④ 시행자는 토지 소유자가 원하면 토지등의 매수 대금의 일부를 지급하기 위하여 도시개발채권을 발행할 수 있다.

⑤ 지정권자가 아닌 시행자는 조성토지등을 공급하려고 할 때에는 조성토지등의 공급 계획을 작성하여 이를 지정권자에게 제출하여야 한다.

55. 도시개발법령상 "입체환지"에 관한 설명으로 틀린 것은?

① 입체환지를 계획하는 경우에 그 환지계획에는 입체환지용 건축물의 명세와 입체환지에 따른 주택 공급 방법 · 규모에 관한 사항 등이 포함되어야 한다.

② 시행자는 도시개발사업을 원활히 시행하기 위하여 특히 필요한 경우에는 토지 또는 건축물 소유자의 신청을 받아 건축물의 일부와 그 건축물이 있는 토지의 공유지분을 부여할 수 있다.

③ 입체환지의 경우 시행자는 환지계획 작성 전에 실시계획의 내용, 환지신청 기간 등을 토지 소유자에게 통지하고 해당 지역에서 발행되는 일간신문에 공고하여야 한다.

④ 입체환지의 신청 기간은 위 ③에 따라 통지한 날부터 30일 이상 60일 이하로 하여야 한다.

⑤ 입체환지로 주택을 공급하는 경우에 「수도권정비계획법」에 따른 과밀억제권역에 위치하지 아니하는 도시개발구역의 토지 소유자는 3주택까지 공급할 수 있다.

56. 도시개발법령상 수용방식의 공사완료 후 조성토지공급 방법이 나머지와 다른 것은?

① 학교용지, 공공청사용지 등 일반에게 분양할 수 없는 공공용지를 국가, 지방자치단체 등에게 공급하는 경우

② 토지상환채권에 의하여 토지를 상환하는 경우

③ 실시계획에 따라 존치하는 시설물의 유지관리에 필요한 최소한의 토지를 공급하는 경우

④ 330제곱미터 이하인 단독주택용지를 공급하는 경우

⑤ 경쟁입찰 또는 추첨의 결과 2회 이상 유찰된 경우

57. 도시개발법령상 도시개발조합에 관한 설명으로 옳은 것은?

① 조합의 임원은 조합원 외의 자 중에서 선임할 수 있고, 정관으로 정한 바에 따라 총회에서 선임한다.

② 조합장의 자기를 위한 조합과의 계약이나 소송에 관하여는 이사가 조합을 대표한다.

③ 조합의 조합원은 도시개발구역의 토지 소유자나 그 지상권자로 한다.

④ 청산금의 징수 · 교부를 완료한 후에 조합을 해산하는 경우는 대의원회에서 직접 의결할 수 있다.

⑤ 조합의 임원으로 선임된 자가 결격사유에 해당하게 된 경우에는 그 해당한 날부터 임원의 자격을 상실한다.

58. **도시개발법령상 청산금의 징수 · 교부 등에 관한 설명으로 틀린 것은?**

① 환지대상에서 제외한 토지 등에 대하여는 청산금을 교부하는 때에 청산금을 결정할 수 있다.

② 청산금은 환지처분이 공고된 날의 다음 날에 확정된다.

③ 환지를 정하지 아니하는 토지에 대하여는 환지처분 전이라도 청산금을 교부할 수 있고, 청산금은 이자를 붙여 분할징수하거나 분할 교부할 수 있다.

④ 행정청이 아닌 시행자가 청산금을 내지 아니하면 국세 또는 지방세 체납처분의 예에 따라 이를 징수할 수 있다.

⑤ 청산금을 받을 권리나 징수할 권리를 5년간 행사하지 아니하면 시효로 소멸한다.

59. **도시 및 주거환경정비법령상 주거환경개선구역은 해당 정비구역의 지정 · 고시가 있은 날부터 주거지역을 세분하여 정하는 일정한 용도지역으로 결정 · 고시 된 것으로 본다. 그 연결이 맞는 것은?**

① 시행자가 정비구역에서 정비기반시설 및 공동이용시설을 새로 설치하거나 확대하고 토지 등 소유자가 스스로 주택을 보전 · 정비하거나 개량하는 방법 : 제2종 일반주거지역

② 환지로 공급하는 방법 : 제3종 일반주거지역

③ 시행자가 정비구역의 전부 또는 일부를 수용하여 주택을 건설한 후 토지 등 소유자에게 우선 공급하거나 대지를 토지 등 소유자 또는 토지 등 소유자 외의 자에게 공급하는 방법 : 제2종 일반주거지역

④ 관리처분계획에 따라 주택 및 부대시설 · 복리시설을 건설하여 공급하는 방법 : 준주거지역

⑤ 공공지원 민간임대주택 또는 「공공주택 특별법」에 따른 공공건설임대주택을 200세대 이상 공급하려는 경우로서 해당 임대주택의 건설지역을 포함하여 정비계획에서 따로 정하는 구역 : 제3종일반주거지역

60. **도시 및 주거환경정비법령상 다음의 설명으로 옳은 것은?**

① 사업시행자는 사업시행계획인가의 고시가 있은 날부터 60일 이내에 다음의 사항을 토지 등 소유자에게 통지하고, 분양의 대상이 되는 대지 또는 건축물의 내역 등을 해당 지역에서 발간되는 일간신문에 공고하여야 한다.

② 사업시행자는 관리처분계획이 인가 · 고시된 날의 다음 날부터 90일 이내에 분양신청을 하지 아니한 자 등과 토지, 건축물 또는 그 밖의 권리의 손실보상에 관한 협의를 하여야 한다.

③ 투기과열지구의 정비사업에서 관리처분계획에 따라 분양대상자 및 그 세대에 속한 자는 분양대상자 선정일부터 3년 이내에는 분양신청을 할 수 없다.

④ 기본계획의 수립권자는 기본계획을 수립하거나 변경하려는 경우에는 30일 이상 주민에게 공람하여 의견을 들어야 하며, 제시된 의견이 타당하다고 인정되면 이를 기본계획에 반영하여야 한다.

⑤ 기본계획의 수립권자는 기본계획에 대하여 10년마다 타당성을 검토하여 그 결과를 기본계획에 반영하여야 한다.

61. **도시 및 주거환경정비법령상 분양신청 한 토지 등 소유자가 소유한 주택의 수 범위에서 3주택까지 공급할 수 있는 경우로 옳은 것은?**

① 과밀억제권역에 위치하지 아니한 재건축사업의 토지 등 소유자(투기과열지구 또는 조정대상지역에서 최초로 사업시행계획인가를 신청하는 재건축사업의 토지 등 소유자는 제외한다).

② 지방자치단체

③ 한국토지주택공사

④ 기숙사 용도로 주택을 소유하고 있는 토지 등 소유자

⑤ 과밀억제권역에 위치한 재건축사업의 토지 등 소유자(투기과열지구 또는 조정대상지역에서 최초 사업시행계획인가를 신청하는 재건축사업의 경우에 해당하지 않는다)

62. 도시 및 주거환경정비법령상 조합원자격 등에 관한 설명으로 옳은 것은?

① 정비사업의 조합원은 토지 등 소유자로 하되, 재건축사업의 경우에는 재건축사업에 동의한 자만 해당한다.

② 조합설립인가 후 1명의 토지 등 소유자로부터 토지 또는 건축물의 소유권이나 지상권을 양수하여 여러 명이 소유하게 된 때에는 소유하게 된 모두가 조합원이 된다.

③ 투기과열지구로 지정된 지역에서 재건축사업을 시행하는 경우에는 관리처분계획 인가 후 해당 정비사업의 건축물 또는 토지를 양수한 자는 조합원이 될 수 없다(단, 상속 · 이혼으로 인한 양도 · 양수의 경우는 제외한다).

④ 위 ③의 경우에 양도인이 세대원의 일부가 해외로 이주하는 경우 그 양도인으로부터 그 건축물 또는 토지를 양수한 자는 그러하지 아니하다

⑤ 정관기재사항 중 조합원의 자격에 관한사항을 변경하는 경우에는 조합원 과반수의 찬성으로 한다.

63. 도시 및 주거환경정비법령상 재건축사업 정비계획 입안여부의 결정을 위한 안전진단에 관한 설명으로 틀린 것은?

① 정비계획의 입안권자는 재건축사업 정비계획의 입안을 위하여 정비예정구역별 정비계획의 수립시기가 도래한 때에 안전진단을 실시하여야 한다.

② 정비계획의 입안권자는 해당 정비예정구역에 위치한 건축물 및 그 부속토지의 소유자 10분의 1 이상의 동의를 받아 안전진단의 실시를 요청하는 경우에는 안전진단을 실시하여야 한다.

③ 정비계획의 입안권자는 그 요청 일부터 30일 이내에 안전진단의 실시여부를 결정하여 요청인에게 통보하여야하고, 이 경우 안전진단에 드는 비용을 요청하는 자에게 부담하게 할 수 있다.

④ 안전진단은 주택단지의 공동주택을 대상으로 한다.

⑤ 천재지변 등으로 주택이 붕괴되어 신속히 재건축을 추진할 필요가 있다고 인정하는 것은 안전진단 대상에서 제외할 수 있다.

64. 도시 및 주거환경정비법령상 주거환경개선사업에 관한 설명을 옳은 것은?

① 단독주택 및 다세대주택이 밀집한 지역에서 정비기반시설과 공동이용시설 확충을 통하여 주거환경을 개선하기 위한 사업이다.

② 인가받은 관리처분계획에 따라 주택 및 부대시설 · 복리시설을 건설하여 공급하는 방법으로 할 수 있다.

③ 토지 등 소유자가 스스로 주택을 보전 · 정비하거나 개량하는 방법으로 시행하는 주거환경개선사업은 시장 · 군수 등이 직접 시행하되, 토지주택공사등을 사업시행자로 지정하여 시행하게 하려는 경우에는 토지 등 소유자의 3분의 2 이상의 동의를 받아야 한다.

④ 주거환경개선사업에 따른 부동산등기를 하는 때에는 「주택도시기금법」 제8조의 국민주택채권을 매입하여야 한다.

⑤ 국토교통부장관은 주거환경개선사업의 시행으로 철거되는 주택의 소유자에게 해당 정비구역 안과 밖에 위치한 임대주택 등의 시설에 임시로 거주하게 하거나 주택자금의 융자를 알선하는 등 임시거주에 상응하는 조치를 하여야 한다.

65. 건축법령상 “대지” 에 관한 설명으로 옳은 것은?

① “대지” 란 「공간정보의 구축 및 관리 등에 관한 법률」 에 따라 각 필지로 나눈 토지를 말한다.

② 「건축법」 에 따른 건축허가를 받아 주택 등이 건설된 주택단지는 2 이상의 필지를 1개의 대지로 본다.

③ 3필지 일부에 대하여 「도로법」 에 따른 도로점용 허가를 받은 경우 그 허가받은 부분의 토지는 1개의 대지로 본다.

④ 준주거지역에서 면적 500㎡인 대지에 허가를 받아 가설건축물을 건축하는 경우 그 건축주는 조경 등의 조치를 하여야 한다.

⑤ 대지(650㎡)가 근린상업지역(500㎡)과 제1종 일반주거지역(150㎡)에 걸치는 경우에는 그 건축물과 대지의 전부에 대하여 각 용도지역의 건축물 및 대지 등에 관한 이 법의 규정을 적용한다.

66. **건축법령상 건축허가 제한 등에 관한 설명으로 옳은 것은?**

① 국토교통부장관은 도시 · 군계획에 특히 필요하다고 인정하면 허가권자의 건축허가를 제한할 수 있다.

② 건축허가를 제한하려는 경우에는 주민의견을 청취한 후 건축위원회의 심의를 거쳐야 한다.

③ 건축허가를 제한하는 경우 제한기간은 3년 이내로 한다.

④ 다만, ③의 경우에 1회에 한하여 6월 이내의 범위에서 제한기간을 연장할 수 있다.

⑤ 국토교통부장관은 특별시장 · 광역시장 · 도지사의 제한 내용에 관하여 그 해제를 명할 수 없다.

67. **건축법령상 가설건축물의 존치기간 등에 관한 설명으로 <u>틀린</u> 것은?**

① 허가대상 가설건축물의 존치 기간은 3년 이내여야 한다. 다만, 도시 · 군계획사업이 시행될 때까지 그 기간을 연장할 수 있다.

② 전시를 위한 견본주택이나 그 밖에 이와 비슷한 가설건축물을 축조하려는 자는 특별자치시장 · 특별자치도지사 또는 시장 · 군수 · 구청장에게 신고한 후 착공하여야 한다.

③ 위 ②의 가설건축물의 존치기간은 3년 이내로 하며, 존치기간의 연장이 필요한 경우에는 횟수별 3년의 범위에서 건축조례로 정하는 횟수만큼 존치기간을 연장할 수 있다.

④ 존치기간을 연장하려는 가설건축물의 건축주는 허가 대상 가설건축물은 존치기간 만료일 7일 전까지 허가 신청하여야 한다.

⑤ 공장에 설치한 가설건축물은 건축주가 그 존치기간의 연장을 원하지 않는다는 사실을 통지하지 않는 경우에는 기존 가설건축물과 동일한 기간으로 존치기간을 연장한 것으로 본다.

68. **건축법령상 대지면적 등의 산정방법에 관한 설명으로 <u>틀린</u> 것은?** (다음 제시된 조건 외의 예외적 사항은 고려하지 아니한다)

① 대지면적은 대지의 수평투영면적으로 한다.

② 연면적은 하나의 건축물의 각 층별 바닥면적의 합계로 하되, 용적률을 산정할 때는 지하층 면적을 제외한다.

③ 건축물의 높이는 지표면으로부터 그 건축물의 상단까지의 높이로 한다.

④ 건축물의 옥상에 승강기탑이 있는 경우 그 수평투영면적의 합계가 해당 건축물의 건축면적의 8분의 1 이하이고, 그 부분의 높이가 12미터를 넘는 경우에는 그 승강기탑의 높이 전부를 높이에 산입한다.

⑤ 건축물의 건폐율은 이 법에서 기준을 완화하거나 강화하여 적용하도록 규정한 경우에는 그에 따른다.

69. **건축법령상 건축사 설계대상으로 옳은 것은?**

① 「주택법」에 따른 리모델링을 하는 건축물

② 연면적이 200㎡ 미만이고 층수가 3층 미만인 건축물의 대수선

③ 읍 · 면지역에서 건축하는 건축물 중 연면적이 200㎡ 이하인 창고 및 농막

④ 읍 · 면지역에서 건축하는 건축물 중 연면적 400㎡ 이하인 축사, 작물재배사

⑤ 바닥면적의 합계가 85㎡ 미만인 증축 · 개축 또는 재축

70. **건축법령상 사용승인 등에 관한 설명으로 <u>틀린</u> 것은?**

① 건축주가 건축물의 건축공사를 완료한 경우에는 공사완료도서 등을 첨부하여 허가권자에게 사용승인을 신청하여야 한다.

② 허가권자는 사용승인신청일로부터 14일 이내에 검사에 합격된 건축물에 대하여는 사용승인서를 내주어야 한다.

③ 식수 등 조경에 부적합한 시기에 공사가 완료된 건축물은 식수 등 조경에 필요한 조치를 조건으로 임시사용을 승인할 수 있다.

④ 임시사용승인의 기간은 2년 이내로 한다.

⑤ 허가권자는 대형 건축물 또는 암반공사 등으로 인하여 공사기간이 긴 건축물에 대하여는 그 기간을 연장할 수 있다.

71. **건축법령상 "건축협정"과 "결합건축"에 대한 설명으로 옳은 것은?**

① 도시 및 주거환경정비법령상 재개발사업을 시행하기 위하여 지정 · 고시된 정비구역은 "건축협정"을 체결할 수 있고, 건축주가 서로 합의한 경우 2개의 대지를 대상으로 결합건축을 할 수도 있다.

② 건축협정은 토지 또는 건축물의 소유자, 지상권자 등의 전원의 합의로 가능하고, 건축협정을 폐지하려는 경우에도 협정체결자 전원의 합의가 있어야 한다.

③ 둘 이상의 토지를 소유한 자가 1인인 경우에는 건축협정을 정할 수 없다.

④ 국가 · 지방자치단체 또는 공공기관이 소유하는 건축물과 결합건축을 하는 경우에는 2개 이상 대지의 건축주 등이 서로 합의한 경우 2개 이상의 대지를 대상으로 결합건축을 할 수 있다.

⑤ 건축협정 체결 대상 토지가 둘 이상의 특별자치시 또는 시 · 군 · 구에 걸치는 경우 건축협정 체결 대상 토지면적의 과반이 속하는 건축협정인가권자에게 인가를 신청할 수 있다.

72. **주택법령상 도시형 생활주택에 관한 설명으로 옳은 것은?**

① 200세대 미만의 국민주택규모에 해당하는 주택으로서 도시지역에 건설하여야 한다.

② 단지형연립주택은 분양가상한제 적용을 받는다.

③ 소형주택은 건축위원회의 심의를 받은 경우에는 주택으로 쓰는 층수를 5개 층까지 건축할 수 있다.

④ 하나의 건축물에는 단지형 연립주택 또는 단지형 다세대주택과 소형 주택을 함께 건축할 수 없다.

⑤ 소형주택으로 주거전용면적이 20제곱미터 미만인 경우에는 욕실 및 보일러실을 제외한 부분을 하나의 공간으로 구성하여야 한다.

73. **주택법령상 저당권설정 등의 제한을 할 때의 "부기등기 의무"에 관한 설명으로 틀린 것은?**

① 저당권설정 등의 제한을 할 때 사업주체는 해당 주택 또는 대지가 입주예정자의 동의 없이는 양도하거나 제한물권을 설정하거나 압류 · 가압류 · 가처분 등의 목적물이 될 수 없는 재산임을 소유권등기에 부기등기를 하여야 한다.

② 사업주체가 국가 · 지방자치단체 및 한국토지주택공사 등인 경우에는 부기등기를 하지 않는다.

③ 주택건설대지에 대하여는 입주자 모집공고승인신청과 동시에 부기등기를 하여야 한다.

④ 건설된 주택에 대하여는 주택공급계약체결과 동시에 부기등기를 하여야 한다.

⑤ 부기등기일 이후에 해당 대지 또는 주택을 양수하거나 제한물권을 설정 받은 경우 또는 압류 · 가압류 · 가처분 등의 목적물로 한 경우에는 그 효력을 무효로 한다.

74. **주택법령상 용어의 정의에 관한 설명으로 옳은 것은?**

① 폭 4미터 이상인 도시계획예정도로 분리된 주택단지는 이를 별개의 단지로 본다.

② 주차장, 관리사무소, 담장 및 주택단지 안의 도로, 건축설비는 "복리시설" 이다.

③ 어린이놀이터, 근린생활시설, 유치원, 주민운동시설 및 경로당은 "부대시설" 이다.

④ 도로 · 상하수도 · 전기시설 · 가스시설 · 통신시설 및 지역난방시설 등 주택단지 안의 시설을 그 주택단지 밖에 있는 같은 종류의 시설에 연결시키는 시설은 "간선시설" 이다.

⑤ 경제자유구역개발사업으로 조성되는 공동주택이 건설되는 용지는 "공공택지" 에 해당한다(수용 또는 사용의 방식으로 시행하는 사업에 해당한다).

75. **주택법령상 리모델링 절차 등에 관한 설명으로 틀린 것은?**

① 리모델링주택조합(이하 조합이라 한다)은 시장 · 군수 · 구청장의 허가를 받아 리모델링을 할 수 있다.

② 조합은 주택단지 전체를 리모델링하는 경우에는 주택단지 전체 구분소유자 및 의결권의 각 3분의 2 이상의 동의와 각 동별 구분소유자 및 의결권의 각 과반수의 동의를 받아야 한다.

③ 조합은 총회에서 건설업자 또는 건설업자로 보는 등록사업자를 경쟁입찰의 방법으로 시공자를 선정하여야 한다.

④ 시장 · 군수 · 구청장이 세대수 증가형 리모델링을 허가하려는 경우에는 기반시설에의 영향이나 도시 · 군관리계획과의 부합 여부 등에 대하여 시 · 군 · 구도시계획위원회의 심의를 거쳐야 한다.

⑤ 조합이 리모델링에 관하여 시장 · 군수 · 구청장의 허가를 받은 후 그 공사를 완료하였을 때에는 시장 · 군수 · 구청장의 사용검사를 받아야 한다.

76. **주택법령상 주택조합의 가입 철회 및 가입비 등의 반환 등에 관한 설명으로 옳은 것은?**

① 주택조합의 가입을 신청한 자는 가입비등을 예치한 날부터 14일 이내에 주택조합 가입에 관한 청약을 철회할 수 있다.

② 청약 철회를 서면으로 하는 경우에는 청약 철회의 의사를 표시한 서면이 도달한 날에 그 효력이 발생한다.

③ 모집주체는 조합의 가입을 신청한 자가 청약 철회를 한 경우 청약 철회 의사가 도달한 날부터 10일 이내에 예치기관의 장에게 가입비등의 반환을 요청하여야 한다.

④ 예치기관의 장은 가입비등의 반환 요청을 받은 경우 요청 일부터 7일 이내에 그 가입비등을 예치한 자에게 반환하여야 한다.

⑤ 모집주체는 주택조합의 가입을 신청한 자에게 청약 철회를 이유로 위약금 또는 손해배상을 청구할 수 없다.

77. **주택법령상 주택건설사업의 지원 등에 관한 설명으로 옳은 것은?**

① 국가 또는 한국토지주택공사인 사업주체는 주택건설사업을 위한 토지매수 업무와 손실보상 업무를 관할 지방자치단체의 장에게 위탁할 수 있다.

② 사업주체가 토지매수 업무와 손실보상 업무를 위탁할 때에는 그 토지매수 금액과 손실보상 금액의 4%의 범위에서 위탁수수료를 해당 지방자치단체에 지급하여야 한다.

③ 사업주체가 200호 또는 200세대 이상의 주택건설사업을 시행하거나 16,500㎡ 이상의 대지조성사업을 시행하는 경우에는 간선시설을 설치하여야 한다.

④ 위 ③의 경우에 간선시설 중 도로 및 상·하수도시설은 국가가 설치하여야 한다.

⑤ 사업주체가 국민주택용지로 사용하기 위하여 도시개발사업시행자에게 체비지의 매각을 요구한 경우 그 시행자는 체비지의 총면적의 80%의 범위에서 우선적으로 사업주체에게 매각할 수 있다.

78. **주택법령상 조정대상지역에 관한 설명으로 옳은 것은? (아래 ④, ⑤의 조정대상지역은 과열지역에 해당한다)**

① 지정권자는 국토교통부장관 또는 시·도지사이다.

② 조정대상지역에서 건설·공급되는 주택 및 그 입주자로 선정된 지위는 전매행위제한을 받는다.

③ 1년마다 주거정책심의위원회의 회의를 소집하여 해당 지역의 주택가격 안정 여건의 변화 등을 고려하여 조정대상지역 지정의 유지 여부를 재검토하여야 한다.

④ 조정대상지역에서 건설·공급되는 주택 및 그 입주자로 선정된 지위는 해당 주택의 입주자로 선정된 날부터 해당 주택에 대한 소유권이전등기일까지이고, 그 기간이 5년을 초과하는 경우에는 5년으로 한다.

⑤ 관계중앙행정기관의 장은 조정대상지역 지정 후 해당 지역의 주택 가격이 안정되는 등 조정대상지역으로 유지할 필요가 없다고 판단되는 경우에는 국토교통부장관에게 그 지정의 해제를 요청할 수 있다.

79. **농지법령상 유휴농지에 대한 대리경작자 지정에 관한 설명으로 옳은 것은?**

① 대리경작자는 시·도지사(대도시시장)가 농업인 또는 농업법인으로서 대리경작을 하려는 자 중 지정하여야 한다.

② 연작으로 인하여 피해가 예상되는 작목의 재배 전후에 지력의 증진을 위하여 휴경하는 농지는 지정할 수 없다.

③ 대리경작 기간은 3년으로 한다.

④ 대리경작자는 수확량의 100분의 5을 토지사용료로 지급하여야 한다.

⑤ 농지의 소유권자가 그 농지를 스스로 경작하려면 대리경작 기간이 끝나기 2개월 전까지 지정 중지를 신청하여야 한다.

80. **농지법령상 농지의 임대차 또는 사용대차에 관한 설명으로 옳은 것은?**

① 60세 이상이 되어 더 이상 농업경영에 종사하지 아니하게 된 자로서 자기의 농업경영에 이용한 기간이 8년이 넘은 농지는 임대하거나 사용대할 수 있다.

② 임대차계약과 사용대차계약은 서면계약을 원칙으로 한다.

③ 임대차계약은 등기를 마친 때 그 다음 날부터 제3자에 대하여 효력이 생긴다.

④ 임대차기간은 2년 이상으로 하여야 하고, 임대차기간을 정하지 아니하거나 2년보다 짧은 경우에는 2년으로 약정된 것으로 본다.

⑤ 임대차계약의 당사자는 임대차기간, 임차료 등 임대차계약에 관하여 서로 협의가 이루어지지 아니한 경우에는 농지소재지를 관할하는 시·도지사(대도시시장)에게 조정을 신청할 수 있다.

2023년도 제34회 공인중개사 2차 국가자격시험

실전모의고사 제5회

교 시	문제형별	시 간	시험과목
2교시	A	50분	1 부동산공시에 관한 법령 및 부동산 관련 세법

수험번호		성 명	

【 수험자 유의 사항 】

1. **시험문제지 표지와** 시험문제지 내 **문제형별의 동일여부** 및 시험 문제지의 **총면수 · 문제번호 일련순서 · 인쇄상태** 등을 확인하시고, 문제지 표지에 수험번호와 성명을 기재하시기 바랍니다.
2. 답은 각 문제마다 요구하는 **가장 적합하거나 가까운 답 1개**만 선택하고, 답안카드 작성 시 시험문제지 **형별누락, 마킹착오**로 인한 불이익은 전적으로 수험자에게 책임이 있음을 알려드립니다.
3. 답안카드는 국가전문자격 공통 표준형으로 문제번호가 1번부터 125번까지 인쇄되어 있습니다. 답안마킹시에는 반드시 **시험문제지의 문제번호와 동일한 번호에 마킹**하여야 합니다. (2차 2교시: 1번~40번)
4. **감독관의 지시에 불응시 불이익이 발생될 수 있으며, 시험시간 종료 후 답안카드를 제출하지 않을 경우** 시험무효처리 됨을 알려드립니다.
5. 이의제기에 관한 개별회신은 하지 않으며, **최종 정답 발표로 갈음**합니다.
6. 시험 중 **중간 퇴실은 불가**합니다. 단, 부득이하게 퇴실할 경우 **시험포기 각서 제출 후 퇴실은 가능**하나 **재입실이 불가**하며, **해당시험은 무효처리됩니다.**
7. 시험문제지는 시험 종료 후 가져가시기 바랍니다.

인강드림 공인중개사

제1과목: 부동산공시에 관한 법령 및 부동산 관련 세법

1. 공간정보의 구축 및 관리 등이 관한 법령상 토지대장의 등록사항에 해당되는 것을 모두 고른 것은?

> ㉠ 개별공시지가와 그 기준일
> ㉡ 토지이동 사유
> ㉢ 축척
> ㉣ 면적
> ㉤ 소유자의 성명 또는 명칭
> ㉥ 대지권 비율
> ㉦ 소유권의 지분

① ㉠, ㉡, ㉢, ㉣, ㉤
② ㉠, ㉡, ㉢, ㉣, ㉥
③ ㉠, ㉡, ㉢, ㉤, ㉦
④ ㉠, ㉡, ㉣, ㉤, ㉥
⑤ ㉠, ㉡, ㉣, ㉥, ㉦

2. 공간정보의 구축 및 관리 등이 관한 법령상 면적의 오차 처리에 관한 설명으로 틀린 것은?

① 등록전환의 경우 임야대장의 면적과 등록전환될 면적의 차이가 오차 허용범위 이내의 경우에는 등록전환 될 면적을 등록전환 면적으로 등록하여야 한다.
② 토지를 분할하는 경우 분할 후의 각 필지의 면적의 합계가 분할 전 면적과 같아야 한다.
③ 토지를 분할하는 경우 분할 후의 각 필지의 면적의 합계와 분할 전의 면적이 허용범위 이내의 경우에는 그 오차를 각 필지에 나누어 등록한다.
④ 토지분할 후 각 필지의 면적의 합계가 분할 전의 면적과의 차이가 허용범위를 초과하는 경우 지적공부상 경계 또는 면적을 정정하여야 한다.
⑤ 등록전환을 하는 경우 임야대장의 면적과 등록전환될 면적의 차이가 허용범위를 초과하는 경우 임야대장의 면적과 임야도의 경계는 토지소유자 신청에 의하여 정정하여야 한다.

3. 공간정보의 구축 및 관리 등이 관한 법령상 지적공부에 등록된 사항을 지적소관청이 직권으로 정정할 수 있는 경우가 아닌 것은?

① 지적도 및 임야도에 등록된 필지가 면적의 증감없이 경계의 위치만 잘못된 경우
② 지적측량적부심사 또는 재심사 의결서의 사본을 송부받은 지적소관청이 지적공부의 등록사항을 정정하여야 하는 경우
③ 지적공부의 작성 또는 재작성 당시 잘못 작성된 경우
④ 지적측량성과와 다르게 정리된 경우
⑤ 부동산종합공부의 내용과 다르게 정리한 경우

4. 공간정보의 구축 및 관리 등에 관한 법령상 지상 경계의 위치표시 및 결정 등에 관한 설명으로 틀린 것은?

① 토지의 지상 경계는 둑, 담장이나 그 밖의 구획의 목표가 될 만한 구조물 및 경계점표지 등으로 표시한다.
② 지적소관청은 토지의 이동에 따라 지상 경계를 새로 정한 경우에는 지상 경계점 등록부를 작성 · 관리하여야 한다.
③ 지상 경계의 구획을 형성하는 구조물 등의 소유자가 다른 경우에는 그 소유권에 따라 지상 경계를 결정한다.
④ 토지가 해면 또는 수면에 인접한 경우에는 최대만조위나 최대만수위를 경계로 정하여야 한다.
⑤ 도시개발사업 등의 사업시행자가 사업지구의 경계를 결정하기 위하여 토지를 분할하는 경우, 지상 경계는 지상건축물을 걸리게 결정해서는 아니 된다.

5. 공간정보의 구축 및 관리 등에 관한 법령상 대지권등록부의 등록사항으로만 나열된 것은?

① 토지의 소재 · 지번 · 지목 · 전유부분의 건물표시
② 대지권 비율 · 소유권 지분 · 건물명칭 · 개별공시지가
③ 집합건물별 대지권등록부의 장번호 · 토지의 이동사유 · 대지권 비율 · 지번
④ 건물명칭 · 대지권 비율 · 소유권 지분 · 토지의 고유번호
⑤ 지번 · 대지권 비율 · 소유권 지분 · 도면번호

6. **공간정보의 구축 및 관리 등에 관한 법령상 지상 경계점 등록부의 등록사항으로 옳은 것은?**

① 토지소유자의 성명, 주소 및 주민등록번호

② 경계 및 면적

③ 경계점 위치 설명도

④ 토지의 고유번호

⑤ 토지소유자가 변경된 날과 원인

7. **공간정보의 구축 및 관리 등에 관한 법령상 분할에 관한 설명 중 옳은 것은?**

① 1필지 중 일부가 형질변경 등으로 용도가 다르게 되는 경우에는 토지소유자가 90일 이내에 분할을 신청하여야 한다.

② 관계 법령에 따라 해당 토지에 대한 분할이 개발행위 허가 등의 대상인 경우에는 개발행위 허가 등을 받은 이후에 분할을 신청할 수 있다.

③ 분할의 경우 1필지의 지번은 종전지번으로 부여하여야 하며 나머지 필지는 최종본번 다음 번호부터 순차적으로 본번 만으로 부여하여야 한다.

④ 분할의 경우 지적측량을 실시할 필요가 없으며 면적도 측정 할 필요 없다.

⑤ 도시개발사업시행자가 사업시행지역의 경계를 결정하는 경우라도 지상건축물을 걸치게 분할 할 수 없다.

8. **공간정보의 구축 및 관리 등에 관한 법령상 지적공부의 관리 등에 관한 설명으로 <u>틀린</u> 것은?**

① 지적소관청은 해당 청사에 지적서고를 설치하고 그 곳에 지적공부(정보처리시스템을 통하여 기록 · 저장한 경우는 제외한다)를 영구히 보존하여야 한다.

② 지적소관청은 지적공부의 전부 또는 일부가 멸실되거나 훼손되어 이를 복구하여야 한다. 지적공부를 정보처리시스템을 통하여 기록 · 저장한 경우 관할 시 · 도지사, 시장 · 군수 또는 구청장은 그 지적공부를 지적정보관리체계에 영구히 보존하여야 한다.

③ 지적소관청은 부동산종합공부의 등록사항 중 등록사항 상호간에 일치하지 아니하는 사항에 대해서는 등록사항을 관리하는 기관의 장에게 그 내용을 통지하여 등록사항 정정을 요청할 수 있다.

④ 토지소유자가 자기 토지에 대한 지적전산자료를 신청하거나, 토지소유자가 사망하여 그 상속인이 피상속인의 토지에 대한 지적전산자료를 신청하는 경우 또는 개인정보를 제외한 지적전산자료를 신청하는 경우에는 국토교통부장관 등의 승인을 받지 아니할 수 있다.

⑤ 국토교통부장관은 지적공부를 과세나 부동산정책자료 등으로 활용하기 위하여 주민등록전산자료, 가족관계등록전산자료, 부동산등기전산자료 또는 공시지가전산자료 등을 관리하는 기관에 그 자료를 요청할 수 있다.

9. **공간정보의 구축 및 관리 등이 관한 법령상 축척변경에 관한 설명으로 <u>틀린</u> 것은?**

① 지적소관청은 청산금의 결정을 공고한 날부터 20일 이내에 토지소유자에게 청산금의 납부고지 또는 수령통지를 하여야 한다.

② 축척변경시행지역안의 토지소유자 또는 점유자는 시행 공고가 있는 날부터 20일 이내에 시행공고일 현재 점유하고 있는 경계에 경계점표지를 설치하여야 한다.

③ 청산금의 납부 및 지급이 완료된 때에는 지적소관청은 지체 없이 축척변경의 확정공고를 하여야 하며, 확정공고일에 토지의 이동이 있는 것으로 본다.

④ 청산금의 납부고지 또는 수령통지된 청산금에 관하여 이의가 있는 자는 납부고지 또는 수령통지를 받은 날부터 1개월 이내에 지적소관청에 이의신청을 할 수 있다.

⑤ 청산금의 납부고지를 받은 자는 그 고지를 받은 날부터 6월 이내에 청산금을 지적소관청에 내야 한다.

10. 공간정보의 구축 및 관리 등에 관한 법령상 지적측량의 의뢰절차로서 틀린 것은?

① 토지소유자 등 이해관계인은 지적측량을 하여야 할 필요가 있는 때에는 지적측량수행자에게 해당 지적측량을 의뢰하여야 한다.

② 지적측량수행자는 지적측량의뢰가 있는 때에는 지적측량을 실시하여 그 측량성과를 결정하여야 한다.

③ 지적삼각측량성과 및 경위의측량방법으로 실시한 지적확정측량의 경우 국토교통부장관이 고시하는 면적규모 이상의 지적확정측량성과의 경우 지적소관청에 검사를 받아야 한다.

④ 지적공부정리를 요하지 않는 경계복원측량 지적현황측량은 성과검사를 받을 필요가 없다.

⑤ 지적소관청은 측량성과가 정확하다고 인정되는 때에는 측량성과도를 지적측량수행자에게 교부하여야 하며, 지적측량수행자는 측량의뢰인에게 측량성과도를 지체없이 송부하여야 한다.

11. 공간정보의 구축 및 관리 등에 관한 법령상 토지이동 신청 및 지적정리에 관한 설명 중 틀린 것은?

① 「도시개발법」에 따른 도시개발사업의 시행자는 그 사업의 착수·변경 또는 완료 사실의 신고를 그 사유가 발생한 날부터 15일 이내에 하여야 한다.

② 도시개발사업 등의 사업의 착수 또는 변경의 신고가 된 토지의 소유자가 해당 토지의 이동을 원하는 경우에는 해당 사업의 시행자에게 그 토지의 이동을 신청하도록 요청하여야 한다.

③ 지적소관청은 토지의 표시가 잘못되었음을 발견하였을 때에는 지체 없이 등록사항 정정에 필요한 서류와 등록사항정정측량성과도를 작성하고 토지이동정리결의서를 작성한 후 대장의 사유란에 등록사항 정정대상 토지라고 적고, 토지소유자에게 등록사항 정정 신청을 할 수 있도록 그 사유를 통지하여야 한다.

④ 미등기토지로서 신청한 정정사항이 토지소유자의 성명 또는 명칭, 주민등록번호, 주소 등에 관한 사항으로서 명백히 잘못 기재된 경우에는 등기완료통지서, 등기필증, 등기사항증명서 등 관계서류에 의한다.

⑤ 「주택법」에 따른 주택건설사업의 시행자가 파산 등의 이유로 토지의 이동 신청을 할 수 없을 때에는 그 주택의 시공을 보증한 자 또는 입주예정자 등이 신청할 수 있다.

12. 공간정보의 구축 및 관리 등이 관한 법령상 토지의 이동에 따른 지번부여 방법에 관한 설명 중 틀린 것은

① 지번은 아라비아숫자로 표기하되, 임야대장 및 임야도에 등록하는 토지의 지번은 숫자 앞에 "산" 자를 붙인다.

② 분할의 경우 분할 후의 필지 중 주거·사무실 등의 건축물이 있는 필지에 대해서는 분할 전의 지번을 우선하여 부여하여야 한다.

③ 분할의 경우에는 분할 후의 필지 중 1필지의 지번은 분할 전의 지번으로 하고, 나머지 필지의 지번은 최종 본번 다음 순번의 본번을 순차적으로 부여하여야 한다.

④ 합병의 경우 합병 전의 필지에 주거·사무실 등의 건축물이 있는 경우 토지소유자가 건축물이 위치한 지번을 합병 후의 지번으로 신청할 때에는 그 지번을 합병 후의 지번으로 부여하여야 한다.

⑤ 지번부여지역의 전부나 일부의 지번 변경으로 인하여 지번을 새로 부여하는 때에는 지적확정측량을 실시한 지역의 지번부여 방법을 준용한다.

13. 등기에 관한 설명으로 틀린 것은? (다툼이 있으면 판례에 따름)

① 등기원인을 실제와 다르게 증여를 매매로 등기한 경우, 그 등기가 실체관계에 부합하면 유효하다.

② 미등기부동산을 대장상 소유자로부터 양수인이 이전받아 양수인명의로 소유권보존등기를 한 경우, 그 등기가 실체관계에 부합하면 유효하다.

③ 전세권설정등기를 하기로 합의하였으나 당사자 신청의 착오로 임차권으로 등기된 경우, 그 불일치는 경정등기로 시정할 수 있다.

④ 권리자는 甲임에도 불구하고 당사자 신청의 착오로 乙명의로 등기된 경우, 그 불일치는 경정등기로 시정할 수 없다.

⑤ 건물에 관한 보존등기상의 표시와 실제 건물과의 사이에 건물의 건축시기, 건물 각 부분의 구조, 평수, 소재 지번 등에 관하여 다소의 차이가 있다 할지라도 사회통념상 동일성 혹은 유사성이 인식될 수 있으면 그 등기는 당해 건물에 관한 등기로서 유효하다.

14. 등기에 관한 설명으로 틀린 것은?

① 사권(私權)의 목적이 되는 부동산이면 공용제한을 받고 있다 하더라도 등기의 대상이 된다.

② 1필지 토지의 특정된 일부분에 대하여 분할을 선행하지 않으면 지상권을 설정하지 못한다.

③ 건물의 공유지분에 대하여는 전세권등기를 할 수 없다.

④ 1동의 건물을 구분 또는 분할의 절차를 밟기 전에는 건물 일부에 대한 압류나 가압류등기는 불가능하다.

⑤ 유치권이나 주위토지통행권은 확인판결을 받았다 하더라도 등기할 수 없다.

15. 가압류·가처분 등기에 관한 설명으로 옳은 것은?

① 소유권에 대한 가압류등기는 부기등기로 한다.

② 처분금지가처분등기가 되어 있는 토지에 대하여는 지상권설정등기를 신청할 수 없다.

③ 가압류등기의 말소등기는 등기권리자와 등기의무자가 공동으로 신청해야 한다.

④ 부동산에 대한 처분금지가처분등기의 경우, 금전채권을 피보전권리로 기재한다.

⑤ 소유권이전가등기에 대해서도 가압류등기가 가능하다.

16. 임차권등기에 관한 다음 설명 중 옳은 것은?

① 불확정기간을 존속기간으로 하는 임차권등기도 할 수 있다.

② 공중공간 또는 지하공간에 상하의 범위를 정한 경우에는 구분임차권등기를 할 수 있다.

③ 임차권등기명령을 원인으로 한 임차권등기가 마쳐진 경우 그 등기에 기초한 임차권 이전등기는 할 수 있다.

④ 임차보증금이 없는 임차권등기는 할 수 없다.

⑤ 미등기 주택에 대하여 임차권등기명령에 의한 등기촉탁이 있는 경우에는 등기관이 직권으로 소유권보존등기를 할수 없으므로 그 촉탁을 각하하여야 한다.

17. 유증으로 인한 등기에 관한 설명이다. 틀린 것은?

① 유증으로 인한 소유권이전등기는 포괄유증이나 특정유증을 불문하고 수증자를 등기권리자, 유언집행자 또는 상속인을 등기의무자로 하여 공동으로 신청하여야 한다.

② 유언집행자가 수인인 경우에는 그 과반수 이상의 유언집행자들이 수증자 명의의 소유권이전등기절차에 동의하면 그 등기를 신청할 수 있다.

③ 유증으로 인한 소유권이전등기는 포괄유증인 경우에는 상속등기를 거치지 않고 유증자로부터 직접 수증자 명의로 등기를 신청하고, 특정유증인 경우에는 상속등기를 한 다음 유증으로 인한 등기를 하여야 한다.

④ 등기원인은 "○년 ○월 ○일 유증"으로 기재하되, 그 연월일은 유증자가 사망한 날을 기재한다. 다만, 유증에 조건 또는 기한이 붙은 경우에는 그 조건이 성취한 날 또는 그 기한이 도래한 날을 기재한다.

⑤ 유증으로 인한 소유권이전등기청구권 보전의 가등기는 유언자가 사망한 후인 경우에는 이를 수리하고, 유언자가 생존 중인 경우에는 이를 수리하여서는 아니 된다.

18. 다음은 가등기와 관련한 설명이다. 가장 옳은 것은?

① 채권적 청구권 뿐 아니라 물권적 청구권을 보전하기 위한 가등기나 소유권보존등기의 가등기도 가능하다.

② 가등기가처분명령을 등기원인으로 하여 법원이 가등기촉탁을 하는 때에는 이를 각하한다.

③ 소유권이전청구권가등기 후 그 본등기 전에 제3자에게 소유권이 이전되었다면 가등기 당시 소유자 또는 제3취득자를 등기의무자로 하여 본등기를 신청 할 수 있다.

④ 소유권이전등기청구권 가등기에 의한 본등기를 하는 경우 가등기 후의 모든 등기는 본등기와 동시에 등기관이 직권으로 말소하고 그 사실을 등기명의인에게 통지하여야 한다.

⑤ 소유권이전을 목적으로 가등기를 한 후 가등기권리자가 본등기에 의하지 않고 다른 원인으로 소유권이전등기를 하였더라도 가등기에 의한 본등기를 신청할 수 있다.

19. 다음 중 등기필정보를 작성하는 경우는?

① 갑 단독소유를 갑 · 을 공유로 경정하는 경우
② 채권자대위에 의하여 소유권이전등기를 하는 경우
③ 등기관의 직권에 의하여 소유권보존등기를 하는 경우
④ 승소한 등기의무자의 신청에 의하여 소유권이전등기를 하는 경우
⑤ 주소변경에 따라 등기명의인 표시변경등기를 하는 경우

20. 소유권등기에 관한 내용으로 틀린 것은?

① 소유권보존등기를 실행하는 경우 등기원인과 그 연월일은 기록하지 않는다.
② 수용에 의한 소유권이전등기를 할 경우, 그 부동산의 처분제한등기와 그 부동산을 위해 존재하는 지역권등기는 직권으로 말소할 수 없다.
③ 진정명의회복을 등기원인으로 소유권이전등기를 신청하는 경우 등기원인은 진정명의회복으로 기록하나 연월일은 기록하지 않는다.
④ 집합건물의 규약상 공용부분에 대해 공용부분이라는 뜻을 정한 규약을 폐지한 경우, 공용부분의 취득자는 지체 없이 소유권보존등기를 신청해야 한다.
⑤ 수용에 의한 소유권이전등기 완료 후 수용재결의 실효로 그 말소등기를 신청하는 경우, 피수용자 단독으로 기업자 명의의 소유권이전등기 말소등기신청을 할 수 없다.

21. 등기신청의 각하 사유가 아닌 것은?

① 공동가등기권자 중 일부의 가등기권자가 자기의 지분만에 관하여 본등기를 신청한 경우
② 구분건물의 전유부분과 대지사용권의 분리처분 금지에 위반한 등기를 신청한 경우
③ 저당권을 피담보채권과 분리하여 양도하거나, 피담보채권과 분리하여 다른 채권의 담보로 하는 등기를 신청한 경우
④ 이미 보존등기된 부동산에 대하여 다시 보존등기를 신청한 경우
⑤ 법령에 근거가 없는 특약사항의 등기를 신청한 경우

22. 이전등기의 신청에 관한 다음 설명 중 틀린 것은?

① 전세금반환채권의 일부양도로 인한 전세권일부이전등기는 전세권이 소멸된 경우에 할 수 있다.
② 수용에 의한 토지소유권이전등기는 수용권자와 토지소유자가 공동으로 신청하여야 한다.
③ 매매를 원인으로 소유권이전등기를 신청하는 경우 거래가액을 기록하여야 하며 거래신고필증을 제출하여야 한다.
④ 진정명의회복을 원인으로 소유권이전등기를 신청하는 경우 등기원인은 진정명의회복으로 기재하되 원인 연월일은 기재하지 않는다.
⑤ 소유권의 일부 이전의 등기신청에 있어서 등기신청은 공동으로 신청하여야 하며 지분을 기재하여야 한다.

23. 공동소유 등기에 대한 설명으로 옳은 것은? (다툼이 있으면 관례에 따름)

① 법인 아닌 사단의 사원이 소유자로서 물건을 소유하는 것은 합유로 한다.
② 공유자 중 1인의 지분포기로 인한 소유권이전등기는 지분을 포기한 공유자가 단독으로 신청한다.
③ 법인 아닌 사단이 등기권리자에 경우 등기신청정보와 함께 사원총회결의서를 제공하여야 한다.
④ 공유지분에 대하여 소유권이전등기나 저당권에 관한 등기, 처분제한등기 등도 가능하나 공유지분을 목적으로 지상권, 지역권, 전세권, 임차권등기는 허용하지 않는다.
⑤ 각 공유자는 자유롭게 공유물의 분할을 청구할 수 있으나 특약에 의하여 분할을 제한할 수 있으며 이에 따른 등기는 각 공유자가 단독으로 신청할 수 있다.

24. 공동저당 부동산 중 일부의 매각대금을 먼저 배당하여 경매부동산의 후순위 저당권자가 대위등기를 할 때 기록하여야 하는 사항으로 틀린 것은?

① 매각부동산
② 매각대금
③ 선순위 저당권자가 변제받은 금액
④ 후순위 저당권자의 채권금액
⑤ 채권의 변제기

25. **거주자인 개인 甲이 乙로부터 부동산을 취득하여 보유하고 있다가 丙에게 양도하였다. 甲의 부동산 관련 조세의 납세의무에 관한 설명으로 <u>틀린</u> 것은?** (단, 주어진 조건 외에는 고려하지 않음)

① 甲이 종합부동산세를 신고납부 방식으로 납부하고자 하는 경우 과세표준과 세액을 해당 연도 12월 1일부터 12월 15일까지 관할 세무서장에게 신고하는 때에 종합부동산세 납세의무는 확정된다.

② 甲이 乙로부터 부동산을 취득 후 재산세 과세기준일까지 등기하지 않았다면 재산세와 관련하여 乙은 부동산 소재지 관할 지방자치단체의 장에게 소유권 변동사실을 신고할 의무가 있다.

③ 甲이 乙로부터 부동산을 40만원에 취득한 경우 등록면허세 납세의무가 있다.

④ 양도소득세의 예정신고만으로 甲의 양도소득세 납세의무가 확정된다.

⑤ 甲이 乙로부터 증여받은 것이라면 그 계약일 말일부터 3개월 이내에 취득세 납세의무가 성립한다.

26. **지방세기본법상 이의신청 · 심판청구에 관한 설명으로 <u>틀린</u> 것은?**

① 「지방세기본법」 에 따른 과태료의 부과처분을 받은 자는 이의신청, 심사청구 또는 심판청구를 할 수 있다.

② 심판청구는 그 처분의 집행에 효력이 미치지 아니하지만 압류한 재산에 대하여는 심판청구의 결정이 있는 날부터 30일까지 그 공매처분을 보류할 수 있다.

③ 지방세에 관한 불복 시 불복청구인은 심판청구를 거치지 아니하더라도 행정소송을 제기할 수 없다.

④ 이의신청인은 신청금액이 1천만원 미만인 경우에는 그의 배우자, 4촌 이내의 혈족 또는 그의 배우자의 4촌 이내 혈족을 대리인으로 선임할 수 있다.

⑤ 심사청구가 이유 있다고 인정될 때에는 청구를 인용하는 결정을 한다.

27. **소득세법상 사업소득이 있는 거주자가 실지거래가액에 의해 부동산의 양도차익을 계산하는 경우 양도가액에서 공제할 자본적지출액 또는 양도비에 포함되지 <u>않는</u> 것은?** (단, 자본적 지출액에 대해서는 법령에 따른 증명서류가 수취 · 보관되어 있음)

① 자산을 양도하기 위하여 직접지출한 양도소득세과세표준 신고서 작성비용

② 납부의무자와 양도자가 동일한 경우 재건축초과이익 환수에 관한 법률에 따른 재건축부담금

③ 양도 자산의 이용편의를 위하여 지출한 비용

④ 양도 자산의 취득 후 쟁송이 있는 경우 그 소유권을 확보하기 위하여 직접 소요된 소송비용으로서 그 지출한 연도의 각 사업소득금액 계산시 필요경비에 산입된 금액

⑤ 취득가액을 실지거래가액에 의하는 경우 당초 약정에 의한 이자상당액

28. **소득세법상 장기보유특별공제와 양도소득기본공제에 관한 설명으로 <u>틀린</u> 것은?** (단, 거주자의 국내소재 부동산을 양도한 경우임)

① 보유기간이 3년 이상인 토지 및 건물조합원입주권(미등기양도자산 제외)에 한정하여 장기보유특별공제가 적용된다.

② 1세대 1주택이라도 장기보유특별공제가 적용될 수 있다.

③ 장기보유특별공제액은 해당 자산의 양도가액에 보유기간별 공제율을 곱하여 계산한다.

④ 비사업용 토지에 해당하는 경우에도 법정요건을 충족하면 양도소득기본공제대상이 된다.

⑤ 장기보유특별공제 계산시 해당 자산의 보유기간은 그 자산의 취득일부터 양도일까지로 하지만 「소득세법」 제97조 제4항에 따른 배우자 또는 직계존비속간 증여재산에 대한 이월과세가 적용되는 경우에는 증여한 배우자 또는 직계존비속이 해당 자산을 취득한 날부터 기산한다.

29. 거주자 甲은 2017. 10. 20. 취득한 토지(취득가액 1억원, 등기함)를 동생인 거주자 乙(특수관계인임)에게 2020. 10. 1. 증여(시가 3억원, 등기함)하였다. 乙은 해당 토지를 2023. 6. 30. 특수관계가 없는 丙에게 양도(양도가액 10억원)하였다. 양도소득은 乙에게 실질적으로 귀속되지 아니하고, 乙의 증여세와 양도소득세를 합한 세액이 甲이 직접 양도하는 경우로 보아 계산한 양도소득세보다 적은 경우에 해당한다. 소득세법상 양도소득세 납세의무에 관한 설명으로 옳은 것은?

① 양도소득세 계산 시 보유기간은 甲의 취득일부터 乙의 양도일까지의 기간으로 한다.

② 양도차익 계산 시 취득가액은 甲의 증여 당시를 기준으로 한다.

③ 양도소득세에 대해서는 甲과 乙이 연대하여 납세의무를 지지 아니한다.

④ 乙은 양도소득세 납세의무자이다.

⑤ 乙이 납부한 증여세는 양도차익 계산 시 필요경비에 산입한다.

30. 소득세법상 거주자의 양도소득세 신고납부에 관한 설명으로 틀린 것은?

① 건물을 신축하고 그 취득일부터 5년 이내에 양도하는 경우로서 환산취득가액을 취득가액으로 하는 경우에는 그 환산취득가액의 100분의 5에 해당하는 금액을 양도소득 결정세액에 가산한다.

② 양도차익이 없거나 양도차손이 발생한 경우에는 양도소득과세표준 예정신고 의무가 있다.

③ 과세표준 예정신고와 함께 납부하는 때에는 산출세액에서 납부할 세액의 100분의 5에 상당하는 금액을 공제하지 아니한다.

④ 예정신고납부할 세액이 1천 5백만원인 자는 그 세액의 100분의 50의 금액을 납부기한이 지난 후 2개월 이내에 분할납부할 수 있다.

⑤ 납세의무자가 법정신고기한까지 양도소득세의 과세표준신고를 하지 아니한 경우(부정행위로 인한 무신고는 제외)에는 그 무신고납부세액에 100분의 20을 곱한 금액을 가산세로 한다.

31. 소득세법상 거주자의 양도소득세 비과세에 관한 설명으로 틀린 것은?

① 국내에 1주택만을 보유하고 있는 1세대가 해외이주로 세대전원이 출국하는 경우 출국일로부터 2년이 되는 날 해당 주택을 양도하면 비과세된다.

② 법원의 결정에 의하여 양도 당시 취득에 관한 등기가 불가능한 미등기주택은 양도소득세 비과세가 배제되는 미등기 양도자산에 해당한다.

③ 직장의 변경으로 세대전원이 다른 시로 주거를 이전하는 경우 1년 간 거주한 1주택을 양도하면 비과세된다.

④ 거주자가 2021년 취득 후 계속 거주한 법령에 따른 고가주택을 2023년 5월에 양도하는 경우 장기보유특별공제의 대상이 되지 않는다.

⑤ 농지를 교환할 때 쌍방 토지가액의 차액이 가액이 큰 편의 4분의 1인 경우 발생하는 소득은 비과세된다.

32. 지방세법상 재산세의 납세의무자에 관한 설명으로 틀린 것은?

① 상속이 개시된 재산으로서 상속등기가 이행되지 아니하고 사실상의 소유자를 신고하지 아니하였을 경우 : 「민법」 상 상속지분이 가장 높은 상속자(상속지분이 가장 높은 상속자가 두 명 이상인 경우에는 그 중 연장자)

② 「신탁법」 에 따라 수탁자 명의로 등기 · 등록된 신탁재산의 경우로서 위탁자별로 구분된 재산: 그 위탁자

③ 국가가 선수금을 받아 조성하는 매매용 토지로서 사실상 조성이 완료된 토지의 사용권을 무상으로 받은 경우: 그 사용권을 무상으로 받은 자

④ 「도시개발법」 에 따라 시행하는 환지방식에 의한 도시개발사업 및 「도시 및 주거환경정비법」 에 따른 주택재 개발사업의 시행에 따른 환지계획에서 일정한 토지를 환지로 정하지 아니하고 체비지로 정한 경우: 종전에 토지 소유자

⑤ 공부상의 소유자가 매매 등의 사유로 소유권이 변동되었는데도 신고하지 아니하여 사실상의 소유자를 알 수없을 때: 공부상 소유자

33. **지방세법상 재산세의 표준세율에 관한 설명으로 틀린 것은?**

① 주택(취득세 중과대상이 아닌 별장 포함)에 대한 재산세의 세율은 4단계 초과누진세율이다.

② 취득세 중과대상인 별장에 대한 재산세의 세율은 1천분의 40이다.

③ 종합합산과세대상 토지에 대한 재산세의 세율은 3단계 초과누진세율이다.

④ 시장·군수는 재해 등의 발생으로 세율 조정이 불가피하다고 인정되는 경우 조례가 정하는 바에 따라 표준세율의 100분의 50 범위에서 가감할 수 있지만, 가감한 세율은 해당 연도에만 적용한다.

⑤ 건축물에 대한 재산세의 산출세액이 법령으로 정하는 방법에 따라 계산한 직전 연도의 해당 재산에 대한 재산세액 상당액의 100분의 150을 초과하는 경우에는 100분의 150에 해당하는 금액을 해당연도에 징수할 세액으로 한다.

34. **지방세법상 재산세와 부과 · 징수에 관한 설명으로 옳은 것은 모두 몇 개인가?** (단, 비과세는 고려하지 않음)

> ○ 재산세의 과세기준일은 매년 6월 1일로 한다.
> ○ 토지의 재산세 납기는 매년 7월 16일부터 7월 31일까지이다.
> ○ 지방자치단체의 장은 재산세의 납부할 세액이 500만원 초과하는 경우 250만원을 초과하는 금액은 납부기한이 지난 날부터 2개월 이내 분할 납부하게 할 수 있다.
> ○ 재산세는 관할지방자치단체의 장이 세액을 산정하여 특별징수의 방법으로 부과 · 징수한다.

① 0개 ② 1개
③ 2개 ④ 3개
⑤ 4개

35. **종합부동산세에 관한 설명으로 옳은 것은?**

① 종합부동산세는 부과·징수가 원칙이며 납세의무자의 선택에 의하여 신고납부는 불가능하다.

② 주택에 대한 세부담 상한의 기준이 되는 직전 연도에 해당 주택에 부과된 주택에 대한 총세액상당액은 납세의무자가 해당 연도의 과세표준합산주택을 직전 연도 과세기준일에 실제로 소유하였는지의 여부를 불문하고 직전 연도 과세기준일 현재 소유한 것으로 보아 계산한다.

③ 주택분 종합부동산세액에서 공제되는 재산세액은 재산세 표준세율의 100분의 50의 범위에서 가감된 세율이 적용된 경우에는 그 세율이 적용되기 전의 세액으로 하고, 재산세 세부담 상한을 적용받은 경우에는 그 상한을 적용받기 전의 세액으로 한다.

④ 관할세무서장이 종합부동산세를 징수하고자 하는 때에는 납세고지서에 주택 및 토지로 구분한 과세표준과 세액을 기재하여 납부기간 5일 전까지 발부하여야 한다.

⑤ 과세기준일 현재 토지분 재산세의 납세의무자로서 국내에 소재하는 별도합산과세대상 토지의 공시가격을 합한 금액이 5억원을 초과하는 자는 토지에 대한 종합부동산세의 납세의무자이다.

36. **지방세법상 취득세 납세의무에 관한 설명으로 틀린 것은?**

① 증여로 인한 승계취득의 경우 해당 취득물건을 등기 · 등록하더라도 취득일부터 60일 이내에 공증받은 공정증서에 의하여 계약이 해제된 사실이 입증되는 경우에는 취득한 것으로 보지 아니한다.

② 상속회복청구의 소에 의한 법원의 확정판결에 의하여 특정 상속인이 당초 상속분을 초과하여 취득하게 되는 재산가액은 상속분이 감소한 상속인으로부터 증여받아 취득한 것으로 보지 아니한다.

③ 권리의 이전이나 행사에 등기 또는 등록이 필요한 부동산을 직계존속과 서로 교환한 경우에는 유상으로 취득한 것으로 본다.

④ 토지의 지목을 사실상 변경함으로써 그 가액이 증가한 경우에는 취득으로 본다.

⑤ 증여자가 배우자 또는 직계존비속이 아닌 경우 증여자의 채무를 인수하는 부담부 증여의 경우에는 그 채무액에 상당하는 부분은 부동산 등을 유상으로 취득하는 것으로 본다.

37. **지방세법상 취득세 표준세율에 중과기준세율**(1,000분의 20)**의 100분의 400을 합한 세율을 적용하는 취득세 과세대상은 다음 중 모두 몇 개인가?** (다만, 지방세법상 중과세율의 적용요건을 모두 충족하는 것으로 가정함)

> ○ 임 · 직원 등이 사용하는 법인 소유의 별장
> ○ 골프장
> ○ 고급주택
> ○ 고급오락장
> ○ 과밀억제권역 안에서 법인 본점으로 사용하는 사업용 부동산

① 1개
② 2개
③ 3개
④ 4개
⑤ 5개

38. **지방세법상 취득세에 관한 설명으로 옳은 것은?**

① 건축물 중 부대설비에 속하는 부분으로서 그 주체구조부와 하나가 되어 건축물로서의 효용가치를 이루고 있는 것에 대하여는 주체구조부 취득자 외의 자가 가설한 경우에도 주체구조부의 취득자가 함께 취득한 것으로 보지 아니한다.
② 세대별 소유주택 수에 따른 중과 세율을 적용함에 있어 주택으로 재산세를 과세하는 오피스텔(2023년 취득)은 해당 오피스텔을 소유한 자의 주택 수에 가산하지 아니한다.
③ 납세의무자가 토지의 지목을 사실상 변경한 후 산출세액에 대한 신고를 하지 아니하고 그 토지를 매각하는 경우에는 산출세액에 100분의 80을 가산한 금액을 세액으로 하여 징수하지 아니한다.
④ 공사현장사무소 등 임시건축물의 취득에 대하여는 그 존속기간에 관계없이 취득세를 부과하지 아니한다.
⑤ 토지를 취득한 자가 취득한 날부터 1년 이내에 그에 인접한 토지를 취득한 경우 그 취득가액이 100만원일 때에는 취득세를 부과하지 아니한다.

39. **지방세법상 등록면허세에 관한 설명으로 <u>틀린</u> 것은?**

① 부동산등기에 대한 등록면허세의 납세지는 부동산 소재지이다.
② 등록을 하려는 자가 법정신고기한까지 등록면허세 산출 세액을 신고하지 않은 경우로서 등록 전까지 그 산출세액을 납부한 때에도 「지방세기본법」에 따른 무신고가산세가 부과되지 아니한다.
③ 「한국은행법」 및 「한국수출입은행법」에 따른 은행업을 영위하기 위하여 대도시에서 법인을 설립함에 따른 등기를 한 법인이 그 등기일부터 3년 이내에 업종 변경이나 업종 추가가 없는 때에는 등록면허세의 세율을 중과하지 아니한다.
④ 등기 담당 공무원의 착오로 인한 지번의 오기에 대한 경정 등기에 대해서는 등록면허세를 부과하지 아니한다.
⑤ 채권금액으로 과세액을 정하는 경우에 일정한 채권금액이 없을 때에는 채권의 목적이 된 것의 가액 또는 처분의 제한의 목적이 된 금액을 그 채권금액으로 본다.

40. **소득세법상 거주자의 부동산과 관련된 사업소득에 관한 설명으로 <u>틀린</u> 것은?**

① 국외에 소재하는 주택의 임대소득은 주택 수에 관계없이 과세한다.
② 「공익사업을 위한 토지 등의 취득 및 보상에 관한 법률」에 따른 공익사업과 관련하여 지역권을 대여함으로써 발생하는 소득은 부동산업에서 발생하는 소득에서 제외한다.
③ 부동산임대업에서 발생하는 사업소득의 납세지는 거주자의 주소지로 한다.
④ 국내에 소재하는 논 · 밭을 작물 생산에 이용하게 함으로써 발생하는 사업소득은 소득세를 과세하지 아니한다.
⑤ 주거용 건물 임대업에서 발생한 결손금은 종합소득 과세표준을 계산할 때 공제하지 아니한다.

2023년도 제34회 공인중개사 1차 국가자격시험

실전모의고사 제6회

교 시	문제형별	시 간	시험과목
1교시	A	100분	1 공인중개사의 업무 및 부동산 거래 신고에 관한 법령 및 중개실무 2 부동산공법 중 부동산중개에 관련되는 규정

수험번호		성 명	

【 수험자 유의 사항 】

1. **시험문제지 표지와** 시험문제지 내 **문제형별의 동일여부** 및 시험 문제지의 **총면수 · 문제번호 일련순서 · 인쇄상태** 등을 확인하시고, 문제지 표지에 수험번호와 성명을 기재하시기 바랍니다.
2. 답은 각 문제마다 요구하는 **가장 적합하거나 가까운 답 1개**만 선택하고, 답안카드 작성 시 시험문제지 **형별누락, 마킹착오**로 인한 불이익은 전적으로 수험자에게 책임이 있음을 알려드립니다.
3. 답안카드는 국가전문자격 공통 표준형으로 문제번호가 1번부터 125번까지 인쇄되어 있습니다. 답안마킹시에는 반드시 **시험문제지의 문제번호와 동일한 번호에 마킹**하여야 합니다. (2차 1교시: 1번~80번)
4. **감독관의 지시에 불응시 불이익이 발생될 수 있으며, 시험시간 종료 후 답안카드를 제출하지 않을 경우** 시험무효처리 됨을 알려드립니다.
5. 이의제기에 관한 개별회신은 하지 않으며, **최종 정답 발표로 갈음**합니다.
6. 시험 중 **중간 퇴실은 불가**합니다. 단, 부득이하게 퇴실할 경우 **시험포기 각서 제출 후 퇴실은 가능**하나 **재입실이 불가**하며, **해당시험은 무효처리됩니다.**
7. 시험문제지는 시험 종료 후 가져가시기 바랍니다.

인강드림 공인중개사

제1과목: 공인중개사의 업무 및 부동산 거래 신고 등에 관한 법령 및 중개실무

1. 공인중개사법상 용어의 정의에 대한 다음의 설명 중 틀린 것은?

① "공인중개사"라 함은 이 법에 의한 공인중개사자격을 취득한 자를 말한다.

② "개업공인중개사"라 함은 이 법에 의하여 중개사무소의 개설등록을 한 자를 말한다.

③ "중개업"이라 함은 다른 사람의 의뢰에 의하여 일정한 보수를 받고 중개를 행하는 것을 말한다.

④ "소속공인중개사"라 함은 개업공인중개사에 소속된 공인중개사(개업공인중개사인 법인의 사원 또는 임원으로서 공인중개사인 자를 포함한다)로서 중개업무를 수행하거나 개업공인중개사의 중개업무를 보조하는 자를 말한다.

⑤ "중개보조원"이라 함은 공인중개사가 아닌 자로서 개업공인중개사에 소속되어 중개대상물에 대한 현장안내 및 일반서무 등 개업공인중개사의 중개업무와 관련된 단순한 업무를 보조하는 자를 말한다.

2. 공인중개사법령상 중개대상물에 해당하는 것은?

① 거래처, 신용, 영업상의 노하우 등 무형의 재산적 가치

② 주택이 철거될 경우, 일정한 요건하에 택지개발지구내에 이주자택지를 공급받을 지위인 대토권

③ 추첨기일에 추첨에 참가하여 당첨이 된다면 분양예정자로 선정될 수 있는 지위를 가리키는 데 불과한 입주권

④ 피분양자가 선정된 장차 건축될 특정의 건물

⑤ 콘크리트 지반 위에 쉽게 분리 · 철거가 가능한 볼트 조립방식으로 철제 파이프 기둥을 세우고 지붕을 덮은 다음 3면에 천막을 설치된 세차장구조물

3. 다음은 공인중개사 자격시험에 대한 설명이다. 옳지 않은 것은?

① 시험시행기관장은 매년 2월 말일까지 예정 시험일시 · 시험방법 등 시험시행에 관한 개략적인 사항을 일간신문, 관보, 방송 중 하나 이상에 공고하고, 인터넷 홈페이지 등에도 이를 공고해야 한다.

② 시험시행기관장은 시험의 개략사항 공고 후 시험일시, 시험장소, 시험방법, 합격자 결정방법 및 응시수수료의 반환에 관한 사항 등 시험의 시행에 관하여 필요한 사항을 시험시행일 60일 전까지 일간신문, 관보, 방송 중 하나 이상에 공고하고, 인터넷 홈페이지 등에도 이를 공고해야 한다.

③ 시험시행기관장은 시험에서 부정한 행위를 한 응시자에 대하여는 그 시험을 무효로 하고, 그 처분일로부터 5년간 시험응시자격을 정지한다.

④ 시험부정행위자에 대하여 시험시행기관장은 지체없이 이를 다른 시험시행기관장에게 통보하여야 한다.

⑤ 심의위원회에 출석한 심의위원회 위원에 대하여는 예산의 범위 안에서 수당 및 여비를 지급할 수 있으나, 공무원인 위원이 소관 업무와 직접적으로 관련되어 출석하는 경우에는 예외로 한다.

4. 다음은 중개사무소 개설등록에 관한 설명이다. 옳은 설명은?

① 개업공인중개사가 폐업 후 1년 이내에 중개사무소 개설등록을 하고자 하는 경우에는 실무교육을 받지 않아도 된다.

② 중개사무소 개설등록은 중개업 영위를 위한 적법요건이므로 개설등록을 받지 아니하고 중개업을 영위하는 자의 중개로 인하여 성사된 거래당사자간의 법률행위의 효력도 부정된다.

③ 업무개시 시점은 개업공인중개사의 임의적 사항에 속하므로 개업공인중개사가 등록을 한 후 일정한 기간 내에 중개업무를 개시하여야 할 필요는 없다.

④ 반드시 건축물대장에 기재된 건물을 확보하여야 하나, 반드시 개업공인중개사의 명의로 확보되어야 하는 것은 아니다.

⑤ 업무정지처분기간 중에 있는 개업공인중개사는 그 기간 중에는 적법하게 업무를 할 수 없음은 물론이고 폐업도 재등록도 이중소속도 할 수 없다.

5. 공인중개사법령상 중개사무소 개설등록의 결격사유에 해당하는 것은 모두 몇 개인가?

> ㄱ. 혼인을 한 미성년자가 임원으로 있는 법인
> ㄴ. 피특정후견인
> ㄷ. 공인중개사의 자격이 취소된 후 3년이 경과되지 아니한자
> ㄹ. 폭행죄로 징역형에 대한 집행유예를 받고 그 유예기간이 만료되고 2년이 경과되지 아니한 자
> ㅁ. 다른 개업공인중개사의 소속공인중개사가 된 사실이 적발되어 300만원 이상의 벌금형의 선고를 받고 3년이 경과되지 아니한 자

① 1개 ② 2개
③ 3개 ④ 4개
⑤ 5개

6. 공인중개사법령상 중개대상물 표시·광고에 관한 설명으로 옳지 <u>않은</u> 것은?

① 개업공인중개사가 의뢰받은 중개대상물에 대하여 표시·광고를 하려면 중개보조원에 관한 사항을 명시하여야 한다.
② 개업공인중개사가 인터넷을 이용하여 중개대상물에 대한 표시·광고를 하는 때에는 중개사무소, 개업공인중개사에 관한 사항 외에 중개대상물의 종류별로 소재지, 면적, 가격 등의 사항을 명시하여야 한다.
③ 개업공인중개사는 중개대상물이 존재하지 않아서 실제로 거래를 할 수 없는 중개대상물에 대한 표시·광고를 하여서는 아니된다.
④ 개업공인중개사는 중개대상물의 가격 등 내용을 사실과 다르게 거짓으로 표시·광고하거나 사실을 과장되게 하는 표시·광고를 하여서는 아니된다.
⑤ 개업공인중개사는 표시·광고의 내용이 부동산거래질서를 해치거나 중개의뢰인에게 피해를 줄 우려가 있는 것으로서 대통령령으로 정하는 내용의 표시·광고를 하여서는 아니 된다.

7. 공인중개사법령상 중개사무소의 개설등록과 관련한 설명 중 <u>틀린</u> 것은?

① 소속공인중개사는 중개사무소의 개설등록을 신청할 수 없다.
② 다른 법률의 규정에 따라 부동산중개업을 할 수 있는 경우에는 「공인중개사법령」에 규정된 등록기준을 적용하지 아니한다.
③ 중개사무소의 개설등록을 신청하는 때에 인장등록신고를 같이 할 수 있다.
④ 등록을 신청하는 때에는 공인중개사자격증 사본을 등록관청에 제출하여야 한다.
⑤ 등록신청을 받은 등록관청은 7일 이내에 등록신청인에게 서면으로 통지하여야 한다.

8. 공인중개사법령상 등록 등의 결격사유에 관한 설명으로 <u>틀린</u> 것은 모두 몇 개인가?

> ㄱ. 금고 이상 형의 선고유예를 받고 그 유예기간 중에 있는 자는 결격사유에 해당한다.
> ㄴ. 금고 이상 형의 실형을 선고받은 후 일반사면을 받아 집행이 면제된 자는 그날부터 3년간 결격사유에 해당한다.
> ㄷ. 파산선고를 받고 복권되지 아니한 자 및 개인회생인가 결정을 받은 자는 결격사유에 해당한다.
> ㄹ. 형법 위반으로 300만원 이상의 벌금형을 선고받고 3년이 경과되지 아니한 자는 결격사유에 해당한다.
> ㅁ. 개업공인중개사가 소속공인중개사의 이 법 위반행위로 인하여 양벌규정이 적용되어 300만원 이상의 벌금형을 선고받은 경우 3년간 결격사유가 적용된다.

① 1개 ② 2개
③ 3개 ④ 4개
⑤ 5개

9. **공인중개사법령상 개업공인중개사가 중개사무소의 개설등록 취소처분을 받은 경우, 등록의 결격사유에 관한 설명으로 옳은 것은?**

① 불법가설건축물대장에 기재된 건물로 중개사무소를 이전하여 중개사무소의 개설등록이 취소된 자는 등록취소를 받은 날부터 3년간 등록의 결격사유에 해당한다.

② 「공인중개사법」을 위반하여 징역 1년의 실형선고를 받아 이를 이유로 중개사무소의 개설등록이 취소된 자는 등록취소를 받은 날부터 3년간 등록의 결격사유에 해당한다.

③ 「공인중개사법」을 위반하여 300만원 이상 벌금형의 선고를 받아 중개사무소의 개설등록이 취소된 자는 등록취소를 받은 날부터 3년간 등록의 결격사유에 해당한다.

④ 1년간 폐업 후 다시 중개사무소 개설등록을 한 경우, 폐업신고 전의 위반행위를 사유로 중개사무소의 개설등록이 취소된 자는 등록취소를 받은 날부터 3년간 등록의 결격사유에 해당한다.

⑤ 중개사무소 등록증을 양도하여 중개사무소의 개설등록이 취소된 자는 등록취소를 받은 날부터 3년간 등록의 결격사유에 해당한다.

10. **개업공인중개사가 대법원규칙이 정하는 경매대리 등록을 하였을 경우 중개사무소 보기 쉬운 곳에 게시하여야 할 내용이 아닌 것은?**

① 중개사무소 개설등록증 원본

② 공인중개사 자격증 원본

③ 매수신청대리 등 보수표

④ 보증설정을 증명할수 있는 서류

⑤ 실무교육 수료확인증

11. **공인중개사법령상 업무의 범위와 관련된 설명 중 가장 옳지 않은 것은?**

① 법인 및 공인중개사인 개업공인중개사의 업무지역은 전국으로 하고, 법부칙제6조2항의 개업공인중개사의 업무지역은 당해 중개사무소가 소재하는 특별시·광역시·도의 관할구역으로 하며, 원칙적으로 그 관할구역 안에 있는 중개대상물에 한하여 중개행위를 할 수 있다.

② 법부칙제6조2항의 개업공인중개사가 부동산거래정보망에 가입하여도 당연히 업무지역이 전국으로 확대되는 것은 아니다.

③ 민사집행법상의 경매대리 업무는 법인 및 공인중개사인 개업공인중개사만 할 수 있다.

④ 법인인 개업공인중개사가 법제14조의 규정에 위반하여 겸업을 한 경우에 등록관청은 6월의 범위내에서 업무정지처분을 할 수 있다.

⑤ 「건축물의 분양에 관한 법률」 규정에 따른 분양신고 대상인 상가는 중개법인이 분양대행 할 수 없다.

12. **「공인중개사법」상 개업공인중개사의 겸업제한에 관한 설명으로 옳은 것은?**

① 중개법인은 다른 중개법인으로부터 그 법인의 경영구조 개선에 관한 용역을 의뢰받아 업무를 수행할 수 있다.

② 법인이 아닌 모든 개업공인중개사는 「민사집행법」에 따른 경매대상 부동산의 매수신청대리를 할 수 있다.

③ 공인중개사인 개업공인중개사는 이사업체를 소개할 수 없다.

④ 부칙상의 개업공인중개사는 상업용건축물에 대한 관리대행을 할 수 없다.

⑤ 법인인 개업공인중개사는 문구점을 영위할 수 있다.

13. 다음 고용인에 관한 설명 중 옳은 것은?

① 공인중개사법 시행규칙 서식 중 당해업무를 수행한 소속공인중개사가 그를 고용한 개업공인중개사와 함께 서명 및 날인해야 하는 서식은 확인 · 설명서 뿐이다.

② 고용인의 업무상행위에 대한 개업공인중개사의 책임은 무과실책임이므로 고용인이 업무상 고의 과실없이 의뢰인에게 재산상 손해를 입혔다하더라도 개업공인중개사는 이에 대하여 연대하여 책임을 지게 된다.

③ 중개보조원은 직무교육을 받은 후 2년마다 연수교육을 받아야 한다.

④ 개업공인중개사가 고용인을 고용한때에는 신고의무가 없으나 해고한때에는 등록관청에 신고해야 한다.

⑤ 고용인이 본법상 행정형벌에 해당하는 위반행위를 한 때에는 그 행위자를 벌하는 외에 그 개업공인중개사에 대하여도 해당조에 규정된 벌금형을 과한다. 개업공인중개사는 무과실 책임을 지므로 개업공인중개사가 그 위반행위를 방지하기 위하여 해당 업무에 관하여 상당한 주의와 감독을 게을리하지 아니한 경우에도 그러하다.

14. 공인중개사법령상 인장등록에 관한 설명 중 <u>잘못된</u> 것은?

① 법인인 개업공인중개사의 경우에는 주사무소의 경우 상업등기규칙에 의하여 신고한 법인의 인장이어야 한다.

② 개업공인중개사가 등록한 인장을 변경한 경우에는 그 변경된 인장을 등록관청에 등록한 후 중개행위에 사용하여야 한다. 따라서 변경한 인장을 중개행위에 사용하고자 하는 경우에는 등록관청에 즉시 인장변경 등록 후 사용하여야 하며, 7일 이내의 기간은 민원인의 편의를 위하여 둔 기간에 불과하다.

③ 개업공인중개사 및 소속공인중개사는 업무 개시 전에 중개행위에 사용할 인장을 등록관청에 등록하여야 한다.

④ 공인중개사인 개업공인중개사는 가족관계등록부 또는 주민등록표에 기재되어 있는 성명이 나타난 인장으로서 그 크기가 가로 · 세로 각각 7밀리미터 이상 30밀리미터 이내인 인장을 등록하여야 한다.

⑤ 해당 중개행위를 수행한 소속공인중개사는 확인 · 설명서를 작성하여야 하며, 개업공인중개사와 함께 서명 및 날인을 하여야 한다.

15. 다음 중 게시의무와 관련한 설명으로 <u>틀린</u> 것은?

① 법인의 분사무소에는 분사무소신고확인서 원본을 게시하여야 한다.

② 법인의 분사무소에는 책임자의 공인중개사 자격증 원본을 게시하여야 한다.

③ 소속공인중개사는 그의 자격증 원본을 중개사무소 안의 보기 쉬운 곳에 게시하여야 한다.

④ 법인의 주된 사무소에는 그 공인중개사인 임원의 자격증 원본 모두를 게시하여야 한다.

⑤ 게시 의무를 위반한 개업공인중개사에 대하여는 100만원 이하의 과태료를 부과한다.

16. 공인중개사법상 개업공인중개사가 작성하는 거래계약서의 필수 기재사항으로만 묶은 것은?

ㄱ. 권리이전의 내용 ㄴ. 권리를 취득함에 따라 부담하여야 할 조세의 종류 ㄷ. 거래금액 · 계약금액 및 그 지급일자 등 지급에 관한 사항 ㄹ. 공법상 이용제한 및 거래규제에 관한 사항 ㅁ. 매도인의 담보책임 배제 특약

① ㄱ. ㄴ. ㄹ　② ㄱ. ㄷ. ㄹ

③ ㄴ. ㄹ. ㅁ　④ ㄷ. ㄹ. ㅁ

⑤ ㄱ. ㄷ. ㅁ

17. 개업공인중개사의 중개대상물에 관한 확인 · 설명에 관한 내용이다. 옳은 것은?

① 조세에 관한 설명은 당해 중개대상물의 권리를 취득함에 따라 부담해야 할 조세의 종류 및 세액을 설명하여야 한다.

② 개업공인중개사는 매도의뢰인이 중개대상물의 상태에 관한 자료요구에 불응한 경우에는 그 사실을 매수의뢰인에게 설명하거나 중개대상물 확인 · 설명서에 기재하여야 한다.

③ 개업공인중개사는 확인 · 설명을 위하여 필요한 경우 중개대상물의 매도의뢰인에게 당해 중개대상물의 상태에 관한 자료를 요구할 수 있다.

④ 개업공인중개사는 중개대상물의 확인 · 설명서에 서명 또는 날인하고, 그 원본, 사본 또는 전자문서를 3년간 보존하여야 한다. 이를 위반 시에는 업무정지처분사유에 해당된다.

⑤ 개업공인중개사가 법인인 경우에 중개대상물의 확인 · 설명서에 주사무소의 경우에는 대표자와 당해 업무를 수행한 소속공인중개사가 함께 서명 또는 날인하여야 한다.

18. 다음은 전속중개계약에 관련된 내용이다. 옳은 것은?

> 중개의뢰인 A가 단독주택 매도를 의뢰하면서 전속중개계약 체결을 요청하자 개업공인중개사 B가 이에 응하여 2023년 5월 5일 전속중개계약을 체결하였다.

① 전속중개계약서를 작성하여 각자 서명 또는 날인한 후 쌍방이 1통씩 보관하되 개업공인중개사는 5년간 보존하여야 한다.

② 중개의뢰인 A가 유효기간 내에 다른 개업공인중개사에게도 의뢰하여 거래한 경우에는 그가 지불하여야 할 중개보수의 50%를 위약금으로 지불하여야 한다.

③ 개업공인중개사 B가 5월 15일에 중개대상물에 관한 정보를 일간신문에 공개하였다.

④ 개업공인중개사 B가 1차적으로 2023년 5월 19일에 업무처리상황을 구두로 정확히 통보하였다.

⑤ 2023년 5월 20일 거래가 성사되었지만, 일간신문사에 거래사실을 통보하지는 않았다.

19. 부동산거래정보망과 관련한 설명으로 옳은 것은?

① 부동산거래정보망을 설치 · 운영할 자로 지정받고자 하는 자는 회원인 개업공인중개사의 사업자등록증 사본을 모두 제출하여야 한다.

② 거래정보사업자로 지정받고자 하는 자는 부가통신사업신고서를 제출하였음을 확인할 수 있는 서류와 부동산거래정보망 운영규정을 정하여 제출하여야 한다.

③ 거래정보사업자가 정당한 사유없이 지정신청을 받은 날로부터 1년 이내에 부동산거래정보망을 설치 · 운영하지 않은 경우 그 지정을 취소하여야 한다.

④ 부동산거래정보망에 중개대상물에 관한 거래의 중요한 정보를 거짓으로 공개한 개업공인중개사는 500만원 이하의 과태료에 처한다.

⑤ 운영규정에는 부동산거래정보망에의 등록절차 및 자료의 제공 · 이용방법에 관한 사항, 회비 등에 관한 사항이 포함되어야 한다.

20. 거래정보사업자에 대한 설명으로 옳은 것은?

① 당해 부동산거래정보망의 가입 이용신청을 한 개업공인중개사의 수가 5백명 이상이고 2개 이상의 특별시 광역시 도에서 각각 30인 이상의 개업공인중개사가 가입 이용신청을 하여야 한다.

② 부동산거래정보망은 개업공인중개사와 의뢰인 상호간에 부동산매매 등에 관한 정보의 공개와 유통을 촉진하기 위한 제도이다.

③ 부동산거래정보망을 설치 운용할 자로 지정받으려면 가입한 개업공인중개사가 보유하고 있는 주된 컴퓨터의 용량 및 성능을 확인할 수 있는 서류가 필요하다.

④ 거래정보사업자는 중개의뢰인으로부터 의뢰받은 중개대상물의 정보에 한하여 이를 공개하여야 한다.

⑤ 거래정보사업자는 법인인 부가통신사업자 중에서 지정한다.

21. 공인중개사법은 개업공인중개사등의 업무방해하는 행위를 금지하고 있다. 이에 해당하지 않는 것은?

① 시세에 부당한 영향을 줄 목적으로 안내문, 온라인 커뮤니티 등을 이용하여 특정 개업공인중개사등에 대한 중개의뢰를 제한하거나 제한을 유도하는 행위

② 시세에 부당한 영향을 줄 목적으로 안내문, 온라인 커뮤니티 등을 이용하여 중개대상물에 대하여 시세보다 현저하게 높게 표시 · 광고 또는 중개하는 특정 개업공인중개사등에게만 중개의뢰를 하도록 유도함으로써 다른 개업공인중개사등을 부당하게 차별하는 행위

③ 시세에 부당한 영향을 줄 목적으로 안내문, 온라인 커뮤니티 등을 이용하여 특정 가격 이하로 중개를 의뢰하지 아니하도록 유도하는 행위

④ 시세에 부당한 영향을 줄 목적으로 정당한 사유 없이 개업공인중개사등의 중개대상물에 대한 정당한 표시 · 광고 행위를 방해하는 행위

⑤ 시세에 부당한 영향을 줄 목적으로 개업공인중개사등에게 중개대상물을 시세보다 현저하게 낮게 표시 · 광고하도록 강요하거나 대가를 약속하고 시세보다 현저하게 낮게 표시 · 광고하도록 유도하는 행위

22. 계약금 등의 반환채무이행을 위한 제도에 대한 기술 중 타당하지 않은 것은?

① 개업공인중개사는 계약금 등을 자기 명의로 금융기관 등에 예치하는 경우에는 그 계약금등을 거래 당사자에게 지급할 것을 보장하기 위하여 예치대상이 되는 계약금등에 해당하는 금액을 보장하는 보증보험 또는 공제에 가입하거나 공탁을 하여야 하며, 거래당사자에게 관계 증서의 사본을 교부하거나 관계증서에 관한 전자문서를 제공하여야 한다.

② 개업공인중개사는 거래의 안전을 보장하기 위하여 필요하다고 인정하는 경우에는 거래당사자에게 거래계약의 이행이 완료될 때까지 계약금 · 중도금 또는 잔금을 개업공인중개사 또는 대통령령이 정하는 자의 명의로 금융기관, 공제사업을 하는 자 또는 「신탁업법」에 의한 신탁회사 등에 예치하게 하여야 한다.

③ 개업공인중개사는 거래당사자가 계약금 등을 개업공인중개사의 명의로 금융기관 등에 예치할 것을 의뢰하는 경우에는 계약이행의 완료 또는 계약해제 등의 사유로 인한 계약금등의 인출에 대한 거래당사자의 동의 방법, 반환채무이행 보장에 소요되는 실비 그 밖에 거래안전을 위하여 필요한 사항을 약정하여야 한다.

④ 계약금등을 예치한 경우 매도인 · 임대인 등에 계약금을 수령할 수 있는 권리가 있는 자는 당해 계약을 해제한 때에 계약금등의 반환을 보장하는 내용의 금융기관 또는 보증보험회사가 발행하는 보증서를 계약금등의 예치명의자에게 교부하고 계약금등을 미리 수령할 수 있다.

⑤ 개업공인중개사는 거래계약과 관련된 계약금등을 자기 명의로 금융기관 등에 예치하는 경우에는 자기 소유의 예치금과 분리하여 관리될 수 있도록 하여야 하며, 예치된 계약금등은 거래당사자의 동의 없이 인출하여서는 아니 된다.

23. 공인중개사법령상 개업공인중개사의 보수와 관련된 설명 중 틀린 것은?

① 주택의 중개대상물에 대한 중개보수는 국토교통부령이 정하는 범위 안에서 시 · 도의 조례로 정한다.

② 전용면적이 85제곱미터 이하이고, 상 · 하수도 시설이 갖추어진 전용입식 부엌과 전용수세식 화장실 및 목욕시설을 갖추어진 오피스텔의 임대차를 중개한 경우 일방으로부터 받을 수 있는 중개보수는 거래금액의 1천분의 4이내에서 결정한다.

③ 중개보수의 지급시기는 개업공인중개사와 중개의뢰인간의 약정에 따르되, 약정이 없을 때에는 중개대상물의 거래대금 지급이 완료된 날로 한다.

④ 동일한 중개대상물에 대하여 동일한 당사자간에 매매를 포함하여 2 이상의 거래를 동일한 기회에 중개한 경우에는 매매금액만을 중개보수 계산시 거래금액으로 적용한다.

⑤ 상가건물의 임대차에 대한 중개보수는 거래금액의 1천분의 8 이내에서 중개의뢰인과 개업공인중개사가 서로 협의하여 결정한다.

24. 주택의 면적이 3분의 1인 건축물에 대하여 Y시에 중개사무소를 둔 개업공인중개사 A가 매도인 甲과 매수인 乙간에 1억원에 매매계약을 중개하고, 동시에 같은 건축물을 乙이 甲에게 보증금 2천600만원, 월차임 20만원으로 임대하는 계약을 체결하도록 중개하였다. 최고요율을 적용하기로 협의한 경우, A가 甲과 乙로부터 받을 수 있는 중개보수 총액은?

구분	Y시 조례		
	거래금액	요율상한(%)	한도액
매매 · 교환	5천만원 이상 ~1억원 미만	0.4	40만원
	1억원 이상 ~3억원 미만	0.3	80만원
임대차 등	5천만원 미만	0.4	15만원
	5천만원 이상 ~1억원 미만	0.3	25만원

① 900,000원
② 1,050,000원
③ 1,200,000원
④ 1,800,000원
⑤ 1,120,000원

25. 공인중개사협회에 관한 설명으로 옳은 것은?

① 협회는 법인으로 한다. 따라서 협회는 회원 100인 이상이 발기인이 되어 정관을 작성하여 창립총회의 의결을 거친 후 국토교통부장관의 허가를 받아 그 주된 사무소의 소재지에서 설립등기를 함으로써 성립한다.

② 300인 이상의 회원이 참석해야 하는 창립총회에는 서울특별시에서는 100인 이상, 광역시 · 도 및 특별자치도에서는 각각 20인 이상의 회원이 참여해야 한다.

③ 이 법에서는 협회가 시 · 도 지부를, 시 · 군 · 구에 지회를 둘 의무를 부과하고 있지 않지만, 지부를 둘 경우에는 국토교통부장관의 승인을 얻어야 한다.

④ 협회가 광역시에 지부를 설치한 때에는 광역시장에게 신고해야 한다.

⑤ 협회는 총회의 의결내용을 다음달 10일까지 국토교통부장관에게 보고해야 한다.

26. 공인중개사법령상 행정수수료에 관한 내용이다. 틀린 것은?

① 중개사무소의 휴업신고 시에는 행정상의 수수료를 납부하지 않는다.

② 거래정보사업자로 지정을 신청할 때에는 행정상의 수수료를 납부하지 않는다.

③ 중개사무소를 관할구역 밖으로 이전신고 시에는 등록증 재교부신청에 준하는 수수료를 납부하여야 한다.

④ 업무를 위탁한 경우에는 업무를 위탁한 자가 결정 · 공고하는 수수료를 납부하여야 한다.

⑤ 분사무소 설치신고를 하는 경우에는 주된 사무소 소재지 관할 지방자치단체 조례에 따라 수수료를 납부하여야 한다.

27. 다음 중 외국인이나 외국법인이 국내에 소재한 부동산을 취득하는 때 부동산거래신고등에 관한 법률상의 특례규정에 따라 외국인등의 신고를 하여야 하는데, 그 기간이 다른 하나는?

① 증여에 의한 취득

② 상속에 의한 취득

③ 판결에 의한 취득

④ 경매에 의한 취득

⑤ 법률 규정에 의한 환매권 행사

28. 부동산 거래신고 등에 관한 법령상 외국인등이 토지취득계약을 체결하기 전에 신고관청으로부터 토지취득의 허가를 받아야 하는 경우가 아닌 것은?

① 「군사기지 및 군사시설 보호법」 제2조 제6호에 따른 군사기지 및 군사시설 보호구역

② 「문화재보호법」 제2조 제2항에 따른 지정문화재와 이를 위한 보호물 또는 보호구역

③ 「자연환경보전법」 제2조 제12호에 따른 생태 · 경관보전지역

④ 국방목적을 위하여 외국인등의 토지취득을 특별히 제한할 필요가 있는 섬 지역으로서 이 법에 따른 토지거래계약에 관한 허가를 받은 경우

⑤ 「야생생물 보호 및 관리에 관한 법률」 제27조에 따른 야생생물특별보호구역

29. 공인중개사법령에 관한 설명으로 틀린 것은?

① 이 법은 「민법」의 특별법적 성격이 있다.

② 이 법에 따라 휴업 · 폐업신고를 하려는 개업공인중개사가 「부가가치세법」에 따른 휴업 · 폐업 신고를 같이 하려는 경우에는 이 법에 따른 휴업 · 폐업신고서에 「부가가치세법」에 따른 신고서를 함께 제출해야 한다.

③ 법인인 개업공인중개사의 분사무소 소재지 시장 · 군수 또는 구청장은 부동산투기 등 거래동향의 파악을 위하여 개업공인중개사인 법인의 분사무소에 대하여 그 업무에 관한 사항을 보고하게 할 수 있다.

④ 부동산중개계약은 사법계약에 속한다.

⑤ 등록관청은 법인인 개업공인중개사에 대하여 법인 또는 분사무소별로 업무의 정지를 명할 수 없다.

30. 부동산등기특별조치법상의 검인계약서에 대한 기술 중 타당하지 않은 것은?

① 등기원인을 증명하는 서면이 집행력 있는 판결서 또는 판결과 같은 효력을 갖는 조서인 때에는 판결서 등에 검인을 받아 제출하여야 한다.

② 검인은 계약을 체결한 당사자중 1인이나 그 위임을 받은 자, 계약서를 작성한 변호사와 법무사 및 개업공인중개사가 신청할 수 있다.

③ 검인신청을 받은 경우 시장 · 군수 · 구청장은 계약서 또는 판결서등의 형식적 요건의 구비 여부만을 확인하고 그 기재에 흠결이 없다고 인정한 때에는 지체 없이 검인을 하여 검인신청인에게 교부하여야 한다.

④ 2개 이상의 시 · 군 · 구에 있는 수개의 부동산의 소유권이전을 내용으로 하는 계약서 또는 판결서 등을 검인받고자 하는 경우에는 모든 시 · 군 · 구를 관할하는 시장 등에게 검인을 신청하여야 한다.

⑤ 부동산의 소유권을 이전받을 것을 내용으로 계약을 체결한 자는 그 부동산에 대하여 다시 제3자와 소유권이전을 내용으로 하는 계약이나 제3자에게 계약당사자의 지위를 이전하는 계약을 체결하고자 할 때에는 먼저 체결된 계약서에 부동산등기특별조치법 제3조의 규정에 의한 검인을 받아야 한다.

31. **개업공인중개사 甲은 중개의뢰인 乙로부터 A부동산을 처분해 달라는 매각의뢰를 받았다. 이때 甲의 부동산중개실무상 조치를 취한 행동 중에서 가장 타당한 것은 무엇인가 ?**

① 부동산등기부등본을 통하여 소유권 및 경계를 확인하는 등 권리분석을 하였다

② 부동산이 도시지역 내에 위치하고 있지 않으므로 공법상의 이용제한 및 거래규제에 관한 사항의 확인설명은 생략하였다

③ 乙이 확인 설명하지 말 것을 요청한 경우 개업공인중개사는 취득의뢰인에게 확인 설명해서는 아니된다.

④ 법정지상권 · 유치권 · 저당권 등은 등기부등본으로 확인할 수 없어 사실관계의 실제조사를 통하여 확인하였다

⑤ 등기사항증명서를 통하여 소유권에 관한 사항과 소유권이외의 권리사항을 확인하였다

32. **「공인중개사법령」 상 '주거용 건축물 확인 · 설명서' 의 개업공인중개사 '기본 확인사항' 란에 기재되는 사항을 모두 고르면 몇 개인가?**

㉠ 권리관계	㉡ 중개보수
㉢ 교육시설	㉣ 경비실 · 관리주체
㉤ 수도 · 전기 · 소방	㉥ 건폐율 · 용적률 상한
㉦ 일조 · 소음 · 진동	㉧ 비선호시설(1km이내)

① ㉠, ㉢, ㉣, ㉥, ㉧

② ㉠, ㉡, ㉢, ㉣, ㉤

③ ㉠, ㉢, ㉣, ㉥, ㉦

④ ㉠, ㉡, ㉣, ㉥, ㉦

⑤ ㉣, ㉤, ㉥, ㉦, ㉧

33. **「공인중개사법령」 상 중개대상물 확인 · 설명서 작성에 관한 설명이다. 옳은 것은?**

① '대상물건의 표시란' 중 건축물의 '내진설계 적용여부 및 내진능력' 은 주거용 건축물 확인 · 설명서에만 기재사항 란이 있다.

② '내 · 외부시설물의 상태' 란의 '단독경보형감지기' 설치 여부는 주거용 건축물 확인 · 설명서와 '비 주거용건축물 확인설명서' 에 기재사항 란이 있다.

③ '비선호시설(1km이내)' 의 기재사항란은 주거용 건축물 확인 · 설명서와 '비 주거용건축물 확인설명서' 에 기재사항 란이 있다.

④ 교육시설, 판매 및 의료시설, 벽면 및 도배상태는 '주거용건축물 확인 · 설명서' 에만 기재한다.

⑤ 중개보수 등에 관한 사항란에는 중개보수 및 실비의 금액과 합계액 산출내역외에도 지급시기를 기재하여야 한다.

34. **거래계약과 관련한 다음 판례의 태도 중 틀린 것은?**

① 토지거래허가를 받지 않아 유동적 무효상태인 매매계약에 있어서도 당사자 사이의 매매계약은 매도인이 계약금의 배액을 상환하고 계약을 해제함으로써 적법하게 해제된다.

② 매매계약체결 대리권을 수여받은 대리인은 특별 수권이 있지 않는 한 그 매매계약에서 약정한 바에 따른 중도금이나 잔금을 수령할 권한이 없다.

③ 계약금을 위약금으로 하기로 하는 특약이 없는 경우에는 계약금이 손해배상예정액으로서의 성질을 가지지 못하므로 계약금이 손해배상액의 예정임을 전제로 하는 감액 청구를 할 수 없다.

④ 특별한 사정이 없는 한 매도인은 매매목적부동산에 가압류 등이 있는 경우 이를 말소하여 완전한 소유권이전등기를 해줄 의무가 있다.

⑤ 매수인이 일정한 면적이 있는 것으로 믿고 매도인도 그 면적이 있는 것으로 명시적 또는 묵시적으로 표시하고 나아가 당사자들이 면적을 가격결정 요소 중 가장 중요한 요소로 파악하고 그 객관적인 수치를 기준으로 가격을 결정하였다면 그 매매는 수량을 지정한 매매에 해당한다.

35. 다음은 장사 등에 관한 법령을 설명한 것이다. 옳지 아니한 것은?

① 분묘의 형태는 봉분 또는 평분으로 하되, 봉분의 높이는 지면으로부터 1미터, 평분의 높이는 50㎝를 초과하여서는 아니된다.

② 법인 묘지는 도로·철도·하천 또는 그 예정지역으로부터 300m 이상 떨어진 곳에 설치하여야 한다.

③ 개인 묘지는 20호 이상의 인가가 밀집한 지역, 학교 그 밖에 공중이 수시 집합하는 시설 또는 장소로부터 원칙적으로 300m 이내에는 설치할 수 없다.

④ 가족 묘지는 가족당 1개소에 한하되, 그 면적은 1,000㎡ 이하이어야 한다.

⑤ 원칙적으로 매장할 자가 사망하기 전에는 묘지의 매매·양도·임대·사용계약 등을 할 수 없다.

36. 다음은 부동산등기특별조치법 규정에 의한 소유권이전·보존등기등의 신청의무에 관한 설명이다. 잘못된 것은?

① 쌍무계약의 경우에는 반대급부이행완료일로부터 60일 이내에 소유권이전등기를 신청하여야 한다.

② 편무계약의 경우에는 계약의 효력이 발생일로부터 60일 이내에 소유권이전등기를 신청하여야 한다.

③ 계약체결 전 보존등기가 가능함에도 미등기로 계약을 체결한 경우에는 그 계약체결일로부터 60일 이내에 소유권보존등기를 신청하여야 한다.

④ 계약체결 후 보존등기신청이 가능하게 된 경우에는 보존등기를 신청할 수 있게 된 날로부터 60일 이내에 소유권보존등기를 신청하여야 한다.

⑤ 계약을 원인으로 부동산의 소유권이전계약을 체결하면 계약이 취소 해제 무효된 경우에도 일단은 60일 이내에 소유권이전등기를 신청하여야 한다.

37. 부동산실권리자 명의등기에 관한 법률에 대한 기술 중 타당하지 않은 것은?

① "명의신탁약정" 이라 함은 부동산에 관한 소유권 기타 물권을 보유한 자 또는 사실상 취득하거나 취득하려고 하는 자(실권리자)가 타인과의 사이에서 대내적으로 실권리자가 부동산에 관한 물권을 보유하거나 보유하기로 하고 그에 관한 등기(가등기를 포함)는 그 타인의 명의로 하기로 하는 약정(위임·위탁매매의 형식에 의하거나 추인에 의한 경우를 포함)을 말한다.

② 부동산의 위치와 면적을 특정하여 2인 이상이 구분소유하기로 하는 약정을 하고 그 구분소유자의 공유로 등기하는 경우는 위법한 명의신탁에 해당되지 않는다.

③ 누구든지 부동산에 관한 물권을 명의신탁약정에 의하여 명의수탁자의 명의로 등기하여서는 아니된다.

④ 명의신탁약정에 따라 행하여진 등기에 의한 부동산에 관한 물권변동은 무효로 한다. 다만, 부동산에 관한 물권을 취득하기 위한 계약에서 명의수탁자가 그 일방당사자가 된 경우에는 매도인의 선의 또는 악의를 불문하고 무효로 되지 아니하다.

⑤ 채무의 변제를 담보하기 위하여 채권자가 부동산에 관한 물권을 이전받는 경우에는 채무자 채권금액 및 채무변제를 위한 담보라는 뜻이 기재된 서면을 등기신청서와 함께 등기관에게 제출하여야 한다.

38. 개업공인중개사가 주택임대차보호법령에 대하여 중개의뢰인에게 설명한 내용으로 옳은 것은? (다툼이 있으면 판례에 따름)

① 차임 및 보증금의 증액청구는 임대차계약이 종료된 후 재계약을 하는 경우에도 약정한 차임 및 보증금의 20분의 1을 초과하지 못한다.

② 임차인이 확정일자를 먼저 받았다면 주택의 인도와 전입신고일이 저당권자의 저당권설정등기일과 같은 경우 임차인이 저당권자에 우선한다.

③ 임차인이 주택의 인도를 받고 주민등록을 마친 날과 제3자의 저당권설정등기일이 같은 날이면 임차인은 저당권의 실행으로 그 주택을 취득한 매수인에게 대항하지 못한다.

④ 임차인이 그 지위를 강화하고자 별도로 전세권설정등기를 마쳤다면「주택임대차보호법」상 대항요건을 상실하더라도 이미 취득한「주택임대차보호법」상의 대항력과 우선변제권을 상실하지 않는다.

⑤ 주택을 인도받고 주민등록을 마친 때에는 확정일자를 받지 않더라도 주택의 경매 시 후순위저당권자보다 우선하여 보증금을 변제받을 수 있다.

39. 「상가건물임대차보호법」에 대한 다음 설명 중 틀린 것은?

① 이 법은 사업자등록의 대상이 되는 영업목적 건물의 임대차에 대하여 적용하므로 공장건물의 임대차는 영리를 목적으로 하는 경우라도 적용의 여지가 없다.

② 서울특별시에서 보증금과 월차임에 100을 곱한 금액의 합계액이 9억원을 초과하는 상가의 임차인은 원칙적으로 이 법상의 전면적인 보호를 받을 수 없다.

③ 임대인은 임차인이 임대차기간이 만료되기 6개월 전부터 1개월 전까지 사이에 계약갱신을 요구할 경우 정당한 사유 없이 거절하지 못한다.

④ 임차인의 계약갱신요구권은 최초의 임대차기간을 포함하여 총 10년을 초과하지 않는 범위 안에서 행사할 수 있다.

⑤ 지역별 법 적용대상 보증금 제한금액을 초과하는 임대차인 경우라도 임차인에게 계약갱신요구권이 인정된다.

40. 법인인 개업공인중개사의 중개업무와 매수신청대리업무에 관한 비교한 내용이다. 틀린 것은?

① 중개업무는 중개사무소 개설등록 후 업무개시 전에 4억 원 이상을, 매수신청대리업무는 등록신청 전에 4억 원 이상의 보증을 설정하여야 한다.

② 중개업무는 대표자를 포함한 임원(무한책임사원) 전원이 등록신청일전 1년 이내에, 매수신청대리업무는 대표자만 등록신청일전 1년 이내에 실무교육을 받으면 된다.

③ 중개업무의 실무교육은 시 · 도지사가 실시하나, 매수신청대리업무의 실무교육은 지방법원장이 한다.

④ 중개업무는 3년간, 매수신청대리업무는 5년간 확인 · 설명서를 보존하여야 한다.

⑤ 중개업무는 등록신청 후 7일 이내에, 매수신청대리업무는 14일 이내에 등록처분이 된다.

제2과목 : 부동산공법 중 부동산 중개에 관련되는 규정

41. 국토의 계획 및 이용에 관한 법령상 광역계획권이 둘 이상의 시 · 도의 관할 구역에 걸쳐 지정된 경우에 관한 설명으로 옳은 것은?

① 관계 시 · 도지사가 협의하여 광역계획권의 지정할 자를 정하여야 한다.

② 관계 시 · 도지사가 공동으로 광역도시계획을 수립하여야 한다.

③ 광역계획권을 지정한 날부터 5년이 지날 때까지 시 · 도지사의 광역도시계획 승인 신청이 없는 경우에는 국토교통부장관이 수립하여야 한다.

④ 관할 시 · 도지사는 광역도시계획의 내용에 관하여 협의가 되지 아니하면 공동으로만 국토교통부장관에게 조정을 신청할 수 있다.

⑤ 국토교통부장관은 공동으로 조정신청을 받은 경우에는 기한을 정하여 당사자 간에 협의를 하도록 권고할 수 있고, 기한까지 협의가 이루어지지 아니하면 직접 조정할 수 있다.

42. 국토의 계획 및 이용에 관한 법령상 도시 · 군관리계획의 입안을 위한 기초조사에서 환경성 검토를 실시하지 아니할 수 있는 것은?

① 「환경영향평가법」 제9조에 따른 전략환경영향평가 대상인 도시 · 군관리계획을 입안하는 경우

② 해당 지구단위계획구역이 상업지역과 상업지역에 연접한 지역에 위치하는 경우

③ 해당 지구단위계획구역 안의 나대지 면적이 구역면적의 2%에 미달하는 경우

④ 해당 도시 · 군계획시설의 결정을 해제하려는 경우

⑤ 주거지역 · 상업지역 또는 공업지역에 도시 · 군관리계획을 입안하는 경우

43. 국토의 계획 및 이용에 관한 법령」상 다음의 조건에서 해당대지에 건축 가능한 용적률의 최대한도를 구하시오?

1개의 대지 1,000㎡가 제1종일반주거지역에 300㎡, 나머지는 준주거지역에 걸쳐 있다. 다만, 제1종일반주거지역과 준주거지역에 조례로 허용된 용적률의 최대한도는 각 150%, 400%이다.

① 125　② 225

③ 325　④ 425

⑤ 525

44. 국토의 계획 및 이용에 관한 법령상 용도지역·용도지구 및 용도구역 안에서의 건축제한의 예외 등에 관한 설명으로 틀린 것은?

① 용도지역·용도지구 안에서의 도시·군계획시설에 대하여는 용도지역·용도지구 안에서의 건축제한의 규정을 적용하지 아니한다.

② 경관지구 또는 고도지구 안에서의 리모델링이 필요한 건축물에 대해서는 건축물의 높이·규모 등의 제한을 완화하여 제한할 수 있다.

③ 개발제한구역 안에서의 건축제한은 「개발제한구역의 지정 및 관리에 관한 특별조치법」 령에 따른다.

④ 용도지역·용도지구 또는 용도구역 안의 공사현장에 설치하는 자재야적장, 레미콘·아스콘생산시설 등 공사용 부대시설은 원상복구할 것을 조건으로 설치를 허가할 수 있다.

⑤ 고도지구 안에서는 용도지역 안에서의 건축제한 중 층수 제한에 있어서는 1층 전부를 필로티 구조로 하는 경우 필로티 부분을 층수에서 제외한다.

45. 국토의 계획 및 이용에 관한 법령상 복합용도지구에 관한 설명으로 옳은 것은?

① 효율적이고 복합적인 토지이용을 도모하기 위하여 특정시설의 입지를 강화할 필요가 있는 용도지구이다.

② 일반주거지역, 일반공업지역, 일반상업지역에 지정할 수 있다.

③ 용도지역의 지정목적이 크게 저해되지 아니하도록 해당 용도지역 전체 면적의 2분의 1 이하의 범위에서 지정하여야 한다.

④ 일반주거지역에 지정된 복합용도지구에서는 준주거지역에서 허용되는 건축물 중 도시·군계획조례가 정하는 건축물을 건축할 수 있다.

⑤ 일반공업지역에 지정된 복합용도지구에서는 준공업지역에서 허용되는 아파트를 건축할 수 있다.

46. 국토의 계획 및 이용에 관한 법령상 지구단위계획에 관한 설명으로 틀린 것은?

① 지구단위계획의 수립기준 등은 국토교통부장관이 정한다.

② 지구단위계획구역 및 지구단위계획은 도시·군관리계획으로 결정한다.

③ 개발제한구역에서 해제된 구역의 면적이 30만㎡ 이상이면 지구단위계획구역을 지정하여야 한다.

④ 지구단위계획구역의 지정목적이 차 없는 거리의 조성을 목적으로 하는 경우에는 「주차장법」 상 주차장 설치기준을 100%까지 완화하여 적용할 수 있다.

⑤ 도시지역에 개발진흥지구를 지정하고 당해 지구를 지구단위계획구역으로 지정한 경우에는 당해 용도지역에 적용되는 용적률의 120% 이내에서 용적률을 완화하여 적용할 수 있다.

47. 국토의 계획 및 이용에 관한 법령상 개발진흥지구 안의 건축제한 등에 관한 설명으로 틀린 것은?

① 지구단위계획 또는 관계 법률에 따른 개발계획을 수립하는 경우에는 그 지구단위계획 또는 개발계획에 위반하여 건축물을 건축할 수 없다.

② 지구단위계획 또는 개발계획이 수립되기 전에는 도시·군계획조례로 정하는 건축물을 건축할 수 있다.

③ 지구단위계획 또는 관계 법률에 따른 개발계획을 수립하지 아니하는 개발진흥지구에서는 해당 용도지역에서 허용되는 건축물을 건축할 수 있다.

④ 주거기능, 공업기능, 유통·물류 기능 및 관광·휴양 기능 중 2 이상의 기능을 중심으로 개발·정비를 목적으로 특정개발진흥지구를 지정할 수 있다.

⑤ 산업·유통개발진흥지구에서는 해당 용도지역에서 허용되는 건축물 외에 해당 지구계획에 따라 도시·군계획조례로 정하는 건축물을 건축할 수 있다.

48. **국토의 계획 및 이용에 관한 법령상 도시·군계획시설 부지에서의 개발행위 및 공공시설 귀속에 관한 설명으로 틀린 것은?**

① 도시·군계획시설의 설치장소로 결정된 부지에서는 해당 시설이 아닌 건축물의 건축 등을 허가하여서는 안 된다.

② 다만, ①의 경우에 2년이 지날 때까지 그 설치에 관한 사업이 시행되지 않고 제1단계 집행계획에 포함되지 아니한 부지에서는 가설건축물의 건축이 허가 될 수 있다.

③ 가설건축물의 건축이 허가된 토지에서 사업이 시행되는 경우에는 그 시행예정일 3개월 전까지 철거 등 원상회복에 필요한 조치를 명하여야 한다.

④ 위 ③의 경우 철거 비용은 원상회복에 필요한 조치를 명한 자가 이를 부담하여야 한다.

⑤ 개발행위허가를 받은 자가 행정청인 경우에 새로 설치된 공공시설은 그 시설을 관리할 관리청에 무상으로 귀속된다.

49. **국토의 계획 및 이용에 관한 법령상 도시·군계획시설채권에 관한 설명으로 옳은 것은?**

① 매수의무자가 국가 또는 지방자치단체인 경우에는 발행할 수 있다.

② 부재부동산소유자의 토지로서 매수 대금이 3천만 원을 초과한 경우에는 그 매수대금 전부에 대하여 채권으로 발행 할 수 있다.

③ 상환기간은 10년 이내에서 조례로 정한다.

④ 이율은 채권 발행 당시 「은행법」에 따른 인가를 받은 은행 중 전국을 영업으로 하는 은행이 적용하는 1년 만기 정기예금 금리의 평균으로 하여야 한다.

⑤ 채권의 발행 절차 등에 관하여는 이 법에 특별한 규정이 있는 경우 외에는 「공익사업을 위한 토지 등의 취득 및 보상에 관한 법률」을 준용한다.

50. **국토의 계획 및 이용에 관한 법령상 성장관리계획(구역)에 관한 설명으로 옳은 것은?**

① 성장관리계획구역의 지정 및 변경에 관한 도시·군관리계획은 시·도지사(대도시시장)가 결정한다.

② 개발수요가 많아 무질서한 개발이 진행되고 있는 일반상업지역은 성장관리계획구역을 지정할 수 있다.

③ 성장관리계획구역의 계획관리지역은 60% 이하, 생산관리지역·농림지역 및 자연녹지지역과 생산녹지지역은 40% 이하 범위에서 조례로 정하는 비율까지 건폐율을 완화하여 적용할 수 있다.

④ 성장관리계획구역 내 계획관리지역에서는 200% 이하의 범위에서 조례로 정하는 비율까지 용적률을 완화하여 적용할 수 있다.

⑤ 성장관리계획에는 도로, 공원 등 기반시설의 배치와 규모에 관한 사항과 건축물의 용도제한, 건축물의 건폐율 또는 용적률 등이 포함되어야 한다.

51. **국토의 계획 및 이용에 관한 법령상 개발행위 허가의 절차 및 이행보증금예치에 관한 설명으로 옳은 것은?**

① 기반시설부담구역 안에서는 허가신청 시 기반시설의 설치나 그에 필요한 용지의 확보에 관한 계획서를 제출하지 아니한다.

② 개발행위허가의 신청에 대하여 특별한 사유가 없으면 7일 이내에 허가 또는 불허가의 처분을 하여야 한다.

③ 개발행위허가를 하는 경우에는 환경오염 방지, 경관, 조경 등에 관한 조치를 할 것을 조건으로 개발행위허가를 하여서는 아니 된다.

④ 개발행위허가를 하려면 그 개발행위가 도시·군계획사업의 시행에 지장을 주는지에 관하여 도시·군계획사업의 시행자의 의견을 들어야 한다.

⑤ 토석의 채취가 완료된 후 비탈면에 조경을 할 필요가 있는 경우 이행강제금을 징수할 수 있다.

52. **국토의 계획 및 이용에 관한 법령상 도시·군계획시설사업에 관한설명으로 틀린 것은?**

① 도시·군계획시설결정의 고시 일부터 3개월 이내에 재원조달계획, 보상계획 등을 포함하는 단계별 집행계획을 수립하여야 한다.

② 국토교통부장관은 국가계획과 관련되는 경우에는 관계 특별시장·광역시장·특별자치시장·특별자치도지사·시장 또는 군수의 의견을 들어 직접 시행할 수 있다.

③ 실시계획을 고시한 경우에는 사업인정 및 그 고시가 있었던 것으로 본다.

④ 시행자가 행정청이 아닌 경우 용도가 폐지되는 공공시설은 새로 설치한 공공시설의 설치비용에 상당하는 범위에서 시행자에게 무상으로 양도할 수 있다.

⑤ 행정청이 아닌 도시·군계획시설사업 시행자의 처분에 대하여도 「행정심판법」에 따라 행정심판을 제기할 수 있다.

53. **도시개발법령상 자연녹지지역 안의 자연취락지구에 150만 ㎡인 도시개발구역을 지정하는 경우에 관한 설명으로 옳은 것은?** (단, 도시개발사업의 전부를 환지방식에 의하고 다른 조건을 고려하지 아니한다)

① 도시개발구역을 지정하는 경우에는 공람기간 만료 후 주민의견을 듣기 위한 공청회를 개최하여야 한다.

② 지정권자가 도시개발구역을 지정하려면 동시에 개발계획을 수립하여야 한다.

③ 위 ②의 개발계획은 실시계획에 들어맞아야 한다.

④ 도시개발구역 안의 토지소유자들이 조합을 설립하여 이를 시행할 수 없다.

⑤ 광역도시계획이나 도시·군기본계획에서 개발 가능한 용도로 정하여야 한다.

54. **도시개발법령상 환지계획 등에 관한 설명으로 옳은 것은?**

① 환지방식이 적용되는 도시개발구역에 있는 조성토지등의 가격을 평가할 때에는 토지평가협의회의 심의를 거쳐 결정하되, 그에 앞서 감정평가법인등이 평가하게 하여야 한다.

② 행정청이 아닌 시행자가 환지계획을 작성한 경우에는 지정권자의 인가를 받아야 한다.

③ 종전 토지의 합필 또는 분필로 환지명세가 변경되는 경우에는 그 변경에 관하여 인가를 받아야 한다.

④ "기준일"의 다음 날부터 1필지의 토지가 여러 개의 필지로 분할되는 경우 해당 토지 또는 건축물에 대하여 금전으로 청산할 수 없고 환지지정은 제한할 수 있다.

⑤ 공공시설의 용지에 대하여는 환지계획을 정할 때 그 위치·지목 등에 관하여 적응환지 기준을 적용하지 아니할 수 있다.

55. **도시개발법령상 수용방식의 절차에서 선수금의 수취에 관한 설명으로 틀린 것은?**

① 공공시행자는 개발계획을 수립·고시한 후에 사업시행 토지면적의 100분의 10 이상의 토지에 대한 소유권을 확보하여야 한다.

② 민간시행자는 공급하려는 토지에 대한 소유권을 확보하고, 해당 토지에 설정된 저당권을 말소하여야 한다.

③ 위 ②의 경우 도시개발사업의 공사 진척률이 100분의 30 이상이어야 한다.

④ 실시계획인가를 받기 전에 선수금을 받으려는 경우에는 환경영향평가 및 교통영향평가를 실시하여 기반시설 투자계획이 구체화된 경우로 한정한다.

⑤ 해당 대금의 전부 또는 일부를 미리 받으려면 지정권자의 승인을 받아야 한다.

56. **도시개발법령상 수용방식으로 조성된 토지의 공급가격을 감정가격 이하로 할 수 있는 경우에 해당하지 않는 것은?**

① 200실 이상의 객실을 갖춘 호텔의 부지공급

② 임대주택 용지

③ 「사회복지사업법」에 따른 사회복지법인이 설치하는 사회복지시설(유료시설 제외)용지

④ 국가 등 공공시행자의 국민주택 규모 이하의 공동주택 용지

⑤ 토지상환채권에 의하여 토지를 상환하는 경우

57. **도시개발법령상 환지예정지처분에 관한 설명으로 옳은 것은?**

① 시행자는 종전의 토지에 대한 임차권자 등이 있으면 해당 환지예정지의 지정에 대하여 임차권자 등의 동의를 얻어야 한다.

② 시행자가 환지예정지를 지정하려면 관계 토지 소유자와 임차권자등에게 환지예정지의 위치·면적·효력발생시기를 알려야 한다.

③ 시행자는 환지예정지를 지정한 경우에 해당 토지를 사용하거나 수익하는 데에 장애가 될 물건이 있으면 그 지정을 취소할 수 있다.

④ 체비지의 용도로 환지예정지가 지정되어 처분된 체비지를 취득한 자는 환지처분공고일의 다음날 그 소유권을 취득한다.

⑤ 환지예정지의 지정으로 사용하거나 수익할 수 있는 자가 없게 된 토지는 환지예정지의 지정 일부터 환지처분을 공고한 날까지 환지계획에서 정한 자가 관리하여야 한다.

58. **도시개발법령상 환지처분에 관한 설명으로 옳은 것은?**

① 시행자는 지정권자에 의한 준공검사를 받은 경우에는 90일 이내에 환지처분을 하여야 한다.

② 도시개발사업의 시행으로 행사할 이익이 없어진 지역권은 환지처분이 공고된 날의 다음날 환지받은 토지에 존재하는 것으로 본다.

③ 환지계획에서 환지를 정하지 아니한 종전의 토지에 있던 권리는 그 환지처분이 공고된 날의 다음날이 끝나는 때 소멸한다.

④ 환지 대상에서 제외한 토지 등에 대하여는 청산금을 교부하는 때에 청산금을 결정할 수 있다.

⑤ 환지처분이 공고되면 공고 후 지체 없이 관할 등기소에 이를 알리고 토지와 건축물에 관한 등기를 촉탁하거나 신청하여야 한다.

59. **도시 및 주거환경정비법령상 공공재개발사업에 관한 설명으로 틀린 것은?**

① 지정권자는 비경제적인 건축행위 및 투기 수요의 유입을 방지 등을 위하여 공공재개발사업을 추진하려는 구역을 공공재개발사업 예정구역으로 지정할 수 있다.

② 정비계획의 입안권자 또는 토지주택공사등은 지정권자에게 공공재개발사업 예정구역의 지정을 신청할 수 있다.

③ 공공재개발사업 예정구역에서 건축물의 건축, 토지의 분할, 지역주택조합의 조합원 모집은 시장 · 군수등의 허가를 받아야 한다.

④ 정비계획의 지정권자는 공공재개발사업을 위한 정비구역을 지정 · 고시한 날부터 1년이 되는 날까지 공공재개발사업 시행자가 지정되지 아니하면 그 1년이 되는 날의 다음 날에 공공재개발사업을 위한 정비구역의 지정을 해제하여야 한다.

⑤ 지정권자는 공공재개발사업 예정구역이 지정 · 고시된 날부터 3년이 되는 날까지 공공재개발사업 예정구역이 정비구역으로 지정되지 아니하거나, 사업 시행자가 지정되지 아니하면 그 3년이 되는 날의 다음 날에 공공재개발사업 예정구역 지정을 해제하여야 한다.

60. **도시 및 주거환경정비법령상 재개발사업조합에 관한 설명으로 틀린 것은?**

① 조합을 설립하려는 경우에는 정비구역 지정 · 고시 후 추진위원회를 구성하여 시장 · 군수등의 승인을 받아야 한다.

② 토지 또는 건축물의 소유권과 지상권이 여러 명의 공유에 속하는 경우에는 대표하는 1명을 조합원으로 본다.

③ 조합은 조합설립인가를 받은 후 조합 총회에서 경쟁입찰의 방법으로 건설업자 등을 시공자로 선정하여야 한다.

④ 다만, ③의 경우에 조합원 수가 100명 이하의 경우에는 조합 총회에서 정관이 정하는 바에 따라 시공자를 선정할 수 있다.

⑤ 위 ③의 조합이 시공자를 선정하는 경우에는 주민대표회의 또는 토지 등 소유자 전체 회의에서 경쟁입찰의 방법으로 시공자를 추천할 수 있다.

61. **도시 및 주거환경정비법령상 관리처분계획에 관한 설명으로 옳은 것은?**

① 관리처분계획의 인가 전 기존 건축물의 붕괴 등 안전사고의 우려가 있는 경우에는 시장 · 군수 등의 허가를 받지 아니하고 해당 건축물을 철거할 수 있다.

② 인가를 받은 관리처분계획 중 권리 · 의무의 변동이 있는 경우로서 분양설계의 변경을 수반하지 아니하는 경우에는 시장 · 군수등에게 신고하여야 한다.

③ 관리처분계획에 포함되는 주거환경개선사업 또는 재개발사업의 재산 또는 권리를 평가할 때는 시장 · 군수등이 선정 · 계약한 1인 이상의 감정평가법인 등과 조합총회의 의결로 선정 · 계약한 1인 이상의 감정평가법인 등이 평가한 금액을 산술평균하여 산정한다.

④ 위 ③의 경우 재건축사업은 시장 · 군수등이 선정 · 계약한 2인 이상의 감정평가법인 등이 평가한 금액을 산술평균하여 산정한다.

⑤ 2명 이상이 1주택 또는 1토지를 공유한 경우에는 공유자 별로 각 1주택을 공급할 수 있다.

62. **도시 및 주거환경정비법령상 준공인가 등에 따른 정비구역의 해제 등에 관한 설명으로 틀린 것은?**

① 정비구역의 지정은 준공인가의 고시가 있은 날의 다음 날에 해제된 것으로 본다.

② 위 ①의 준공인가 등에 따른 정비구역의 해제는 조합의 존속에 영향을 주지 아니한다.

③ 시장 · 군수등은 준공인가를 하기 전이라도 완공된 건축물이 사용에 지장이 없는 등 기준에 적합한 경우에는 입주예정자가 완공된 건축물을 사용할 수 있도록 사업시행자에게 허가할 수 있다.

④ 사업시행자는 고시가 있은 때에는 지체 없이 대지확정측량을 하고 토지의 분할절차를 거쳐 관리처분계획에서 정한 사항을 분양받을 자에게 통지하고 대지 또는 건축물의 소유권을 이전하여야 한다.

⑤ 위 ④의 경우 대지 또는 건축물을 분양받을 자는 소유권 이전의 고시가 있은 날 그 대지 또는 건축물의 소유권을 취득한다.

63. **도시 및 주거환경정비법령상 조합의 정관을 변경하는 경우 조합원 3분의 2 이상의 동의가 필요한 사항이 아닌 것은?**

① 조합원의 자격에 관한사항

② 청산금의 징수 · 지급의 방법 및 절차

③ 정비구역의 위치 및 면적

④ 조합의 비용부담 및 조합의 회계

⑤ 시공자 · 설계자의 선정 및 계약서에 포함될 내용

64. **도시 및 주거환경정비법령상 정비구역의 지정에 관한 설명으로 옳은 것은?**

① 국토교통부장관은 기본계획에 적합한 범위에서 노후 · 불량건축물이 밀집하는 등 요건에 해당하는 구역에 대하여 정비구역을 지정할 수 있다.

② 천재지변, 그 밖의 불가피한 사유로 긴급하게 정비사업을 시행할 필요가 있다고 인정하는 때에는 기본계획을 수립하거나 변경하지 아니하고 정비구역을 지정할 수 있다.

③ 지정권자는 진입로 지역과 그 인접지역을 포함하여 정비구역을 지정할 수 없다.

④ 지정권자는 정비구역 지정을 위하여 직접 정비계획을 입안할 수 없다.

⑤ "구청장 등" 은 정비계획을 입안하여 국토교통부장관에게 직접 정비구역 지정을 신청할 수 있다.

65. **건축법령상 다중이용건축물에 해당하는 용도에 해당하지 않는 것은?** (16층 이상인 건축물을 제외하고, 해당용도로 쓰는 바닥면적의 합계는 5천㎡ 이상임)

① 문화 및 집회시설(동 · 식물원 제외)

② 종교시설

③ 판매시설

④ 운수시설 중 여객용시설

⑤ 관광휴게시설

66. **건축법령상 건축물의 용도분류 및 용도변경에 관한 설명으로 옳은 것은?**

① 안마시술소, 치과의원, 한의원, 침술원, 조산소는 제2종 근린생활시설이다.

② 법령에서 정하는 용도 제한에 적합한 범위에서 제1종 근린생활시설과 제2종 근린생활시설 상호 간의 용도변경은 건축물대장 기재 내용의 변경을 신청하여야 한다.

③ 허가나 신고 대상인 경우로서 용도변경하려는 부분의 바닥면적의 합계가 100제곱미터 이상인 경우의 사용승인에 관하여는 제22조(건축물의 사용승인)를 준용한다.

④ 허가 대상인 경우로서 용도변경하려는 부분의 바닥면적의 합계가 300제곱미터 이상인 용도변경의 설계에 관하여는 제23조(건축물의 설계)를 준용한다.

⑤ 건축주는 건축물의 용도를 복수로 하여 건축허가, 건축신고 및 용도변경 허가 · 신고를 할 수 없다.

67. **건축법령상 대수선의 범위에 해당하지 않는 것은?**

① 내력벽의 벽면적 20㎡를 수선 또는 변경하는 것

② 방화구획을 위한 바닥 또는 벽을 증설하는 것

③ 주계단, 피난계단, 특별피난계단을 수선 또는 변경하는 것

④ 다세대주택의 세대 간 경계벽을 해체하는 것

⑤ 지붕틀 세 개를 수선하는 것

68. **건축법령상 건축절차에 관한 설명으로 옳은 것은?**

① 허가권자는 착공신고 전 경매 또는 공매 등으로 건축주가 대지의 소유권을 상실한 경우 건축허가를 취소하여야 한다.

② 수질 보호를 위하여 도지사가 지정 · 공고한 구역에 건축하는 모든 숙박시설은 사전승인의 대상이 된다.

③ 광역시에서 연면적의 10분의 3 이상을 증축하여 연면적의 합계가 11만㎡로 되는 경우에는 광역시장의 허가를 받아야 한다.

④ 건축위원회의 심의를 받은 자가 그 결과를 통지 받은 날부터 1년 이내에 건축허가를 신청하지 아니하면 건축위원회 심의의 효력이 상실된다.

⑤ 건축물의 노후화 등의 문제로 신축하기 위하여 건축물 및 해당 대지의 공유자 수의 100분의 70 이상의 동의를 얻고 동의한 공유자의 지분 합계가 전체 지분의 100분의 70 이상인 경우에는 해당 대지의 소유권 확보 없이 건축허가를 신청할 수 있다.

69. **건축법령상 국토교통부에 두는 중앙건축위원회의 심의 대상이 되는 것을 모두 고른 것은?**

> ㉠ 표준설계도서의 인정에 관한 사항
> ㉡ 건축물의 건축등과 관련된 분쟁의 조정 또는 재정에 관한 사항
> ㉢ 건축선의 지정에 관한 사항
> ㉣ 해당 지방자치단체의 장이 발의하는 조례의 제정 · 개정 및 시행에 관한 중요 사항
> ㉤ 다중이용 건축물 및 특수구조 건축물의 구조 안전에 관한 사항

① ㉠, ㉡
② ㉠, ㉡, ㉢
③ ㉠, ㉡, ㉣
④ ㉢, ㉣, ㉤
⑤ ㉢, ㉤

70. **건축법령상 건축물의 대지 및 조경 등에 관한 설명으로 옳은 것은?**

① 하나의 건축물이 방화지구와 그 밖의 구역에 걸치는 경우에는 그 전부에 대하여 방화지구 안의 대지 및 건축물에 관한 이 법의 규정을 적용한다.

② 건폐율과 용적률에 관하여 이 법에서 기준을 완화하거나 강화하여 적용하도록 규정한 경우에도 국토의 계획 및 이용에 관한 법률상 용도지역별 건폐율 및 용적률 기준에 따라야 한다.

③ 건축물이 있는 대지의 녹지지역에서는 150제곱미터 범위에서 해당 지방자치단체의 조례로 정하는 면적에 못 미치게 분할할 수 없다.

④ 층수가 2층("목구조 건축물" 의 경우 3층) 이상인 건축물은 사용승인을 받는 즉시 "내진 능력" 을 공개하여야 한다.

⑤ 주거지역 또는 상업지역에 건축하는 연면적의 합계가 1천500제곱미터 미만인 물류 시설은 조경 조치를 아니한다.

71. **건축법령상 위반 건축물 등에 대한 조치 등에 관한 설명으로 <u>틀린</u> 것은?**

① 허가권자는 위반건축물에 대하여 해체 · 사용금지 · 사용제한 등 필요한 조치를 명할 수 있다.

② 허가권자는 위 ①에 따라 시정명령을 받은 후 그 기한까지 시정명령을 이행하지 아니하면 이행강제금을 부과할 수 있다.

③ 연면적이 60㎡ 이하인 주거용 건축물 산정된 금액의 2분의 1의 범위에서 해당 지방자치단체의 조례로 정하는 금액을 부과한다.

④ 영리 목적 또는 상습적 위반자는 산정된 금액을 100분의 100의 범위에서 가중할 수 있다.

⑤ 최초의 시정명령이 있었던 날을 기준으로 하여 매년 1회씩 반복하여 부과 · 징수할 수 있다.

72. **주택법령상 사업주체에 관한설명으로 틀린 것은?**

① 연간 도시형생활주택 30세대 이상의 주택건설사업을 시행하려는 자는 국토교통부장관에게 등록하여야 한다.

② 다만, 위 ①의 경우 국가 · 지방자치단체 · 한국토지주택공사 · 지방공사는 등록하지 아니한다.

③ 등록하려는 자는 자본금 3억원(개인인 경우에는 자산평가액 6억원) 이상, 건축 분야 기술인 1명 이상, 사업의 수행에 필요한 사무장비를 갖출 수 있는 면적의 사무실을 확보하여야 한다.

④ 등록사업자는 등록사항에 변경이 있으면 그 사유가 발생한 날부터 30일 이내에 국토교통부장관에게 신고하여야 한다.

⑤ 고용자가 그 근로자의 주택을 건설하는 경우에 등록사업자와 공동으로 사업을 시행할 수 있다.

73. **주택법령상 주택건설사업의 절차에 관한 설명으로 옳은 것은?**

① 공동주택의 경우에는 세대별로 공사가 완료된 경우에는 임시사용승인을 신청할 수 있다.

② 주택건설사업을 시행하려는 자는 300세대 이상의 주택단지를 공구별로 분할하여 주택을 건설 · 공급할 수 있다

③ 사업계획승인의 신청을 받았을 때에는 정당한 사유가 없으면 신청 받은 날부터 30일 이내에 사업주체에게 승인 여부를 통보하여야 한다.

④ 사업계획승인을 받은 해당 주택건설대지에 매도청구 대상이 되는 대지가 포함되어 있으면 그 대지의 소유자가 매도에 대하여 합의를 하거나 매도청구에 관한 법원의 승소판결을 받은 경우에만 공사를 시작할 수 있다

⑤ 「도시 및 주거환경정비법」 상 주거환경개선사업(토지 등 소유자가 스스로 주거환경을 보전 · 정비 · 개량에 해당하는 방법으로 시행하는 경우만 해당한다)을 시행하기 위하여 건설하는 공동주택은 30세대 이상을 사업계획 승인 대상으로 한다.

74. **주택법령상 분양가상한제 적용주택 등의 입주자의 거주의무기간 등에 관한 설명이다. 빈칸에 순서대로 옳은 것을 묶은 것은?** (다만, 사업주체가 수도권에서 건설 · 공급하는 분양가상한제 적용주택에 해당한다)

> 가. 공공택지에서 건설 · 공급되는 주택의 경우
> ㉠ 분양가격이 인근지역 주택매매가격의 80% 미만인 주택: (ⓐ)년
> ㉡ 분양가격이 인근지역주택매매가격의 80% 이상 100% 미만인 주택: (ⓑ)년
> 나. 공공택지 외의 택지에서 건설 · 공급되는 주택의 경우
> ⓐ 분양가격이 인근지역주택매매가격의 80% 미만인 주택: (ⓒ)년
> ⓑ 분양가격이 인근지역주택매매가격의 80% 이상 100% 미만인 주택: (ⓓ)년

① 5 - 3 -3 - 2
② 3 - 2 - 5 - 3
③ 5 - 3 - 5 - 3
④ 3- 5 - 5 - 3
⑤ 5 - 2 - 5- 2

75. **주택법령상 사업주체의 저당권설정 등의 제한에 관한 설명으로 옳은 것은?**

① 행위제한 기간은 입주자 모집공고 승인 신청일 이후부터 입주예정자가 그 주택 및 대지의 소유권이전등기를 신청할 수 있는 날 이후 90일까지이다.

② 위 "소유권이전등기를 신청할 수 있는 날"이란 사업주체가 입주예정자에게 통보한 주택공급계약일을 말한다.

③ 위 ①의 기간 동안 사업주체는 입주예정자의 동의 없이 주택건설사업에 의하여 건설된 주택 및 대지에 저당권을 설정행위를 할 수 없다.

④ 위 ①의 기간 동안 사업주체는 입주예정자의 동의 없이 해당 주택 및 대지에 임차권을 설정하는 행위를 할 수 없다.

⑤ 저당권설정 등의 제한을 할 때 사업주체가 국가나 지방자치단체인 경우에는 해당 주택 또는 대지가 입주예정자의 동의 없이는 양도하거나 제한물권을 설정하거나 압류 · 가압류 · 가처분 등의 목적물이 될 수 없는 재산임을 소유권등기에 부기등기하여야 한다.

76. 주택법령상 토지임대부 분양주택의 토지에 관한 임대차 관계 등에 관한 설명으로 틀린 것은?

① 토지임대부 분양주택의 토지에 대한 임대차기간은 40년 이내로 한다. 이 경우 토지임대부 분양주택 소유자의 75% 이상이 계약갱신을 청구하는 경우 40년의 범위에서 이를 갱신할 수 있다.

② 토지임대부 분양주택을 공급받은 자가 토지소유자와 임대차계약을 체결한 경우 해당 주택의 구분소유권을 목적으로 그 토지 위에 임대차기간 동안 지상권이 설정된 것으로 본다.

③ 토지임대부 분양주택을 양수한 자 또는 상속받은 자는 임대차계약을 승계한다.

④ 토지임대료는 월별 임대료를 원칙으로 하되, 토지소유자와 주택을 공급받은 자가 합의한 경우 임대료를 보증금으로 전환하여 납부할 수 있다.

⑤ 토지임대부 분양주택에 관하여 이 법에서 정하지 아니한 사항은 「민법」, 「집합건물의 소유 및 관리에 관한 법률」 순으로 적용한다.

77. 주택법령상 투기과열지구는 해당 지역의 주택가격상승률이 물가상승률보다 현저히 높은 지역으로서 다음의 기준을 충족하는 곳이어야 한다. 옳지 않은 것은?

① 직전월부터 소급하여 주택공급이 있었던 2개월 동안 해당 지역에서 공급되는 주택의 월평균 청약경쟁률이 모두 10대 1을 초과하였거나 국민주택규모 주택의 월평균 청약경쟁률이 모두 5대 1을 초과한 곳

② 주택의 분양계획이 직전월보다 30% 이상 감소한 곳

③ 주택건설사업계획의 승인이나 건축허가 실적이 직전년도보다 급격하게 감소한 곳

④ 시 · 도별 주택보급률이 전국 평균 이하인 경우

⑤ 시 · 도별 자가주택비율이 전국 평균 이하인 경우

78. 주택법령상 리모델링기본계획에 관한 설명으로 틀린 것은?

① 특별시장 · 광역시장 및 대도시의 시장은 관할구역에 대하여 기본계획을 10년 단위로 수립하여야 한다.

② 세대수 증가형리모델링에 따른 도시과밀의 우려가 적은 경우에는 리모델링 기본계획을 수립하지 아니할 수 있다.

③ 대도시가 아닌 시의 시장은 세대수 증가형 리모델링에 따른 도시과밀이나 일시집중 등이 우려되어 도지사가 기본계획의 수립이 필요하다고 인정한 경우 기본계획을 수립하여야 한다.

④ 리모델링 기본계획을 수립하거나 변경하려면 30일 이상 주민에게 공람하고, 지방의회의 의견을 들어야 한다.

⑤ 특별시장 · 광역시장 및 대도시의 시장은 5년마다 기본계획의 타당성 여부를 검토하여 그 결과를 기본계획에 반영하여야 한다.

79. 농지법령상 농지의 위탁경영이 허용되지 않는 것은?

① 「병역법」에 따라 징집된 경우

② 3개월 이상 국내외로 여행 중인 경우

③ 농업법인이 청산 중 인 경우

④ 부상으로 3월 이상의 치료가 필요한 경우

⑤ 농업인이 자기 노동력이 부족하여 농작업의 일부를 위탁하는 경우

80. 농지법령상 농지보전부담금에 관한 설명으로 옳은 것은?

① 농지의 타 용도 일시 사용허가를 받으려는 자는 농지보전부담금을 내야 한다.

② 농지보전부담금의 ㎡당 금액은 가장 최근에 공시된 「부동산 가격공시에 관한 법률」에 따른 해당 농지의 개별공시지가의 100분의 25로 한다.

③ 농림축산식품부장관은 농지보전부담금의 수납업무를 한국농어촌공사로 하여금 대행하게 한다.

④ 농지보전부담금은 신용카드, 직불카드 등으로 납부할 수 없고 현금납부만 허용된다.

⑤ 공공기관과 지방공기업이 산업단지의 시설용지로 농지를 전용하는 경우에는 농지보전부담금의 납입을 면제 할 수 있다.

MEMO

2023년도 제34회 공인중개사 2차 국가자격시험

실전모의고사 제6회

교 시	문제형별	시 간	시험과목
2교시	A	50분	1 부동산공시에 관한 법령 및 부동산 관련 세법

수험번호		성 명	

【 수험자 유의 사항 】

1. **시험문제지 표지와** 시험문제지 내 **문제형별의 동일여부** 및 시험 문제지의 **총면수 · 문제번호 일련순서 · 인쇄상태** 등을 확인하시고, 문제지 표지에 수험번호와 성명을 기재하시기 바랍니다.
2. 답은 각 문제마다 요구하는 **가장 적합하거나 가까운 답 1개**만 선택하고, 답안카드 작성시 시험문제지 **형별누락, 마킹착오**로 인한 불이익은 전적으로 수험자에게 책임이 있음을 알려드립니다.
3. 답안카드는 국가전문자격 공통 표준형으로 문제번호가 1번부터 125번까지 인쇄되어 있습니다. 답안마킹시에는 반드시 **시험문제지의 문제번호와 동일한 번호에 마킹**하여야 합니다. (2차 2교시: 1번~40번)
4. **감독관의 지시에 불응시 불이익이 발생될 수 있으며, 시험시간 종료 후 답안카드를 제출하지 않을 경우** 시험무효처리 됨을 알려드립니다.
5. 이의제기에 관한 개별회신은 하지 않으며, **최종 정답 발표로 갈음**합니다.
6. 시험 중 **중간 퇴실은 불가**합니다. 단, 부득이하게 퇴실할 경우 **시험포기 각서 제출 후 퇴실은 가능**하나 **재입실이 불가**하며, **해당시험은 무효처리됩니다.**
7. 시험문제지는 시험 종료 후 가져가시기 바랍니다.

인강드림 공인중개사

제1과목: 부동산공시에 관한 법령 및 부동산 관련 세법

1. 「공간정보의 구축 및 관리 등에 관한 법령」 상 지번의 부여 등에 대한 설명으로 틀린 것은?

① 지번은 지적소관청이 지번부여지역별로 차례대로 부여한다.
② 지번은 아라비아 숫자로 표기하여야 하며 임야대장 및 임야도에 등록하는 토지의 지번은 숫자 앞에 "산" 자를 붙여야 한다.
③ 지적소관청은 지적공부에 등록된 지번을 변경할 필요가 있다고 인정하면 시 · 도지사나 대도시시장의 승인을 받아 지번부여지역의 전부 또는 일부에 대하여 지번을 새로 부여할 수 있다.
④ 신규등록 대상토지가 여러 필지로 되어 있는 경우에는 그 지번부여지역의 최종 본번의 다음 순번부터 본번으로 하여 순차적으로 지번을 부여할 수 있다.
⑤ 도시개발사업 등의 준공 전에 지번을 미리 부여하는 경우에는 도시개발사업 현황지형도에 따라 지번을 부여할 수 있다.

2. 「공간정보의 구축 및 관리 등에 관한 법령」 상 지목에 관한 설명으로 옳은 것은?

① 물을 상시적으로 이용하지 아니하고 곡물, 원예작물, 묘목, 관상수 등을 재배하는 토지는 "답" 으로 한다.
② 자연의 유수가 있거나 있을 것으로 예상되는 소규모 수로부지의 지목은 "하천" 으로 한다.
③ 학교용지 · 공원 · 종교용지 등 다른 지목으로 된 토지 안에 있는 유적 · 고적 · 기념물 등을 보호하기 위하여 구획된 토지 "사적지" 로 한다.
④ 물건 등을 보관 또는 저장하기 위하여 독립적으로 설치된 보관시설물의 부지와 이에 접속된 부속시설물의 부지는 "잡종지"로 한다.
⑤ 여객자동차터미널, 자동차운전학원 및 폐차장 등 자동차와 관련된 독립적인 시설물을 갖춘 부지는 "잡종지" 로 한다.

3. 「공간정보의 구축 및 관리 등에 관한 법령」 상 지목을 지적도 및 임야도에 등록하는 때에는 부호로 표기하여야 한다. 다음 중 지목과 부호의 연결이 옳은 것은?

① 종교용지 - 종
② 공장용지 - 공
③ 광천지 - 천
④ 목장용지 - 장
⑤ 양어장 - 어

4. 「공간정보의 구축 및 관리 등에 관한 법령」 상 지상경계점등록부에 등록할 사항으로 옳은 것을 고른 것은?

ㄱ. 공부상지목과 실제토지이용지목
ㄴ. 지번
ㄷ. 지목
ㄹ. 경계점 표지의 종류 및 경계점의 위치
ㅁ. 경계점에 대한 사진 파일
ㅂ. 토지의 소재
ㅅ. 면적

① ㄱ, ㄴ, ㄹ, ㅁ, ㅂ
② ㄴ, ㄷ, ㄹ, ㅂ, ㅅ
③ ㄱ, ㄹ, ㅁ, ㅂ, ㅅ
④ ㄱ, ㄷ, ㅁ, ㅂ, ㅅ
⑤ ㄷ, ㄹ, ㅁ, ㅂ, ㅅ

5. 「공간정보의 구축 및 관리 등에 관한 법령」 상 지적공부에 등록하는 1필지의 면적에 관한 설명으로 틀린 것은?

① 분할, 신규등록, 축척변경을 하고자 하는 때에는 새로이 측량하여 필지마다 면적을 정한다.
② 경계점좌표등록부에 등록하는 지역의 토지의 면적은 제곱미터 이하 한자리 단위로 정한다.
③ 경계복원측량이나 지적현황측량을 실시하기 위해서는 필지마다 면적을 측정하여야 한다.
④ 지적공부에 등록한 필지의 면적은 수평면상의 넓이를 말한다.
⑤ 토지분할 전후의 면적차이가 오차의 허용범위를 초과하는 경우에는 지적공부상의 분할 전 토지의 면적 또는 경계를 정정하여야 한다.

6. 「공간정보의 구축 및 관리 등에 관한 법령」 상 공유지연명부와 대지권등록부의 공통된 등록사항을 모두 고른 것은?

ㄱ. 전유부분의 건물표시
ㄴ. 토지소유자가 변경된 날과 그 원인
ㄷ. 토지의 소재
ㄹ. 토지의 고유번호
ㅁ. 소유권 지분

① ㄱ, ㄷ, ㄹ
② ㄱ, ㄷ, ㅁ
③ ㄴ, ㄷ, ㄹ
④ ㄱ, ㄴ, ㄹ, ㅁ
⑤ ㄴ, ㄷ, ㄹ, ㅁ

7. 「공간정보의 구축 및 관리 등에 관한 법령」 상 토지대장과 임야대장의 등록사항이 아닌 것은?

① 개별공시지가와 그 기준일
② 토지의 소재와 토지의 이동사유
③ 건축물과 구조물의 위치
④ 각 필지를 구별하기 위하여 필지마다 붙이는 고유한 번호
⑤ 해당 토지가 등록된 도면번호와 필지별 대장의 장번호

8. 「공간정보의 구축 및 관리 등에 관한 법령」 상 토지표시의 복구자료가 아닌 것은?

① 토지이용계획확인서
② 측량 결과도
③ 토지이동정리 결의서
④ 지적공부의 등본
⑤ 법원의 확정판결서 정본 또는 사본

9. 「공간정보의 구축 및 관리 등에 관한 법령」 상 신규등록과 등록전환에 대한 내용으로 틀린 것은?

① 신규등록지의 소유자 등록은 지적소관청이 소유자의 진정성 여부를 조사등록 한다.
② 등록전환이란 임야도 또는 임야대장에 등록된 토지를 지적도나 토지대장으로 옮겨 등록하는 것을 말한다.
③ 등록전환은 소유자가 소관청에 60일 이내에 신청하여야 하며, 거짓신청 시 1년 이하의 징역 또는 1천 만원 이하의 벌금에 처한다.
④ 신규등록지 및 등록전환지의 지적도 축척은 인접토지와 동일하게 정한다.
⑤ 등록전환의 경우 측량 후 면적이 허용범위 이내의 경우 임야대장의 면적을 등록전환 면적으로 결정을 한다.

10. 「공간정보의 구축 및 관리 등에 관한 법령」 상 바다로 된 토지의 등록말소에 관한 설명으로 틀린 것은?

① 지적소관청은 지적공부에 등록된 토지가 지형의 변화 등으로 바다로 된 경우에는 지적소관청은 토지소유자에게 등록말소 신청을 하도록 통지하여야 한다.
② 지적소관청으로부터 등록말소 신청 통지를 받은 자가 통지를 받은 날부터 60일 이내에 등록말소 신청을 하지 아니하면 직권으로 그 지적공부의 등록사항을 말소하여야 한다.
③ 1필지 일부가 바다가 되어 측량을 실시하여 말소를 하는 경우 측량수수료는 징수하지 아니한다.
④ 지적소관청은 말소한 토지가 지형의 변화 등으로 다시 토지가 된 경우에는 그 지적측량성과 및 등록말소 당시의 지적공부 등 관계 자료에 따라 토지로 회복등록을 할수 있다.
⑤ 지적소관청이 지적공부의 등록사항을 말소하거나 회복 등록하였을 때에는 그 정리결과를 공유수면관리청에게 통보하여야 한다.

11. 「공간정보의 구축 및 관리 등에 관한 법령」 상 지적공부의 토지소유자 정리에 관한 설명 중 틀린 것은?

① 지적공부에 등록된 토지소유자의 변경사항은 등기관서에서 등기한 것을 증명하는 등기필증, 등기완료통지서, 등기사항증명서 또는 등기관서에서 제공한 등기전산정보자료에 따라 정리한다.
② “공유수면관리 및 매립에 관한 법률” 에 따라 매립준공인가된 토지를 신규등록하는 경우 토지의 소유자는 지적소관청이 직접 조사하여 등록한다.
③ 지적소관청이 관할 등기관서의 소유권변경사실의 통지 및 등기전산정보자료를 받은 경우 등기부에 적혀있는 토지의 표시가 지적공부와 일치하지 아니하면 이를 정리할 수 없다.
④ 지적소관청 소속 공무원이 지적공부와 부동산등기부의 부합여부를 확인하기 위하여등기부를 열람하거나 등기전산정보자료의 제공을 요청하는 경우 그 수수료는 무료로 한다.
⑤ 지적공부와 부동산등기부의 일치여부를 조사·확인하여 일치하지 아니하는 사항을 발견하면 지적소관청이 토지소유자나 그 밖의 이해관계인에게 그 지적공부와 부동산등기부가 일치하게 하는 데에 필요한 신청 등을 하도록 요구할 수 있으나, 이를 직권으로 정리할 수는 없다.

12. 「공간정보의 구축 및 관리 등에 관한 법령」 상 축척변경에 관한 설명으로 틀린 것은? (단, 축척변경위원회의 의결 및 시 · 도지사 또는 대도시 시장의 승인을 받는 경우에 한함)

① 지적소관청은 하나의 지번부여지역에 서로 다른 축척의 지적도가 있는 경우에는 토지소유자의 신청 또는 지적소관청의 직권으로 일정한 지역을 정하여 그 지역의 축척을 변경할 수 있다.

② 축척변경을 신청하는 토지소유자는 축척변경 사유를 적은 신청서에 토지소유자 3분의 2 이상의 동의서를 첨부하여 지적소관청에 제출하여야 한다.

③ 축척변경 시행지역의 토지소유자 또는 점유자는 시행공고가 된 날부터 30일 이내에 시행공고일 현재 점유하고 있는 경계에 경계점표지를 설치하여야 한다.

④ 축척변경에 따른 청산금의 납부고지를 받은 자는 그 고지를 받은 날부터 6개월 이내에 청산금을 지적소관청에 내야 한다.

⑤ 축척변경위원회는 시행공고일 현재 축척변경시행지역의 각 필지에 대하여 가격을 조사하여 지적소관청에 제출하여야 한다.

13. 등기의 효력에 관한 설명 중 틀린 것은? (다툼이 있으면 판례에 의함)

① 등기는 물권의 효력발생요건이지 존속요건이 아니므로 등기가 원인 없이 말소되었다 하더라도 물권은 소멸하지 않는다.

② 등기가 형식적으로 존재하는 사실 자체로 그 등기에 표시된 실체적 권리관계가 존재하는 것으로 추정된다.

③ 말소회복등기는 말소된 종전등기와 동일한 효력을 가진다.

④ 등기절차나 과정에 하자가 있으나 그 등기가 실체적 권리관계에 부합하는 한 유효한 등기로 본다.

⑤ 대지권에 관한 등기로 효력이 있는 등기와 대지권의 목적인 토지 등기기록에 한 등기의 순위는 순위번호에 의한다.

14. 가등기에 관련된 설명 중 옳은 것은?

① 가등기에 기한 본등기를 하면 가등기와 본등기 사이에 행하여진 등기로서 본등기와 양립할 수 없는 등기는 직권말소 한다.

② 가등기에 기한 본등기의 실체법상 효력은 가등기 한 날로 소급하여 발생한다.

③ 가등기에 기한 소유권이전의 본등기를 한 경우에 가등기후에 경료된 해당 가등기에 대한 가압류등기는 직권 말소된다.

④ 소유권에 관한 가등기명의인이 가등기말소등기를 신청하는 경우 가등기명의인의 인감증명을 첨부할 필요가 없다.

⑤ 가등기가처분명령에 의한 가등기는 가등기가처분 명령법원이 이를 촉탁한다.

15. 미등기 토지에 대하여 자기 명의로 소유권보존등기를 신청할 수 없는 자는?

① 토지대장상 최초 소유자의 상속인

② 특별자치도지사, 시장, 군수 또는 구청장의 확인에 의하여 자기의 소유권을 증명하는 자

③ 판결에 의하여 자기의 소유권을 증명하는 자

④ 수용으로 인하여 소유권을 취득하였음을 증명하는 자

⑤ 미등기토지의 지적공부상 '국' (國)으로부터 소유권이전등록을 받은 자

16. 유증으로 인한 소유권이전등기에 관한 설명으로 틀린 것은? (다툼이 있으면 판례에 의함)

① 유증에 기한이 붙은 경우에는 그 기한이 도래한 날을 등기원인일자로 기록한다.

② 포괄유증은 수증자 명의의 등기가 없어도 유증의 효력이 발생하는 시점에 물권변동의 효력이 발생한다.

③ 유증으로 인한 소유권이전등기를 하기 전에 상속인 명의로 상속등기가 실행이 된 때에는 상속등기를 말소한 후 수증자 명의로 이전등기를 신청하여야 한다.

④ 유증으로 인한 소유권이전등기 신청이 상속인의 유류분을 침해하는 내용이라 하더라도 등기관은 이를 수리하여야 한다.

⑤ 미등기부동산이 특정유증된 경우, 유언집행자는 상속인 명의의 소유권보존등기를 거쳐 유증으로 인한 소유권이전등기를 신청하여야 한다.

17. 지상권설정등기에 관한 설명으로 옳은 것은?

① 지상권설정의 목적과 범위는 지상권설정등기신청서의 임의적 기재사항이다.

② 지료는 지상권설정등기신청서의 필요적 기재사항이다.

③ 공유자 중 1인은 자기지분만을 목적으로 지상권설정등기는 할 수 없다.

④ 농지에 대하여는 지상권설정등기를 할 수 없다.

⑤ 존속기간을 불확정기간으로 하는 지상권설정등기는 허용하지 않는다.

18. **등기신청적격에 관한 설명으로 옳은 것은?**

① 법인 아닌 사단이나 재단도 전자신청 할 수 있다.

② 국립대학교는 학교 명의로 등기를 신청할 수 없지만, 사립대학교는 학교 명의로 등기를 신청할 수 있다.

③ 등기를 전자신청하는 경우 대리인은 변호사나 법무사가 아니어도 무방하다.

④ 지방자치단체도 등기신청의 당사자능력이 인정되므로 읍 · 면도 등기신청적격이 인정된다.

⑤ 동(洞) 명의로 동민들이 법인 아닌 사단을 설립한 경우에는 그 대표자가 동 명의로 등기신청을 할 수 있다.

19. **등기 신청정보의 기록사항 중 틀린 것은?**

① 환매특약의 등기 - 매매대금, 매매비용

② 근저당권설정등기 - 근저당권 설정계약이라는 사실, 채권최고액, 채무자

③ 임차권설정등기 - 차임

④ 소유권보존등기 - 등기원인 및 그 연월일

⑤ 채권자 대위권에 의한 등기 - 채권자, 채무자, 대위원인

20. **다음 중 등기필정보를 작성하는 경우로 옳은 것은?**

① 갑 소유 토지에 을이 전세권설정가등기를 신청한 경우

② 승소한 등기의무자가 등기신청을 한 경우

③ 등기권리자를 대위하여 채권자가 등기신청을 한 경우

④ 등기관이 미등기부동산에 대하여 직권으로 소유권보존등기를 한 경우

⑤ 국가 또는 지방자치단체가 등기권리자인 경우

21. **부기등기 형식으로 행하는 등기가 아닌 것은?**

① 환매특약의 등기

② 전전세권 설정등기

③ 지상권을 목적으로 한 저당권 설정등기

④ 부동산표시의 변경등기

⑤ 이해관계 있는 제3자의 승낙을 얻은 저당권변경등기

22. **저당권의 등기에 관한 설명으로 틀린 것은?**

① 공동저당설정등기를 신청하는 경우, 각 부동산에 관한 권리의 표시를 신청정보의 내용으로 등기소에 제공하여야 한다.

② 저당의 목적이 되는 부동산이 5개 이상인 경우, 등기관은 공동담보목록을 작성하여야 한다.

③ 금전채권이 아닌 채권을 담보하기 위한 저당권설정등기를 할 수 있다.

④ 대지권이 등기된 구분건물의 등기기록에는 건물만을 목적으로 하는 저당권설정등기도 가능하다.

⑤ 저당권부 채권에 대한 질권을 등기할 수 있다.

23. **토지수용으로 인한 소유권이전등기를 하는 경우, 그 토지에 있던 다음의 등기 중 등기관이 직권으로 말소할 수 없는 것을 고른 것은?**

ㄱ. 수용개시일 전의 상속을 원인으로 한 소유권이전등기
ㄴ. 수용개시일 후 매매계약을 원인으로 한 소유권이전등기
ㄷ. 수용개시일 후 근저당권 설정계약을 원인으로 한 근저당권설정등기
ㄹ. 수용개시일 후 전세권설정계약을 원인으로 전세권설정등기
ㅁ. 수용되는 부동산을 위하여 존재하는 지역권 설정등기

① ㄱ, ㄴ, ㄷ　② ㄹ, ㅁ
③ ㄱ, ㄴ, ㅁ　④ ㄷ, ㅁ
⑤ ㄱ, ㅁ

24. **단독으로 신청할 수 있는 등기를 모두 고른 것은?** (단, 판결에 의한 신청은 제외)

ㄱ. 가등기명의인의 승낙을 받은 가등기의무자가 가등기를 말소할 때
ㄴ. 신탁재산에 속하는 신탁등기의 신청
ㄷ. 법인합병을 원인으로 한 저당권이전등기
ㄹ. 특정유증으로 인한 소유권이전등기
ㅁ. 승역지에 지역권설정등기를 하였을 경우, 요역지지역권등기

① ㄱ, ㄴ, ㄷ　② ㄱ, ㄹ
③ ㄴ, ㄹ　④ ㄱ, ㄷ, ㅁ
⑤ ㄷ, ㄹ, ㅁ

25. 원칙적으로 과세관청의 결정에 의하여 납세의무가 확정되는 국세를 모두 고른 것은?

ㄱ. 취득세	ㄴ. 종합부동산세
ㄷ. 재산세	ㄹ. 양도소득세
ㅁ. 등록에 대한 등록면허세	ㅂ. 지방교육세

① ㄱ
② ㄴ
③ ㄷ
④ ㄴ, ㅁ
⑤ ㄷ, ㄹ

26. 다음 각 조세의 독립세와 부가세에 대한 내용으로 틀린 것은?

① 종합부동산세에는 납부세액의 100분의 20에 해당하는 농어촌특별세가 부가된다.
② 취득세에는 표준세율에서 1천분의 20을 뺀 세율을 적용하여 산출한 취득세액의 100분의 20에 해당하는 지방교육세(중과기준세율이 적용되는 경우는 포함)가 부가된다.
③ 취득세에는 표준세율을 100분의 2를 적용하여 산출한 취득세액의 100분의 10에 해당하는 농어촌특별세가 부가된다.
④ 등록면허세 및 재산세(도시지역분 제외)에는 납부세액의 100분의 20에 해당하는 지방교육세가 부가된다.
⑤ 양도소득세에는 감면세액의 100분의 20에 해당하는 농어촌특별세가 부가된다.

27. 다음은 지방세법상 취득세 납세의무에 관한 설명이다. 틀린 것은?

① 부동산의 취득에 있어서는 관계법령에 의한 등기를 이행하지 아니한 경우라도 사실상 취득한 때에는 이를 취득한 것으로 본다.
② 법인설립 시에 발행하는 주식을 취득함으로써 과점주주가 된 때에는 해당 법인의부동산 등을 취득한 것으로 본다.
③ 상속으로 인하여 취득하는 경우에는 상속인 각자가 상속받는 취득물건(지분을 취득하는 경우에는 그 지분에 해당하는 취득물건을 말한다)을 취득한 것으로 본다.
④ “갑” 소유의 미등기건물에 대하여 “을” 이 채권확보를 위하여 법원의 판결에 의한 소유권보존등기를 “갑” 의명의로등기할경우의취득세납세의무는 “갑” 에게있다.
⑤ 「도시 및 주거환경정비법」 에 의한 재건축조합이 조합원용으로 취득하는 조합주택용 부동산은 그 조합원이 취득한 것으로 본다. 다만, 조합원에게 귀속되지 아니하는 부동산은 제외한다.

28. 지방세법상 취득세액을 계산할 때 중과기준세율만을 적용하는 경우를 모두 고른 것은? (단, 취득세 중과물건이 아님)

ㄱ. 개수로 인하여 건축물 면적이 증가하는 경우 그 증가된 부분
ㄴ. 토지의 지목을 사실상 변경함으로써 그 가액이 증가한 경우
ㄷ. 법인설립 후 유상 증자시에 주식을 취득하여 최초로 과점주주가 된 경우
ㄹ. 상속으로 농지를 취득한 경우
ㅁ. 관계 법령에 따른 택지공사가 준공된 토지에 정원 또는 부속시설물 등을 조성 · 설치하는 경우 그 정원 또는 부속시설물 등은 토지에 포함되는 것으로서 토지의 지목을 사실상 변경한 경우

① ㄱ, ㄴ
② ㄱ, ㄹ
③ ㄴ, ㄷ
④ ㄱ, ㄷ, ㄹ
⑤ ㄴ, ㄷ, ㅁ

29. 지방세법상 취득세 세율에 대한 설명 중 옳은 것은?

① 도지사는 조례가 정하는 바에 의하여 취득세 세율(중과세율 제외)을 표준세율의 100분의 50의 범위 안에서 가감 조정할 수 있다.
② 회원제 골프장용 부동산 중 구분등록의 대상이 되는 토지와 건축물에 대한 취득세 세율과 과밀억제권역 내의 법인의 본점 또는 주사무소(신 증축에 한함)의 사업용 부동산에 대한 취득세 세율은 동일하다.
③ 상속으로 인한 토지(농지가 아님)의 소유권을 취득하는 경우 취득세 세율은 부동산 가액의 1,000분의 23이다.
④ 증축으로 인하여 건축물 면적이 증가한 경우에는 그 증가된 부분에 대하여 간주취득으로 보아 세율을 적용한다.
⑤ 동일한 취득 물건에 대하여 2 이상의 세율이 해당되는 경우 취득세 세율은 그중 낮은 세율을 적용한다.

30. 지방세법상 부동산 등기와 관련된 등록에 대한 등록면허세의 과세표준 및 세율에 대한 설명이다. 옳은 것은?

① 가압류 · 저당권 · 가처분 · 경매신청 등기시 등록면허세의 세율은 부동산가액의 1,000분의 1이다.

② 상속으로 인한 소유권의 취득시 등록면허세의 세율은 일률적으로 부동산가액의 1,000분의 3이다.

③ 상속 이외의 무상으로 인한 소유권의 취득시 등록면허세의 세율은 부동산가액의 1,000분의 35이다.

④ 유상거래를 원인으로 주택을 취득하는 경우에 따른 세율을 적용받는 경우에는 해당 주택의 취득세율에 100분의 50을 곱한 세율을 적용하여 산출한 금액을 그 세액으로 한다.

⑤ 임차권 말소등기시 등록면허세의 세율은 월임대차금액의 1,000분의 2이다.

31. 지방세법상 재산세 과세대상 중 주택에 대한 설명이다. 틀린 것은?

① 1구의 건물이 주거와 주거 외의 용도에 겸용되는 경우, 주거용으로 사용되는 면적이 전체의 100분의 50 이상인 때에는 주택으로 본다.

② 납세의무자가 해당 지방자치단체 관할구역에 2개 이상의 주택을 소유하고 있는 경우 그 주택의 가액을 모두 합한 금액을 과세표준으로 하여 주택의 세율을 적용한다.

③ 다가구 주택은 1가구 독립하여 구분 사용할 수 있도록 분리된 부분을 1구의 주택으로 본다. 이 경우 그 부속토지는 건물면적의 비율에 따라 각각 나눈 면적을 1구의 부속토지로 본다.

④ 주택에 대한 토지와 건물의 소유자가 다를 경우 해당 주택의 토지와 건물의 가액을 합산한 과세표준에 주택의 세율을 적용한다.

⑤ 1동의 건물이 주거와 주거 외의 용도로 사용되고 있는 경우에는 주거용으로 사용되고 있는 부분만을 주택으로 본다.

32. 지방세법상 토지분 재산세의 공장용지에 대한 설명으로 틀린 것은?

① 군 지역의 주거지역에 있는 공장용지로서 기준면적 이내의 토지는 분리과세대상이다.

② 군 · 읍 · 면지역에 있는 공장용지로서 공장입지 기준면적을 초과하는 토지는 종합합산과세대상이다.

③ 시의 주거지역 · 상업지역 · 녹지지역에 있는 공장용지로서 기준면적 이내의 토지는 분리과세대상이다.

④ 특별시, 광역시, 시 지역 안에서는 산업단지 및 공업지역에 위치한 공장용 건축물의 부속토지로서 기준면적 이내분에 한하여 0.2% 분리과세한다.

⑤ 공장용 건축물에는 건축 중인 경우를 포함하되, 과세기준일 현재 건축기간이 지났거나 정당한 사유없이 6월 이상 공사가 중단된 경우는 제외한다.

33. 종합부동산세법상 1세대 1주택자에 관한 설명으로 옳은 것은?

① 과세기준일 현재 세대원 중 1인과 그 배우자만이 공동으로 1주택을 소유하고 해당 세대원 및 다른 세대원이 다른 주택을 소유하지 아니한 경우 신청하지 않더라도 공동명의 1주택자를 해당 1주택에 대한 납세의무자로 한다.

② 합산배제 신고한 「문화재보호법」에 따른 국가 · 시 · 도 등록문화재에 해당하는 주택은 1세대가 소유한 주택 수에서 포함한다.

③ 1세대가 일반 주택과 합산배제 신고한 임대주택을 각각 1채씩 소유한 경우 해당 일반 주택에 그 주택소유자가 실제 거주하지 않더라도 1세대 1주택자에 해당한다.

④ 1세대 1주택자는 주택의 공시가격을 합산한 금액에서 11억원을 공제한 금액에 공정시장가액비율을 곱한 금액을 과세표준으로 한다.

⑤ 1세대 1주택자에 대하여는 주택분 종합부동산세 산출세액에서 소유자의 연령과 주택 보유기간에 따른 공제액을 공제율 합계 100분의 80의 범위에서 중복하여 공제한다.

34. 소득세법상 거주자의 부동산 임대와 관련하여 발생한 소득에 관한 설명으로 틀린 것은?

① 주택임대소득이 과세되는 고가주택은 과세기간 종료일 현재 실지거래가액 9억원을 초과하는 주택을 말한다.

② 사업자가 부동산을 임대하고 임대료 외에 전기료 · 수도료 등 공공요금의 명목으로 지급받은 금액이 공공요금의 납부액을 초과할 때 그 초과하는 금액은 사업소득 총수입금액에 산입한다.

③ 2주택(법령에 따른 소형주택 아님)과 2개의 상업용 건물을 소유하는 자가 보증금을 받은 경우 2개의 상업용 건물에 대하여만 법령으로 정하는 바에 따라 계산한 간주임대료를 사업소득 총수입금액에 산입한다.

④ 甲과 乙이 고가주택이 아닌 공동소유 1주택(甲지분을 40%, 乙지분을 60%)을 임대하는 경우, 주택임대소득의 비과세 여부를 판정할 때 乙이 1주택을 소유한 것으로 보아 주택 수를 계산한다.

⑤ 3주택(법령에 따른 소형주택 아님)을 소유하는 자가 받은 보증금의 합계액이 2억원인 경우 법령으로 정하는 바에 따라 계산한 간주임대료를 사업소득 총수입금액에 산입하지 아니한다.

35. 소득세법상 양도소득에 해당하지 않는 것은?

① 시설물을 배타적으로 이용하거나 일반이용자에 비하여 유리한 조건으로 시설물을 이용할 수 있는 권리가 부여된 주식의 양도로 인하여 발생하는 소득

② 전세권 및 등기된 부동산임차권의 양도로 인하여 발생하는 소득

③ 행정관청으로부터 인가 · 허가 · 면허 등을 받음으로써 발생한 영업권의 단독양도로 인하여 발생하는 소득

④ 지상권의 양도로 인하여 발생하는 소득

⑤ 법인의 주식을 소유하는 것만으로도 시설물을 배타적으로 이용하게 되는 경우 그 주식의 양도로 인하여 발생하는 소득

36. 소득세법 시행령 제15조 '1세대 1주택의 특례'에 관한 조문의 내용이다. ( )에 들어갈 숫자로 옳은 것은?

○ 영농의 목적으로 취득한 귀농주택으로서 수도권 밖의 지역 중 면지역에 소재하는 주택과 일반주택을 국내에 각각 1개씩 소유하고 있는 1세대가 귀농주택을 취한 날부터 (ㄱ)년 이내에 일반주택을 양도하는 경우에는 국내에 1개의 주택을 소유하고 있는 것으로 보아 제154조 제1항을 적용한다.

○ 취학 등 부득이한 사유로 취득한 수도권 밖에 소재하는 주택과 일반주택을 국내에 각각 1개씩 소유하고 있는 1세대가 부득이한 사유가 해소된 날부터 (ㄴ)년 이내에 일반주택을 양도하는 경우에는 국내에 1개의 주택을 소유하고 있는 것으로 보아 제154조 제1항을 적용한다.

○ 1주택을 보유하는 자가 1주택을 보유하는 자와 혼인함으로써 1세대가 2주택을 보유하게 되는 경우 혼인할 날부터 (ㄷ)년 이내에 먼저 양도하는 주택은 이를 1세대 1주택으로 보아 제154 제1항을 적용한다.

① ㄱ: 2, ㄴ: 2, ㄷ: 5
② ㄱ: 2, ㄴ: 3, ㄷ: 10
③ ㄱ: 3, ㄴ: 2, ㄷ: 5
④ ㄱ: 5, ㄴ: 3, ㄷ: 5
⑤ ㄱ: 5, ㄴ: 3, ㄷ: 10

37. 소득세법상 양도소득금액시 자산의 취득시기 및 양도시기에 대한 설명으로 틀린 것은?

① 대금을 청산하기 전에 소유권이전등기를 한 경우에는 등기부에 기재된 등기접수일로 한다.

② 점유로 인한 부동산소유권의 취득시효(「민법」 제245조 제1항)에 의하여 부동산의 소유권을 취득하는 경우에는 해당 부동산의 등기부에 기재된 등기접수일로 한다.

③ 건축허가를 받지 아니하고 자기가 건축물을 건설한 경우에는 그 건축물의 사실상 사용일로 한다.

④ 완성 또는 확정되지 아니한 자산을 양도 또는 취득한 경우로서 해당 자산의 대금을 청산한 날까지 그 목적물이 완성 또는 확정되지 아니한 경우에는 그 목적물이 완성 또는 확정된 날로 한다.

⑤ 장기할부조건으로 매매하는 경우에는 소유권이전등기(등록 및 명의개서를 포함) 접수일 · 인도일 또는 사용수익일 중 빠른 날로 한다.

38. **다음은 소득세법상 양도소득세의 과세표준에 대한 설명이다. 틀린 것은?**

① 건물에 부수되는 토지를 공유로 하고 건물을 구분 소유하는 오피스텔 · 상업용건물로서 국세청장이 지정하는 지역 안에 있는 오피스텔 · 상업용건물에 대한 기준시가는 건물의 종류 · 규모 · 거래상황 등을 참작하여 매년 1회 이상 국세청장이 토지와 건물의 가액을 일괄하여 산정 · 고시하는 가액으로 한다.

② 토지 및 건물 · 부동산에 관한 권리에 대한 양도가액은 양도당시의 실지거래가액에 의하고 취득가액은 취득당시의 실지거래가액에 의함을 원칙으로 한다.

③ 양도차익의 계산시 취득가액을 기준시가로 하는 경우 토지의 필요경비개산공제액은 취득당시 개별공시지가의 3%(미등기는 0.3%)로 한다.

④ 장기보유특별공제는 등기된 토지, 건물 및 조합원입주권으로서 보유기간이 3년 이상인 양도자산에 대하여 적용한다(단, 미등기 양도자산은 제외).

⑤ 양도소득기본공제는 양도소득이 있는 거주자에 대하여 해당 연도 양도소득금액에서 양도자산별로 각각 연 250만원을 공제한다(단, 미등기 양도자산은 제외).

39. **소득세법상 거주자의 양도소득과세표준 계산에 관한 설명으로 틀린 것은?**

① 양도소득금액을 계산할 때 부동산을 취득할 수 있는 권리에서 발생한 양도차손은 토지에서 발생한 양도소득금액에서 공제할 수 있다.

② 양도차익을 실지거래가액에 의하는 경우 양도가액에서 공제할 취득가액은 그 자산에 대한 감가상각비로서 각 과세기간의 사업소득금액을 계산하는 경우 필요경비에 산입한 금액이 있을 때에는 이를 공제한 금액으로 한다.

③ 양도소득에 대한 과세표준은 종합소득 및 퇴직소득에 대한 과세표준과 구분하여 계산한다.

④ 1세대 1주택 비과세 요건을 충족하는 고가주택의 양도가액이 15억원이고 양도차익이 5억원인 경우 양도소득세가 과세되는 양도차익은 3억원이다.

⑤ 2018년 4월 1일 이후 지출한 자본적지출액은 그 지출에 관한 증명서류를 수취 · 보관하지 않고 실제 지출사실이 금융거래 증명서류에 의하여 확인되지 않는 경우에는 양도차익 계산 시 양도가액에서 공제할 수 없다.

40. **소득세법상 국외자산 양도에 대한 양도소득세에 대한 설명으로 옳은 것은?**

① 국외자산의 양도가액은 양도 당시의 실지거래가액을 확인할 수 없는 경우에 양도자산이 소재하는 국가의 양도 당시 현황을 반영한 시가에 따르되, 시가를 산정하기 어려울 때에 는 그 자산의 종류, 규모, 거래상황 등을 고려하여 대통령령으로 정하는 방법에 따른다.

② 국외자산의 양도소득에 대하여 해당 외국에서 과세를 하는 경우에 그 양도소득에 대하여 대통령령으로 정하는 국외자산 양도소득에 대한 세액을 납부하였거나 납부할 것이 있을 때에는 그 세액을 해당 과세기간의 양도소득금액 계산상 필요경비에 산입하는 방법만 적용받을 수 있다.

③ 국외자산의 양도에 대한 양도소득세는 해당 자산의 양도일까지 계속 3년 이상 국내에 주소 또는 거소를 둔 거주자에 한하여 납세의무를 진다.

④ 국외자산 양도에 따른 양도소득 과세표준 계산시 양도소득기본공제 및 장기보유특별공제를 적용한다.

⑤ 양도소득이 국외에서 외화를 차입하여 취득한 자산을 양도하여 발생하는 소득으로서 환율변동으로 인한 환차익을 포함하고 있는 경우에는 해당 환차익을 양도소득의 범위에 포함한다.

MEMO

2023년도 제34회 공인중개사 1차 국가자격시험

실전모의고사 제7회

교 시	문제형별	시 간	시험과목
1교시	A	100분	1 공인중개사의 업무 및 부동산 거래 신고에 관한 법령 및 중개실무 2 부동산공법 중 부동산중개에 관련되는 규정

수험번호		성 명	

【 수험자 유의 사항 】

1. **시험문제지 표지와** 시험문제지 내 **문제형별의 동일여부** 및 시험 문제지의 **총면수 · 문제번호 일련순서 · 인쇄상태** 등을 확인하시고, 문제지 표지에 수험번호와 성명을 기재하시기 바랍니다.
2. 답은 각 문제마다 요구하는 **가장 적합하거나 가까운 답 1개**만 선택하고, 답안카드 작성 시 시험문제지 **형별누락, 마킹착오**로 인한 불이익은 전적으로 수험자에게 책임이 있음을 알려드립니다.
3. 답안카드는 국가전문자격 공통 표준형으로 문제번호가 1번부터 125번까지 인쇄되어 있습니다. 답안마킹시에는 반드시 **시험문제지의 문제번호와 동일한 번호에 마킹**하여야 합니다. (2차 1교시: 1번~80번)
4. **감독관의 지시에 불응시 불이익이 발생될 수 있으며, 시험시간 종료 후 답안카드를 제출하지 않을 경우** 시험무효처리 됨을 알려드립니다.
5. 이의제기에 관한 개별회신은 하지 않으며, **최종 정답 발표로 갈음**합니다.
6. 시험 중 **중간 퇴실은 불가**합니다. 단, 부득이하게 퇴실할 경우 **시험포기 각서 제출 후 퇴실은 가능**하나 **재입실이 불가**하며, **해당시험은 무효처리됩니다.**
7. 시험문제지는 시험 종료 후 가져가시기 바랍니다.

인강드림 공인중개사

제1과목: 공인중개사의 업무 및 부동산 거래 신고 등에 관한 법령 및 중개실무

1. 공인중개사법에서 사용하고 있는 용어의 정의에 관한 설명 중 틀린 것은?

① 피담보채권과 목적물의 점유를 함께 이전하는 경우 유치권은 중개대상권리가 될 수 있다.

② 토지만의 알선을 업으로 하는 것은 중개업이 될 수 있다.

③ 이 법에 의하여 중개사무소의 개설등록을 한 자는 개업공인중개사이다.

④ 중개보조원은 공인중개사가 아닌 자로서 개업공인중개사에 소속되어 중개업무를 수행하거나 중개대상물에 대한 현장안내 및 중개대상물에 대한 확인·설명 의무를 부담하는 자이다.

⑤ 공인중개사로서 개업공인중개사인 법인에 소속되어 중개업무를 수행하거나 당해 법인의 중개업무와 관련된 단순한 업무를 보조하는 자는 소속공인중개사에 해당한다.

2. 공인중개사법령상 중개대상물에 관한 설명으로 옳은 것은? (다툼이 있으면 판례에 따름)

ㄱ. 콘크리트 지반 위에 볼트 조립방식을 사용하여 철제 파이프 기둥을 세우고 지붕을 덮은 다음 3면에 천막을 설치한 세차장구조물은 중개대상물이 될 수 있다.
ㄴ. 분양계약이 체결되지는 아니하였다고 하더라도, 대상 아파트 전체의 건축이 완료된 입주권은 중개대상물이 될 수 있다.
ㄷ. 거래처, 신용, 영업상의 노하우 또는 점포위치에 따른 영업상의 이점 등 무형의 재산적 가치는 중개대상물이 될 수 있다.
ㄹ. 소유권보존등기가 경료된 수목의 집단 및 명인방법을 갖춘 수목의 집단은 모두 저당권설정 목적인 중개대상물이 될 수 있다.
ㅁ. 주택이 철거될 경우, 일정한 요건하에 택지개발지구내에 이주자택지를 공급받을 지위인 대토권은 중개대상물이 될 수 있다.

① ㄴ ② ㄴ, ㄷ
③ ㄴ, ㄹ ④ ㄱ, ㄹ, ㅁ
⑤ ㄱ, ㄴ, ㄹ

3. 공인중개사법령상 공인중개사 정책심의위원회(이하 '심의위원회' 라 함)에 관한 설명으로 옳은 것은?

① 위원장이 부득이한 사유로 직무를 수행할 수 없을 때에는 부위원장이 그 직무를 대행한다.

② 위원의 임기는 3년으로 하되, 위원의 사임 등으로 새로 위촉된 위원의 임기는 전임위원 임기의 남은 기간으로 한다.

③ 간사는 심의위원회의 위원장이 국토교통부 소속 공무원 중에서 지명한다.

④ 위원장은 심의위원회의 회의를 소집하려면 회의 개최 10일 전가지 회의의 일시, 장소 및 안건을 각 위원에게 통보하여야 한다.

⑤ 심의위원회는 재적위원 과반수의 찬성으로 심의사항을 의결한다.

4. 중개사무소 개설등록의 기준과 절차 등에 관한 설명 중 잘못된 것은?

① 개업공인중개사가 종별을 달리하여 업무를 하고자 하는 경우에는 원칙적으로 새로이 등록신청서를 제출하여야 한다.

② 공인중개사인 개업공인중개사가 법인인 개업공인중개사로 종별을 변경하고자 할 때 종전에 등록신청시 제출하였던 서류는 제출하지 아니할 수 있으나 등록신청을 다시 하여야 한다.

③ 등록신청인은 반드시 본인 명의의 사무소를 확보하지 않아도 개설등록을 받을 수 있다.

④ 법인이 등록하려면 상법상 회사 또는 「협동조합기본법」 상의 협동조합(사회적협동조합 제외)로서 자본금이 5천만원 이상이어야 한다.

⑤ 개업공인중개사는 이중등록을 할 수 없는 것이 원칙이나 법인인 개업공인중개사는 분사무소설치가 가능하다는 점에서 이중등록금지는 예외가 인정된다.

5. 무등록중개업에 관한 설명 중 틀린 것은? (다툼이 있으면 판례에 의함)

① 무등록중개업자가 거래당사자와 한 부동산 중개보수 약정은 무효이다.

② 중개사무소 개설등록을 하지 아니하고 부동산거래를 중개하면서 거래당사자들로부터 보수를 현실적으로 받지 아니하고 약속·요구하는데 그친 행위는 무등록중개업이라고 볼 수 없다.

③ 무등록중개업을 영위한 자는 3년 이하의 징역 또는 3천만원 이하의 벌금형에 처해지나, 행정처분의 대상은 되지 아니한다.

④ 무등록상태에서 중개업을 하는 자의 중개행위로 인하여 완성된 거래당사자 간의 법률행위 그 자체의 효력은 유효하다.

⑤ 무등록상태에서 중개업을 하는 자의 중개업무도 「형법」 상 업무방해죄의 보호대상이 되는 업무에 해당한다.

6. 공인중개사법령상 중개사무소 개설등록의 결격사유에 해당하는 것은 모두 몇 개인가?

> ㄱ. 혼인을 한 미성년자가 임원으로 있는 법인
> ㄴ. 피특정후견인
> ㄷ. 공인중개사의 자격이 취소된 후 3년이 경과되지 아니한 자
> ㄹ. 폭행죄로 징역형에 대한 집행유예를 받고 그 유예기간 중에 있는 자
> ㅁ. 다른 개업공인중개사의 소속공인중개사가 된 사실이 적발되어 300만원 이상의 벌금형의 선고를 받고 3년이 경과되지 아니한 자

① 1개 ② 2개
③ 3개 ④ 4개
⑤ 5개

7. 다음은 개업공인중개사의 중개대상물의 표시 · 광고 행위에 관한 설명이다. 틀린 것은?

① 개업공인중개사가 의뢰받은 중개대상물에 대하여 표시 · 광고를 하려면 중개사무소의 명칭, 소재지 및 연락처와 개업공인중개사의 성명(법인인 경우에는 대표자의 성명)을 명시하여야 한다.

② 개업공인중개사가 의뢰받은 중개대상물에 대하여 표시 · 광고를 하면서 일정한 사항을 명시하지 아니하면 100만원 이하의 과태료를 부과한다.

③ 개업공인중개사가 의뢰받은 중개대상물에 대하여 표시 · 광고하는 경우 소속공인중개사나 중개보조원에 관한 사항은 명시해서는 아니 된다.

④ 개업공인중개사가 인터넷을 이용하여 중개대상물에 대한 표시 · 광고를 하는 때에는 일반적인 명시사항 외에 중개대상물의 종류별로 대통령령으로 정하는 소재지, 면적, 가격 등의 사항을 명시하여야 한다.

⑤ 개업공인중개사는 중개대상물이 존재하지 않아서 실제로 거래를 할 수 없는 중개대상물에 대한 표시 · 광고를 하거나 중개대상물의 가격 등 내용을 사실과 다르게 거짓으로 표시 · 광고하거나 사실을 과장되게 하는 표시 · 광고를 하여서는 아니된다.

8. 법인인 개업공인중개사에 관한 설명으로 옳은 것은?

① 중개업 창업을 준비 중인 공인중개사를 대상으로 중개업의 경영기법을 제공하는 것은 중개법인의 업무범위에 속한다.

② 甲 중개법인은 서울 동작구에 주된 사무소를 두고 부산광역시 부산진구에 2개의 분사무소를 개설할 수 있다.

③ 중개법인의 분사무소의 책임자인 공인중개사뿐만 아니라 고용인인 소속공인중개사도 실무교육의 수료 대상이다.

④ 중개법인은 A건설회사로부터 100세대의 최초 입주자를 모집하는 아파트 분양대행을 의뢰 받았을 때 이를 수행할 수 없다.

⑤ 법인인 개업공인중개사도 대법원규칙상의 등록을 필하여야, 「민사집행법」에 의한 경매대상 부동산에 대한 권리분석 및 취득의 알선을 할 수 있다.

9. 다음 중 현행 공인중개사법령에 따른 설명이다. 가장 옳은 것은?

① 경기도 안양시 만안구에 중개사무소를 둔 법부칙제6조2의 개업공인중개사 甲도 원칙적으로 서울특별시에 소재한 주택을 중개할 수 있다.

② 건물 매도자가 개업공인중개사 乙 에게 전속중개의뢰를 하면, 개업공인중개사 乙은 전속중개계약을 체결하여야 하며, 전속중개계약서를 사용할 의무가 있다.

③ 공인중개사인 개업공인중개사 丙이 징역형을 선고 받으면 결과적으로 공인중개사자격이 취소된다.

④ 소속공인중개사인 丁을 고용한 개업공인중개사는 고용신고를 하여야 하며, 丁은 인장등록의무가 있다.

⑤ 감독관청은 언제든지 중개사무소에 출입하여 질문 및 조사를 할 수 있다.

10. 개업공인중개사의 고용인에 대한 설명 중 올바른 것은?

① 개업공인중개사들이 공동사용사무소를 설치하여 운영하는 경우에 공동사용사무소에서는 공동 고용인을 고용할 수 있다.

② 거래당사자에게 재산상손해가 발생하면 개업공인중개사 및 고용인의 업무상행위와는 인과관계가 입증되지 않은 경우라도 개업공인중개사는 무과실책임으로서 손해배상책임을 진다.

③ 고용인의 업무상행위로 인한 의뢰인의 재산상 손해를 개업공인중개사가 중개의뢰인에게 손해배상을 한때에도 개업공인중개사는 고용인을 상대로 구상권을 행사할 수 없다.

④ 소속공인중개사는 인장등록을 하여야 하며, 고용신고 시 함께 인장등록을 할 수 있다.

⑤ 고용인이 금지행위에 위반하면 등록관청은 고용한 개업공인중개사의 등록을 취소하여야 한다.

11. 甲은 서울특별시 성동구에 주된 중개사무소를 두고 경기도 안산시 단원구에 분사무소를 두고 중개업을 영위하고자 하는 중개법인이다. 이와 관련된 설명 중 틀린 것은?

① 등록신청과 분사무소 설치신고는 성동구청장에게 하여야 한다. 등록신청시는 수수료를 부담하나 분사무소 설치 신고시는 수수료를 납부치 않는다.

② 당해 중개법인은 6억원 이상의 업무보증이 설정되어야 한다.

③ 분사무소를 수원시 장안구로 이전한 경우 이전신고는 성동구청장에게 하여야 한다.

④ 분사무소의 책임자는 공인중개사이어야 한다.

⑤ 甲은 성동구에는 분사무소를 둘 수 없다.

12. 개업공인중개사가 당해 중개사무소안의 보기 쉬운 곳에 게시하여야 하는 내용 중 틀린 것은?

① 개업공인중개사는 중개사무소등록증 원본을 게시하여야 하며, 분사무소의 경우에는 분사무소설치신고필증 원본을 게시하여야 한다.

② 중개보수 · 실비의 요율 및 한도액표 는 사무소가 소재한 지역을 관할하는 특별시 · 광역시 도의 조례로 정한 것을 게시하여야 한다.

③ 경매대리업무를 위하여 대법원규칙이 정하는 등록을 한 개업공인중개사는 별도의 게시의무가 부담된다.

④ 보증의 설정을 증명할 수 있는 서류를 게시하여야 한다

⑤ 법부칙제6조2항의 개업공인중개사가 중개사무소내에 공인중개사자격증 원본을 게시하여야 하는 의무가 발생하는 일은 없다.

13. 공인중개사법령상 휴업 및 폐업 등에 관한 설명 중 틀린 것은?

① 질병으로 인한 요양 등 부득이한 사유가 없는 한 휴업은 6개월을 초과할 수 없다.

② 법인인 개업공인중개사는 분사무소별로 휴업 및 폐업 등을 할 수 없다.

③ 휴업신고는 전자문서로 할 수 없다.

④ 폐업신고를 하는 때에는 중개사무소 등록증을 등록관청에 제출하여야 한다.

⑤ 휴업한 중개업의 재개신고는 전자문서로 할 수 있다.

14. 공인중개사법령상 중개계약에 관한 설명으로 옳은 것은?

① 국토교통부장관은 전속중개계약의 표준이 되는 서식을 정하여 그 사용을 권장할 수 있다.

② 일반중개계약을 체결하는 경우, 국토교통부장관이 관련 법령에 의하여 정한 표준서식의 중개계약서를 사용해야 한다.

③ 임대에 관한 전속중개계약을 체결하는 경우, 개업공인중개사는 중개대상물의 공시지가를 공개하여서는 아니 된다.

④ 전속중개계약서상 의뢰인은 개업공인중개사의 중개대상물 확인 · 설명의무를 이행하는 데 협조하여야 함을 명시하고 있다.

⑤ 중개의뢰인이 유효기간 중에 스스로 발견한 상대방과 직접 거래한 경우에는 개업공인중개사에게 중개보수의 50%에 해당하는 확정금액을 지불해야 한다.

15. 「공인중개사법」 상 거래정보사업자 지정과 관련한 다음 설명 중에서 옳은 것은?

① 법인인 개업공인중개사도 거래정보사업자로 지정받을 수 있다.

② 거래정보사업자로 지정받고자 하는 자는 정보처리기능사 1인 이상과 개업공인중개사 1인 이상을 확보하여야 한다.

③ 「전기통신사업법」 에 의한 부가통신사업자이더라도 외국인은 거래정보사업자로 지정을 받을 수 없다.

④ 거래정보사업자로 지정을 받고자 하는 자는 당해 부동산거래정보망의 가입 · 이용신청을 한 개업공인중개사의 수가 500명 이상이고, 2개 이상의 시 · 도에서 각각 30인 이상이어야 한다.

⑤ 부동산거래정보망을 이용하는 개업공인중개사는 국토교통부장관이 정하는 용량 및 성능을 갖춘 컴퓨터설비를 확보하여야 한다.

16. 다음은 개업공인중개사가 중개완성시 작성하는 매매계약서 등에 관한 설명이다. 옳은 것은?

① 개업공인중개사가 계약서에 서명 및 날인하지 않으면 계약의 효력이 발생하지 않는다.

② 거래당사자가 매매조건에 합의하여 계약서에 서명은 하였으나 날인을 하지 않은 경우 계약의 효력은 발생하지 않는다.

③ 당해 업무를 보조한 고용인은 개업공인중개사와 함께 서명 및 날인 하여야 한다.

④ 개업공인중개사가 계약서의 서명 및 날인의무를 위반하면 업무정지처분을 받을수 있을뿐 즉시 등록을 취소할 수는 없다

⑤ 계약서를 작성한 개업공인중개사는 계약서에 서명 및 날인하여야 한다. 이 경우 개업공인중개사가 법인인 경우에는 대표자와 분사무소의 책임자가 함께 서명 및 날인하여야 한다.

17. 다음은 개업공인중개사의 설명의무에 대한 내용이다. 틀린 것은? (판례에 의함)

① 부동산중개계약에 따른 개업공인중개사의 확인 · 설명의무와 이에 위반한 경우의 손해배상의무는 중개의뢰인이 개업공인중개사에게 소정의 중개보수를 지급하지 아니하였다고 해서 당연히 소멸되는 것이 아니다.

② 개업공인중개사가 중개대상물의 현황을 측량까지 하여 확인 · 설명할 의무는 없다.

③ 중개대상물건에 근저당이 설정된 경우에는 개업공인중개사는 채권최고액만을 조사 · 확인해서 의뢰인에게 설명하면 족한 것이 아니라, 실제의 현재 채무액까지 설명해 주어야 할 의무가 있다.

④ 중개대상물에 대한 설명은 권리를 취득하고자 하는 의뢰인에게 설명하여야 하고, 설명의 근거자료를 제시하여야 한다.

⑤ 중개가 완성된 경우에는 업무보증 증서사본을 교부하거나 전자문서를 제공하여야 하며, 거래당사자 쌍방에게 보증에 관한 설명을 하여야 한다.

18. 「공인중개사법」상 기간 및 기일에 관한 설명이다. 옳은 것은?

① 부동산거래사고 예방을 위한 교육을 실시하려는 경우에는 교육일 10일 전까지 교육일시 · 교육장소 및 교육내용, 그 밖에 교육에 필요한 사항을 공고하거나 교육대상자에게 통지하여야 한다.

② 경매 등록신청을 받은 지방법원장은 7일 이내에 등록을 통지한다.

③ 개업공인중개사가 보증금 등으로 손해배상을 한 때에는 14일 이내에 보증보험 또는 공제에 가입하거나 부족하게 된 공탁금을 보전하여야 한다.

④ 국토교통부장관이 거래정보사업자의 지정신청을 받은 때에는 기준에 적합한 경우 60일 이내에 거래정보사업자 지정서를 교부하여야 한다.

⑤ 시 · 도지사가 공인중개사 자격을 취소한 때에는 7일 이내에 다른 시 · 도지사에게 통보하고, 국토교통부장관에게 보고하여야 한다.

19. 부동산거래질서교란행위 신고센터가 제출받은 부동산거래질서교란행위 신고사항에 대해 시 · 도지사 및 등록관청 등에 조사 및 조치를 요구하지 않고 접수된 신고사항의 처리를 종결할 수 있는 경우가 아닌 것은?

① 신고내용이 명백히 거짓인 경우

② 신고인이 신고받은 사항에 보완요청에 불응한 경우

③ 신고인이 신고사항의 처리결과를 통보받은 사항에 대하여 정당한 사유 없이 다시 신고한 경우로서 새로운 사실이나 증거자료가 없는 경우

④ 신고내용이 이미 수사기관에서 수사 중이거나 재판이 계속 중이거나 법원의 판결에 의해 확정된 경우

⑤ 신고인이 단체를 구성하여 특정 중개대상물에 대하여 중개를 제한하거나 단체 구성원 이외의 자와 공동중개를 제한하는 행위를 하는 단체의 소속원인 경우

20. 공인중개사법상 금지되는 부동산거래질서교란행위와 관련한 설명 중 틀린 것은?

① 국토교통부장관은 부동산거래질서교란행위를 방지하기 위하여 부동산거래질서교란행위 신고센터를 설치 · 운영할 수 있다.

② 부동산거래질서교란행위 신고사항에 대해 조사 및 조치를 요구를 받은 시 · 도지사 및 등록관청 등은 신속하게 조사 및 조치를 완료하고, 매월 10일까지 직전 달의 결과를 신고센터에 통보해야 한다.

③ 신고센터는 시 · 도지사 및 등록관청 등으로부터 처리 결과를 통보받은 경우 신고인에게 신고사항 처리 결과를 통보해야 한다.

④ 신고센터는 매월 10일까지 직전 달의 신고사항 접수 및 처리 결과 등을 국토교통부장관에게 제출해야 한다.

⑤ 국토교통부장관은 부동산거래질서교란행위 신고센터의 업무를 「한국부동산원법」에 따른 한국부동산원에 위탁한다.

21. **개업공인중개사의 손해배상책임 및 업무보증에 관한 다음 설명 중 맞는 것은?**

① 재산상 손해가 보증기관의 보증금 지급 한도를 초과하는 경우에 당사자는 개업공인중개사를 상대로 손해배상청구권을 행사할 수 없다.

② 중개법인이 5개의 분사무소를 두는 경우에는 해당 중개법인은 최소 14억원 이상의 업무보증을 추가로 설정해야 한다.

③ 고용인의 업무상 행위로 중개의뢰인에게 재산상 손해를 발생하게 한 경우 개업공인중개사에게 과실이 없었음을 입증하면 개업공인중개사는 손해배상책임을 면한다.

④ 개업공인중개사가 자기의 중개사무소를 다른 사람의 중개행위의 장소로 제공함으로서 거래당사자에게 손해를 발생하게 한 때에는 사무소를 제공한 개업공인중개사에게 직접적인 업무상 귀책 사유가 없으면 손해배상책임이 없다.

⑤ 개업공인중개사가 고의 또는 중과실로 인하여 거래당사자에게 재산상의 손해를 발생하게 한 때에는 손해배상책임이 있으나 개업공인중개사의 경과실은 손해배상책임을 면한다.

22. **다음 중 시·도지사로부터 실무교육에 관한 업무를 위탁 받을 수 있는 기관 또는 단체가 아닌 것은?**

①「공공기관의 운영에 관한 법률」에 따른 공기업

②「고등교육법」에 따라 설립된 부동산 관련 학과가 개설된 대학

③ 공인중개사협회

④ 거래정보사업자

⑤「공공기관의 운영에 관한 법률」에 따른 준정부기관

23. **「공인중개사법령」상 계약금 등의 반환채무이행보장에 관한 설명으로 옳은 것은?**

① 개업공인중개사는 중개가 완성될 때까지 계약금 등의 예치를 거래당사자에게 권고할 수 있다.

② 개업공인중개사는 예치명의자가 될 수 있다.

③ 계약금 등을 예치한 경우 매수인·임차인 등 권리취득의뢰인은 해당 계약을 해제한 때에 계약금 등의 반환을 보장하는 내용의 보증서를 계약금 등의 예치명의자에게 교부하고 계약금등을 미리 수령할 수 있다.

④ 계약금 등을「보험업법」에 따른 보험회사의 명의로 예치하는 경우 그 계약금 등을 거래당사자에게 지급할 것을 보장하기 위하여 예치대상에 해당하는 보증을 설정하여야 한다.

⑤ 개업공인중개사는 계약금 등의 반환채무이행보장에 소요되는 실비를 매도·임대 그 밖의 권리를 이전하고자 하는 중개의뢰인에게 청구할 수 있다.

24. **다음의 개업공인중개사 중 그 행위를 함에 있어서 행정형벌이 가장 엄하게 적용될 수 있는 자는?**

① 중개의뢰인에게 중개대상물에 대한 중개활동 중 아직 확정되지 않은 개발계획을 자세히 설명하여 주고 거래계약을 체결케한 개업공인중개사

② 개발가치가 높은 임야를 중개해 주고, 법정 중개보수 외에 감사의 표시로 고급 동양화 3점을 선물 받은 개업공인중개사

③ 매도인으로부터 토지를 매수하면서 매도인의 협력을 얻어 그 소유권이전등기를 자신의 동생의 명의로 이전등기한 개업공인중개사

④ 투기과열지구 내에서 철거민 입주증을 알선하는 등 부동산투기를 조장하는 행위를 하고 법정 보수만 받은 개업공인중개사

⑤ 개업공인중개사 자신의 소유 주택을 의뢰인에게 임대하였으나 중개보수는 받지 아니하고 고급 양주 1병을 선물 받은 개업공인중개사

25. **다음은 공인중개사법령상 등록관청이 개업공인중개사에게 500만원 이하의 과태료처분을 할 수 있는 사유들이다. 아닌 것은?**

① 중개대상물이 존재하지 않아서 실제로 거래를 할 수 없는 중개대상물에 대한 표시·광고 행위

② 중개대상물의 가격 등 내용을 사실과 다르게 거짓으로 표시·광고하거나 사실을 과장되게 하는 표시·광고 행위

③ 표시·광고의 내용이 부동산거래질서를 해치거나 중개의뢰인에게 피해를 줄 우려가 있는 것으로서 대통령령으로 정하는 내용의 표시·광고 행위

④ 중개대상물에 관한 표시·광고를 하면서 성명·명칭·연락처·사무소 소재지를 명시하지 않는 행위

⑤ 성실·정확하게 중개대상물의 확인·설명을 하지 아니하거나 설명의 근거자료를 제시하지 않는 행위

26. **공인중개사법령상 등록관청은 일정한 위반행위에 해당하는 자를 등록관청이나 수사기관에 신고 또는 고발한 자에 대하여 포상금을 지급할 수 있다. 이에 해당하는 위반행위가 아닌 것은?**

① 중개사무소의 개설등록을 하지 아니하고 중개업을 한 자
② 거짓 그 밖의 부정한 방법으로 공인중개사 자격을 취득을 한자
③ 개업공인중개사가 아닌자로서 중개대상물의 표시·광고를 한 자
④ 개업공인중개사 등으로서 법 제33조 제1항의 부동산거래질서 교란행위를 한 자
⑤ 법 제33조 제2항의 부동산거래질서 교란행위를 하여 개업공인중개사등의 업무를 방해한 자

27. **다음 중 신고 또는 고발을 하였을 경우 공인중개사법령상 포상금을 지급받을 수 있는 위반행위를 모두 고른 것은?**

> ㉠ 중개사무소의 개설등록을 하지 아니하고 중개업을 한 자
> ㉡ 거짓 그 밖의 부정한 방법으로 공인중개사 자격을 취득을 한 자
> ㉢ 거짓 그 밖의 부정한 방법으로 중개사무소의 개설등록을 한 자
> ㉣ 중개사무소등록증 또는 공인중개사자격증을 다른 사람에게 양도·대여하거나 다른 사람으로부터 양수·대여받은 자
> ㉤ 개업공인중개사가 아닌자로서 공인중개사사무소, 부동산중개 또는 이와 유사한 명칭을 사용한자
> ㉥ 개업공인중개사가 아닌자로서 중개대상물의 표시·광고를 한 자
> ㉦ 미등기전매를 알선하는 등 부동산투기를 조장하는 행위를 한자
> ㉧ 개업공인중개사 등으로서 제33조 제1항중 부동산거래질서 교란행위를 한 자
> ㉨ 제33조제2항의 부동산거래질서 교란행위를 하여 개업공인중개사등의 업무를 방해한 자

① ㉠ ㉡ ㉢ ㉣ ㉤ ㉥
② ㉠ ㉡ ㉥ ㉦ ㉧ ㉨
③ ㉠ ㉢ ㉣ ㉥ ㉧ ㉨
④ ㉠ ㉣ ㉤ ㉥ ㉦ ㉧
⑤ ㉣ ㉤ ㉥ ㉦ ㉧ ㉨

28. **부동산 거래신고 등에 관한 법령상 외국인등이 토지취득계약을 체결하기 전에 신고관청으로부터 토지취득의 허가를 받아야 하는 경우가 아닌 것은?**

① 「군사기지 및 군사시설 보호법」 제2조 제6호에 따른 군사기지 및 군사시설 보호구역
② 「문화재보호법」 제2조 제2항에 따른 지정문화재와 이를 위한 보호물 또는 보호구역
③ 「자연환경보전법」 제2조 제12호에 따른 생태·경관보전지역
④ 국방목적을 위하여 외국인등의 토지취득을 특별히 제한할 필요가 있는 지역으로서 이 법에 따른 토지거래계약에 관한 허가를 받은 경우
⑤ 「야생생물 보호 및 관리에 관한 법률」 제27조에 따른 야생생물특별보호구역

29. **국토교통부장관 또는 시·도지사가 토지거래허가구역으로 지정할 수 있는 지역이 아닌 곳은?**

① 광역도시계획.도시·군기본계획.도시·군관리계획 등 토지이용계획이 새로이 수립되거나 변경되는 지역
② 법령의 제정·개정 또는 폐지나 그에 의한 고시·공고로 인하여 토지이용에 대한 행위제한이 새로이 시행되거나 강화되는 지역
③ 법령에 의한 개발사업이 진행 중이거나 예정되어 있는 지역과 그 인근지역
④ 국토교통부장관, 시.도지사가 투기의 우려가 있다고 인정하는 지역
⑤ 관계 행정기관의 장이 특별히 투기가 성행할 우려가 있다고 인정하여 국토교통부장관 또는 시.도지사에게 요청하는 지역

30. **다음은 토지매매를 중개함에 있어서 개업공인중개사가 확인한 사항이다. 옳은 것은?**

① 토지의 경계를 확인하기 위해 토지대장을 열람하였다.
② 도로상황 및 구체적인 지세를 확인하기 위하여 현장을 탐방하였다.
③ 지목·지번·지적 등의 물적 사항을 가장 정확히 확인하기 위하여 지적도를 열람하였다.
④ 토지의 면적은 등기사항증명서에 의하여 각 필지별로 확인하였다.
⑤ 공부상에 나타나 있지 않은 것은 확인하지 않았다.

31. **개업공인중개사의 중개대상물 조사 · 확인에 관한 내용 중 틀린 것은?**

① 건물의 방향이나 외관상의 특징은 현장조사를 통하여 확인한다.

② 토지대장의 면적과 등기사항증명서의 면적이 서로 다른 경우에는 토지대장의 기재사항을 기준으로 판단한다.

③ 토지소유자의 인적사항에 관하여 토지대장과 등기사항증명서가 일치하지 아니하는 경우에는 등기사항증명서를 기준으로 판단한다.

④ 유치권의 성립여부는 건물등기사항증명서를 통하여 확인한다.

⑤ 건폐율의 상한은 해당 지역의 시 · 군 조례를 통하여 확인한다.

32. **「공인중개사법령」상 중개대상물 확인 · 설명서 작성방법에 관한 설명이다. 틀린 것은?**

① 세부항목 작성 시 해당 내용을 작성란에 모두 작성할 수 없는 경우에는 별지로 작성하여 첨부하고, 해당란에는 "별지 참고"라고 적는다.

② 취득 시 부담할 조세의 종류 및 세율은 중개가 완성되기 전 「지방세법」의 내용을 확인하여 적으나 임대차의 경우에는 제외한다.

③ 공동중개 시에는 취득의뢰인과 중개계약을 체결한 개업공인중개사(소속공인중개사를 포함)가 서명 및 날인하여야 한다.

④ 중개보수는 시 도 조례로 정한 요율에 따르거나 시 도 조례로 정한 요율한도에서 중개의뢰인과 개업공인중개사가 서로 협의하여 결정하도록 한 요율에 따르되 부가가치세는 별도로 부과받을 수 있다.

⑤ 권리관계의 "등기부기재사항"은 등기사항증명서를 확인하여 적는다

33. **부동산전자계약(부동산거래계약시스템)에 관한 설명으로 틀린 것은?**

① 부동산 거래의 전자계약이란 부동산거래전자계약시스템(이하 '전자계약시스템' 이라 함)을 통하여 거래계약을 체결하는 것을 말한다.

② 전자계약시스템이란 첨단 ICT기술과 접목하여, 공인인증, 전자서명, 부인방지 기술을 적용하여 종이 · 인감 없이도 온라인 서명으로 부동산전자계약 체결, 실거래신고 및 확정일자 부여 자동화, 거래계약서 · 확인설명서 등 계약서류를 공인된 문서보관센터에 보관하는 전자적 방식(공인인증 등)의 부동산거래계약서 작성 및 체결 시스템을 말한다.

③ 거래계약서는 전자문서로 공인전자문서센터에 10년간 보관되며, 보관기간 동안 언제든지 전자계약시스템을 통해 확인할 수 있다.

④ 비대면계약일 경우에는 계약당사자는 본인 명의의 휴대폰으로 본인 인증을 해야 하며, 공인인증서를 이용하여 전자서명을 한다.

⑤ 전자계약을 체결하려는 개업공인중개사는 전자계약시스템에 접속하여 거래계약서 작성 및 중개대상물 확인 · 설명서를 작성한 후 거래당사자의 서명과 개업공인중개사의 서명을 진행해야 한다.

34. **부동산등기특별조치법상의 검인계약서에 대한 기술 중 타당하지 않은 것은?**

① 등기원인을 증명하는 서면이 집행력 있는 판결서 또는 판결과 같은 효력을 갖는 조서인 때에는 판결서 등에 검인을 받아 제출하여야 한다.

② 검인은 계약을 체결한 당사자중 1인이나 그 위임을 받은 자, 계약서를 작성한 변호사와 법무사 및 개업공인중개사가 신청할 수 있다.

③ 검인신청을 받은 경우 시장 · 군수 · 구청장은 계약서 또는 판결서등의 형식적 요건의 구비 여부만을 확인하고 그 기재에 흠결이 없다고 인정한 때에는 지체 없이 검인을 하여 검인신청인에게 교부하여야 한다.

④ 2개 이상의 시 · 군 · 구에 있는 수개의 부동산의 소유권이전을 내용으로 하는 계약서 또는 판결서 등을 검인받고자 하는 경우에는 모든 시 · 군 · 구를 관할하는 시장 등에게 검인을 신청하여야 한다.

⑤ 부동산의 소유권을 이전받을 것을 내용으로 계약을 체결한 자는 그 부동산에 대하여 다시 제3자와 소유권이전을 내용으로 하는 계약이나 제3자에게 계약당사자의 지위를 이전하는 계약을 체결하고자 할 때에는 먼저 체결된 계약서에 부동산등기특별조치법 제3조의 규정에 의한 검인을 받아야 한다.

35. 다음 중 검인을 받아야 할 대상을 모두 고른다면?

> ㉠ 입목 매매계약서
> ㉡ 주택임대차 계약서
> ㉢ 토지와 건물의 교환계약서
> ㉣ 아파트 증여계약서
> ㉤ 지상권 설정계약서
> ㉥ 공유토지분할계약서
> ㉦ 매수인이 국가인 매매계약
> ㉧ 판결에 의하여 부동산소유권이 이전되는 판결서

① ㉡ ㉥ ㉤ ㉧
② ㉢ ㉣ ㉥ ㉦
③ ㉢ ㉣ ㉤ ㉦
④ ㉢ ㉣ ㉥ ㉧
⑤ ㉠ ㉢ ㉥ ㉧

36. 다음은 「장사등에 관한 법률」 상의 분묘의 설치면적과 기간에 관한 설명이다. 타당한 것은?

① 공설묘지, 가족묘지, 종중 · 문중묘지 또는 법인묘지안의 분묘 1기 및 당해 분묘의 상석, 비석 등 시설물의 설치구역 면적은 30평방미터를 초과하여서는 아니된다.
② 공설묘지 및 사설묘지에 설치된 분묘의 설치기간은 30년으로 한다
③ 설치기간이 경과한 분묘의 연고자가 시 · 도지사, 시장 · 군수 · 구청장에게 당해 설치기간의 연장을 신청하는 경우에는 15년씩 3회에 한하여 당해 설치기간을 연장하여야 한다.
④ 개인묘지는 10평방미터를 초과하여서는 아니된다.
⑤ 설치기간이 종료된 분묘의 연고자는 설치기간이 종료된 날부터 10월 이내에 당해 분묘에 설치된 시설물을 철거하고 매장된 유골을 화장 또는 납골하여야 한다.

37. 甲은 乙과 乙 소유 부동산의 매매계약을 체결하면서 세금을 줄이기 위해 甲과 丙간의 명의신탁약정에 따라 丙 명의로 소유권이전등기를 하기로 하였다. 丙에게 이전등기가 이루어질 경우에 대하여 개업공인중개사가 甲과 乙에게 설명한 내용으로 옳은 것은? (다툼이 있으면 판례에 따름)

① 甲과 丙 간의 명의신탁약정은 유효이나, 丙 명의의 등기는 무효이다.
② 甲은 乙에게 소유권이전등기를 청구할 수 없다.
③ 丙 명의로 등기가 이루어지면 甲은 부동산 평가액의 30% 범위에서 과징금을 부과받게 된다.
④ 甲과 丙은 5년 이하의 징역 또는 2억원 이하의 벌금에 처해진다.
⑤ 丙이 당해 부동산을 제3자에게 처분하면 甲에 대하여 횡령죄가 적용된다.

38. 상가건물임대차보호법에 관한 다음 설명 중 옳은 것은?

① 서울특별시 소재 상가임차인의 환산보증금이 7억원인 임차인은 대항요건을 확보하여도 대항력을 주장할 수 없다.
② 상가건물임대차보호법상의 권리금 계약이란 임차인과 전차인이 권리금을 지급하기로 하는 계약을 말한다.
③ 임대인은 임대차기간이 끝나기 6개월 전부터 1개월 전까지 임차인이 주선한 신규임차인이 되려는 자에게 권리금을 요구하거나 임차인이 주선한 신규임차인이 되려는 자로부터 권리금을 수수하는 행위등 권리금 계약에 따라 임차인이 주선한 신규임차인이 되려는 자로부터 권리금을 지급받는 것을 방해하여서는 아니 된다.
④ 임대차 목적물인 상가건물이 「유통산업발전법」 제2조에 따른 대규모점포 또는 준대규모점포의 일부인 경우에도 상가건물임대차보호법상의 권리금 적용규정에 포함된다.
⑤ 임차인의 차임연체액이 3기의 차임액에 달하는 때에는 임대인은 계약을 해지할 수 있다

39. **개업공인중개사가 민사집행법에 따른 경매에 관하여 의뢰인에게 설명한 내용으로 틀린 것은?**

① 매수인은 매각부동산 위의 유치권자에게 그 유치권으로 담보하는 채권을 변제할 책임이 있다.

② 배당요구는 배당요구 종기일까지 하여야 한다.

③ 저당권, 근저당권, 담보가등기는 매각으로 소멸한다.

④ 최선순위로 설정된 전세권은 전세권자가 배당요구를 하더라도 매각으로 소멸하지 않는다.

⑤ 1순위 근저당권과 2순위로 대항요건을 갖춘 임차인이 있으며, 3순위로 저당권이 설정된 경우 저당권자의 경매신청 시 임차권은 매각으로 소멸한다.

40. **공인중개사의 매수신청대리인 등록 등에 관한 규칙의 내용으로 옳은 것은?**

① 중개사무소의 개설등록을 하지 아니한 공인중개사는 매수신청대리인 등록을 신청할 수 있다.

② 보수의 지급시기는 매수신청인과 매수신청대리인의 약정에 따르며, 약정이 없을 때에는 매각대금지급이 완료된 날로 한다.

③ 지방법원장은 개업공인중개사가 「공인중개사법」의 규정에 따라 휴업하였을 경우에는 매수신청대리업무를 정지하는 처분을 할 수 있다.

④ 지방법원장은 개업공인중개사가 「공인중개사법」의 규정에 따라 폐업신고를 한 경우에는 매수신청대리인 등록을 취소할 수 있다.

⑤ 개업공인중개사는 업무정지처분을 받은 때에는 업무정지사실을 당해 중개사사무소의 출입문에 표시하여야 한다.

제2과목 : 부동산공법 중 부동산 중개에 관련되는 규정

41. **국토의 계획 및 이용에 관한 법령상 도시 · 군기본계획에 관한 설명으로 옳은 것은?**

① 도시 · 군기본계획의 내용이 광역도시계획의 내용과 다를 때에는 도시 · 군기본계획의 내용이 우선한다.

② 지역여건상 필요하다고 인정되면 인접한 특별시 · 광역시 · 특별자치시 · 특별자치도 · 시 또는 군의 관할 구역 일부를 포함하여 수립할 수 있으나 전부를 포함하여 수립할 수 없다.

③ 기초조사의 내용에 "환경성 검토" 와 "토지적성평가" 및 "재해 취약성 분석" 을 포함하여야 한다.

④ 특별시장 · 광역시장 · 특별자치시장 또는 특별자치도지사는 도시 · 군기본계획을 수립하거나 변경하려면 국토교통부장관의 승인을 받아야 한다.

⑤ 수도권에 속하지 아니하고 광역시와 경계를 같이하지 아니한 시 또는 군으로서 인구 10만명 이하인 시 또는 군은 수립하지 아니할 수 있다.

42. **국토의 계획 및 이용에 관한 법령상 도시·군관리계획을 입안할 때의 주민의견청취 등에 관한 설명으로 틀린 것은?**

① 도시·군관리계획을 입안할 때에는 주민의 의견을 들어야 하며, 그 의견이 타당하다고 인정되면 입안에 반영하여야 한다.

② 국방상 기밀을 지켜야 할 필요가 있는 사항인 경우에는 관계 중앙행정기관의 장이 요청여부와 관계없이 주민의견청취를 생략할 수 있다.

③ 주민의 의견을 청취하고자 하는 때에는 도시·군관리계획안의 주요 내용을 둘 이상의 일간신문과 인터넷 홈페이지 등에 공고하고 도시·군관리계획안을 14일 이상 일반이 열람할 수 있도록 하여야 한다.

④ 제출된 의견이 도시·군계획조례가 정하는 중요한 사항인 때에는 그 내용을 다시 공고·열람하게 하여 주민의 의견을 들어야 한다.

⑤ 판례는 주민 의견청취의 절차를 거치지 아니한 도시·군관리계획은 행정절차상의 중대한 하자가 발생한 경우로 보아 이를 위법한 것으로 본다.

43. 국토의 계획 및 이용에 관한 법령상 도시자연공원구역 및 수산자원보호구역에 관한 설명으로 옳은 것은?

① 도시자연공원구역의 지정권자는 시 · 도지사 또는 대도시 시장이고, 수산자원보호구역의 지정권자는 국토교통부장관이다.

② 도시자연공원구역은 도시의 무질서한 확산을 방지하고 도시주변의 자연환경을 보전하여 도시민의 건전한 생활환경을 확보 등을 목적으로 지정한다.

③ 도시자연공원구역 안에서의 건축제한은 「도시공원 및 녹지 등에 관한 법률」에 따른다.

④ 수산자원보호구역 안에서의 건축제한은 「수도법」에 따른다.

⑤ 수산자원보호구역 안의 건폐율은 20% 이하, 용적률은 100% 이하 범위 안에서 도시 · 군계획조례가 정하는 비율을 초과하여서는 아니 된다.

44. 국토의 계획 및 이용에 관한 법령상 용도지구 별 그 지정목적이 옳은 것은?

① 역사문화환경보호지구: 지역 내 주요 수계의 수변 또는 문화적 보존가치가 큰 건축물 주변의 경관 등 특별한 경관을 보호 또는 유지하거나 형성하기 위하여 필요한 지구

② 시가지방재지구: 토지의 이용도가 낮은 해안변, 하천변, 급경사지 주변 등의 지역으로서 건축 제한 등을 통하여 재해 예방이 필요한 지구

③ 집단취락지구 : 녹지지역 · 관리지역 · 농림지역 또는 자연환경보전지역안의 취락을 정비하기 위하여 필요한 지구

④ 특정개발진흥지구 : 주거기능, 공업기능, 유통 · 물류기능 및 관광 · 휴양기능 외의 기능을 중심으로 특정한 목적을 위하여 개발 · 정비할 필요가 있는 지구

⑤ 경관지구: 쾌적한 환경 조성 및 토지의 효율적 이용을 위하여 건축물 높이의 최고한도를 규제할 필요가 있는 지구

45. 국토의 계획 및 이용에 관한 법령상 지구단위계획(구역) 등에 관한 설명으로 옳은 것은?

① 주민은 지구단위계획구역의 변경에 관한 도시·군관리계획을 직접 입안할 수 있다.

② 지구단위계획은 도시·군계획 수립대상 지역의 전부 또는 일부에 대하여 수립하는 도시·군관리계획이다.

③ 지구단위계획 또는 관계 법률에 따른 개발계획을 수립하고 있는 개발진흥지구에서는 도시 · 군계획조례로 정하는 건축물을 건축할 수 있다.

④ 주거개발진흥지구, 복합개발진흥지구(주거기능이 포함된 경우에 한한다) 는 계획관리지역에 위치하는 경우에만 지구단위계획구역을 지정할 수 있다.

⑤ 시장 또는 군수가 입안한 지구단위계획의 수립 · 변경에 관한 도시 · 군관리계획은 관할 도지사가 결정한다.

46. 국토의 계획 및 이용에 관한 법령상 도시 · 군계획조례로 정할 수 있는 용도지역 안의 용적률의 최대한도가 가장 큰 용도지역은?

① 준주거지역

② 계획관리지역

③ 제3종일반주거지역

④ 자연녹지지역

⑤ 준공업지역

47. 국토의 계획 및 이용에 관한 법령상 도시·군계획시설사업 결정의 고시일부터 2년이 지날 때까지 그 사업이 시행되지 아니하고 단계별 집행계획의 수립이 없는 미집행 도시·군계획시설부지에서 허가될 수 있는 개발행위로 옳은 것은?

① 건축물의 개축 또는 재축과 이를 위한 토지형질변경

② 3층 이하인 단독주택

③ 3층 이하인 제1종근린생활시설

④ 3층 이하인 노래연습장

⑤ 3층 이하인 제2종근린생활시설에 해당하는 단란주점

48. **국토의 계획 및 이용에 관한 법령상 분류된 "도로" 에 해당하지 않는 것은?**

① 일반도로

② 자동차우선도로

③ 보행자전용도로

④ 보행자우선도로

⑤ 자전거전용도로

49. **국토의 계획 및 이용에 관한 법령상 "장기미집행 도시·군계획시설의 지방의회 보고" 에 관한 설명으로 틀린 것은?**

① 지방자치단체의 장은 도시·군계획시설 중 설치할 필요성이 없어진 도시·군계획시설 또는 그 결정·고시일부터 10년이 지날 때까지 해당 시설의 설치에 관한 사업이 시행되지 아니한 도시·군계획시설에 대하여 매년 해당 지방의회의 정례회 또는 임시회의 기간 중에 보고하여야 한다.

② 지방의회는 위 ①의 보고가 지방의회에 접수된 날부터 90일 이내에 해제를 권고하는 서면을 지방자치단체의 장에게 보내야 한다.

③ 장기미집행 도시·군계획시설 등의 해제를 권고 받은 지방자치단체의 장은 특별한 사유가 있는 경우를 제외하고는 해제권고를 받은 날부터 1년 이내에 해제를 위한 도시·군관리계획을 결정하여야 한다.

④ 위 ③의 경우 지방자치단체의 장은 지방의회에 해제할 수 없다고 인정하는 특별한 사유를 해제권고를 받은 날부터 6개월 이내에 소명하여야 한다.

⑤ 지방자치단체의 장은 지방의회에 보고한 장기미집행 도시·군계획시설 중 도시·군계획시설 결정이 해제되지 아니한 장기미집행 도시·군계획시설에 대하여 최초로 지방의회에 보고한 때부터 1년마다 지방의회에 보고하여야 한다.

50. **국토의 계획 및 이용에 관한 법령상 기반시설부담구역에 설치가 필요한 기반시설로서 옳은 것은?**

① 폐기물처리 및 재활용시설

② 도로(인근의 간선도로로부터 기반시설부담구역까지의 진입도로를 제외한다)

③ 학교(「고등교육법」 제2조에 따른 대학을 포함한다)

④ 수도(인근의 수도로부터 기반시설부담구역까지 연결하는 수도를 제외한다)

⑤ 하수도(인근의 하수도로부터 기반시설부담구역까지 연결하는 하수도를 제외한다)

51. **국토의 계획 및 이용에 관한 법령상 공동구 및 광역시설에 관한설명으로 옳은 것은?**

① 공동구는 그 공동구를 점용하는 자가 함께 관리한다.

② 공동구의 설치에 필요한 비용은 이 법 또는 다른 법률에 특별한 규정이 있는 경우를 제외하고는 공동구 점용예정자와 사업시행자가 부담한다.

③ 공동구가 설치된 경우에는 전선로나 가스관과 하수도관은 그 공동구에 수용하여야 한다.

④ 광역시설의 설치 및 관리는 공동구의 설치 · 관리에 따른다.

⑤ 국가계획으로 설치하는 광역시설은 국토교통장관이 설치 · 관리할 수 있다.

52. **국토의 계획 및 이용에 관한 법령상 개발행위 허가의 절차에 관한 설명으로 틀린 것은?**

① 계획관리지역으로서 우량 농지 등으로 보전할 필요가 있고 도시 · 군관리계획상 특히 필요하다고 인정되는 지역에 대해서는 개발행위 허가가 제한 될 수 있다.

② 기반시설부담구역으로 지정된 지역은 개발행위 허가제한 기간을 한 차례 2년 범위에서 연장할 수 있다.

③ 위 ②의 개발행위허가의 제한을 연장하려는 경우에는 중앙도시계획위원회나 지방도시계획위원회의 심의를 거치지 아니한다.

④ 개발행위허가 제한을 연장 또는 해제하는 경우 그 지역의 지형도면 고시 등에 관하여는「토지이용규제 기본법」에 따른다.

⑤ 건축물의 건축에 관하여 건축법상 사용승인을 받은 경우에도 개발행위허가를 받은 자는 그 개발행위를 마치면 준공검사를 받아야 한다.

53. 도시개발법령상 도시개발사업의 시행자에 관한 설명으로 옳은 것은?

① 도시개발구역의 전부를 수용방식으로 시행하는 경우에는 토지소유자나 조합을 시행자로 지정한다.

② 「한국철도공사법」에 따른 한국철도공사는 「역세권의 개발 및 이용에 관한 법률」에 따른 역세권개발사업을 시행하는 경우에만 시행자로 지정 될 수 있다.

③ 조합의 임원은 의결권을 가진 조합원이어야 하고, 정관으로 정한 바에 따라 총회에서 선임한다.

④ 실시계획의 인가를 받은 후 1년 이내에 사업을 착수하지 아니하는 경우에는 그 시행자를 변경할 수 있다.

⑤ 의결권을 가진 조합원의 수가 100인 이상인 조합은 총회의 권한을 대행하게 하기 위하여 대의원회를 두어야 한다.

54. 도시개발법령상 실시계획에 관한 설명으로 <u>틀린</u> 것은?

① 실시계획은 광역도시계획과 도시 · 군기본계획에 맞게 작성하여야 한다.

② 실시계획에는 지구단위계획이 포함되어야 한다.

③ 실시계획을 고시한 경우 그 고시된 내용 중 「국토의 계획 및 이용에 관한 법률」에 따라 도시·군관리계획으로 결정하여야 하는 사항은 도시·군관리계획이 결정·고시된 것으로 본다.

④ 위 ③의 경우 종전에 도시·군관리계획으로 결정된 사항 중 그 고시 내용에 저촉되는 사항은 고시된 내용대로 변경된 것으로 본다.

⑤ 사업시행면적의 100분의 10의 범위에서의 면적의 감소, 사업비의 100분의 10의 범위에서의 사업비의 증감은 그 변경에 관하여는 인가를 받지 아니한다.

55. 도시개발법령상 원형지 공급에 관한 설명으로 옳은 것은?

① 공급될 수 있는 원형지의 면적은 도시개발구역 전체 토지 면적의 2분의 1 이내로 한정한다.

② 원형지의 공급가격은 개발계획이 반영된 원형지의 감정가격으로 한다.

③ 시행자는 학교나 공장 등의 부지로 직접 사용하는 자에게 미리 지정권자의 승인을 받아 원형지를 공급하여 개발하게 할 수 있다.

④ 위 ③의 원형지 개발자 선정은 수의계약의 방식으로 하여야 한다.

⑤ 지정권자는 원형지에 대한 공급 승인을 할 때에는 용적률 등 개발밀도 등에 관한 이행조건을 붙여서는 아니 된다.

56. 도시개발법령상 환지예정지처분에 따른 임차권자 등의 보호에 관한 설명으로 <u>틀린</u> 것은?

① 환지예정지의 지정으로 종전의 임대료·지료 등이 불합리하게 되면 당사자는 계약조건에도 불구하고 장래에 관하여 그 증감을 청구할 수 있다.

② 위 ①의 경우 환지예정지 지정의 효력발생일로부터 90일이 지나면 임대료·지료 그 밖의 사용료 등의 증감을 청구할 수 없다.

③ 환지예정지의 처분으로 지역권 또는 임차권 등의 설정한 목적을 달성할 수 없게 되면 당사자는 해당 권리를 포기하거나 계약을 해지할 수 있다.

④ 권리를 포기하거나 계약을 해지한 자는 그로 인한 손실보상을 시행자에게 청구할 수 있다.

⑤ 손실을 보상한 자는 그로 인하여 이익을 얻는 자에게 이를 구상할 수 있다.

57. 도시개발법령상 도시개발구역의 지정 후 개발계획에 포함할 수 있는 것이 <u>아닌</u> 것은?

① 도시개발구역의 명칭 · 위치 및 면적

② 도시개발구역 밖의 지역에 기반시설을 설치하여야 하는 경우에는 그 시설의 설치에 필요한 비용의 부담 계획

③ 수용 또는 사용의 대상이 되는 토지등 있는 경우에는 그 세부목록

④ 임대주택건설계획 등 세입자 등의 주거 및 생활 안정 대책

⑤ 순환개발 등 단계적 사업추진이 필요한 경우 사업추진 계획 등에 관한 사항

58. 도시개발법령상 환지처분 후 절차에 관한 설명으로 옳은 것은?

① 시행자는 환지처분이 공고되면 공고 후 지체 없이 관할 등기소에 이를 알리고 토지와 건축물에 관한 등기를 촉탁하거나 신청하여야 한다.

② 환지처분이 공고된 날부터 환지등기가 있는 때까지는 다른 등기를 할 수 없다.

③ 행정청이 아닌 시행자는 도시개발사업의 시행으로 사업 시행 후의 토지 가액의 총액이 사업 시행 전의 토지 가액의 총액보다 줄어든 경우에는 그 차액에 해당하는 감가보상금을 지급하여야 한다.

④ 위 ③의 감가보상금은 종전의 토지 소유자에 지급되고, 임차권자등은 지급대상에 포함되지 아니한다.

⑤ 환지를 정하지 아니하는 토지에 대하여도 환지처분공고 후 확정된 청산금을 교부하여야 한다.

59. 도시 및 주거환경정비법령상 "용어정의" 에 관한 설명으로 옳은 것은?

① "토지 등 소유자" : 정비구역에 위치한 건축물 및 그 부속토지의 소유자(재건축사업의 경우에 해당한다)

② "공동이용시설" : 도로 · 상하수도 · 구거(溝渠: 도랑) · 공원 · 공용주차장 · 공동구

③ "재건축사업" : 정비기반시설은 양호하나 노후 · 불량건축물이 밀집한 지역에서 주거환경을 개선하기 위한 사업

④ "주거환경개선사업" : 단독주택 및 다세대주택이 밀집한 지역에서 정비기반시설과 공동이용시설 확충을 통하여 주거환경을 개선하기 위한 사업

⑤ "노후불량건축물" : 해당 건축물을 준공일 기준으로 30년까지 사용하기 위하여 보수 · 보강하는 데 드는 비용이 철거 후 새로운 건축물을 건설하는 데 드는 비용보다 클 것으로 예상되는 건축물

60. 도시 및 주거환경정비법 제3조(도시 · 주거환경정비 기본방침) 에 관한 규정으로 빈칸 (ⓐ), (ⓑ), (ⓒ)에 순서대로 옳은 것은?

> (ⓐ)은 도시 및 주거환경을 개선하기 위하여 (ⓑ)년마다 다음의 사항을 포함한 기본방침을 정하고, 5년마다 타당성을 검토하여 그 결과를 기본방침에 반영하여야 한다.
> ㉠ 도시 및 주거환경 정비를 위한 국가 정책 방향
> ㉡ 도시 · 주거환경정비기본계획의 수립 방향
> ㉢ 노후 · 불량 주거지 조사 및 개선계획의 수립
> ㉣ (ⓒ)

① 국토교통부장관 - 10 - 도시 및 주거환경 개선에 필요한 정비계획

② 국토교통부장관 - 10 - 도시 및 주거환경 개선에 필요한 재정지원계획

③ 국토교통부장관 - 5 - 도시 및 주거환경 개선에 필요한 재정지원계획

④ 시 · 도지사(대도시시장) - 10 - 세입자 등 주거대책

⑤ 시 · 도지사(대도시시장) - 5 - 건폐율 · 용적률 등에 관한 건축물의 밀도계획

61. 도시 및 주거환경정비법령상 기본계획의 수립권자가 기본계획에 생활권의 설정, 생활권별 기반시설 설치계획 및 주택수급계획 등을 포함하는 경우에 생략 가능한 사항으로 옳은 것은?

① 정비사업의 기본방향, 정비사업의 계획기간

② 정비예정구역의 개략적 범위, 단계별 정비사업 추진계획

③ 인구 · 건축물 · 토지이용 · 정비기반시설 · 지형 및 환경 등의 현황, 주거지 관리계획

④ 건폐율 · 용적률 등에 관한 건축물의 밀도계획, 세입자에 대한 주거안정대책

⑤ 사회복지시설 및 주민문화시설 등의 설치계획, 도시의 광역적 재정비를 위한 기본방향

62. 도시 및 주거환경정비법령상 재건축사업에 관한 설명으로 <u>틀린</u> 것은?

① 관리처분계획에 따라 건축물 및 오피스텔을 건설하여 공급하는 방법으로 한다.

② 위 ①의 오피스텔을 공급할 수 있는 지역은 준주거지역 및 상업지역이고, 오피스텔의 연면적은 전체 건축물 연면적의 100분의 30 이하이어야 한다.

③ 재건축사업은 조합이 조합원의 과반수의 동의를 받아 시장 · 군수등, 토지주택공사등, 건설업자 또는 등록사업자와 공동으로 시행할 수 있다.

④ 천재지변, 그 밖의 불가피한 사유로 긴급하게 정비사업을 시행할 필요가 있다고 인정하는 때에는 시장 · 군수등이 직접 사업을 시행하거나 토지주택공사등을 지정하여 시행하게 할 수 있다.

⑤ 토지 등 소유자(조합을 설립한 경우에는 조합원을 말한다)의 과반수 동의로 요청하는 경우에는 시장 · 군수등은 해당 조합 또는 토지 등 소유자를 대신하여 직접 시행할 수 있다.

63. **도시 및 주거환경정비법령상 정비사업조합의 조합원자격에 관한 설명으로 틀린 것은?**

① 정비사업의 조합원은 토지 등 소유자(재건축사업의 경우에는 재건축사업에 동의한 자만 해당한다)로 한다.

② 여러 명의 토지 등 소유자가 1세대에 속하는 때에는 그 여러 명을 대표하는 1명을 조합원으로 본다.

③ 투기과열지구에서 재건축사업을 시행하는 경우에는 조합설립 인가 후 해당 정비사업의 건축물 또는 토지를 양수한 자는 조합원이 될 수 없다.

④ 투기과열지구에서 재개발사업을 시행하는 경우에는 사업시행계획의 인가 후 해당 정비사업의 건축물 또는 토지를 양수한 자는 조합원이 될 수 없다.

⑤ 위 ③, ④의 경우에 상속 · 이혼으로 인한 양도 · 양수의 경우는 제외한다.

64. **도시 및 주거환경정비법령상 "사업시행계획" 에 관한 설명으로 틀린 것은?**

① 사업시행자는 정비계획에 따라 토지이용계획 등이 포함된 사업시행계획서를 작성하여야 한다.

② 재건축사업의 경우 사업시행계획에는 국민주택규모 주택의 건설계획이 제외 되고, 주거환경개선사업의 경우에는 임대주택의 건설계획이 제외된다.

③ 정비구역부터 200미터 이내에 교육시설이 설치되어 있는 경우 사업시행계획에는 교육시설의 교육환경 보호에 관한 계획이 포함되어야 한다.

④ 사업시행계획 인가받은 사항을 변경하거나 정비사업을 중지 또는 폐지하려는 경우에도 시장 · 군수등의 인가를 받아야 한다.

⑤ 다만, ④의 경우 정비사업비를 10%의 범위에서 변경하거나 관리처분계획의 인가에 따라 변경하는 때에는 이를 신고하여야 한다.

65. **건축법령상 이 법의 적용 및 정의에 관한 설명으로 옳은 것은?**

① 건축물이 재해로 멸실된 경우 그 대지에 연면적의 합계가 종전 규모 이하이고, 동수 · 층수 및 높이가 모두 종전 규모 이하이면 재축이다.

② "주요구조부" 란 내력벽, 기둥, 바닥, 보, 지붕틀 및 피난계단을 말한다.

③ "건축협정" 이란 용적률을 개별 대지마다 적용하지 아니하고, 2개 이상의 대지를 대상으로 통합 적용하여 건축물을 건축하는 것을 말한다.

④ 「하천법」에 따른 하천구역 내의 수문조작실은 이 법의 적용을 받는 건축물이다.

⑤ 도시지역 및 지구단위계획구역, 동이나 읍(동이나 읍에 속하는 섬의 경우에는 인구가 500명 이상인 경우만 해당된다)의 지역은 이 법상 대지 분할 제한 규정의 적용을 받지 아니한다.

66. **건축법령상 범죄예방 기준에 따라 건축하여야 건축물에 해당하는 것이 아닌 것은?**

① 다가구주택, 아파트, 연립주택 및 다세대주택

② 제1종 근린생활시설 중 일용품을 판매하는 소매점

③ 제2종 근린생활시설 중 다중생활시설

④ 업무시설 중 오피스텔

⑤ 문화 및 집회시설 중 동 · 식물원

67. **건축법령상 건축절차에 관한 설명으로 옳은 것은?**

① 관광휴게시설에 해당하는 건축물이 주거환경이나 교육환경에 부적합하다고 인정되는 경우 건축위원회의 심의를 거쳐 건축허가를 하지 아니할 수 있다.

② 시장 · 군수는 주거환경을 보호하기 위하여 도지사가 지정 · 공고한 구역에 건축하는 위락시설을 허가하는 경우에는 도지사의 승인을 받아야 한다.

③ 「산업집적활성화 및 공장설립에 관한 법률」에 따라 공장의 신설 · 증설 또는 업종변경의 승인을 받은 공장은 건축허가를 받고 2년 이내에 공사에 착수하지 아니한 경우에는 그 허가를 취소하여야 한다.

④ 분양을 목적으로 하는 공동주택의 대지에 관한 소유권을 확보하지 못하였으나 그 대지를 사용할 수 있는 권원을 확보한 경우에는 소유권 확보 없이 건축허가를 신청할 수 있다.

⑤ 연면적이 2천제곱미터 이상인 건축물은 건축공사비의 1퍼센트의 범위에서 공사현장이 방치되는 것에 대비하여 미리 미관 개선과 안전관리에 필요한 예치금을 예치하게 할 수 있다.

68. **건축법령상 "대지"에 관한 설명으로 틀린 것은?**

① 「공간정보의 구축 및 관리 등에 관한 법률」에 따라 각 필지로 나눈 토지를 말한다.

② 건축물의 대지는 자동차만의 통행에 사용되는 도로를 제외한 도로에 2미터 이상이 접하여야 한다.

③ 연면적의 합계가 2천 제곱미터(공장인 경우에는 3천 제곱미터) 이상인 건축물의 대지는 너비 6미터 이상의 도로에 4미터 이상 접하여야 한다.

④ 준주거지역에서 면적 660㎡인 대지에 허가를 받아 가설건축물을 건축하는 경우 그 건축주는 조경 등의 조치를 하여야 한다.

⑤ 대지(650㎡)가 근린상업지역(500㎡)과 제1종 일반주거지역(150㎡)에 걸치는 경우에는 그 건축물과 대지의 전부에 대하여 근린상업지역의 건축물 및 대지 등에 관한 이 법의 규정을 적용한다.

69. **건축법령상 건축선 지정 등에 관한 설명으로 옳은 것은?**

① 너비 6m 이상이거나 3m 미만의 도로에 접한 대지는 도로의 모퉁이의 건축선 지정의 규정을 적용하지 않는다.

② 도로의 교차각이 100° 이상인 경우 도로의 모퉁이의 건축선 지정의 규정을 적용하지 않는다.

③ 특별자치시장·특별자치도지사 또는 시장·군수·구청장은 건축물의 위치나 환경정비를 위해 필요한 경우 도시지역에서는 2미터 이하의 범위에서 건축선을 따로 지정할 수 있다.

④ 위 ③의 건축선과 도로경계선 사이의 면적은 대지면적에서 제외된다.

⑤ 건축물과 담장의 지표(地表) 아래 부분은 건축선의 수직면을 넘는 구조로 할 수 있다.

70. **건축법령상 건축물의 내진능력 공개대상에 해당하는 것은 모두 고른 것은?**

㉠ 층수가 2층 이상인 건축물 ㉡ 층수가 3층 이상인 목구조건축물 ㉢ 연면적이 200제곱미터 이상인 건축물 ㉣ 연면적이 500제곱미터 이상인 목구조 건축물

① ㉠
② ㉠, ㉡
③ ㉠, ㉢
④ ㉠, ㉡, ㉢
⑤ ㉠, ㉡, ㉢, ㉣

71. **건축법령상 일조 등의 확보를 위한 건축물의 높이제한에 관한설명으로 틀린 것은?**

① 일반주거지역 안에서 건축하는 건축물은 일조 등의 확보를 위한 높이제한을 받는다.

② 위 ①의 용도지역에서 건축하는 건축물의 높이가 9미터 이하인 부분은 정북 방향의 인접 대지경계선으로부터 해당 건축물 각 부분 높이의 2분의 1 이상을 띄워 건축하여야 한다.

③ 지구단위계획구역 안의 대지 상호간에 건축하는 건축물로서 해당 대지가 너비 20미터 이상의 도로에 접한 경우에는 위 ①을 적용받지 아니한다.

④ 하나의 대지에 두 동(棟) 이상을 건축하는 공동주택(기숙사 제외) 각 부분의 높이는 그 부분으로부터 채광을 위한 창문 등이 있는 벽면에서 직각 방향으로 인접 대지경계선까지의 수평거리의 2배 이하로 하여야 한다.

⑤ 위 ④의 경우 일반상업지역과 중심상업지역에 건축하는 것은 제외 한다

72. **주택법령상 주택의 종류 및 정의에 관한 설명이 옳은 것은?**

① 세대구분형 공동주택 : 공동주택의 주택 내부 공간의 일부를 세대별로 구분하여 생활이 가능한 구조로 하되, 그 구분된 공간의 일부를 각 구분소유 할 수 있는 주택으로서 대통령령으로 정하는 기준 등에 적합한 주택

② 준주택 : 주택 외의 건축물과 그 부속토지로서 주거시설로 이용 가능한 시설 등을 말하며 기숙사, 다중생활시설, 노인복지주택, 관광숙박시설이 해당한다.

③ 국민주택 : 국가·지방자치단체의 재정 또는 주택도시기금의 자금을 지원받아 건설되거나 개량되는 주택

④ 민영주택 : 공공사업주체 외의 자가 건설한 주택

⑤ 토지임대부 분양주택 : 토지의 소유권은 주택을 분양받은 자가 가지고, 건축물 및 복리시설 등에 대한 소유권은 건설사업을 시행하는 자가 가지는 주택

73. 주택법령상 주택조합업무의 대행 등에 관한 설명으로 틀린 것은?

① 주택조합(리모델링주택조합은 제외) 및 조합의 발기인은 조합원 모집, 토지 확보, 조합설립인가 신청 등 조합설립을 위한 업무의 대행 등 일정한 업무를 공동사업주체인 등록사업자에게 대행하게 할 수 있다.

② 대행시킬 수 있는 업무 중 계약금 등 자금의 보관 업무는 신탁업자에게 대행하도록 하여야 한다.

③ 업무대행자는 사업연도별로 1년 마다 해당 업무의 실적보고서를 작성하여 주택조합 또는 주택조합의 발기인에게 제출하여야 한다.

④ 주택조합의 업무를 대행하는 자는 자신의 귀책사유로 주택조합 또는 조합원에게 손해를 입힌 경우에는 그 손해를 배상할 책임이 있다.

⑤ 국토교통부장관은 주택조합의 원활한 사업추진 및 조합원의 권리 보호를 위하여 공정거래위원회 위원장과 협의를 거쳐 표준업무대행계약서를 작성 · 보급할 수 있다.

74. 주택법령상 국토교통부장관의 사업계획승인을 받아야 하는 대상에 해당하지 않는 것은?

① 국가가 주택건설사업을 시행하려는 경우

② 지방자치단체 또는 지방공사가 주택건설사업을 시행하려는 경우

③ 한국토지주택공사가 주택건설사업을 시행하려는 경우

④ 330만m^2 이상의 규모로 「도시개발법」에 의한 도시개발사업을 추진하는 지역 중 국토교통부장관이 지정·고시하는 지역에서 주택건설사업을 시행하는 경우

⑤ 국가 등 공공사업주체가 총 지분의 100분의 50을 초과하여 출자한 부동산투자회사가 주택건설사업을 시행하는 경우

75. 주택법령상 사용검사권자의 임시사용승인을 받을 수 있는 시기와 공동주택의 임시사용승인에 관한 설명이다. (   ) 안에 들어갈 내용을 ㉠,㉡, ㉢의 순서대로 옳은 것은?

○ 주택건설사업의 경우: (㉠)가 완료된 때
○ 대지조성사업의 경우: (㉡)가 완료된 때
○ 사용검사권자는 임시사용승인의 대상이 공동주택인 경우에는 (㉢)로 임시사용승인을 할 수 있다.

① 동별로 공사 - 구획별로 공사 - 세대별

② 동별로 공사 - 구획별로 공사 - 동별

③ 세대별로 공사 - 대지전체의 공사 - 세대별

④ 세대별로 공사 - 대지전체의 공사 - 세대별

⑤ 단지별로 공사 - 대지전체의 공사 - 동별

76. 주택법령상 주택상환사채에 관한 설명으로 옳은 것은?

① 국토교통부장관에게 주택건설사업자로 등록한 등록사업자만이 발행할 수 있다.

② 등록사업자는 금융기관 또는 주택도시보증공사의 보증을 받아야 주택상환사채를 발행할 수 있다.

③ 발행하려는 자는 주택상환사채발행계획을 수립하여 기획재정부장관의 승인을 받아야 한다.

④ 사채권자의 명의변경은 취득자의 성명과 주소를 채권에 기록하는 방법으로 하며, 취득자의 성명을 채권에 기록하지 아니하면 사채발행자 및 제3자에게 대항할 수 없다.

⑤ 주택상환사채를 발행한 등록사업자의 등록이 말소된 경우에는 그가 발행한 주택상환사채의 효력은 실효된다.

77. 주택법령상 투기과열지구에서 전매제한에 관한 설명으로 옳은 것은?

① 투기과열지구에서 건설 · 공급되는 주택은 전매제한을 받으나, 그 입주자로 선정된 지위는 전매제한의 대상에 해당하지 아니한다.

② 전매제한의 기간은 해당 주택의 입주자로 선정된 날부터 소유권이전등기일까지의 기간으로 한다.

③ 위 ②의 경우 그 기간이 3년을 초과하는 경우 전매제한기간은 3년으로 한다.

④ 전매제한기간은 지역별로 달리 정할 수 없다.

⑤ 상속에 따라 취득한 주택으로 세대주가 이전하는 경우에는 전매제한을 받지 않는다.

78. **주택법령상 공동주택의 리모델링 허가 등에 관한 설명으로 틀린 것은?**

① 공동주택의 입주자·사용자 또는 관리주체가 공동주택을 리모델링하려고 하는 경우에는 시장·군수·구청장의 허가를 받아야 한다.

② 리모델링주택조합이나 소유자 전원의 동의를 받은 입주자대표회의가 시장·군수·구청장의 허가를 받아 리모델링을 할 수 있다.

③ 위 ①의 경우에 입주자·사용자 또는 관리주체의 경우에는 공사기간, 공사방법 등이 적혀 있는 동의서에 입주자 전체의 동의를 받아야 한다.

④ 위 ②의 경우에 리모델링주택조합의 경우 결의서에 주택단지 전체를 리모델링하는 경우에는 주택단지 전체 구분소유자 및 의결권의 각 75% 이상의 동의와 각 동별 구분소유자 및 의결권의 각 50% 이상의 동의를 받아야 하며, 동을 리모델링하는 경우에는 그 동의 구분소유자 및 의결권의 각 75% 이상의 동의를 받아야 한다.

⑤ 공동주택의 리모델링은 주택단지별 또는 동별로 하고, 복리시설의 분양을 목적으로 할 수 있다.

79. **농지법령상 이행강제금의 부과 등에 관한 설명으로 옳은 것은?**

① 감정평가법인등이 감정평가한 감정가격 또는 개별공시지가 중 더 높은 가액의 100분의 20에 해당하는 이행강제금을 부과한다.

② 최초로 처분명령을 한 날을 기준으로 하여 그 처분명령이 이행될 때까지 이행강제금을 1년 2회 이내에서 부과 · 징수할 수 있다.

③ 농지처분명령을 받은 자가 처분명령을 이행하면 새로운 이행강제금의 부과는 즉시 중지하되, 이미 부과된 이행강제금은 철회하여야 한다.

④ 이행강제금 부과처분에 불복하는 자는 그 처분을 고지 받은 날부터 20일 이내에 시장 · 군수 또는 구청장에게 이의를 제기할 수 있다.

⑤ 이행강제금을 납부기한까지 내지 아니하면 「지방행정제재 · 부과금의 징수 등에 관한 법률」에 따라 징수한다.

80. **농지법령상 농지위원회에 관한 설명으로 틀린 것은?**

① 농지의 취득 및 이용의 효율적인 관리를 위해 시 · 군 · 구에 각각 농지위원회를 둔다.

② 농지위원회는 위원장 1명을 포함한 10명 이상 20명 이하의 위원으로 구성하며 위원장은 위원 중에서 호선한다.

③ 농지위원회의 효율적 운영을 위하여 필요한 경우에는 각 10명 이내의 위원으로 구성되는 분과위원회를 둘 수 있다.

④ 분과위원회의 심의는 농지위원회의 심의로 본다.

⑤ 농지취득자격증명의 심사에 관한 사항 등의 업무를 수행한다.

MEMO

2023년도 제34회 공인중개사 2차 국가자격시험

실전모의고사 제7회

교 시	문제형별	시 간	시험과목
2교시	**A**	**50분**	1 부동산공시에 관한 법령 및 부동산 관련 세법

수험번호		성 명	

【 수험자 유의 사항 】

1. **시험문제지 표지와** 시험문제지 내 **문제형별의 동일여부** 및 시험 문제지의 **총면수 · 문제번호 일련순서 · 인쇄상태** 등을 확인하시고, 문제지 표지에 수험번호와 성명을 기재하시기 바랍니다.
2. 답은 각 문제마다 요구하는 **가장 적합하거나 가까운 답 1개**만 선택하고, 답안카드 작성시 시험문제지 **형별누락, 마킹착오**로 인한 불이익은 전적으로 수험자에게 책임이 있음을 알려드립니다.
3. 답안카드는 국가전문자격 공통 표준형으로 문제번호가 1번부터 125번까지 인쇄되어 있습니다. 답안마킹시에는 반드시 **시험문제지의 문제번호와 동일한 번호에 마킹**하여야 합니다. (2차 2교시: 1번~40번)
4. **감독관의 지시에 불응시 불이익이 발생될 수 있으며, 시험시간 종료 후 답안카드를 제출하지 않을 경우** 시험무효처리 됨을 알려드립니다.
5. 이의제기에 관한 개별회신은 하지 않으며, **최종 정답 발표로 갈음**합니다.
6. 시험 중 **중간 퇴실은 불가**합니다. 단, 부득이하게 퇴실할 경우 **시험포기 각서 제출 후 퇴실은 가능**하나 **재입실이 불가**하며, **해당시험은 무효처리됩니다.**
7. 시험문제지는 시험 종료 후 가져가시기 바랍니다.

인강드림 공인중개사

제1과목: 부동산공시에 관한 법령 및 부동산 관련 세법

1. 공간정보의 구축 및 관리 등에 관한 법령상 토지의 등록 등에 관한 설명으로 옳은 것은?

① 지번은 본번과 부번으로 구성하되, 본번과 부번 사이에 "-" 표시로 연결하며 "-" 표시는 "의"라고 읽는다.

② 지적소관청은 토지의 이용현황을 직권으로 조사 · 측량하여 토지의 지번 · 지목 · 면적 · 경계 또는 좌표를 결정하려는 때에는 토지이용계획을 수립하여야 한다.

③ 토지소유자가 지번을 변경하려면 지번변경 사유와 지번변경 대상토지의 지번 · 지목 · 면적에 대한 상세한 내용을 기재하여 지적소관청에 신청하여야 한다.

④ 지적소관청은 토지가 일시적 또는 임시적인 용도로 사용되는 경우로서 토지소유자의 신청이 있는 경우에는 지목을 변경할 수 있다.

⑤ 지적도의 축척이 600분의 1인 지역과 경계점좌표등록부에 등록하는 지역의 1필지 면적이 1제곱미터 미만일 때에는 1제곱미터로 한다.

2. 공간정보의 구축 및 관리 등에 관한 법령상 지목의 구분 기준에 관한 설명으로 옳은 것은?

① 물건 등을 보관 또는 저장하기 위하여 독립적으로 설치된 보관시설물의 부지와 이에 접속된 부속시설물의 부지는 "창고용지"로 한다.

② 천일제염 방식으로 하지 아니하고 동력으로 바닷물을 끌어들여 소금을 제조하는 공장시설물의 부지는 '염전' 으로 한다.

③ 자동차 등의 판매 목적으로 설치된 물류장 및 야외전시장은 '주차장' 으로 한다.

④ 자동차·선박·기차 등의 제작 또는 정비공장 안에 설치된 급유·송유시설의 부지는 '주유소용지' 로 한다.

⑤ 학교용지·공원·종교용지 등 다른 지목으로 된 토지에 있는 유적·고적·기념물을 보호하기 위하여 구획된 토지는 '사적지' 로 한다.

3. 공간정보의 구축 및 관리 등에 관한 법령상 지목의 구분으로 <u>틀린</u> 것은?

① 석유 · 석유제품, 액화석유가스, 전기 또는 수소 등의 판매를 위하여 일정한 설비를 갖춘 시설물의 부지는 '주유소용지' 로 한다.

② 육상에 인공으로 조성된 수산생물의 번식 또는 양식을 위한 시설을 갖춘 부지와 이에 접속된 부속시설물의 부지는 '양어장' 으로 한다.

③ 체육시설로서의 영속성과 독립성이 미흡한 정구장 · 골프연습장 · 실내수영장 및 체육도장과 유수(流水)를 이용한 요트장 및 카누장 등의 토지는 '체육용지' 로 한다.

④ 수영장 · 유선장(遊船場) · 낚시터 · 어린이놀이터 · 동물원 · 식물원 · 민속촌 · 경마장 · 야영장 등의 토지와 이에 접속된 부속시설물의 부지는 '유원지' 로 한다.

⑤. 공항시설 및 항만시설 부지 및 여객자동차터미널, 자동차운전학원 및 폐차장 등 자동차와 관련된 독립적인 시설물을 갖춘 부지는 '잡종지' 로 한다.

4. 공간정보의 구축 및 관리 등에 관한 법령상 지상경계점등록부의 등록사항으로 <u>틀린</u> 것은?

① 공부상지목과 실제토지이용지목

② 경계점표지의 설치일자

③ 경계점의 사진파일

④ 경계점 위치 설명도

⑤ 경계점 표지의 종류 및 경계점의 위치

5. 공간정보의 구축 및 관리 등에 관한 법령상 지적공부에 등록하는 1필지의 면적에 관한 설명으로 <u>틀린</u> 것은?

① 토지합병을 하는 경우의 면적결정은 합병전의 각 필지의 면적을 합하여 그 필지의 면적으로 한다.

② 경계점좌표등록부에 등록하는 지역의 토지의 면적은 제곱미터 이하 한자리 단위로 정한다.

③ 임야도 시행지역에서는 1필지의 면적이 0.1제곱미터 미만인 경우 0.1제곱미터로 임야대장에 등록한다.

④ 경위의 측량방법으로 세부측량을 한 지역의 필지별 면적측정은 경계점좌표에 따라야 한다.

⑤ 등록전환을 하는 경우, 임야대장의 면적과 등록전환될 면적의 차이가 허용범위를 초과하는 경우에는 임야대장의 면적과 임야도의 경계는 지적소관청이 직권으로 정정하여야 한다.

6. **공간정보의 구축 및 관리 등에 관한 법령상 지적공부의 관리 등에 관한 설명으로 <u>틀린</u> 것은?**

① 지적공부를 정보처리시스템을 통하여 기록 · 저장한 경우 관할 시 · 도지사, 시장 · 군수 또는 구청장은 그 지적공부를 지적정보관리체계에 영구히 보존하여야 한다.

② 지적소관청은 해당 청사에 지적서고를 설치하고 그 곳에 지적공부(정보처리시스템을 통하여 기록 · 저장한 경우는 제외한다)를 영구히 보존하여야 한다.

③ 국토교통부장관은 지적공부를 과세나 부동산정책자료 등으로 활용하기 위하여 주민등록전산자료, 가족관계등록전산자료, 부동산등기전산자료 또는 공시지가전산자료 등을 관리하는 기관에 그 자료를 요청할 수 있다.

④ 토지소유자가 자기 토지에 대한 지적전산자료를 신청하거나, 토지소유자가 사망하여 그 상속인이 피상속인의 토지에 대한 지적전산자료를 신청하는 경우 또는 개인정보를 제외한 지적전산자료를 이용하고자 하는 경우에는 심사를 받지 아니할 수 있다.

⑤ 지적전산자료를 이용 또는 활용하고자 하는 자는 먼저 관할 시 · 도지사의 심사를 거친 후 국토교통부장관 등에게 제공을 신청하여야 한다.

7. **공간정보의 구축 및 관리 등에 관한 법령상 경계점좌표등록부를 갖춰 두는 지역의 지적공부 및 토지의 등록 등에 관한 설명으로 <u>틀린</u> 것은?**

① 지적도에는 해당 도면의 제명 끝에 "(좌표)" 라고 표시하여야 한다.

② 지적도에는 도곽선의 오른쪽 아래 끝에 "이 도면에 의해 측량을 할 수 없음" 이라고 적어야 한다.

③ 토지 면적은 제곱미터 이하 한 자리 단위로 결정하여야 한다.

④ 경계점좌표등록부를 갖춰 두는 지역의 경계결정과 경계복원은 지적도에 의한다.

⑤ 경계점좌표등록부를 갖춰두는 토지는 지적확정측량 또는 축척변경을 위한 측량을 실시하여 경계점을 좌표로 등록하는 지역의 토지로 한다.

8. **임야대장등록지의 토지를 토지대장등록지의 토지로 옮겨 등록하는 등록전환에 관련된 설명으로 <u>틀린</u> 것은?**

① 「산지관리법」 에 따른 산지전용허가 · 신고, 산지일시사용허가 · 신고, 「건축법」 에 따른 건축허가 · 신고 또는 그 밖의 관계 법령에 따른 개발행위 허가 등을 받은 경우에는 등록전환을 신청 할 수 있다.

② 대부분의 토지가 등록전환되어 나머지 토지를 임야도에 계속 존치하는 것이 불합리 한 경우 등록전환 신청대상이 된다.

③ 등록전환 대상 토지가 최종지번 토지와 인접한 경우 최종본번 다음번호부터 순차적으로 본번만으로 부여할 수 있다.

④ 임야대장의 면적과 등록전환될 면적의 차이가 법령에 규정된 허용범위 이내인 경우에는 임야대장의 면적을 등록전환 면적으로 결정하여야 한다.

⑤ 토지소유자는 등록전환할 사유가 발생한 날부터 60일 이내에 지적소관청에 신청하여야 하며, 등록전환 대상 토지는 기등록된 인접 토지와 동일한 축척으로 등록한다.

9. **다음은 「공간정보의 구축 및 관리 등에 관한 법률」 상 합병 신청을 할 수 있는 것은?**

① 합병하려는 토지의 연접하여 있지 않은 경우

② 합병하려는 토지에 등기원인과 연월일과 접수번호가 같은 가압류설정등기가 설정된 경우

③ 합병하려는 각 필지에 부동산등기법 제81조 제1항의 내용이 동일한 신탁등기 신탁등기가 존재할 경우

④ 합병하려는 토지에 등기원인 및 등기연월일은 같으나 접수번호가 다른 저당권설정 등기가 존재하는 경우

⑤ 합병하려는 토지에 압류, 가압류, 가처분 등 처분제한등기가 존재할 경우

10. **공간정보의 구축 및 관리 등에 관한 법령상 지적측량에 관한 설명으로 옳은 것을 모두 고른 것은?**

ㄱ. 지적기준점측량의 절차는 계획의 수립, 준비 및 현지답사, 선점 및 조표, 관측 및 계산과 성과표의 작성 순서에 따른다.
ㄴ. 지적측량수행자가 지적측량 의뢰를 받은 때에는 지적측량 수행계획서를 그 다음 날까지 지적소관청에 제출하여야 한다.
ㄷ. 검사측량 및 지적재조사측량을 제외한 지적측량을 의뢰하고자 하는 자는 지적측량의뢰서에 의뢰사유를 증명하는 서류를 첨부하여 지적측량수행자에게 제출하여야 한다.
ㄹ. 지적기준점을 설치하지 아니하고, 지적측량의뢰인과 지적측량수행자가 서로 합의하여 따로 기간을 정하는 경우를 제외한 지적측량의 측량기간은 5일, 측량검사기간은 4일로 한다.
ㅁ. 지상경계의 구획을 형성하는 구조물 등의 소유자가 다른 경우에는 그 소유권에 따라 지상경계를 결정한다.

① ㄱ, ㄴ, ㄷ, ㄹ, ㅁ
② ㄱ, ㄴ, ㄷ, ㅁ
③ ㄱ, ㄴ, ㄹ
④ ㄱ, ㄹ, ㅁ
⑤ ㄴ, ㄷ

11. **공간정보의 구축 및 관리 등에 관한 법령상 축척변경에 관한 설명으로 옳은 것은?**

① 축척변경위원회는 5명 이상 10명 이하의 위원으로 구성하되, 위원의 2/3 이상을 토지소유자로 하여야 한다.
② 지적소관청은 청산금의 결정을 공고한 날부터 30일 이내에 토지소유자에게 청산금의 납부고지 또는 수령통지를 하여야 한다.
③ 지적소관청은 축척변경의 확정공고를 하였을 때에는 지체 없이 축척변경에 따라 확정된 사항을 지적공부에 등록하여야 한다.
④ 지적소관청은 시·도지사 또는 대도시 시장으로부터 축척변경 승인을 받았을 때에는 지체 없이 축척변경의 목적·시행지역 및 시행기간 등을 15일 이상 공고하여야 한다.
⑤ 지적소관청은 축척변경을 하려면 축척변경위원회의 의결을 거치기 전에 축척변경시행지역의 토지소유자 1/3 이상의 동의를 받아야 한다.

12. **공간정보의 구축 및 관리 등에 관한 법령상 지적공부의 토지소유자 정리에 관한 설명으로 <u>틀린</u> 것은?**

① 등록된 토지소유자의 변경사항은 등기관서에서 등기한 것을 증명하는 등기완료통지서, 등기필증, 등기사항증명서 또는 등기관서에서 제공한 등기전산정보자료에 따라 정리한다.
② 「공유수면 관리 및 매립에 관한 법률」에 따라 매립준공인가된 토지를 신규등록하는 경우 토지의 소유자는 지적소관청이 직접 조사하여 등록한다.
③ 지적소관청이 관할 등기관서의 등기완료통지 및 등기전산정보자료를 받은 경우 등기부에 적혀 있는 토지의 표시가 지적공부와 일치하지 아니하면 이를 정리할 수 없다.
④ 불부합의 통지를 받은 등기관은 토지소유자가 1개월 이내에 그 변경등기를 신청하지 아니할 경우 불부합통지에 따른 변경등기를 직권으로 실행하여야 한다.
⑤ 지적소관청은 필요하다고 인정하는 경우에는 관할 등기관서의 등기부를 열람하여 지적공부와 부동산등기부가 일치하는지 여부를 조사·확인하여야 하며, 일치하지 아니하는 사항을 발견하면 가족관계기록사항에 관한 증명서에 따라 정정하여야 한다.

13. **등기의 효력에 관한 설명 중 <u>틀린</u> 것은?** (다툼이 있으면 판례에 의함)

① 등기는 물권의 효력발생요건이지 존속요건이 아니므로 등기가 원인 없이 말소되었다 하더라도 물권은 소멸하지 않는다.
② 등기가 형식적으로 존재하는 사실 자체로 그 등기에 표시된 실체적 권리관계가 존재하는 것으로 추정된다.
③ 말소회복등기는 말소된 종전등기와 동일한 효력을 가진다.
④ 등기절차나 과정에 하자가 있으나 그 등기가 실체적 권리관계에 부합하는 한 유효한 등기로 본다.
⑤ 대지권에 관한 등기로 효력이 있는 등기와 대지권의 목적인 토지등기기록에 한 등기의 순위는 순위번호에 의한다.

14. **단독으로 신청할 수 있는 등기를 모두 고른 것은?** (단, 판결에 의한 신청은 제외)

> ㄱ. 가등기명의인의 승낙을 받은 가등기의무자가 가등기를 말소할 때
> ㄴ. 신탁재산에 속하는 신탁등기의 신청
> ㄷ. 법인합병을 원인으로 한 저당권이전등기
> ㄹ. 특정유증으로 인한 소유권이전등기
> ㅁ. 공매처분에 따라 매수인 명의의 소유권이전등기

① ㄱ, ㄴ, ㄷ　② ㄱ, ㄹ
③ ㄴ, ㄹ　④ ㄱ, ㄷ, ㅁ
⑤ ㄷ, ㄹ, ㅁ

15. **등기신청에 관한 설명으로 틀린 것은?**

① 이행판결에 의한 등기는 승소한 등기권리자는 등기를 신청할 수 있으나 패소한 등기의무자는 등기를 단독으로 신청할 수 없다.
② 법인 아닌 사단이 등기권리자로서 등기신청을 하는 경우, 그 대표자의 성명, 주소 및 주민등록번호를 증명하는 정보를 첨부정보로 제공하여야 한다.
③ 외국인은 「출입국관리법」에 따라 외국인등록을 한 경우에는 전산정보처리조직에 의한 사용자등록을 할 수 있으므로 전자신청을 할 수 있다.
④ 신탁재산에 속하는 부동산의 신탁등기는 수탁자가 단독으로 신청한다.
⑤ 전자표준양식에 의한 등기신청의 경우, 자격자대리인(법무사 등)이 아닌 자는 타인을 대리하여 등기를 신청할 수 없다.

16. **등기필정보에 관한 설명으로 틀린 것은?**

① 등기관이 새로운 권리에 관한 등기를 마친 경우, 원칙적으로 등기필정보를 작성하여 등기권리자에게 통지해야 한다.
② 승소한 등기의무자가 단독으로 등기신청을 한 경우, 등기필정보를 등기권리자에게 통지하지 않아도 된다.
③ 채권자가 채무자를 대위하여 등기를 신청한 경우 등기를 마친 등기관은 대위채권자에게 등기필 정보를 통지하여야 한다.
④ 승소한 등기의무자가 단독으로 권리에 관한 등기를 신청하는 경우, 그의 등기필정보를 등기소에 제공해야 한다.
⑤ 등기관이 법원의 촉탁에 따라 가압류등기를 하기 위해 직권으로 소유권보존등기물 한 경우, 소유자에게 등기필정보를 통지하지 않는다.

17. **미등기 토지의 소유권보존등기에 관한 설명으로 옳은 것은?** (다툼이 있으면 판례에 의함)

① 자치구 구청장의 확인에 의하여 자기의 토지소유권을 증명하는 자는 소유권보존등기를 신청할 수 있다.
② 미등기 토지에 가처분등기를 하기 위하여 등기관이 직권으로 소유권보존등기를 한 경우, 법원의 가처분등기 말소촉탁이 있으면 직권으로 소유권보존등기를 말소한다.
③ 토지대장에 최초의 소유자로 등록되어 있는 자로부터 그 토지를 특정유증받은 자는 자기 명의로 소유권보존등기를 신청할 수 없다.
④ 확정판결에 의하여 자기의 소유권을 증명하여 소유권보존등기를 신청하는 자는 신청정보의 내용으로 등기원인과 그 연월일을 제공하여야 한다.
⑤ 수용으로 인하여 소유권을 취득하였음을 증명하는 자는 자기명의로 소유권보존등기를 신청할 수 없다.

18. **토지수용으로 인한 소유권이전등기를 하는 경우, 그 토지에 있던 다음의 등기 중 등기관이 직권으로 말소할 수 없는 것을 고른 것은?**

> ㄱ. 수용개시일 전의 상속을 원인으로 한 소유권이전등기
> ㄴ. 수용개시일 후 매매계약을 원인으로 한 소유권이전등기
> ㄷ. 수용개시일 후 근저당권설정계약을 원인으로 한 근저당권설정등기
> ㄹ. 수용개시일 후 전세권설정계약을 원인으로 전세권설정등기
> ㅁ. 수용되는 부동산을 위하여 존재하는 지역권설정등기

① ㄱ, ㄴ, ㄷ　② ㄹ, ㅁ
③ ㄱ, ㄴ, ㅁ　④ ㄷ, ㅁ
⑤ ㄱ, ㅁ

19. 공동소유에 관한 등기에 대한 설명으로 틀린 것은?

① 갑구 순위번호 2번에 기록된 A의 공유지분 4분의 3 중 절반을 B에게 이전하는 경우, 등기목적란에 "2번 A 지분 4분의 3 중 일부(8분의 3)이전" 으로 기록한다.

② 농지에 대하여 공유물분할을 원인으로 하는 소유권 이전등기를 신청하는 경우, 농지취득자격증명을 첨부하지 않아도 된다.

③ 미등기 부동산의 공유자 중 1인은 자기 지분만에 대하여 소유권보존등기를 신청할 수 없다.

④ 합유자가 다른 합유자의 동의를 얻어 합유지분을 처분하는 경우 합유지분의이전등기를 신청하여야 한다.

⑤ 법인 아닌 사단 A명의의 부동산에 관해 A와 B의 매매를 원인으로 이전등기를 신청하는 경우, 특별한 사정이 없는 한 A의 사원총회 결의가 있음을 증명하는 정보를 제출하여야 한다.

20. 공동소유에 관한 등기에 대한 설명으로 옳은 것은? (다툼이 있으면 관례에 따름)

① 미등기 부동산의 공유자 중 1인은 전체 부동산에 대한 소유권보존등기를 신청할 수 없다

② 공유자 중 1인의 지분포기로 인한 소유권이전등기는 지분을 포기한 공유자가 단독으로 신청한다.

③ 등기된 공유물 분할금지기간 약정을 갱신하는 경우, 공유자 중 1인이 단독으로 변경을 신청할 수 있다.

④ 건물의 특정부분이 아닌 공유지분에 대한 전세권설정등기를 할 수 있다.

⑤ 토지의 합유자 甲과 乙 중 乙이 사망한 경우, 특약이 없는 한 甲이 그 토지를 제3자에게 매도하여 이전등기하기 위해서는 먼저 甲의 단독소유로 하는 합유명의인 변경등기를 신청해야 한다.

21. 저당권등기에 관한 설명으로 옳은 것은?

① 피담보채권과 이자는 저당권설정등기의 필요적 기록사항이다.

② 동일한 채권에 관해 2개 부동산에 저당권설정등기를 할 때는 공동담보목록을 작성해야 한다.

③ 채권의 일부에 대하여 양도로 인한 저당권 일부이전등기를 할 때 양도액을 기록해야 한다.

④ 일정한 금액을 목적으로 하지 않는 채권을 담보하는 저당권설정의 등기는 채권평가액을 기록할 필요가 없다.

⑤ 공동저당 부동산 중 일부의 매각대금을 먼저 배당하여 경매부동산의 후순위 저당권자가 대위등기를 할 때, 매각대금을 기록하는 것이 아니라 선순위 저당권자가 변제받은 금액을 기록해야 한다.

22. 다음 중 부기등기로 할 수 없는 것은?

① 환매특약등기

② 지상권의 이전등기

③ 등기명의인표시의 변경등기

④ 저당권의 이전등기

⑤ 피담보채권 소멸에 따른 저당권말소등기

23. 가등기에 기한 본등기에 관한 설명으로 틀린 것은?

① 하나의 가등기에 관하여 여러 사람의 가등기권리자가 있는 경우에 그 중 일부의 가등기권리자가 자기의 가등기 지분에 관하여 본등기를 신청할 수 있다.

② 지상권의 설정등기청구권보전 가등기에 의하여 지상권설정의 본등기를 한 경우, 가등기 후 본등기 전에 마쳐진 저당권설정등기는 등기관이 직권으로 말소한다.

③ 가등기에 기한 본등기 신청은 가등기된 권리 중 일부지분에 대하여도 할 수 있다.

④ 가등기를 마친 후에 가등기의무자가 사망한 경우, 가등기의무자의 상속인은 상속등기를 하지 않고 가등기권리자와 공동으로 본등기를 신청할 수 있다.

⑤ 가등기에 기한 본등기는 공동신청이 원칙이나, 등기의무자의 협력이 없는 경우에는 의사진술을 명하는 판결을 받아 등기권리자가 단독으로 신청할 수 있다.

24. 등기신청에 관한 설명으로 틀린 것은? (다툼이 있으면 판례에 의함)

① 처분금지가처분등기가 된 후, 가처분채무자를 등기의무자로 하여 소유권이전등기를 신청하는 경우 가처분 등기 후에 마쳐진 등기는 등기관이 직권으로 말소한다.

② 가처분채권자가 가처분등기 후의 등기말소를 신청할 때에는 "가처분에 의한 실효" 를 등기원인으로 하여야 한다.

③ 가처분채권자의 말소신청에 따라 가처분등기 후의 등기를 말소하는 등기관은 그 가처분등기도 직권말소 하여야 한다.

④ 등기원인을 경정하는 등기는 단독신청에 의한 등기의 경우에는 단독으로, 공동신청에 의한 등기의 경우에는 공동으로 신청하여야 한다.

⑤ 체납처분으로 인한 상속부동산의 압류등기를 촉탁하는 관공서는 상속인의 승낙이 없더라도 권리이전의 등기를 함께 촉탁할 수 있다.

25. 부동산관련 세목의 법정신고기한 또는 납기에 관한 설명으로 틀린 것은?

① 납세자가 국내에 주소를 둔 경우 부동산의 상속으로 인한 취득세의 법정신고기한은 상속개시일부터 9월 이내이다.

② 해당 연도에 부과할 주택분 재산세액이 20만원 이하인 경우, 조례로 정하는 바에 따라 납기를 7월 16일부터 7월 31일까지로 하여 한꺼번에 부과 · 징수할 수 있다.

③ 등록에 대한 등록면허세의 법정신고기한은 등기 또는 등록을 하기 전까지이다.

④ 건물에 대한 양도소득세의 과세표준 확정신고기한은 양도소득이 있는 연도의 다음 연도 5월 31일이다.

⑤ 종합부동산세의 법정신고기한은 납세의무자가 신고납부방식을 선택하는 경우 해당 연도 12월 15일이다.

26. 국세 및 지방세의 납세의무 성립시기에 관한 내용으로 틀린 것은? (단, 특별징수 및 수시부과와 무관함)

① 사업소분 주민세: 매년 7월 1일

② 거주자의 양도소득에 대한 지방소득세: 매년 12월 31일

③ 재산세에 부가되는 지방교육세: 매년 7월 1일

④ 중간예납 하는 소득세: 매년 6월 30일

⑤ 제55조 제1항 제1호에 따른 납부지연가산세: 법정납부기한이 경과 후 1일마다 그 날이 경과한 때

27. 다음 중 소득세법에 따라 양도소득세가 과세되는 경우는?

① 거주자 A는 이혼위자료로 배우자에게 본인 명의의 비상장주식을 이전하였다.

② 거주자 E는 자녀에게 본인 소유의 토지를 무상으로 이전하였다.

③ 거주자 C는 골프회원권을 채권자에게 양도담보로 제공하였다.

④ 거주자 B(사업자)는 사업용으로 사용하던 기계장치를 처분하였다.

⑤ 거주자 D는 건설업을 영위하고 있으며, 주택을 신축하여 판매하였다.

28. 소득세법상 실거래가액방식에 의한 양도차익의 산정에 있어서 취득가액에 대한 설명 중 틀린 것은?

① 소득세법상의 부당행위계산에 의한 시가초과액은 취득가액에 포함되지 않는다.

② 취득에 관한 쟁송이 있는 자산에 대하여 그 소유권확보를 위하여 직접 소요된 소송비용(다만 지출한 연도의 각 소득금액 계산상 필요경비에 산입된 것은 제외)도 취득가액에 포함된다.

③ 당사자 약정에 의한 대금지급방법에 따라 취득원가에 이자상당액을 가산하여 거래가액을 확정한 경우에는 해당 이자상당액도 취득원가에 포함한다.

④ 양도자산의 보유기간 중에 그 자산의 감가상각비로 사업소득금액의 계산시에 필요경비로 산입한 금액은 취득가액에 포함되지 않는다.

⑤ 「지적재조사에 관한 특별법」에 다른 경계의 확정으로 지적공부상의 면적이 증가되어 징수한 조정금은 취득가액에 포함된다.

29. 다음은 소득세법상 장기보유특별공제의 설명이다. 이에 대한 내용으로 옳은 것은 몇 개인가?

ㄱ. 양도소득금액은 양도가액에서 장기보유특별공제를 공제한 금액으로 한다.
ㄴ. 배우자 또는 직계존비속간의 증여재산에 대한 이월과세 적용시 장기보유특별공제액은 수증자가 증여받은 날부터 기산한 보유기간별 공제율을 적용한다.
ㄷ. 양도자산의 보유기간이 3년 이상인 경우에 한하여 장기보유특별공제가 적정된다.
ㄹ. 동일 연도에 장기보유특별공제의 대상이 되는 자산을 수회 양도한 경우에도 공제요건에 해당하는 경우에는 소득별로 각각 공제한다.
ㅁ. 조합원입주권(조합원으로부터 취득한 것은 제외)을 양도하는 경우 장기보유특별공제액 계산 시 양도차익은 기존건물과 그 부수토지의 취득일로부터 관리처분인가일까지의 기간으로 한정한다.
ㅂ. 20년 보유한 상가건물은 양도가액의 100분의 30에 상당하는 금액을 장기보유특별공제로서 공제한다.

① 1개 ② 2개
③ 3개 ④ 4개
⑤ 5개

30. 지방세법 취득의 시기 등에 관한 설명으로 틀린 것은?

① 유상승계취득의 경우에는 사실상의 잔금 지급일에 취득한 것으로 본다. 다만, 사실상의 잔금 지급일을 확인할 수 없는 경우에는 그 계약상의 잔금 지급일에 취득한 것으로 본다.

② 연부로 취득하는 것(취득가액의 총액이 50만원 이하인 것은 제외)은 그 사실상의 연부금 지급일을 취득일로 본다. 단, 취득일 전에 등기 또는 등록한 경우에는 그 등기일 또는 등록일에 취득한 것으로 본다.

③ 「도시 및 주거환경정비법」 제16조 제2항에 따른 주택재건축조합이 주택재건축사업을 하면서 조합원으로부터 취득하는 토지 중 조합원에게 귀속되지 아니하는 토지를 취득하는 경우에는 「도시 및 주거환경정비법」 제54조 제2항에 따른 소유권이전 고시일에 그 토지를 취득한 것으로 본다.

④ 토지의 지목변경에 따른 취득은 토지의 지목이 사실상 변경된 날과 공부상 변경된 날 중 빠른 날을 취득일로 본다. 다만, 토지의 지목변경일 이전에 사용하는 부분에 대해서는 그 사실상의 사용일을 취득일로 본다.

⑤ 관계법령에 따라 매립 · 간척 등으로 토지를 원시취득하는 경우로서 공사 준공인가일 전에 사실상 사용하는 경우에는 그 사실상 사용 일을 취득일로 본다.

31. 소득세법상 미등기양도자산에 관한 설명으로 옳은 것은?

① 미등기양도자산도 양도소득에 대한 소득세의 비과세에 관한 규정을 적용할 수 있다.

② 건설업자가 「도시개발법」에 따라 공사용역 대가로 취득한 체비지를 토지구획환지처분공고 전에 양도하는 토지는 미등기양도자산에 해당하지 않는다.

③ 미등기양도자산의 양도소득금액 계산 시 양도소득 기본공제를 적용할 수 있다.

④ 미등기양도자산은 양도소득세 산출세액에 100분의 70를 곱한 금액을 양도소득 결정세액에 더한다.

⑤ 미등기양도자산의 양도소득금액 계산 시 장기보유특별공제를 적용할 수 있다.

32. 지방세법상 취득세의 과세표준에 관한 설명으로 틀린 것은?

① 취득세의 과세표준은 취득 당시의 가액으로 한다. 다만, 연부로 취득하는 경우에는 연부금액(매회 사실상 지급되는 금액을 말하며, 취득금액에 포함되는 계약보증금을 포함)으로 한다.

② 지방자치단체의 장은 특수관계인 간의 거래로 그 취득에 대한 조세부담을 부당하게 감소시키는 행위 또는 계산을 한 것으로 인정되는 경우에는 시가인정액을 취득당시가액으로 결정할 수 있다.

③ 상속에 따른 무상취득의 경우에는 시가표준액을 취득당시가액으로 한다.

④ 부동산 등을 유상거래(매매 또는 교환 등 취득에 대한 대가를 지급하는 거래를 말한다)로 승계취득하는 경우 취득당시가액은 취득시기 이전에 해당 물건을 취득하기 위하여 거래 상대방이나 제3자에게 지급하였거나 지급하여야 할 일체의 비용으로서 대통령령으로 정하는 사실상의 취득가격으로 한다.

⑤ 부동산 등을 무상취득하는 경우(상속에 따른 무상취득의 경우는 제외) 시가표준액을 취득당시 가액으로 한다.

33. 지방세법시행령 제18조에 의한 사실상 취득가액에 대한 설명 중 틀린 것은?

① 사실상의 취득가격이란 해당 물건을 취득하기 위하여 거래 상대방 또는 제3자에게 지급했거나 지급해야 할 직접비용과 열거된 간접비용의 합계액을 말한다

② 취득대금을 일시급 등으로 지급하여 일정액을 할인받은 경우에는 그 할인된 금액으로 한다.

③ 법인이 아닌 자가 취득한 경우 건설자금에 충당한 차입금의 이자 또는 이와 유사한 금융비용은 사실상취득가액에 포함한다.

④ 법인이 아닌 자가 취득한 경우 할부 또는 연부(年賦) 계약에 따른 이자 상당액 및 연체료는 사실상취득가액에 포함하지 아니한다.

⑤ 취득대금 외에 당사자의 약정에 따른 취득자 조건 부담액과 채무인수액은 사실상취득가액에 포함한다.

34. 다음 중 지방세법상 취득세 중과대상인 고급주택이 아닌 것은?

① 1구의 건축물의 연면적이 300㎡이고, 취득당시 주택의 시가표준액이 9억원으로서 에스컬레이터가 설치된 단독주택

② 1구의 건축물의 대지면적이 500㎡로서 그 취득당시 주택의 시가표준액이 9억원인 단독주택

③ 전용면적 1층 면적 250㎡와 2층 면적 20㎡이고, 취득당시 시가표준액이 10억원인 복층형의 공동주택

④ 1구의 건축물의 연면적이 300㎡이고, 취득당시 주택의 시가표준액이 9억원을 초과하는 경우로서 엘리베이터가 설치된 단독주택

⑤ 전용면적 250㎡이고, 취득당시 주택의 시가표준액이 10억원인 단층형의 공동주택

35. 지방세법상 등록면허세에 관한 설명으로 옳은 것은?

① 지방자치단체의 장은 등록면허세의 세율을 표준세율의 100분의 60의 범위에서 가감할 수 있다.

② 등록 당시에 감가상각의 사유로 가액이 달라진 경우, 그 가액에 대한 증명여부에 관계없이 변경전 가액을 과세표준으로 한다.

③ 부동산 등록에 대한 신고가 없는 경우 취득 당시 시가표준액의 100분의 110을 과세표준으로 한다.

④ 지목이 묘지인 토지의 등록에 대하여 등록면허세를 부과한다.

⑤ 부동산 등기에 대한 등록면허세의 납세지는 부동산 소재지로 하며, 납세지가 분명하지 아니한 경우에는 등록 관청 소재지로 한다.

36. 지방세법상 재산세에 있어서 별도합산과세대상으로 분류될 수 있는 토지를 나열한 것이다. 틀린 것은?

① 「장사 등에 관한 법률」에 의한 설치 · 관리허가를 받은 법인묘지용 토지로서 지적공부상 지목이 묘지인 토지

② 「여객자동차 운수사업법」 규정에 의하여 면허 또는 인가를 받은 자가 계속하여 사용하는 여객자동차터미널 및 화물터미널용 토지

③ 일반영업용 건축물의 부속토지 중 기준면적 이내 토지

④ 시 지역의 주거지역 · 상업지역에 있는 공장용 건축물의 부속토지로서 일정한 기준면적 이내의 토지

⑤ 「여객자동차 운수사업법」 또는 「화물자동차 운수사업법」에 따라 여객자동차운송사업 또는 화물자동차 운송사업의 면허 · 등록 또는 자동차대여사업의 등록을 받은 자가 그 면허 · 등록조건에 따라 사용하는 차고용 토지로서 자동차운송 또는 대여사업의 최저보유차고면적기준의 1.5배에 해당하는 면적 이내의 토지

37. 지방세법상 재산세 납세의무에 관한 설명으로 틀린 것은?

① 재산세 과세기준일 현재 소유권의 귀속이 분명하지 아니하여 사실상의 소유자를 확인할 수 없는 경우 그 사용자가 재산세를 납부할 의무가 있다.

② 주택의 건물과 부속토지의 소유자가 다를 경우 그 주택에 대한 산출세액을 건축물과 그 부속토지의 시가표준액 비율로 안분계산한 부분에 대하여 그 소유자를 납세의무자로 본다.

③ 국가와 재산세 과세대상 재산을 연부로 매수계약을 체결하고 그 재산의 사용권을 무상으로 받은 경우 매수계약자가 재산세를 납부할 의무가 있다.

④ 공부상에 개인 등의 명의로 등재되어 있는 사실상의 종중재산으로서 종중소유임을 신고하지 아니한 경우 종중을 납세의무자로 본다.

⑤ 공유재산인 경우 그 지분에 해당하는 부분에 대하여 그 지분권자를 납세의무자로 보되, 지분의 표시가 없는 경우에는 균등한 것으로 본다.

38. **지방세법상 재산세 과세대상에 대한 표준세율 적용에 관한 설명으로 틀린 것은?**

① 납세의무자가 해당 지방자치단체 관할구역에 소유하고 있는 별도 합산과세대상 토지의 가액을 모두 합한 금액을 과세표준으로 하여 별도합산과세대상의 세율을 적용한다.

② 납세의무자가 해당 지방자치단체 관할구역에 소유하고 있는 종합 합산과세대상 토지의 가액을 모두 합한 금액을 과세표준으로 하여 종합합산과세대상의 세율을 적용한다.

③ 분리과세대상이 되는 해당 토지의 가액을 과세표준으로 하여 분리과세대상의 세율을 적용한다.

④ 납세의무자가 해당 지방자치단체 관할구역에 2개 이상의 주택을 소유하고 있는 경우 그 주택별 금액을 과세표준으로 하여 주택의 세율을 적용한다.

⑤ 주택에 대한 토지와 건물의 소유자가 다를 경우 해당 주택의 토지와 건물의 가액을 구분한 과세표준에 주택의 세율을 적용한다.

39. **지방세법기본법상 이의신청 또는 심판청구에 관한 설명으로 틀린 것은?**

① 이의신청, 심판청구는 그 처분의 집행에 효력을 미치지 아니한다. 다만, 압류한 재산에 대하여는 이의신청, 심판청구의 결정처분이 있는 날부터 60일까지 공매처분을 보류할 수 있다.

② 이의신청을 거치지 아니하고 바로 심판청구를 할 수는 있다.

③ 이의신청에 따른 결정기간 내에 이의신청에 대한 결정통지를 받지 못한 경우에는 결정통지를 받기 전이라도 그 결정기간이 지난날부터 심판청구를 할 수 있다.

④ 이의신청은 처분이 있은 것을 안 날(처분의 통지를 받았을 때에는 그 통지를 받은 날)부터 90일 이내에 하여야 한다.

⑤ 이의신청인이 재해 등을 입어 이의신청 기간 내에 이의신청을 할 수 없을때에는 그 사유가 소멸한 날부터 14일 이내에 이의신청을 할 수 있다.

40. **소득세법상 거주자 甲이 2019년 5월 2일 취득하여 2022년 3월 20일 등기한 상태로 양도한 건물에 대한 자료이다. 甲의 양도소득세 부담을 최소화하기 위한 양도차익은?**

> ○ 취득과 양도당시 실지거래가액은 확인되지 않는다.
> ○ 취득당시 매매사례가액과 감정가액은 없으며, 기준시가는 1억원이다.
> ○ 양도당시 매매사례가액은 3억원이고 감정가액은 없으며, 기준시가는 2억원이다.
> ○ 자본적 지출액(본래의 용도를 변경하기 위한 개조비)은 1억4천만원, 양도비 지출액(공증비용 · 인지대 · 소개비)은 1천만원이다.

① 1억4천만원 ② 1억4천2백만원
③ 1억4천3백만원 ④ 1억4천7백만원
⑤ 1억5천만원

2023년도 제34회 공인중개사 1차 국가자격시험

실전모의고사 제8회

교 시	문제형별	시 간	시험과목
1교시	A	100분	1 공인중개사의 업무 및 부동산 거래 신고에 관한 법령 및 중개실무 2 부동산공법 중 부동산중개에 관련되는 규정

수험번호		성 명	

【 수험자 유의 사항 】

1. **시험문제지 표지와** 시험문제지 내 **문제형별의 동일여부** 및 시험 문제지의 **총면수 · 문제번호 일련순서 · 인쇄상태** 등을 확인하시고, 문제지 표지에 수험번호와 성명을 기재하시기 바랍니다.
2. 답은 각 문제마다 요구하는 **가장 적합하거나 가까운 답 1개**만 선택하고, 답안카드 작성시 시험문제지 **형별누락, 마킹착오**로 인한 불이익은 전적으로 수험자에게 책임이 있음을 알려드립니다.
3. 답안카드는 국가전문자격 공통 표준형으로 문제번호가 1번부터 125번까지 인쇄되어 있습니다. 답안마킹시에는 반드시 **시험문제지의 문제번호와 동일한 번호에 마킹**하여야 합니다. (2차 1교시: 1번~80번)
4. **감독관의 지시에 불응시 불이익이 발생될 수 있으며, 시험시간 종료 후 답안카드를 제출하지 않을 경우** 시험무효처리 됨을 알려드립니다.
5. 이의제기에 관한 개별회신은 하지 않으며, **최종 정답 발표로 갈음**합니다.
6. 시험 중 **중간 퇴실은 불가**합니다. 단, 부득이하게 퇴실할 경우 **시험포기 각서 제출 후 퇴실은 가능**하나 **재입실이 불가**하며, **해당시험은 무효처리됩니다.**
7. 시험문제지는 시험 종료 후 가져가시기 바랍니다.

인강드림 공인중개사

제1과목: 공인중개사의 업무 및 부동산 거래 신고 등에 관한 법령 및 중개실무

1. 공인중개사법상 용어에 관련된 설명 중 옳은 것은? (다툼이 있으면 판례에 의함)

① 법정지상권을 양도하는 행위를 알선하는 것은 중개에 해당하나 환매계약을 알선하는 것은 중개에 해당하지 않는다.

② 중개를 중개대상물에 대한 매매ㆍ교환ㆍ임대차에 그 밖에 권리의 득실변경에 관한 행위를 알선하는 것으로 정의하는 경우 '그 밖의 권리' 에 저당권등 모든 담보물권이 포함된다.

③ 중개사무소개설등록을 하지 아니하고 다른 사람의 의뢰에 의하여 일정한 보수를 받고 중개를 업으로 행하는 것은 중개업이 될 수 없다.

④ 거래의 쌍방당사자로부터 의뢰를 받아 권리의 득실변경에 관한 행위를 알선하는 것 뿐만 아니라 거래의 일방당사자로부터 의뢰를 받아 권리의 득실변경에 관한 행위를 알선하는 것도 중개에 해당한다.

⑤ 중개행위에 해당하는지 여부는 진정으로 거래당사자를 위해 거래를 알선ㆍ중개하려는 의사를 갖고 있었느냐고 하는 개업공인중개사의 주관적 의사에 의해 결정된다.

2. 공인중개사법령상 중개대상물이 <u>아닌</u> 항목이 들어있는 것을 모두 고른 것은?

ㄱ. 토지거래허가구역의 토지, 가압류가 설정된 건축물
ㄴ. 성토된 포락지, 암석, 토사, 금전채권
ㄷ. 공장재단에서 분리된 공업소유권, 항만운송사업재단
ㄹ. 분묘기지권의 부담이 있는 임야, 경매절차를 통하여 매수한 토지
ㅁ. 20톤 이상의 선박, 가식의 수목, 용천수

① ㄱ, ㄷ, ㄹ
② ㄱ, ㄷ, ㅁ
③ ㄴ, ㄷ, ㅁ
④ ㄴ, ㄹ, ㅁ
⑤ ㄷ, ㄹ, ㅁ

3. 다음 공인중개사 시험제도에 관한 설명 중 옳은 설명은?

① 시험시행기관장은 시험을 시행하고자 하는 때에는 시험시행에 관한 개략적인 사항을 매년 2월 말일까지 관보에 고시하여야 한다.

② 공인중개사 시험을 시행하고자 하는 때에는 시험의 시행에 관하여 필요한 사항을 시험시행일 6개월 전까지 일간신문, 관보, 방송 중 하나 이상에 공고하고, 인터넷 홈페이지 등에도 이를 공고하여야 한다.

③ 제2차 시험에 있어서, 시험시행기관장이 응시생의 형평성 확보 등을 위하여 필요하다고 인정하는 경우에는 심의위원회의 의결을 거쳐 선발예정인원을 미리 공고한 경우에는 매과목 40점 이상인 자 중에서 선발예정인원의 범위 안에서 전과목 총득점의 고득점자순으로 합격자를 결정한다.

④ 시험시행기관장은 공인중개사의 수급상 필요하다고 인정하여 심의위원회의 의결을 거쳐 최소선발인원 또는 응시자 대비 최소선발비율을 미리 공고할 수 있다.

⑤ "시ㆍ도지사"는 합격자의 결정 공고일부터 1개월 이내에 시험합격자에 관한 사항을 공인중개사자격증교부대장에 기재한 후, 시험 합격자에게 공인중개사자격증을 교부하여야 한다.

4. 다음의 법인 중 중개사무소 개설등록이 가능한 법인은?

① 甲 법인은 2년6월전에 공인중개사법상의 금지행위 위반으로 개설등록이 취소되었던 법인이다.

② 乙 법인은 협동조합기본법상의 사회적협동조합으로서 대표이사는 공인중개사이나, 임원중 과반수가 공인중개사이다.

③ 丙 법인은 10인의 임원으로 구성된 법인으로 3인이 공인중개사이다.

④ 丁 법인은 자본금 5천만원의 상법상 유한회사로서 중개업과 경매부동산입찰대리를 주된 업무로 설립된 법인이다.

⑤ 戊 법인의 사원 3인중 공인중개사인 임원 1인만이 실무교육을 최근 1년 이내에 이수하였다.

5. 「공인중개사법」 상 등록의 효력소멸과 관련한 다음 설명 중 틀린 것은?

① 법인이 해산하면 등록의 효력이 소멸하며, 법인의 해산은 필요적 등록취소사유에 해당한다.

② 필요적 등록취소사유에 해당하는 경우 등록의 효력은 그 때로부터 소멸한다.

③ 등록증을 다른 사람에게 양도하였다 하여도 그 즉시 등록의 효력이 소멸하는 것은 아니다.

④ 공인중개사인 개업공인중개사의 공인중개사 자격이 취소되었더라도 등록의 효력이 그 즉시 실효되는 것은 아니다.

⑤ 업무정지기간 중에 중개업무를 하는 것은 등록의 효력이 소멸된 것은 아니므로 무등록상태에서 중개업을 하는 것은 아니다.

6. 공인중개사법령상 중개사무소 개설등록의 결격사유에 관한 설명으로 옳은 것은?

① 이 법 위반으로 300만원 이상의 벌금형을 선고받아 등록취소처분을 받은 자는 등록취소처분을 받은 후 3년간 중개사무소 개설등록을 할 수 없다.

② 법인의 해산으로 등록취소처분을 받은 법인의 대표자였던 자는 등록취소처분을 받은 후 3년간 중개사무소 개설등록을 할 수 없다.

③ 등록기준 미달로 등록취소처분을 받은 자는 3년간 중개사무소 개설등록을 할 수 없다.

④ 1년간 폐업신고한 후 재등록한 개업공인중개사가 폐업신고전의 위반사유로 등록취소처분을 받았다면 등록취소처분을 받은 후 3년간 중개사무소 개설등록을 할 수 없다.

⑤ 2 이상의 개설등록을 한 것을 사유로 등록취소처분을 받았다면 등록취소처분을 받은 후 3년간 중개사무소 개설등록을 할 수 없다.

7. 다음은 공인중개사법령상 「인터넷 표시 · 광고 모니터링」에 관한 설명이다. 틀린 것은?

① 국토교통부장관은 인터넷을 이용한 중개대상물에 대한 표시 · 광고가 공인중개사법상 중개대상물의 표시 · 광고 규정을 준수하는지 여부를 모니터링 할 수 있다.

② 국토교통부장관은 모니터링을 위하여 필요한 때에는 정보통신서비스 제공자에게 관련 자료의 제출을 요구할 수 있다. 이 경우 관련 자료의 제출을 요구받은 정보통신서비스 제공자는 정당한 사유가 없으면 이에 따라야 한다.

③ 국토교통부장관은 모니터링 결과에 따라 정보통신서비스 제공자에게 이 법 위반이 의심되는 표시 · 광고에 대한 확인 또는 추가정보의 게재 등 필요한 조치를 요구할 수 있다. 이 경우 필요한 조치를 요구받은 정보통신서비스 제공자는 정당한 사유가 없으면 이에 따라야 한다.

④ 국토교통부장관은 모니터링 업무를 대통령령으로 정하는 기관에 위탁할 수 있다.

⑤ 국토교통부장관이 인터넷을 이용한 중개대상물에 대한 표시 광고의 법 규정 준수여부 모니터링을 위하여 필요하여 행한 관련 자료의 제출을 요구에 불응한 정보통신서비스 제공자는 100만원이하의 과태료처분의 대상이 된다.

8. 개업공인중개사의 업무지역에 관한 가장 타당한 설명은?

① 공인중개사인 개업공인중개사는 등록관청 관할구역내의 지역을 업무지역범위로 한다.

② 법인인 개업공인중개사의 업무지역은 사무소를 기준으로 한 특별시 · 광역시 · 도에 한정한다.

③ 법부칙제6조2항의 개업공인중개사의 업무지역은 등록관청이 지정한 지역으로 한다.

④ 모든 개업공인중개사는 그 업무지역에 제한이 없다.

⑤ 법인 및 공인중개사인 개업공인중개사의 업무지역은 전국으로 한다.

9. 甲은 공인중개사인 개업공인중개사이고, 乙은 甲이 고용신고한 소속공인중개사이다. 다음 중 공인중개사법의 적용에 관한 기술 중 맞는 것은? (다툼이 있으면 판례에 의함)

① 乙이 이 법상 형벌에 해당하는 위반행위를 한 경우 甲이 그 위반행위를 방지하기위하여 해당 업무에 관하여 상당한 주의와 감독을 게을리하지 아니한 경우에도 甲은 벌금형을 선고받아 등록취소처분의 대상이 될 수 있다.

② 옥외광고물을 설치하는 경우 甲과 乙의 성명을 표기하여야 한다.

③ 乙이 거래계약서에 거래금액을 거짓으로 기재하면 자격증을 교부한 시·도지사로부터 6개월 간의 자격정지처분을 받을 수 있다.

④ ③의 경우 甲 이 乙 의 자격정지기간 중에 중개업무를 하게 한 경우에는 甲은 업무정지처분사유에 해당된다.

⑤ 乙의 공인중개사 자격증을 중개사무소 보기 쉬운 곳에 게시하지 않은 경우 乙은 100만원 이하의 과태료 처분을 받는다.

10. 다음은 개업공인중개사가 공인중개사법령상의 각종 의무를 이행한 사실이다. 잘못된 것은?

① 1월 2일이 업무보증의 효력만료일인 개업공인중개사 A는 동년 1월 2일 업무보증을 다시 설정하였다.

② 2월 3일 중개사무소를 노원구 상계동에서 노원구 중계동으로 이전한 개업공인중개사 B은 동년 2월 10일 노원구청장에게 사무소 이전 신고를 하였다.

③ 3월 4일 공탁금 중 일부가 손해배상금으로 지급된 개업공인중개사 C는 3월 14일 공탁금중 부족분을 보전하였다.

④ 부칙상의 개업공인중개사 D는 4월 5일 현장답사 중 등록한 인장을 분실하여 주민등록부에 나타난 성명이 기재된 가로 세로 각각 10㎜의 인장을 4월 6일 새로 만들어 계약서에 날인하고, 4월 15일 변경 등록을 하였다.

⑤ 공인중개사인 개업공인중개사 E는 5월 6일 전속중개계약을 체결한 후 5월 15일 최초로 의뢰인에게 업무처리상황을 문서로 통지하였다.

11. 다음 중 공인중개사법상 고용인인 소속공인중개사와 중개보조원에게 공통적으로 적용될 수 있는 것을 바르게 묶은 것은?

㉠ 중개업무 수행	㉡ 중개업무 보조
㉢ 행정처분의 대상	㉣ 인장등록의무
㉤ 품위유지의무	㉥ 비밀준수의무
㉦ 서명 및 날인 의무	㉧ 이중소속 금지

① ㉡, ㉣, ㉥

② ㉦, ㉤, ㉥

③ ㉡, ㉤, ㉥

④ ㉠, ㉣, ㉦

⑤ ㉡, ㉥, ㉧

12. 개업공인중개사가 대법원규칙이 정하는 경매대리 등록을 하였을 경우 중개사무소 보기 쉬운 곳에 게시하여야 할 내용이 아닌 것은?

① 중개사무소 개설등록증 원본

② 공인중개사 자격증 원본

③ 매수신청대리 등 보수표

④ 보증설정을 증명할수 있는 서류

⑤ 실무교육 수료확인증

13. 공인중개사법령상 휴업 및 폐업에 관한 설명이다. 틀린 것은?

① 휴업·폐업신고를 하려는 개업공인중개사가 「부가가치세법」에 따른 휴업·폐업신고를 같이 하려는 경우에는 공인중개사법령에 따른 신고서에 「부가가치세법」에 따른 신고서를 함께 제출해야 한다.

② 「부가가치세법」에 따른 신고서를 함께 제출받은 등록관청은 이를 지체없이 관할 세무서장에게 송부해야 한다.

③ 관할 세무서장이 「부가가치세법」에 따른 신고서를 받아 해당 등록관청에 송부한 경우에는 공인중개사법령에 따른 신고서가 제출된 것으로 본다.

④ 휴업기간 중에 있는 개업공인중개사는 다른 개업공인중개사의 소속 공인중개사가 될 수 있다.

⑤ 개업공인중개사가 휴업을 하는 경우, 질병으로 인한 요양 등 대통령령이 정하는 부득이한 사유가 있는 경우를 제외하고는 6개월을 초과할 수 없다.

14. **공인중개사법령상 전속중개계약에 관한 설명으로 옳은 것은?**

① 개업공인중개사는 2주일에 1회 이상 중개업무 처리상황을 중개의뢰인에게 통지해야 하나, 이 경우 통지의 방법은 제한이 없다.

② 전속중개계약의 유효기간은 당사자 간 다른 약정이 없는 경우 6개월을 원칙으로 한다.

③ 중개의뢰인이 유효기간 중에 다른 개업공인중개사의 중개로 거래하거나, 개업공인중개사의 소개로 알게된 상대방과 개업공인중개사를 배제하고 직접거래한 경우에는 중개보수의 50%에 해당하는 위약금을 지불해야 한다.

④ 개업공인중개사는 중개의뢰인이 비공개를 요청한 경우에도 조속한 거래성사를 위해 중개대상물에 관한 정보를 공개할 수 있다.

⑤ 개업공인중개사는 소유권 · 전세권 등 권리관계에 관한 사항을 공개하여야 한다. 이를 공개하지 아니한 때에는 등록취소처분을 받을 수 있다.

15. **부동산거래정보망의 설치 및 운영에 관한 설명 중 옳은 것은?**

① 부가통신사업자가 일정한 요건을 갖춘 경우에 산업통상자원부장관은 부동산거래정보망을 설치 · 운영할 자로 지정할 수 있다.

② 거래정보사업자로 지정을 받기 위해서는 전국적으로 1,000명 이상의 개업공인중개사가 가입하여야 하며, 10개 이상의 시도에서 30인 이상의 개업공인중개사가 가입하여야 한다.

③ 거래정보사업자로 지정 받기 위해서는 반드시 공인중개사 2인 이상, 정보처리기사 2인 이상을 확보하여야 한다.

④ 부동산거래정보망이란 개업공인중개사와 중개의뢰인 상호간에 중개대상물의 중개에 관한 정보를 교환하는 체계를 말한다.

⑤ 공인중개사협회는 거래정보사업자가 될 수 있으나, 법인인 개업공인중개사는 거래정보사업자가 될 수 없다.

16. **공인중개사법령상 거래계약서 작성에 관한 설명으로 옳은 것은?** (다툼이 있으면 판례에 의함)

① 중개가 완성된 때에는 개업공인중개사는 국토교통부장관이 정한 표준서식에 따라 거래계약서를 작성하여야 한다.

② 당해 중개행위를 한 소속공인중개사는 거래계약서를 작성하여 서명 및 날인한 후 거래당사자에게 교부하여야 한다.

③ 개업공인중개사 또는 소속공인중개사가 거래금액등 거래내용을 거짓으로 작성하거나 서로 다른 2 이상의 거래계약서를 작성한 때에는 1년 이하의 징역 또는 1천만원 이하의 벌금에 처한다.

④ 소속공인중개사가 거래계약서를 작성하여 서명 및 날인을 한 경우에도 개업공인중개사는 이에 서명 및 날인하여야 한다.

⑤ 개업공인중개사는 거래계약서를 3년간 보존하여야 한다.

17. **개업공인중개사의 확인 · 설명의무에 관한 설명으로 옳은 것은?**

① 주택의 매매가 아닌 임대차에 관한 거래가 성립된 때에는 중개대상물에 관한 확인 · 설명서는 생략할 수 있다.

② 중개대상물에 대한 확인 · 설명서에는 반드시 소속공인중개사가 서명 및 날인하여야 한다.

③ 중개대상물에 대한 확인 · 설명서에는 권리이전의뢰인과 권리취득의뢰인도 서명 또는 날인하는 란이 서식화되어 있다.

④ 중개보수를 받지 않는 무상중개의 경우에는 확인 · 설명을 할 의무가 없다.

⑤ 확인 · 설명의무는 중개의뢰시 일회적으로 이루어지면 족하고, 어떠한 경우에도 중개완성 이후까지 그 의무가 지속되는 것은 아니다.

18. **「공인중개사법」상 개업공인중개사, 소속공인중개사, 중개보조원, 법인인 개업공인중개사의 임원 · 사원 모두에게 적용되는 의무 또는 규정이 <u>아닌</u> 것은?**

① 금지행위

② 이중소속금지의무

③ 신의성실에 의한 공정중개의무

④ 비밀준수 의무

⑤ 결격사유규정

19. 「공인중개사법」 상 기간 및 기일에 관한 설명이다. 옳은 것은?

① 공인중개사법상 실무교육시간은 32시간 이상 44시간 이하로 한다.

② 장사등에 관한 법률상 개인묘지는 설치한 후 60일 이내에 시장등에게 신고하여야 한다.

③ 개업공인중개사는 고용인이 고용관계가 종료되면 종료일부터 10일 이내에 등록관청에 신고한다.

④ 공인중개사 시험의 공고는 시험 일정 등의 개략적인 사항을 매년 2월 말일까지, 시험의 시행에 관하여 필요한 사항을 시험시행일 60일 전까지 관보, 일간신문, 방송중 하나 이상과 인터넷 홈페이지에 공고한다.

⑤ 응시원서 접수 마감일의 다음 날부터 10일 이내에 접수를 취소하는 경우에는 납입한 수수료의 100분의 60을 반환한다.

20. 공인중개사법령상 개업공인중개사의 손해배상 책임과 업무보증의 설정에 관한 설명으로 <u>틀린</u> 것은?

① 개업공인중개사가 중개행위를 함에 있어서 과실로 인하여 거래당사자에게 재산상의 손해를 발생하게 한 때에는 그 손해를 배상할 책임이 있다.

② 개업공인중개사는 자기의 중개사무소를 다른 사람의 중개행위의 장소로 제공함으로써 거래 당사자에게 재산상의 손해를 발생하게 한 때에는 그 손해를 배상할 책임이 있다.

③ 개업공인중개사는 업무를 개시하기 전에 손해배상책임을 보장하기 위하여 보증보험 또는 공제에 가입하거나 공탁을 하여야 한다.

④ 법인인 개업공인중개사가 3개의 분사무소를 두는 경우 해당 법인이 설정해야 할 총 보증설정 금액은 3억이 이상이어야 한다.

⑤ 중개의뢰인의 재산상 손해가 보증기관의 보증금 지급한도를 초과하는 손해에 대해서도 개업공인중개사는 배상할 책임이 있다.

21. 다음 개업공인중개사의 중개보수에 관한 다음 설명 중 타당한 것은?

① 개업공인중개사의 중개보수 청구권의 행사의 법률적 근거는 중개계약이 체결되어야 하며 청구권의 행사여부는 중개가 완성되어야 하나 중개완성이 되지 못한 경우라도 중개보수 중 일부는 청구할 수 있다.

② 개업공인중개사는 중개보수 및 실비의 요율 및 한도액표에 중개대상물이 주택인 경우 국토부령이 정한 한도 내에서 실제 자신이 받고자하는 요율을 정하여 이를 명시하여 사무소 내 게시하고 이를 초과하여 받아서는 아니 된다

③ 월차임이 있는 임대차계약을 중개한 경우 산출액 산정방법은 '보증금+(월세×100)' 으로 하나, 산출액이 5,000만원 이하일 경우에는 '월세 × 70' 을 보증금과 합산한다.

④ 중개보수는 의뢰인 쌍방으로부터 받되, 부동산정보유통체계를 통한 공동중개로 거래계약이 체결된 경우에는 의뢰인 쌍방에게 받을 수 없고 일방으로부터 받을 수 있다.

⑤ 주택 외의 중개대상물에 대한 중개보수는 중개의뢰인 쌍방으로부터 각각 받되, 그 쌍방으로부터 합산하여 받을 수 있는 중개보수의 한도는 거래금액의 1천분의 9이내이다.

22. 다음은 중개보수에 대한 판례이다. 타당하지 <u>않은</u> 것은?

① 건물임대중개의 완료를 조건으로 중개료 상당의 보수를 지급받기로 하는 내용의 계약과 같은 유상위임계약에 있어서는 수임인의 사무처리 완료 전에 위임계약을 해지한 것만으로 수임인에게 불리한 시기에 해지한 것이라고 볼 수는 없어 개업공인중개사는 임대중개 의뢰를 받은 건물전체에 대한 중개가 가능하였음을 전제로 기대 중개료 상당의 손해배상청구를 할 수 없다.

② 개업공인중개사가 부동산의 매도인을 위하여 거래상대방을 소개하는 등 노력을 하였으나 개업공인중개사가 알선한 상대가 아닌 제3의 인물과 거래를 한 경우에는 중개행위와 거래계약과는 인과관계가 인정되지 않으므로 개업공인중개사에게 중개보수청구권이 인정되지 않는다.

③ 매매계약의 성립에 결정적인 기여를 한 개업공인중개사가 그의 귀책사유 없이 매매계약서 작성에 관여하지 못하였다 하더라도 공인중개사법 규정에 따른 상당한 보수를 청구할 권리가 있다.

④ 아파트 분양권의 매매를 중개한 경우에 있어서 거래가액이라 함은 총 분양대금과 프리미엄을 합산한 금액으로 거래가액을 산정하여야 할 것이다.

⑤ 개업공인중개사는 상인의 자격을 갖는 것으로, 개업공인중개사의 중개보수는 상인의 자격으로 당연히 존재하는 상인의 보수로 인정되므로, 중개의뢰 계약에서 구체적인 보수 약정을 하지 않았더라도 중개보수 청구권은 인정된다.

23. 공인중개사 자격취소에 대한 설명이다 옳은 것은?

① 공인중개사의 자격취소처분을 받은 자는 지체없이 중개사무소 소재지 시 · 도지사에게 자격증을 반납해야 한다.

② 시 · 도지사가 공인중개사의 자격취소처분을 한때에는 5일 이내에 청문을 하여야 한다.

③ 시 · 도지사는 공인중개사의 자격취소처분을 한 때에는 7일 이내에 이를 국토교통부장관에게 보고하고 다른 시도지사에게 통보하여야 한다.

④ 공인중개사인 개업공인중개사의 공인중개사 자격이 취소되어도 반드시 중개사무소의 개설등록을 취소하여야 하는 것은 아니다.

⑤ 공인중개사가 공인중개사법에 위반하여 징역형을 확정선고를 받는 경우에는 청문절차를 거칠 필요없이 공인중개사자격을 취소하여도 된다.

24. 공인중개사법령상 중개업무를 수행하는 소속공인중개사의 자격정지사유에 해당하지 않는 것은?

① 부당한 이익을 얻거나 제3자에게 부당한 이익을 얻게 할 목적으로 거짓으로 거래가 완료된 것처럼 꾸미는 등 중개대상물의 시세에 부당한 영향을 주거나 줄 우려가 있는 행위를 한 경우

② 국토교통부령이 정하는 전속중개계약서에 의하지 않고 전속중개계약을 체결한 경우

③ 단체를 구성하여 특정 중개대상물에 대하여 중개를 제한하거나 단체 구성원 이외의 자와 공동중개를 제한하는 행위

④ 거래계약서에 거래금액 등 거래내용을 거짓으로 기재한 경우

⑤ 2이상의 중개사무소에 소속공인중개사로 소속된 경우

25. 다음 중 공인중개사협회의 고유 업무 내용이 아닌 것은?

① 회원의 품위유지를 위한 업무

② 부동산중개제도의 연구 · 개선에 관한 업무

③ 회원의 자질향상을 위한 지도 및 교육 · 연수에 관한 업무

④ 회원의 윤리헌장 제정 및 그 실천에 관한 업무

⑤ 중개업의 경영기법 및 경영정보 제공에 관한 업무

26. 다음은 협회의 운영위원회에 관한 설명이다. 옳지 않은 것은?

① 운영위원회의 위원은 협회의 임원, 부동산 분야 전문가, 관계 공무원 및 그밖에 중개업 관련 이해관계자로 구성하되, 그 수는 19명 이내로 한다.

② 운영위원회는 성별을 고려하여 구성하되, 협회의 회장 및 협회의 이사회가 협회의 임원 중에서 선임하는 위원은 전체 위원 수의 3분의 1미만으로 한다.

③ 위원의 임기는 3년으로 하고, 연임할 수 없다.

④ 운영위원회에는 위원장과 부위원장 각각 1명을 두되, 이들은 위원중에서 각각 호선한다.

⑤ 운영위원회의 운영에 필요한 사항은 운영위원회의 심의를 거쳐 위원장이 정한다.

27. 「부동산거래신고등에 관한 법령」 상 과태료 처분에 관한 설명 중 틀린 것은?

① 계약을 체결하지 아니하였음에도 불구하고 거짓으로 신고를 한 자는 3천만원이하의 과태료 처분 사유에 해당한다.

② 계약이 해제등이 되지 아니하였음에도 불구하고 거짓으로 신고를 한 자는 3천만원이하의 과태료 처분 사유에 해당한다.

③ 해제등의 신고를 하지 아니한 자는 500만원이하의 과태료 처분 사유에 해당한다.

④ 개업공인중개사에게 부동산거래신고를 하지 아니하게 하거나 거짓으로 신고하도록 요구한 자가 위반사실을 자진 신고한 경우 과태료를 감경 또는 면제할 수 있다.

⑤ 자진 신고하려는 부동산등의 거래계약과 관련하여 「국세기본법」 또는 「지방세법」 등 관련 법령을 위반한 사실 등이 관계기관으로부터 조사기관에 통보된 경우에도 자진신고자는 과태료를 감경 · 면제받을 수 있다.

28. 「부동산거래신고등에 관한 법령」 상의 부동산거래신고제도에 관한 설명 중 틀린 것은?

① 신고관청의 보완지시 및 자료제출 등의 필요한 조치 규정에도 불구하고 국토교통부장관은 부동산거래신고, 해제등 신고 또는 외국인등의 부동산 취득 · 보유 신고에 따라 신고 받은 내용의 확인을 위하여 필요한 때에는 신고내용조사를 직접 또는 신고관청과 공동으로 실시할 수 있다.

② 국토교통부장관 및 신고관청은 신고내용조사를 위하여 국세 · 지방세에 관한 자료, 소득 · 재산에 관한 자료 등을 관계 행정기관의 장에게 요청할 수 있다.

③ 국토교통부장관 및 신고관청은 신고내용조사 결과 그 내용이 이 법 또는 「주택법」, 「공인중개사법」, 「상속세 및 증여세법」 등 다른 법률을 위반하였다고 판단되는 때에는 이를 수사기관에 고발하거나 관계 행정기관에 통보하는 등 필요한 조치를 할 수 있다.

④ 거래당사자는 부동산거래 신고한 후 해당 거래계약이 해제등된 경우 해제등이 확정된 날부터 60일 이내에 해당 신고관청에 공동으로 신고하여야 한다.

⑤ 일방이 신고를 거부함에 따라 단독으로 부동산 거래계약의 해제등을 신고하려는 자는 부동산거래계약 해제등 신고서에 단독으로 서명 또는 날인한 후 해제등이 확정된 사실을 입증할 수 있는 서류와 단독신고사유서를 첨부하여 신고관청에 제출해야 한다.

29. 부동산 거래신고 등에 관한 법령상 외국인등의 부동산등의 취득허가에 대한 특례 규정으로 틀린 것은?

① 외국인등이 「문화재보호법」 에 따른 지정문화재와 이를 위한 보호물 또는 보호구역에 있는 토지에 대하여 토지취득허가를 받은 경우에는 매매계약체결에 대한 신고의무가 적용되지 않는다.

② 외국인등이 취득하려는 토지가 「야생생물 보호 및 관리에 관한 법률」 에 따른 야생생물 특별보호구역에 있는 경우, 토지거래계약에 관한 허가를 받은 경우에는 토지취득의 허가를 요하지 아니한다.

③ 신고관청은 토지취득허가 신청서를 받은 날부터 15일 이내에 허가 또는 불허가 처분을 하여야 한다.

④ 외국인등이 「자연환경보전법」 에 따른 생태 · 경관보전지역의 토지에 대하여 허가를 받지 아니하고 토지 취득계약을 체결하면 그 계약의 효력은 발생하지 아니하며, 2년 이하의 징역 또는 2천만원 이하의 벌금에 처한다.

⑤ 신고관청은 신고받은 내용(부동산 거래신고 포함) 및 토지취득허가 내용을 매 분기 종료일부터 1개월 이내에 시 · 도지사에게 제출하여야 하고, 시 · 도지사는 제출받은 날부터 1개월 이내에 그 내용을 국토교통부장관에게 제출하여야 한다.

30. 토지거래허가제에 관한 설명 중 틀린 것은?

① 토지거래허가대상권리는 토지에 관한 소유권 · 지상권의 이전 또는 설정에 대한 유상계약이므로 증여, 토지수용, 경매 등은 허가대상이 아니다.

② 토지거래계약의 허가권자는 토지거래허가구역을 관할하는 시장 · 군수 또는 구청장이다.

③ 토지거래허가구역의 지정은 공고일로부터 5일 후에 그 효력을 발생한다.

④ 토지거래허가구역을 재지정 하거나 또는 축소하여 지정하거나 해제한 경우에는 공고일 즉시 효력이 발생한다.

⑤ 토지거래허가구역의 지정기간은 5년으로 한다.

31. 다음은 법정지상권에 대한 설명이다. 가장 옳지 않은 것은?

① 관습법상의 법정지상권은 토지와 건물이 동일인에게 속하였다가 그 중 어느 하나가 일정한 원인으로 소유자를 달리하게 되는 경우 그 건물을 철거한다는 특약이 없으면 성립된다.

② 관습법상의 법정지상권이 성립되기 위해서는 토지와 건물 중 어느 하나가 처분될 당시에 토지와 그 지상건물이 동일인의 소유에 속하였으면 족하고 원시적으로 동일인의 소유였을 필요는 없다.

③ 건물이 없는 토지(나대지)에 대하여 저당권이 설정된 후, 저당권설정자가 그 위에 건물을 건축하였다가 담보권의 실행을 위한 경매절차에서 경매로 인하여 그 토지와 지상 건물이 소유자를 달리하였을 경우에는 법정지상권이 인정되지 않는다.

④ 동일인 소유의 토지와 그 지상건물에 관하여 공동저당이 설정된 후 그 건물이 철거되고 다른 건물이 신축된 경우, 저당물의 경매로 인하여 토지와 신축건물이 서로 다른 소유자에게 속하게 되면 법정지상권이 성립하지 않는다.

⑤ 지상물 중 독립된 건물로 볼 수 없는 단순한 지상구조물에 관하여도 관습법상의 법정지상권을 취득할 여지가 있다.

32. **중개대상물의 기본적인 사항과 입지 및 상태 등에 관한 조사, 확인활동에 대한 설명 중 타당하지 않은 것은?**

① 토지대장을 통해서 소재지, 지목, 면적, 소유자의 성명을 알 수 있다.

② 토지의 소재지확인은 토지대장과 지적도(임야도)에 의하고 건물의 소재지확인은 건축물대장으로 한다.

③ 중개대상물이 주택의 경우 비선호시설은 개업공인중개사가 현장 확인을 통하여 확인한다.

④ 개업공인중개사는 확인 또는 설명을 위하여 필요한 경우에는 중개대상물의 매도의뢰인, 임대의뢰인 등에게 당해 중개대상물의 상태에 관한 자료를 요구 할 수 있고, 그 요구에 불응한 의뢰인은 공인중개사법에 의해 제재를 받는다고 설명하였다.

⑤ 건축물대장에는 건폐율, 용적율, 용적률산정연면적, 높이, 층수, 설계자, 감리자, 허가일자, 착공일자, 사용승인일자, 주차장, 오수정화시설, 지역, 지구, 구역 등이 기재되어 있다.

33. **「공인중개사법령」상 중개대상물 확인·설명서 작성에 관한 설명이다. 옳은 것은?**

① '대상 물건의 표시란' 중 건축물의 '내진설계 적용 여부 및 내진 능력' 은 주거용 건축물 확인·설명서에만 기재사항란이 있다.

② '내·외부시설물의 상태' 란의 '단독경보형감지기' 설치 여부는 주거용 건축물 확인·설명서와 '비 주거용건축물 확인설명서' 에 기재사항 란이 있다.

③ '비선호시설(1km이내)' 의 기재사항란은 주거용 건축물 확인·설명서와 '비 주거용건축물 확인설명서' 에 기재사항 란이 있다.

④ 교육시설, 판매 및 의료시설, 벽면 및 도배상태는 '주거용건축물 확인·설명서' 에만 기재한다.

⑤ '입지조건' 란의 '대중교통(버스, 지하철)' 은 '입목·공장재단·광업재단 확인설명서' 외에는 모두 기재사항란이 있다.

34. **다음은 부동산거래의 전자계약에 관한 설명이다. 잘못된 것은?**

① 부동산거래의 전자계약이란 부동산거래 전자계약시스템을 통하여 거래계약을 체결하는 것을 말한다.

② 부동산거래 계약의 체결은 전자계약으로 진행 가능하나 계약의 해제는 당사자가 대면하여 서면으로 합의하여야 한다.

③ 전자계약이 완료된 경우 그 계약이 임대차인 경우에는 계약서에 확정일자가 자동 부여된다.

④ 전자계약 체결을 마친 경우, 업무 제휴를 맺은 은행 등으로부터 대출서비스를 이용하는 경우 대출 우대금리를 적용받을 수 있다.

⑤ 전자계약이 완료된 경우 그 계약이 매매인 경우에는 부동산 실거래가신고가 자동부여된다. 따라서 부동산거래계약시스템을 통하여 부동산거래계약을 체결한 경우에는 부동산거래계약이 체결된 때에 부동산거래계약 신고서를 제출한 것으로 본다.

35. **다음은 부동산실권리자 명의등기에 관한 법률이다. 틀린 것은?**

① 양도담보, 가등기담보, 부동산구분소유자의 공유등기 등은 위법한 명의신탁약정에 해당되지 아니한다.

② 명의신탁약정의 무효와 명의신탁약정에 따라 행하여진 등기에 의한 부동산에 관한 물권변동의 무효는 제3자에게 대항하지 못한다.

③ 배우자 명의로 부동산에 관한 물권을 등기한 경우에는 조세포탈, 강제집행의 면탈 또는 법령상의 제한의 회피를 목적으로 하지 아니하는 한 명의신탁약정의 효력 및 과징금 · 벌칙의 규정이 적용되지 아니한다.

④ 명의신탁약정의 금지에 위반한 명의신탁자와 그 교사자에 대하여는 3년 이하의 징역 또는 1억 원 이하의 벌금에 처한다.

⑤ 부동산 소유자로부터 명의수탁을 받은 자가 이를 임의로 처분하였다면 명의신탁자에 대한 횡령죄가 성립한다.

36. 개업공인중개사가 사설묘지 또는 분묘와 관련있는 토지에 관하여 중개의뢰인에게 설명한 내용으로 틀린 것은? (다툼이 있으면 판례에 의함)

① 분묘가 멸실된 경우라고 하더라도 유골이 존재하여 분묘의 원상회복이 가능하여 일시적인 멸실에 불과하다면 분묘기지권은 소멸하지 않고 존속한다.

② 매수인이 착오로 인접 토지의 일부를 그의 토지에 속하는 것으로 믿고 점유하고 있다면, 그 점유방법이 분묘를 설치 · 관리하는 것이어도 자주점유에 해당한다.

③ 「장사 등에 관한 법률」 시행 후 토지소유자의 승낙을 얻어 분묘를 설치한 경우 그 분묘의 설치기간은 제한을 받는다.

④ 분묘기지권이 시효취득된 경우 사망자의 연고자는 종손이 분묘를 관리할 수 있는 때에도 토지소유자에 대하여 분묘기지권을 주장할 수 있다.

⑤ 분묘기지권은 권리자가 의무자에 대하여 그 권리를 포기하는 의사표시를 하는 외에 점유까지도 포기해야만 그 권리가 소멸하는 것은 아니다.

37. 다음은 「주택임대차보호법」의 계약갱신에 관한 설명이다. 틀린 것은?

① 임대인이 임대차기간이 끝나기 6개월 전부터 2개월 전까지의 기간에 임차인에게 갱신거절의 통지를 하지 아니하거나 계약조건을 변경하지 아니하면 갱신하지 아니한다는 뜻의 통지를 하지 아니한 경우에는 그 기간이 끝난때에 전 임대차와 동일한 조건으로 다시 임대차한 것으로 본다.

② 본 법상의 계약갱신규정에도 불구하고 임대인은 임차인이 임대차기간이 끝나기 6개월 전부터 2개월 전까지의 기간 이내에 계약갱신을 요구할 경우 정당한 사유 없이 거절하지 못한다.

③ 임차인은 계약갱신요구권을 1회에 한하여 행사할 수 있다.

④ 임대인(임대인의 직계존속 · 직계비속을 포함한다)이 목적 주택에 실제 거주하려는 사유로 갱신을 거절하였음에도 불구하고 갱신요구가 거절되지 아니하였더라면 갱신되었을 기간이 만료되기 전에 정당한 사유 없이 제3자에게 목적 주택을 임대한 경우 임대인은 갱신거절로 인하여 임차인이 입은 손해를 배상하여야 한다.

⑤ 임대인의 손해배상액은 갱신거절로 인하여 임차인이 입은 손해액과 갱신거절 당시 (환산)월차임의 3개월분에 해당하는 금액 중 적은 금액으로 한다.

38. 「주택임대차보호법」 상 임차인은 1회에 한하여 계약갱신요구권을 행사할 수 있다. 이때 임차인의 갱신요구를 임대인이 거절할 수 있는 경우가 아닌 것은?

① 임차인이 2기의 차임액에 해당하는 금액에 이르도록 차임을 연체한 사실이 있는 경우

② 임대인(임대인의 직계존속 · 직계비속을 포함한다)이 목적 주택에 실제 거주하려는 경우

③ 기존 임대차계약 종료시점에 공사시기 및 소요기간 등을 포함한 철거 또는 재건축 계획을 임차인에게 구체적으로 고지하고 그 계획에 따라 목적 주택의 전부 또는 일부분을 철거하거나 재건축하기 위하여 목적 주택의 점유를 회복할 필요가 있는 경우

④ 임차인이 임차한 주택의 전부 또는 일부를 고의나 중대한 과실로 파손한 경우

⑤ 건물이 노후 · 훼손 또는 일부 멸실되는 등 안전사고의 우려가 있어 목적 주택의 전부 또는 대부분을 철거하거나 재건축하기 위하여 목적 주택의 점유를 회복할 필요가 있는 경우

39. 「민사집행법」 상 부동산의 경매에 관하여 설명한 내용으로 틀린 것은?

① 배당요구를 하여야 배당받을 수 있는 권리자는 매각실시 후 배당하기 전까지 배당요구신청을 하여야 한다.

② 매수신고가 있은 뒤 경매신청이 취하되면 그 경매신청으로 발생된 압류의 효력은 소멸한다.

③ 매각부동산 위의 모든 저당권과 담보가등기권리는 매각으로 소멸되나, 매수인은 유치권자에게 그 유치권으로 담보하는 채권을 변제할 책임이 있다.

④ 경매개시결정등기 전에 점유를 개시한 대항력있는 임차권이라도 저당권, 압류채권, 가압류채권에 대항할 수 없는 경우에는 매각으로 소멸한다.

⑤ 매수인이 대금지급기한까지 대금을 지급하지 아니하면 보증금이 몰수되며, 재매각절차에서의 입찰참가도 제한된다.

40. 甲은 매수신청대리인으로 등록한 개업공인중개사 乙에게 민사집행법에 의한 경매대상 부동산에 대한 매수신청대리의 위임을 하였다. 이에 관한 설명으로 틀린 것은?

① 乙은 동일한 부동산에 대하여 이해관계가 다른 2 이상의 대리인이 되어서는 아니 된다.

② 乙은 「민사집행법」 에 따른 차순위매수신고를 할 수 있다.

③ 乙은 매수신청대리인 등록증을 자신의 중개사무소 안의 보기 쉬운 곳에 게시해야 한다.

④ 乙이 중개업을 휴업한 경우, 관할 지방법원장은 乙의 매수신청대리인 등록을 취소해야 한다.

⑤ 乙은 매수신청대리 사건카드에 중개행위에 사용하기 위해 등록한 인장을 사용하여 서명날인해야 한다.

제2과목 : 부동산공법 중 부동산 중개에 관련되는 규정

41. 국토의 계획 및 이용에 관한 법상 각종 승인에 관한 설명으로 틀린 것은?

① 시 · 도지사는 광역도시계획을 수립하거나 변경하려면 국토교통부장관의 승인을 받아야 한다.

② 시장 또는 군수는 광역도시계획을 수립하거나 변경하려면 도지사의 승인을 받아야 한다.

③ 시장 또는 군수는 도시 · 군기본계획을 수립하거나 변경하려면 도지사의 승인을 받아야 한다.

④ 시장(대도시 시장은 제외한다)이나 군수는 지구단위계획구역의 지정 · 변경과 지구단위계획의 수립 · 변경에 관한 지형도면을 작성하면 도지사의 승인을 받아야 한다.

⑤ 이 법에 따른 국토교통부장관의 권한은 그 일부를 대통령령으로 정하는 바에 따라 시 · 도지사에게 위임할 수 있으며, 시 · 도지사는 국토교통부장관의 승인을 받아 그 위임받은 권한을 시장 · 군수 또는 구청장에게 재위임할 수 있다.

42. 국토의 계획 및 이용에 관한 법령상 "광역계획권이 도의 관할 구역에 속하여 있는 경우" 에 관한 설명으로 틀린 것은?

① 광역계획권은 관할 도지사가 지정한다.

② 광역도시계획을 공동으로 수립하는 시장 또는 군수는 그 내용에 관하여 서로 협의가 되지 아니하면 공동이나 단독으로 도지사에게 조정을 신청할 수 있다.

③ 시장 또는 군수는 효율적인 기초조사를 위하여 필요하면 기초조사를 전문기관에 의뢰할 수 있다.

④ 위 ④의 기초조사의 내용에 토지적성평가와 재해취약성분석을 포함하여야 한다.

⑤ 시장 또는 군수가 기초조사정보체계를 구축한 경우에는 등록된 정보의 현황을 5년마다 확인하고 변동사항을 반영하여야 한다.

43. 국토의 계획 및 이용에 관한 법령상 용도지역 지정의 특례에 관한 설명으로 틀린 것은?

① 공유수면 바다의 매립구역이 둘 이상의 용도지역에 걸쳐 있거나 이웃하고 있는 경우 그 매립구역이 속할 용도지역은 도시 · 군관리계획결정으로 지정하여야 한다.

② 「산업입지 및 개발에 관한 법률」에 따른 농공단지로 지정 · 고시된 지역은 이 법에 따른 도시지역으로 결정 · 고시된 것으로 본다.

③ 관리지역의 산림 중 보전산지로 지정 · 고시된 지역은 그 고시에서 구분하는 바에 따라 이 법에 따른 농림지역 또는 자연환경보전지역으로 결정 · 고시된 것으로 본다.

④ 「택지개발촉진법」에 따른 택지개발지구로 지정 · 고시된 지역은 이 법에 따른 도시지역으로 결정 · 고시된 것으로 본다.

⑤ 관리지역에서 「농지법」에 따른 농업진흥지역으로 지정 · 고시된 지역은 이 법에 따른 농림지역으로 결정 · 고시된 것으로 본다.

44. 국토의 계획 및 이용에 관한 법령상 도시 · 군관리계획의 결정절차 및 결정의 효과에 관한 설명으로 틀린 것은?

① 시 · 도지사는 국토교통부장관이 입안하여 결정한 도시 · 군관리계획을 변경하는 사항에 관한 도시 · 군관리계획을 결정하려면 미리 관계중앙행정기관장과 협의하여야 한다.

② 시 · 도지사가 지구단위계획이나 지구단위계획으로 대체하는 용도지구 폐지에 관한 사항을 결정하려면 시 · 도에 두는 건축위원회와 도시계획위원회가 공동으로 하는 심의를 거쳐야 한다.

③ 국방상 또는 국가안전보장상 기밀을 지켜야 할 필요가 있다고 인정되면(관계 중앙행정기관의 장이 요청할 때만 해당된다) 그 도시 · 군관리계획의 전부 또는 일부에 대하여 협의 및 심의 절차를 생략할 수 있다.

④ 도시 · 군관리계획 결정의 효력은 지형도면을 고시한 날부터 발생한다.

⑤ 시가화조정구역의 지정에 관한 도시 · 군관리계획의 결정 당시 이미 사업 또는 공사에 착수한 자는 그 결정의 고시일부터 3월 이내에 그 사업 또는 공사의 내용을 신고하여야 한다.

45. 국토의 계획 및 이용에 관한 법령상 "자연녹지지역" 에 관한 설명으로 옳은 것은? (지구단위계획구역이나 성장관리계획구역의 지정은 고려하지 아니한다)

① 불가피한 경우에 제한적인 개발이 허용되는 지역이다.

② 도시 · 군계획조례가 정하는 바에 따라 아파트 건축이 허용될 수 있다.

③ 취락정비를 목적으로 집단취락지구를 지정할 수 있다.

④ 도시지역이 세부적인 용도지역으로 지정되지 않은 지역은 자연녹지지역의 행위제한을 적용받는다.

⑤ 도시 · 군계획조례로 정할 수 있는 건폐율의 최대한도는 40% 이하, 용적률은 80% 이하이다.

46. 국토의 계획 및 이용에 관한 법령상 용도지구에 관한 설명으로 틀린 것은?

① 시 · 도지사 또는 대도시 시장은 지역 여건상 필요하면 법령상의 용도지구 외의 용도지구의 지정을 도시 · 군관리계획으로 결정할 수 있다.

② 위 ①의 용도지구는 당해 용도지역 또는 용도구역의 행위제한을 완화하는 용도지구를 신설할 수 있다.

③ 시 · 도지사 또는 대도시 시장은 일반주거지역 · 일반공업지역 · 계획관리지역에 복합용도지구를 지정할 수 있다.

④ 시 · 도지사 또는 대도시 시장은 동일한 재해가 최근 10년 이내 2회 이상 발생하여 피해가 우려되는 지역에 대하여 방재지구의 지정을 도시 · 군관리계획으로 결정하여야 한다.

⑤ 위 ④의 경우 그 도시 · 군관리계획의 내용에는 해당 방재지구의 재해 저감 대책을 포함하여야 한다.

47. 국토의 계획 및 이용에 관한 법령상 광역시설 및 공동구에 관한 설명으로 틀린 것은?

① 광역시설의 설치 및 관리는 도시 · 군계획시설의 설치 · 관리에 따른다.

② 국가계획으로 설치하는 광역시설은 그 설치 · 관리를 사업목적 또는 사업종목으로 하여 다른 법률에 따라 설립된 법인이 설치 · 관리할 수 있다.

③ 공동구는 현재 해당 공동구를 점용하고 있는 자들이 협의하여 이를 관리하여야 한다.

④ 공동구 관리자는 5년마다 해당 공동구의 안전 및 유지관리계획을 수립 · 시행하여야 한다.

⑤ 공동구 관리자는 1년에 1회 이상 공동구의 안전점검을 실시하여야 한다.

48. **국토의 계획 및 이용에 관한 법령상 법 제47조의 도시지역 외의 지구단위계획구역에서 건폐율 등의 완화적용에 관한 내용으로 빈칸에 ⓐ, ⓑ, ⓒ에 알맞은 것은?**

> ㉠ 지구단위계획구역(도시지역 외에 지정하는 경우로 한정한다)에서는 지구단위계획으로 당해 용도지역 또는 개발진흥지구에 적용되는 건폐율의 (ⓐ)% 및 용적률의 (ⓑ)% 이내에서 건폐율 및 용적률을 완화하여 적용할 수 있다.
> ㉡ 개발진흥지구에 지정된 지구단위계획구역에 대하여는 공동주택 중 아파트 및 연립주택은 허용되지 아니한다. 다만, (ⓒ)에 지정된 개발진흥지구를 제외한다.

	ⓐ	ⓑ	ⓒ
①	100	200	계획관리지역
②	150	200	계획관리지역
③	200	150	생산관리지역
④	150	150	생산관리지역
⑤	200	150	보전관리지역

49. **국토의 계획 및 이용에 관한 법령상 개발행위 허가의 규모**(토지형질변경의 규모를 말한다)**에 관한 설명으로 <u>틀린</u> 것은?**

① 공업지역은 토지의 형질변경면적의 규모가 3만㎡ 미만이어야 허가가 될 수 있다.

② 관리지역 및 농림지역에 대하여는 3만㎡ 미만의 범위 안에서 도시 · 군계획조례로 그 규모를 따로 정할 수 있다.

③ 자연녹지지역 · 생산녹지지역은 토지의 형질변경면적의 규모가 1만㎡ 미만이어야 허가가 될 수 있다.

④ 해당 개발행위가 「농어촌정비법」에 따른 농어촌정비사업으로 이루어지는 경우에는 개발행위 규모의 제한을 받지 아니한다.

⑤ 개발행위허가의 대상인 토지가 농림지역과 자연환경보전지역에 걸친 경우에는 자연환경보전지역의 개발행위 허가의 규모에 관한 규정을 적용한다.

50. **국토의 계획 및 이용에 관한 법령상 도시 · 군계획시설사업의 절차에서 허용되는 것으로 <u>틀린</u> 것은?**

① 도시 · 군계획시설사업 시행자의 처분에 대하여 「행정심판법」에 따라 행정심판을 제기할 수 있는 것(시행자는 행정청에 해당한다)

② 도시 · 군계획시설사업의 시행자 지정의 취소처분에 대하여 청문을 하여야 하는 것

③ 시행자는 특히 필요하다고 인정되면 도시 · 군계획시설에 인접한 토지 · 건축물 또는 그 토지에 정착된 물건 등을 수용하게 하거나 일시 사용할 수 있게 하는 것

④ 기반 시설의 설치나 그에 필요한 용지의 확보, 위해 방지, 환경오염 방지, 경관 조성, 조경 등을 위하여 필요하다고 인정되는 경우 그 이행을 담보하기 위하여 시행자에게 이행보증금을 예치하게 하는 것

⑤ 도시 · 군계획시설사업을 효율적으로 추진하기 위하여 필요하다고 인정되면 사업시행대상지역 또는 대상 시설을 둘 이상으로 분할하여 시행할 수 있게 하는 것

51. **국토의 계획 및 이용에 관한 법령상 기반시설 중 "광장"은 다음과 같이 세분할 수 있다. <u>틀린</u> 것은?**

① 교통광장

② 일반광장

③ 경관광장

④ 지상광장

⑤ 건축물부설광장

52. 국토의 계획 및 이용에 관한 법령상 (㉠) (㉡) (㉢)에 순서대로 맞는 것은?

> (㉠): 토지의 이용 및 건축물의 용도 · 건폐율 · 용적률 · 높이 등에 대한 용도지역의 제한에 따라 개발행위허가의 기준을 적용하는 주거지역 · 상업지역 및 공업지역
> (㉡): 도시계획위원회의 심의를 통하여 개발행위허가의 기준을 강화 또는 완화하여 적용할 수 있는 계획관리지역 · 생산관리지역 및 자연녹지지역
> (㉢): 도시계획위원회의 심의를 통하여 개발행위허가의 기준을 강화하여 적용할 수 있는 보전관리지역 · 농림지역 · 자연환경보전지역 및 생산녹지지역 및 보전녹지지역

① 보전용도 - 유보용도 - 시가화용도
② 시가화용도 - 보전용도 - 유보용도
③ 유보용도 - 시가화용도 - 보전용도
④ 시가화용도 - 유보용도 - 보전용도
⑤ 개발용도 - 보전용도 - 시가화용도

53. 도시개발법령상 도시개발구역 지정의 제안 및 요청에 관한 설명으로 틀린 것은?

① 국가, 지방자치단체, 도시개발조합을 제외한 시행자로 지정 될 수 있는 자는 특별자치도지사 · 시장 · 군수 또는 구청장에게 도시개발구역의 지정을 제안할 수 있다.
② 제안하려는 지역이 둘 이상의 시 · 군 또는 구의 행정구역에 걸쳐 있는 경우에는 제안지역에 포함된 모든 시장 · 군수 또는 구청장에게 제안에 따른 서류를 제출하여야 한다.
③ 정부출연기관의 장이 30만㎡ 이상으로서 국가계획과 밀접한 관련이 있는 도시개발구역의 지정을 제안하는 경우에는 국토교통부장관이 지정한다.
④ 위 ③의 제안을 받은 국토교통부장관은 제안 내용의 수용 여부를 1개월 이내에 제안자에게 통보하여야 한다.
⑤ 관계 중앙행정기관의 장이 요청하는 경우에는 국토교통부장관이 도시개발구역을 지정할 수 있다.

54. 도시개발법령상 개발계획에 관한 설명으로 틀린 것은?

① 개발계획은 해당 광역도시계획이나 도시 · 군기본계획에 들어맞아야 한다.
② 개발계획을 공모한 경우에는 도시개발구역을 지정한 후 개발계획을 수립할 수 있다
③ 330만㎡ 이상인 도시개발구역에 관한 개발계획은 주거, 생산, 교육, 유통, 위락 등의 기능이 서로 조화를 이루어야 한다.
④ 개발계획의 작성 기준 및 방법은 지정권자가 정한다.
⑤ 수용 또는 사용의 대상이 되는 토지 등이 있는 경우에 그 세부목록은 도시개발구역의 지정 후 개발계획에 포함할 수 있다.

55. 도시개발법령상 사업시행방식에 관한 설명으로 틀린 것은?

① 대지로서의 효용증진과 공공시설의 정비를 위하여 토지의 교환 · 분할 · 합병, 그 밖의 구획변경이나 공공시설의 설치 · 변경이 필요한 경우에는 환지방식으로 정한다.
② 계획적이고 체계적인 도시개발 등 집단적인 조성과 공급이 필요한 경우에는 환지방식으로 정한다.
③ 수용 또는 사용 방식이 적용되는 지역과 환지 방식이 적용되는 지역을 사업시행지구별로 분할하여 시행하는 방식은 분할 혼용방식이다.
④ 도시개발사업의 시행방식을 수용 또는 사용방식에서 전부 환지방식으로 변경하는 경우에는 시행방식을 변경할 수 있다.
⑤ 도시개발사업의 시행방식을 수용 또는 사용 방식에서 혼용방식으로 변경하는 경우에는 시행방식을 변경할 수 있다.

56. 도시개발법령상 환지계획에 관한 설명으로 옳은 것은?

① 행정청이 아닌 시행자가 환지계획을 작성한 경우에는 지정권자의 인가를 받아야 한다.
② 환지로 지정된 토지나 건축물을 금전으로 청산하는 경우에는 그 변경에 관하여 인가를 받아야 한다.
③ 토지소유자가 신청하면 해당 토지의 임차권자 등이 있는 경우에도 그 동의여부와 관계없이 환지를 정하지 아니할 수 있다.
④ 시행자는 면적이 작은 토지는 과소 토지가 되지 아니하도록 면적을 늘려 환지를 정할 수 있지만 환지대상에서 제외할 수 없다.
⑤ 환지계획에는 체비지 또는 보류지의 명세, 입체환지용 건축물 명세에 관한 사항도 포함된다.

57. **도시개발법령상 토지부담률에 관한설명 중 옳은 것만 묶은 것은?**

> ㄱ. 토지부담률은 사업시행자가 산정한다.
> ㄴ. 환지계획구역의 외부와 연결되는 환지계획구역 안의 도로로서 너비 25m 이상의 간선도로는 관할 지방자치단체가 도로의 부지를 부담하고, 토지소유자가 공사비를 보조하여 건설할 수 있다.
> ㄷ. 환지계획구역의 평균토지부담률은 50%를 초과할 수 없다.
> ㄹ. 해당 환지계획구역의 특성을 고려하여 지정권자가 인정하는 경우에는 평균 토지부담률을 60%까지로 할 수 있다.

① ㄱ, ㄴ, ㄷ　　② ㄱ, ㄴ, ㄹ
③ ㄴ, ㄷ, ㄹ　　④ ㄱ, ㄷ, ㄹ
⑤ ㄱ, ㄴ, ㄷ, ㄹ

58. **도시개발법령상 환지예정지의 지정 절차 및 효과 등에 관한 설명으로 옳은 것은?**

① 도시개발사업의 전부나 일부를 환지방식으로 하는 경우에는 환지계획인가 후 도시개발구역의 토지에 대하여 환지예정지를 지정하여야 한다.
② 위 ①의 경우에 종전의 토지에 대한 임차권자 등이 있으면 그의 동의를 얻어야 한다.
③ 환지예정지 처분의 효력은 그 지정처분을 공고한 날의 다음 날에 발생한다.
④ 환지예정지처분의 효력은 환지예정지 지정의 효력발생일부터 환지처분이 공고되는 날의 다음날까지 존속한다.
⑤ 시행자는 환지예정지를 지정한 경우에 해당 토지를 사용하거나 수익하는 데에 장애가 될 물건이 그 토지에 있으면 그 토지의 사용 또는 수익을 시작할 날을 따로 정할 수 있다.

59. **도시 및 주거환경정비법령상 용어의 설명이 <u>틀린</u> 것은?**

① 도로 · 상하수도 · 공원 · 공용주차장 · 공동구는 공동이용시설이다.
② 재건축사업의 경우에 토지 등 소유자는 정비구역에 위치한 건축물 및 그 부속 토지의 소유자이다.
③ 상업지역 · 공업지역 등에서 도시기능의 회복 및 상권 활성화 등을 위하여 도시환경을 개선하기 위한 사업은 재개발사업이다.
④ "토지주택공사 등"이란 한국토지주택공사 또는 주택사업을 수행하기 위하여 설립된 지방공사를 말한다.
⑤ 준공일 기준으로 40년까지 사용하기 위하여 보수 · 보강하는 데 드는 비용이 철거 후 새로운 건축물을 건설하는 데 드는 비용보다 클 것으로 예상되면 노후 · 불량건축물이다.

60. **도시 및 주거환경정비법령상 정비구역에서 개발행위 허가를 받아야 하는 것은?**

① 농림수산물의 생산에 직접 이용되는 비닐하우스의 설치
② 경작을 위한 토지의 형질변경
③ 정비구역의 개발에 지장을 주지 아니하고 자연경관을 손상하지 아니하는 범위에서의 토석의 채취
④ 정비구역에 존치하기로 결정된 대지에 물건을 쌓아놓는 행위
⑤ 경작지에서 관상용 죽목의 임시식재

61. **도시 및 주거환경정비법령상 "재개발사업의 시행자" 에 관한 설명으로 <u>틀린</u> 것은?**

① 조합이 조합원의 과반수의 동의를 받아 시장 · 군수 등, 토지주택공사 등, 건설업자, 등록사업자 등과 공동으로 시행할 수 있다.
② 토지 등 소유자가 20인 미만인 경우에는 조합을 설립하지 않고 토지 등 소유자가 시행할 수 있다.
③ 천재지변 그 밖의 불가피한 사유로 긴급하게 사업을 시행할 필요가 있다고 인정하는 때에는 시장 · 군수 등이 직접 시행할 할 수 있다.
④ 시장 · 군수 등은 권리관계분쟁 등으로 토지 등 소유자가 시행하는 사업을 계속 추진하기 어렵다고 인정되는 경우에는 토지 등 소유자를 대신하여 직접 정비사업을 시행할 수 있다.
⑤ 위 ④의 시장 · 군수 등은 사업대행개시결정 · 고시를 한 날부터 사업대행완료를 고시하는 날까지 자기의 이름 및 사업시행자의 계산으로 사업시행자의 업무를 집행하고 재산을 관리한다.

62. **도시 및 주거환경정비법령상 조합 총회의 의결사항으로서 조합원 과반수의 찬성으로 의결되는 것을 모두 묶은 것은?**

> ㉠ 정관의 변경
> ㉡ 자금의 차입과 그 방법 · 이자율 및 상환 방법
> ㉢ 사업시행계획서의 작성 및 변경
> ㉣ 관리처분계획의 수립 및 변경

① ㉠
② ㉠, ㉡
③ ㉠, ㉢
④ ㉢, ㉣
⑤ ㉠, ㉢, ㉣

63. **도시 및 주거환경정비법령상 관리처분계획 인가 · 고시 후 효과 등에 관한 설명으로 <u>틀린</u> 것은?**

① 종전의 토지 또는 건축물의 소유자 등은 관리처분계획인가의 고시가 있은 때 종전의 토지 또는 건축물을 사용하거나 수익할 수 없다.
② 사업시행자는 관리처분계획 인가 후 기존의 건축물을 철거하여야 한다.
③ 사업시행자는 기존 건축물의 붕괴 등 안전사고의 우려가 있는 경우에는 기존 건축물 소유자의 동의 및 시장 · 군수등의 허가 없이 해당 건축물을 철거할 수 있다.
④ 정비사업의 시행으로 지상권 · 전세권 또는 임차권의 설정 목적을 달성할 수 없는 때에는 그 권리자는 계약을 해지할 수 있다.
⑤ 계약을 해지할 수 있는 자가 가지는 전세금 · 보증금, 그 밖의 계약상의 금전의 반환청구권은 사업시행자에게 행사할 수 있다.

64. **도시 및 주거환경정비법령상 관리처분계획인가의 시기 조정 및 주택 등 건축물을 분양받을 권리의 산정 기준일 등에 관한 설명으로 <u>틀린</u> 것은?**

① 특별시장 · 광역시장 또는 도지사는 시 · 도 주거정책심의위원회의 심의를 거쳐 사업시행계획인가 또는 관리처분계획인가의 시기를 조정하도록 해당 시장, 군수 또는 구청장에게 요청할 수 있다.
② 위 ①의 경우 요청을 받은 시장, 군수 또는 구청장은 특별한 사유가 없으면 그 요청에 따라야 하며, 사업시행계획인가 또는 관리처분계획인가의 조정 시기는 인가를 신청한 날부터 1년을 넘을 수 없다.
③ 주택 등 건축물을 분양받을 권리의 산정 기준일은 정비구역 지정 고시가 있은 날이다.
④ 1필지의 토지가 여러 개의 필지로 분할되는 경우에는 "기준일"의 다음 날을 기준으로 건축물을 분양받을 권리를 산정한다.
⑤ 다세대주택이 단독주택 또는 다가구주택으로 전환되는 경우에는 "기준일" 의 다음 날을 기준으로 건축물을 분양받을 권리를 산정한다.

65. **건축법령상 면적 등의 산정방법에 관한 설명으로 <u>틀린</u> 것은?**

① 층고는 방의 바닥구조체 윗면으로부터 위층 바닥구조체의 윗면까지의 높이로 한다.
② 건축면적은 건축물의 외벽의 중심선으로 둘러싸인 부분의 수평투영면적으로 한다. 지표면으로부터 1미터 이하에 있는 부분은 대지면적에서 제외한다.
③ 바닥면적 산정 시 벽 · 기둥의 구획이 없는 건축물은 그 지붕 끝부분으로부터 수평거리 1미터를 후퇴한 선으로 둘러싸인 수평투영면적으로 한다.
④ 건축물의 옥상에 설치되는 승강기탑 · 계단탑 · 망루 · 장식탑 등의 그 수평투영면적의 합계가 해당 건축물 건축면적의 8분의 1 이하인 경우에는 그 부분의 높이가 12미터를 넘는 경우에는 그 높이 전부를 높이에 산입한다.
⑤ 승강기탑, 계단탑, 망루, 장식탑 등 건축물의 옥상 부분으로서 그 수평투영면적의 합계가 해당 건축물 건축면적의 8분의 1 이하인 것과 지하층은 건축물의 층수에 산입하지 아니하고, 층의 구분이 명확하지 아니한 건축물은 그 건축물의 높이 4미터마다 하나의 층으로 본다.

66. **건축법령상 건축사 설계대상 및 착공신고를 설명한 것으로 틀린 것은?**

① 「주택법」에 따른 리모델링을 하는 건축물의 리모델링 설계는 건축사가 아니면 설계할 수 없다.

② 연면적이 200㎡ 미만이고 층수가 3층 미만인 건축물의 대수선 설계는 건축사 설계대상에서 제외된다.

③ 건축허가 · 건축신고 또는 가설건축물의 건축에 따라 허가를 받거나 신고를 한 건축물의 공사를 착수하려는 건축주는 허가권자에게 공사계획을 신고하여야 한다.

④ 허가권자는 공사계획 신고를 받은 날부터 3일 이내에 신고수리 여부 또는 민원 처리 관련 법령에 따른 처리기간의 연장 여부를 신고인에게 통지하여야 한다.

⑤ 건축주가 축조 신고를 한 가설건축물의 건축공사를 완료한 후 그 건축물을 사용하려면 허가권자에게 사용승인을 신청하여야 한다.

67. **건축법령상 건축물의 건축절차 등에 관한 설명으로 틀린 것은?**

① 건축허가 대상 건축물을 건축하려는 자는 건축허가를 신청하기 전에 허가권자에게 사전결정을 신청할 수 있다.

② 사전결정 신청자는 사전결정을 통지받은 날부터 2년 이내에 건축허가를 신청하여야 하며, 이 기간에 신청하지 아니하면 사전결정의 효력이 상실된다.

③ 위락시설이나 숙박시설로서 주거환경이나 교육환경 등 주변 환경을 고려할 때 부적합하면 건축위원회 심의를 거쳐 허가가 거부될 수 있다.

④ 착공신고 전에 경매 또는 공매 등으로 건축주가 대지의 소유권을 상실한 경우에는 건축허가를 취소하여야 한다.

⑤ 재해복구, 흥행, 전람회, 공사용 가설건축물 등을 축조하려는 자는 특별자치시장 · 특별자치도지사 또는 시장 · 군수 · 구청장에게 신고한 후 착공하여야 한다.

68. **건축법령상 공개공지등에 관한 설명으로 틀린 것은?**

① 노후 산업단지의 정비가 필요하다고 인정하여 지정 · 공고하는 지역은 공개공지를 확보하여야 한다.

② 업무시설 및 숙박시설 용도로서 그 바닥면적의 합계가 5천㎡ 이상인 건축물은 공개공지를 확보하여야 한다.

③ 공개공지등의 면적은 대지면적의 100분의 10 이하의 범위에서 건축조례로 정하고, 조경면적과 매장문화재의 현지보존 조치 면적을 공개공지등의 면적으로 하여서는 아니 된다.

④ 공개공지를 설치하는 경우에는 해당 지역에 적용하는 용적률의 1.2배 이하까지 완화 적용이 가능하다.

⑤ 공개공지등에는 연간 60일 이내의 기간동안 문화행사를 열거나 판촉 활동을 할 수 있다.

69. **건축법령상 공용건축물에 대한 특례에 관한 설명으로 틀린 것은?**

① 국가나 지방자치단체는 건축물을 건축하려는 경우에는 미리 건축물의 소재지를 관할하는 허가권자와 협의하여야 한다.

② 위의 건축물의 소재지를 관할하는 허가권자와 협의한 경우에는 제11조(건축허가), 제14조, 제19조(건축신고)한 것으로 본다.

③ 협의한 건축물에는 제22조(건축물의 사용승인) 의 규정을 적용하지 아니한다.

④ 국가나 지방자치단체가 소유한 대지의 지상 또는 지하 여유 공간에 구분지상권을 설정하여 주민편의시설 등을 설치하고자 하는 경우 허가권자는 구분지상권자를 건축주로 보고 구분지상권이 설정된 부분을 대지로 보아 건축허가를 할 수 있다.

⑤ 위 ④의 "주민편의시설"에는 업무시설 중 오피스텔을 포함한다.

70. **건축법령상 도로에 관한 설명으로 틀린 것은?**

① 보행이 불가능한 자동차 전용도로는 이 법에 의한 도로가 될 수 없다.

② 예정도로도 이법에 의한 도로에 포함된다.

③ 지형적으로 차량 통행을 위한 도로의 설치가 곤란하다고 지정 · 공고된 구역에는 너비 3미터 이상의 도로로서 「도로법」 등에 따라 신설 또는 변경에 관하여 고시 된 것은 이법에 의한 도로에 해당한다.

④ 단, 위 ③의 경우 길이 10 미터 미만인 막다른 도로는 너비가 2미터 이상인 경우 이법에 의한 도로에 해당한다.

⑤ 길이 40미터인 막다른 도로로서 너비 4미터인 것은 이법에 의한 도로에 해당한다.

71. **건축법령상 결합건축의 대상지가 될 수 없는 것은?**

① 「국토의 계획 및 이용에 관한 법률」에 따라 지정된 상업지역
② 「역세권의 개발 및 이용에 관한 법률」에 따라 지정된 역세권 개발구역
③ 「도시 및 주거환경정비법」에 따른 재건축사업 및 재개발사업의 시행을 위한 구역
④ 건축협정구역
⑤ 특별건축구역

72. **주택법령상 「공동주택관리법」에 따른 행위의 허가를 받거나 신고를 하고 설치하는 "세대구분형 공동주택"의 요건으로 다음 빈칸 ⓐ, ⓑ, ⓒ에 순서대로 알맞은 것은?**

> ㉠ 구분된 공간의 세대수는 기존 세대를 포함하여 (ⓐ)세대 이하일 것
> ㉡ 세대구분형 공동주택의 세대수가 해당 주택단지 안의 공동주택 전체 세대수의 (ⓑ)과 해당 동의 전체 세대수의 (ⓒ)을 각각 넘지 않을 것.

① 2 - 10분의 1 - 5분의 1
② 2 - 5분의 1 - 10분의 1
③ 2 - 10분의 1 - 3분의 1
④ 3 - 10분의 1 - 3분의 1
⑤ 3 - 10분의 1 - 5분의 1

73. **주택법령상 전매가 허용되는 경우로서 <u>틀린</u> 것은?**

① 세대원이 근무 또는 생업상의 사정으로 세대원 전원이 다른 광역시, 특별자치시, 특별자치도, 시 또는 군으로 이전하는 경우. 다만, 수도권 안에서 이전하는 경우는 제외한다.
② 상속에 따라 취득한 주택으로 세대원 전원이 이전하는 경우
③ 세대원 전원이 해외로 이주하거나 2년 이상의 기간 동안 해외에 체류하려는 경우
④ 이혼으로 인하여 입주자로 선정된 지위 또는 주택을 배우자에게 이전하는 경우
⑤ 입주자로 선정된 지위 또는 주택의 전부 또는 일부를 배우자에게 증여하는 경우

74. **주택법령상 리모델링에 관한 설명으로 빈칸 ⓐ, ⓑ, ⓒ, ⓓ에 순서대로 맞게 연결 된 것은?** (단, 예외적 규정을 고려하지 아니한다)

> ㉠ 사용검사일 또는 사용승인일부터 15년이 경과된 공동주택을 각 세대의 주거전용면적의 (ⓐ)% 이내에서 증축할 수 있다.
> ㉡ 각 세대의 증축 가능 면적을 합산한 면적의 범위에서 기존 세대수의 (ⓑ)% 이내에서 세대수를 증가하는 증축을 할 수 있다.
> ㉢ 주택단지 전체를 리모델링하고자 주택조합을 설립하려는 경우에는 주택단지 전체의 구분소유자와 의결권의 각 (ⓒ)의 결의 및 각 동의 구분소유자와 의결권의 각 (ⓓ)의 결의를 증명하는 서류를 첨부하여 관할 시장 · 군수 · 구청장의 인가를 받아야 한다.

① 40 - 10 - 과반수 - 3분의 2 이상
② 30 - 15 - 3분의 2 이상 - 과반수
③ 30 - 20 - 3분의 2 이상 -2분의 1
④ 30 - 15 - 75% 이상 - 50% 이상
⑤ 30 - 10 - 50% 이상 - 75% 이상

75. **주택법령상 입주자 모집공고 승인 신청일 이후부터 입주예정자가 그 주택 및 대지의 소유권이전등기를 신청할 수 있는 날 이후 60일까지의 기간 동안 사업주체의 제한행위에 해당하지 <u>않는</u> 것은?**

① 당해 주택 및 대지에 대한 가등기담보권을 설정하는 행위
② 당해 주택 및 대지에 대한 부동산임차권을 설정하는 행위
③ 당해 대지에 대한 지상권을 설정하는 행위
④ 당해 주택 및 대지에 대한 저당권을 설정하는 행위
⑤ 당해 주택 및 대지에 대한 전세권을 설정하는 행위

76. 주택법령상 사업계획승인에 관한 설명으로 틀린 것은?

① 「건축법 시행령」에 따른 한옥은 50호 이상을 사업계획 승인 대상으로 한다.

② 전체 세대수가 600세대 이상인 주택단지는 공구별로 분할하여 주택을 건설·공급할 수 있다.

③ 국가 및 한국토지주택공사가 주택건설사업을 시행하는 경우에는 사업계획 승인을 받지 않는다.

④ 사업계획승인권자는 사업계획승인의 신청을 받았을 때에는 정당한 사유가 없으면 그 신청 받은 날부터 60일 이내에 사업주체에게 승인 여부를 통보하여야 한다.

⑤ 사업계획 승인을 받은 날부터 5년 이내에 공사에 착수하지 않으면 그 승인을 취소할 수 있다.

77. 주택법령상 환지 방식에 의한 도시개발사업으로 조성된 대지의 활용에 관한 설명으로 틀린 것은?

① 사업주체는 국민주택용지로 사용하기 위하여 도시개발사업시행자에게 체비지의 매각을 요구할 수 있다.

② 위 ①의 시행자는 체비지의 총면적의 50%의 범위에서 이를 우선적으로 사업주체에게 매각할 수 있다.

③ 환지계획의 수립 전에 체비지의 매각을 요구하면 도시개발사업의 시행자는 사업 주체에게 매각할 체비지를 그 환지계획에서 하나의 단지로 정하여야 한다.

④ 체비지의 양도가격은 감정가격을 기준으로 한다.

⑤ 임대주택을 건설을 목적으로 하는 경우에는 감정가격 이하로 할 수 있다.

78. 주택법령상 사업계획승인을 취소할 수 있는 사유로서 틀린 것은?

① 사업계획승인을 받은 날부터 5년 이내에 공사를 시작하지 아니한 경우

② 공구별로 사업계획승인을 받은 경우 최초로 공사를 진행하는 공구는 그 승인받은 날부터 5년 이내에 공사를 시작하지 아니한 경우

③ 공구별로 사업계획승인을 받은 경우 최초로 공사를 진행하는 공구 외의 공구는 해당 주택단지에 대한 최초 착공신고 일로부터 2년 이내에 공사를 시작하지 아니한 경우

④ 사업주체가 경매·공매 등으로 인하여 대지소유권을 상실한 경우

⑤ 사업주체의 부도·파산 등으로 공사의 완료가 불가능한 경우

79. 농지법령상 농지에 해당하지 않는 것은?

① 전·답, 과수원, 그 밖에 법적 지목(地目)을 불문하고 실제로 농작물 경작지 또는 다년생식물 재배지로 이용되는 토지

② 과수·뽕나무·유실수 그 밖의 생육기간이 2년 이상인 식물재배지

③ 조경 또는 관상용 수목과 그 묘목(조경목적으로 식재한 것을 제외한다)재배지

④ 농지의 개량시설로서 유지(溜池), 양·배수시설, 수로, 농로, 제방

⑤ 지목이 전·답, 과수원이 아닌 토지로서 농작물 경작지 또는 다년생식물 재배지로 계속하여 이용되는 기간이 3년 미만인 토지

80. 농지법령상 이행강제금에 관한 설명으로 틀린 것은?

① 농지의 감정가격 또는 개별공시지가 중 더 높은 가액의 100분의 25에 해당하는 이행강제금을 부과한다.

② 최초로 처분명령을 한 날을 기준으로 하여 그 처분명령이 이행될 때까지 이행강제금을 매년 1회 부과·징수할 수 있다.

③ 농지의 처분명령을 받은 자가 처분명령을 이행하면 새로운 이행강제금의 부과는 즉시 중지하되, 이미 부과된 이행강제금은 이를 철회하여야 한다.

④ 이행강제금 부과 처분에 불복하는 자는 그 처분을 고지받은 날부터 30일 이내에 시장·군수 또는 구청장에게 이의를 제기할 수 있다.

⑤ 이행강제금 부과처분을 받은 자가 이의를 제기하면 시장·군수 또는 구청장은 지체없이 관할 법원에 그 사실을 통보하여야 하며, 그 통보를 받은 관할 법원은 「비송사건절차법」에 따른 과태료 재판에 준하여 재판을 한다.

MEMO

2023년도 제34회 공인중개사 2차 국가자격시험

실전모의고사 제8회

교 시	문제형별	시 간	시험과목
2교시	A	50분	1 부동산공시에 관한 법령 및 부동산 관련 세법

수험번호		성 명	

【 수험자 유의 사항 】

1. **시험문제지 표지와** 시험문제지 내 **문제형별의 동일여부** 및 시험 문제지의 **총면수 · 문제번호 일련순서 · 인쇄상태** 등을 확인하시고, 문제지 표지에 수험번호와 성명을 기재하시기 바랍니다.
2. 답은 각 문제마다 요구하는 **가장 적합하거나 가까운 답 1개**만 선택하고, 답안카드 작성시 시험문제지 **형별누락, 마킹착오**로 인한 불이익은 전적으로 수험자에게 책임이 있음을 알려드립니다.
3. 답안카드는 국가전문자격 공통 표준형으로 문제번호가 1번부터 125번까지 인쇄되어 있습니다. 답안마킹시에는 반드시 **시험문제지의 문제번호와 동일한 번호에 마킹**하여야 합니다. (2차 2교시: 1번~40번)
4. **감독관의 지시에 불응시 불이익이 발생될 수 있으며, 시험시간 종료 후 답안카드를 제출하지 않을 경우** 시험무효처리 됨을 알려드립니다.
5. 이의제기에 관한 개별회신은 하지 않으며, **최종 정답 발표로 갈음**합니다.
6. 시험 중 **중간 퇴실은 불가**합니다. 단, 부득이하게 퇴실할 경우 **시험포기 각서 제출 후 퇴실은 가능**하나 **재입실이 불가**하며, **해당시험은 무효처리됩니다.**
7. 시험문제지는 시험 종료 후 가져가시기 바랍니다.

인강드림 공인중개사

제1과목: 부동산공시에 관한 법령 및 부동산 관련 세법

1. 공간정보의 구축 및 관리 등에 관한 법령상 지적의 관한 내용으로 틀린 것은?

① 국토교통부장관은 모든 토지에 대하여 필지별로 소재 · 지번 · 지목 · 면적 · 경계 또는 좌표 등을 조사 · 측량하여 지적공부에 등록하여야 한다

② 지적공부에 등록하는 지번 · 지목 · 면적 · 경계 또는 좌표는 토지의 이동이 있을 때 토지소유자의 신청을 받아 지적소관청이 결정한다. 다만, 신청이 없으면 지적소관청이 직권으로 조사 · 측량하여 결정할 수 있다.

③지적소관청은 해당 청사에 지적서고를 설치하고 그 곳에 지적공부(정보처리시스템을 통하여 기록 · 저장한 경우는 제외한다. 이하 이 항에서 같다)를 영구히 보존하여야 한다.

④ 지적공부를 정보처리시스템을 통하여 기록 · 저장한 경우 관할 시 · 도지사, 시장 · 군수 또는 구청장은 그 지적공부를 지적정보관리체계에 영구히 보존하여야 한다.

⑤ 지적소관청은 지적공부를 과세나 부동산정책자료 등으로 활용하기 위하여 주민등록 전산자료, 가족관계등록전산자료, 부동산등기전산자료 또는 공시지가전산자료 등을 관리하는 기관에 그 자료를 요청할 수 있으며 요청을 받은 관리기관의 장은 특별한 사정이 없는 한 이에 응하여야 한다.

2. 공간정보의 구축 및 관리 등에 관한 법령상 지번에 관한 설명으로 옳은 것은?

① 지적소관청은 직권으로 지번부여 지역의 전부 또는 일부에 대하여 지번을 변경할 수 있다.

② 임야대장 및 임야도에 등록하는 토지의 지번은 숫자 뒤에 "산" 자를 붙인다.

③ 지번은 본번(本番)과 부번(副番)으로 구성하며, 북동에서 남서로 순차적으로 부여한다.

④ 분할의 경우에는 분할된 필지마다 새로운 본번을 부여한다.

⑤ 합병의 경우에는 원칙적으로 합병대상 지번 중 선순위의 지번을 그 지번으로 하되, 본번으로 된 지번이 있는 때에는 본번 중 선순위의 지번을 합병 후의 지번으로 한다.

3. 공간정보의 구축 및 관리 등에 관한 법령상 지목에 대한 설명이다. 틀린 것은?

① 주차장법 제19조 4항 규정에 의거 시설물 부지인근에 설치된 부설주차장의 지목은 '주차장' 으로 한다.

② 아파트나 공장 등 일정한 단지 안에 설치된 통로나 주차장의 경우 '도로' 또는 '주차장' 으로 보지 않는다.

③ 학교용지나 종교용지 등 일정한 단지 안에 사적지가 존재할 경우 지목은 '학교용지' 나 '종교용지' 로 정하여야 한다.

④ 고속도로 안의 휴게소 부지 또는 2필지 이상에 진입하는 통로로 이용되는 토지는 '도로' 로 한다.

⑤ 봉안당과 이에 접속된 부속시설물의 부지와 묘지의 관리를 위한 건축물의 부지는 '묘지' 로 하여야한다.

4. 공간정보의 구축 및 관리 등에 관한 법령상 지적측량을 실시한 경우 검사권자로 옳은 것은?

> 지적삼각측량과 경위의측량방법에 의한 지적확정측량성과에 대하여 국토교통부장관이 정하는 일정한 면적이상일 경우 (　a　)의 검사를 받아야 하며 일정한 면적 미만일 경우 (　b　)의 검사를 받아야 한다.

① a.지적소관청　b.지적소관청

② a.시 · 도지사 또는 대도시시장　b.시 · 도지사 또는 대도시시장

③ a.지적소관청　b.국토교통부장관

④ a.시 · 도지사 또는 대도시시장　b.지적소관청

⑤ a.국토교통부장관　b.시 · 도지사 또는 대도시 시장

5. 공간정보의 구축 및 관리 등에 관한 법령상 지적측량적부심사에 대한 다음 설명으로 틀린 것은?

① 지적측량에 대하여 다툼이 있을 경우 특별시장 · 광역시장 · 도지사 및 특별자치도지사(이하 '시 · 도지사')를 거쳐서 지방지적위원회에게 지적측량의 적부심사를 청구 할 수 있다.

② 청구서를 받은 시 · 도지사는 측량성과와 경위 등을 조사한 후 30일 이내에 지방지적위원회에게 회부하여야 한다.

③ 사안을 회부 받은 지방지적위원회는 위원회에 회부된 적부심사청구사안에 대해 부득이한 사정이 없는 한 30일 이내에 심의하여 의결해야 한다.

④ 의결서를 송부 받은 시 · 도지사는 적부심사청구인과 이해관계인에게 각각 7일 이내에 통지하여야 한다.

⑤ 지방지적위원회는 적부심사결정에 불복하는 경우 90일 이내에 국토교통부장관을 거쳐서 중앙지적위원회에게 지적측량적부심사의 재심사를 청구할 수 있다.

6. 공간정보의 구축 및 관리 등에 관한 법령상 축척변경에 관한 설명으로 틀린 것은? (축척변경위원회의결 및 시 · 도지사 또는 대도시시장 등의 승인을 거치지 않는 경우는 제외)

① 축척변경 측량을 실시한 후 면적이 허용오차 이내의 경우 축척변경 전의 면적을 등록을 하고 허용오차를 초과하는 경우 축척변경 측량 후의 면적을 등록하여야 한다.

② 납부고지되거나 수령통지된 청산금에 관하여 이의가 있는 자는 납부고지 또는 수령통지를 받은 날부터 1개월 이내에 시 · 도지사나 대도시시장 등에게 이의신청을 할 수 있다.

③ 축척변경 시행지역의 토지소유자 또는 점유자는 시행공고가 된 날부터 30일 이내에 시행공고일 현재 점유하고 있는 경계에 경계점표지를 설치하여야 한다.

④ 지적소관청은 청산금의 결정을 공고한 날부터 20일 이내에 토지소유자에게 청산금의 납부고지 또는 수령통지를 하여야 한다.

⑤ 청산금의 납부 및 지급이 완료된 때에는 지적소관청은 지체 없이 축척변경의 확정공고를 하여야 하며, 확정공고일에 토지의 이동이 있는 것으로 본다.

7. 공간정보의 구축 및 관리 등에 관한 법령상 토지의 이동 등에 관한 다음 설명 중 옳은 것은?

① 신규등록의 경우에 토지의 표시사항은 지적소관청이 조사하여 등록하고 소유권의 표시는 등기부를 기준으로 등록한다.

② 등록전환은 토지의 이용도와 도면의 정밀도를 높이기 위하여 토지대장 및 지적도에 등록된 토지를 임야대장 및 임야도에 옮겨서 등록하는 것을 말한다.

③ 저당권이 설정된 토지와 설정되지 아니한 토지의 합병은 가능하다.

④ 1필지의 일부가 용도가 다르게 되어 분할을 신청하는 경우에는 60일 이내에 분할을 신청할 의무가 있으며 이를 위반하여 거짓으로 신청한 자는 1년 이하 징역 또는 1천만원 이하 벌금에 처한다.

⑤ 토지의 용도가 변경된 경우에는 지목변경이 가능하나 건축물의 용도가 변경된 경우에는 지목변경을 신청할 수 없다.

8. 공간정보의 구축 및 관리 등에 관한 법령상 경계점좌표등록부에 대한 설명 중 틀린 것은?

① 경계점좌표등록부 작성지역에서는 지적도를 함께 작성 · 비치하고 토지의 경계 결정이나 경계 복원은 좌표에 의한다.

② 경계점좌표등록부는 도시개발사업 등 지적확정측량을 실시한 지역과 축척변경을 통하여 토지의 경계점을 좌표로 등록하는 지역에 한해 작성 · 비치한다.

③ 경계점좌표등록부를 시행하는 임야도에는 제명 끝에 "(좌표)"라고 표시하여야 하며 지적도 오른쪽 아래 부분에 '이 도면에 의해 측량할 수 없음' 이라고 적어야 한다.

④ 경계점좌표등록부를 비치하는 지역에서는 토지의 면적은 0.1㎡까지 등록하여야 한다.

⑤ 경계점좌표등록부를 비치하는 지역 내 지적도에는 각 필지별 경계점간 거리를 등록하여야 한다.

9. 공간정보의 구축 및 관리 등에 관한 법령상 토지의 신규등록에 관한 설명으로 틀린 것은?

① 공유수면의 관리 및 매립에 관한 법률에 따라 준공인가가 된 토지를 신규등록 하는 경우 준공검사 확인증 사본 등을 제출하여야 한다.

② 신규등록지의 토지소유자는 사유가 발생한 날로부터 60일 이내에 지적소관청에 신청하여야 한다.

③ 신규등록시에는 지적측량을 실시하여 토지표시에 관한 사항을 지적공부에 등록하여야 한다.

④ 신규등록신청서에는 법원의 확정판결문 등 소유권을 증명함에 족한 서류를 첨부하여야 한다.

⑤ 신규등록을 한 지적소관청은 지체없이 관할등기소에 등기를 촉탁하여야 한다.

10. 공간정보의 구축 및 관리 등에 관한 법령상 토지의 면적에 관한 설명으로 틀린 것은?

① 면적을 등록하는 지적공부는 토지대장과 임야대장이다.

② 임야대장에 등록할 면적의 측정결과가 523.55㎡인 경우에는 임야대장에 등록되는 면적은523.6㎡로 등록된다.

③ 경계점좌표등록부를 비치하는 지역의 면적 측정은 좌표면적계산법에 따라 면적을 정한다.

④ 경계점좌표등록부시행지역에서 1필지의 면적을 측정한 결과 450.15㎡로 측정되었다면 토지대장에 등록하여야 할 면적은 450.2㎡이다.

⑤ 신규등록, 등록전환, 분할, 축척변경시에는 면적측정을 하여 새로운 면적을 등록하여야 한다.

11. 공간정보의 구축 및 관리 등에 관한 법령상 지적공부의 등록사항 정정에 관한 설명으로 틀린 것은?

① 토지소유자가 경계 또는 면적의 변경을 가져오는 등록사항에 대한 정정 신청을 하는 때에는 정정사유를 적은 신청서에 등록사항 정정 측량성과도를 첨부하여 지적소관청에 제출하여야 한다.

② 등록사항 정정으로 경계의 변경이 있을 경우 인접토지소유자의 승낙서나 이에 대항 할 수 있는 확정판결 정본을 제출하여야 한다.

③ 등록사항 정정 신청사항이 미등기토지의 소유자 성명에 관한 사항으로서 명백히 잘못된 경우에는 가족관계기록사항에 관한 증명서에 따라 정정하여야 한다.

④ 등기된 토지의 지적공부 등록사항 정정내용이 토지의 표시에 관한 사항인 경우 등 기필증, 등기완료통지서, 등기사항증명서 또는 등기관서에서 제공한 등기전산정보 자료에 따라 정정하여야 한다.

⑤ 지적도 및 임야도에 등록된 필지가 면적의 증감 없이 경계의 위치만 잘못 등록된 경 우 지적소관청이 직권으로 조사 · 측량하여 정정할 수 있다.

12. 공간정보의 구축 및 관리 등에 관한 법령상 토지이동 신청특례 등에 관한 설명으로 틀린 것은?

① 도시개발사업 등의 사업의 착수 또는 변경의 신고가 된 토지의 소유자가 해당 토지 의 이동을 원하는 경우에는 해당 사업의 시행자에게 그 토지의 이동을 신청하도록 요청하여야 한다.

② 도시개발사업 등에 따른 토지이동은 그 사업이 준공된 때 있는 것으로 본다.

③ 「주택법」에 따른 공동주택의 부지를 지목변경하는 경우 「집합건물의 소유 및 관리에 관한 법률」에 따른 관리인이 토지소유자의 신청을 대위할 수 있다.

④ 지적소관청이 지적측량 적부(재)심사의결서 사본을 받아 그 내용에 따라 지적공부의 경계 및 정정을 정정하는 경우 지적소관청에 정정을 신청하여야 한다.

⑤ 「주택법」의 규정에 의한 주택건설사업의 시행자가 파산으로 토지의 이동을 신청할 수 없는 때에는 그 주택의 시공을 보증한 자 또는 입주예정자 등이 신청할 수 있다.

13. 다음 등기 중 신청 각하 사유가 아닌 것은?

① 법 제27조에 따른 포괄승계인의 등기를 신청하는 경우 신청정보의 등기의무자 표시가 등기기록의 등기의무자 표시와 다른 경우

② 저당권을 피담보채권과 분리하여 양도하거나, 피담보채권과 분리하여 다른 채권의 담보로 하는 등기를 신청한 경우

③ 신청정보의 부동산 또는 등기의 목적인 권리의 표시가 등기기록과 일치하지 아니한 경우

④ 농지를 전세권설정의 목적으로 하는 등기를 신청한 경우

⑤ 신청정보 또는 등기기록의 부동산의 표시가 토지대장 · 임야대장 또는 건축물대장과 일치하지 아니한 경우

14. 부동산등기 특별조치법 제3조에 따른 계약서 등의 검인에 관한 다음 설명 중 가장 옳지 않은 것은?

① 신탁행위에 의한 신탁등기의 경우에는 등기원인을 증명하는 정보로서 제공하는 신탁계약서 등에 검인을 받을 필요가 없다.

② 매각 또는 공매를 원인으로 한 소유권이전등기의 경우에는 등기원인을 증명하는 정보에 검인을 받을 필요가 없다.

③ 계약을 원인으로 한 소유권이전등기의 경우에는 등기원인을 증명하는 정보가 판결서 정본인 때에도 검인을 받아야한다.

④ 토지거래계약허가증을 첨부정보로서 제공할 경우에는 등기원인을 증명하는 정보에 검인을 받을 필요가 없다.

⑤ 소유권 이전을 내용으로 한 계약을 원인으로 하여 소유권이전등기청구권 보전의 가등기를 신청할 때 제공하는 등기원인을 증명하는 정보에는 검인이 되어 있지 않아도 무방하다.

15.다음은 가등기에 관한 설명이다. 틀린 것은?

① 가등기는 공동신청이 원칙이나, 가등기의무자의 승낙서 또는 가처분명령의 정본을 첨부하면 가등기권리자가 단독으로 이를 신청할 수 있다.

② 소유권보존등기의 가등기, 처분제한의 가등기, 가등기에 기한 본등기를 금지하는 가처분등기는 할 수 없다.

③ 소유권이전가등기에 의해 본등기를 신청하는 경우 가등기 후에 실행이 된 지상권설정등기는 소유권이전의 본등기를 하는 경우 등기관이 직권으로 말소한다.

④ 저당권설정가등기에 의해 본등기를 신청하는 경우 가등기 후에 실행이 된 지상권설정등기는 저당권설정의 본등기를 하는 경우 등기관이 직권으로 말소한다.

⑤ 지상권설정가등기에 의해 본등기를 신청하는 경우 가등기 후에 실행이 된 지상권설정등기는 지상권설정의 본등기를 하는 경우 등기관이 직권으로 말소한다.

16. 말소에 관하여 등기상 이해관계 있는 제3자에 관한 다음 설명 중 가장 옳지 않은 것은?

① 말소등기를 신청하는 경우에 등기상 이해관계 있는 제3자가 있는 때에는 그 제3자의 승낙이 있어야 한다.

② 등기상 이해관계 있는 제3자라 함은 어느 등기의 말소로 인하여 등기의 형식상 손해를 입을 염려가 있는 제3자를 말한다.

③ 등기의 말소에 대하여 이해관계 있는 제3자가 그 말소에 대하여 승낙한 경우 등기관은 제3자 명의의 등기를 직권으로 말소한다.

④ 순위 2번 전세권설정등기를 말소하는 경우 순위 1번의 저당권설정등기는 이해관계인에 해당하지 않으나 순위 3번의 저당권자는 이해관계인에 속하게 된다.

⑤ 피담보채권이 소멸하여 실체법상 무효인 저당권등기라도 아직 말소되지 않았다면 그 명의인은 등기상 이해관계인으로 취급된다.

17. 다음 중 토지소유권보존등기에 관한 설명으로 틀린 것은?

① 미등기의 토지가 공유일 때에는 공유자 전원이 함께 그 보존등기를 신청하거나 또는 공유자 중 일부가 공유자 전원명의로 소유권보존등기를 신청할 수 있다.

② 판결에 의하여 자기의 소유권을 증명하는 경우 판결은 그 부동산이 등기신청인의 소유임을 인정하는 취지가 포함되어 있는 한 확인판결이든 이행판결이든 형성판결이든 판결의 종류는 불문한다.

③ 소송의 상대방은 대장상 소유자로 등록되어 있는 자이어야 하나, 소유자의 등재가 없거나 또는 소유자표시에 일부 누락이 있어 소유자를 특정할 수 없는 경우에는 당해 시장, 군수, 구청장을 상대로 하여야 한다.

④ 특별자치도지사 · 시장 · 군수 · 구청장의 확인서면에 의하여 자기의 소유권을 증명하는 자는 토지소유권보존등기를 신청할 수 없다.

⑤ 미등기토지를 지적공부상 "국" 으로부터 이전받은 자의 경우도 직접 자기 명의로 소유권보존등기를 신청할 수 있다.

18. 등기의무자의 권리에 관한 등기필증(등기필정보)에 대한 설명이다. 틀린 것은?

① 등기원인을 증명하는 정보가 집행력 있는 판결인 경우 승소한 등기권리자는 등기신청 시 등기필 정보를 제공할 필요가 없다.

② 매매예약에 의한 소유권이전청구권보전의 가등기에 기한 본등기를 신청할 때에는 제공하여야 할 등기필 정보는 가등기 당시 등기소로부터 교부받은 가등기등기필 정보를 의미하는 것이 아니라 소유권에 관한 등기필정보를 제공하여야 한다.

③ 등기원인을 증명하는 서면이 집행력 있는 판결인 경우 승소한 등기의무자가 단독으로 등기를 신청하는 경우 등기필 정보를 제공하여야 한다.

④ 토지수용을 원인으로 소유권이전등기를 신청하는 경우 등기의무자 등기필 정보는 제공할 필요 없다.

⑤ 특정유증으로 인한 소유권이전등기를 신청하는 경우 단독 신청에 의한 등기이므로 등기필 정보는 제공할 필요 없다.

19. 판결에 의한 등기신청 시 첨부정보에 관한 다음 설명 중 틀린 것은?

① 판결에 의한 등기를 신청할 때에는 등기원인증서로서 판결정본과 그 판결이 확정되었음을 증명하는 확정증명서를 첨부 정보로 제공하여야 하나 송달증명서의 제공은 요하지 않는다.

② 공유물분할 판결에 의해 소유권이전등기를 신청하는 경우 농자법상 농지취득증명은 제공할 필요 없다.

③ 판결에 의하여 등기권리자가 단독으로 소유권이전등기를 신청할 경우, 주소를 증명하는 정보는 등기권리자의 것만을 제공하면 된다.

④ 판결에 의한 소유권이전등기를 신청할 때에는 등기원인에 대하여 행정관청의 허가, 동의 또는 승낙이 필요한 경우에도, 판결이유에 그 허가서 등의 현존사실이 기재되어 있다면 그 허가서 등을 첨부 정보로 제공할 필요가 없다.

⑤ 승소한 등기의무자가 단독으로 등기를 신청할 때에는 그의 권리에 관한 등기필증을 첨부정보(등기필 정보의 경우에는 신청정보)로 제공하여야 한다.

20. **등기필정보의 작성 및 통지에 관한 다음 설명 중 틀린 것은?**

① 승소한 등기의무자의 신청에 의하여 등기를 마친 경우에는 등기필정보를 작성하지 않는다.

② 합유자를 추가하는 내용의 합유명의인표시변경등기를 마친 경우에는 등기필 정보를 작성해야 한다.

③ 채권자대위에 의한 등기를 마친 경우에는 등기필 정보를 작성하여 채권자에게 통지하여야 한다.

④ 관공서가 등기권리자를 위하여 소유권이전등기를 전자촉탁한 경우에는 등기필 정보통지서를 출력하여 관공서에 직접 교부 또는 송달할 수 있으며, 이 경우 관공서는 밀봉된 등기필 정보통지서를 뜯지 않은 채 그대로 등기권리자에게 교부한다.

⑤ 법정대리인의 신청에 의하여 등기를 마친 경우 등기필정보는 그 법정대리인에게 통지한다.

21. **근저당권이전 또는 변경등기에 관한 다음 설명 중 틀린 것은?**

① 근저당권의 피담보채권이 확정되기 전에 근저당권의 기초가 되는 기본계약상의 채권자 지위가 제3자에게 일부 양도된 경우, 그 양도인 및 양수인은 "계약의 일부 양도"를 등기원인으로 하여 근저당권이전등기를 신청할 수 있다.

② 근저당권의 피담보채권이 확정되기 전에 그 피담보채권이양도 또는 대위변제된 경우에는 이를 원인으로 하여 근저당권이전등기를 신청할 수 있다.

③ 근저당권의 피담보채권이 확정된 후에 그 피담보채권이양도 또는 대위변제된 경우에는 근저당권자 및 그 채권양수인 또는 대위변제자는 채권양도에 의한 저당권이전등기에 준하여 근저당권이전등기를 신청할 수 있다.

④ 근저당권의 피담보채권이 확정된 후에 제3자가 그 피담보채무를 면책적 또는 중첩적으로 인수한 경우에는 채무인수로 인한 저당권변경등기에 준하여 채무자 변경의 근저당권변경등기를 신청할 수 있다.

⑤ 근저당권의 채무자가 사망한 후 공동상속인 중 1인만이 채무자가 되려는 경우에는 상속재산분할 협의서를 첨부하여 채무자 변경의 근저당권변경등기를 공동으로 신청할 수 있다.

22. **소유권이전등기청구권 보전을 위한 가처분등기가 마쳐진 후 그 가처분채권자가 가처분채무자를 등기의무자로 하여 소유권이전등기를 신청하는 경우에 관한 설명 중 틀린 것은?**

① 가처분등기 이후에 된 등기로서 가처분채권자에게 대항할 수 없는 권리에 관한 등기의 말소는 가처분채권자가 단독으로 신청할 수 있다.

② 등기관이 위 ①의 신청에 따라 가처분등기 이후의 등기를 말소할 때에는 직권으로 그 가처분등기도 말소하여야 한다.

③ 가처분등기 이후에 된 등기로서 가처분채권자에 대항할 수 있는 임차인 명의의 주택임차권등기, 주택임차권설정등기의 말소는 가처분채권자가 단독으로 신청할 수 없다.

④ 가처분등기 이후에 된 국세체납에 의한 압류등기의 말소는 가처분채권자가 단독으로 신청할 수 없다.

⑤ 가처분등기 전에 마쳐진 가압류에 의한 강제경매개시결정등기의 말소는 가처분채권자가 단독으로 신청할 수 없다.

23. **다음의 등기신청 또는 촉탁이 있을 경우에 등기할 수 있는 것은?**

① 소유권이전청구권을 목적으로 한 가등기에 대한 가압류등기

② 1필지의 토지의 특정된 일부에 대한 처분금지가처분 등기

③ 가등기에 기한 본등기를 금지하는 내용의 가처분등기

④ 공동상속인 중 일부상속인만의 상속등기

⑤ 합유자의 지분에 대한 합유지분이전등기

24. **다음 중 등기신청 의무를 설명한 것 중 옳은 것은?**

① 토지의 면적이나 지목이 변경이 생긴 경우 그 토지의 등기명의인은 60일 이내에 변경등기를 신청하여야 한다.

② 건물의 경우 대지 지번의 변경이 있다거나 부속건물 등의 신축으로 건물의 변경이 있을 경우 60일 이내에 등기를 신청하여야 한다.

③ 건물을 신축한 자는 사용승인을 받은 날로부터 60일 이내에 소유권보존등기를 신청하여야 한다.

④ 부동산을 무상으로 증여를 받은 경우 증여의 효력이 발생한 날로부터 60일 이내에 등기를 신청하여야 한다.

⑤ 부동산 매매계약을 원인으로 등기를 신청하는 경우 매매계약일로부터 60일 이내에 등기를 신청하여야 한다.

25. **지방세기본법상 지방자치단체의 징수금을 납부할 의무가 소멸되는 것은 모두 몇 개인가?**

㉠ 납부	㉡ 납세자 사망
㉢ 결손처분	㉣ 부과취소
㉤ 제척기간의 만료	㉥ 부과철회
㉦ 충당	㉧ 소멸시효의 완성

① 1개 ② 2개
③ 3개 ④ 4개
⑤ 5개

26. **국세기본법 및 지방세기본법상 조세채권과 일반채권의 관계에 관한 설명으로 <u>틀린</u> 것은?**

① 재산의 매각대금 배분 시 당해 재산에 부과된 재산세는 당해 재산에 설정된 저당권에 따라 담보된 채권보다 우선한다.

② 재산의 매각대금 배분 시 당해 재산에 부과된 종합부동산세는 당해 재산에 설정된 전세권에 따라 담보된 채권보다 우선한다.

③ 취득세 신고서를 납세지 관할 지방자치단체장에게 제출한 날 후에 저당권 설정 등기 사실이 증명되는 재산을 매각하여 그 매각금액에서 취득세를 징수하는 경우, 저당권에 따라 담보된 채권은 취득세에 우선한다.

④ 강제집행으로 부동산을 매각할 때 그 매각금액 중에 국세를 징수하는 경우, 강제집행 비용은 국세에 우선한다.

⑤ 납세담보물 매각 시 담보에 관계되는 조세채권은 압류 있는 조세채권보다 우선한다.

27. **2012년 취득 후 등기한 토지를 2023년 10월 30일에 양도한 경우, 소득세법상 토지의 양도차익계산에 관한 설명으로 <u>틀린</u> 것은?** (단, 특수관계인과의 거래가 아님)

① 취득당시 실지거래가액을 확인할 수 없는 경우에는 매매사례가액, 환산취득가액, 감정가액, 기준시가를 순차로 적용하여 산정한 가액을 취득가액으로 한다.

② 취득가액을 매매사례가액으로 계산하는 경우 취득당시 개별공시지가에 3/100(미등기 양도자산 3/1,000)을 곱한 금액이 필요경비에 포함된다.

③ 취득가액을 실지거래가액으로 계산하는 경우 자본적 지출액과 양도비(그 지출에 관한 증명서류를 수취 · 보관함)는 필요경비에 포함된다.

④ 양도가액을 기준시가에 따를 때에는 취득가액도 기준시가에 따른다.

⑤ 양도와 취득시의 실지거래가액을 확인할 수 있는 경우에는 양도가액과 취득가액을 실지거래가액으로 산정한다.

28. **소득세법상 양도소득세의 세율에 대한 설명으로 <u>틀린</u> 것은?** (단, 주어진 자산 외에는 고려하지 않으며 2021년 6월 1일 이후 양도라 가정)

① 등기된 건물로서 2년 이상 보유하고 양도하는 경우의 세율은 6%에서 45%까지 8단계 초과누진세율이다.

② 등기된 토지로서 1년 미만 보유하고 양도하는 경우의 세율은 100분의 50이다.

③ 피상속인이 1년 7개월 보유한 등기된 건물을 상속인이 상속받아 6개월 보유하고 양도하는 경우의 세율은 100분의 50이다.

④ 조정대상지역에 있는 주택으로서 1세대 3주택 이상에 해당하는 주택을 양도하는 경우의 세율은 기본세율(6%에서 45%까지 8단계 초과누진세율)에 100분의 30을 더한 세율이다.

⑤ 주택분양권을 2년 이상 보유하고 양도하는 경우의 세율은 60%이다.

29. **소득세법상 거주자 甲이 2017년 1월 20일에 취득한 건물**(취득가액 3억원)**을 甲의 배우자 乙에게 2021년 3월 5일자로 증여**(해당 건물의 시가 8억원)**한 후, 乙이 2023년 10월 20일에 해당 건물을 甲 · 乙의 특수관계인이 아닌 丙에게 10억원에 매도하였다. 해당 건물의 양도소득세에 관한 설명으로 옳은 것은?** (단, 취득 · 증여 · 매도의 모든 단계에서 등기를 마침)

① 양도소득세 납세의무자는 甲이다.

② 양도소득금액 계산시 장기보유특별공제가 적용되지 아니한다.

③ 양도차익 계산시 양도가액에서 공제할 취득가액은 8억원이다.

④ 乙이 납부한 증여세는 양도소득세 납부세액 계산시 세액공제된다.

⑤ 양도소득세에 대해 甲과 乙이 연대하여 납세의무를 지지 아니한다.

30. 소득세법상 1세대 1주택(고가주택 제외) 비과세규정에 관한 설명으로 틀린 것은? (단, 거주자의 국내주택을 가정)

① 1세대 1주택 비과세규정을 적용하는 경우 부부가 각각 세대를 달리 구성하는 경우에도 동일한 세대로 본다.

② 「해외이주법」에 따른 해외 이주로 세대 전원이 출국하는 경우 출국일 현재 1주택을 보유하고 있고 출국일로부터 2년 이내에 당해 주택을 양도하는 경우 보유기간 요건을 충족하지 않더라도 비과세한다.

③ 1주택을 보유하는 자가 1주택을 보유하는 자와 혼인함으로써 1세대가 2주택을 보유하게 되는 경우 혼인한 날부터 5년 이내에 먼저 양도하는 주택(보유기간 4년)은 취득당시 조정대상지역이 아닌 경우에 비과세한다.

④ 「건축법 시행령」 별표 1 제1호 다목에 해당하는 다가구주택은 해당 다가구주택을 구획된 부분별로 분양하지 아니하고 하나의 매매단위로 하여 양도하는 경우 그 구획된 부분을 각각 하나의 주택으로 본다.

⑤ 양도일 현재 「민간임대주택에 관한특별법」에 의한 민간건설임대주택 1주택만을 보유하는 1세대는 해당 건설임대주택의 임차일부터 해당 주택의 양도일까지 거주기간이 5년 이상인 경우 보유기간 요건을 충족하지 않더라도 비과세한다.

31. 소득세법상 거주자의 국내자산 양도소득세 계산에 관한 설명으로 틀린 것은?

① 거주자가 특수관계인과의 거래(시가와 거래가액의 차액이 5억원임)에 있어서 토지를 시가에 미달하게 양도함으로써 조세부담을 부당히 감소시킨 것으로 인정되는 때에는 그 양도가액을 시가에 의하여 계산한다.

② 양도일부터 소급하여 5년 이내에 그 배우자로부터 증여 받은 토지의 양도차익을 계산할 때 그 증여받은 토지에 대하여 납부한 증여세는 양도가액에서 공제할 필요경비에 산입한다.

③ 취득원가에 현재가치할인차금이 포함된 양도자산의 보유기간 총 사업소득금액 계산시 필요경비로 산입한 현재가치할인차금 상각액은 양도차익을 계산할 때 양도가액에서 공제할 필요경비로 보지 아니한다.

④ 특수관계인에게 증여한 자산에 대해 증여자인 거주자에게 양도소득세가 과세되는 경우 수증자가 부담한 증여세 상당액은 양도가액에서 공제할 필요경비에 산입하지 아니한다.

⑤ 부동산에 관한 권리의 양도로 발생한 양도차손은 토지와 양도에서 발생한 양도소득금액에서 공제할 수 있다.

32. 다음은 소득세법상 1세대가 양도일 현재 국내에 1주택을 보유하고 있는 경우로서 그 보유기간 및 거주기간의 제한을 받지 않는 경우이다. 옳은 것은?

① 주택 및 그 부수토지(사업인정고시일 이전에 취득한 경우에 한함)의 전부 또는 일부가 관련 법률에 의하여 협의매수 또는 수용되는 경우(이 경우 양도일 또는 수용일로부터 3년 이내에 양도하는 그 잔존주택 및 그 부수토지 포함)에는 보유기간의 제한을 받지 아니한다.

② 1년 이상 거주한 주택을 학교에의 취학, 학교폭력 피해로 인한 전학, 직장의 변경이나 전근 등 근무상 형편 또는 1년 이상의 치료 등을 요하는 질병의 치료나 요양을 위해 세대 전원이 다른 시·군으로 이전하기 위해 양도하는 경우에는 보유기간의 제한을 받지 아니한다.

③ 해외이주로 세대 전원이 출국하는 경우에는 보유기간의 제한을 받지 아니한다. 단, 출국일 현재 1주택을 보유하고 있는 경우로서 출국일부터 3년 이내에 양도하는 경우에 한한다.

④ 1년 이상 계속하여 국외 거주를 필요로 하는 취학 또는 근무상의 형편으로 세대 전원이 출국하는 경우에는 보유기간의 제한을 받지 아니한다. 단, 출국일 현재 1주택을 보유하고 있는 경우로서 출국일부터 3년 이내에 양도하는 경우에 한한다.

⑤ 「민간임대주택에 관한 특별법」상 건설임대주택을 취득하여 양도하는 경우로서 해당 건설임대주택의 취득일부터 양도일까지의 보유기간이 5년 이상인 경우에는 보유기간의 제한을 받지 아니한다.

33. 다음과 같이 부동산 임대차계약을 하고 乙이 임차권 설정등기를 하는 경우 지방세법상 등록면허세에 대한 설명 중 옳은 것은?

㉠ 임대인 : 甲	㉡ 임차인 : 乙
㉢ 보증금 : 1억	㉣ 월임대차금액 : 50만원

① 등록면허세의 과세표준은 1억원이다.

② 등록면허세의 세율은 임차보증금의 1천분의 20이다.

③ 등록면허세는 부과되지 아니한다.

④ 등록면허세 및 부가세의 납부세액은 7,200원이다.

⑤ 등록면허세의 납부의무자는 甲이다.

34. **지방세법상 취득세 부과 · 징수에 관한 다음 설명 중 옳은 것은?**

① 증여의 경우에는 증여세 규정을 준용하여 증여 계약일 말일부터 3개월 이내에 신고 · 납부하여야 한다.

② 부동산을 취득하고 부동산등기를 하려는 경우에는 취득일로부터 60일 이내에 취득세를 신고 · 납부하여야 한다.

③ 토지거래 계약에 관한 허가를 받기 전에 거래대금을 완납한 경우에는 그 거래대금완납일로부터 60일 이내에 신고하고 납부하여야 한다.

④ 「지방세법」 제13조의2 제1항 제2호에 따라 일시적 2주택으로 신고하였으나 그 취득일로부터 2년 이내에 종전 주택을 처분하지 못하여 1주택으로 되지 아니한 경우 「지방세기본법」에 따라 산출한 가산세를 합한 금액을 세액으로 하여 보통징수의 방법으로 징수한다.

⑤ 법정신고기한이 지난 후 1개월 이내에 기한 후 신고를 한 경우에는 납부지연가산세를 50% 감면받을 수 있다.

35. **지방세법상 취득세에 관한 설명으로 <u>틀린</u> 것은?**

① 지방자치단체에 기부채납을 조건으로 부동산을 취득하는 경우라도 그 반대급부로 기부채납 대상물의 무상사용권을 제공받는 때에는 그 해당 부분에 대해서는 취득세를 부과한다.

② 「주택법」 제2조 제3호에 따른 공동주택의 개수(「건축법」 제2조 제1항 제9호에 따른 대수선은 포함)로 인한 취득 중 개수로 인한 취득 당시 「지방세법」 제4조에 따른 주택의 시가표준액이 9억원 이하인 주택과 관련된 개수로 인한 취득에 대해서는 취득세를 부과하지 아니한다.

③ 국가로부터 유상취득하는 경우에는 신고 또는 신고가액의 표시가 없거나 그 신고가액이 시가표준액보다 적을 때에도 취득당시가액은 사실상의 취득가격 또는 연부금액을 과세표준으로 한다.

④ 무상승계취득한 취득물건을 취득일에 등기 · 등록한 후 화해조서 · 인낙조서에 의하여 취득일부터 60일 이내에 계약이 해제된 사실을 입증하는 경우에는 취득한 것으로 본다.

⑤ 상속(피상속인이 상속인에게 한 유증 및 포괄유증과 신탁재산의 상속 포함)으로 인하여 취득하는 경우에는 상속인 각자가 상속받는 취득물건(지분을 취득하는 경우에는 그 지분에 해당하는 취득물건을 말함)을 취득한 것으로 본다.

36. **지방세법상 재산세에 관한 설명으로 <u>틀린</u> 것은?** (단, 주어진 조건 외에는 고려하지 않음)

① 재산세의 과세대상 물건을 공부상 등재현황과 달리 이용함으로써 재산세 부담이 낮아지는 경우 등 대통령령으로 정하는 경우에는 사실상 등재현황에 따라 재산세를 부과한다.

② 지방자치단체가 1년 이상 공용으로 사용하는 재산에 대하여는 소유권의 유상 이전을 약정한 경우로서 그 재산을 취득하기 전에 미리 사용하는 경우 재산세를 부과한다.

③ 재산세 과세기준일 현재 공부상에 개인 등의 명의로 등재되어 있는 사실상의 종중재산으로서 종중소유임을 신고하지 아니하였을 때에는 공부상 소유자는 재산세를 납부할 의무가 있다.

④ 재산세의 납기는 토지의 경우 매년 9월 16일부터 9월 30일까지이며, 건축물의 경우 매년 7월 16일부터 7월 31일까지이다.

⑤ 재산에의 납기에도 불구하고 지방자치단체의 장은 과세대상 누락, 위법 또는 착오 등으로 인하여 이미 부과한 세액을 변경하거나 수시 부과하여야 할 사유가 발생하면 수시로 부과 · 징수할 수 있다.

37. **거주자 甲은 2023년 2월 10일 거주자 乙로부터 국내 소재 상업용 건축물** (오피스텔 아님)**을 취득하고, 2023년 10월 현재 소유하고 있다. 이 경우 2023년도 분 甲의 재산세에 관한 설명으로 <u>틀린</u> 것은?** (단, 사기나 그 밖의 부정한 행위 및 수시부과 사유는 없음)

① 甲의 재산세 납세의무는 2023년 6월 1일에 성립한다.

② 甲의 재산세 납세의무는 과세표준과 세액을 지방자치단체가 결정하여 확정된다.

③ 甲의 건축물분에 대한 재산세 납기는 2023년 7월 16일부터 7월 31일까지이다.

④ 甲의 재산세 납세의무는 2028년 6월 1일까지 지방자치단체가 부과하지 아니하면 소멸한다.

⑤ 甲의 재산세 납부세액이 1천만원을 초과하는 경우에는 물납신청이 가능하다.

38. 지방세법상 재산세에 관한 설명으로 <u>틀린</u> 것은? (단, 주어진 조건 외에는 고려하지 않음)

① 토지에 대한 재산세의 과세표준은 시가표준액에 공정시장가액비율(100분의 70)을 곱하여 산정한 가역으로 한다.

② 지방자치단체가 1년 이상 공용으로 사용하는 재산으로서 유료로 사용하는 경우에는 재산세를 부과하지 아니한다.

③ 재산세 물납신청을 받은 시장 · 군수 · 구청장이 물납을 허가하는 경우 물납을 허가하는 부동산의 가액은 과세기준일 현재의 시가로 한다.

④ 주택의 토지와 건물 소유자가 다른 경우 해당 주택에 대한 세율을 적용할 때 해당 주택의 토지와 건물의 가액을 합산한 과세표준에 주택의 세율을 적용한다.

⑤ 주택공시가격이 3억 원의 주택에 대한 재산세의 산출세액이 직전 연도의 해당주택에 대한 재산세액 상당액의 100분의 105을 초과하는 경우에는 100분의 105에 해당하는 금액을 해당 연도에 징수할 세액으로 한다.

39. 종합부동산세법상 주택에 대한 과세 및 납세지에 관한 설명으로 <u>틀린</u> 것은?

① 납세의무자가 비거주자인 경우 주택에 대한 종합부동산세 납세지는 해당 주택의 소재지로 한다.

② 납세의무자가 일반법인이며 3주택 이상 소유한 경우 소유한 주택 수에 따라 과세표준에 0.5%~5%의 세율을 적용하여 계산한 금액을 주택분 종합부동산세액으로 한다.

③ 과세표준 합산의 대상에 포함되지 않는 주택을 보유한 납세의무자는 해당 연도 9월 16일부터 9월 30일까지 관할 세무서장에게 해당 주택의 보유현황을 신고하여야 한다.

④ 과세기준일 현재 주택분 재산세의 납세의무자는 종합부동산세를 납부할 의무가 있다.

⑤ 종합부동산세 과세대상 1세대 1주택자로서 과세기준일 현재 해당 주택을 12년 보유한 자의 보유기간별 세액공제에 적용되는 공제율은 100분의 40이다.

40. 1세대 1주택 요건을 충족하는 거주자 甲이 다음과 같은 단층겸용주택(주택은 국내 상시 주거용이며, 수도권 내의 토지 중 주거지역에 존재)을 9억에양도 하였을 경우 양도소득세가 과세되는 건물면적과 토지면적으로 옳은 것은? (단, 주어진 조건 외에는 고려하지 않음)

○ 건물 : 주택 80m2, 상가 120m2 ○ 토지 : 건물 부수토지 800m2

① 건물 80m2 , 토지 320m2

② 건물 80m2 , 토지 240m2

③ 건물 120m2 , 토지 560m2

④ 건물 120m2 , 토지 480m2

⑤ 건물 200m2 , 토지 560m2

인강드림 공인중개사

실전모의고사

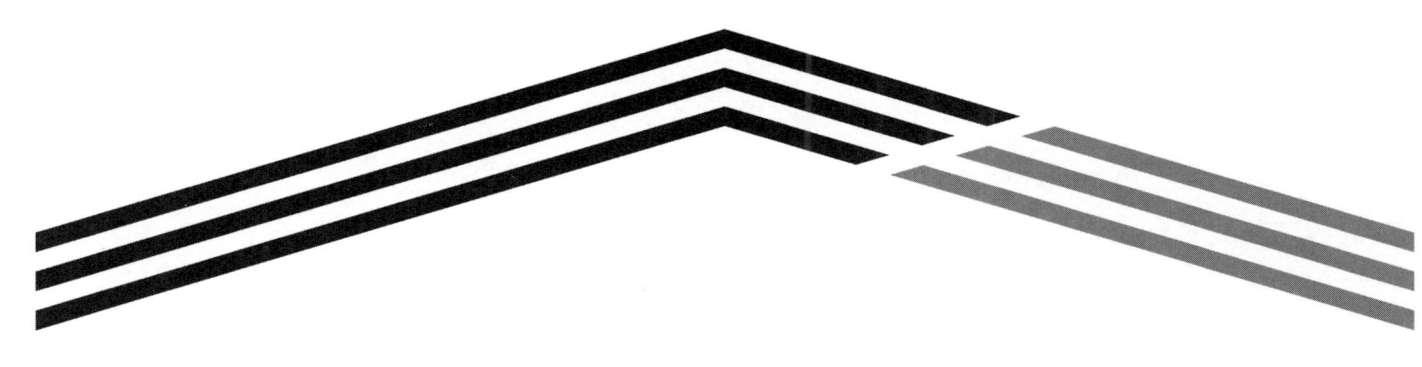

2차 중개사법령 및 실무 / 부동산공법
부동산공시법 / 부동산세법

해설집

빠른 정답확인 + 정답 및 해설

인강드림 공인중개사 실전모의고사

합격점검 성적표 2차

자신의 점수와 실제 풀이시간을 적어보면서 실력을 점검해 보세요.

합격점검 체크 활용 방법

양호 : 제한 시간 내 문제 풀이를 완료하고, 평균 60점 이상 달성

부족 : 제한 시간을 넘기거나, 평균 60점 미만

위험 : 제한 시간을 초과하고, 평균 60점 미만
또는 한 과목이라도 40점 미만인 경우

일자	회차	점수				풀이시간	합격점검		
		2차 1교시		2차 2교시	평균		양호	부족	위험
		공인중개사법령 및 실무	부동산공법	부동산공시법 및 부동산세법					
/	제1회	/100점	/100점	/100점	/100점	/100분	☐	☐	☐
/	제2회	/100점	/100점	/100점	/100점	/100분	☐	☐	☐
/	제3회	/100점	/100점	/100점	/100점	/100분	☐	☐	☐
/	제4회	/100점	/100점	/100점	/100점	/100분	☐	☐	☐
/	제5회	/100점	/100점	/100점	/100점	/100분	☐	☐	☐
/	제6회	/100점	/100점	/100점	/100점	/100분	☐	☐	☐
/	제7회	/100점	/100점	/100점	/100점	/100분	☐	☐	☐
/	제8회	/100점	/100점	/100점	/100점	/100분	☐	☐	☐

인강드림 공인중개사 실전모의고사 2차

빠른 정답확인

제 1회

2차 1교시

제1과목 중개사법령 및 실무

1	2	3	4	5	6	7	8	9	10
①	②	⑤	②	⑤	④	③	⑤	④	②
11	12	13	14	15	16	17	18	19	20
①	⑤	⑤	⑤	①	③	⑤	③	④	③
21	22	23	24	25	26	27	28	29	30
④	⑤	⑤	②	②	③	④	②	④	①
31	32	33	34	35	36	37	38	39	40
③	③	④	⑤	②	③	③	⑤	④	③

제2과목 부동산공법

41	42	43	44	45	46	47	48	49	50
③	⑤	②	⑤	④	⑤	②	⑤	③	④
51	52	53	54	55	56	57	58	59	60
③	⑤	②	①	④	②	⑤	③	①	⑤
61	62	63	64	65	66	67	68	69	70
②	①	④	①	②	④	②	③	③	①
71	72	73	74	75	76	77	78	79	80
①	④	③	⑤	③	①	②	⑤	④	①

2차 2교시

제1과목 부동산공시법/부동산세법

1	2	3	4	5	6	7	8	9	10
⑤	②	⑤	④	③	④	⑤	②	③	①
11	12	13	14	15	16	17	18	19	20
⑤	①	④	③	③	⑤	③	④	③	④
21	22	23	24	25	26	27	28	29	30
③	①	③	④	⑤	③	①	③	③	②
31	32	33	34	35	36	37	38	39	40
④	①	①	⑤	⑤	⑤	①	②	①	④

인강드림 공인중개사 실전모의고사 2차

빠른 정답확인

제 2 회

2차 1교시

제1과목 중개사법령 및 실무

1	2	3	4	5	6	7	8	9	10
②	⑤	⑤	①	②	③	⑤	④	③	②
11	12	13	14	15	16	17	18	19	20
④	④	⑤	①	④	⑤	⑤	④	④	④
21	22	23	24	25	26	27	28	29	30
⑤	②	⑤	①	②	③	⑤	②	③	③
31	32	33	34	35	36	37	38	39	40
④	④	④	⑤	⑤	②	④	①	⑤	③

제2과목 부동산공법

41	42	43	44	45	46	47	48	49	50
②	③	⑤	③	⑤	①	②	④	③	②
51	52	53	54	55	56	57	58	59	60
②	①	⑤	②	①	⑤	④	⑤	②	②
61	62	63	64	65	66	67	68	69	70
①	②	①	④	④	①	③	②	⑤	④
71	72	73	74	75	76	77	78	79	80
③	④	③	③	⑤	①	②	④	④	⑤

2차 2교시

제1과목 부동산공시법/부동산세법

1	2	3	4	5	6	7	8	9	10
②	⑤	③	⑤	⑤	①	③	②	③	②
11	12	13	14	15	16	17	18	19	20
⑤	②	④	③	④	②	③	②	③	②
21	22	23	24	25	26	27	28	29	30
④	④	⑤	④	③	④	③	⑤	③	④
31	32	33	34	35	36	37	38	39	40
①	②	③	④	②	⑤	④	③	⑤	④

인강드림 공인중개사 실전모의고사 2차

빠른 정답확인

제 3 회

2차 1교시

제1과목 중개사법령 및 실무

1	2	3	4	5	6	7	8	9	10
②	④	④	②	④	④	④	⑤	③	③
11	12	13	14	15	16	17	18	19	20
③	⑤	①	⑤	⑤	②	④	⑤	②	②
21	22	23	24	25	26	27	28	29	30
③	③	②	③	④	③	④	③	③	④
31	32	33	34	35	36	37	38	39	40
③	②	④	③	③	②	③	⑤	②	②

제2과목 부동산공법

41	42	43	44	45	46	47	48	49	50
③	⑤	②	④	①	③	⑤	③	④	⑤
51	52	53	54	55	56	57	58	59	60
②	①	④	①	②	④	①	④	③	⑤
61	62	63	64	65	66	67	68	69	70
②	③	④	②	④	⑤	①	③	⑤	②
71	72	73	74	75	76	77	78	79	80
①	③	⑤	②	④	②	③	⑤	①	④

2차 2교시

제1과목 부동산공시법/부동산세법

1	2	3	4	5	6	7	8	9	10
③	①	⑤	②	④	①	③	⑤	⑤	③
11	12	13	14	15	16	17	18	19	20
⑤	⑤	③	⑤	②	④	⑤	①	②	④
21	22	23	24	25	26	27	28	29	30
⑤	①	②	③	③	②	④	①	②	④
31	32	33	34	35	36	37	38	39	40
③	⑤	②	④	⑤	④	⑤	②	⑤	②

인강드림 공인중개사 실전모의고사 2차

빠른 정답확인

제 4 회

2차 1교시

제1과목 중개사법령 및 실무

1	2	3	4	5	6	7	8	9	10
①	④	⑤	①	②	③	③	①	②	①
11	12	13	14	15	16	17	18	19	20
⑤	③	③	①	④	③	⑤	④	①	③
21	22	23	24	25	26	27	28	29	30
①	②	③	④	③	⑤	②	④	①	②
31	32	33	34	35	36	37	38	39	40
③	⑤	⑤	②	④	①	④	①	⑤	②

제2과목 부동산공법

41	42	43	44	45	46	47	48	49	50
⑤	②	①	③	①	③	①	⑤	④	②
51	52	53	54	55	56	57	58	59	60
③	②	④	①	⑤	④	①	②	④	③
61	62	63	64	65	66	67	68	69	70
②	①	⑤	①	②	④	④	①	③	⑤
71	72	73	74	75	76	77	78	79	80
⑤	②	①	③	④	⑤	③	①	③	⑤

2차 2교시

제1과목 부동산공시법/부동산세법

1	2	3	4	5	6	7	8	9	10
①	⑤	④	⑤	③	④	②	③	①	④
11	12	13	14	15	16	17	18	19	20
④	①	②	③	④	③	③	⑤	④	①
21	22	23	24	25	26	27	28	29	30
⑤	④	④	②	⑤	①	①	④	③	①
31	32	33	34	35	36	37	38	39	40
①	③	①	②	⑤	⑤	③	②	④	⑤

인강드림 공인중개사 실전모의고사 2차

빠른 정답확인

제 5 회

2차 1교시

제1과목 중개사법령 및 실무

1	2	3	4	5	6	7	8	9	10
③	①	①	④	①	②	③	⑤	②	④
11	12	13	14	15	16	17	18	19	20
②	②	④	⑤	⑤	⑤	③	④	⑤	②
21	22	23	24	25	26	27	28	29	30
②	②	⑤	②	④	②	②	②	⑤	②
31	32	33	34	35	36	37	38	39	40
④	④	①	③	⑤	④	⑤	②	④	④

제2과목 부동산공법

41	42	43	44	45	46	47	48	49	50
③	①	④	①	③	②	②	⑤	③	①
51	52	53	54	55	56	57	58	59	60
⑤	②	④	③	⑤	④	④	④	①	②
61	62	63	64	65	66	67	68	69	70
⑤	①	④	②	①	②	④	④	①	②
71	72	73	74	75	76	77	78	79	80
⑤	④	④	④	②	⑤	①	②	②	②

2차 2교시

제1과목 부동산공시법/부동산세법

1	2	3	4	5	6	7	8	9	10
①	⑤	⑤	⑤	④	③	②	④	②	③
11	12	13	14	15	16	17	18	19	20
④	③	③	②	⑤	①	③	②	①	②
21	22	23	24	25	26	27	28	29	30
①	②	④	⑤	⑤	①	④	③	①	④
31	32	33	34	35	36	37	38	39	40
②	④	②	②	②	①	③	③	③	⑤

인강드림 공인중개사 실전모의고사 2차

빠른 정답확인

제 6 회

2차 1교시

제1과목 중개사법령 및 실무

1	2	3	4	5	6	7	8	9	10
③	④	②	①	④	①	④	⑤	⑤	⑤
11	**12**	**13**	**14**	**15**	**16**	**17**	**18**	**19**	**20**
⑤	①	①	⑤	③	⑤	③	⑤	⑤	①
21	**22**	**23**	**24**	**25**	**26**	**27**	**28**	**29**	**30**
⑤	②	⑤	④	④	④	①	④	⑤	④
31	**32**	**33**	**34**	**35**	**36**	**37**	**38**	**39**	**40**
⑤	①	⑤	②	④	⑤	④	③	①	③

제2과목 부동산공법

41	42	43	44	45	46	47	48	49	50
②	①	③	⑤	④	③	④	④	③	⑤
51	**52**	**53**	**54**	**55**	**56**	**57**	**58**	**59**	**60**
④	⑤	①	①	③	⑤	②	④	⑤	⑤
61	**62**	**63**	**64**	**65**	**66**	**67**	**68**	**69**	**70**
②	⑤	②	②	⑤	③	①	③	①	④
71	**72**	**73**	**74**	**75**	**76**	**77**	**78**	**79**	**80**
⑤	⑤	④	①	③	⑤	①	④	②	③

2차 2교시

제1과목 부동산공시법/부동산세법

1	2	3	4	5	6	7	8	9	10
⑤	⑤	①	①	③	⑤	③	①	⑤	②
11	**12**	**13**	**14**	**15**	**16**	**17**	**18**	**19**	**20**
⑤	⑤	⑤	①	②	③	③	⑤	④	①
21	**22**	**23**	**24**	**25**	**26**	**27**	**28**	**29**	**30**
④	④	⑤	①	②	②	②	⑤	①	④
31	**32**	**33**	**34**	**35**	**36**	**37**	**38**	**39**	**40**
②	③	⑤	①	③	④	②	⑤	④	①

인강드림 공인중개사 실전모의고사 2차

빠른 정답확인

제 7 회

2차 1교시

제1과목 중개사법령 및 실무

1	2	3	4	5	6	7	8	9	10
④	①	③	⑤	⑤	④	③	③	④	④
11	12	13	14	15	16	17	18	19	20
①	⑤	②	④	④	④	③	①	⑤	②
21	22	23	24	25	26	27	28	29	30
②	④	②	③	④	②	③	④	②	②
31	32	33	34	35	36	37	38	39	40
④	③	③	④	④	②	③	⑤	④	⑤

제2과목 부동산공법

41	42	43	44	45	46	47	48	49	50
⑤	②	③	④	④	①	①	②	⑤	①
51	52	53	54	55	56	57	58	59	60
②	⑤	③	①	③	②	①	②	①	②
61	62	63	64	65	66	67	68	69	70
②	①	④	②	①	⑤	②	④	⑤	⑤
71	72	73	74	75	76	77	78	79	80
②	③	③	②	①	②	②	⑤	⑤	①

2차 2교시

제1과목 부동산공시법/부동산세법

1	2	3	4	5	6	7	8	9	10
①	①	③	②	③	⑤	④	④	③	①
11	12	13	14	15	16	17	18	19	20
③	⑤	⑤	①	⑤	③	③	⑤	④	⑤
21	22	23	24	25	26	27	28	29	30
③	⑤	②	①	①	③	①	⑤	③	③
31	32	33	34	35	36	37	38	39	40
②	⑤	③	②	⑤	②	④	⑤	①	④

빠른 정답확인

제 8 회

2차 1교시

제1과목 중개사법령 및 실무

1	2	3	4	5	6	7	8	9	10
④	③	⑤	④	②	⑤	⑤	⑤	③	④
11	12	13	14	15	16	17	18	19	20
⑤	⑤	④	⑤	⑤	④	③	③	③	④
21	22	23	24	25	26	27	28	29	30
④	④	⑤	②	⑤	③	⑤	④	①	⑤
31	32	33	34	35	36	37	38	39	40
⑤	④	⑤	②	④	④	⑤	③	①	④

제2과목 부동산공법

41	42	43	44	45	46	47	48	49	50
④	④	②	①	①	②	③	②	⑤	③
51	52	53	54	55	56	57	58	59	60
④	④	②	④	②	⑤	④	⑤	①	⑤
61	62	63	64	65	66	67	68	69	70
⑤	④	③	⑤	④	⑤	④	③	⑤	⑤
71	72	73	74	75	76	77	78	79	80
③	③	⑤	②	②	③	⑤	③	⑤	③

2차 2교시

제1과목 부동산공시법/부동산세법

1	2	3	4	5	6	7	8	9	10
⑤	⑤	⑤	④	③	②	④	③	⑤	②
11	12	13	14	15	16	17	18	19	20
④	④	①	①	④	④	③	⑤	④	③
21	22	23	24	25	26	27	28	29	30
②	④	①	④	⑤	③	①	③	⑤	④
31	32	33	34	35	36	37	38	39	40
②	②	④	①	②	①	④	②	②	③

제 1 회 실전모의고사 정답 & 해설

1교시

1	2	3	4	5	6	7	8	9	10	11	12	13	14	15	16	17	18	19	20
①	②	⑤	②	⑤	④	③	⑤	④	②	①	⑤	⑤	⑤	①	③	⑤	③	④	③
21	22	23	24	25	26	27	28	29	30	31	32	33	34	35	36	37	38	39	40
④	⑤	⑤	②	②	③	④	②	④	①	③	③	④	⑤	②	③	③	⑤	④	③
41	42	43	44	45	46	47	48	49	50	51	52	53	54	55	56	57	58	59	60
③	⑤	②	⑤	④	⑤	②	⑤	③	④	③	⑤	②	①	④	②	⑤	③	①	⑤
61	62	63	64	65	66	67	68	69	70	71	72	73	74	75	76	77	78	79	80
②	①	④	①	②	④	②	③	③	①	①	④	③	⑤	③	①	②	⑤	④	①

(정답)

제1과목: 공인중개사의 업무 및 부동산 거래신고 등에 관한 법령 및 중개실무

01
중

논점 휴업변경 절차 — 정답 ①

개업공인중개사는 3월을 초과하는 휴업(중개사무소의 개설등록 후 업무를 개시하지 아니하는 경우를 포함한다. 이하 같다), 폐업 또는 휴업한 중개업을 재개하고자 하는 때에는 등록관청에 그 사실을 신고하여야 한다. 휴업기간을 변경하고자 하는 때에도 또한 같다.

02
상

논점 권리관계등 인적사항 정보 — 정답 ②

의뢰인의 비공개 요청이 없다면 개업공인중개사는 중개대상물에 관한 정보를 부동산거래정보망 또는 일간신문에 공개하여야 한다. 다만 의뢰인의 인적사항에 관하여는 공개해서는 아니 된다.

03
상

논점 거래정보사업자의 지정절차 — 정답 ⑤

※ 거래정보사업자 지정요건– 거래정보사업자로 지정을 받을 수 있는 자는 전기통신사업법의 규정에 의한 부가통신사업자로 다음의 요건을 갖춘 자로 한다.

1. 부동산거래정보망의 가입 · 이용신청을 한 개업공인중개사의 수가 500인 이상이고 2개 이상의 특 · 광 · 도에서 각각 30인 이상의 개업공인중개사가 가입 · 이용신청을 하였을 것
2. 정보처리기사 1인 이상을 확보할 것
3. 공인중개사 1인 이상을 확보할 것
4. 부동산거래정보망의 가입자가 이용하는데 지장이 없는 정도로서 국토교통부장관이 정하는 용량 및 성능을 갖춘 컴퓨터설비를 확보할 것

04
상

논점 금지행위의 위반자 구분 — 정답 ②

① 소속공인중개사가 금지행위를 한 경우 자격정지처분을 받을 수 있다.

③,④ 소속공인중개사는 3년 이하의 징역 또는 3천만 원 이하의 벌금에 처하며, 그를 고용한 개업공인중개사는 양벌규정으로 인하여 3천만 원 이하의 벌금에 처한다.

⑤ 개업공인중개사는 벌금형을 받게 되므로 자격이 취소되지 않는다.

05
하

논점 소속공인중개사의 자격정지사유 — 정답 ⑤

소속공인중개사는 자신이 직접 중개행위를 한 경우에만 개업공인중개사와 함께 서명 · 날인할 의무가 있다.

06
중

논점 용어의 정의 — 정답 ④

※ 법 제2조(정의) 이 법에서 사용하는 용어의 정의는 다음과 같다.

1. "중개"라 함은 제3조의 규정에 의한 중개대상물에 대하여 거래당사자간의 매매 · 교환 · 임대차 그 밖의 권리의 득실변경에 관한 행위를 알선하는 것을 말한다.
2. "공인중개사"라 함은 이 법에 의한 공인중개사자격을 취득한 자를 말한다.
3. "중개업"이라 함은 다른 사람의 의뢰에 의하여 일정한 보수를 받고 중개를 업으로 행하는 것을 말한다.
4. "개업공인중개사"라 함은 이 법에 의하여 중개사무소의 개설등록을 한 자를 말한다.
5. "소속공인중개사"라 함은 개업공인중개사에 소속된 공인중개사(개업공인중개사인 법인의 사원 또는 임원으로서 공인중개사인 자를 포함한다)로서 중개 업무를 수행하거나 개업공인중개사의 중개 업무를 보조하는 자를 말한다.
6. "중개보조원"이라 함은 공인중개사가 아닌 자로서 개업공인중개사에 소속되어 중개대상물에 대한 현장안내 및 일반서무 등 개업공인중개사의 중개업무와 관련된 단순한 업무를 보조하는 자를 말한다.

07

상

논점 경매관련 판례 정답 ③

경매대상 부동산에 대한 권리분석 및 취득의 알선을 위한 행위도 사회통념상 거래의 알선, 중개를 위한 행위라고 인정되기에 충분하므로 '중개행위' 에 해당한다고 해석함이 타당하다 할 것이다(대판 2005다40853).

① 중개대상권리가 아니다.

② 임대차계약을 알선한 개업공인중개사가 계약체결 후에도 보증금의 지급, 목적물의 인도, 확정일자의 취득 등과 같은 거래당사자의 계약상 의무의 실현에 관여함으로써 계약상 의무가 원만하게 이행되도록 주선할 것이 예정되어 있는 때에는 그러한 개업공인중개사의 행위는 객관적으로 보아 사회통념상 거래의 알선·중개를 위한 행위로서 중개행위의 범주에 포함된다(대판 2005 다55008).

④ 중개대상권리가 된다.

⑤ 다른 사람의 의뢰에 의하여 일정한 보수를 받고 저당권 설정에 관한 행위의 알선을 업으로 하는 경우에는 '중개업' 에 해당하고, 그 행위가 금전소비대차에 부수하여 이루어졌다 하여도 달리 볼 것도 아니다(대판 96도1641).

08

하

논점 중개대상물의 구분 정답 ⑤

특정한 아파트에 입주할 수 있는 권리가 아니라 아파트에 대한 추첨기일에 신청을 하여 당첨이 되면 아파트의 분양예정자로 선정될 수 있는 지위를 가리키는 데에 불과하다는 것이므로 이러한 입주권은 공인중개사법 제3조 제2호 소정의 중개대상물인 건물에 해당한다고 보기 어렵다(대판 90도1287).

09

하

논점 외국인이 등록을 신청할 때 서류 정답 ④

※ 다음 각 목의 서류(외국인이나 외국에 주된 영업소를 둔 법인의 경우에 한한다)

가. 법 제10조제1항 각 호의 어느 하나에 해당되지 아니함을 증명하는 다음의 어느 하나에 해당하는 서류

1) 외국 정부나 그 밖에 권한 있는 기관이 발행한 서류 또는 공증인(법률에 따른 공증인의 자격을 가진 자만 해당한다. 이하 이 목에서 같다)이 공증한 신청인의 진술서로서 「재외공관 공증법」에 따라 그 국가에 주재하는 대한민국공관의 영사관이 확인한 서류

2) 「외국공문서에 대한 인증의 요구를 폐지하는 협약」을 체결한 국가의 경우에는 해당 국가의 정부나 공증인, 그 밖의 권한이 있는 기관이 발행한 것으로서 해당 국가의 아포스티유(Apostille) 확인서 발급 권한이 있는 기관이 그 확인서를 발급한 서류

나. 「상법」 제614조의 규정에 따른 영업소의 등기를 증명할 수 있는 서류

10

하

논점 등록신청 서류의 구분 정답 ②

자격증 사본은 시, 도지사에게 확인함으로 제출할 필요는 없다.

11

중

논점 거래계약서 관련사항 정답 ①

거래계약서는 법정서식이 없다. 다만, 국토교통부장관은 개업공인중개사가 작성하는 계약서에 관해 표준이 되는 서식을 정하여 이의 사용을 권장할 수 있다.

12

상

논점 부동산거래신고 관련절차의 개정사항 정답 ⑤

부동산거래신고 대상 계약체결 후 그 신고를 거짓으로 한 자에게는 해당 부동산 등의 취득가액의 100분의 10 이하에 상당하는 금액의 과태료를 부과하지만, 계약을 체결하지 아니하였음에도 불구하고 거짓으로 부동산거래신고를 하는 행위자에게는 3년 이하의 징역 또는 3,000만원이하의 형벌이 부과되지 아니한자 3천만원 이하의 과태료를 부과한다.

13

상

논점 부동산거래신고절차 정답 ⑤

거래대금 지급을 증명할 수 있는 자료를 제출하지 아니하거나 거짓으로 제출한 자 또는 그 밖의 필요한 조치를 이행하지 아니한 자에게는 3천만원 이하의 과태료를 부과한다. 다만, 거래대금 지급을 증명할 수 있는 자료 외의 자료를 제출하지 아니하거나 거짓으로 제출한 자에게는 500만원 이하의 과태료를 부과한다.

14

중

논점 부동산거래신고사항과 그 비교 정답 ⑤

비규제지역에서의 계약 중 실제 거래가격이 6억원 이상인 주택, 「주택법」 제63조에 따라 지정된 투기과열지구 또는 조정대상지역에 소재하는 주택의 거래계약을 체결한 경우 '주택취득자금 조달 및 입주계획서' 를 제출하여야 한다.

15

중

논점 중개대상물에서 입목관련사항 정답 ①

입목에 관한 법률에 의한 입목이 경매 등의 사유로 토지와 입목이 각각 다른 소유자에게 속하는 경우에도 입목소유자에게 법정지상권이 인정된다.

16

하

논점 토지거래허가 신청절차 정답 ③

토지취득의 허가신청을 받은 시장·군수 또는 구청장은 허가신청을 받은 날부터 15일 이내에 허가 또는 불허가의 처분을 하여야 한다.

17 상

논점 중개보수의 계산 정답 ⑤

중개보수 및 실비는 개업공인중개사와 중개의뢰인이 협의하여 결정한 금액을 기재하되 "중개보수"는 거래예정금액을 기준으로 계산하고, "산출내역"은 "거래예정금액(임대차의 경우에는 임대보증금 + 월 단위의 차임액 × 100) × 중개보수 요율"과 같이 적습니다. 대항력 있는 임차인, 유치권, 법정지상권 등 실제권리관계는 매도(임대)의뢰인이 고지한 사항을 "실제권리관계 또는 공시되지 아니한 물건의 권리에 관한 사항"란에 기재한다.

18 중

논점 대항력의 취득시점 정답 ③

매수인 명의로 소유권이전등기가 된 다음 날부터 대항력을 취득하게 된다.

19 중

논점 상가임대차보호법 보호범위 관련사항 정답 ④

① 기본적으로 서울에서 환산보증금 9억 이하이어야 동법이 적용된다.
② 관할 세무서에서만 받을 수 있다.
③ 3기
⑤ 상당한 금액을 보상하지 않아도 갱신요구를 거절할 수 있다.

20 하

논점 결격사유 항목 정답 ③

공인중개사법이 아닌 다른 법을 위반하여 벌금형을 선고 받은 자는 결격사유가 아니다.

21 중

논점 중개법인의 업무는 공인중개사인 개업공인중개사도 가능 업무 정답 ④

공인중개사인 개업공인중개사는 이 법 제14조에 의한 분양 대행을 할 수 있다.

22 하

논점 공동사무소 설치절차 정답 ⑤

개업공인중개사가 다른 개업공인중개사와 공동사무소를 설치하는 경우 기존 개업공인중개사의 승낙서를 첨부하여 중개사무소 이전 신고를 하여야 한다. 분사무소를 이전한 경우 주된 사무소 등록관청에 이전 신고를 하여야 한다.

23 중

논점 벌칙과 연관된 행정처분 정답 ⑤

① 1년 이하의 징역 또는 1천만 원 이하의 벌금 사유이다.
② 책임자의 성명을 표기하여야 한다.
③ 부칙6조의 개업공인중개사는 '부동산중개'라는 문자를 사용할 수 있으며 '공인중개사사무소'라는 문자를 사용할 수 없다.
④ '제일공인중개사사무소'라고 하여야 한다.

24 중

논점 고용인의 업무상 행위 정답 ②

① 개업공인중개사가 고용한 중개보조원이 고의 또는 과실로 거래당사자에게 재산상 손해를 입힌 경우에 중개보조원은 불법행위자로서 거래당사자가 입은 손해를 배상할 책임을 지는 것이고, 공인중개사법은 그 중개보조원의 업무상 행위를 그를 고용한 개업공인중개사의 행위로 본다고 정함으로써 개업공인중개사 역시 거래당사자에게 손해를 배상할 책임을 지도록 하는 규정이다.
② 개업공인중개사는 소속공인중개사 또는 중개보조원을 고용한 경우에는 업무개시전까지 등록관청에 신고하여야 한다.

25 상

논점 거래계약서의 작성의무자 정답 ②

거래계약서를 작성 · 교부 · 보존 의무는 개업공인중개사의 의무이며 소속공인중개사의 의무가 아니다. 따라서, 거래계약서를 작성 · 교부하지 아니한 경우 개업공인중개사에게만 업무정지처분을 할 뿐이다.

26 중

논점 행정처분 구분 정답 ③

① 사망 · 해산을 원인으로 등록을 취소하고자 하는 경우 청문을 실시하지 않는다.
② 업무정지 처분을 받은 경우 등록증을 반납하지 않는다.
④ 가중하여 처분하는 경우라도 업무정지 기간은 6월을 초과할 수 없다.
⑤ 등록취소사유에 대한 소멸시효는 없으며 업무정지 처분에만 적용되는 내용이다.

27 상

논점 행정처분의 승계 정답 ④

6월 → 1년

28 중

논점 과태료 부과권자의 비교 정답 ②

②의 경우 자격증을 교부한 시 · 도지사가, 나머지는 등록관청 또는 신고관청이 부과 · 징수한다.

29 중

논점 행정처분과 벌칙의 비교 정답 ④

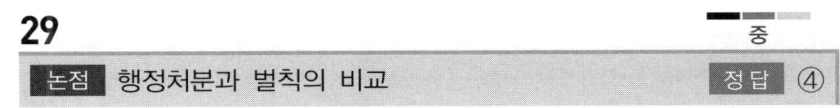

㉡ 자격취소사유
㉢ 100만 원 이하의 과태료
㉤ 절대적 등록취소사유

30 상

논점 경매의 권리분석 정답 ①

선순위보전가등기는 인수되므로 위험성이 크다.

31
중

논점 경매절차 **정답** ③

배당요구의 종기는 경매개시결정에 따른 압류의 효력이 생긴 때부터 1주일 내에 결정하되, 종기는 첫 매각기일 이전의 날로 정한다.

32
중

논점 100만원 이하의 과태료 사유 **정답** ③

사무소이전 신고를 위반한 자는 100만원 이하의 과태료처분사유이다.

33
상

논점 매수신청대리권의 범위 **정답** ④

※ 대법원 규칙 제2조(매수신청대리권의 범위) 법원에 매수신청대리인으로 등록된 개업공인중개사가 매수신청대리의 위임을 받은 경우 다음 각 호의 행위를 할 수 있다.

1. 「민사집행법」제113조의 규정에 따른 매수신청 보증의 제공
2. 입찰표의 작성 및 제출
3. 「민사집행법」제114조의 규정에 따른 차 순위 매수신고
4. 「민사집행법」제115조 제3항, 제142조 제6항의 규정에 따라 매수신청의 보증을 돌려 줄 것을 신청하는 행위
5. 「민사집행법」제140조의 규정에 따른 공유자의 우선매수신고
6. 「구 임대주택법」제15조의2의 규정에 따른 임차인의 임대주택 우선매수신고
7. 공유자 또는 임대주택 임차인의 우선매수신고에 따라 차순위 매수신고인으로 보게 되는 경우 그 차순위 매수신고인의 지위를 포기하는 행위

34
상

논점 경매절차 **정답** ⑤

개업공인중개사는 대리행위를 함에 있어서 매각장소 또는 집행법원에 직접 출석하여야 한다. 소속공인중개사는 대리행위를 할 수 없다.

35
중

논점 주택외의 중개보수 **정답** ②

개업공인중개사는 주택 외의 중개대상물에 대하여 1천분의 9 범위 안에서 실제 자기가 받고자 하는 중개보수의 상한 요율을 중개보수·실비의 요율 및 한도액표에 명시하여야 하며, 이를 초과하여 중개보수를 받아서는 아니 된다.

36
중

논점 중개보수 교환계산문제 **정답** ③

교환계약은 거래금액이 큰 중개대상물의 가액을 기준으로 중개보수를 산정한다. 또한, 요율은 한도액표에 명시된 대로 0.9%를 적용한다. 3억 원 × 0.9% = 270만 원, 따라서 총액은 540만 원이다.

37
하

논점 교육지침시행자 **정답** ③

국토교통부장관은 시 · 도지사가 실시하는 실무교육의 전국적인 균형유지를 위하여 필요하다고 인정하면 실무교육지침을 마련하여 시행할 수 있다.

38
상

논점 포상금지급절차 **정답** ⑤

포상금은 당해 신고 또는 고발사건에 대하여 검사가 공소제기 또는 기소유예의 결정을 한 경우에 한하여 지급한다.

39
상

논점 협회총회 의결사항 **정답** ④

공인중개사협회는 총회의 의결내용을 지체 없이 국토교통부장관에게 보고하여야 한다.

40
중

논점 지도, 감독의 목적 **정답** ③

※ 감독상 명령의 목적

1. 부동산투기 등 거래동향의 파악을 위하여 필요한 경우
2. 이 법 위반행위의 확인, 공인중개사의 자격취소 · 정지 및 개업공인중개사에 대한 등록취소 · 업무정지 등 행정처분을 위하여 필요한 경우

제2과목: 부동산공법 중 부동산 중개에 관련되는 규정

41
중

논점 용어정의 **정답** ③

ㄱ. 광역도시계획은 광역계획권의 장기발전방향을 제시하는 계획을 말한다. 여기서 광역계획권이란 광역도시계획을 수립하는 대상지역을 말하며, 원칙적으로 인접한 둘 이상의 특별시 · 광역시 · 특별자치시 · 특별자치도 · 시 또는 군의 관할 구역 단위로 지정한다.

ㄴ. 도시 · 군계획은 도시기본계획과 도시 · 군관리계획으로 구분되며 광역도시계획은 포함되지 아니한다.

그러므로 옳은 것은 ㄷ, ㄹ 이다.

42
중

논점 광역계획권의 지정 **정답** ⑤

① 광역계획권이 둘 이상의 특별시 · 광역시 · 특별자치시 · 도 또는 특별자치도(이하 시 · 도라 함)의 관할 구역에 걸쳐 있는 경우에는 국토교통부장관이 지정한다.

② 광역계획권이 도의 관할 구역에 속하여 있는 경우에는 도지사가 지정한다.

③ 중앙행정기관의 장, 시 · 도지사, 시장 또는 군수는 국토교통부장관이나 도지사에게 광역계획권의 지정 또는 변경을 요청할 수 있다.

④ 관할 구역의 일부를 광역계획권에 포함시키려면 구 · 군(광역시의 관할 구역 안에 있는 군을 말함) · 읍 또는 면의 관할 구역 단위로 하여야 한다.

43
하

논점 도시 · 군관리계획으로 결정할 수 있는 내용 **정답** ②

개발밀도관리구역의 지정 또는 변경에 관한 계획은 도시 · 군관리계획으로 결정하는 내용이 아니고 나머지는 모두 도시 · 군관리계획으로 결정하는 내용이다.

44
중

논점 국토교통부장관이 도시 · 군관리계획을 결정하는 사유 **정답** ⑤

수산자원보호구역의 지정 및 변경에 관한 도시 · 군관리계획은 해양수산부장관이 결정한다. 그 밖의 나머지는 국토교통부장관이 결정하는 사유이다.

※ 국토교통부장관이 도시 · 군관리계획을 결정하는 사유

㉠ 국토교통부장관이 입안한 도시 · 군관리계획
㉡ 개발제한구역의 지정 및 변경에 관한 도시 · 군관리계획
㉢ 국가계획과 연계된 시가화조정구역의 지정 및 변경에 관한 도시 · 군관리계획

45
중

논점 용도지역의 종류 **정답** ④

ㄱ. 공동주택 중심의 양호한 주거환경을 보호하기 위하여 필요한 지역은 "제2종전용주거지역" 이다.

ㄴ. 중고층주택을 중심으로 편리한 주거환경을 조성하기 위하여 필요한 지역은 "제3종일반주거지역" 이다.

ㄷ. 환경을 저해하지 아니하는 공업의 배치를 위하여 필요한 지역은 "일반공업지역" 이다.

그러므로 옳은 것은 "ㄹ" 과 "ㅁ" 이다.

46
중

논점 용도지역에서의 용적률 **정답** ⑤

상업지역				준주거	공업지역		
중	일	유	근	500	준	일	전
1500	1300	1100	900		400	350	300

주거지역					녹, 관 · 농 · 자 지역							
3일	2일	1일	2전	1전	생녹	자녹	계관	보녹	보관	생관	농림	자보
300	250	200	150	100	100			80				

낮은 것부터 높은 순서대로 고르라는 문제인지 높은 것부터 낮은 순서대로 고르라는 문제인지 착각해서는 안된다.

47
하

논점 용도구역의 지정권자 **정답** ②

입지규제최소구역의 지정권자는 2017년 시험까지는 국토교통부장관이었지만 2018년부터는 도시 · 군관리계획의 결정권자로 변경되었다. 그러므로 입지규제최소구역의 지정권자는 도시 · 군관리계획의 결정권자인 국토교통부장관, 시 · 도지사, 대도시 시장으로 정리하여야 한다.

48
중

논점 도시 · 군계획시설사업의 시행자 **정답** ⑤

도시 · 군계획시설사업 시행자의 처분에 대하여는 행정심판법에 따라 행정심판을 제기할 수 있고, "행정청이 아닌 시행자" 의 처분에 대하여는 그 시행자를 지정한 자에게 행정심판을 제기하여야 한다. 그러므로 행정청인 시행자의 처분에 대하여 불복하는 자는 행정심판법에 따라 행정심판을 제기할 수 있다.

49
중

논점 지구단위계획구역으로 지정할 수 있는 지역 **정답** ③

자연공원법에 따른 자연공원으로 지정된 지역이 아니라 "해제" 되는 지역을 지정할 수 있다. 즉, 개발제한구역 · 도시자연공원구역 · 시가화조정구역 또는 "공원" 에서 해제되는 구역, 녹지지역에서 주거 · 상업 · 공업지역으로 변경되는 구역과 새로 도시지역으로 편입되는 구역 중 계획적인 개발 또는 관리가 필요한 지역을 지정할 수 있다.

50

중

논점 개발행위 허가대상 정답 ④

녹지지역 · 관리지역 또는 자연환경보전지역에서 사용승인을 받은 건축물의 울타리 안(적법한 절차에 의하여 조성된 대지만 해당)에 위치하지 아니한 토지에 물건을 1개월 이상 쌓아놓는 행위가 허가대상이다. 그러므로 농림지역에서는 허가를 받지 아니하고 할 수 있다.

51

중

논점 개발행위 허가의 제한 정답 ③

① 국토교통부장관, 시 · 도지사, 시장 또는 군수는 개발행위허가를 제한할 수 있다.

② 녹지지역이나 계획관리지역으로서 수목이 집단적으로 자라고 있는 지역은 개발행위 허가를 제한할 수 있다.

④ 개발행위허가를 제한하려는 자가 국토교통부장관인 경우에는 중앙도시계획위원회의 심의를 거쳐야 하며, 시 · 도지사 또는 시장 · 군수인 경우에는 해당 지방자치단체에 설치된 지방도시계획위원회의 심의를 거쳐야 한다. 주민의 의견청취절차는 없다.

⑤ 개발행위허가를 제한하려면 원칙적으로 중앙도시계획위원회나 지방도시계획위원회의 심의를 거쳐 한 차례만 3년 이내의 기간 동안 제한할 수 있지만, 제한사유 중 ③부터 ⑤까지 해당하는 지역에 대해서는 중앙도시계획위원회나 지방도시계획위원회의 심의를 거치지 아니하고 한 차례만 2년 이내의 기간 동안 연장할 수 있다.

52

중

논점 기반시설부담구역 정답 ⑤

기반시설부담구역의 지정 · 고시일부터 1년이 되는 날까지 기반시설설치계획을 수립하지 아니하면 그 1년이 되는 날의 다음 날에 기반시설부담구역의 지정은 해제된 것으로 본다.

53

중

논점 도시개발사업의 계획(개발계획) 정답 ②

① 개발계획은 도시개발구역의 지정권자인 국토교통부장관, 시 · 도지사, 대도시 시장이 수립한다.

② 자연녹지지역에 도시개발구역을 지정할 때에는 도시개발구역을 지정한 후에 개발계획을 수립할 수 있다.

④ 지정권자는 직접 또는 도시개발사업의 시행자의 요청을 받아 개발계획을 변경할 수 있다.

⑤ 330만제곱미터 이상인 도시개발구역에 관한 개발계획을 수립할 때에는 해당 구역에서 주거, 생산, 교육, 유통, 위락 등의 기능이 서로 조화를 이루도록 노력하여야 한다.

54

중

논점 도시개발구역 지정 · 고시의 효과 정답 ①

② 도시개발구역 지정에 관한 주민 등의 의견청취를 위한 공고가 있는 지역 및 도시개발구역에서 건축물의 건축 등의 행위를 하려는 자는 특별시장 · 광역시장 · 특별자치도지사 · 시장 또는 군수의 허가를 받아야 한다.

③ 죽목의 벌채 및 식재는 도시개발구역에서 허가대상으로 규정되어 있으므로 허가받아야 한다.

④ 개발행위 허가를 받으면 국토의 계획 및 이용에 관한 법률에 따라 개발행위 허가를 받은 것으로 본다.

⑤ 도시개발구역의 지정 및 고시 당시 이미 관계 법령에 따라 행위 허가를 받고 그 공사나 사업에 착수한 자는 도시개발구역이 지정 · 고시된 날부터 30일 이내에 특별시장 · 광역시장 · 특별자치도지사 · 시장 또는 군수에게 신고한 후 이를 계속 시행할 수 있다.

55

중

논점 도시개발사업의 시행자 정답 ④

① 도시개발구역의 토지 소유자가 도시개발을 위하여 설립한 조합은 도시개발사업의 전부를 환지 방식으로 시행하는 경우에만 시행자가 될 수 있다.

② 도시개발구역의 전부를 환지 방식으로 시행하는 경우에는 원칙적으로 토지 소유자나 조합을 시행자로 지정한다.

③ 도시개발사업에 관한 실시계획의 인가를 받은 후 2년 이내에 사업을 착수하지 아니하는 경우에는 지정권자는 시행자를 변경할 수 있다.

⑤ 행정청이 아닌 시행자가 한 처분에 불복하는 자는 다른 법률에 특별한 규정이 있는 경우 외에는 지정권자에게 행정심판을 제기하여야 한다. 반면에 행정청인 시행자가 한 처분에 불복하는 자는 행정심판법에 따라 행정심판을 제기할 수 있다.

56

중

논점 도시개발사업의 시행방식 정답 ②

수용 또는 사용방식은 계획적이고 체계적인 도시개발 등 집단적인 조성과 공급이 필요한 경우에 시행한다. 대지로서의 효용증진과 공공시설의 정비를 위하여 토지의 교환 · 분합, 그 밖의 구획변경, 지목 또는 형질의 변경이나 공공시설의 설치 · 변경이 필요한 경우에는 환지 방식으로 시행한다.

57

중

논점 추첨의 방법으로 공급 정답 ⑤

주택법에 따른 국민주택규모 이하의 주택건설용지(다만, 공공시행자가 공급하는 임대주택은 추첨의 방법으로 분양하여야 한다), 주택법에 따른 공공택지, 국토교통부령으로 정하는 면적(330제곱미터) 이하의 단독주택용지 및 공장용지에 대하여는 추첨의 방법으로 공급할 수 있다.

그러나 학교용지(일반에게 공급할 수 없는 공공용지를 국가 · 지방자치단체 등에게 공급하는 경우)는 수의계약의 방법으로 공급할 수 있다.

58
상

논점 환지계획구역의 토지부담률 정답 ③

환지계획구역의 토지부담률은 [(보류지면적 − 시행자에게 무상귀속되는 공공시설의 면적)/(환지계획구역면적 − 시행자에게 무상귀속되는 공공시설의 면적)] × 100 으로 계산한다.

그러므로 토지부담률=(60만−20만)/(120만−20만) × 100 으로 계산하면 40퍼센트가 된다. 여기서 환지계획구역의 토지부담률은 50퍼센트를 초과할 수 없다.

다만, 해당 환지계획구역의 특성을 고려하여 지정권자가 인정하는 경우에는 60퍼센트까지로 할 수 있으며, 환지계획구역 안의 토지 소유자 총수의 3분의 2 이상(시행자가 조합인 경우에는 총회에서 의결권 총수의 3분의 2 이상)이 동의하는 경우에는 60퍼센트를 초과하여 정할 수 있다.

그러므로 토지부담률 40퍼센트는 위 요건을 충족하므로 정답이다.

59
하

논점 정비사업의 종류 정답 ①

ㄱ. 주거환경개선사업이란 도시저소득 주민이 집단거주하는 지역으로서 정비기반시설이 극히 열악하고 노후 · 불량건축물이 과도하게 밀집한 지역의 주거환경을 개선하거나 (단독주택) 및 다세대주택이 밀집한 지역에서 정비기반시설과 공동이용시설 확충을 통하여 주거환경을 보전 · 정비 · 개량하기 위한 사업을 말한다.

ㄴ. 재개발사업이란 정비기반시설이 열악하고 노후 · 불량건축물이 밀집한 지역에서 주거환경을 개선하거나 (상업지역 · 공업지역) 등에서 도시기능의 회복 및 상권활성화 등을 위하여 도시환경을 개선하기 위한 사업을 말한다.

ㄷ. 재건축사업이란 정비기반시설은 (양호)하나 노후 · 불량건축물에 해당하는 "공동주택" 이 밀집한 지역에서 주거환경을 개선하기 위한 사업을 말한다.

60
중

논점 정비구역에서의 행위제한 정답 ⑤

① 정비구역에서 건축법에 따른 건축물(가설건축물 "포함")의 건축, 용도변경의 행위를 하려는 자는 시장 · 군수등의 허가를 받아야 한다.

② 이동이 쉽지 아니한 물건을 "1개월" 이상 쌓아놓는 행위는 허가대상이다.

③ 정비구역에 존치하기로 결정된 대지에 물건을 쌓아놓는 행위는 허가대상이 아니다.

④ 관상용 죽목의 임시식재는 허가대상이 아니지만 "경작지" 에서의 임시식재는 허가를 받아야 한다.

61
중

논점 주민대표회의와 토지등소유자 전체회의 정답 ②

주민대표회의는 토지등소유자의 과반수의 동의를 받아 구성하며, 국토교통부령으로 정하는 방법 및 절차에 따라 "시장 · 군수등" 의 승인을 받아야 한다.

62
중

논점 정비사업조합의 임원 정답 ①

조합에 두는 이사의 수는 3명 이상으로 하되 토지등소유자의 수가 100명을 초과하는 경우에는 이사의 수를 5명 이상으로 한다.

63
중

논점 임시거주시설 · 임시상가의 설치 정답 ④

사업시행자는 임시거주시설의 설치 등을 위하여 필요한 때에는 국가 · 지방자치단체의 시설이나 토지를 일시 사용할 수 있고, 이 경우 사용료 또는 대부료를 면제한다.

64
상

논점 관리처분계획인가 정답 ①

시장 · 군수등은 사업시행자의 관리처분계획인가의 신청이 있은 날부터 "30일 이내" 에 인가 여부를 결정하여 사업시행자에게 통보하여야 하지만, 관리처분계획의 타당성 검증을 요청하는 경우에는 관리처분계획인가의 신청을 받은 날부터 "60일 이내" 에 인가 여부를 결정하여 사업시행자에게 통지하여야 한다.

65
중

논점 주택 관련 용어정의 정답 ②

① 주택이란 세대의 구성원이 장기간 독립된 주거생활을 할 수 있는 구조로 된 건축물의 전부 또는 일부 및 그 부속토지를 말하며, 단독주택과 공동주택으로 구분한다.

③ 국민주택규모란 주거의 용도로만 쓰이는 주거전용면적이 1호(戶) 또는 1세대당 85제곱미터 이하인 주택(수도권정비계획법에 따른 수도권을 "제외" 한 "도시지역이 아닌" 읍 또는 면 지역은 1호 또는 1세대당 주거전용면적이 100제곱미터 이하인 주택)을 말한다.

④ 민영주택이란 국민주택을 제외한 주택을 말한다.

⑤ 도시형 생활주택이란 "300세대 미만" 의 국민주택규모에 해당하는 주택으로서 국토의 계획 및 이용에 관한 법률에 따른 "도시지역" 에 건설하는 일정한 주택을 말한다.

66
중

논점 세대구분형 공동주택 정답 ④

구분된 공간의 세대수는 기존 세대를 포함하여 2세대 이하인 요건은 공동주택관리법에 따른 행위의 허가를 받거나 신고를 하고 설치하는 세대구분형 공동주택의 요건이다.

67
하

논점 수직증축형 리모델링 정답 ②

수직증축형 리모델링은 최대 3개 층 이내에서 증축하되, 건축물의 기존 층수가 14층 이하인 경우에는 2개 층까지 가능하고 수직증축형 리모델링 대상 건축물 건축 당시의 구조도를 보유하고 있어야 한다. 그러므로 층수가 50층인 아파트는 3개 층까지 증축이 가능하다.

68

중

논점 주택조합 **정답** ③

주택조합을 설립하려는 경우에는 관할 특별자치시장, 특별자치도지사, 시장, 군수 또는 구청장(구청장은 자치구의 구청장을 말하며, 이하 "시장 · 군수 · 구청장" 이라 함)의 인가를 받아야 하며, 인가받은 내용을 변경하거나 주택조합을 해산하려는 경우에도 인가를 받아야 한다. 지문 ⑤에서 인가받은 내용을 변경하거나 주택조합을 해산하려는 경우에는 조합설립 인가시에 필요한 해당 주택건설대지의 80퍼센트 이상에 해당하는 토지의 사용권원과 15퍼센트 이상에 해당하는 토지의 소유권을 확보하지 않아도 되므로 맞는 문장이다.

69

중

논점 주택건설대지의 소유권 확보 **정답** ③

① 해당 대지면적의 "80퍼센트 이상" 을 "사용할 수 있는 권원(權原)" 을 확보하고, 확보하지 못한 대지가 매도청구 대상이 되는 대지에 해당하는 경우에는 주택건설대지의 소유권을 확보하지 않아도 된다.

② 사용권원을 확보하지 못한 대지의 소유자 중 지구단위계획구역 결정고시일 10년 이전에 해당 대지의 소유권을 취득하여 계속 보유하고 있는 자를 "제외한 소유자" 에게 매도청구할 수 있다.

④ 해당 주택건설대지 중 사용할 수 있는 권원을 확보하지 못한 대지(건축물 포함)의 소유자에게 그 대지를 "시가(市價)" 로 매도할 것을 청구할 수 있다.

⑤ 매도청구대상이 되는 대지의 소유자와 매도청구를 하기 전에 "3개월" 이상 협의하여야 한다.

70

상

논점 착공신고 **정답** ①

- 사업주체가 공사를 시작하려는 경우에는 (사업계획승인권자)에게 신고하여야 한다. 사업계획승인권자는 신고를 받은 날부터 (20)일 이내에 신고수리 여부를 신고인에게 통지하여야 한다.
- 사업주체가 착공신고한 후 공사를 시작하려는 경우 사업계획승인을 받은 해당 주택건설대지에 매도청구 대상이 되는 대지가 포함되어 있으면 해당 매도청구 대상 대지에 대하여는 그 대지의 소유자가 매도에 대하여 합의를 하거나 매도청구에 관한 법원의 (승소판결)(확정되지 아니한 판결을 포함)을(를) 받은 경우에만 공사를 시작할 수 있다.

71

중

논점 분양가상한제를 적용하지 않는 주택 **정답** ①

사업주체가 일반인에게 공급하는 일정한 공동주택은 일정한 기준에 따라 산정되는 분양가격 이하로 공급하여야 한다. 다만, 다음의 어느 하나에 해당하는 경우에는 그러하지 아니하다.

> ① 도시형 생활주택
> ② 경제자유구역에서 건설 · 공급하는 공동주택으로서 경제자유구역위원회에서 외자유치 촉진과 관련이 있다고 인정하여 분양가격 제한을 적용하지 아니하기로 심의 · 의결한 경우
> ③ 관광특구에서 건설 · 공급하는 공동주택으로서 해당 건축물의 층수가 50층 이상이거나 높이가 150미터 이상인 경우
> ④ 한국토지주택공사 또는 지방공사가 다음의 정비사업의 시행자로 참여하고 10퍼센트 이상을 임대주택으로 건설 · 공급하는 공공성 요건을 충족하는 사업에서 건설 · 공급하는 주택
> 가. 「도시 및 주거환경정비법」에 따른 정비사업으로서 면적이 2만제곱미터 미만이거나 또는 전체 세대수가 200세대 미만인 요건에 해당되는 사업
> 나. 「빈집 및 소규모주택 정비에 관한 특례법」에 따른 소규모주택정비사업
> ⑤ 「도시 및 주거환경정비법」에 따른 공공재개발사업에서 건설 · 공급하는 주택
> ⑥ 「도시재생 활성화 및 지원에 관한 특별법」에 따른 주거재생혁신지구에서 시행하는 혁신지구재생사업 중 사업시행면적이 1만제곱미터 미만 또는 건설 · 공급하는 주택의 전체 세대수가 300세대 미만의 사업에서 건설 · 공급하는 주택

72

하

논점 건축법을 적용하지 아니하는 건축물 **정답** ④

① 문화재보호법에 따른 지정문화재, 임시지정문화재는 건축법을 적용하지 아니한다.

② 하천법에 따른 하천구역 내의 수문조작실은 건축법을 적용하지 아니한다.

③ 철도 선로의 위나 아래를 가로지르는 보행시설과 플랫폼은 모두 건축법을 적용하지 아니한다.

⑤ 컨테이너를 이용한 간이창고로서 산업집적활성화 및 공장설립에 관한 법률에 따른 공장의 용도로만 사용되는 건축물의 대지에 설치하는 것으로서 "이동이 쉬운 것" 은 건축법을 적용하지 아니한다.

73

하

논점 건축의 종류 **정답** ③

ㄱ. 부속건축물만 있는 대지에 새로이 주된 건축물을 축조하는 것은 (신축)이다.

ㄴ. 기존 건축물의 일부를 해체하여 건축면적은 줄이고 층수를 증가시키는 것은 (증축)이다.

ㄷ. 건축물이 천재지변이나 그 밖의 재해(災害)로 멸실된 경우 그 대지에 연면적 합계는 종전 규모 이하로 하고 동수, 층수 및 높이가 모두 종전 규모 이하로 축조하면 (재축)이다.

74

중

논점 건축 관련 입지와 규모의 사전결정 **정답** ⑤

① 사전결정을 신청할 수 있다. 사전결정의 신청은 임의적 사유이다.

② 사전결정신청자는 건축위원회 심의와 도시교통정비 촉진법에 따른 교통영향평가서의 검토를 동시에 신청할 수 있다.

③ 허가권자는 사전결정이 신청된 건축물의 대지면적이 환경영향평가법에 따른 소규모 환경영향평가 대상사업인 경우 환경부장관이나 지방환경관서의 장과 소규모 환경영향평가에 관한 협의를 하여야 한다.

④ 허가권자는 사전결정으로 허가·신고 또는 협의가 의제되는 내용이 포함된 사전결정을 하려면 미리 관계 행정기관의 장과 협의하여야 하며, 협의를 요청받은 관계 행정기관의 장은 요청받은 날부터 15일 이내에 의견을 제출하여야 한다. 관계 행정기관의 장이 의견제출기간 내에 의견을 제출하지 아니하면 협의가 이루어진 것으로 본다.

75

상

논점 건축신고대상 **정답** ③

① 국토의 계획 및 이용에 관한 법률에 따른 공업지역에서 건축하는 2층 이하인 건축물로서 연면적의 합계가 500제곱미터 이하인 공장은 신고대상이다.

② 연면적이 200제곱미터 이상이거나 3층 이상인 건축물은 기둥을 증설하는 대수선은 허가대상이고 기둥을 세 개 이상 수선하는 대수선이 신고대상이다.

④,⑤ 농업이나 수산업을 영위하기 위하여 읍·면지역(특별자치시장·특별자치도지사·시장·군수가 지역계획 또는 도시·군계획에 지장이 있다고 지정·공고한 구역은 제외)에서 건축하는 연면적 200제곱미터 이하의 창고 및 연면적 400제곱미터 이하의 축사·작물재배사(作物栽培舍) 등이 신고대상이다.

76

상

논점 대지의 안전 **정답** ①

대지는 인접한 도로면보다 낮아서는 아니 된다. 다만, 대지의 배수에 지장이 없거나 건축물의 용도상 방습(防濕)의 필요가 없는 경우에는 인접한 도로면보다 낮아도 된다.

77

하

논점 피난안전구역 **정답** ②

초고층 건축물에는 피난층 또는 지상으로 통하는 직통계단과 직접 연결되는 피난안전구역을 지상층으로부터 최대 (30)개 층마다 1개소 이상 설치하여야 한다. 준초고층 건축물에는 피난층 또는 지상으로 통하는 직통계단과 직접 연결되는 피난안전구역을 해당 건축물 전체 층수의 1/2에 해당하는 층으로부터 상하 (5)개층 이내에 1개소 이상 설치하여야 한다.

78

하

논점 특별건축구역으로 지정할 수 없는 지역 **정답** ⑤

국토교통부장관 또는 시·도지사는 특별건축구역으로 지정하고자 하는 지역이 「군사기지 및 군사시설 보호법」에 따른 군사기지 및 군사시설 보호구역에 해당하는 경우에는 국방부장관과 사전에 협의하여야 한다.

79

중

논점 농지의 개념 **정답** ④

다음의 토지는 농지에 속하지 아니한다.

① 공간정보의 구축 및 관리 등에 관한 법률에 따른 지목이 전·답, 과수원이 아닌 토지(지목이 임야인 토지는 제외)로서 농작물 경작지 또는 다년생식물 재배지로 계속하여 이용되는 기간이 3년 미만인 토지
② 공간정보의 구축 및 관리 등에 관한 법률에 따른 지목이 임야인 토지로서 산지관리법에 따른 산지전용허가(다른 법률에 따라 산지전용허가가 의제되는 인가·허가·승인 등을 포함)를 거치지 아니하고 농작물의 경작 또는 다년생식물의 재배에 이용되는 토지
③ 초지법에 따라 조성된 초지

80

하

논점 농지취득자격증명의 발급 **정답** ①

시·구·읍·면의 장은 농지취득자격증명의 발급신청을 받은 때에는 ㉠ 그 신청을 받은 날부터 (7)일, ㉡ 다만, 농업경영계획서를 작성하지 아니하고 농지취득자격증명의 발급신청을 할 수 있는 경우에는 (4)일, ㉢ 농지위원회의 심의 대상의 경우에는 (14)일 이내에 일정한 요건에 적합한지의 여부를 확인하여 이에 적합한 경우에는 신청인에게 농지취득자격증명을 발급하여야 한다.

2교시

제1과목: 부동산공시에 관한 법령 및 부동산 관련 세법

부동산공시법									
1	2	3	4	5	6	7	8	9	10
⑤	②	⑤	④	③	④	⑤	②	③	①
11	12	13	14	15	16	17	18	19	20
⑤	①	④	③	③	⑤	③	④	③	④
21	22	23	24						
③	①	③	④						

1

중

논점 직권으로 조사 · 측량할 때 토지이동현황조사계획을 수립한다. 정답 ⑤

① 국토교통부장관은 모든 토지에 대하여 필지별로 소재 · 지번 · 지목 · 면적 · 경계 또는 좌표 등을 조사 · 측량하여 지적공부에 등록하여야 한다.
② 지적공부에 등록하는 지번 · 지목 · 면적 · 경계 또는 좌표는 토지의 이동이 있을 때 토지소유자의 신청을 받아 지적소관청이 결정한다. 다만, 신청이 없으면 지적소관청이 직권으로 조사 · 측량하여 결정할 수 있다.
③ 지적소관청은 토지의 이동현황을 직권으로 조사 · 측량하여 토지의 지번 · 지목 · 면적 · 경계 또는 좌표를 결정하려는 때에는 토지이동현황조사계획을 수립하여야 한다.
④ 지적소관청은 토지이동현황조사계획에 따라 토지의 이동현황을 조사한 때에는 토지이동조사부에 토지의 이동현황을 적어야 한다.

2

하

논점 소규모 수로부지는 지목이 '구거' 임을 이해한다. 정답 ②

① 묘지의 관리를 위한 건축물의 부지의 지목은 '대' 로 한다.
③ 연 · 왕골 등을 재배하는 토지의 지목은 '답' 으로 한다.
④ 지하에서 석유류 등이 용출되는 용출구와 그 유지에 사용되는 부지는 '광천지' 로 한다.
⑤ 1필지가 둘 이상의 용도로 활용되는 경우에는 주된 용도에 따라 지목을 설정하여야 한다.

3

하

논점 경계결정의 기준에 대해 이해한다. 정답 ⑤

① 연접되는 토지 간에 높낮이 차이가 없는 경우 : 그 구조물 중앙
② 연접되는 토지 간에 높낮이 차이가 있는 경우 : 그 구조물 등의 하단부
③ 도로 · 구거 등의 토지에 절토된 부분이 있는 경우 : 그 경사면의 상단부
④ 토지가 해면 또는 수면에 접하는 경우 : 최대만조위 또는 최대만수위가 되는 선

4

중

논점 1/1,000~1/6,000의 축척을 사용하는 지역에서는 0.5㎡를 초과하는 경우에는 올려서 등록함을 이해한다. 정답 ④

④ 1/1,000 ~ 1/6,000의 축척을 사용하는 지역에서 면적측정의 결과 954.51㎡로 0.51은 0.5보다 크기 때문에 올려서 955㎡로 등록한다.

5

중

논점 토지대장 및 임야대장에 등록하는 사항을 이해한다. 정답 ③

ㄴ. 지적기준점의 위치는 도면에 등록한다.
ㅁ. 건물명칭은 대지권등록부에 등록한다.

6

하

논점 지적도에서 사용하는 도면의 축척 종류에는 7가지가 있음을 이해한다. 정답 ④

④ 법령에서 규정한 도면의 축척에 1/2,000은 없다. 지적도면의 축척은 지적도는 7종, 임야도는 2종으로 구분한다.
㉠ 지적도 : 1/500, 1/600, 1/1,000, 1/1,200, 1/2,400, 1/3,000, 1/6,000
㉡ 임야도 : 1/3,000, 1/6,000

7

중

논점 복구절차에서 게시 기간은 15일 이상임을 이해한다. 정답 ⑤

⑤ 지적소관청은 복구자료의 조사 또는 복구측량 등이 완료되어 지적공부를 복구하려는 경우에는 복구하려는 토지의 표시 등을 시·군·구 게시판 및 인터넷 홈페이지에 15일 이상 게시하여야 한다.

8

하

논점 분할의 신청기간은 60일 이내임을 이해한다. 정답 ②

② 토지소유자는 지적공부에 등록된 1필지의 일부가 형질변경 등으로 용도가 변경된 경우에는 용도가 변경된 날부터 60일 이내에 지적소관청에게 토지의 분할을 신청하여야 한다.

9

상

논점 직권으로 조사 · 측량하는 정정할 수 있는 대상 9가지를 이해한다. 정답 ③

③ 소유자정리결의서의 내용과 다르게 정리된 경우는 법에서 규정한 직권등록사항 정정사유에 해당하지 않는다. 지적소관청은 지적공부의 등록사항에 잘못이 있음을 발견하면 직권으로 조사 · 측량하여 정정할 수 있다.

10

중

논점 축척변경위원회 심의 · 의결사항 4가지를 이해한다. 정답 ①

① 지적측량 기술자의 징계에 관한 사항은 중앙지적위원회의 심의 · 의결 사항이다.

11
중

논점 지목변경은 지적측량 대상이 아님을 이해한다. 정답 ⑤

① 경계복원측량
② 검사측량
③ 축척변경측량
④ 지적확정측량
⑤ 지목변경은 지번·면적·경계 및 소유권의 변경사항은 없으며, 지목변경을 하기 위해서는 지적측량도 필요 없다.

12
상

논점 지적기준점성과에 대한 열람 및 등본 발급신청은 시 · 도지사 또는 지적소관청에 신청함을 이해한다. 정답 ①

① 지적기준점성과에 대한 열람 및 등본 발급신청은 지적측량수행자에게 하는 것이 아니라 시 · 도지사 또는 지적소관청에 신청하여야 한다.

13
중

논점 등기의 추정력에 대해 이해한다. 정답 ④

① 등기의 추정력은 갑구 · 을구의 등기에 인정되며, 표제부의 등기에는 인정되지 않는다.
② 등기원인에도 추정력이 있다.
③ 토지거래허가구역 내의 토지에 관하여, 최초 매도인으로부터 최종 매수인 앞으로 한 소유권이전등기는 무효하다.
⑤ 가등기에는 추정력이 인정되지 않는다.

14
중

논점 등기기록은 누구나 열람 및 발급받을 수 있다. 정답 ③

③ 누구든지 수수료를 내고 등기기록에 기록되어 있는 사항의 전부 또는 일부의 열람(閱覽)과 이를 증명하는 등기사항증명서의 발급을 청구할 수 있다. 따라서 대리인이 발급을 신청할 때에도 대리권한을 증명하는 서면을 제출하지 않는다.

15
하

논점 등기신청의 적격자에 대해 이해한다. 정답 ③

① 학교는 사람이 아니고 하나의 시설물에 불과하므로 학교 자체 명의로는 등기를 신청할 수 없고, 국립학교는 국가명의, 공립학교는 지방자치단체 명의, 사립학교는 재단 명의로 등기를 신청하여야 한다.
② 丙의 채무담보를 위하여 甲과 乙이 근저당권설정계약을 체결한 경우, 丙은 근저당권설정등기신청에서 등기당사자가 아니기 때문에 당사자 적격이 없다.
④ 태아는 태아로 있는 동안에는 권리능력을 취득하지 못하기 때문에 태아 명의로 등기신청을 하지는 못하고 생존하여 태어나는 경우에만 자기 명의로 등기할 수 있다.
⑤ 민법상 조합의 재산은 그 조합원 전원의 합유이므로 조합원 전원의 명의로 등기를 신청하여야 한다.

16
상

논점 신청정보의 내용에 대해 이해한다. 정답 ⑤

⑤ 등기권리자의 주소를 증명하는 정보는 신청정보가 아니라 첨부정보이다.

17
중

논점 사용자등록의 절차에 대해 이해한다. 정답 ③

① 본인이 대리인에게 대리권을 수여한 경우, 대리인만 사용자등록을 하면 되고 본인은 할 필요가 없다.
② 등기신청의 당사자나 대리인이 전자신청을 하려면 미리 사용자등록을 해야 하며, 사용자등록의 유효기간은 3년이다.
④ 자연인과 법인은 전자신청할 수 있으나, 법인 아닌 사단은 전자신청을 할 수 없다.
⑤ 방문신청의 대리인은 누구나 될 수 있으나 전자신청의 경우에는 변호사나 법무사가 아닌 자는 다른 사람을 대리해서 전자신청을 할 수 없다.

18
상

논점 등기완료통지 대상에 대해 이해한다. 정답 ④

④ 행정구역 변경으로 인한 주소변경등기는 법에서 규정한 등기완료통지 대상이 아니다.

19
중

논점 건물에 대해서는 특별자치도지사, 시장·군수·구청장이 확인하는 서류를 첨부함을 이해한다. 정답 ③

① 직권에 의한 소유권보존등기가 경료된 경우에는 그 전제가 된 소유권의 처분제한의 등기가 말소되더라도 직권으로 행하여진 소유권보존등기는 말소되지 않는다.
② 건물의 경우에는 국가를 상대로 확인소송을 제기하는 것이 아니라, 시장 · 군수 · 구청장을 상대로 하여 당해 건물이 자기 소유임을 확인하는 내용의 확정판결을 받아 등기를 신청한다.
④ 소유권보존등기는 단독신청이기 때문에 등기의무자가 존재하지 않으므로 등기필정보를 제공하지 않는다.
⑤ 대장상 소유자로 등록되어 있는 자(甲)뿐만 아니라 피상속인 명의로 등록되어 있는 자의 상속인(甲의 상속인)은 직접 자기 명의로 소유권보존등기를 신청할 수 있다.

20
중

논점 신청정보의 필요적 기록사항을 이해한다. 정답 ④

ㄱ. 지료는 지상권의 필요적 기록사항이 아니다.
ㄷ. 목적은 전세권의 필요적 기록사항이 아니다.
ㄹ. 존속기간은 임차권의 필요적 기록사항이 아니다.

21
중

논점 일정한 금액을 목적으로 하지 않는 채권도 저당권의 대상임을 이해한다. 정답 ③

③ 금전채권이 아닌 채권을 담보하기 위한 저당권설정등기를 할 수 있다.

22
중

논점 부동산표시변경등기는 1개월 이내 신청함을 이해한다. 정답 ①

① 건물의 구조 변경이 있는 경우 등기기록상 소유자는 1개월 내에 등기신청을 하여야 한다.

23
상

논점 권리의 변경등기는 승낙서를 첨부하지 않으면 주등기, 첨부하면 부기등기함을 이해한다. 정답 ③

③ 권리변경이나 경정등기를 실행하는 경우 등기상 이해관계인이 없거나 등기상 이해관계인의 승낙서나 대항할 수 있는 판결서를 첨부하면 부기등기로, 첨부하지 못하면 이해관계인을 보호하기 위하여 주등기로 실행한다.

24
상

논점 가등기 대상에 대해 이해한다. 정답 ④

① '가등기상 권리의 이전금지가처분등기' 도 할 수 있다. 그러나 '가등기에 기한 본등기금지 가처분등기' 는 허용되지 않는다.

② 소유권보존등기는 청구권이 존재하지 않고, 소유권보존등기를 위하여 가등기를 한다는 것은 미등기인 부동산에 가등기를 하는 것인바, 형식주의를 취하고 있는 현행 민법에서는 인정될 수 없다.

③ 말소등기의 가등기가 물권적 청구권인 경우에는 허용되지 않는다. 따라서 계약해제로 인한 소유권이전등기의 말소등기청구권을 보전하기 위한 가등기는 허용되지 않는다.

⑤ 복수의 권리자가 소유권이전청구권을 보전하기 위하여 가등기를 마쳐 둔 경우 특별한 사정이 없는 한 그 권리자 중 한 사람은 자신의 지분에 관하여 단독으로 그 가등기에 기한 본등기를 청구할 수 있다(대판 2002.7.9, 2001다43922·43939). 일부의 가등기권리자가가 공유물 보존행위에 준하여 가등기 전부에 관한 본등기를 신청할 수는 없다.

부동산세법									
				25	26	27	28	29	30
				⑤	③	①	③	③	②
31	32	33	34	35	36	37	38	39	40
④	①	①	⑤	⑤	⑤	①	②	①	④

25
하

논점 납세의무의 성립시기 정답 ⑤

⑤ 소득세는 기간세이므로 과세기간이 끝나는 때에 납세의무가 성립하는 것이 원칙이다. 그러나 예외적으로 예정신고납부하는 양도소득세의 납세의무 성립시기는 그 과세표준이 되는 금액이 발생한 달의 말일에 납세의무가 성립한다.

26
중

논점 조세의 부과징수 정답 ③

종합부동산세는 정부부과과세를 원칙으로 하나, 정부의 부과과세에 불구하고 종합부동산세를 신고 · 납부방식으로 납부하고자 하는 납세의무자는 관할세무서장에게 신고하고 납부할 수 있다. 이 경우 관할세무서장의 결정은 없었던 것으로 본다.

27
하

논점 양도소득세의 과세대상 정답 ①

사실상의 모든 토지와 건물은 등기 여부와 관계없이 양도소득세를 과세한다.

② 등기한 부동산임차권이 양도소득세 과세대상이다.

③ 사업에 사용하는 건물과 함께 양도하는 영업권이 양도소득세 과세대상이다.

④ 현물상환채권인 토지상환채권 또는 주택상환채권이 양도소득세 과세대상이며, 국민주택채권 또는 토지개발채권 등의 금전상환채권은 양도소득세 과세대상이 아니다.

⑤ 부동산과 함께 양도하는 관련 법률에 따른 이축권은 양도소득세 과세대상이다. 그러나 해당 이축권 가액을 감정평가업자가 감정한 가액을 구분하여 신고하는 경우에는 양도소득세 과세대상에서 제외하여 종합소득세의 기타소득으로 과세한다.

28
하

논점 양도의 개념 정답 ③

③ 양도담보계약체결 후 채무불이행으로 인하여 당해 자산을 변제에 충당한 때에는 양도로 본다.

29
상

논점 비과세요건을 충족한 고가주택의 양도차익 계산 정답 ③

③ 비과세요건을 충족한 고가주택의 경우에는 12억원을 초과하는 양도가액이 당해 양도가액에서 차지하는 비율만큼만 안분계산하여 양도차익을 과세하고, 장기보유특별공제액을 적용한다.

- 고가주택의 양도차익 $= (15\text{억원} - 6\text{억원}) \times \frac{(15\text{억원} - 12\text{억원})}{15\text{억원}}$

  $= 1\text{억}8\text{천만원}$

30
중

논점 양도차익의 계산방법 정답 ②

② 취득당시 실지거래가액을 확인할 수 없는 경우에는 매매사례가액, 감정가액 또는 환산취득가액에 따르나, 기준시가는 적용할 수 없다.

31
중

논점 장기보유특별공제 정답 ④

④ 1세대 1주택으로 12년 보유하고 4년 거주한 경우 장기보유특별공제율은 보유년수 12년×4%≦40% + 거주년수 4년×4%≦40%인 56%이다.

32
상

논점 양도소득세의 신고 · 납부 정답 ①

① 양도소득세 과세대상 자산(외국법인발행 또는 외국시장상장 주식 및 파생상품 제외)을 양도한 거주자는 예정신고의무가 있으며, 양도차익이 없거나 양도차손이 발생한 때에도 그러하다.

33
중

논점 취득세의 납세의무 정답 ①

②「주택법」제11조에 따른 주택조합과「도시 및 주거환경정비법」제35조제3항 및「빈집 및 소규모주택정비에 관한 특례법」제23조에 따른 재건축조합 및 소규모 재건축조합이 해당 조합원용으로 취득하는 조합주택용 부동산은 그 조합원이 취득한 것으로 본다. 다만, 조합원에게 귀속되지 아니하는 부동산은 그 조합원이 취득한 것으로 보는 경우에서 제외한다.

③ 건축물 중 조작 설비, 그 밖의 부대설비에 속하는 부분으로서 그 주체구조부와 하나가 되어 건축물로서의 효용가치를 이루고 있는 것에 대하여는 주체구조부 취득자 외의 자가 가설한 경우에도 주체구조부의 취득자가 함께 취득한 것으로 본다.

④ 배우자 및 직계존비속간에 부동산을 서로 교환한 경우에는 유상으로 취득한 것으로 본다.

⑤ 형제지간에 증여자의 채무를 인수하는 부담부(負擔附) 증여의 경우에는 그 채무액에 상당하는 부분은 부동산등을 유상으로 취득하는 것으로 본다.

34
중

논점 취득유형별 취득세의 과세표준 정답 ⑤

부동산등을 원시취득하는 경우 취득당시가액은 사실상 취득가격으로 한다. 다만, 법인이 아닌 자가 건축물을 건축하여 취득하는 경우로서 사실상취득가격을 확인할 수 없는 경우의 취득당시가액은 시가표준액으로 한다.

35
상

논점 취득유형별 취득세 표준세율 정답 ⑤

① 상속으로 인한 농지취득 : 1천분의 23

② 원시취득 : 1천분의 28

③ 합유물 및 총유물의 분할로 인한 취득 : 1천분의 23

④ 매매로 인한 농지 외의 토지 취득 : 1천분의 40

36
중

논점 등록면허세의 채권자대위권 정답 ⑤

① 납세의무자는 공부에 등기 또는 등록을 받는 등기 · 등록부상에 기재된 명의자인 외관상 등기 또는 등록권리자이다.

② 등록 당시에 자산재평가 또는 감가상각 등의 사유로 그 가액이 달라진 경우에는 법인장부 또는 결산서 등으로 증명되는 가액인 변경된 가액을 과세표준으로 한다.

③ 지상권 설정등기의 경우 부동산 가액을 과세표준으로 하여 1,000분의 2의 세율을 적용하여 계산한 금액을 등록면허세 세액으로 한다.

④ 등록을 하려는 자가 신고의무를 다하지 않은 경우에도 등록면허세 산출세액을 등록하기 전까지 납부하였을 때에는 신고 · 납부한 것으로 보아 무신고가산세 및 과소신고가산세를 부과하지 아니한다.

37
상

논점 재산세의 납세의무자 정답 ①

② 상속이 개시된 재산으로서 상속등기가 이행되지 아니하고 사실상의 소유자를 신고하지 아니하였을 때에는 주된 상속자가 재산세를 납부할 의무가 있다.

③「신탁법」제2조에 따른 수탁자의 명의로 등기 또는 등록된 신탁재산의 경우에는 위탁자(「주택법」제2조제11호가목에 따른 지역주택조합 및 같은 호 나목에 따른 직장주택조합이 조합원이 납부한 금전으로 매수하여 소유하고 있는 신탁재산의 경우에는 해당 지역주택조합 및 직장주택조합을 말한다)가 재산세를 납부할 의무가 있다. 이 경우 위탁자가 신탁재산을 소유한 것으로 본다.

④ 지방자치단체와 재산세 과세대상 토지를 연부로 매매계약을 체결하고 그 재산의 사용수익권을 무상으로 부여받은 경우에는 그 매수계약자를 납세의무자로 본다.

⑤ 과세기준일 현재 소유권의 귀속이 분명하지 아니하여 사실상의 소유자를 확인할 수 없는 경우 사용자를 납세의무자로 본다.

38
상

논점 1세대 1주택의 종합부동산세의 과세표준 정답 ②

② 1세대 1주택자에 대한 과세표준은 납세의무자별로 주택의 공시가격을 합산한 금액에서 12억을 공제한 금액에 공정시장가액비율 60%를 곱한 금액으로 한다. 다만, 그 금액이 영보다 작은 경우에는 영으로 본다.

39
하

논점 종합합산과세대상토지의 구분 정답 ①

① 취득세 중과세대상인 골프장이나 고급오락장용 토지는 사치성재산이므로 4% 분리 과세한다.

40

중

논점 재산세의 과세표준 정답 ④

① 시 · 군 · 구를 달리하여 여러 곳에 토지 · 건축물 또는 주택을 소유한 경우 각각의 토지 · 건축물 또는 주택의 소재지를 납세지로 한다.

② 재산세 과세기준일 현재 행정관청으로부터 철거명령을 받았거나 철거보상계약이 체결된 건축물 또는 주택은 멸실대상이므로 재산세를 부과하지 아니하나, 건축물 등의 부속토지에 대하여는 재산세를 부과한다.

③ 별장에 대한 4% 중과세율이 2023년부터 폐지되어 고급주택을 포함한 모든 주택은 누진세율을 적용한다.

⑤ 토지분 재산세는 해당 연도에 부과할 세액이 20만원 이하인 경우에도 9월 16일부터 9월 30일까지 부과징수한다. 다만, 주택에 대한 재산세에 한하여 해당 연도에 부과할 세액이 20만원 이하인 경우 조례로 정하는 바에 따라 납기를 7월 16일부터 7월 31일까지로 하여 한꺼번에 부과 · 징수할 수 있다.

제 2 회 실전모의고사 정답 & 해설

1교시

정답																			
1	2	3	4	5	6	7	8	9	10	11	12	13	14	15	16	17	18	19	20
②	⑤	⑤	①	②	③	⑤	④	③	②	④	④	⑤	①	④	⑤	⑤	④	④	④
21	22	23	24	25	26	27	28	29	30	31	32	33	34	35	36	37	38	39	40
⑤	②	⑤	①	②	③	⑤	②	③	③	④	④	④	⑤	⑤	②	④	①	⑤	③
41	42	43	44	45	46	47	48	49	50	51	52	53	54	55	56	57	58	59	60
②	③	⑤	③	⑤	①	②	④	③	②	②	①	⑤	②	①	⑤	④	⑤	②	②
61	62	63	64	65	66	67	68	69	70	71	72	73	74	75	76	77	78	79	80
①	②	①	④	④	①	③	②	⑤	④	③	④	③	③	⑤	①	②	④	④	⑤

제1과목: 공인중개사의 업무 및 부동산 거래 신고 등에 관한 법령 및 중개실무

01
상

논점 용어의 정의 관련 판례 정답 ②

① 중개를 업으로 한다함은 불특정다수인을 상대로 반복 계속하여 영업으로 알선·중개를 하는 것을 의미한다고 해석하여야 할 것이므로 알선·중개를 업으로 하였는 지의 여부는 알선·중개행위의 반복 계속성, 영업성 등의 유무와 그 행위의 목적이나 규모, 회수, 기간, 태양등 여러사정을 종합적으로 고려하여 사회통념에 따라 판단하여야 할 것이다. 따라서 우연한 기회에 단 1회 건물 전세계약의 중개를 하고 중개보수를 받은 사실만으로는 알선·중개를 업으로 하는 것이라고 볼 수 없다. (대판 1998. 8. 9, 88도998; 대판 1991.7.23, 91도1274)

④ 부동산 중개업무는 상법 제46조 제11호에서 정하고 있는 '중개에 관한 행위' 로서 기본적 상행위에 해당하고, 상인이 영업을 위하여 하는 행위는 상행위이며, 상인의 행위는 영업을 위하여 하는 것으로 추정되는바, 부동산 중개업무를 실제로 영위하여 상인인 자가 그 중개를 성사시키기 위하여 또는 그 중개에 대한 책임으로 보증각서를 작성하여 매수인의 잔금채무를 보증한 경우, 그 보증행위는 영업을 위하여 한 것으로 추정되고, 그 추정을 번복할 만한 증거가 없는 한 상행위로 간주된다 (대판 2008. 12. 11, 2007다66590)

⑤ '중개행위' 란 개업공인중개사가 거래의 쌍방 당사자로부터 중개 의뢰를 받은 경우뿐만 아니라 거래의 일방 당사자의 의뢰에 의하여 중개대상물의 매매·교환·임대차 기타 권리의 득실·변경에 관한 행위를 알선·중개하는 경우도 포함하는 것이다(대판 94다47261).

02
중

논점 중개대상물의 구분 정답 ⑤

① 담장이나 축대 등은 토지에의 부합정도가 너무 강하므로 독립한 부동산으로 간주되지 않으며 민법상 독립한 권리의 객체인 물건이 아니므로 공인중개사법상의 중개대상물이 아니다.

② 명인방법이란 제3자가 명백하게 인식할 수 있는 공시방법을 갖추어야 한다.

③ 토지는 1필의 일부분이라하더라도 지상권, 지역권등 용익물권의 목적으로서 중개가 가능하다.

④ 명인방법을 갖춘 수목의 집단은 소유권보존등기가 되어 있지 아니하고 불완전한 공시방법을 갖추고 있으므로 저당권의 목적이 될 수 없다.

03
하

논점 행정수수료의 구분 정답 ⑤

① 공인중개사 시험의 응시자는 당해 지방자치단체의 조례가 정하는 바에 따라 수수료를 납부하여야 한다.
다만, 공인중개사자격시험을 국토교통부장관이 시행하는 경우에는 국토교통부장관이 결정·공고하는 수수료를 납부하여야 한다.

② 공인중개사자격시험을 공인중개사협회 또는 대통령령이 정하는 기관에 위탁한 경우에는 당해 업무를 위탁받은 자가 위탁한 자의 승인을 얻어 결정·공고하는 수수료를 각각 납부하여야 한다.

③ 전부반환: 수수료를 과오납한 경우,
시험시행기관 의 귀책 사유로 시험에 응하지 못한 경우
응시원서 접수 기간 내에 접수를 취소하는 경우
60%반환: 응시원서 접수 마감일의 다음 날부터 7일 이내에 접수를 취소
50%반환: 상기에 정한 기간을 경과한 날부터 시험시행일 10일 전까지 접수를 취소

④ 등록의 결격사유에 해당하지는 않는다.

04
상

논점 등록과 관련된 절차와 방식 정답 ①

① 중개사무소 개설등록을 하지 않고 중개업을 한 경우 이에 따른 거래계약의 효력은 유효하지만 중개보수청구권은 인정되지 아니한다(대판 2008다75119)
② 가설건축물대장에 기재된 건물로 사용권을 확보한 자는 등록을 신청할 수 없다.
③ 등록관청이 아니라 시 · 도지사가 실시하는 실무교육을 수료하여야 한다.
④ 중개사무소 개설등록을 하지 아니하고 중개업을 한 자와 거짓 그 밖의 부정한 방법으로 중개사무소의 개설등록을 하여 중개업을 한 자는 3년 이하의 징역 또는 3천만원 이하의 벌금형에 처하므로 행정형벌 내용은 동일하다.
⑤ 소속공인중개사로서 그에 대한 고용관계종료 신고 후 1년이 경과되지 아니한 자도 중개사무소개설등록을 신청할 수 있다. 소속공인중개사로서 그에 대한 고용관계종료 신고 후 1년이 경과되지 아니한 자가 등록을 신청하는 경우에는 실무교육 이수의무가 면제된다.

05
상

논점 결격사유의 효과 정답 ②

① 개업공인중개사가 결격사유에 해당하게 되는 것은 절대적 등록취소사유이므로 등록취소 처분이 있어야 비로소 등록의 효력은 소멸하게 된다.
③ 등록의 결격사유에 해당함에도 중개업을 영위한 개업공인중개사는 절대적 등록 취소사유에 해당하나 무등록상태에서 중개업을 한자는 아니다.
④ 징역형의 선고가 확정된 자가 법률의 변경에 의하여 그 행위가 범죄를 구성하지 아니하여 집행이 면제되면 3년간 결격사유가 진행된다.
⑤ 공인중개사법에 위반하여 300만원이상의 벌금형의 선고를 받은 자는 벌금형의 선고를 받고 3년이 경과되면 결격사유를 벗어날 수 있다.

06
중

논점 중개사무소의 설치와 기준 정답 ③

중개사무소는 건축물대장(「건축법」 에 따른 가설건축물대장은 제외한다.)에 기재된 건물(준공검사, 준공인가, 사용승인, 사용검사 등을 받은 건물로서 건축물대장에 기재되기 전의 건물을 포함한다. 이하 같다)에 중개사무소를 확보(소유 · 전세 · 임대차 또는 사용대차 등의 방법에 의하여 사용권을 확보하여야 한다) 할 것

07
하

논점 개업공인중개사별 업무지역의 구분 정답 ⑤

법 부칙 제6조2항의 개업공인중개사는 사무소를 기준으로 하여 시 · 도내에 있는 중개대상물에 관한 중개를 할 수 있다.

08
중

논점 고용인의 업무상 행위에 대한 책임 정답 ④

① 공동사용사무소에서도 고용인은 개별적으로 고용해야 한다.
② 고용인의 고의 또는 과실없이 발생한 의뢰인의 재산상손해에 대해서는 고용인은 물론 그를 고용한 개업공인중개사도 책임을 물을 수 없다.
③ 민법상 사용자로서 구상권행사가 가능하다.
⑤ 고용인이 금지행위를 위반한 경우 그를 고용한 개업공인중개사의 행위로 보아 등록이 취소될수 있을 뿐이지 등록을 취소하여야 하는 것은 아니다.

09
중

논점 인장등록대상과 그 구분 정답 ③

공인중개사인 개업공인중개사, 부칙에 규정된 개업공인중개사 및 소속공인중개사의 경우에는 「가족관계의 등록 등에 관한 법률」에 따른 가족관계등록부 또는 「주민등록법」에 따른 주민등록표에 기재되어 있는 성명이 나타난 인장으로서 그 크기가 가로 · 세로 각각 7밀리미터 이상 30밀리미터 이내인 인장을 등록하여야 한다.

10
하

논점 중개사무소 게시사항 정답 ②

공인중개사자격증게시는 해당되는 자가 있는 경우에 한하므로, 법부칙제6조2항의 개업공인중개사는 자격증게시의무의 대상이 아니다. 그러나 법부칙제6조2항의 개업공인중개사가 소속공인중개사를 고용한 경우에는 소속공인중개사의 자격증은 게시하여야 한다.

11
중

논점 휴업관련과 폐업신고 비교 정답 ④

개업공인중개사가 재개 신고를 하는 것은 휴업 신고 후 재개 하는 경우에만 의무사항이다. 즉, 3월 미만 휴업시 신고 의무가 없음으로 재개 신고할 필요 없다.

12
상

논점 전속중개계약의 구분 정답 ④

중개의뢰인이 스스로 발견한 상대방과 거래를 성사시킨 경우에는 개업공인중개사는 법정중개보수의 50%범위내에서 소요된 비용만 지불받을 수 있을 뿐이다.

13
상

논점 거래정보사업자 지정 절차 정답 ⑤

① 부가통신사업자가 일정한 요건을 갖춘 경우에 국토교통부장관은 부동산거래정보망을 설치 · 운영할 자로 지정할 수 있다.
② 거래정보사업자로 지정을 받기 위해서는 전국적으로 500명이상의 개업공인중개사가 가입하여야 하며, 2개 이상의 시 도에서 30인 이상의 개업공인중개사가 가입하여야 한다.
③ 거래정보사업자로 지정 받기 위해서는 반드시 공인중개사 1인 이상, 정보처리기사 1인 이상을 확보하여야 한다.
④ 부동산거래정보망이란 개업공인중개사 상호간에 중개대상물의 중개에 관한 정보를 교환하는 체계를 말한다.

14
중

논점 거래계약서 작성과 그 절차 정답 ①

② 거래계약서 서식은 법령에 정함이 없으나, 필수적기재사항은 그 정함이 있다.
③ 당해 중개업무를 수행한 "소속공인중개사" 가 개업공인중개사와 함께 서명 및 날인하여야 하는 것이므로 당해 업무를 수행한 사용인이 중개보조원이라면 서명 및 날인할 의무가 없다.
④ 국토부장관은 거래계약서의 표준서식 정하여 이의 사용을 권장할 수 있다.
⑤ 법인의 경우에는 주사무소의 경우에는 대표자, 분사무소의 경우에는 책임자가 당해 업무를 수행한 소속공인중개사와 함께 서명 및 날인하여야 한다.

15
상

논점 중개대상물 확인설명의무자 구분 정답 ④

① 확인 · 설명의무는 중개의뢰를 받았을 경우 중개가 완성되기전에 이를 이행하여야 한다.
② 중개대상물 확인 · 설명은 중개대상물에 관한 매수 임차의뢰인등 권리를 취득하려는 중개의뢰인에게 하여야 한다.
③ 성실 · 정확하게 설명하고 설명의 근거자료를 제시하여야 한다.
⑤ 당해 중개행위를 수행한 소속공인중개사도 개업공인중개사와 함께 중개대상물 확인 · 설명서를 작성하여야 하는 것은 아니며, 개업공인중개사와 함께 서명 및 날인할 의무가 있을 뿐이다.

16
중

논점 개래당사자 일방과의 관계 정답 ⑤

전속중개계약서 작성 및 교부는 전속중개 의뢰한 의뢰인에게만 이행한다.

17
상

논점 중개업의 관련 판례 정답 ⑤

중개업이라 함은 다른 사람의 의뢰에 의하여 일정한 보수를 받고 중개를 업으로 행하는 것을 말하므로 중개를 하였으나 현실적으로 중개보수를 받지 아니한 것은 중개업에 해당하지 않는다.

18
상

논점 업무보증 재설정 정답 ④

④ 개업공인중개사가 보증보험금 또는 공제금으로 손해배상을 한 때에는 15일 이내에 다시 업무보증을 설정하여야 하며, 공탁의 경우에만 부족하게 된 금액을 보전하는 방법을 사용할 수 있다.

19
상

논점 중개보수청구권의 구분 정답 ④

① 중개보수 청구권의 행사는 중개가 완성되어야 가능하다.
② 중개대상물이 일반주택인 경우 국토부령이 정한 한도 내에서 시도조례가 정하는 요율 및 한도액표의 범위내에서 받을수 있다.
③ 임대차 중 보증금 외에 차임이 있는 경우에는 월 단위의 차임액에 100을 곱한 금액을 보증금에 합산한 금액을 거래금액으로 한다. 다만, 합산한 금액이 5천만원 미만인 경우에는 월 단위의 차임액에 70을 곱한 금액과 보증금을 합산한 금액을 거래금액으로 한다.
⑤ 주택 외의 중개대상물에 대한 중개보수는 중개의뢰인 쌍방으로부터 각각 받되, 그 쌍방으로부터 각각 받을 수 있는 중개보수의 한도는 거래금액의 1천분의 9이내이다.

20
상

논점 교육기관 비교 정답 ④

거래정보사업자는 실무교육 위탁기관이 아니다.

21
중

논점 행정처분의 비교 정답 ⑤

⑤은 절대적 등록취소 사유에 해당하므로 업무정지처분을 명할 수 없다.

22
중

논점 벌칙종합문제 정답 ②

①③④⑤는 3년이하의 징역또는 3천만원 이하의 벌금형이다.

23
상

논점 중개법인의 업무범위 정답 ⑤

개업공인중개사를 대상으로 한 중개업의 경영기법 및 경영정보 제공에 관한 업무는 법제14조에 규정된 법인인 개업공인중개사의 업무범위이다.

24
상

논점 교육관련사항 총괄 정답 ①

② 소속공인중개사로서 고용관계 종료 신고 후 1년 이내에 중개사무소의 개설등록을 신청하려는 경우에는 실무교육을 다시 받지 않아도 된다.
③ 실무교육의 교육시간은 28시간 이상 32시간 이하로 한다.
④ 직무교육은 시도지사 또는 등록관청이 실시권자가 된다.
⑤ 실무교육을 받은 개업공인중개사 및 소속공인중개사는 실무교육을 받은 후 2년마다 시 · 도지사가 실시하는 연수 교육을 받아야 한다. 그러나 중개보조원은 연수 교육을 수료할 의무가 없다.

25 상

논점 포상금대상자의 구분 **정답** ②

부동산 투기조장 행위를 한자를 신고한 것은 포상금 지급 대상이 아니다.

22 상

논점 과태료 감면사항 **정답** ③

국토교통부장관 또는 신고관청(조사기관)의 조사가 시작되기 전에 자진 신고한 자는 과태료 면제하고, 조사기관의 조사가 시작된 후 자진 신고한 자는 과태료의 100분의 50 감경한다.

27 상

논점 부동산거래신고서 기재사항과 제출서류 **정답** ⑤

부동산거래계약을 신고하려는 자 중 매수인 외의 자가 자금조달 · 입주계획서를 제출하는 경우 매수인은 부동산거래계약을 신고하려는 자에게 거래계약의 체결일부터 25일 이내에 자금조달 · 입주계획서를 제공해야 하며, 이 기간 내에 제공하지 않은 경우에는 매수인이 별도로 자금조달 · 입주계획서를 제출해야 한다.

28 상

논점 전자적처리항목 구분 **정답** ②

㉡㉤만 전자문서로 가능하고, ㉠㉢㉣㉥은 전자문서는 불가능하고 방문신고만 가능하다.

★ **업무의 전자적 처리가 가능한 것[시행규칙 제22조]**

㉠ 부동산거래계약 신고서(거래당사자 중 일방이 신고를 거부하여 단독으로 부동산거래 신고의 경우는 제외한다)
㉡ 정정신청에 따른 신고필증(거래당사자의 주소 · 전화번호 또는 휴대전화번호 정정신청의 경우는 제외한다)
㉢ 부동산거래계약 변경 신고서(부동산 등의 면적 변경이 없는 상태에서 거래가격이 변경 신고와 거래가격 중 분양가격 및 선택품목 변경 신고의 경우는 제외한다)
㉣ 부동산거래계약의 해제 등 신고서
㉤ 외국인 등의 부동산 등 취득 · 계속보유 신고서 또는 외국인 토지취득 허가신청서
㉥ 토지거래계약허가신청서 또는 토지거래계약변경허가신청서
㉦ 토지거래허가에 따른 이의신청서
㉧ 토지거래불허가 처분에 따른 토지매수청구서
㉨ 토지거래허가에 따른 취득토지의 이용목적변경 승인신청서

29 상

논점 서명, 날인의 의무자 구분 **정답** ③

법인의 경우에는 주사무소는 대표자가 분사무소는 책임자와 업무를 수행한 소속공인중개사가 함께 확인 · 설명서에 서명 및 날인하여야 한다.

30 상

논점 확인설명시 상이한 사항 정리 **정답** ③

① 대장상의 지목과 등기사항증명서상의 지목이 불일치하면 대장이 우선한다.
② 지목을 정할 때는 필지마다 하나의 지목을 설정하는 게 원칙이다. 그러나 1필지가 여러 지목 용도에 사용될 때에는 주된 사용 목적에 따른 지목으로 정하게 된다.
④ 나대지는 법정지목이 아니다.
⑤ 맹지는 법정지목이 아니다.

31 상

논점 분묘기지권 관련 판례 **정답** ④

시효 취득의 경우, 토지 소유자의 청구가 있다면 지료를 청구할 수 있다.

① 분묘의 수호 관리나 봉제사에 대하여 현실적으로 또는 관습상 호주상속인인 종손이 그 권리를 가지고 있다면 그 권리는 종손에게 전속하는 것이고 종손이 아닌 다른 후손이나 종중에서 관여할 수는 없다고 할 것이나, 공동선조의 후손들로 구성된 종중이 선조 분묘를 수호 관리하여 왔다면 분묘의 수호 관리권 내지 분묘기지권은 종중에 귀속한다(대판 2005다44114).
③, ⑤ 토지 소유자의 승낙을 얻어 분묘가 설치된 경우 분묘소유자는 분묘기지권을 취득하고, 분묘기지권의 존속기간에 관하여는 당사자 사이에 약정이 있는 등 특별한 사정이 있으면 그에 따를 것이나, 그러한 사정이 없는 경우에는 권리자가 분묘의 수호와 봉사를 계속하며 그 분묘가 존속하고 있는 동안 존속한다고 해석함이 타당하다. 또, 분묘가 멸실된 경우라고 하더라도 유골이 존재하여 분묘의 원상회복이 가능하여 일시적인 멸실에 불과하다면 분묘기지권은 소멸하지 않고 존속하고 있다고 해석함이 상당하다(대판 2005다44114).

32 중

논점 거래계약서 작성 주의사항 **정답** ④

① 통상적으로 매수인의 대리인보다는 매도인의 대리인으로 인해 발생하는 중개사고의 가능성이 더 높다.
② 말소전에도 거래가 가능하므로 개업공인중개사는 권리분석을 통하여 철저한 확인설명 의무를 이행한다면, 중개도 얼마든지 가능하다.
③ 1필 토지의 일부도 용익물권이나 임차권의 목적이 될 수 있으므로 중개대상물이 될 수 있다.
⑤ 부부간에도 대리권이 있어야 한다.

33 중

논점 거래계약서 서식 **정답** ④

국토교통부장관은 개업공인중개사가 작성하는 거래계약서의 표준이 되는 서식을 정하여 사용을 권장할 수 있을 뿐이다. 따라서 거래계약서는 국토교통부장관이 표준서식을 정한다 하더라도 개업공인중개사가 중개 완성 시 이를 사용할 의무가 없다.

34
상

논점 명의신탁의 구분과 절차 **정답** ⑤

① 매매계약은 유효하다.
② 제3자는 선의 또는 악의 불문 매매계약, 등기 모두 유효하다.
③ 신탁자 (갑)은 매도인 (병)에게는 대항할 수 있다.
④ 신탁자는 제3자에게는 대항할 수 없다.

35
상

논점 경매절차 **정답** ⑤

⑤ 매각결정기일이 아니고 대금완납일이다. 계약 이외의 원인(경매, 판결, 상속 등)으로 토지의 소유권을 취득한 경우에는 소유권을 취득한 날로부터 6월 이내에 신고하여야 하고, 위반 시 100만 원 이하의 과태료 처분 대상이 된다.

36
중

논점 장사에 관한 법률의 적용 **정답** ②

① 공설묘지, 가족묘지, 종중 · 문중묘지 또는 법인묘지안의 분묘 1기 및 당해 분묘의 상석, 비석 등 시설물의 설치구역 면적은 10평방미터(합장의 경우에는 15평방미터)를 초과하여서는 아니된다.
③ 설치기간이 지난 분묘의 연고자가 시 · 도지사, 시장 · 군수 · 구청장 또는 법인묘지의 설치 · 관리를 허가받은 자에게 그 설치기간의 연장을 신청하는 경우에는 1회에 한하여 그 설치기간을 30년에 한정하여 그 설치기간을 연장하여야 한다.
④ 개인 묘지는 30평방미터를 초과하여서는 아니된다.
⑤ 설치기간이 종료된 분묘의 연고자는 설치기간이 종료된 날부터 1년 이내에 당해 분묘에 설치된 시설물을 철거하고 매장된 유골을 화장 또는 납골하여야 한다.

37
하

논점 주택임대차보호법의 임차권등기명령제 **정답** ④

임차권등기명령의 신청은 임대차계약기간이 종료되었음에도 임대인이 보증금을 반환치 않을 경우 임차인이 할 수 있다.

38
중

논점 상가임대차보호법의 적용 **정답** ①

② 소액임차인들의 최우선변제액수가 상가건물가액의 1/2을 초과하는 경우에는 1/2범위내에서만 최우선변제를 받는다.
③ 상가는 1/2 범위 내에서 최우선변제를 받을 수 있다.
④ 임차인은 주장이 가능하나, 임대인은 주장할 수 없다.
⑤ 상가의 확정일자는 관할 세무서에서 받는다.

39
상

논점 경매시 입찰보증금 **정답** ⑤

⑤ 주택경매의 경우 입찰보증금은 최저매각가격의 10분의 1을 제공하여야 한다.

40
중

논점 매수신청대리권의 범위 **정답** ③

인도명령이나 명도소송은 대법원규칙상의 등록을 필한 개업공인중개사의 경매 대리권의 범위에 해당되지 않는다.

제2과목: 부동산공법 중 부동산 중개에 관련되는 규정

41
하

논점 도시 · 군관리계획으로 수립하는 계획 정답 ②

도시 · 군관리계획으로 수립하는 계획은 지구단위계획과 입지규제최소구역계획만 해당한다.

42
중

논점 광역도시계획 정답 ③

① 광역도시계획을 수립하는 시장 또는 군수가 협의를 거쳐 요청하는 경우에는 도지사가 수립할 수 있다. 반면에, 시장 또는 군수가 요청하는 경우에는 도지사와 시장 또는 군수가 공동으로 수립할 수 있다. 정확하게 구분하여야 한다.

② 국가계획과 관련된 광역도시계획은 국토교통부장관이 수립하여야 한다.

④ 도지사가 광역계획권을 지정하거나 변경하려면 관계 중앙행정기관의 장, 관계 시 · 도지사, 시장 또는 군수의 의견을 들은 후 지방도시계획위원회의 심의를 거쳐야 한다. 여기서는 국토교통부장관이 지정하는 경우와 다르게 관계 중앙행정기관의 장의 의견청취가 있음에 주의하여야 한다.

⑤ 도지사가 관할 시장 · 군수와 공동으로 광역도시계획을 수립하거나, 시장 · 군수가 협의를 거쳐 요청하여 도지사가 수립하는 경우에는 국토교통부장관의 승인을 받지 아니한다.

43
하

논점 도시 · 군관리계획의 입안 정답 ⑤

주민은 도시 · 군관리계획의 입안을 제안할 수는 있어도 직접 입안할 수는 없다.

44
하

논점 시장 · 군수가 도시 · 군관리계획을 결정하는 사유 정답 ③

다음의 도시 · 군관리계획은 시장 또는 군수가 직접 결정한다.

㉠ 시장 또는 군수가 입안한 지구단위계획구역의 지정 · 변경과 지구단위계획의 수립 · 변경에 관한 도시 · 군관리계획

㉡ 지구단위계획으로 대체하는 용도지구 폐지에 관한 도시 · 군관리계획(해당 대도시가 아닌 시장 또는 군수가 도지사와 미리 협의한 경우에 한정)

45
중

논점 용도지역의 지정절차상의 특례 정답 ⑤

구역 · 단지 · 지구 · 지역 등(이하 "구역등" 이라 함)이 해제되는 경우(개발사업의 완료로 해제되는 경우는 제외)에는 이 법 또는 다른 법률에서 그 구역등이 어떤 용도지역에 해당되는지를 따로 정하고 있지 아니한 경우에는 지정하기 이전의 용도지역으로 환원된 것으로 본다.

46
하

논점 용도지역과 관련된 행위제한 정답 ①

ㄱ. 미지정 지역에서 건축제한, 용도지역에서의 건폐율 · 용적률에 관한 규정을 적용할 때에 (자연환경보전지역)에 관한 규정을 적용한다.

ㄴ. 건축제한, 용도지역에서의 건폐율 · 용적률에 관한 규정을 적용할 때에 해당 용도지역이 도시지역인 경우에는 (보전녹지지역)에 관한 규정을 적용한다.

ㄷ. 건축제한, 용도지역에서의 건폐율 · 용적률에 관한 규정을 적용할 때에 해당 용도지역이 관리지역인 경우에는 (보전관리지역)에 관한 규정을 적용한다.

47
중

논점 시가화조정구역 정답 ②

국토교통부장관 또는 시 · 도지사는 시가화조정구역을 지정 또는 변경하려면 5년 이상 20년 이내에서 시가화유보기간을 정하여야 한다.

48
상

논점 실시계획의 실효 정답 ④

도시 · 군계획시설결정의 고시일부터 (10)년 이후에 실시계획을 작성하거나 인가(다른 법률에 따라 의제된 경우는 제외) 받은 장기미집행 도시 · 군계획시설사업의 시행자가 실시계획 고시일부터 (5)년 이내에 「공익사업을 위한 토지 등의 취득 및 보상에 관한 법률」에 따른 재결신청을 하지 아니한 경우에는 실시계획 고시일부터 (5)년이 지난 다음 날에 그 실시계획은 효력을 잃는다.

다만, 장기미집행 도시 · 군계획시설사업의 시행자가 재결신청을 하지 아니하고 실시계획 고시일부터 5년이 지나기 전에 해당 도시 · 군계획시설사업에 필요한 토지 면적의 3분의 2 이상을 소유하거나 사용할 수 있는 권원을 확보하고 실시계획 고시일부터 (7)년 이내에 재결신청을 하지 아니한 경우 실시계획 고시일부터 (7)년이 지난 다음 날에 그 실시계획은 효력을 잃는다.

49
중

논점 지구단위계획구역으로 지정하여야 하는 지역 정답 ③

도시개발구역이 아니라 "정비구역" 에서 시행되는 사업이 끝난 후 10년이 지난 지역은 지구단위계획구역으로 지정하여야 한다.

50
상

논점 개발행위의 허가 정답 ②

건축물이 없는 대지의 「건축법」 에 따른 분할제한면적 미만으로의 토지 분할은 허가대상이다. 지문 ⑤에서 도시 · 군계획사업에 의한 개발행위는 허가대상이 아니므로 도시개발사업은 도시 · 군계획사업의 일종이므로 옳은 문장이다.

51
중

논점 개발행위에 따른 공공시설의 귀속 정답 ②

행정청이 개발행위허가를 받은 경우 종래의 공공시설은 개발행위허가를 받은 자에게 무상으로 귀속된다.

52
중

논점 기반시설설치비용의 부과 정답 ①

기반시설부담구역에서 기반시설설치비용의 부과대상인 건축행위는 단독주택 및 숙박시설 등의 시설로서 200제곱미터를 초과하는 건축물의 "신축 · 증축" 행위로 한다.

53
중

논점 도시개발사업의 계획(개발계획) 정답 ⑤

초고속 정보통신망계획은 개발계획에 포함되는 내용이다.

54
중

논점 도시개발구역 지정 · 고시의 효과 정답 ②

도시개발구역이 지정 · 고시된 경우 해당 도시개발구역은 도시지역과 지구단위계획구역으로 결정되어 고시된 것으로 본다.
다만, 도시지역 외의 지역에 지정된 지구단위계획구역 및 취락지구로 지정된 지역인 경우에는 그러하지 아니하다.

55
중

논점 도시개발조합 정답 ①

② 조합을 설립하려는 조합의 대표자는 설립인가를 받은 날부터 30일 이내에 주된 사무소의 소재지에서 설립등기를 하여야 성립한다.
③ 조합의 조합원은 조합설립의 동의여부에 관계없이 도시개발구역의 토지 소유자로 한다.
④ 조합장 또는 이사의 자기를 위한 조합과의 계약이나 소송에 관하여는 감사가 조합을 대표한다.
⑤ 의결권을 가진 조합원의 수가 "50인 이상" 인 조합은 총회의 권한을 대행하게 하기 위하여 대의원회를 둘 수 있다.

56
상

논점 수용 또는 사용방식에서 조성토지 등의 공급 정답 ⑤

① 시행자(지정권자가 시행자인 경우는 제외)는 조성토지 등을 공급하려고 할 때에는 조성토지 등의 공급 계획을 작성하거나 변경하여 "지정권자에게 승인" 을 받아야 한다. 지정권자에게 제출이 아니라 승인임에 주의하여야 한다.
② 시 · 도지사가 승인권자인 경우 공급계획을 승인할 때 시장(대도시 시장은 제외) · 군수 또는 구청장의 의견을 미리 들어야 한다.
③ 시행자는 조성토지 등을 "실시계획(지구단위계획 포함)" 에 따라 공급하여야 한다.
④ 주택법에 따른 국민주택규모 이하의 주택건설용지에 대하여는 추첨의 방법으로 분양할 수 있다. 다만, 공공시행자가 국민주택규모의 임대주택건설용지를 공급하는 경우에는 추첨의 방법으로 분양하여야 한다.

57
중

논점 원형지의 공급과 개발 정답 ④

원형지개발자의 선정은 원칙적으로 수의계약의 방법으로 하지만, 원형지를 학교나 공장 등의 부지로 직접 사용하는 자의 선정은 경쟁입찰의 방식으로 하며, 경쟁입찰이 2회 이상 유찰된 경우에는 수의계약의 방법으로 할 수 있다.

58
중

논점 환지 방식에 의한 사업시행 정답 ⑤

① 조성토지 등의 가격을 평가할 때에는 토지평가협의회의 심의를 거쳐 결정하되, 그에 앞서 대통령령으로 정하는 공인평가기관(감정평가법인등)이 평가하게 하여야 한다.
② 환지 방식은 평면 환지와 입체 환지로 구분하고, 평면 환지는 환지 전 토지에 대한 권리를 도시개발사업으로 조성되는 토지에 이전하는 방식이다.
③ 과소 토지에 대하여 2 이상의 토지 또는 건축물 소유자의 신청을 받아 환지 후 하나의 토지나 구분건축물에 공유의 환지를 지정할 수 있다.
④ 종전 토지의 합필 또는 분필로 인하여 환지 계획을 변경하는 것은 경미한 사항의 변경에 해당하므로 특별자치도지사 · 시장 · 군수 또는 구청장의 인가를 받지 아니한다.
⑤ 행정청이 아닌 시행자가 환지 계획을 작성한 경우에는 특별자치도지사 · 시장 · 군수 또는 구청장의 인가를 받아야 한다. 그러므로 지방공사는 공공시행자에는 속하지만 행정청인 시행자는 아니므로 특별자치도지사 · 시장 · 군수 또는 구청장의 인가를 받아야 한다는 지문은 옳은 정답이다.

59
하

논점 토지등소유자의 개념 정답 ②

토지등소유자란 다음의 어느 하나에 해당하는 자를 말한다. 다만, 자본시장과 금융투자업에 관한 법률에 따른 신탁업자가 사업시행자로 지정된 경우 토지등소유자가 정비사업을 목적으로 신탁업자에게 신탁한 토지 또는 건축물에 대하여는 위탁자를 토지등소유자로 본다.

① 주거환경개선사업 및 재개발사업의 경우
정비구역에 위치한 토지 또는 건축물의 소유자 또는 그 지상권자
② 재건축사업의 경우
정비구역에 위치한 건축물 및 그 부속토지의 소유자

60
상

논점 정비구역등의 해제 정답 ②

토지등소유자의 100분의 30 이상이 정비구역등(추진위원회가 구성되지 아니한 구역으로 한정)의 해제를 요청하는 경우 지방도시계획위원회의 심의를 거쳐 정비구역등을 해제할 수 있다.

61
중

논점 조합설립추진위원회 정답 ①

추진위원회는 추진위원회를 대표하는 추진위원장 1명과 감사를 두어야 한다. 그러므로 이사는 없다.

62
중

논점 정비사업조합의 임원 정답 ②

정비구역에 거주하지 않고 있는 조합원이 정비구역에 위치한 건축물 또는 토지(재건축사업의 경우에는 건축물과 그 부속토지)를 5년 이상 소유하고 있는 경우 임원이 될 수 있다.

63
상

논점 재건축사업에서의 매도청구와 토지분할 정답 ①

재건축사업의 사업시행자는 "사업시행계획인가" 의 고시가 있은 날부터 "30일 이내" 에 조합설립에 동의하지 아니한 자에게 조합설립에 관한 동의 여부를 회답할 것을 "서면" 으로 촉구하여야 한다.

64
중

논점 준공인가 등 정답 ④

준공인가 등에 따른 정비구역의 해제는 조합의 존속에 영향을 주지 아니한다.

65
중

논점 국민주택규모 정답 ④

국민주택규모란 주거의 용도로만 쓰이는 주거전용면적이 1호(戶) 또는 1세대당 85제곱미터 이하인 주택(「수도권정비계획법」 에 따른 수도권을 제외한 도시지역이 아닌 읍 또는 면 지역은 1호 또는 1세대당 주거전용면적이 100제곱미터 이하인 주택)을 말한다.

그러므로 수도권 외의 지역에서 행정구역이 읍에 속하는 도시지역에서는 주거의 용도로만 쓰이는 주거전용면적이 85제곱미터 이하가 국민주택규모이다.

66
하

논점 주택단지와 공구 정답 ①

공구별 세대수는 각각 300세대 이상 되어야 한다.

67
하

논점 등록사업자 정답 ③

주택조합이 등록사업자와 공동으로 주택건설사업을 시행하려면 국토교통부장관에게 등록할 필요가 없다.

68
하

논점 리모델링주택조합 설립인가를 받기 위한 결의요건 정답 ②

※ 리모델링 주택조합을 설립하기 위한 결의요건
 ㉠ 주택단지 전체를 리모델링하려는 경우 : 주택단지 전체의 구분소유자와 의결권의 각 (2/3 이상)의 결의 및 각 동의 구분소유자와 의결권의 각 (과반수)의 결의
 ㉡ 동을 리모델링하려는 경우 : 그 동의 구분소유자 및 의결권의 각 (2/3 이상)의 결의

69
중

논점 사업계획승인 정답 ⑤

공구별로 분할하여 사업을 시행하는 경우 최초 공구에서 정상적으로 공사를 시작하였으나 최초 공구 외의 공구에서 사업주체가 공사착수기간을 위반하여 공사를 시작하지 아니한 경우에는 사업계획승인을 취소할 수 없다.

70
상

논점 간선시설의 설치 정답 ④

전기간선시설을 지중선로(地中線路)로 설치하는 경우에는 전기를 공급하는 자와 지중에 설치할 것을 요청하는 자가 각각 50퍼센트의 비율로 그 설치비용을 부담한다.

참고로, 도시개발구역 안의 전기시설을 사업시행자가 지중선로로 설치할 것을 요청하는 경우에는 전기를 공급하는 자와 지중에 설치할 것을 요청하는 자가 각각 2분의 1의 비율로 그 설치비용을 부담(전부 환지 방식으로 도시개발사업을 시행하는 경우에는 전기시설을 공급하는 자가 3분의 2, 지중에 설치할 것을 요청하는 자가 3분의 1의 비율로 부담)한다.

서로 혼동하지 않도록 구분하여야 한다.

71
중

논점 투기과열지구 정답 ③

국토교통부장관은 "반기마다" 주거정책심의위원회의 회의를 소집하여 투기과열지구로 지정된 지역별로 해당 지역의 주택가격 안정여건 변화 등을 고려하여 투기과열지구 지정의 유지 여부를 재검토하여야 한다.

1년마다에서 반기마다로 개정된 점에 주의하여야 한다.

72
중

논점 신고대상인 공작물 정답 ④

기계식 주차장 및 철골 조립식 주차장으로서 외벽이 없는 것은 높이 8미터 이하인 경우 특별자치시장 · 특별자치도지사 또는 시장 · 군수 · 구청장에게 신고를 하여야 하는 공작물이다.

그러므로 주어진 지문은 광역시장이 틀린 부분이다.

광역시에서는 광역시장이 아니라 구청장이나 군수에게 신고하여야 한다.

73

중

논점 대수선 정답 ③

대수선이란 건축물의 기둥, 보, 내력벽, 주계단 등의 구조나 외부 형태를 수선·변경하거나 증설하는 것으로서 대통령령으로 정하는 다음의 것으로서 증축·개축 또는 재축에 해당하지 아니하는 것을 말한다.

① 내력벽을 증설 또는 해체하거나 그 벽면적을 30제곱미터 이상 수선 또는 변경하는 것
② 기둥을 증설 또는 해체하거나 세 개 이상 수선 또는 변경하는 것
③ 보를 증설 또는 해체하거나 세 개 이상 수선 또는 변경하는 것
④ 지붕틀(한옥의 경우에는 지붕틀의 범위에서 서까래는 제외)을 증설 또는 해체하거나 세 개 이상 수선 또는 변경하는 것
⑤ 방화벽 또는 방화구획을 위한 바닥 또는 벽을 증설 또는 해체하거나 수선 또는 변경하는 것
⑥ 주계단·피난계단 또는 특별피난계단을 증설 또는 해체하거나 수선 또는 변경하는 것
⑦ 다가구주택의 가구 간 경계벽 또는 다세대주택의 세대 간 경계벽을 증설 또는 해체하거나 수선 또는 변경하는 것
⑧ 건축물의 외벽에 사용하는 마감재료를 증설 또는 해체하거나 벽면적 30제곱미터 이상 수선 또는 변경하는 것

그러므로 지붕틀은 1개만 해체하더라도 대수선에 해당한다.

74

중

논점 건축허가권자 정답 ③

다음의 용도 및 규모의 건축물을 특별시나 광역시에 건축하려면 특별시장이나 광역시장의 허가를 받아야 한다.

① 21층 이상인 건축물의 건축
② 연면적의 합계가 10만제곱미터 이상인 건축물의 건축
[연면적의 10분의 3 이상의 증축으로 인하여 층수가 21층 이상으로 되거나 연면적의 합계가 10만제곱미터 이상으로 되는 경우의 증축을 포함.
다만, 공장, 창고 및 지방건축위원회의 심의(초고층 건물은 허가 대상)를 거친 건축물은 제외]

그러므로 지문 ③에서 연면적이 8만 제곱미터에서 10만4천 제곱미터로 증축하는 행위는 연면적의 10분의 3 이상의 증축에 해당하므로 특별시장의 허가를 받아야 한다.

75

상

논점 신고대상인 대수선 정답 ⑤

연면적이 200제곱미터 미만이고 3층 미만인 건축물(여기서는 이를 소형 건축물이라 함)의 대수선(8가지 증설·해체·수선·변경을 모두 포함)은 신고대상이므로 연면적이 200제곱미터이고 2층인 건축물의 대수선은 허가대상이 된다. 그리고 연면적이 200제곱미터 이상이거나 3층 이상인 건축물(여기서는 이를 대형 건축물이라 함) 중에서는 내력벽, 기둥, 보, 지붕틀, 방화벽등, 주계단등 6가지 대수선 중에 수선에 해당하는 것만 신고만으로 할 수 있다.

76

중

논점 대지의 조경 정답 ①

② 면적이 200제곱미터 이상인 대지에 건축을 하는 건축주는 용도지역 및 건축물의 규모에 따라 해당 지방자치단체의 조례로 정하는 기준에 따라 대지에 조경이나 그 밖에 필요한 조치를 하여야 한다.
③ 산업집적활성화 및 공장설립에 관한 법률에 따른 산업단지의 공장에 대하여는 조경 등의 조치를 하지 아니할 수 있다.
④ 도시·군계획시설에 건축하는 허가대상 가설건축물에는 조경 등의 조치를 하지 아니할 수 있다.
⑤ 연면적의 합계가 1,500제곱미터 미만인 물류시설(주거지역 또는 상업지역에 건축하는 것은 조경필요)로서 국토교통부령으로 정하는 것에는 조경 등의 조치를 하지 아니할 수 있다. 그러므로 주거지역에서는 규모가 작아도 조경을 하여야 한다.

77

중

논점 바닥면적에 산입하지 아니하는 경우 정답 ②

ㄱ. 필로티나 그 밖에 이와 비슷한 구조(벽면적의 2분의 1 이상이 그 층의 바닥면에서 위층 바닥 아래면까지 공간으로 된 것만 해당)의 부분은 그 부분이 공중의 통행이나 차량의 통행 또는 주차에 전용되는 경우와 공동주택의 경우 바닥면적에 산입하지 아니한다.
ㄴ. 다락[층고(層高)가 1.5미터(경사진 형태의 지붕인 경우에는 1.8미터) 이하인 것]의 경우 바닥면적에 산입하지 아니한다.
ㄷ. 주택의 발코니 등 노대등의 바닥은 난간 등의 설치 여부에 관계없이 노대등의 면적(외벽의 중심선으로부터 노대등의 끝부분까지의 면적)에서 노대등이 접한 가장 긴 외벽에 접한 길이에 1.5미터를 곱한 값을 뺀 면적은 바닥면적에 산입한다.

그러므로 바닥면적에 산입하지 아니하는 것은 ㄱ, ㄴ 이다.

78

중

논점 건축협정 정답 ④

① 토지 또는 건축물의 소유자등은 전원의 합의로 일정한 지역 또는 구역에서 건축협정을 체결할 수 있다.
② 건축협정에는 건축물의 건축·대수선 또는 리모델링에 관한 사항 등이 포함되어야 한다.
③ 협정체결자 또는 건축협정운영회의 대표자는 건축협정서를 작성하여 건축협정인가권자의 인가를 받아야 한다.
⑤ 협정체결자 또는 건축협정운영회의 대표자는 건축협정을 폐지하려는 경우에는 협정체결자 "과반수" 의 동의를 받아 건축협정인가권자의 인가를 받아야 한다.

79

하

논점 농업인 정답 ④

1년 중 90일 이상 농업에 종사하거나 1년 중 120일 이상 축산업에 종사하는 자가 농업인이다.

80

중

논점 농지취득자격증명 정답 ⑤

주말 · 체험영농을 하려고 농업진흥지역 외의 농지를 농지를 소유하는 경우에는 농업경영계획서를 작성하지 않고 주말 · 체험영농계획서를 작성하여 농지취득자격증명은 발급받아야 한다.

2교시

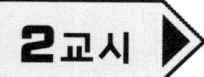

제1과목: 부동산공시에 관한 법령 및 부동산 관련 세법

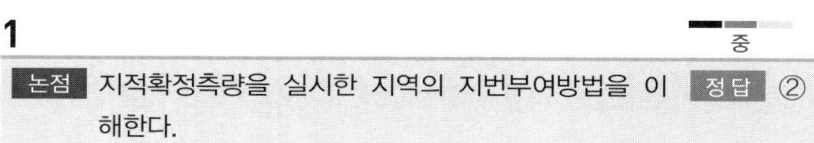

부동산공시법									
1	2	3	4	5	6	7	8	9	10
②	⑤	③	⑤	⑤	①	③	②	③	②
11	12	13	14	15	16	17	18	19	20
⑤	②	④	③	④	②	③	②	③	②
21	22	23	24						
④	④	⑤	④						

1

중

논점 지적확정측량을 실시한 지역의 지번부여방법을 이해한다. 정답 ②

② ㉠ 지번부여지역의 지번을 변경할 때, ㉡ 행정구역 개편에 따라 새로 지번을 부여할 때, ㉢ 축척변경 시행지역의 필지에 지번을 부여할 때에는 지적확정측량을 실시한 지역의 지번부여방법을 준용한다.

2

중

논점 지목의 종류에 대해 이해한다. 정답 ⑤

① 산림 및 원야(原野)를 이루고 있는 수림지(樹林地)·죽림지·암석지·자갈땅·모래땅·습지·황무지 등의 토지는 '임야'로 한다.
② 아파트 · 공장 등 단일 용도의 일정한 단지 안에 설치된 통로 등은 '도로'에서 제외한다. 아파트 안에 통로는 '대' 이다.
③ '산업집적활성화 및 공장설립에 관한 법률' 등 관계 법령에 따른 공장부지 조성공사가 준공된 토지의 지목은 '공장용지'로 한다.
④ 자동차 · 선박 · 기차 등의 제작 또는 정비공장 안에 설치된 급유 · 송유시설의 부지는 '공장용지'로 한다.

3

중

논점 경계점좌표등록부에 등록사항에 대해 이해한다. 정답 ③

① 토지의 지목은 경계점좌표등록부에 등록하지 않고, 토지대장 및 임야대장과 도면에 등록한다.
② 경계는 경계점좌표등록부에 등록하지 않고, 도면에 등록한다.
④ 개별공시지가는 경계점좌표등록부에 등록하지 않고, 토지대장 및 임야대장에 등록한다.
⑤ 건물 명칭은 경계점좌표등록부에 등록하지 않고, 대지권등록부에 등록한다.

4

중

논점 공유지연명부의 등록사항에 대해 이해한다. 정답 ⑤

⑤ 전유부분 건물의 표시는 대지권등록부의 등록사항이다.

5

중

논점 경계점좌표등록부 비치지역의 지적도에 대해 이해한다. 정답 ⑤

⑤ 경계점좌표등록부를 갖춰 두는 지역의 (지적도)에는 해당 도면의 제명 (끝에) '좌표' 라고 표시하고, 도곽선의 (오른쪽) 아래 끝에 '이 도면에 의하여 측량할 수 없음' 이라고 적어야 한다.

6

중

논점 지적공부 복구는 승인사항이 아니라 직권으로 함을 이해한다. 정답 ①

① 지적소관청(정보처리시스템에 따른 지적공부의 경우에는 시·도지사, 시장·군수 또는 구청장)은 지적공부의 전부 또는 일부가 멸실되거나 훼손된 경우에는 멸실 당시의 지적공부와 가장 부합하다고 인정되는 관계 자료에 따라 지체 없이 이를 복구하여야 한다(법 제74조).
즉, 지적공부복구는 지적소관청이 직권으로 하기 때문에 시·도지사의 승인사항이 아니다.

7

하

논점 합병의 제한 사유에 대해 이해한다. 정답 ③

③ 신탁원부의 등기사항이 동일한 신탁등기는 합병할 수 있다.

8

상

논점 축척변경 청산의 절차에 대해 이해한다. 정답 ②

ㄱ. 지적소관청은 청산금을 산정하였을 때에는 청산금조서를 작성하고, 청산금이 결정되었다는 뜻을 (15일) 이상 공고하여 일반인이 열람할 수 있게 하여야 한다.
ㄴ. 지적소관청은 청산금의 결정을 공고한 날부터 (20일) 이내에 토지소유자에게 청산금의 납부고지 또는 수령통지를 하여야 한다.
ㄷ. 납부고지를 받은 자는 그 고지를 받은 날부터 (6개월)이내에 청산금을 지적소관청에게 내야 한다.

9

상

논점 토지이동의 대위신청권자에 대해 이해한다. 정답 ③

③ 민법 제404조에 따른 채권자는 토지이동을 대위신청할 수 있으나, 근저당권자는 대위신청할 수 없다.

10

중

논점 지적재조사사업과 검사측량은 지적측량수행자에게 의뢰할 수 없음을 이해한다. 정답 ②

② 토지소유자 등 이해관계인은 지적측량을 할 필요가 있는 경우에는 지적측량의뢰서에 의뢰사유를 증명하는 서류를 첨부하여 지적측량수행자에게 의뢰하여야 한다. 다만, 지적측량성과의 검사와 지적재조사측량은 지적측량수행자에게 의뢰하지 못한다.

11

중

논점 검사측량의 대상에 대해 이해한다. 정답 ⑤

㉠ 국토교통부장관이 정하여 고시하는 면적 규모 이상의 지적확정측량성과는 시·도지사 또는 대도시 시장이 검사한다.
㉡ 국토교통부장관이 정하여 고시하는 면적 규모 미만의 지적확정측량성과는 지적소관청이 검사한다.

12

하

논점 지적측량적부재심사는 중앙지적위원회에서 함을 이해한다. 정답 ②

② 지적측량에 대한 적부재심사 청구사항을 심의 · 의결하기 위하여 국토교통부에 중앙지적위원회를 두고, 지적측량에 대한 적부심사 청구사항을 심의·의결하기 위하여 시 · 도에 지방지적위원회를 둔다.

13

중

논점 표제부에는 무효등기 유용을 할 수 없음을 이해한다. 정답 ④

④ 신축된 건물과 멸실된 건물이 그 자료·위치·구조·기타 면에 있어서 상호 같다고 하더라도 그로써 신축된 건물이 멸실된 건물과 동일한 건물이라 고 할 수 없으므로 이미 멸실된 건물(무효인)의 등기부를 멸실 후에 신축한 건물의 소유권보존등기로 유용할 수 없다(대판 1976.10.26, 75다2211). 따라서 무효이다.

14

상

논점 공매처분을 한 경우 압류등기의 말소등기를 촉탁함을 이해한다. 정답 ③

③ 관공서가 공매처분(公賣處分)을 한 경우에 등기권리자의 청구를 받으면 지체 없이 다음의 등기를 등기소에 촉탁하여야 한다(법 제97조). 즉, 지문에서 체납처분으로 인한 압류등기를 촉탁하는 것이 아니라 체납처분에 관한 압류등기의 말소를 촉탁하여야 한다.

15

중

논점 채권자 대위신청에서 절차법상의 등기권리자는 채무자임을 이해한다. 정답 ④

④ 절차법상 등기권리자·등기의무자와 실체법상 등기권리자·등기의무자는 대부분 서로 일치하지만 반드시 일치하는 것은 아니다. 부동산이 甲→乙→丙으로 매도되었으나 등기명의가 甲에게 남아 있어 丙이 乙을 대위하여 소유권이전등기를 신청하는 경우, 乙 명의로 소유권이전등기가 이루어지기 때문에 소유권을 취득하는 자는 丙이 아니라 乙이다. 따라서 乙이 절차법상 등기권리자이다.

16

상

논점 동의서 · 승낙서가 공증서면인 경우에는 인감증명을 제출하지 않음을 이해한다. 정답 ②

② 등기신청서에 제3자의 동의 · 승낙을 요하는 경우에 동의서 또는 승낙서가 공증서면인 경우에는 동의자 · 승낙자의 인감증명을 첨부하지 않는다.

17
중

논점 합유등기의 경우에는 합유지분을 표시하지 않음을 이해한다. 정답 ③

① 합유등기를 하는 경우, 합유자의 지분은 기록하지 않는다.
② 미등기부동산의 공유자 중 1인은 전체 부동산에 대한 소유권보존등기를 신청할 수 있다.
④ 공유물의 소유권등기에 부기등기된 분할금지약정의 변경등기는 공유자의 전원이 공동으로 신청한다.
⑤ 2인의 합유자 중 1인이 사망한 경우, 잔존 합유자는 그의 단독소유로 합유명의인 변경등기신청을 할 수 있다.

18
상

논점 소유권보존등기에서 판결은 그 종류를 불문함을 이해한다. 정답 ②

② 소유권을 증명하는 판결은 소유권 확인판결에 한하는 것은 아니며, 형성판결이나 이행판결이라도 보존등기 신청인의 소유임을 확정하는 내용의 것이면 이에 해당한다. 소유권을 증명하는 판결은 판결과 동일한 효력이 있는 화해조서 · 인낙조서 · 조정조서를 포함한다.

19
상

논점 신탁등기를 할 때에는 하나의 순위번호를 부여함을 이해한다. 정답 ③

① 등기관이 수탁자의 고유재산으로 된 뜻의 등기와 함께 신탁등기의 말소등기를 할 경우, 하나의 순위번호를 사용한다.
② 신탁재산이 수탁자의 고유재산이 되었을 때에는 그 뜻의 등기를 주등기로 하여야 한다.
④ 신탁종료로 신탁재산에 속한 권리가 이전된 경우 수탁자는 단독으로 신탁등기의 말소등기를 신청할 수 있다.
⑤ 수탁자가 수인일 경우, 신탁재산은 수탁자의 합유로 한다.

20
중

논점 승역지에는 요역지를 표시하고, 요역지에는 승역지를 표시함을 이해한다. 정답 ②

① 승역지의 지상권자도 지역권설정자로서 등기의무자가 될 수 있다.
③ 요역지의 소유권이 이전된 경우, 지역권이전의 효력이 발생하기 위한 별도의 지역권이전등기를 할 필요가 없다.
④ 승역지소유자가 등기의무자, 요역지소유자가 등기권리자가 되어 공동신청 한다.
⑤ 지역권설정등기 시 요역지 지역권의 등기사항은 등기관이 직권으로 기록하여야 한다.

21
중

논점 직권말소등기를 한 후 지체없이 통지함을 이해한다. 정답 ④

④ 등기관이 가등기 이후의 등기를 직권말소한 경우에는 말소하는 이유 등을 명시하여 지체 없이 말소된 권리의 등기명의인에게 통지하여야 하며, 직권말소하기 전에는 통지하지 않는다.

22
상

논점 권리관계의 변동은 등기 후 지적소관청에 통지대상임을 이해한다. 정답 ④

① 순위 2번 저당권등기를 말소하는 경우 순위 1번 저당권자는 이해관계인이 아니다.
② 미등기부동산을 대장상 소유자로부터 양수인이 이전받아 양수인명의로 소유권보존등기를 한 경우, 그 등기가 실체관계에 부합하면 유효하다.
③ 등기의무자가 2인 이상일 경우, 직권으로 경정등기를 마친 등기관은 그 중 1인에게 그 사실을 통지하여야 한다.
⑤ 권리의 말소등기는 공동으로 신청하는 것이 원칙이다.

23
중

논점 가등기할 때의 등기의무자가 본등기의 등기의무자임을 이해한다. 정답 ⑤

⑤ 가등기에 기한 본등기 신청의 등기의무자는 가등기를 할 때의 소유자이며, 가등기 후에 제3자에게 소유권이 이전된 경우에도 가등기의무자는 변동되지 않는다.

24
상

논점 포괄승계인의 등기절차에 대해 이해한다. 정답 ④

① 甲 乙 간의 매매 후 등기 전에 매수인 乙이 사망한 경우, 乙의 상속인 丙은 甲과 공동으로 丙 명의의 소유권이전등기를 신청할 수 있다.
② 멸실된 건물의 소유자인 등기명의인이 멸실 후 1개월 이내에 그 건물의 멸실등기를 신청하지 않는 경우, 그 건물대지의 소유자가 멸실등기를 대위신청할 수 있다.
③ 1동의 건물에 속하는 구분건물 중 일부만에 관하여 소유권보존등기를 신청하는 경우에는 나머지 구분건물의 표시에 관한 등기를 동시에 신청하여야 한다.
⑤ 대위자의 성명, 주소는 기록하지만 주민등록번호를 기록하지 않는다.

부동산세법

				25	26	27	28	29	30
				③	④	③	⑤	③	④
31	32	33	34	35	36	37	38	39	40
①	②	③	④	②	⑤	④	③	⑤	④

25
하

논점 납세의무의 확정시기 정답 ③

① 취득세는 납세의무자가 과세표준과 세액을 지방자치단체에 신고하는 때에 납세의무가 확정된다.

② 재산세는 해당 지방자치단체가 과세표준과 세액을 결정하는 때에 납세의무가 확정된다.

④ 양도소득세는 과세표준과 세액을 정부에 신고하는 때에 납세의무가 확정된다.

⑤ 종합부동산세는 정부가 과세표준과 세액을 결정할 때에 납세의무가 확정되나, 예외적으로 납세의무자가 신고납부하는 경우에는 정부의 결정은 없었던 것으로 보아 납세의무자가 신고하는 때 세액이 확정된다.

26
중

논점 주택분 종합부동산세의 세율 정답 ④

조정대상지역에 소재하는 2주택을 개인이 소유한 경우의 종합부동산세 세율은 1주택을 소유한 개인과 동일한 0.5%~2.7%의 7단계 초과누진세율을 적용한다.

※ 주택분 종합부동산세의 세율

납 세 의무자	1주택	조정대상지역 내 2주택		3주택 이상
		×	○	
개 인	0.5%~2.7% 7단계 초과누진세율			0.5%~5% 7단계 초과누진세율
법 인	2.7% 비례세율			5% 비례세율

27
중

논점 별도합산과세대상토지의 구분 정답 ③

①, ④ 0.07%

②, ⑤ 0.2%

③ 별도합산과세대상토지

28
중

논점 재산세의 납기 정답 ⑤

토지분 재산세는 해당 연도에 부과할 세액이 20만원 이하인 경우에도 납기를 9월 16일부터 9월 30일까지로 한다. 다만, 주택분 재산세액이 20만원 이하인 경우에는 납기를 7월 16일부터 7월 31일까지로 하여 한꺼번에 부과 · 징수할 수 있다.

29
상

논점 1세대 1주택자의 종합부동산세 과세표준 계산 정답 ③

{(24억원 + 20억원 + 15억원 + 3억원) - 12억원} × 60% = 30억원

30
중

논점 부동산임대사업소득 정답 ④

주택을 대여하고 보증금 등을 받은 경우에는 3주택 이상을 소유하고 보증금 등의 합계액이 3억원을 초과하는 경우에는 간주임대료를 계산한다. 이 경우 1호 또는 1세대당 전용면적 40㎡ 이하로서 기준시가 2억원 이하인 주택은 주택수 산정 시 2024년 12월 31일까지 제외한다.

① 과세기간 종료일 또는 해당 주택의 양도일을 기준으로 기준시가가 12억원을 초과하는 고가주택은 비과세대상에서 제외한다.

② 국외에 소재하는 주택의 임대소득은 비과세대상에서 제외한다.

③ 전기료 · 수도료 등의 공공요금의 명목으로 지급받은 금액이 공공요금의 납부액을 초과할 때 그 초과하는 금액은 부동산임대소득의 총수입금액에 산입한다.

⑤ 부부 합산하여 2주택이므로, 1주택을 임대하고 받은 임대료에 대하여는 과세하여야 한다. 다만 2천만원 이하인 경우에는 2019년 귀속분부터 14%분리과세할 수 있다. 다만, 낮은 소득으로 6%의 소득세 세율이 적용하게 되는 경우에는 종합과세를 선택할 수 있다.

31
중

논점 양도소득세의 실지취득가액의 범위 정답 ①

②「지적재조사에 관한 특별법」제18조에 따른 경계의 확정으로 지적공부상의 면적이 증가되어 같은 법 제20조에 따라 징수한 조정금과「소득세법」상의 부당행위계산에 의한 시가초과액은 취득가액에서 제외한다.

③ 당사자 약정에 의한 대금지급방법에 따라 취득원가에 이자상당액을 가산하여 거래가액을 확정한 경우에는 해당 이자상당액도 취득가액에 포함하나, 당초 약정에 따른 거래가액의 지급기일의 지연으로 인하여 추가로 발생하는 이자상당액은 취득가액에서 제외한다.

④ 양도자산의 보유기간 중에 현재가치할인차금의 상각액 또는 감가상각비를 각 연도의 부동산임대업 또는 부동산매매업 등의 사업소득금액 계산 시 필요경비에 산입하였거나 산입할 금액이 있는 때에는 이중공제방지 목적상 이를 취득가액에서 공제하여 필요경비로 인정하지 아니한다.

⑤ 취득에 관한 쟁송이 있는 자산에 대하여 그 소유권 등을 확보하기 위하여 직접 소요된 소송비용 · 화해비용 등의 금액은 취득가액에 포함하나, 그 지출한 연도의 각 소득금액의 계산에 있어서 필요경비에 산입된 것은 이중공제방지 목적상 제외한다.

32
중

논점 취득세 과세표준의 범위 정답 ②

취득대금 외에 당사자의 약정에 따른 취득자 조건 부담액과 채무인수액은 개인 · 법인 구분없이 취득가액에 포함한다. 그러나 나머지는 법인이 취득하는 경우 과세표준에 포함하나, 개인이 취득하는 경우에는 과세표준에서 제외한다.

33
하

논점 양도소득세 1세대 1주택의 비과세 요건 정답 ③

조정대상지역에 소재하는 주택의 경우 2년 이상 거주기간을 요구하는 주택은 양도 당시가 아니라 취득 당시이며, 이는 2017년 8월 3일 이후에 취득하여 2017년 9월 19일 이후 양도하는 것부터 적용한다.

※ 취득 당시에 조정지역에 있는 주택의 경우에는 해당 주택의 보유기간이 2년 이상이고 그 보유기간 중 거주기간이 2년 이상이어야 한다.
다만, 거주자가 국토교통부장관이 조정대상지역의 지정·공고가 있은 날 이전에 매매계약을 체결하고 계약금을 지급한 사실이 증빙서류에 의하여 확인되는 경우로서 해당 거주자가 속한 1세대가 계약금 지급일 현재 주택을 보유하지 아니하는 경우

34
중

논점 중과기준세율 적용대상의 구분 정답 ④

ㄱ. 건축(신축과 재축은 제외한다) 또는 개수로 인하여 건축물 면적이 증가할 때에는 그 증가된 부분에 대하여 원시취득으로 보아 2.8%의 세율을 적용한다. 그러나 개수로 인하여 건축물 면적의 증가가 없는 인한 취득은 중과기준세율 2%를 적용한다.
나머지는 모두 중과기준세율 2%를 적용한다.

35
중

논점 취득세의 부과징수 정답 ②

① 취득세의 징수는 신고납부의 방법으로 한다. 다만, 납세의무자가 신고 또는 납부의무를 다하지 아니한 경우 산출세액 또는 그 부족세액에 가산세를 합한 금액을 세액으로 하여 보통징수의 방법으로 징수한다.

③ 취득세 과세물건을 취득한 후에 그 과세물건이 중과세율의 적용대상이 되었을 때에는 그 중과세 적용대상이 된 날부터 60일 이내에 중과세율을 적용하여 산출한 세액에서 이미 납부한 세액(가산세는 제외한다)을 공제한 금액을 세액으로 하여 신고하고 납부하여야 한다.

④ 취득세 납세의무자가 취득세 과세물건을 사실상 취득한 후 신고를 하지 아니하고 매각하는 경우에는 산출세액에 100분의 80을 가산한 금액을 세액으로 하여 보통징수의 방법으로 징수한다. 그러나 지목변경 등의 취득으로 보는 과세물건 및 등기·등록이 필요하지 아니한 과세물건(골프회원권등은 제외)경우에는 그러하지 아니한다.

⑤ 지방자치단체의 장은 취득세 납세의무자가 있는 법인이 장부 등의 작성과 보존의무를 이행하지 아니한 경우에는 산출된 세액 또는 부족세액의 100분의 10에 상당하는 금액을 징수하여야 할 세액에 가산한다.

36
중

논점 등록면허세의 최저한세 정답 ⑤

부동산등기에 대하여 산출한 세액이 그 밖의 등기 또는 등록 세율인 6천원보다 적을 때에는 그 밖의 등기 또는 등록 세율인 6천원을 적용한다.

37
상

논점 재산세의 납세의무자 정답 ④

국가, 지방자치단체 및 지방자치단체조합이 선수금을 받아 조성하는 매매용 토지로서 사실상 조성이 완료된 토지의 사용권을 무상으로 받은 자가 있는 경우에는 그 자를 매수계약자로 본다.

① 공부상의 소유자가 매매 등의 사유로 소유권에 관한 변동이 있었음에도 이를 신고하지 아니하여 사실상의 소유자를 알 수 없을 때에는 공부상의 소유자가 재산세 납세의무를 부담한다. 따라서 소유권 변동신고를 한 경우에는 사실상 소유자인 乙이, 변동신고를 하지 않은 경우에는 공부상의 소유자인 甲이 재산세 납세의무를 부담한다.

② 상속이 개시된 재산으로서 상속등기가 이행되지 아니하고 사실상의 소유자를 신고하지 아니한 때에는 주된 상속자(「민법」상 상속지분이 가장 높은 사람으로 하되, 상속지분이 가장 높은 사람이 두 명 이상이면 그 중 나이가 가장 많은 사람)가 재산세 납세의무를 부담한다. 따라서 신고를 한 경우에는 사실상의 소유자가, 신고를 하지 않은 경우에는 주된 상속자가 재산세 납세의무를 부담한다.

③ 공부상에 개인 등의 명의로 등재되어 있는 사실상의 종중재산으로서 종중소유임을 신고하지 아니한 때에는 공부상의 소유자가 재산세 납세의무를 부담한다. 따라서 甲이 신고를 한 경우에는 재산세 납세의무를 지지 않는다.

⑤ 「신탁법」에 의하여 수탁자명의로 등기·등록된 신탁재산의 경우 위탁자가 재산세를 납부할 의무를 지며, 이 경우 위탁자가 신탁재산을 소유한 것으로 본다. 그러나 「주택법」에 따른 지역주택조합 및 직장주택조합이 조합원이 납부한 금전으로 매수하여 소유하고 있는 신탁재산의 경우에는 예외적으로 수탁자인 해당 지역주택조합 및 직장주택조합이다.

38
상

논점 고가겸용주택의 과세면적 구분 정답 ③

하나의 건물이 주택과 주택 외의 부분으로 복합되어 있는 경우와 주택에 딸린 토지에 주택 외의 건물이 있는 비과세요건을 충족한 겸용주택으로서 주택의 연면적이 주택 외의 연면적보다 클 때에는 그 전부를 주택으로 본다.
다만, 고가주택인 경우에는 주택 외의 부분은 주택으로 보지 아니한다. 따라서 주거용으로 사용되는 건물면적 200㎡만 주택으로 보아 비과세대상이 되고, 상업용으로 사용되는 건물면적 50㎡은 주택으로 보지 않아 과세대상이 된다.
또한 이 경우 수도권의 도시지역 중 주거지역 내 주택에 부수되는 토지의 면적은 ① 토지면적 × 주택건물 연면적 ÷ 건물전체 연면적, ② 주택정착면적 × 3배 중 적은 면적으로 [① 800㎡ × 200㎡ ÷ 250㎡ = 640㎡, ② 200㎡ × 3 배= 600㎡]이다. 즉, 주택에 부수되는 토지로서 비과세면적은 600㎡이며, 과세되는 토지의 면적은 200㎡(= 800㎡ − 600㎡)이다.

39

중

논점 양도소득세의 장기보유특별공제 정답 ⑤

조합원으로서 취득한 조합원입주권을 양도하는 경우에는 관련 법률에 따른 관리처분계획 인가 및 사업시행계획인가 전 토지분 또는 건물분의 양도차익으로 한정한다. 따라서 조합원입주권의 보유기간은 기존 건물과 그 부수토지의 취득일부터 관리처분계획등 인가일까지의 기간으로 한다.

40

중

논점 양도소득세의 확정신고대상자 정답 ④

㉠, ㉡, ㉢ 모두 확정신고를 하여야 한다.

그러나 ㉣ 기타자산은 누진세율적용자산으로서 합산하여 신고한 경우에는 확정신고를 하지 아니할 수 있다.

제 3 회 실전모의고사 정답 & 해설

1교시

정답

1	2	3	4	5	6	7	8	9	10	11	12	13	14	15	16	17	18	19	20
②	④	④	②	④	④	④	⑤	③	③	③	⑤	①	⑤	⑤	②	④	⑤	②	②
21	22	23	24	25	26	27	28	29	30	31	32	33	34	35	36	37	38	39	40
③	③	②	③	④	③	④	③	③	④	③	②	④	③	③	②	③	⑤	②	②
41	42	43	44	45	46	47	48	49	50	51	52	53	54	55	56	57	58	59	60
③	⑤	②	④	①	③	⑤	③	④	⑤	②	①	④	①	②	④	①	④	③	⑤
61	62	63	64	65	66	67	68	69	70	71	72	73	74	75	76	77	78	79	80
②	③	④	②	④	⑤	①	③	⑤	②	①	③	⑤	②	④	②	③	⑤	①	④

제1과목: 공인중개사의 업무 및 부동산 거래 신고 등에 관한 법령 및 중개실무

01
중

논점 용어의 정의 정답 ②

- ‘중개’ 라 함은 제3조의 규정에 의한 중개대상물에 대하여 거래당사자간의 매매ㆍ교환ㆍ임대차 그 밖의 권리의 득실변경에 관한 행위를 알선하는 것을 말한다.
- ‘중개업’ 이라 함은 다른 사람의 의뢰에 의하여 일정한 보수를 받고 중개를 업으로 행하는 것을 말한다.
- ‘개업공인중개사’ 라 함은 이 법에 의하여 중개사무소의 개설등록을 한 자를 말한다.
- ‘공인중개사’ 라 함은 이 법에 의한 공인중개사자격을 취득한 자를 말한다.
- ‘소속공인중개사’ 라 함은 개업공인중개사에 소속된 공인중개사(개업공인중개사인 법인의 사원 또는 임원으로서 공인중개사인 자를 포함한다)로서 중개업무를 수행하거나 개업공인중개사의 중개업무를 보조하는 자를 말한다.
- ‘중개보조원’ 이라 함은 공인중개사가 아닌 자로서 개업공인중개사에 소속되어 중개대상물에 대한 현장 안내 및 일반 서무 등 개업공인중개사의 중개업무와 관련된 단순한 업무를 보조하는 자를 말한다.

02
상

논점 공인중개사법상 금지행위의 구분 정답 ④

④ 중개업 및 제14조 업무만을 목적으로 설립되어야 한다. 분양권의 매매업은 공인중개사법상 금지행위이다.

03
상

논점 결격사유 구분 정답 ④

④ 미성년자는 혼인하여도 결격사유에 해당된다. 즉, 결격사유에 관한 한 민법상의 미성년자의 혼인으로 인한 성년의제 제도는 적용되지 아니한다.

04
중

논점 고용인의 업무상 행위는 개업공인중개사의 행위 정답 ②

② 중개보조원이 중개의뢰인에게 고의, 과실로 손해를 끼쳐 개업공인중개사가 손해배상을 한 경우에 개업공인중개사는 중개보조원에게 구상권을 행사할 수 있다.

05
상

논점 중개법인의 업무 정답 ④

④ 법인인 개업공인중개사는 「민사집행법」에 의한 경매 및 「국세징수법」 그 밖의 법령에 의한 공매 대상 부동산에 대한 권리분석 및 취득의 알선과 매수신청 또는 입찰 신청의 대리를 할 수 있다. 단, 개업공인중개사가 「민사집행법」에 의한 경매 대상 부동산의 매수신청 또는 입찰 신청의 대리를 하고자 하는 때에는 대법원규칙이 정하는 요건을 갖추어 법원에 등록을 하고 그 감독을 받아야 한다.

06
하

논점 공동사무소 설치와 그 방법 정답 ④

④ 중개사무소를 공동으로 사용하고자 하는 개업공인중개사는 중개사무소의 개설등록 또는 중개사무소의 이전신고를 하는 때에 그 중개사무소를 사용할 권리가 있는 다른 개업공인중개사의 승낙서를 첨부하여야 한다. 또한 중개사무소를 공동으로 사용하고자 하는 개업공인중개사는 별도로 중개사무소 공동사용신고를 할 필요는 없다.

07
상

논점 행정처분관청의 변화 정답 ④

④ 중개사무소 이전 신고 전에 발생한 사유로 인한 개업공인중개사에 대한 행정처분은 이전 후 등록관청이 이를 행한다.

08
중

논점 업무보증설정금액과 그 절차 정답 ⑤

① 휴업기간 중에는 중개업무를 하지 않으므로 업무보증은 설정하지 않아도 된다.
② 휴업기간 중에도 등록을 하고 있으므로 다른 개업공인중개사의 고용인이 될 수는 없다.
③ 휴업신고와 폐업 신고는 방문 신고만 가능하고 재개업 신고와 휴업 기간 변경 신고만 전자문서로 신고할 수 있다.
④ 휴업기간 중에도 중개사무소를 두어야 한다.

09
중

논점 인장등록관련 절차 정답 ③

③ 법인의 분사무소에서 사용할 인장의 경우에는 상업등기 규칙에 따라 법인의 대표자가 보증하는 인장을 등록하여 사용할 수 있으며, 주된 사무소 소재지 등록관청에 등록하여야 한다.

10
상

논점 전속중개계약서의 총괄문제 정답 ③

① 의뢰인은 그가 지불해야 할 중개보수를 위약금으로 지급해야 한다.
② 임대차인 경우에는 공시지가를 공개하지 않아도 된다.
④ 중개의뢰인이 비공개를 요청한 경우에는 공개하여서는 아니 된다.
⑤ 권리자의 인적 사항은 공개하여서는 아니 된다.

11
중

논점 거래정보사업자 지정절차 정답 ③

① 개업공인중개사 상호 간
② 공인중개사 1인 이상과 정보처리기사 1인 이상
④ 30일 → 3월
⑤ 6월 → 1년

12
상

논점 확인설명서 관련 총괄 정답 ⑤

① 중개의뢰를 받은 경우에는 토지대장, 등기사항증명서 등의 근거 자료를 제시하며 취득하는자에게 설명하여야 한다.
② 중개가 완성된 경우에는 중개대상물 확인 · 설명서를 작성하여 당사자에게 교부하여야 한다.
③ 매도의뢰인, 임대의뢰인에게 자료를 요구할 수 있다.
④ 개업공인중개사의 서명 및 날인이 반드시 들어가야 한다.

13
하

논점 거래계약서 관련절차와 서식 정답 ①

② 개업공인중개사도 반드시 서명 및 날인하여야 한다.
③ 5년간 보존하여야 한다.
④ 표준서식도 없고, 또 반드시 사용해야 하는 것도 아니다.
⑤ 계약서를 작성하지 않아도 당사자의 의사표시의 합치로 계약은 성립된다(낙성계약).

14
상

논점 부동산거래신고과태료의 구분 정답 ⑤

⑤ 모두 다 조사기관의 조사가 시작되기 전에 자진 신고 시 과태료 면제 또는 감경 대상이 아니다.

15
하

논점 금지행위의 구분 정답 ⑤

⑤ 일방대리는 금지행위에 해당되지 않는다.

16
중

논점 업무보증설정금액 정답 ②

② 법인인 개업공인중개사는 주된 사무소에서는 4억원 이상, 분사무소를 두는 경우에는 분사무소마다 2억원 이상을 추가로 설정하여야 한다. 그러므로 법인인 개업공인중개사가 분사무소를 4개 설치한 경우에 업무보증설정 한도는 최소 12억원 이상이다.

17
하

논점 계약금등의 예치관리 정답 ④

① 매도의뢰인 등이 보증서를 제출하고 미리 수령할 수 있다.
② 신탁업자 등 그 외 기관도 예치기관이 될 수 있다.
③ 예치명의자에게 교부하는 것이다.
⑤ 취득의뢰인이 실비를 부담한다.

18
하

논점 중개사무소게시사항 정답 ⑤

⑤ 실무교육 이수증은 게시할 사항이 아니다.

19
상

논점 중개보수청구권의 발생과 소멸 정답 ②

② 인과관계가 있으므로 보수 청구가 가능하다.

20
상

논점 행정처분 관할 관청 정답 ②

② 등록관청은 사무소 소재지를 관할하는 시 · 도지사와 자격증을 교부한 시 · 도지사가 다른 경우에는 자격증을 교부한 시 · 도지사가 자격정지 처분을 행한다.

21
중

논점 결격사유와 등록취소사유 비교 정답 ③

③ 개업공인중개사가 「공인중개사법」에 위반하여 벌금형 300만원 이상을 선고받은 경우에는 결격사유를 구성하여 절대적 취소사유에 해당된다.
①, ②, ④, ⑤ : 상대적 취소사유

22

상

논점 행정처분의 승계 정답 ③

③ 폐업기간이 3년을 초과한 경우에는 폐업신고 전의 위반 행위에 대한 등록취소를 할 수 없다.

23

하

논점 교육관련 총괄사항 정답 ②

① 연수 교육은 실무교육을 이수한 개업공인중개사와 소속공인중개사를 대상으로 매 2년마다 실시하여야 한다.
③ 분사무소 소속 공인중개사가 되고자 하는 자도 중개업무를 수행하기 위해서 실무교육을 수료하여야 한다.
④ 국토교통부장관은 실무교육의 전국적인 균형, 유지 등을 위하여 실무교육지침을 마련하여 시행할 수 있다.
⑤ 공인중개사 자격증이 없는 일반인이 법인의 사원이나 임원이 되고자 하는 경우에도 반드시 실무교육을 수료하여야 한다.

24

논점 벌칙과 행정질서벌의 구분 정답 ③

③ 500만원 이하의 과태료처분사유에 해당되고, 벌금형의 대상이 되는 것은 아니다.

25

하

논점 행정처벌사항 정리 정답 ④

① 100만원 이하의 과태료
② 500만원 이하의 과태료
③ 1년 이하의 징역 또는 1천만원 이하의 벌금
⑤ 3년 이하의 징역 또는 3천만원 이하의 벌금

26

하

논점 포상금대상자의 구분 정답 ③

③ 중개의뢰인과 직접 거래하거나 거래당사자 쌍방을 대리한 경우는 금지행위로서 3년 이하의 징역 또는 3,000만원 이하의 벌금형의 대상이지 포상금 지급대상이 아니다.

27

상

논점 매수신청대리권의 교육대상자 정답 ④

④ 중개법인이 매수신청대리인 등록을 하고자 하는 경우에는 중개법인의 대표자만 등록신청일 전 1년 이내에 법원행정처장이 지정하는 교육기관에서 부동산경매에 관한 실무교육을 이수하여야 한다.

28

하

논점 중개계약의 종류와 그 특징 정답 ③

① 일반중개계약은 개업공인중개사의 책임중개를 기대할 수 없다.
② 개업공인중개사에게 가장 유리한 중개계약은 독점중개계약이다.
④ 우리나라에서 가장 많이 이용하고 있는 중개계약은 일반중개계약이다.
⑤ 순가중개계약을 체결했다고 당연히 금지행위에 해당되는 것은 아니다.

29

상

논점 확인설명사항 정답 ③

③ 건폐율 상한 및 용적률 상한은 시·군의 조례로 조사한다.

30

하

논점 확인설명시 필요자료 정답 ④

④ 등기사항증명서에 저당권이 기재된 경우에 채권자는 등기사항증명서를 통하여 확인할 수 있는 사항에 해당한다.

31

상

논점 분묘기지권의 범위 정답 ③

③ 분묘기지권이 시효취득된 경우 종손이 분묘를 관리할 수 있는 때에는 토지소유자에 대하여 사망자의 연고자가 아니라 종손이 분묘기지권을 주장할 수 있다.
⑤ 대판 1997. 5. 23. 95다29086 ; 대판 2001. 8. 21. 2001다28367

32

상

논점 농지법 실무 정답 ②

② 주말·체험 영농을 목적으로 농지를 취득하고자 하는 경우에는 농지취득자격증명을 받아야 한다.

33

상

논점 외국인 부동산취득에 관련 법률 정답 ④

④ 외국인이 「토지수용법」 그 밖의 관계 법률의 규정에 의한 계약 외의 원인으로 환매권의 행사나 법원의 확정판결 등을 원인으로 토지를 취득하는 경우에는 6월 이내에 시장·군수·구청장에게 신고하여야 한다.

34

하

논점 확인설명서작성 정답 ③

③ '토지이용계획, 공법상 이용제한이나 거래규제' 란의 도시계획시설, 지구단위계획구역, 그 밖의 도시관리계획은 개업공인중개사가 확인하여 기재한다.

35

중

논점 거래계약서 작성시 유의사항 정답 ③

① 공유부동산이므로 전원의 동의를 받아야 처분할 수 있다.
② 주민등록등본으로 확인하는 것이 아니라 주민등록증으로 확인한다.
④ 취소사유가 아니라 당연 무효이다.
⑤ 미성년자가 혼인을 한 경우에는 단독으로 유효한 법률행위를 할 수 있다(성년의제).

36

상

논점 계약금의 성격 정답 ②

② 별도의 특약이 없다면 중도금이 지불되기 전, 매매계약에서 계약금을 받은 매도인은 계약금만큼의 해약금을 지불하고 해약할 수 있다.

37

상

논점 명의신탁에 관련된 물권의 변동 정답 ③

③ 등기명의신탁에 의한 물권변동은 항상 무효이나, 계약명의신탁에 의한 물권변동은 유효이다.

38

상

논점 주택임대차보호법의 순위 정답 ⑤

⑤ 주택의 인도와 전입신고를 하고 며칠 후에 확정일자를 받았으나, 확정일자를 받은 날에 저당권설정이 이루어진 경우에는 저당권설정과 우선변제권은 동순위이다. 따라서 확정일자와 저당권일자가 같은 날인 경우에는 임차인과 저당권자는 그 채권액에 비례하여 배당을 받게 된다.

39

하

논점 상가건물임대차보호법의 대항력 정답 ②

② 「상가건물임대차보호법」상의 대항력은 다시 사업자등록을 신청한 시점을 기준으로 우선변제권이 인정된다.

40

논점 경매시 권리분석 정답 ②

② 유치권은 성립순서에 관계 없이 항상 인수 하기에 위험한 권리에 해당한다.

제2과목: 부동산공법 중 부동산 중개에 관련되는 규정

41

중

논점 기반시설의 종류 정답 ③

하수도 · 폐기물처리 및 재활용시설 · 빗물저장 및 이용시설 · 수질오염방지시설 · 폐차장은 환경기초시설이다.

42

중

논점 도시 · 군기본계획 정답 ⑤

① 도시 · 군기본계획과 광역도시계획의 내용이 다른 경우에는 광역도시계획의 내용이 우선한다.
② 수도권에 속하지 아니하고 광역시와 경계를 같이하지 아니한 인구 10만 이하인 시 또는 군에서는 도시 · 군기본계획을 수립하지 아니할 수 있다.
③ 도시 · 군기본계획은 오직 특별시장 · 광역시장 · 특별자치시장 · 특별자치도지사 · 시장 또는 군수만 수립한다.
④ 시장 또는 군수는 도시 · 군기본계획을 수립하거나 변경하려면 도지사의 승인을 받아야 한다. 반면에 특별시장 · 광역시장 · 특별자치시장 · 특별자치도지사는 도시 · 군기본계획을 수립하거나 변경하려면 국토교통부장관과 협의할 뿐 승인은 받지 아니한다.

43

중

논점 도시 · 군관리계획 입안의 제안 정답 ②

① 주민만이 아니라 이해관계자도 입안을 제안할 수 있다.
② 기반시설의 설치 · 정비 및 개량에 관한 사항에 대한 제안을 하려는 자는 대상 토지 면적의 5분의 4 이상의 토지소유자(국 · 공유지는 제외)의 동의를 받아야 하고, 나머지 입안제안 사유는 대상 토지 면적의 3분의 2 이상의 토지소유자(국 · 공유지는 제외)의 동의를 받아야 하므로 맞는 정답이다.
③ 주민은 입지규제최소구역의 지정을 입안해 달라고 제안할 수 있다.
④ 도시 · 군관리계획입안의 제안을 받은 국토교통부장관, 시 · 도지사, 시장 또는 군수는 제안일부터 45일 이내에 도시 · 군관리계획 입안에의 반영 여부를 제안자에게 알려야 한다. 다만, 부득이한 사정이 있는 경우에는 1회에 한하여 30일을 연장할 수 있으므로 최대 75일 이내에 통보하여야 한다.
⑤ 제안된 도시 · 군관리계획의 입안 및 결정에 필요한 비용의 전부 또는 일부를 제안자에게 부담시킬 수 있다.

44

중

논점 도시 · 군관리계획 결정 · 고시의 효과 **정답** ④

① 도시 · 군관리계획 결정은 지형도면을 고시한 날부터 그 효력이 발생한다.

② 도시 · 군관리계획 결정 당시 이미 사업이나 공사에 착수한 자는 그 도시 · 군관리계획 결정에 관계없이 그 사업이나 공사를 계속할 수 있다.

③ 시가화조정구역의 지정에 관한 도시 · 군관리계획의 결정 당시 이미 사업에 착수한 자는 결정의 고시일로부터 "3월 이내"에 그 사업의 내용을 신고하고 계속할 수 있다.

④ 시행령에 규정된 내용으로 옳은 정답이다.

⑤ 특별시장 · 광역시장 · 특별자치시장 · 특별자치도지사 · 시장 또는 군수는 "5년마다" 관할 구역의 도시 · 군관리계획에 대하여 대통령령으로 정하는 바에 따라 그 타당성을 전반적으로 재검토하여 정비하여야 한다.

45

중

논점 용도지역에서의 건축제한 **정답** ①

② 용도지역 및 용도지구에서 도시 · 군계획시설에 대하여는 건축제한을 적용하지 아니한다.

③ 부속건축물은 주된 건축물에 대한 건축제한에 의한다.

④ 원칙적으로 용도지역에서 건축할 수 "있는" 건축물이나 시설을 국토의 계획 및 이용에 관한 법령에서 규정하고 있지만 준주거지역, 상업지역, 준공업지역, 계획관리지역에서는 건축할 수 없는 건축물이나 시설을 규정하고 있다.

⑤ 단독주택을 건축할 수 없는 용도지역은 유통상업지역과 전용공업지역이다.

46

중

논점 복합용도지구 **정답** ③

복합용도지구는 용도지역의 지정목적이 크게 저해되지 아니하도록 해당 용도지역 전체 면적의 3분의 1 이하의 범위에서 지정하여야 한다.

47

상

논점 입지규제최소구역 **정답** ⑤

도시 · 군관리계획의 결정권자가 입지규제최소구역 및 입지규제최소구역계획의 도시 · 군관리계획을 결정하기 위하여 관계 행정기관의 장과 협의하는 경우 협의 요청을 받은 기관의 장은 그 요청을 받은 날부터 30일이 아니라 10일(근무일 기준) 이내에 의견을 회신하여야 한다.

48

상

논점 도시 · 군계획시설사업에 따른 비용의 부담 **정답** ③

국토교통부장관은 시 · 도, 시 또는 군에 비용을 부담시키기 전에 행정안전부장관과 협의하여야 한다. 지방자치단체에게 비용을 부담시키려면 지방자치단체가 부담할 능력이 되는지 먼저 평가한 후 그 능력에 따라 부담시켜야 한다.
그러므로 국토교통부장관이 비용을 부담시키려면 지방자치단체의 예산을 관리하는 중앙행정기관인 행정안전부장관과 먼저 협의할 필요가 있다.

49

중

논점 지구단위계획에 반드시 포함되어야 하는 내용 **정답** ④

지구단위계획에는 ① 대통령령으로 정하는 기반시설의 배치와 규모, ② 건축물의 용도제한 · 건축물의 건폐율 또는 용적률 · 건축물 높이의 최고한도 또는 최저한도에 관한 사항을 포함한 둘 이상의 사항이 포함되어야 한다.
그러나 보행안전 등의 고려한 교통처리계획, 건축물의 배치 · 형태 · 색채 또는 건축선에 관한 계획은 지구단위계획에 포함시킬 수 있는 사항이다.
그러므로 ㄴ, ㄷ, ㄹ, ㅁ은 반드시 포함되어야 하는 사항이다.

50

중

논점 개발행위 허가기준 **정답** ⑤

열거된 내용은 개발행위 허가기준으로 모두 옳은 내용이다.

51

중

논점 성장관리계획 **정답** ②

ㄱ. 성장관리계획구역 내 (계획관리지역)에서는 용도지역에서의 용적률 규정에도 불구하고 125퍼센트 이하의 범위에서 성장관리계획으로 정하는 바에 따라 특별시 · 광역시 · 특별자치시 · 특별자치도 · 시 또는 군의 조례로 정하는 비율까지 용적률을 완화하여 적용할 수 있다.

ㄴ. 특별시장 · 광역시장 · 특별자치시장 · 특별자치도지사 · 시장 또는 군수는 (5)년마다 관할 구역 내 수립된 성장관리계획에 대하여 대통령령으로 정하는 바에 따라 그 타당성 여부를 전반적으로 재검토하여 정비하여야 한다.

52

상

논점 기반시설유발계수 **정답** ①

기반시설유발계수

① 관광휴게시설 : 1.9,

② 제2종 근린생활시설 : 1.6,

③ 판매시설 : 1.3,

④ 숙박시설 : 1.0,

⑤ 공동주택 : 0.7

53

하

논점 도시개발구역의 지정권자 **정답** ④

시 · 도지사(특별시장 · 광역시장 · 도지사 · 특별자치도지사) 또는 대도시 시장은 계획적인 도시개발이 필요하다고 인정되면 도시개발구역을 지정할 수 있고 예외적으로 국토교통부장관이 지정할 수 있다.

54

상

논점 공동출자법인 **정답** ①

공공시행자와 민간참여자가 공동으로 법인을 설립하여 도시개발사업을 시행하려는 경우 민간참여자의 이윤율은 총사업비 중 공공시행자의 부담분을 제외한 비용의 100분의 10 이내로 한다.

55
중

논점 총회 전결사항 **정답** ②

실시계획의 수립 및 변경은 대의원회의 의결만으로도 가능하고, 청산금의 징수나 교부의 완료 후 조합의 해산은 총회의 의결사항이 아니므로 대의원회에서도 의결하지 않는다.

56
중

논점 도시개발사업 시행방식의 변경 **정답** ④

도시개발사업의 시행방식을 환지방식에서 수용 방식으로 변경하는 경우는 없다.

57
하

논점 환지 방식의 구분 **정답** ①

환지의 방식의 구분은 시행규칙에 규정된 내용이다.

가. 평면 환지 : 환지 전 토지에 대한 권리를 도시개발사업으로 조성되는 토지에 이전하는 방식
나. 입체 환지 : 환지 전 토지나 건축물(무허가 건축물은 제외)에 대한 권리를 도시개발사업으로 건설되는 구분건축물에 이전하는 방식

58
중

논점 환지 예정지의 지정 **정답** ④

시행자는 체비지의 용도로 환지 예정지가 지정된 경우에는 도시개발사업에 드는 비용을 충당하기 위하여 이를 사용 또는 수익하게 하거나 처분할 수 있다.

59
상

논점 도시 · 주거환경정비기본계획(기본계획) **정답** ③

대도시의 시장이 아닌 시장은 기본계획을 수립하거나 변경하려면 도지사의 승인을 받아야 하며, 기본계획의 수립권자는 기본계획을 고시한 때에는 국토교통부장관에게 보고하여야 한다.

60
상

논점 공공재개발사업 **정답** ⑤

공공재개발사업 시행자는 공공재개발사업을 시행하는 경우 지방도시계획위원회 및 도시재정비위원회의 심의를 거쳐 법적상한용적률의 100분의 120(이하 "법적상한초과용적률" 이라 한다)까지 건축할 수 있다.

61
중

논점 정비사업조합의 설립인가 및 변경을 위한 동의요건 **정답** ②

① 재개발사업의 추진위원회가 조합을 설립하려면 토지등소유자의 4분의 3 이상 및 토지면적의 2분의 1 이상의 토지소유자의 동의를 받아야 한다.

③ 재건축사업에서 주택단지가 아닌 지역이 정비구역에 포함된 때에는 주택단지가 아닌 지역의 토지 또는 건축물 소유자의 4분의 3 이상 및 토지면적의 3분의 2 이상의 토지소유자의 동의를 받아야 한다.

④ 재개발사업 및 주택단지에서의 재건축사업에 따라 설립된 조합이 인가받은 사항을 변경하려는 때에는 총회에서 조합원의 3분의 2 이상의 찬성으로 의결하여야 한다.

⑤ 조합설립인가를 받은 후 토지 또는 건축물의 매매 등으로 조합원의 권리가 이전된 경우의 조합원의 교체 또는 신규가입인 경우에는 총회의 의결 없이 시장 · 군수등에게 신고하고 변경할 수 있다.

62
중

논점 사업시행계획서와 사업시행계획인가 **정답** ③

사업시행계획인가를 받은 후 대지면적을 10퍼센트의 범위에서 변경하는 때에는 시장 · 군수등에게 신고하여야 한다.

63
중

논점 분양신청 **정답** ④

① 사업시행자는 사업시행계획인가의 고시가 있은 날(사업시행계획인가 이후 시공자를 선정한 경우에는 시공자와 계약을 체결한 날)부터 "120일 이내" 에 분양대상자별 분담금의 추산액 등을 토지등소유자에게 통지하여야 한다.

② 분양신청기간은 "통지한 날부터" 30일 이상 60일 이내로 하여야 하지만, 사업시행자는 관리처분계획의 수립에 지장이 없다고 판단하는 경우에는 분양신청기간을 20일의 범위에서 한 차례만 연장할 수 있다.

③ 사업시행자는 정관 등으로 정하고 있거나 총회의 의결을 거친 경우 분양신청을 하지 아니한 자, 분양신청기간 종료 이전에 분양신청을 철회한 토지등소유자에게 분양신청을 다시 하게 할 수 있다. 그러나 인가된 관리처분계획에 따라 분양대상에서 제외된 자에게는 분양신청을 다시 하게 할 수 없다.

⑤ 사업시행자는 손실보상에 관한 협의가 성립되지 아니하면 그 기간의 만료일 다음 날부터 "60일 이내" 에 수용재결을 신청하거나 매도청구소송을 제기하여야 한다.

64
중

논점 소유권 이전 등 **정답** ②

대지 또는 건축물을 분양받을 자는 (소유권 이전의) 고시가 있은 날의 "다음 날" 에 그 대지 또는 건축물의 소유권을 취득한다.

65
중

논점 도시형 생활주택 **정답** ④

① 도시형 생활주택은 소형 주택, 단지형 연립주택, 단지형 다세대주택으로 구분된다. 기숙사형 주택은 다중생활시설로 흡수되면서 폐지되었다.
② 도시형 생활주택은 300세대 미만으로 건설한다.
③ 단지형 연립주택은 소형 주택이 아닌 연립주택을 말하지만, 건축법에 따라 건축위원회의 심의를 받은 경우에는 주택으로 쓰는 층수를 5개 층까지 건축할 수 있다.
⑤ 하나의 건축물에는 도시형 생활주택과 그 밖의 주택을 함께 건축할 수 없다. 다만, ㉠ 소형 주택과 주거전용면적이 85제곱미터를 초과하는 주택 1세대를 함께 건축하는 경우 ㉡ 준주거지역 또는 상업지역에서 소형 주택과 도시형 생활주택 외의 주택을 함께 건축하는 경우는 가능하다.

66
중

논점 용어정의 **정답** ⑤

① 공공택지란 일정한 공공사업에 따라 개발·조성되는 "공동주택"이 건설되는 용지를 말한다.
② 기간시설(基幹施設)이란 도로·상하수도·전기시설·가스시설·통신시설·지역난방시설 등을 말한다. 반면에 기반시설이란 국토의 계획 및 이용에 관한 법률에 따른 기반시설을 말한다.
③ 준주택에는 기숙사, 제2종 근린생활시설 또는 숙박시설에 속하는 다중생활시설, 노인복지시설 중 노인복지법의 노인복지주택, 오피스텔이 있다.
④ 공구란 하나의 주택단지에서 일정한 기준을 모두 충족한 둘 이상으로 구분되는 일단의 구역으로, 착공신고 및 "사용검사"를 별도로 수행할 수 있는 구역을 말한다.

67
상

논점 등록사업자의 시공 **정답** ①

법인인 경우에는 자본금이 5억 원 이상, 개인인 경우에는 자산평가액이 10억 원 이상 되어야 등록사업자는 시공을 할 수 있다.

68
중

논점 주택조합 청약의 철회 및 가입비의 반환 **정답** ③

모집주체는 주택조합의 가입을 신청한 자에게 청약 철회를 이유로 위약금 또는 손해배상을 청구할 수 없다.

69
중

논점 공사의 착수기간 **정답** ⑤

최초로 공사를 진행하는 공구 외의 공구에서는 정당한 사유가 있다고 인정하는 경우에도 공사의 착수기간을 연장할 수 없다. 이미 최초 공구에서 공사가 진행된 상황에서 최초 공구 외의 공구에서는 정당한 연장사유에 관계없이 공사를 착수하여야 한다.

70
중

논점 사용검사 후 매도청구 **정답** ②

매도청구를 하려는 경우에는 해당 토지의 면적이 주택단지 전체 대지 면적의 5퍼센트 미만이어야 한다.

71
상

논점 전매행위 제한사유 **정답** ①

전매행위제한을 받는 주택을 공급받는 자의 생업상의 사정 등으로 전매가 불가피하다고 인정되는 경우로서 다음의 경우에는 한국토지주택공사(사업주체가 공공주택사업자인 경우에는 공공주택사업자)의 동의를 받아 전매제한을 적용하지 아니한다.
다만, 분양가상한제 적용주택을 공급받은 자가 전매하는 경우에는 한국토지주택공사가 그 주택을 우선 매입할 수 있다.

① 세대원(주택을 공급받은 사람이 포함된 세대의 구성원)이 근무 또는 생업상의 사정이나 질병치료·취학·결혼으로 인하여 세대원 전원이 다른 광역시, 특별자치시, 특별자치도, 시 또는 군(광역시에 있는 군은 제외)으로 이전하는 경우. 다만, 수도권 안에서 이전하는 경우는 제외한다.
② 상속에 따라 취득한 주택으로 세대원 전원이 이전하는 경우
③ 세대원 전원이 해외로 이주하거나 2년 이상의 기간 해외에 체류하려는 경우
④ 이혼으로 인하여 입주자로 선정된 지위 또는 주택을 그 배우자에게 이전하는 경우
⑤ 「공익사업을 위한 토지 등의 취득 및 보상에 관한 법률」에 따라 공익사업의 시행으로 주거용 건축물을 제공한 자가 사업시행자로부터 이주대책용 주택을 공급받은 경우(사업시행자의 알선으로 공급받은 경우를 포함)로서 시장·군수 또는 구청장이 확인하는 경우
⑥ 분양가상한제 적용주택 및 공공택지 외의 택지에서 건설·공급되는 주택의 소유자가 국가·지방자치단체 및 금융기관에 대한 채무를 이행하지 못하여 경매 또는 공매가 시행되는 경우
⑦ 입주자로 선정된 지위 또는 주택의 일부를 그 배우자에게 증여하는 경우
⑧ 실직·파산 또는 신용불량으로 경제적 어려움이 발생한 경우

그러므로 ㄱ, ㄴ은 전매제한을 적용받는 사유이다.

72
중

논점 용어정의 **정답** ③

준초고층 건축물이란 고층건축물 중 초고층 건축물이 아닌 것을 말한다. 즉, 층수가 30층 이상 50층 미만이거나 높이가 120미터 이상 200미터 미만인 건축물을 말한다.
그러므로 층수는 40층이고 높이가 180미터인 건축물은 준초고층 건축물에 속한다.

73
상

논점 건축물의 용도 변경 **정답** ⑤

상위 시설군으로의 용도변경은 허가대상이고 하위 시설군으로의 용도변경은 신고대상이다.
지문 ②에서 바닥면적의 합계가 300제곱미터 미만인 야영장 시설은 교육 및 복지시설군에 포함된다.
그러므로 야영장 시설에서 종교시설로 변경하는 것은 상위시설군으로의 용도변경이므로 허가대상으로서 옳은 문장이다.

74
상

논점 대지의 소유권확보 및 매도청구 **정답** ②

① 건축주가 대지의 소유권을 확보하지 못하였으나 그 대지를 사용할 수 있는 권원을 확보한 경우에는 해당 대지의 소유권을 확보하지 아니하여도 건축허가를 받을 수 있다. 다만, 분양을 목적으로 하는 공동주택은 제외한다.

③ 건축허가를 받은 건축주는 해당 건축물 또는 대지의 공유자 중 동의하지 아니한 공유자에게 그 공유지분을 시가(市價)로 매도할 것을 청구할 수 있고, 매도청구를 하기 전에 매도청구 대상이 되는 공유자와 3개월 이상 협의를 하여야 한다.

④ 건축허가를 받은 건축주는 해당 건축물 또는 대지의 공유자가 거주하는 곳을 확인하기가 현저히 곤란한 경우에는 전국적으로 배포되는 둘 이상의 일간신문에 두 차례 이상 공고하고, 공고한 날부터 30일 이상이 지났을 때에는 매도청구 대상이 되는 건축물 또는 대지로 본다.

⑤ 건축주는 매도청구 대상 공유지분의 감정평가액에 해당하는 금액을 법원에 공탁(供託)하고 착공할 수 있고, 공유지분의 감정평가액은 허가권자가 추천하는 감정평가법인등 2명 이상이 평가한 금액을 산술평균하여 산정한다.

75
하

논점 건축신고대상 건축물 **정답** ④

㉠ 연면적의 합계가 (100)제곱미터 이하인 건축물의 신축, ㉡ 건축물의 높이를 (3)m 이하의 범위에서 증축하는 건축물은 신고대상이다.

76
중

논점 공개공지등 **정답** ②

① 공개공지등을 설치하면 건폐율, 용적률, 높이제한이 완화대상이지만 시행령에서는 건폐율은 완화하지 않고 있다.

② 주거지역 중에 전용주거지역에서는 공개공지등을 확보하지 아니한다.

③ 일반공업지역에서는 공개공지등을 설치하지 아니하는 지역이므로 틀린 문장이다.

④ 공개공지등의 면적은 "대지면적" 의 100분의 10 이하의 범위에서 건축조례로 정한다.

77
하

논점 대지의 최소분할 대지면적 **정답** ③

공업지역에서의 최소분할 대지면적은 150제곱미터이다.

78
중

논점 결합건축 **정답** ⑤

결합건축협정서를 폐지하려는 경우에는 결합건축협정체결자 전원이 동의하여 허가권자에게 신고하여야 하며, 허가권자는 용적률을 이전받은 건축물이 멸실된 것을 확인한 후 결합건축의 폐지를 수리하여야 한다.

79
중

논점 농지의 소유 **정답** ①

② 시장 · 군수 또는 구청장은 농지를 효율적으로 이용하고 농업생산성을 높이기 위하여 통상적인 영농 관행 등을 감안하여 농지 1필지를 공유로 소유(상속농지의 경우는 제외)하려는 자의 최대인원수를 7인 이하의 범위에서 시 · 군 · 구의 조례로 정하는 바에 따라 제한할 수 있다.

③ 농지법에서 허용된 경우 외에는 농지 소유에 관한 특례를 정할 수 없다.

④ 상속으로 농지를 취득한 사람으로서 농업경영을 하지 아니하는 사람은 그 상속 농지 중에서 총 10,000제곱미터까지만 소유할 수 있다. 농업경영에 이용하는 사람은 소유제한을 받지 아니한다.

⑤ 8년 이상 농업경영을 하던 사람이 이농(離農)한 후에도 이농 당시 소유하고 있던 농지를 계속 소유할 수 있다.

80
중

논점 농지의 처분 및 이행강제금 **정답** ④

① 농지 소유 상한을 초과하여 농지를 소유한 것이 판명된 경우 농지의 소유상한을 초과하는 면적에 해당하는 농지만 1년 이내에 처분하여야 한다.

② 시장(구를 두지 아니한 시장을 말함) · 군수 또는 구청장은 처분의무 기간에 처분 대상 농지를 처분하지 아니한 농지 소유자에게 6개월 이내에 그 농지를 처분할 것을 명할 수 있다.

③ 시장(구를 두지 아니한 시장을 말함) · 군수 또는 구청장은 처분의무 기간에 처분 대상 농지를 처분하지 아니한 농지 소유자가 해당 농지를 자기의 농업경영에 이용하는 경우에는 처분의무 기간이 지난 날부터 3년간 처분명령을 직권으로 유예할 수 있다.

⑤ 이행강제금을 부과하는 때에는 10일 이상의 기간을 정하여 이행강제금 처분대상자에게 의견제출의 기회를 주어야 한다.

2교시

제1과목: 부동산공시에 관한 법령 및 부동산 관련 세법

부동산공시법									
1	2	3	4	5	6	7	8	9	10
③	①	⑤	②	④	①	③	⑤	⑤	③
11	12	13	14	15	16	17	18	19	20
⑤	⑤	③	⑤	②	④	⑤	①	②	④
21	22	23	24						
⑤	①	②	③						

1

하

논점 분할은 최종부번 다음순번부터 부번으로 부여함을 이해한다. 정답 ③

③ 분할 후의 필지 중 1필지의 지번은 분할 전의 지번으로 하고, 나머지 필지의 지번은 본번의 최종 부번 다음 순번으로 부번을 부여한다. 따라서 3-1, 3-6, 3-7이 된다.

2

하

논점 지목의 종류에 대해 이해한다. 정답 ①

② 사람의 시체나 유골이 매장된 토지, 「도시공원 및 녹지 등에 관한 법률」에 따른 묘지공원으로 결정 · 고시된 토지 및 「장사 등에 관한 법률」에 따른 봉안시설과 이에 접속된 부속시설물의 부지는 '묘지'로 한다. 다만, 묘지의 관리를 위한 건축물의 부지는 '대'로 한다.

③ 용수(用水) 또는 배수(排水)를 위하여 일정한 형태를 갖춘 인공적인 수로 · 둑 및 그 부속시설물의 부지와 자연의 유수(流水)가 있거나 있을 것으로 예상되는 소규모 수로부지는 '구거'로 한다.

④ 육상에 인공으로 조성된 수산생물의 번식 또는 양식을 위한 시설을 갖춘 부지와 이에 접속된 부속시설물의 부지는 '양어장'으로 한다.

⑤ 물을 상시적으로 직접 이용하여 벼 · 연(蓮) · 미나리 · 왕골 등의 식물을 주로 재배하는 토지는 '답'으로 한다.

3

중

논점 토지대장에는 지목을 정식명칭으로 등록하고, 도면에는 부호로 등록함을 이해한다. 정답 ⑤

① 분할의 경우 분할 후의 필지 중 주거 · 사무실 등의 건축물이 있는 필지에 대하여는 분할 전의 지번을 우선하여 부여하여야 한다. 즉, 신청사항이 아니다.

② 도로 · 구거 등의 토지에 절토(切土)된 부분이 있는 경우에는 그 경사면의 상단부를 경계로 한다.

③ 토지대장 · 임야대장에 지목을 등록할 때에는 코드번호와 명칭 그대로 등록한다. 도면에 지목을 등록할 때에는 부호로 표기한다. 두문자(頭文字)가 적용되는 것은 24개이지만, 차문자(次文字)가 적용되는 것은 ① 주차장, ② 공장용지, ③ 하천, ④ 유원지이다(규칙 제64조).

④ 지적도의 축척이 600분의 1인 지역에서 1필지의 면적을 계산한 값이 0.03㎡인 경우 토지대장에 등록하는 면적은 0.1㎡이다.

4

하

논점 지상경계를 새로 정한 경우에는 지상경계점등록부를 작성함을 이해한다. 정답 ②

② 지적소관청은 토지의 이동에 따라 지상경계를 새로 정한 경우에는 지상경계점등록부를 작성 · 관리하여야 한다.

5

하

논점 대지권등록부의 등록사항에 대해 이해한다. 정답 ④

④ 건축물 및 구조물 등의 위치는 대지권등록부에는 등록하지 않고 도면에 등록한다.

6

중

논점 정보처리시스템으로 기록 · 저장된 지적공부의 열람 · 발급은 특별자치시장, 시장 · 군수 · 구청장 또는 읍 · 면 · 동의 장에게 신청함을 이해한다. 정답 ①

① 정보처리시스템으로 기록 · 저장된 지적공부(지적도 및 임야도는 제외한다)를 열람하거나 그 등본을 발급받으려는 경우에는 특별자치시장, 시장 · 군수 · 구청장 또는 읍 · 면 · 동의 장에게 신청할 수 있다.

7

중

논점 부동산종합공부 등록사항에 대해 이해한다. 정답 ③

③ 토지이동정리결의서의 내용에 관한 사항은 부동산종합공부의 등록사항에 해당하지 않는다. 부동산종합공부에 등록되는 사항은 다음과 같다.

> ① 토지의 표시와 소유자에 관한 사항 : 지적공부의 내용
> ② 건축물의 표시와 소유자에 관한 사항(토지에 건축물이 있는 경우만 해당한다) : 건축물대장의 내용
> ③ 토지의 이용 및 규제에 관한 사항 : 토지이용계획확인서의 내용
> ④ 부동산의 가격에 관한 사항 : 개별공시지가, 개별주택가격 및 공동주택가격 공시내용
> ⑤ 그 밖에 부동산의 효율적 이용과 부동산과 관련된 정보의 종합적 관리 · 운영을 위하여 필요한 사항으로서 부동산 권리에 관한 사항

8

중

논점 부동산종합공부 복제는 지적소관청이 함을 이해한다. 정답 ⑤

⑤ 지적소관청은 부동산종합공부를 영구히 보존하여야 하며, 부동산종합공부의 멸실 또는 훼손에 대비하여 이를 별도로 복제하여 관리하는 정보관리체계를 구축하여야 한다.

9

하

논점 합병은 본번중 선순위의 지번을 부여한다. 정답 ⑤

⑤ 1-1, 1-2, 3-1, 5, 7의 5필지가 한 필지로 합병을 하였다면 합병 후의 지번은 5이다.

10

하

논점 축척변경의 절차에 대해 이해한다. 정답 ③

① 지적소관청은 축척변경을 하려면 토지소유자 3분의 2 이상의 동의를 받고 축척변경위원회의 의결을 거친 후 시 · 도지사 또는 대도시 시장의 승인을 받아야 한다.

② 지적소관청은 수령통지를 한 날부터 6개월 이내에 청산금을 지급하여야 한다.

④ 지적소관청은 청산금의 결정을 공고한 날부터 20일 이내에 토지소유자에게 청산금의 납부고지 또는 수령통지를 하여야 한다.

⑤ 납부고지되거나 수령통지된 청산금에 관하여 이의가 있는 자는 납부고지 또는 수령통지를 받은 날부터 1개월 이내에 지적소관청에 이의신청을 할 수 있다

11

중

논점 지적측량의 절차에 대해 이해한다. 정답 ⑤

① 합병은 측량을 하지 않는다.

② 지적공부를 정리하지 아니하는 ㉠ 경계복원측량, ㉡ 지적현황측량의 경우에는 검사를 받지 않는다.

③ 지적삼각보조점성과를 열람하거나 등본을 발급받으려는 자는 지적소관청에 신청하여야 한다.

④ 지적현황측량은 지상건축물 등의 현황을 지적도 및 임야도에 등록된 경계와 대비하여 표시하는 데에 필요한 경우 실시한다.

12

중

논점 중앙지적위원회의 심의 · 의결사항을 이해한다. 정답 ⑤

⑤ 청산금에 대한 이의신청에 관한 사항은 축척변경위원회 심의 · 의결사항이다. 지적측량에 대한 적부재심사청구사항을 심의 · 의결하기 위하여 국토교통부에 중앙지적위원회를 두고, 지적측량에 대한 적부심사청구사항을 심의 · 의결하기 위하여 시 · 도에 지방지적위원회를 둔다.

13

중

논점 모두생략등기는 유효임을 이해한다. 정답 ③

③ 미등기 건물을 등기할 때에 소유권을 원시취득한 자(甲) 앞으로 소유권보존등기를 한 다음에 이를 양수한 자(乙) 앞으로 이전등기를 함이 원칙이라 할 것이나, 당사자 사이의 합의에 따라 승계취득자 앞으로 소유권보존등기를 경료하게 되었다면 이는 실체적 권리관계에 일치되어 적법한 등기로서의 효력을 가진다(대판 1984.1.24, 83다카1152).

14

상

논점 가처분등기 절차에 대해 이해한다. 정답 ⑤

① 저당권설정등기청구권을 보전하기 위한 가처분등기 후 제3자 명의의 등기는 저당권등기와 양립할 수 있기 때문에 말소대상이 아니다.

② 「민사집행법」에 따라 권리의 이전, 말소 또는 설정등기청구권을 보전하기 위한 처분금지가처분등기가 된 후 가처분채권자가 가처분채무자를 등기의무자로 하여 권리의 이전, 말소 또는 설정의 등기를 신청하는 경우에는 그 가처분등기 이후에 된 등기로서 가처분채권자의 권리를 침해하는 등기의 말소를 단독으로 신청할 수 있다(법 제94조 제1항). 즉, 권리를 침해하지 않으면 말소하지 않기 때문에 전부말소한다는 표현은 틀린 지문이다.

③ 가압류등기의 말소등기는 촉탁으로 말소한다.

④ 처분금지가처분에 위반되는 처분행위는 가처분채무자와 그 상대방 사이에서는 유효이므로, 그 처분행위를 원인으로 하는 등기신청은 적법한 것으로 수리한다. 따라서 처분금지가처분등기가 되어 있는 토지에 대하여는 지상권설정등기를 신청할 수 있다.

15

중

논점 등기신청적격자에 대해 이해한다. 정답 ②

① 읍·면 · 동 · 리는 지방자치단체가 아니고 단순히 행정구역에 불과하므로 등기명의인이 될 수 없다. 그러나 자연부락인 동(洞) · 리(里)의 경우에 그 주민을 구성원으로 하여 의사결정기관인 마을총회와 집행기관으로서 마을 대표자를 두고 독자적인 활동을 하는 사회조직체로 볼 수 있는 경우라면 동민이 법인 아닌 사단을 구성하고 그 명칭을 행정구역인 동의 명의와 동일하게 한 경우 그 동민의 대표자가 동 명의로 등기신청을 할 수 있다.

③ 농업협동조합, 수산업협동조합, 신용협동조합과 같은 특별법상 조합은 조합이라는 명칭을 사용하고 있을 뿐 그 실체는 법인이므로 등기신청적격이 인정된다.

④ 등기신청의 각하결정에 대해 제3자는 이의신청을 할 수 없다.

⑤ 민법」 제3조에 '사람은 생존한 동안 권리와 의무의 주체가 된다' 고 규정하고 있다. 따라서 자연인이면 의사무능력자(유아 · 심신상실의 상태에 있는 자)이든 행위무능력자(미성년자 · 피성년후견인 · 피한정후견인)이든 누구나 다 등기신청의 당사자능력이 있고, 그 명의로 등기권리자나 등기의무자가 될 수 있다.

16

상

논점 계약을 원인으로 하는 소유권이전등기를 할 때 검인을 받음을 이해한다. 정답 ④

④ 계약을 원인으로 한 소유권이전등기를 신청할 때에는 계약서에 시장·군수 · 구청장 또는 그 권한을 위임을 받은 자(읍 · 면 · 동장)의 검인을 받아 이를 관할등기소에 제출하여야 한다「부동산등기 특별조치법」 제3조). 매매계약 해제로 인한 소유권이전등기의 말소등기신청은 부동산투기와 관계가 없기 때문에 검인을 받지 않는다.

17
상

논점 각하대상에 대해 이해한다. 정답 ⑤

㉠㉡㉢㉣㉤ 모두 각하사유에 해당한다.

㉠ 소유권이전등기와 환매특약 등기는 반드시 동시에 신청하기 때문에 소유권이전등기 후 신청한 환매특약등기는 각하사유이다.

㉡ 5년의 기간을 넘는 공유물분할금지약정의 등기는 등기대상이 아니다.

㉢ 지역권은 승역지와 요역지 사이의 상관관계이므로 요역지의 소유권과 분리하여 승역지에 대한 지역권만을 제3자에게 양도하는 취지의 이전등기는 허용되지 않는다. 요역지의 소유권이 이전된 경우 원칙적으로 지역권도 이전되므로 지역권이전의 효력이 발생하기 위한 별도의 지역권이전등기를 할 필요가 없다.

㉣ 관공서 또는 법원의 촉탁으로 실행되어야 할 등기를 신청한 경우에는 등기대상이 아니다.

㉤ 상속인 중 1인이 자기 지분만에 대하여 상속등기는 허용되지 않으나, 상속인 중 1인은 공유물 보존행위에 준하여 전원을 위한 상속등기는 신청할 수 있다.

18
중

논점 토지는 국가가 확인하는 서류를 가지고 보존등기 할 수 있음을 이해한다. 정답 ①

① 특별자치도지사, 시장 · 군수 · 구청장의 확인에 의하여 자기의 소유권을 증명하는 자는 건물보존등기는 신청할 수 있으나, 토지보존등기는 신청할 수 없다.

19
상

논점 수용 후 지역권의 등기는 말소대상이 아님을 이해한다. 정답 ②

① 재결수용의 경우 관공서가 아닌 기업자(起業者)는 소유권이전등기를 단독으로 신청할 수 있다.

③ 등기관이 수용으로 인한 소유권이전등기를 하는 경우 그 부동산의 등기기록 중 소유권, 소유권 외의 권리, 그 밖의 처분제한에 관한 등기가 있으면 그 등기를 직권으로 말소하여야 한다. 다만, 그 부동산을 위하여 존재하는 지역권의 등기 또는 토지수용위원회의 재결(裁決)로써 존속(存續)이 인정된 권리의 등기는 말소하지 않는다(법 제99조 제4항). 즉, 처분제한의 등기는 말소하지만, 지역권의 등기는 말소하지 않는다.

④ 토지수용의 재결의 실효를 원인으로 하는 토지수용으로 인한 소유권이전등기의 말소신청은 등기의무자와 등기권리자가 공동으로 신청하여야 한다.

⑤ 수용으로 인한 소유권이전등기를 신청할 때 신청정보의 내용 중 등기원인은 '토지수용'으로, 등기원인일자는 '수용의 개시일'로 적는다.

20
상

논점 공동저당 대위등기를 할 때 매각대금과 선순위 저당권자가 변제받은 금액을 기록함을 이해한다. 정답 ④

① 전세금반환채권의 일부양도를 원인으로 하는 전세권 일부이전등기는 전세권의 존속기간의 만료 전에는 할 수 없다. 등기관이 전세금반환채권의 일부양도를 원인으로 한 전세권일부이전등기를 할 때에는 양도액을 기록한다.

② '임대차의 존속기간이 만료된 경우'와 '임차권등기명령을 원인으로 임차권등기가 경료된 경우'에는 임차권은 소멸하고 없기 때문에 그 등기에 기초한 임차권이전등기를 할 수 없다.

③ 지상권설정등기를 신청할 때에 그 범위가 토지의 일부인 경우, 그 부분을 표시한 지적도를 첨부정보로서 등기소에 제공하여야 한다.

⑤ 공동저당 부동산 중 일부의 매각대금을 먼저 배당하여 경매부동산의 후순위 저당권자가 대위등기를 할 때, 매각부동산(소유권 외의 권리가 저당권의 목적일 때에는 그 권리를 말한다), 매각대금, 선순위 저당권자가 변제받은 금액을 기록하여야 한다.

21
하

논점 저당권이전등기를 할 때에는 승낙서가 필요 없음을 이해한다. 정답 ⑤

⑤ 근저당권이전등기를 신청할 경우, 근저당권설정자가 물상보증인이면 그의 승낙을 증명하는 정보를 등기소에 제공하지 않는다.

22
중

논점 미등기 부동산의 유증의 경우 상속인 명의로 보존등기 후 수증자에게 소유권이전 등기함을 이해한다. 정답 ①

① 유증의 목적 부동산이 미등기인 경우, 특정유증의 경우에는 수증자가 자기 명의로 소유권보존등기를 신청할 수 없고, 유언집행자가 상속인 명의로 소유권보존등기를 한 다음 유증으로 인한 소유권이전등기를 신청하여야 한다. 그러나 포괄유증의 경우에는 토지대장에 최초의 소유자로 등록되어 있는 자로부터 그 토지를 포괄유증받은 자는 자기 명의로 소유권보존등기를 신청할 수 있다.

23
하

논점 소유권에 권리설정 등기는 주등기, 소유권 외의 등기 권리설정등기는 부기등기함을 이해한다. 정답 ②

② 소유권에 처분제한의 등기는 주등기로 실행하지만, 소유권 외의 권리에 대한 처분제한등기는 부기등기한다. ①,③,④,⑤는 부기등기한다.

24

상

논점 지분에 본등기는 등기대상이나, 전부에 대한 본등기는 등기대상이 아니다. 정답 ③

① 임차권설정등기 청구권보전가등기에 의한 본등기를 마친 경우, 등기관은 가등기 후 본등기 전에 가등기와 동일한 부분에 마친 부동산용익권 등기를 직권말소한다.

② 매매예약완결권의 행사로 소유권이전청구권이 장래에 확정되게 될 경우, 이 청구권을 미리 보전하기 위한 가등기를 할 수 있다.

④ 하나의 가등기에 관하여 여러 사람의 가등기권리자가 있는 경우에 그중 일부의 가등기권리자가 자기의 가등기 지분에 관하여 본등기를 신청할 수 있다.

⑤ 가등기에 의하여 순위보전의 대상이 되어 있는 물권변동청구권이 양도된 경우, 그 가등기상의 권리에 대한 이전등기를 부기등기로 할 수 있다.

부동산세법

				25	26	27	28	29	30
				③	②	④	①	②	④
31	32	33	34	35	36	37	38	39	40
③	⑤	②	④	⑤	④	⑤	②	⑤	②

25

중

논점 지방세의 가산금과 중가산금 정답 ③

중가산금은 체납된 납세고지서별 세액이 30만원 미만일 때에는 적용하지 아니한다. 이 경우 같은 납세고지서에 둘 이상의 세목이 함께 적혀 있을 때에는 세목별로 판단한다.

26

하

논점 부동산 관련조세의 신고기한 및 납부기한 정답 ②

㉠ 무상취득(상속은 제외한다)으로 인한 취득세의 법정신고기한은 취득일이 속하는 달의 말일부터 3개월이다.

㉢ 납세의무자가 신고납부방식을 택하는 경우에도 종합부동산세의 법정신고기한은 해당 연도 12월 15일이다.

㉣ 부담부증여의 채무액에 해당하는 부분으로서 양도로 보는 경우 양도소득세의 예정신고 · 납부기한은 그 양도일이 속하는 달의 말일부터 3개월 이내이다.

27

중

논점 재산세 납세의무자의 구분 정답 ④

㉡ 상속이 개시된 재산으로서 상속등기가 이행되지 아니하고 사실상의 소유자를 신고하지 아니하였을 때에는 주된 상속자(「민법」상 상속지분이 가장 높은 사람으로 하되, 상속지분이 가장 높은 사람이 두 명 이상이면 그 중 나이가 가장 많은 사람)가 재산세를 납부할 의무가 있다.

㉣ 재산세 과세기준일 현재 소유권의 귀속이 분명하지 아니하여 사실상의 소유자를 확인할 수 없는 경우에는 그 사용자가 재산세를 납부할 의무가 있다.

28

상

논점 재산세의 과세표준과 세율 정답 ①

골프장 및 고급오락장용 건축물을 포함한 모든 건축물의 재산세 과세표준은 거래가격 등을 고려하여 시장 · 군수 · 구청장이 결정한 시가표준액에 70%를 산정한 가액으로 한다.

29

상

논점 일시적 2주택의 종합부동산세 과세표준금액 정답 ②

관련 법령에 따른 일시적 1세대 2주택은 종합부동산세 과세표준금액을 계산할 때 1세대 1주택자로 본다. 따라서 주택분 종합부동산세 과세표준금액은 {(15억원 + 10억원) − 12억원} × 60% = 7억8천만원이다.

※ 다음의 어느 하나에 해당하는 소득 기준을 충족할 것.
이 경우 납부유예를 신청한 납세의무자는 그 유예할 주택분 종합부동산세액에 상당하는 담보를 제공하여야 한다.
가. 직전 과세기간의 총급여액이 7천만원 이하일 것(직전 과세기간에 근로소득만 있거나 근로소득 및 종합소득과세표준에 합산되지 아니하는 종합소득이 있는 자로 한정한다)
나. 직전 과세기간의 종합소득과세표준에 합산되는 종합소득금액이 6천만원 이하일 것(직전 과세기간의 총급여액이 7천만원을 초과하지 아니하는 자로 한정한다)

30

중

논점 취득세의 납세의무 정답 ④

㉠ 법인설립 시에 발행하는 주식을 취득함으로써 과점주주가 된 때에는 해당 법인의 부동산 등을 취득한 것으로 보지 아니한다.

31

하

논점 취득세의 비과세대상 정답 ③

「신탁법」에 따른 신탁등기가 병행되는 신탁재산의 취득으로서 위탁자, 수탁자 또는 신수탁자에게 신탁재산을 이전하는 경우에는 형식적 취득으로 보아 취득세를 부과하지 아니한다.
다만, 신탁재산의 취득 중 주택조합 등과 조합원 간의 부동산 취득 및 주택조합 등의 비조합원용 부동산 취득은 제외한다.

32

하

논점 양도소득세의 과세 여부 정답 ⑤

㉠ 이혼으로 인하여 혼인 중에 형성된 부부공동재산을 「민법」 제839조의2에 따라 재산 분할하는 경우에는 양도로 보지 아니한다.
㉡ 행정관청으로부터 인가 · 허가 · 면허 등을 받음으로써 발생한 경제적 이익은 영업권에 포함하며, 이를 부동산 등과 함께 양도하는 경우에 양도로 보나, 부동산과 분리하여 양도하는 영업권은 양도로 보지 아니한다.
㉢ 「도시개발법」이나 그 밖의 법률에 따른 환지처분으로 지목 또는 지번이 변경되거나 보류지(保留地)로 충당되는 경우에는 공익사업의 원활한 추진을 위하여 소득세법상 양도로 보지 아니한다.
㉣ 배우자 또는 직계존비속간의 부담부증여인 경우에는 채무를 인수하지 않는 것으로 추정하여 채무인수액을 증여세 과세가액에서 공제하지 아니하고 전액 증여세로 과세한다.
다만, 배우자 간 또는 직계존비속 간인 경우에도 채무인수한 것을 객관적으로 입증한 경우에는 증여로 보지 아니하고 양도로 본다.
㉤ 부동산과 함께 양도하는 이축권은 양도소득세 과세대상이다.
다만, 이축권 가액을 감정평가업자가 감정한 가액이 있는 경우 그 가액(감정한 가액이 2이상인 경우에는 그 감정한 가액의 평균액)을 구분하여 신고하는 경우에는 양도소득세가 아닌 종합소득세의 기타소득으로 과세한다.

33

상

논점 양도소득세의 1세대 1주택 비과세 정답 ②

㉠ 거래당사자가 매매계약서의 거래가액을 실지거래가액과 다르게 적은 경우에는 해당 자산에 대하여 양도소득세의 비과세에 관한 규정을 적용할 때 비과세받았거나 받을 세액에서 비과세에 관한 규정을 적용하지 아니하였을 경우의 양도소득 산출세액과 매매계약서의 거래가액과 실지거래가액과의 차액 중 적은 금액을 뺀다.
- 비과세세액에서 차감할 세액 = 과세액 ⇒
Min[비과세규정을 적용하지 아니하였을 경우의 산출세액(3억원), 매매계약서의 거래가액과 실지거래가액의 차액(14억원 − 12억원 = 2억원] = 2억원

㉡ 하나의 건물이 주택과 주택 외의 부분으로 복합되어 있는 경우와 주택에 딸린 토지에 주택 외의 건물이 있는 비과세요건을 충족한 겸용주택으로서 주택의 연면적이 주택 외의 연면적보다 클 때에는 그 전부를 주택으로 본다. 다만, 고가주택인 경우에는 주택 외의 부분은 주택으로 보지 아니한다.
따라서 주거용으로 사용되는 건물면적 150㎡만 주택으로 보아 비과세대상이 되고, 상업용으로 사용되는 건물면적 50㎡은 주택으로 보지 않아 과세대상이 된다.
또한 이 경우 수도권의 도시지역 중 주거지역 내 주택에 부수되는 토지의 면적은 ① 토지면적 × 주택건물 연면적 ÷ 건물전체 연면적, ② 주택정착면적 × 3배 중 적은 면적으로 한다.
따라서 [① 800㎡ × 150㎡ ÷ 200㎡ = 600㎡, ② 150㎡ × 3 배= 450㎡] 즉, 주택에 부수되는 토지면적은 450㎡이며, 과세되는 토지의 면적은 350㎡(= 800㎡ − 450㎡)이다.

㉢ 1세대 1주택 비과세 요건을 충족하는 경우에도 고가주택은 비과세를 배제하고 양도가액에서 12억원을 차감한 금액을 양도가액으로 나눈 비율만큼 안분하여 과세한다.
따라서 양도가액이 15억원이고 양도차익이 5억원인 경우 양도소득세가 과세되는 양도차익은 5억원 × (15억원 − 12억원) ÷ 15억원 = 1억원이다.
따라서 나머지 양도차익 4억은 비과세를 적용한다.

㉣ 1년 이상 거주한 주택을 학교에의 취학, 직장의 변경이나 전근 등 근무상의 형편, 1년 이상의 치료나 요양을 필요로 하는 질병의 치료·요양 또는 학교폭력피해로 인한 전학을 위해 세대 전원이 다른 시·군으로 이전하기 위해 양도하는 1세대 1주택의 경우에는 보유기간 및 거주기간에 관계없이 비과세를 적용한다. 이 경우 사업상 형편은 인정되지 아니한다.

34

중

논점 양도소득세의 실지필요경비의 범위 정답 ④

부동산 매매계약의 해약으로 인하여 지급하는 위약금은 양도차익 계산 시 필요경비로 공제하지 아니한다.

35
중

논점 양도소득세의 양도차익 계산 방법 정답 ⑤

자산의 취득가액을 매매사례가액, 감정가액, 환산취득가액 또는 기준시가로 하는 경우에는 필요경비개산공제액을 양도가액에서 차감하여 양도차익을 계산한다.

※ 필요경비의 계산
- 실지취득가액 + 자본적지출액과 양도비
- 매매사례가액, 감정가액, 환산취득가액 또는 기준시가 + 필요경비개산공제액

36
하

논점 양도소득세의 세율 정답 ④

분양권은 보유기간에 따라 1년 미만인 경우 70%, 1년 이상인 경우 60%의 세율을 적용한다. 따라서 누진세율을 적용하지 아니한다.

37
중

논점 취득세의 과세표준 정답 ⑤

법인이 아닌 자가 토지의 지목을 사실상 변경한 경우로서 그 변경으로 증가한 가액에 해당하는 사실상취득가격을 확인할 수 없는 경우 취득당시가액은 토지의 지목이 사실상 변경된 때를 기준으로 ㉠의 가액에서 ㉡의 가액을 뺀 가액으로 한다.

㉠ 지목변경 이후의 토지에 대한 시가표준액(해당 토지에 대한 개별공시지가의 공시기준일이 지목변경으로 인한 취득일 전인 경우에는 인근 유사토지의 가액을 기준으로 「부동산 가격공시에 관한 법률」에 따라 국토교통부장관이 제공한 토지가격비준표를 사용하여 시장 · 군수 · 구청장이 산정한 가액을 말한다)

㉡ 지목변경 전의 토지에 대한 시가표준액(지목변경으로 인한 취득일 현재 해당 토지의 변경 전 지목에 대한 개별공시지가를 말한다. 다만, 변경 전 지목에 대한 개별공시지가가 없는 경우에는 인근 유사토지의 가액을 기준으로 「부동산 가격공시에 관한 법률」에 따라 국토교통부장관이 제공한 토지가격비준표를 사용하여 시장 · 군수 · 구청장이 산정한 가액을 말한다)

38
중

논점 취득세의 취득 여부 정답 ②

① 차량, 기계장비, 항공기 및 주문에 의하여 건조하는 선박은 승계취득의 경우에 한하여 취득으로 본다.

③ 지방자치단체의 장은 특수관계인 간의 거래로 그 취득에 대한 조세부담을 부당하게 감소시키는 행위 또는 계산을 한 것으로 인정되는 부당행위계산의 경우에는 사실상 취득가격에도 불구하고 시가 인정액을 취득당시가액으로 결정할 수 있다.

④ 건축(신축과 재축 제외) 또는 개수로 인하여 건축물 면적이 증가할 때에는 그 증가된 부분에 대하여 원시취득으로 보아 원시취득의 세율 2.8%를 적용한다.

⑤ 일시적 2주택으로 신고하였으나 그 취득일로부터 3년 내에 종전 주택을 처분하지 못하여 1주택으로 되지 아니한 경우 그 부족세액에 가산세를 합한 금액을 세액으로 하여 보통징수의 방법으로 징수한다.

39
상

논점 등록면허세의 납세의무자 정답 ⑤

① 등록면허세의 납세의무자는 저당권자인 甲이다.

② 부동산 등기에 대한 등록면허세의 납세지는 부동산 소재지이다. 따라서 부동산 소재지와 乙의 주소지가 다른 경우 등록면허세의 납세지는 부동산 소재지로 한다.

③ 저당권설정등기에 대한 등록면허세의 표준세율은 채권금액의 1,000분의 2이다.

④ 저당권설정등기에 대한 등록면허세의 산출세액이 건당 6천원보다 적을 때에는 최저한세를 적용하여 등록면허세의 세액을 6천원으로 한다.

40
상

논점 재산세의 비과세 정답 ②

국가, 지방자치단체 또는 지방자치단체조합이 1년 이상 공용 또는 공공용으로 사용(1년 이상 사용할 것이 계약서 등에 의하여 입증되는 경우를 포함한다)하는 재산에 대하여는 재산세를 부과하지 아니한다. 다만, 다음의 어느 하나에 해당하는 경우에는 재산세를 부과한다.

1. 유료로 사용하는 경우
2. 소유권의 유상이전을 약정한 경우로서 그 재산을 취득하기 전에 미리 사용하는 경우

③ 세대원이 소유하고 있는 토지 위에 토지를 사용할 수 있는 정당한 권원이 없는 자가 「건축법」에 따른 허가 · 신고 등(다른 법률에 따라 의제되는 경우를 포함한다)을 받지 않고 건축하여 사용(건축한 자와 다른 자가 사용하고 있는 경우를 포함한다) 중인 주택(부속토지만을 소유하고 있는 자로 한정한다)은 0.05%~0.35% 4단계초과누진세율의 특례세율 적용대상인 1세대 1주택의 범위에서 제외한다(2023년 개정).

제 4 회 실전모의고사 정답 & 해설

1교시

정답

1	2	3	4	5	6	7	8	9	10	11	12	13	14	15	16	17	18	19	20
①	④	⑤	①	②	③	③	①	②	①	⑤	③	③	①	④	③	⑤	④	①	③
21	22	23	24	25	26	27	28	29	30	31	32	33	34	35	36	37	38	39	40
①	②	③	④	③	⑤	②	④	①	②	③	⑤	⑤	②	④	①	④	①	⑤	②
41	42	43	44	45	46	47	48	49	50	51	52	53	54	55	56	57	58	59	60
⑤	②	①	③	①	③	①	⑤	④	②	③	②	④	①	⑤	④	①	②	④	③
61	62	63	64	65	66	67	68	69	70	71	72	73	74	75	76	77	78	79	80
②	①	⑤	①	②	④	④	①	③	⑤	⑤	②	①	③	④	⑤	③	①	③	⑤

제1과목: 공인중개사의 업무 및 부동산 거래 신고 등에 관한 법령 및 중개실무

01 상

논점 거래계약서 관련사항 정답 ①

② 종물은 주물의 처분에 따른다는 민법에 의해 종물에 관하여 거래당사자 간에 다른 약정이 없으면 그것은 주물인 주택의 소유권에 따르게 된다.
③ 1필지 토지 일부에도 용익물권과 임차권의 설정은 가능하므로 부동산 거래의 목적물이 된다.
④ 공법상의 이용제한 사항은 거래계약서의 필요적 기재 사항이 아니다.
⑤ 담보책임은 법정책임이며 무과실책임이다. 하자담보책임에 관하여 계약서에 명시하지 않아도 매도인은 민법 규정에 의거 하자담보책임을 진다. 그러나 이는 강행규정이 아니므로 당사자 간의 특약으로 배제할 수 있다.

02 중

논점 중개대상물중 광업재단 정답 ④

④ 광업재단 및 공장재단은 소유권보존등기 후 10월 내에 저당권설정등기를 하지 아니하면 소유권보존등기의 효력이 상실된다.

03 하

논점 시험관련기관과 응시대상자구분 정답 ⑤

① 공인중개사 자격시험의 실시기관은 원칙적으로 시 · 도지사이다.
② 피성년후견인 또는 피한정후견인도 공인중개사 자격시험 응시의 결격사유에 해당되지 아니한다.
③ 3년 → 5년
④ 자격시험의 시행 주체는 원칙적으로 시 · 도지사이므로 특별자치도지사도 시험시행기관의 장이 된다.

04 상

논점 중개사무소 이전절차 정답 ①

② 분사무소를 이전하는 경우 주된 사무소 소재지 관할 등록관청에 신고하여야 한다.
③ 법인의 분사무소는 분사무소마다 2억원 이상의 업무보증을 추가로 설정하여야 한다.
④ 분사무소의 책임자는 공인중개사이어야 하며, 실무교육 대상자이다.
⑤ 법인의 분사무소는 주된 사무소 소재지를 제외한 시 · 군 · 구별로 설치하되, 시 · 군 · 구별로 1개소를 초과할 수 없다.

05 상

논점 임대차보호법의 증액기준 정답 ②

① 임대차 보증금의 수령과 주택의 인도는 동시이행관계에 있으므로 임차인이 임대차 보증금을 수령하는 경우에는 집을 비워 주어야 한다.
③ 대항요건과 확정일자를 갖추었다 하더라도 임대차는 채권이므로 우선변제권에 기한 경매신청권은 인정되지 않는다.
④ 임차권등기명령은 임대차기간이 만료되어야 신청할 수 있다.
⑤ 임대차계약이 종료된 후 재계약을 하는 경우에는 차임 등의 증액청구에 대한 제한 규정은 적용되지 아니한다.

06 상

논점 무등록업자의 처리 정답 ③

③ 무등록개업공인중개사의 중개행위로 인한 매매계약이 당연히 무효인 것은 아니다.

07 중

논점 교재전반 정답 ③

① 7일 → 10일
②, ④ 이전 전 → 이전 후
⑤ 100만원 이하의 벌금 → 100만원 이하의 과태료

08
하

논점 결격사유의 구분 정답 ①

① 다른 법률을 위반하여 벌금형을 선고받은 경우에는 결격사유에 해당되지 않는다.

09
하

논점 셀링 포인트 관리 정답 ②

② 부동산은 개별성이 강하므로 셀링 포인트는 다양하게 제시할 수 있다.

10
상

논점 중개법인의 업무 정답 ①

〈중개법인의 겸업업무〉

1. 상업용 건축물 및 주택의 임대관리 등 부동산의 관리대행
2. 부동산의 이용 · 개발 및 거래에 관한 상담(컨설팅)
3. 개업공인중개사를 대상으로 한 중개업의 경영기법 및 경영정보의 제공
4. 주택 및 상가의 분양대행
5. 중개의뢰인의 의뢰에 따른 도배 · 이사업체의 소개 등 주거이전에 부수되는 용역의 알선
6. 「민사집행법」에 의한 경매 및 「국세징수법」 그 밖의 법령에 의한 공매대상 부동산에 대한 권리분석 및 취득의 알선과 매수신청 또는 입찰신청의 대리

11
중

논점 신의 성실의무자의 구분 정답 ⑤

⑤ 개업공인중개사의 고용인 중 중개보조원에 대한 품위유지 및 신의성실의무를 규정하고 있지 않다.

12
하

논점 장사에 관련법률 정답 ③

③ 가족묘지 · 종중 · 문중묘지 또는 법인묘지를 설치 · 관리하고자 하는 자는 묘지를 관할하는 시장 · 군수 · 구청장의 허가를 받아야 한다.

13
중

논점 휴업신고 등의 절차와 방식 정답 ③

① 휴업기간 변경 신고와 재개 신고의 경우에는 전자문서에 의한 신고도 가능하다.

② 등록관청에 신고하지 아니하고 계속하여 6월을 초과하여 휴업한 경우에는 상대적 등록취소사유에 해당된다.

④ 개정 전 법률에 근거한 지문으로 현행법령상에는 근거가 없다.

⑤ 휴업과 폐업 신고의 경우 전자문서에 의한 신고는 인정되지 않는다.

14
하

논점 일반중개계약서 전반 정답 ①

① 일반중개계약서 작성의 요청은 임의적 사항이다.

15
상

논점 전속중개계약시 중요사항 정답 ④

① 권리자의 주소 · 성명 등 인적사항에 관한 정보는 공개해서는 아니 된다.

② 전속중개계약의 유효기간은 원칙적으로 3월로 한다.

③ 전속중개계약을 체결한 개업공인중개사는 2주일에 1회 이상 중개의뢰인에게 서면으로 업무처리상황을 보고할 의무가 있다.

⑤ 전속중개계약서는 3년간 보존하여야 한다.

16
하

논점 매수신청대리 보수의 구분 정답 ③

③ 매수신청대리의 수수료는 매각허가결정이 확정되어 매수인으로 된 경우 감정가의 1% 이하 또는 최저매각가격의 1.5% 이하의 범위 안에서 당사자의 합의에 의하여 결정한다.(대법원 예규에서 경매 보수를 정하기에 시험범위에는 해당되지 않으니, 참고하시기 바랍니다.)

17
중

논점 거래정보사업자 지정절차 정답 ⑤

① 등록관청 → 국토교통부장관

② 부동산거래정보사업자 지정신청서에 거래정보사업자의 주된 컴퓨터 설비의 내역을 기재하여야 한다.

③ 부동산거래정보사업자는 부가통신사업자이어야 한다.

④ 부동산거래정보망에 공개된 중개대상물에 대하여 거래가 이루어진 때에는 거래 사실을 개업공인중개사가 거래정보사업자에게 통보하여야 한다.

18
상

논점 확인설명 관련 총괄 정답 ④

① 확인 · 설명은 중개가 완성되기 전에 권리를 취득하고자 하는 의뢰인에게 하여야 한다.

② 중개대상물의 상태에 관한 자료요구는 임의적 사항이며, 자료요구 사실 자체를 매수 · 임차의뢰인에게 설명하여야 할 의무가 있는 것도 아니다.

③ 확인 · 설명의 근거자료에는 확인 · 설명서는 포함되지 않는다.

⑤ 5년 → 3년

19
상

논점 거래계약서 작성절차 정답 ①

② 필요적 기재사항을 기재하지 않았다 하더라도 당사자 간에 중요한 거래의 조건만 합의되었다면 계약의 효력은 발생한다.

③ 계약금은 당사자의 약정이 없으면 해약금으로 추정된다.

④ 계약서는 3통을 작성하여 1통은 매수인에게, 1통은 매도인에게 각각 교부하고, 개업공인중개사는 그 사본을 보존하면 된다.

⑤ 소속공인중개사의 경우 당해 중개업무를 수행한 경우에만 서명 및 날인한다.

20

상

논점 포상금 지급대상자 구분 정답 ③

③ 해제 등이 확정된 날부터 30일 이내에 신고관청에 해제 신고하지 아니한 거래당사자자는 500만원 이하 과태료 부과 대상이지만 신고포상금의 지급 대상은 아니다.

21

상

논점 부동산거래신고제 총괄 정답 ①

① 거래당사자는 제3조에 따라 신고한 후 해당 거래계약이 해제, 무효 또는 취소된 경우 해제 등이 확정된 날부터 30일 이내에 해당 신고관청에 공동으로 신고하여야 한다. 다만, 거래당사자 중 일방이 신고를 거부하는 경우에는 국토교통부령으로 정하는 바에 따라 단독으로 신고할 수 있다. 이를 위반자에게는 500만원 이하의 과태료를 부과한다.

② 개업공인중개사가 부동산거래 신고를 한 경우에는 개업공인중개사가 해제 신고(공동으로 중개를 한 경우에는 해당 개업공인중개사가 공동으로 신고하는 것을 말한다)를 할 수 있다.

③ 개업공인중개사의 위임을 받은 소속공인중개사는 해제 신고서 등의 제출을 대행할 수 있다. 이 경우 소속공인중개사는 신분증명서를 신고관청에 보여줘야 한다.

④ 거래당사자 또는 개업공인중개사는 부동산거래계약 해제 등 신고서에 공동으로 서명 또는 날인하여 신고관청에 제출해야 한다. 이 경우 거래당사자 중 일방이 국가 등인 경우 국가 등이 단독으로 서명 또는 날인하여 신고관청에 제출할 수 있다.

⑤ 거래당사자의 위임을 받은 사람은 해제 신고서 등의 제출을 대행할 수 있다.

22

상

논점 개업공인중개사의 업무에 대한 책임 범위 정답 ②

② 개업공인중개사는 중과실뿐만 아니라 경과실에 대해서도 손해배상책임을 진다.

23

하

논점 계약금등의 예치관리자 정답 ③

③ 거래당사자는 계약금 등의 예치명의자가 될 수 없다.

24

상

논점 중개보수관련 실비의 청구 범위 정답 ④

④ 개업공인중개사는 권리관계 확인에 소요되는 실비를 권리를 이전하고자 하는 중개의뢰인에게 청구할 수 있다.

25

중

논점 금지행위의 구분 정답 ③

③ 의뢰인에게 고지할 사항을 알려주지 않은 것은 부작위에 의한 금지행위에 해당한다.

26

상

논점 행정제재 처분 효과의 승계 정답 ⑤

① 개업공인중개사가 폐업신고 후 다시 중개사무소의 개설등록을 한 때에는 폐업 신고 전의 개업공인중개사의 지위를 승계한다.

② 3년간 → 1년간

③ 1년 → 3년

④ 6월 → 1년

27

상

논점 자격취소권자의 구분 정답 ②

② 공인중개사 사무소 소재지를 관할하는 시·도지사가 자격 취소처분 또는 자격정지 처분에 필요한 절차를 이행한 후 자격증을 교부한 시·도지사에게 통보하여야 한다.

28

중

논점 중개보수의 계산상 주의점 정답 ④

④ 동일한 중개대상물에 대하여 동일 당사자 간에 매매를 포함한 둘 이상의 거래가 동일 기회에 이루어지는 경우에는 매매계약에 관한 거래금액만을 적용한다. 따라서 매매가 4억원 × 0.4% = 160만원, 거래 양 당사자로부터 받게 되므로 320만원이다.

29

상

논점 자격정지기준구분 정답 ①

① 은 자격정지 처분기준이 6월이나, 나머지는 자격정지 처분기준이 3월이다.

30

중

논점 대항력의 취득절차 정답 ②

② 사업자등록은 대항력 또는 우선변제권의 취득요건일 뿐만 아니라 존속요건이기도 하므로 배당요구의 종기까지 존속하고 있어야 한다.

31

상

논점 중개법인의 업무와 그 대상 정답 ③

③ 개업공인중개사를 대상으로 한 중개업의 경영기법 및 경영정보의 제공에 관한 업무는 중개법인이 겸업할 수 있는 업무이다.

32

상

논점 교재전반 정답 ⑤

① 전속중개계약을 체결한 개업공인중개사가 정보를 공개하지 아니한 때에는 등록 취소사유이고, 전속중개계약서를 사용하지 아니한 경우에는 업무정지 처분 사유에 해당된다.

② 등록관청이 아니라 신고관청이 과태료를 부과한다.

③ 양벌규정으로 개업공인중개사가 벌금형을 받는 경우 고용인과 동일한 금액의 벌금형이 과해지는 것은 아니다.

④ 개업공인중개사가 거래계약서에 거래금액 등 거래내용을 거짓으로 기재한 경우에는 등록이 취소될 수 있으나 행정형벌의 대상은 아니다.

33

상

논점 외국인 부동산취득의 관리 정답 ⑤

⑤ 시장, 군수, 구청장은 외국인이 부동산 취득한 사항을 매 분기 종료 후 1개월 내로 시, 도지사에게 보고하고 시, 도지사는 이를 국토교통부장관에게 보고하여야 한다.

34

중

논점 행정벌칙 전반 정답 ②

㉠, ㉢ : 100만원 이하의 과태료
㉡, ㉣ : 500만원 이하의 과태료
㉤ 1년 이하의 징역 또는 1천만원 이하의 과태료
㉥ 자격정지사유

35

하

논점 전자계약총괄 정답 ④

④ 전자계약을 하면 부동산거래 신고는 한 것으로 본다.

36

중

논점 법정지상권의 구분 정답 ①

① 건물과 지상권은 함께 이전하는 것이 원칙이나 반대약정이 있으면 둘 중 어느 하나만을 처분할 수도 있다.

37

상

논점 토지거래허가제 벌칙 정답 ④

④ 토지거래허가를 받지 아니하고 체결하거나 부정한 방법으로 체결한 자 2년 이하의 징역 또는 개별공시가격의 30% 이하의 벌금형 사유이다.

38

상

논점 중개업의 판례 정답 ①

① 어떠한 행위가 중개행위에 해당하는지 여부는 개업공인중개사의 주관적 의사에 의하여 결정할 것이 아니라 개업공인중개사의 행위를 객관적으로 보아 사회통념상 거래의 알선 · 중개를 위한 행위라고 인정되는지 여부에 의하여 결정하여야 한다.

39

중

논점 중개대상물 확인설명서 작성 정답 ⑤

⑤ 토지의 중개대상물 확인 · 설명서에는 수도 · 전기 · 가스 등의 시설물은 그 기재사항이 아니다.

40

중

논점 경매절차 정답 ②

〈경매의 절차〉

경매신청 및 경매개시결정 → (배당요구의 종기 결정 및 공고) → (매각의 준비) → (매각 및 매각결정기일의 지정 · 공고 · 통지) → (매각의 실시) → 매각대금의 납부 → 배당절차 → 소유권이전등기 등의 촉탁 → 부동산의 인도 또는 명도

제2과목: 부동산공법 중 부동산 중개에 관련되는 규정

41
중

논점 용어정의 정답 ⑤

① 둘 이상의 특별시·광역시·특별자치시·특별자치도·시 또는 군이 공동으로 이용하는 시설인 항만·공항·자동차정류장·공원·유원지·유통업무설비·문화시설·공공필요성이 인정되는 체육시설·사회복지시설·공공직업훈련시설·청소년수련시설·유수지·장사시설·도축장·하수도(하수종말처리시설에 한함)·폐기물처리 및 재활용시설·수질오염방지시설·폐차장은 광역시설에 포함된다.
② 지구단위계획은 도시·군계획 수립대상 지역의 일부에 대하여 수립하는 도시·군관리계획이다.
③ 용도지구는 토지의 이용 및 건축물의 용도·건폐율·용적률·높이 등에 대한 용도지역의 제한을 강화 또는 완화하여 적용하기 위하여 지정한다.
④ 도시·군계획시설을 설치·정비 또는 개량하는 사업은 도시·군계획시설사업이다.

42
중

논점 도시·군기본계획 정답 ②

도시·군기본계획은 특별시·광역시·특별자치시·특별자치도·시 또는 군의 관할 구역에 수립하여야 하지만 수립하지 아니할 수 있는 시 또는 군도 있다.
그러므로 특별시·광역시·특별자치시·특별자치도에서는 반드시 수립하여야 한다.

43
상

논점 도시·군관리계획을 수립하기 위한 기초조사 정답 ①

해당 지구단위계획구역이 도심지(상업지역과 상업지역에 연접한 지역을 말함)에 위치하는 경우, 주거지역·상업지역 또는 공업지역에 도시·군관리계획을 입안하는 경우에는 기초조사를 전부 생략할 수 있고 나머지는 토지적성평가만 생략할 수 있는 사유이다.

44
상

논점 건축위원회와 도시계획위원회의 공동 심의 정답 ③

시·도지사 또는 시장·군수가 도시·군관리계획을 결정하려면 시·도, 시·군에 두는 도시계획위원회의 심의를 거쳐야 한다.
다만, 시·도지사 또는 시장·군수가 지구단위계획(지구단위계획과 지구단위계획구역을 동시에 결정할 때에는 지구단위계획구역의 지정 또는 변경에 관한 사항을 포함할 수 있다)이나 기존의 용도지구를 폐지하고 그 용도지구에서의 건축물이나 그 밖의 시설의 용도·종류 및 규모 등의 제한을 지구단위계획으로 대체하는 용도지구 폐지에 관한 사항을 결정하려면 시·도, 시·군에 두는 건축위원회와 도시계획위원회가 공동으로 하는 심의를 거쳐야 한다.

45
중

논점 용도지역에서의 건폐율 기준 정답 ①

유통상업지역(80퍼센트 이하) – 일반공업지역(70퍼센트 이하) – 제1종일반주거지역(60퍼센트 이하) – 제1종전용주거지역(50퍼센트 이하) – 계획관리지역(40퍼센트 이하)

46
상

논점 용도지구에서의 행위제한(건축제한) 정답 ③

① 경관지구에서는 도시·군계획조례로 정하는 건축물을 건축할 수 없다.
② 고도지구에서는 도시·군관리계획으로 정하는 높이를 초과하는 건축물을 건축할 수 없다.
④ 집단취락지구에서의 건축제한에 관하여는 개발제한구역의 지정 및 관리에 관한 특별조치법령이 정하는 바에 의한다.
⑤ 일반주거지역에 복합용도지구가 지정되면 그 안에서는 준주거지역에서 건축할 수 있는 건축물을 건축할 수 있지만 관람장, 공연장, 장례시설 등은 건축할 수 없다.

47
중

논점 공동구의 설치·관리 정답 ①

도시개발법에 따른 도시개발구역에서 200만 제곱미터를 초과하는 개발사업을 시행하는 사업시행자는 공동구를 설치하여야 한다.

48
중

논점 도시·군계획시설 부지에서의 매수 청구 정답 ⑤

① 매수하기로 결정한 토지는 매수 결정을 알린 날부터 2년 이내에 매수하여야 한다.
② 도시·군계획시설결정의 고시일부터 10년 이내에 그 도시·군계획시설의 설치에 관한 도시·군계획시설사업이 시행되지 아니하는 경우에 매수를 청구할 수 있다.
③ 토지 등의 소유자는 원칙적으로 특별시장·광역시장·특별자치시장·특별자치도지사·시장 또는 군수에게 매수를 청구할 수 있지만, 예외적으로 ㉠ 이 법에 따라 해당 도시·군계획시설사업의 시행자가 정하여진 경우에는 그 시행자, ㉡ 이 법 또는 다른 법률에 따라 도시·군계획시설을 설치하거나 관리하여야 할 의무가 있는 자가 있으면 그 의무가 있는 자에게 매수를 청구할 수 있다.
④ 매수 청구를 받은 날부터 6개월 이내에 매수 여부를 결정하여야 한다.

49

상

논점 지구단위계획 정답 ④

① 한옥마을을 보존하려는 경우 지구단위계획으로 주차장법에 따른 주차장 설치기준을 100퍼센트까지 완화하여 적용할 수 있다.

② 지구단위계획으로 용도지역 또는 용도지구의 세분 또는 변경은 용도지역 또는 용도지구(고도지구 제외)를 그 시행령상 세분된 범위(도시·군계획조례로 세분되는 용도지구를 포함) 안에서 세분 또는 변경하는 것은 가능하다. 이 경우 일정한 경우 도시지역 내에 지정된 지구단위계획구역에서는 주거지역, 상업지역, 공업지역 또는 녹지지역 간의 변경을 포함한다. 그러므로 시행령상 세분된 개발진흥지구 간의 변경이나 주거지역 내에서 용도지역을 변경하는 것은 지구단위계획으로 가능하다.

③ 도시지역에 개발진흥지구를 지정하고 해당 지구를 지구단위계획구역으로 지정한 경우에는 지구단위계획으로 건축물높이의 120퍼센트 이내에서 높이제한을 완화하여 적용할 수 있다.

⑤ 주민이 입안을 제안한 지구단위계획에 관한 도시·군관리계획결정의 고시일부터 5년 이내에 이 법 또는 다른 법률에 따라 허가·인가·승인 등을 받아 사업이나 공사에 착수하지 아니하면 그 5년이 된 날의 다음날에 그 지구단위계획에 관한 도시·군관리계획결정은 효력을 잃는다.

50

상

논점 개발행위 허가 정답 ②

① 부지면적 또는 건축물 연면적을 5퍼센트 범위에서 축소(공작물의 무게, 부피 또는 수평투영면적을 5퍼센트 범위에서 축소하는 경우 포함)하는 경우에 통지하고 할 수 있고 확대하는 경우에는 허가를 받아야 한다.

③ 허가권자는 도시·군계획시설사업 시행자의 의견을 들어야 한다.

④ 계획관리지역에서 3만제곱미터 이상 토지의 형질변경을 하는 경우에는 기준면적 이상의 형질변경이므로 도시계획위원회의 심의를 거쳐야 한다. 그러나 지구단위계획 또는 성장관리방안을 수립한 지역에서는 지구단위계획 또는 성장관리방안을 수립할 때 도시계획위원회의 심의를 거치므로 개발행위 허가여부를 결정할 때 다시 도시계획위원회의 심의를 거칠 필요가 없다.

⑤ 국가나 지방자치단체가 시행하는 조건부 개발행위 허가에서는 이행보증금을 예치하지 아니할 수 있다.

51

중

논점 개발밀도관리구역 정답 ③

향후 2년 이내에 해당 지역의 학생 수가 학교수용능력을 20퍼센트 이상 초과할 것으로 예상되는 지역은 개발밀도관리구역으로 지정할 수 있다.

52

중

논점 토지에의 출입 등 정답 ②

① 국토교통부장관, 시·도지사, 시장 또는 군수나 도시·군계획시설사업의 시행자는 타인의 토지에 출입하거나 타인의 토지를 재료적치장 또는 임시통로로 일시 사용할 수 있으며, 특히 필요한 때에는 나무, 흙, 돌, 그 밖의 장애물을 변경하거나 제거할 수 있다.

③ 일출 전이나 일몰 후에는 그 토지 "점유자" 의 승낙 없이 택지나 담장 또는 울타리로 둘러싸인 타인의 토지에 출입할 수 없다.

④ 타인의 토지를 재료적치장 또는 임시통로로 일시 사용하거나 나무, 흙, 돌, 그 밖의 장애물을 변경 또는 제거하려는 자는 토지의 소유자·점유자 또는 관리인의 "동의" 를 받아야 한다.

⑤ 토지에의 출입 등의 행위로 인하여 손실을 입은 자가 있으면 그 "행위자가 속한 행정청" 이나 도시·군계획시설사업의 시행자가 그 손실을 보상하여야 한다.

53

중

논점 도시개발구역의 지정면적 기준 정답 ④

도시지역	① 주거지역 및 상업지역 : 10,000제곱미터 이상 ② 공업지역 : 30,000제곱미터 이상 ③ 자연녹지지역 : 10,000제곱미터 이상 ④ 생산녹지지역 : 10,000제곱미터 이상(생산녹지지역이 도시개발구역 지정면적의 100분의 30 이하인 경우만 해당)
도시지역 외의 지역	① 원칙 : 30만제곱미터 이상 ② 예외 : 10만제곱미터 이상 공동주택 중 아파트 또는 연립주택의 건설계획이 포함되는 경우로서 다음 요건을 모두 갖춘 경우 가. 도시개발구역에 초등학교용지를 확보하여 관할 교육청과 협의한 경우 나. 도시개발구역에서 도로법에 해당하는 도로 또는 국토교통부령으로 정하는 도로와 연결되거나 4차로 이상의 도로를 설치하는 경우

54

중

논점 도시개발조합 설립인가 정답 ①

인가를 받은 사항을 변경하려면 지정권자로부터 변경인가를 받아야 한다. 다만, 경미한 사항을 변경(주된 사무소의 소재지의 변경, 공고방법의 변경)하려는 경우에는 신고하여야 한다.

55

하

논점 규약 및 시행규정 정답 ⑤

ㄱ. 지정권자는 토지 소유자 2인 이상이 도시개발사업을 시행하려고 할 때 또는 토지 소유자가 민간시행자(조합은 제외)와 공동으로 도시개발사업을 시행하려고 할 때에는 도시개발사업에 관한 (규약)을 정하게 할 수 있다.

ㄴ. 지방자치단체 등이 도시개발사업의 전부를 환지 방식으로 시행하려고 할 때와 공공시행자(공동출자법인 포함)가 도시개발사업의 일부를 환지 방식으로 시행하려고 할 때에는 (시행 규정)을 작성하여야 한다.

56

중

논점 토지상환채권 정답 ④

① 시행자는 토지 소유자가 원하면 토지상환채권을 발행할 수 있다. 토지상환채권은 토지 소유자가 원하지 않으면 강제로 발행하여 지급할 수는 없다. 그러나 토지소유자가 원한다고 하더라도 반드시 발행하여야 하는 것은 아니다. 즉, 발행하고 안하고는 시행자의 마음이고 매입을 하고 안하고는 토지 소유자의 마음이다.

② 토지상환채권의 발행규모는 그 토지상환채권으로 상환할 토지 · 건축물이 해당 도시개발사업으로 조성되는 분양토지 또는 분양건축물 면적의 2분의 1을 초과하지 아니하도록 하여야 한다.

③ "민간시행자(일정비율초과 공동출자법인 포함)"는 금융기관인 은행, 보험회사 또는 공제조합으로부터 지급보증을 받은 경우에만 이를 발행할 수 있다.

⑤ 토지상환채권은 기명식(記名式) 증권으로 발행하지만 타인에게 이전이나 양도가 가능하다.

57

상

논점 환지 계획 정답 ①

ㄱ. 보류지 중 일부를 (체비지)로 정하여 도시개발사업에 필요한 경비에 충당할 수 있다.

ㄴ. (공공시설)의 용지에 대하여는 환지 계획을 정할 때 그 위치 · 면적 등에 관하여 환지 계획의 원칙적인 작성기준을 적용하지 아니할 수 있다.

ㄷ. (비례율)은 {[도시개발사업으로 조성되는 토지 · 건축물의 평가액 합계(공공시설 또는 무상으로 공급되는 토지 · 건축물의 평가액 합계는 제외) − 총 사업비]/환지 전 토지 · 건축물의 평가액 합계(시행자에게 무상귀속되거나 시행자가 소유하는 토지 및 장애물 취급 손실보상 대상 건축물의 평가액 합계는 제외)} × 100으로 계산한다.

58

중

논점 환지처분 정답 ②

환지 예정지가 체비지의 용도로 지정된 경우 이미 처분된 체비지는 그 체비지를 매입한 자가 소유권 이전 등기를 마친 때에 소유권을 취득한다.

59

중

논점 정비계획 입안을 위한 안전진단 정답 ④

"정비계획의 입안권자"는 안전진단의 결과와 도시계획 및 지역여건 등을 종합적으로 검토하여 정비계획의 입안 여부를 결정하여야 한다.

60

중

논점 정비사업의 시행방법 정답 ③

① 사업시행자가 정비구역에서 정비기반시설 및 공동이용시설을 새로 설치하거나 확대하고 토지등소유자가 스스로 주택을 보전 · 정비하거나 개량하는 방법은 "주거환경개선사업"에서 가능하다.

② 정비구역에서 인가받은 관리처분계획에 따라 건축물을 건설하여공급하는 방법은 "재개발사업"에서 가능하다.

④ 오피스텔을 건설하여 공급하는 경우에는 국토의 계획 및 이용에 관한 법률에 따른 "준주거지역" 및 상업지역에서만 건설할 수 있고, 오피스텔의 연면적은 전체 건축물 연면적의 "100분의 30 이하"이어야 한다.

⑤ 사업시행자가 정비구역에서 인가받은 관리처분계획에 따라 주택 및 부대시설 · 복리시설을 건설하여 공급하는 방법은 "주거환경개선사업"에서 가능하다.

61

상

논점 토지등소유자의 동의자 수 산정방법 정답 ②

ㄴ. 토지에 지상권이 설정되어 있는 경우 토지의 소유자와 해당 토지의 지상권자를 대표하는 1인을 토지등소유자로 산정할 것

62

중

논점 사업시행계획인가의 특례 정답 ①

ㄱ. 시장 · 군수등은 사업시행계획인가를 하려는 경우 정비구역부터 (200)미터 이내에 교육시설이 설치되어 있는 때에는 해당 지방자치단체의 교육감 또는 교육장과 협의하여야 한다.

ㄴ. 시장 · 군수등은 재개발사업의 사업시행계획인가를 하는 경우 해당 정비사업의 사업시행자가 토지등소유자인 지정개발자인 때에는 정비사업비의 (100분의 20)의 범위에서 시 · 도조례로 정하는 금액을 예치하게 할 수 있다.

63

중

논점 관리처분계획의 경미한 변경사유 정답 ⑤

계산착오 · 오기 · 누락 등에 따른 조서의 단순정정인 경우(불이익을 받는 자가 없는 경우에만 해당)에는 신고대상이다.

64

중

논점 공사완료에 따른 조합의 해산 정답 ①

ㄱ. 조합장은 소유권 이전고시가 있은 날부터 1년 이내에 조합 해산을 위한 총회를 소집하여야 한다.

ㄴ. 조합장이 총회를 소집하지 아니한 경우 조합원 1/5 이상의 요구로 소집된 총회에서 조합원 과반수의 출석과 출석 조합원 과반수의 동의를 받아 해산을 의결할 수 있다.

65

중

논점 도시형 생활주택 중 소형 주택 정답 ②

ㄴ. 주거전용면적이 30제곱미터 이상인 소형 주택은 욕실 및 보일러실을 제외한 부분을 "세 개" 이하의 침실(각각의 면적이 7제곱미터 이상)과 그 밖의 공간으로 구성할 수 있으며, 침실이 두 개 이상인 세대수는 소형 주택 전체 세대수의 "3분의 1"(그 3분의 1을 초과하는 세대 중 세대당 주차대수를 0.7대 이상이 되도록 주차장을 설치하는 경우에는 해당 세대의 비율을 더하여 2분의 1까지로 한다)을 초과하지 않아야 한다.

66

중

논점 리모델링 정답 ④

증축 리모델링은 각 세대의 주거전용면적의 30퍼센트 이내에서 전유부분을 증축할 수 있지만 세대의 주거전용면적이 85제곱미터 미만인 경우에는 40퍼센트 이내까지 증축할 수 있다.

67

하

논점 지역 또는 직장주택조합 설립인가 받기 위한 요건 정답 ④

주택을 마련하기 위하여 지역 또는 직장주택조합설립인가를 받으려는 자는 해당 주택건설대지의 (80)퍼센트 이상에 해당하는 토지의 사용권원을 확보하고, (15)퍼센트 이상에 해당하는 토지의 소유권을 확보하여야 한다.

68

중

논점 주택조합 사업의 종결 여부 결정 정답 ①

주택조합의 발기인은 조합원 모집 신고가 수리된 날부터 (2)년이 되는 날까지 주택조합 설립인가를 받지 못하는 경우 주택조합 가입 신청자 전원으로 구성되는 총회 의결을 거쳐 주택조합 사업의 종결 여부를 결정하도록 하여야 한다.

주택조합의 발기인은 총회에서 주택조합 가입 신청자 (3분의 2) 이상의 찬성으로 의결하고 (100분의 20) 이상이 직접 출석(다만, 감염병 예방 및 관리를 위한 집합제한이나 금지조치가 내려진 경우에는 전자적 방법으로 대신)해야 한다.

69

중

논점 주택건설사업 등을 시행하기 위한 조치 정답 ③

① 국가 · 지방자치단체 · 한국토지주택공사 및 지방공사인 사업주체는 사업계획의 수립을 위한 조사 또는 측량을 하려는 경우 타인의 토지에 출입할 수 있다. 그러므로 민간건설 사업주체는 출입의 자격이 없다.
② "국민주택" 을 건설 · 공급하는 사업주체는 주택건설사업 또는 대지조성사업을 시행할 때 필요한 경우에는 등기소나 그 밖의 관계 행정기관의 장에게 필요한 서류의 열람 · 등사나 그 등본 또는 초본의 발급을 무료로 청구할 수 있다.
④ 국가 또는 지방자치단체는 국민주택규모의 주택을 50퍼센트 이상으로 건설을 목적으로 그 토지의 매수나 임차를 원하는 자가 있으면 그에게 우선적으로 그 토지를 매각하거나 임대할 수 있다.
⑤ 사업주체가 국민주택용지로 사용하기 위하여 환지(換地) 방식에 따라 사업을 시행하는 도시개발사업시행자에게 체비지(替費地)의 매각을 요구한 경우 그 도시개발사업시행자는 체비지의 총면적의 50퍼센트의 범위에서 이를 우선적으로 사업주체에게 매각할 수 있다.

70

중

논점 주택상환사채 정답 ⑤

① 한국토지주택공사와 자본금 5억 원 이상인 법인등록사업자는 주택상환사채를 발행할 수 있다.
② 등록사업자는 금융기관 또는 주택도시보증공사의 보증을 받은 경우에만 주택상환사채를 발행할 수 있다.
③ 주택상환사채는 기명증권(記名證券)으로 하고 액면 또는 할인의 방법으로 발행한다.
④ 등록사업자가 발행할 수 있는 주택상환사채의 규모는 최근 3년간의 연평균 주택건설호수 이내로 한다.

71

상

논점 공동주택의 리모델링 정답 ⑤

대도시의 시장(리모델링 기본계획을 수립하는 대도시가 아닌 시장 포함)은 리모델링 기본계획을 수립하거나 변경하려면 도지사의 승인을 받아야 한다. 부동산공법에서 대도시의 시장은 원칙적으로 도지사의 승인을 받는 경우가 없지만 리모델링 기본계획에서는 승인을 받는 점에 주의하여야 하여야 한다.

72

하

논점 건축물의 주요구조부 정답 ②

바닥은 주요구조부이지만 최하층 바닥은 주요구조부에 속하지 아니한다.

73

중

논점 건축물의 용도변경 정답 ①

ㄱ. 용도변경에 따른 허가나 신고 대상인 경우로서 용도변경하려는 부분의 바닥면적의 합계가 (100)제곱미터 이상인 경우의 사용승인에 관하여는 제22조(건축물의 사용승인)를 준용한다. 다만, 용도변경하려는 부분의 바닥면적의 합계가 500제곱미터 미만으로서 대수선에 해당되는 공사를 수반하지 아니하는 경우에는 그러하지 아니하다.
ㄴ. 용도변경에 따른 허가 대상인 경우로서 용도변경하려는 부분의 바닥면적의 합계가 (500)제곱미터 이상인 용도변경의 설계에 관하여는 제23조(건축물의 설계)를 준용한다.

74

중

논점 건축허가 및 착공의 제한 정답 ③

① 국토교통부장관은 국토관리를 위하여 특히 필요하다고 인정하거나 주무부장관이 국방, 문화재 보존, 환경보전 또는 국민경제를 위하여 특히 필요하다고 인정하여 요청하면 허가권자의 건축허가나 허가를 받은 건축물의 착공을 제한할 수 있다.
② 특별시장 · 광역시장 · 도지사는 지역계획이나 도시 · 군계획에 특히 필요하다고 인정하면 시장 · 군수 · 구청장의 건축허가나 허가를 받은 건축물의 착공을 제한할 수 있다.
④ 건축허가나 건축물의 착공을 제한하는 경우 제한기간은 2년 이내로 한다. 다만, 1회에 한하여 1년 이내의 범위에서 제한기간을 연장할 수 있다.
⑤ 국토교통부장관이나 특별시장 · 광역시장 · 도지사는 건축허가나 건축물의 착공을 제한하는 경우 허가권자에게 통보하여야 하며, 통보를 받은 허가권자는 지체 없이 이를 공고하여야 한다.

75
상

논점 건축 공사현장 안전관리 예치금 **정답** ④

예치금은 건축공사비의 "1퍼센트의 범위" 에서 현금 또는 보증서로 예치하게 할 수 있다.

76
상

논점 대지와 도로의 관계 **정답** ⑤

① 건축물의 대지는 2미터 이상이 도로(자동차만의 통행에 사용되는 도로는 제외)에 접하여야 한다.
② 해당 건축물의 출입에 지장이 없다고 인정되는 경우, 건축물의 주변에 일정한 광장, 공원, 유원지 등 공지가 있는 경우, 농막을 건축하는 경우에는 도로에 접하지 아니하여도 된다.
③ 연면적의 합계가 2,000제곱미터(공장인 경우에는 3,000제곱미터) 이상인 건축물(축사, 작물재배사, 그 밖에 이와 비슷한 건축물로서 건축조례로 정하는 규모의 건축물은 제외)의 대지는 너비 6미터 이상의 도로에 4미터 이상 접하여야 한다. 그러므로 축사의 대지는 원칙적인 건축법상의 도로인 4미터 이상의 도로에 2미터 이상만 접하면 된다.
④ 연면적의 합계가 3,000제곱미터 이상인 공장의 대지는 너비 6미터 이상의 도로에 4미터 이상 접하여야 한다. 그러므로 연면적의 합계가 2,500제곱미터인 공장의 대지가 너비 4미터인 도로에 2미터를 접하면 건축허가를 받을 수 있다.
⑤ 연면적의 합계가 2,000제곱미터 이상인 백화점의 대지는 너비 6미터 이상의 도로에 4미터 이상 접하여야 한다. 그러므로 연면적의 합계가 3,000제곱미터는 2,000제곱미터 이상에 포함되므로 옳은 정답이다.

77
상

논점 건축물의 높이나 층수 **정답** ③

① 층고는 방의 바닥구조체 윗면으로부터 위층 바닥구조체의 "윗면까지" 의 높이로 한다.
② 반자높이는 방의 바닥면으로부터 반자까지의 높이로 하지만, 동일한 방에서 반자높이가 다른 부분이 있는 경우에는 그 각 부분의 반자의 면적에 따라 가중평균한 높이로 한다.
④ 건축물이 부분에 따라 그 층수가 다른 경우 그 중 가장 많은 층수를 그 건축물의 층수로 본다.
⑤ 건축물의 면적 · 높이 및 층수 등을 산정할 때 지표면에 고저차가 있는 경우에는 건축물의 주위가 접하는 각 지표면 부분의 높이를 그 지표면 부분의 수평거리에 따라 가중평균한 높이의 수평면을 지표면으로 본다. 이 경우 그 고저차가 3미터를 넘는 경우에는 그 고저차 3미터 이내의 부분마다 그 지표면을 정한다.

78
중

논점 이행강제금을 부과하는 비율 **정답** ①

※ 이행강제금을 부과하는 비율

가. 신고를 하지 아니하고 건축한 경우 : 70/100,
나. 건폐율을 초과하여 건축한 경우 : 80/100, 다. 용적률을 초과하여 건축한 경우 : 90/100, 라. 허가를 받지 아니하고 건축한 경우 : 100/100

그러므로 허가를 받지 아니하고 건축한 경우 부과비율이 가장 높다.
지문 ⑤에서 건축물의 높이제한을 위반하여 건축한 경우에는 시가표준액의 10/100에 해당하는 금액에 별도의 부과비율을 부과한다.

79
중

논점 농지의 소유상한 **정답** ③

상속으로 농지를 취득한 사람으로서 농업경영을 하지 아니하는 사람이 소유상한제한규정에 따른 소유 상한을 초과하여 소유하고 있는 농지를 한국농어촌공사에게 위탁하여 임대하거나 무상사용하게 하는 경우에는 그 기간 중에는 계속하여 소유할 수 있다.
그러므로 소유 상한 초과농지는 한국농어촌공사에 위탁할 수 있다.

80
중

논점 농지의 임대차제도 **정답** ⑤

농지의 임차인이 농지로 인정받는 다년생식물의 재배지로 이용하는 농지는 임대차기간을 5년 이상으로 하여야 한다.

2교시

제1과목: 부동산공시에 관한 법령 및 부동산 관련 세법

부동산공시법									
1	2	3	4	5	6	7	8	9	10
①	⑤	④	⑤	③	④	②	③	①	④
11	12	13	14	15	16	17	18	19	20
④	①	②	③	④	③	③	⑤	④	①
21	22	23	24						
⑤	④	④	②						

1
중

논점 분할은 최종 부번 다음 순번의 부번을 순차적으로 부여한다. 정답 ①

① 분할의 경우에는 분할 후의 필지 중 1필지의 지번은 분할 전의 지번으로 하고, 나머지 필지의 지번은 최종 부번 다음 순번의 부번을 순차적으로 부여하여야 한다.

2
하

논점 지목의 종류에 대해 이해한다. 정답 ⑤

① 유수(流水)를 이용한 요트장 및 카누장은 '하천'으로 한다.
② 죽림지의 지목은 '임야'로 한다.
③ 천일제염방식으로 하지 아니하고 동력으로 바닷물을 끌어들여 소금을 제조하는 공장시설물의 부지는 '공장용지'로 한다.
④ 과수원 내의 주거용 건축물의 부지는 '대'로 한다.

3
중

논점 경계점좌표등록부를 비치하는 지역에서는 0.1㎡ 미만일 때에는 0.1㎡로 한다. 정답 ④

① 지적도의 축척이 1/1,200인 지역의 1필지 면적이 1㎡ 미만일 때에는 1㎡로 한다.
② 면적은 토지대장 및 임야대장에는 등록하지만 대지권등록부에는 면적을 등록하지 않는다.
③ 경계점좌표등록부에 등록하는 지역의 1필지 면적이 0.1㎡ 미만일 때에는 0.1㎡로 한다.
⑤ 경계점좌표등록부를 비치하는 지역에서 토지의 측정면적을 계산한 값이 736.253㎡인 경우 토지대장에는 736.3㎡로 등록한다.

4
중

논점 지적도 및 임야도의 등록사항에 대해 이해한다. 정답 ⑤

① 건물의 번호는 도면에 등록하지 않는다.
② 토지이동사유는 도면에 등록하지 않고, 토지대장 및 임야대장에 등록한다.
③ 토지의 고유번호는 도면에 등록하지 않는다.
④ 부호 및 부호도는 도면에 등록하지 않고, 경계점좌표등록부에 등록한다. 도면에 등록되는 사항은 다음과 같다.

> ① 토지의 소재와 지번
> ② 지목
> ③ 경계
> ④ 도면의 색인도
> ⑤ 지적도면의 제명 및 축척
> ⑥ 도곽선과 그 수치
> ⑦ 좌표에 의해 계산된 경계점 간의 거리
> ⑧ 삼각점 및 지적기준점의 위치
> ⑨ 건축물 및 구조물 등의 위치
> ⑩ 지적소관청이 직인

5
상

논점 지적공부 열람 및 발급은 해당지적소관청에신청함을 이해한다. 정답 ③

① 지적공부를 열람하거나 그 등본을 교부받고자 하는 자는 열람 및 등본교부 수수료를 그 지방자치단체의 수입증지로 지적소관청에 납부하여야 한다.
② 정보처리시스템을 통하여 기록 · 저장된 지적공부(지적도 및 임야도는 제외한다)를 열람하거나 그 등본을 발급받으려는 경우에는 특별자치시장, 시장 · 군수 또는 구청장이나 읍 · 면 · 동의 장에게 신청할 수 있다.
④ 국토교통부장관은 지적공부의 효율적인 관리 및 활용을 위하여 지적정보 전담관리기구를 설치·운영한다(법 제70조 제1항).
⑤ 지적공부를 열람하거나 그 등본을 발급받으려는 자는 해당 지적소관청에 그 열람 또는 발급을 신청하여야 한다.

6
상

논점 부동산종합공부의 등록사항정정은 지적소관청에 신청함을 이해한다. 정답 ④

④ 토지소유자는 부동산종합공부의 토지의 표시에 관한 사항(「공간정보의 구축 및 관리 등에 관한 법률」에 따른 지적공부의 내용)의 등록사항에 잘못이 있음을 발견하면 지적소관청에게 그 정정을 신청할 수 있다(영 제62조의 3 제3항). 즉, 읍 · 면 · 동장은 해당하지 않는다.

7
중

논점 회복등록은 직권으로 함을 이해한다. 정답 ②

② 지적소관청은 말소한 토지가 지형의 변화 등으로 다시 토지가 된 경우에는 토지로 회복등록을 할 수 있다. 즉, 회복등록은 토지소유자의 신청사항이 아니다.

8

중

논점 축척변경위원회의 구성 및 회의에 대해 이해한다. 정답 ③

- 축척변경위원회는 (5명 이상 10명) 이하의 위원으로 구성하되, 위원의 (2분의 1) 이상을 토지소유자로 하여야 한다. 이 경우 그 축척변경 시행지역의 토지소유자가 (5명) 이하일 때에는 토지소유자 전원을 위원으로 위촉하여야 한다.
- 위원장은 축척변경위원회의 회의를 소집할 때에는 회의일시·장소 및 심의안건을 회의 개최 (5)일 전까지 각 위원에게 서면으로 통지하여야 한다.

9

하

논점 도시개발 완료 신고는 지적소관청에 신고함을 이해한다. 정답 ①

① 「도시개발법」에 따른 도시개발사업, 「농어촌정비법」에 따른 농어촌정비사업, 토지개발사업 등의 사업시행자는 그 사업의 착수·변경 및 완료 사실을 지적소관청에 신고하여야 한다.

10

중

논점 토지표시에 관한 변경등기가 필요하지 않은 경우, 지적공부에 등록한 날부터 7일 이내 신청함을 이해한다. 정답 ④

④ 토지의 표시에 관한 변경등기가 필요하지 아니한 지적정리 등의 통지는 지적소관청이 지적공부에 등록한 날부터 7일 이내에 해당 토지소유자에게 하여야 한다. 지적소관청이 토지소유자에게 지적정리 등을 통지하여야 하는 시기는 다음과 같다.

> ㉠ 토지의 표시에 관한 변경등기가 필요한 경우에는 그 등기완료통지서를 접수한 날부터 15일 이내에 토지소유자에게 통지한다.
> ㉡ 토지의 표시에 관한 변경등기가 필요하지 않은 경우에는 지적공부에 등록한 날부터 7일 이내에 토지소유자에게 통지한다.

11

하

논점 지적측량의 대상에 대해 이해한다. 정답 ④

④ 행정구역 개편으로 인해 지번을 새로이 부여하는 경우에는 경계와 면적의 변함이 없기 때문에 지적측량을 하지 않는다.
① 지적현황측량
② 등록사항정정 측량
③ 지적재조사측량
⑤ 지적공부복구측량.

12

중

논점 지적기준점 설치 기간을 이해한다. 정답 ①

① 지적기준점을 설치하여 측량 또는 측량검사를 하는 경우 지적기준점이 (15)점 이하인 경우에는 (4)일을, 15점을 초과하는 경우에는 (4)일에 15점을 초과하는 4점마다 (1)일을 가산한다.

13

상

논점 건물만 저당권을 설정할 수 없음을 이해한다. 정답 ②

① 구분소유자의 대지사용권은 그가 가지는 전유부분의 처분에 따르고 전유부분과 분리하여 대지사용권을 처분할 수 없다. 대지권이 등기된 구분건물의 등기기록에는 건물만에 관한 소유권이전등기 또는 저당권설정등기, 그 밖에 이와 관련이 있는 등기를 할 수 없다.
③ 구분건물로 될 수 있는 객관적 요건을 갖춘 경우에는 건물소유자는 구분건물로 등기할 수 있다.
④ 1동의 건물에 속하는 구분건물 중의 일부만에 관하여 소유권보존등기를 신청하는 경우에는 그 나머지 구분건물에 관하여는 표시에 관한 등기를 동시에 신청하여야 한다.
⑤ 대지권이 있는 경우, 1동 건물의 등기기록의 표제부에 대지권의 목적인 토지의 표시에 관한 사항을 기록한다.

14

상

논점 특별법에서 규정한 신청기간을 이해한다. 정답 ③

① 계약을 체결할 당시에는 보존등기를 할 수 없었고 계약을 체결한 후 소유권보존등기를 신청할 수 있게 된 경우라면 계약보존등기를 할 수 있는 날부터 60일 이내 보존등기를 신청하여야 한다.
② 乙의 토지에 대하여 부담 없는 증여계약을 체결한 甲은 계약의 효력이 발생한 날부터 60일 내 소유권이전등기신청을 하여야 한다.
④ 乙의 토지에 대하여 매매계약을 체결한 甲이 잔금 지급 전에 丙에게 매도하려면, 甲은 丙과 반대급부의 이행이 완료된 날부터 60일 내 먼저 甲 명의로 소유권이전등기를 신청하여야 한다.
⑤ 소유권보존등기를 할 수 있었음에도 불구하고 미등기인 상태에서 소유권이전계약을 체결한 경우에는 '그 계약을 체결한 날부터 60일 이내'에 소유권보존등기를 한 후 소유권이전등기를 하여야 한다. 만약 소유권이전계약을 체결한 후 소유권보존등기를 신청할 수 있게 된 경우라면 '등기신청을 할 수 있게 된 날부터 60일 이내'에 소유권보존등기를 신청하여야 한다.

15

하

논점 단독신청의 대상을 이해한다. 정답 ④

㉠ 권리변경등기는 등기가 행하여지면 등기부상으로 권리를 잃게 되거나 등기부의 기록형식상 불리한 위치에 서게 되는 기존의 등기명의인이 등기의무자, 등기부상으로 권리를 얻게 되는 새로운 등기명의인 또는 등기부의 기록형식상 유리한 위치에 서게 되는 기존의 등기명의인이 등기권리자가 되어 공동신청 한다.
㉤ 환매에 따른 권리취득의 등기를 하였을 때에는 환매특약등기는 더 이상 등기부상에 존속할 필요가 없으므로 등기관은 환매특약의 등기를 직권으로 말소한다(규칙 제114조 제1항).

16

상

논점 대리인이 등기를 신청할 때 인감 제출 대상을 이해한다. 정답 ③

③ 등기신청서에 제3자의 동의 · 승낙을 요하는 경우에는 동의자 · 승낙자를 대신하여 대리인이 등기를 신청하는 경우, 대리인의 인감증명은 첨부하지 않는다.

17

하

논점 이의신청의 절차에 대해 이해한다. 정답 ③

① 이의에는 집행정지의 효력이 없다.
② 새로운 사실이나 새로운 증거방법을 근거로 이의신청을 할 수 없다.
④ 등기관의 결정 또는 처분에 이의가 있는 자는 관할 지방법원에 이의신청할 수 있으나, 이의신청서는 관할등기소에 제출한다.
⑤ 지상권과 전세권은 양립할 수 없기 때문에 등기할 수 없다.

18

중

논점 직권보존등기 대상에 대해 이해한다. 정답 ⑤

⑤ 직권보존등기는 법원의 재판에 의하여 소유권에 처분제한의 등기를 하는 경우이므로, 법원 외의 다른 행정기관이 미등기부동산에 대한 처분제한등기를 촉탁할 때에는 직권보존등기를 할 수 없다. 세무서장이 미등기부동산에 대하여 체납처분에 의한 압류등기를 촉탁할 때에는 소유권보존등기를 촉탁한 후에 압류등기를 촉탁하여야 한다.

19

상

논점 규약상공용부분을 폐지한 경우, 취득자는 소유권 보존등기를 함을 이해한다. 정답 ④

① 건물은 시장·군수·구청장을 상대로 소송을 제기하여 소유권보존등기를 신청할 수 있다.
② 갑구 순위번호 2번에 기록된 A의 공유지분 4분의 3 중 절반을 B에게 이전하는 경우, 등기목적란에 '2번 A지분 4분의 3 중 일부(8분의 3)이전'으로 기록한다.
③ 2006.1.1.이후에 작성된 매매계약서를 등기원인정보로 한 경우에는 거래가액을 등기한다. 즉, 판결서는 해당하지 않는다.
⑤ 소유자가 1개월 이내에 그 건물의 멸실등기를 신청하지 않는 경우, 그 건물대지의 소유자가 대위하여 멸실등기를 신청할 수 있다.

20

중

논점 매수인도 매도인의 대리인이 될 수 있음을 이해한다. 정답 ①

① 甲이 그 소유의 부동산을 乙에게 매도한 경우, 乙은 甲의 위임을 받으면 대리인으로서 소유권이전등기를 신청할 수 있다. 즉, 자기계약·쌍방대리를 허용한다.

21

상

논점 근저당권을 설정한 후 소유권이 이전된 경우의 말소등기 절차를 이해한다. 정답 ⑤

⑤ 근저당권설정등기의 말소등기를 함에 있어 근저당권설정 후 소유권이 제3자에게 이전된 경우에는 근저당권설정자 또는 제3취득자가 근저당권자와 공동으로 그 말소등기를 신청할 수 있다. 그러나 제3취득자와 근저당권설정자 모두 근저당권말소등기의 등기권리자이기 때문에 말소를 신청할 수 없다.

22

중

논점 전세권등기 절차에 대해 이해한다. 정답 ④

① 목적은 필요적 기록사항이 아니다.
② 자기지분에 대한 전세권설정등기는 할 수 없다.
③ 경정등기란 등기가 완료된 후 등기사항의 일부에 대한 착오·빠진 부분에 의해 등기내용과 실체관계가 원시적으로 불일치하는 경우에 이를 바로잡기 위한 등기를 말한다. 경정 전·후의 등기 사이에 동일성이 인정되는 경우에 한하여 허용되는 것이 원칙인데, 전세권과 임차권은 동일성이 없기 때문에 경정등기 대상이 아니다.
⑤ 전세권 존속기간을 연장하는 변경등기를 신청하는 경우, 후순위저당권자는 등기법상 이해관계인에 해당한다.

23

중

논점 본등기 후 직권말소 대상이 아닌 것을 이해한다. 정답 ④

④ 가등기에 기한 본등기를 한 때에는 가등기 이후에 된 등기로써 가등기에 의하여 보존되는 권리를 침해하는 등기와 본등기와 양립할 수 없는 등기는 등기관이 직권으로 말소한다. 가등기권자에게 대항할 수 있는 주택임차권등기, 상가건물임차권등기가등기는 2023. 2.4.에 이루어졌고 가압류는 2023. 3. 15. 가등기 이후에 이루어졌으므로 등기관이 직권으로 말소한다.

24

상

논점 가처분등기는 직권말소, 가처분 이후의 등기는 단독신청함을 이해한다. 정답 ②

② 권리의 이전, 말소 또는 설정등기청구권을 보전하기 위한 처분금지가처분등기가 된 후 가처분권자가 가처분채무자를 등기의무자로 하여 권리의 이전, 말소 또는 설정의 등기를 신청하는 경우에는 그 가처분등기 이후에 된 등기로서 가처분권자의 권리를 침해하는 등기의 말소를 단독으로 신청할 수 있다.

부동산세법									
				25	26	27	28	29	30
				⑤	①	①	④	③	①
31	32	33	34	35	36	37	38	39	40
①	③	①	②	⑤	⑤	③	②	④	⑤

25
하

논점 취득세의 유상취득 구분 정답 ⑤

권리의 이전이나 행사에 등기가 필요한 부동산을 배우자 간 서로 매매한 경우에는 증여로 취득한 것으로 본다.

26
상

논점 양도소득세의 1세대 1주택의 특례 정답 ①

- 조정대상지역에 1주택을 소유한 1세대가 종전의 주택을 양도하기 전에 조정대상지역에 있는 다른 신규 주택을 취득함으로써 일시적으로 2주택이 된 경우 종전 주택을 취득한 후 (1)년 이상 경과한 후 다른 주택을 취득하고 그 다른 주택을 취득한 날부터 (3)년 이내에 양도하는 종전의 주택
- 1주택을 보유하고 1세대를 구성하는 자가 1주택을 보유하고 있는 60세 이상의 직계존속을 동거봉양하기 위하여 세대를 합침으로써 1세대가 2주택을 보유하게 되는 경우 합친 날부터 (10)년 이내에 먼저 양도하는 주택
- 취학, 근무상의 형편, 질병의 요양, 그 밖에 부득이한 사유로 취득한 수도권 밖에 위치하는 주택과 그 밖의 일반주택을 각각 1개씩 소유하고 있는 1세대가 그 부득이한 사유가 해소된 날부터 (3)년 이내 양도하는 일반주택
- 영농 또는 영어의 목적으로 취득한 수도권 밖의 읍 또는 면지역에 소재하는 귀농주택인 농어촌주택과 그 밖의 일반주택을 각각 1개씩 소유하고 있는 1세대가 그 귀농주택을 취득한 날부터 (5)년 이내에 귀농 후 최초로 양도하는 1개의 일반주택

27
하

논점 취득세의 취득시기 정답 ①

법인 또는 개인 간 매매 등의 구분없이 사실상 잔금 지급일을 유상승계 취득시기로 한다. 다만, 사실상의 잔금지급일을 확인할 수 없는 경우에는 그 계약상의 잔금지급일(계약상 잔금지급일이 명시되지 않은 경우에는 계약일부터 60일이 경과한 날을 말한다)에 취득한 것으로 보나, 해당 취득물건을 등기 · 등록하지 않고 법정 서류로 계약이 해제된 사실이 입증되는 경우에는 취득한 것으로 보지 않는다.

그러나 무상취득, 유상승계취득 및 연부취득에 따른 취득일 전에 등기 또는 등록을 한 경우에는 그 등기일 또는 등록일에 취득한 것으로 본다.

28
중

논점 재산세 납세의무자의 구분 정답 ④

㉣ 「신탁법」에 의하여 수탁자명의로 등기 · 등록된 신탁재산의 경우 위탁자가 재산세를 납부할 의무를 지며, 이 경우 위탁자가 신탁재산을 소유한 것으로 본다.
그러나 「주택법」에 따른 지역주택조합 및 직장주택조합이 조합원이 납부한 금전으로 매수하여 소유하고 있는 신탁재산의 경우에는 예외적으로 수탁자인 해당 지역주택조합 및 직장주택조합이다.

29
상

논점 재산세 과세대상 토지의 구분 정답 ③

도시지역의 개발제한구역과 녹지지역에 소재하는 공장용 건축물의 부속토지로서 법령 소정의 공장입지 기준면적 범위 안의 토지는 0.2% 분리과세대상이다.

그러나 이외의 도시지역에 소재하는 공장용 건축물의 부속토지로서 법령 소정의 공장입지 기준면적 범위 안의 토지는 별도합산과세대상토지이다. 다만, 소재지와 관계없이 기준면적을 초과하는 공장용지는 종합합산과세대상토지이다.

30
중

논점 취득세 특례세율의 구분 정답 ①

모두 표준세율에서 중과기준세율 2%를 뺀 특례세율로 산출한 금액을 그 세액으로 한다.

31
하

논점 부동산활동에 따른 조세의 구분 정답 ①

지방소득세는 보유단계의 임대소득에 대한 소득세 또는 법인세에 대하여, 양도단계에서 양도소득에 대한 소득세 또는 법인세에 대하여 발생하나, 취득단계에서는 발생하지 아니한다.

농어촌특별세, 부가가치세 등은 취득, 보유 및 처분의 모든 단계에서 발생한다.

32
중

논점 등록면허세의 신고기한 정답 ③

등록면허세를 비과세, 과세면제 또는 경감받은 후에 해당 과세물건이 등록면허세 부과대상 또는 추징대상이 되었을 때에는 그 사유발생일부터 60일 이내에 산출세액을 신고하고 납부하여야 한다.

33
중

논점 2023년 부동산세법 주요 개정 정답 ①

취득세에서 「도시개발법」에 따른 환지방식의 도시개발사업의 시행으로 토지의 지목이 사실상 변경된 때에는 그 환지계획에 따라 공급되는 환지는 조합원이, 체비지 또는 보류지는 사업시행자가 각각 취득한 것으로 본다.

34

중

논점 종합부동산세의 과세대상 정답 ②

㉠ 관련 법률에 따라 면허를 받은 자가 계속하여 사용하는 여객자동차 터미널용 토지는 0.2%분리과세대상토지이므로 공시가격과 관계없이 종합부동산세 과세대상에서 제외된다.

㉡ 국내에 있는 주택의 공시가격 합계액을 소유자별로 합산과세함에 따라, 부부 공동명의로 있는 경우에도 각자의 지분가액에 따라 과세한다. 따라서 각각의 지분가액이 9억이므로 종합부동산세 과세대상이 아니다.

㉢ 2023년부터 별장에 대한 취득세와 재산세 중과세제도가 폐지되어, 일반주택과 동일하게 적용되므로 종합부동산세 과세대상이 된다.

㉣ 법인이 소유하는 주택은 공시가격과 관계없이 종합부동산세 과세대상이다.

35

중

논점 종합부동산세의 1세대 1주택 간주 정답 ⑤

모두 과세표준을 적용할 때 모두 1세대 1주택자로 본다.

※ 지방 저가주택 : 다음의 어느 하나에 해당하는 지역에 소재하는 주택

가. 수도권 밖의 지역 중 광역시 및 특별자치시가 아닌 지역

나. 수도권 밖의 지역 중 광역시에 소속된 군

다. 「세종특별자치시 설치 등에 관한 특별법」 제6조제3항에 따른 읍 · 면

라. 서울특별시를 제외한 수도권 중 「국가균형발전 특별법」 제2조제9호에 따른 인구감소지역이면서 「접경지역 지원 특별법」 제2조제1호에 따른 접경지역에 해당하는 지역으로서 부동산 가격의 동향 등을 고려하여 기획재정부령으로 정하는 지역(경기도 연천군, 인천광역시 강화군 및 옹진군)

※ 다음의 주택은 과세기준일 현재 상속개시일부터 5년이 경과하여도 1세대 1주택자로 본다.

가. 지분율이 100분의 40 이하인 주택

나. 지분율에 상당하는 공시가격이 6억원(수도권 밖의 지역에 소재하는 주택의 경우에는 3억원) 이하인 주택

36

중

논점 부동산임대사업소득 정답 ⑤

① 공익사업과 관련된 지역권 · 지상권을 설정하거나 대여함으로써 발생하는 소득은 기타소득으로, 그 밖의 지역권 · 지상권의 설정 · 대여소득은 사업소득으로 구분한다.

② 과세기간 종료일 현재 주택과 부수 토지의 기준시가가 12억원을 초과하는 1주택을 소유한 자의 주택임대소득은 소득세를 과세한다.

③ 해당 과세기간에 주거용 건물 임대업에서 발생한 수입금액의 합계액이 2천만원 이하인 자의 주택임대소득은 14%분리과세와 종합과세를 선택하여 소득세를 과세한다.

④ 주택(전용면적 40㎡ 이하로서 기준시가 2억원 이하인 소형주택은 2023.12.31일까지 주택 수에서 제외)은 3주택 이상을 소유하며 거주자가 받은 보증금등의 합계액이 3억원을 초과하는 경우에만 간주임대료를 계산한다. 따라서 주택을 2채 소유한 경우에는 보증금액과 관계없이 간주임대료를 과세하지 아니한다.

그러나 토지와 상업용 건물은 그 수 및 보증금액과 관계없이 간주임대료를 계산하여 사업소득 총수입금액에 산입한다.

37

중

논점 양도소득세의 양도 또는 취득시기 정답 ③

「공익사업을 위한 토지 등의 취득 및 보상에 관한 법률」이나 그 밖의 법률에 따라 공익사업을 위하여 수용되는 경우에는 대금을 청산한 날, 수용의 개시일 또는 소유권 이전등기 접수일 중 빠른 날을 양도 또는 취득시기로 한다.

다만, 소유권에 관한 소송으로 보상금이 공탁된 경우에는 소유권 관련 소송 판결 확정일로 한다.

38

상

논점 양도소득세의 양도차익의 계산 정답 ②

- 취득 당시의 실지거래가액을 확인할 수 없는 경우에는 매매사례가액, 감정가액 또는 환산취득가액을 순차적으로 적용한다.
- 취득가액을 환산취득가액으로 하는 경우로서 환산취득가액과 필요경비 개산공제액의 금액이 자본적지출액과 양도비의 합계액보다 적은 경우에는 자본적지출액과 양도비의 합계액을 필요경비로 할 수 있다.

	실지양도가액	5억원
−)	필요경비	2억6천만원*
=)	양도차익	2억4천만원

※ 실지취득가액? → 매매사례가액 → 감정가액 → 환산취득가액

※ $\text{환산취득가액} = \text{양도당시 실지거래가액} \times \dfrac{\text{취득당시 기준시가}}{\text{양도당시 기준시가}}$

$= 5\text{억원} \times \dfrac{2\text{억원}}{4\text{억원}} = 2\text{억}5\text{천만원}$

* 필요경비개산공제액 = 취득당시 기준시가 2억원×양도물건별 공제율 3% = 600만원

* 필요경비 = Max[자본적지출액 2억6천만원, 환산취득가액+필요경비개산공제액 2억5,600만원)] = 2억6천만원

39

상

논점 양도소득세의 증여후 양도 정답 ④

甲과 乙이 배우자와 직계존비속을 제외한 특수관계인인 경우로서 양도소득세 과세대상자산을 증여한 후 그 자산을 증여받을 날부터 5년(2023.1.1. 이후 증여받아 양도하는 경우에는 10년) 이내 다시 타인에게 양도한 경우에도, 양도소득이 해당 수증자에게 실질적으로 귀속된 경우에는 부당행위계산의 증여후 양도규정을 적용하지 아니한다.

40

상

논점 국외부동산에 대한 장기보유특별공제 정답 ⑤

①「건축법 시행령」별표 1 제1호 다목에 해당하는 다가구주택은 해당 다가구 주택을 구획된 부분별로 양도하지 아니하고 하나의 매매단위로 하여 양도하는 경우 그 전체를 하나의 주택으로 본다.

② 특수관계에 있는 자로부터 시가보다 높은 가격으로 자산을 매입하여 시가와 취득가액의 차액이 3억원 이상이거나 시가의 5% 이상인 경우 그 취득가액을 시가에 의하여 계산한다.

③ 건물을 신축(바닥면적 합계가 85㎡를 초과하는 증축 포함)하고 그 취득일부터 5년 이내에 양도하는 경우로서 감정가액 또는 환산취득가액을 취득가액으로 하는 경우에는 그 감정가액 또는 환산취득가액의 5%에 해당하는 금액을 양도소득 결정세액에 가산한다. 이 경우 양도소득 산출세액이 없는 경우에도 적용한다.

④ 법령에 따른 부담부증여의 채무액에 해당하는 부분으로서 양도로 보는 경우 그 양도일이 속하는 달의 말일부터 3개월 이내에 양도소득과세표준을 납세지 관할 세무서장에게 신고하여야 한다.

제 5 회 실전모의고사 정답 & 해설

1교시

정답

1	2	3	4	5	6	7	8	9	10	11	12	13	14	15	16	17	18	19	20
③	①	①	④	①	②	③	⑤	②	④	②	②	④	⑤	⑤	⑤	③	④	⑤	②
21	22	23	24	25	26	27	28	29	30	31	32	33	34	35	36	37	38	39	40
②	②	⑤	②	④	②	②	②	⑤	②	④	④	①	③	⑤	④	⑤	②	④	④
41	42	43	44	45	46	47	48	49	50	51	52	53	54	55	56	57	58	59	60
③	①	④	①	③	②	②	⑤	③	①	⑤	②	④	③	⑤	④	④	④	①	②
61	62	63	64	65	66	67	68	69	70	71	72	73	74	75	76	77	78	79	80
⑤	①	④	②	①	②	④	④	①	②	⑤	④	④	④	②	⑤	①	②	②	②

제1과목: 공인중개사의 업무 및 부동산 거래 신고 등에 관한 법령 및 중개실무

01

중

논점 용어의 정의 정답 ③

중개행위는 개업공인중개사가 의뢰인과 중개계약을 체결한 후 중개를 완성하여 거래당사자가 거래계약을 체결하는 단계까지이다.

02

상

논점 중개대상물의 범위 정답 ①

ㄱ. 세차장구조물은 콘크리트 지반 위에 볼트조립방식 등을 사용하여 철제 파이프 또는 철골의 기둥을 세우고 2면 또는 3면에 천막이나 유리 등으로 된 구조물로서 주벽이라고 할 만한 것이 없고, 볼트만 해체하면 쉽게 토지로부터 분리 · 철거가 가능하므로 이를 토지의 정착물이라 할 수 없다(대판 2009.1.15., 2008도9427)

ㄴ. 입주권 중 특정 동 · 호수에 대하여 피분양자가 선정되거나 분양계약이 체결되지는 아니하였다고 하더라도, 대상 아파트 전체의 건축이 완료됨으로써 분양 대상이 될 세대들이 객관적으로 존재하여 분양 목적물로의 현실적인 제공 또는 가능한 상태에 이르렀다면 분양 대상물이 상당히 구체화되었다고 할 것이어서, 이에 대한 거래를 중개하는 것은 건축물의 중개에 해당한다고 할 수 있다(대판 2013.1.24., 2010다16519).

ㄷ. 영업용 건물의 비품 등 유형물의 대가, 거래처, 신용, 영업상의 노하우 또는 점포 위치에 따른 영업상의 이점 등 무형의 재산적 가치는 중개대상물에 해당하지 아니한다(대판 2009.1.15., 2008도9427).

ㄹ. 소유권보존등기가 경료된 수목의 집단은 입목으로서 소유권 및 저당권설정 목적인 중개대상물이 될 수 있으나, 명인방법을 갖춘 수목의 집단은 소유권 목적인 중개대상물이 될 수 있을 뿐 저당권설정 목적은 될 수 없다.

ㅁ. 대토권은 주택이 철거될 경우 일정한 요건하에 택지개발지구 내에 이주자택지를 공급받을 지위에 불과하고 특정한 토지나 건물 기타 정착물 또는 「공인중개사법 시행령」 이 정하는 재산권 및 물건에 해당한다고 볼 수 없으므로 중개대상물에 해당하지 않는다(대판 2011.5.26, 2011다23682).

03

중

논점 공인중개사시험 제도 정답 ①

ㄴ. [×] 공인중개사 자격이 취소된 후 3년이 경과되지 아니한 자는 공인중개사가 될 수 없다.

ㄷ. [×] 징역형에 대한 집행유예기간중에 있는 자도 공인중개사가 될 수 있다. 이 법상 공인중개사가 될 수 없는 자는 공인중개사의 자격이 취소된 후 3년이 경과되지 아니한 자 및 시험에서 부정한 행위를 한 응시자로서 그 시험의 무효처분이 있은 날부터 5년이 경과되지 아니한 자로 한정된다.

ㄹ. [×] 국토교통부장관이 시험을 시행한 경우에도 공인중개사자격증은 시 · 도지사가 교부하여야 한다.

04

중

논점 법인의 등록 기준 등 정답 ④

① 등록이 취소되면 3년간 결격사유에 해당하므로 甲 법인은 향후 6월이 경과하여야 등록이 가능하다.

② 등록을 할 수 있는 법인에서 협동조합기본법상의 협동조합에는 사회적 협동조합은 제외한다.

③ 대표자는 공인중개사이어야 하며, 대표자를 제외한 임원 또는 사원의 1/3이상은 공인중개사이어야 한다.

⑤ 법인은 대표자를 포함한 임 · 사원 전원이 실무교육을 수료하였어야 한다.

05

중

논점 법인의 업무범위 정답 ①

② 공인중개사인 개업공인중개사는 법인인 개업공인중개사에게 허용된 업무를 모두 할 수 있다. 그러나 법 부칙 제6조 제2항에 규정된 개업공인중개사는 그러하지 아니하다.

③ 겸업해야 한다. → 겸업을 할 수 있다.

④ 법인인 개업공인중개사는 중개업에 부수되는 업무로서 중개의뢰인의 의뢰에 따른 도배나 이사업체의 소개 등 주거이전에 부수되는 용역의 알선을 할 수 있으나 도배 · 이사업을 할 수 없다.

⑤ 「민사집행법」에 따른 경매대상 부동산의 매수신청대리는 법인 및 공인중개사인 개업공인중개사가 할 수 있고, 법 부칙 제6조 제2항에 규정된 개업공인중개사는 할 수 없다.

06

중

논점 등록의 기준과 절차 정답 ②

ㄴ. 대표자를 제외한 임원이 3명이라면 그중 1명이 공인중개사이면 된다.

ㄹ. 등록을 신청하는 때에는 대표자 및 공인중개사인 임원 · 사원의 공인중개사자격증 사본 및 법인등기사항증명서를 등록관청에 제출하지 아니한다.

07

하

논점 중개사무소의 운영 정답 ③

③ 업무정지처분을 받은 개업공인중개사는 사무소의 간판을 철거할 의무가 없다.

• 개업공인중개사는 다음 각 호의 어느 하나에 해당하는 경우에는 지체 없이 사무소의 간판을 철거하여야 한다 1. 등록관청에 중개사무소의 이전사실을 신고한 경우 2. 등록관청에 폐업사실을 신고한 경우 3. 중개사무소의 개설등록 취소처분을 받은 경우

08

중

논점 게시의무 정답 ⑤

법부칙제6조2항의 개업공인중개사가 소속공인중개사를 고용한 경우에는 당해 소속공인중개사의 자격증 원본을 게시하여야 한다.

09

중

논점 인장등록 의무 정답 ②

① 분사무소는 상업등기규칙에 의하여 대표자가 보증하는 인장을 등록할 수 있다.

③ 인장을 변경 한때에 7일이내에 변경등록한다.

④ 공인중개사가 아닌 임원 또는 사원은 인장등록의무가 없다.

⑤ 고용인 중에는 소속공인중개사만 인장등록의무가 있다.

10

중

논점 개업공인중개사의 고용인 정답 ④

① 공동사용사무소에서도 고용인은 개별적으로 고용해야 한다.

② 고용인의 고의 또는 과실 없이 발생한 의뢰인의 재산상손해에 대해서는 고용인은 물론 그를 고용한 개업공인중개사도 책임을 물을 수 없다.

③ 민법상 사용자로서 구상권 행사가 가능하다.(민법 제756조 제3항)

⑤ 고용인이 금지행위를 위반한 경우 그를 고용한 개업공인중개사의 행위로 보아 등록이 취소될 수 있을 뿐이지 등록을 취소하여야 하는 것은 아니다.

11

중

논점 일반중개계약 및 전속중개계약 정답 ②

ㄱ. 일반중개계약서는 개업공인중개사 작성할 의무가 없으므로, 작성한 경우에도 일정기간 보존할 의무가 발생하지 않는다.

ㄷ. 전속중개의뢰인이 그 유효기간 내에 스스로 발견한 상대방과 직접거래한 경우에는 중개보수의 50%범위내에서 개업공인중개사의 소요된 비용을 지불하여야 한다.

ㄹ. 임대에 관한 전속중개계약을 체결한 공시지가는 공개하지 아니할 수 있다.

12

중

논점 부동산거래정보망의 설치 및 운영 정답 ②

① 지정을 신청하는 자는 부가통신사업자로 신고된 자이어야 하며, 500명 이상(2 이상의 시 · 도에서 각 각 30명 이상)의 개업공인중개사로부터 가입 · 이용신청을 받아야 한다.

③ 지정을 신청받은 자는 운영규정을 정하여 지정권자의 승인을 얻어야 한다.

④ 지정권자는 지정신청을 받은 날부터 30일 이내에 거래정보사업자로 지정하여야 하며, 지정을 받은 자는 1년 이내에 부동산거래정보망을 설치 · 운영하여야 한다.

⑤ 거래정보사업자는 개업공인중개사로부터 공개 의뢰받은 정보에 한하여 이를 공개하여야 하며, 이를 위반하는 경우 지정권자는 지정을 취소할 수 있다.

13

하

논점 중개대상물 확인 설명의무 정답 ④

④ 개업공인중개사는 중개가 완성되어 거래계약서를 작성하는 때에는 확인 · 설명사항을 서면으로 작성하여 거래당사자에게 발급하고 그 원본, 사본 또는 전자문서를 3년간 보존하여야 한다.

14

하

논점 거래계약서 작성 의무 정답 ⑤

공법상거래규제 및 이용제한은 중개대상물 확인 · 설명서 기재사항이다.

15

하

논점 행정처분 정답 ⑤

개업공인중개사가 상기의 의무를 위반하면 그밖의 법령위반에 해당되어 업무정지처분의 대상이 될 수는 있으나, 소속공인중개사가 위반한 경우에는 자격정지처분의 대상이 될 수 없다.

16

중

논점 반의사불벌죄의 의미 정답 ⑤

비밀준수 의무는 반의사불벌죄에 해당하므로 피해자가 불처벌의 의사를 명시하면 처벌할 수 없으나, 친고죄는 아니므로 피해자의 고소가 없어도 공소제기할 수 있다.

17

중

논점 금지행위 및 손해배상책임 정답 ③

㉡ 개업공인중개사 등의 부동산거래의 상대방이 중개의뢰인인 경우에는 '직접거래' 에 해당하므로 금지되는 행위이다.

㉤ 중개의뢰인의 재산상 손해발생은 금지행위의 성립요건이 아니다.

18

중

논점 부동산거래질서교란행위 신고센터 정답 ④

④ 시 · 도지사 및 등록관청 등은 신속하게 조사 및 조치를 완료하고, 완료한 날부터 10일 이내에 그 결과를 신고센터에 통보해야 한다.

19

중

논점 계약금등의 반환채무이행보장 정답 ⑤

금융기관 또는 보증보험회사가 발행하는 보증서를 교부하고 수령할 수 있다.

20

하

논점 손해배상책임 및 업무보증 설정 정답 ②

개업공인중개사는 자기의 중개사무소를 다른 사람의 중개행위의 장소로 제공함으로써 거래당사자에게 재산상 손해가 발생한 때에는 배상할 책임이 있다.

21

상

논점 중개보수의 계산 정답 ②

② 동일한 주택이지만 매매와 임대차의 당사자가 다르므로 매매 및 임대차 중개보수를 각각 받을 수 있다.
매매 중개보수 : 2억원 × 0.4% = 800,000원을 甲과 乙로부터 각각 받을 수 있다.
임대차 중개보수: (20만원×100)+2천만원으로 산정한 금액이 4천만원이고, 이 산정금액이 5천만원 미만이므로 (20만원 × 70) + 2천만원으로 산정한 3,400만원을 거래금액으로 본다. 따라서 3,400만원 × 0.5% = 170,000원이다. 170,000원은 한도액 미만이므로, 170,000원을 乙과 丙으로부터 각각 받을 수 있다.
乙로부터 받을 수 있는 매매 중개보수 800,000원과 임대차 중개보수 170,000원을 합하면 중개보수의 총액은 970,000원이다.

22

하

논점 공제사업운영위원회의 구성 및 운용 정답 ②

② 운영위원회에는 위원장과 부위원장을 각각 1명을 두되, 위원장 및 부위원장은 위원중에서 각각 호선한다.

23

하

논점 행정처분 정답 ⑤

부동산거래정보망에 중개대상물에 관한 정보를 거짓으로 공개한 경우에는 업무의 정지를 명할 수 있다.

24

중

논점 행정형벌 및 행정질서벌 정답 ②

개업공인중개사가 소속공인중개사의 위반행위를 방지하기 위해 해당 업무에 관하여 상당한 주의와 감독을 게을리 하지 않았다면 양벌규정이 적용되지 않음으로 개업공인중개사는 벌금형도 선고받지 않는다.

25

중

논점 공인중개사법 일반 정답 ④

① 등록관청이 공인중개사협회에 통보하여야 한다.

② 이전할 수 없다.

③ 그 보증기간 만료일까지 다시 보증을 설정하여야 한다.

⑤ 휴업사실을 신고한 경우에는 사무소의 간판을 철거할 의무가 없다. 다만, 개업공인중개사는 다음의 경우에는 지체없이 사무소의 간판을 철거하여야 한다.
* 등록관청에 중개사무소의 이전사실을 신고한 경우
* 등록관청에 폐업사실을 신고한 경우
* 중개사무소의 개설등록 취소처분을 받은 경우

26

중

논점 교육 정답 ②

② 법인이 등록신청하는 경우에는 법인의 임원 또는 사원 전원이 실무교육을 수료하였어야 한다.

① 공인중개사법상의 실무교육실시권자는 시 · 도지사이다.

③ 중개보조원은 고용신고일전 1년 이내에 시 · 도지사 또는 등록관청이 실시하는 직무교육을 수료하여야 한다.

④ 분사무소 책임자가 되고자 하는 공인중개사는 설치신고일전 1년이내에 실무교육을 수료하여야한다.

⑤ 소속공인중개사는 실무교육의 대상이다.

27

중

논점 행정수수료 납부 정답 ②

다음의 어느 하나에 해당하는 자는 당해 지방자치단체의 조례가 정하는 바에 따라 수수료를 납부하여야 한다.

* 공인중개사자격시험에 응시하는 자(다만, 공인중개사자격시험을 국토교통부장관이 시행하는 경우에는 국토교통부장관이 결정 · 공고하는 수수료를 납부하여야 함)
- 공인중개사자격증의 재교부를 신청하는 자
- 중개사무소의 개설등록을 신청하는 자
- 중개사무소등록증의 재교부를 신청하는 자
- 분사무소설치의 신고를 하는 자
- 분사무소설치신고확인서의 재교부를 신청하는 자

28

중

논점 신고포상금 제도 정답 ②

ㄴ. [×] 전부 → 일부(법 제46조 제2항)

ㄷ. [×] 포상금은 그 신고 또는 고발사건에 대하여 검사가 공소제기 또는 기소유예의 결정을 한 경우에 한하여 지급한다. 따라서 검사가 기소유예결정을 한 경우에도 지급한다.(영 제37조 제2항).

29

상

논점 부동산거래신고 절차 정답 ⑤

⑤ 과태료는 신고를 받는 관청이 부과 · 징수한다. 이 경우 개업공인중개사에게 과태료를 부과한 관청은 부과일부터 10일 이내에 해당 개업공인중개사의 중개사무소(법인의 경우에는 주된 중개사무소를 말한다)를 관할하는 등록관청에 과태료 부과사실을 통보하여야 한다.

① 개업공인중개사에게 신고를 하지 아니하게 하거나 거짓으로 신고하도록 요구한 자는 500만원 이하의 과태료처분의 대상이 된다.

② 이 경우 자금조달 계획 및 입주계획은 신고사항이 아니다.

③ 공인중개사법상의 법정중개대상물이 모두 부동산거래신고법상의 신고의 대상은 아니다.

④ 부동산거래신고의무는 계약체결일로부터 30일 이내에 당해 토지 또는 건축물 소재지의 관할 시장·군수 또는 구청장에게 공동으로 신고하여야 한다.

30

중

논점 외국인의 부동산 취득에 관한 특례 정답 ②

① 6개월 ⇒ 60일

③ 60일 ⇒ 6개월

④ 허가대상 토지이므로 토지취득계약을 체결하기 전에 토지취득의 허가를 받아야 한다.

⑤ 1월 ⇒ 15일

31

중

논점 토지거래허가대상 정답 ④

한국자산관리공사가 「금융기관부실자산 등의 효율적 처리 및 한국자산관리공사의 설립에 관한 법률」의 규정에 의하여 토지를 취득하거나 경쟁입찰을 거쳐서 매각하는 경우 및 한국자산관리공사에 매각이 의뢰되어 3회 이상 공매하였으나 유찰된 토지를 매각하는 경우

32

하

논점 중개계약의 유형별 특징 정답 ④

④ 공인중개사법은 규정된 중개보수를 초과하여 금품등을 수수하는 행위를 금지한다.

① 공동중개계약

② 전속중개계약

③ 독점중개계약

⑤ 공동중개계약

33

상

논점 중개대상물 확인설명서 작성방법 정답 ①

② 권리관계 중 민간임대등록 여부는 임대주택정보체계에 접속하여 확인하거나 임대인에게 확인하여 해당사항에 √로 표시한다.

③ 임대차의 경우에는 취득 시 부담할 조세의 종류 및 세율을 적지 않는다.

④ 비주거용 건축물 중개대상물 확인 · 설명서[Ⅱ]에 일조량, 소음, 진동에 관한 환경조건은 적지 않는다. 일조량, 소음, 진동에 관한 환경조건은 주거용 건축물 중개대상물 확인 · 설명서[Ⅰ]에 적는다.

⑤ 비주거용 건축물 중개대상물 확인 · 설명서[Ⅱ]에 내부 · 외부 시설물의 상태 중 소방시설에 단독경보형감지기 설치여부 등을 적는 것이 아니라, 소화전 및 비상벨의 유무등을 적는다. 단독경보형 감지기 설치여부는 주거용 건축물 중개대상물 확인 · 설명서[Ⅰ]에 적는다.

34

중

논점 분묘기지권 정답 ③

③ 분묘기지권의 존속기간에 관하여는 민법의 지상권에 관한 규정에 따를 것이 아니라 당사자 사이에 약정이 있는 등 특별한 사정이 있으면 그에 따른다(대판 1994. 8. 26, 94다28970)

35

중

논점 검인제도 정답 ⑤

검인신청을 받은 관할청은 실질적심사권이 없으므로 검인신청 계약서에 형식적 요건이 갖추어져 있으면 검인을 하여야 한다.

36

중

논점 명의신탁의 효과 정답 ④

④ 명의신탁자 및 그 교사자는 5년 이하의 징역 또는 2억 원 이하의 벌금에 처한다.

37

중

논점 주택임대차보호법상의 임차권 정답 ⑤

⑤ 대항요건을 갖춘 임차인이라도 저당권설정등기 이후 증액된 임차보증금에 관하여는 저당권에 기해 주택을 경락받은 소유자에게 대항할 수 없다.

38

중

논점 상가건물 임차인의 계약갱신요구권 정답 ②

계약갱신요구권은 최초 임대차기간을 포함한 전체 임대차기간이 10년을 초과하지 않는 범위 내에서만 행사할 수 있다.

39

상

논점 경매배당분석 정답 ④

흡수 배당하는 사례문제이다.
선순위인 A 근저당권은 5,000만원 전액 배당을 받는다.
B가 가압류 채권이므로 C와 D 근저당권은 B가압류와 함께 일단 안분배당된다.
B가압류 : 5,000만원 × 3,000만원÷1억원 = 1,500만원
C근저당 : 5,000만원 × 4,000만원÷1억원 = 2,000만원
D근저당 : 5,000만원 × 3,000만원÷1억원 = 1,500만원
위의 안분배당에서 C근저당은 D근저당의 안분배당액을 모두 흡수배당받아서 C근저당은 3,500만원 배당을 받고 D근저당은 배당을 받지 못한다.

40

중

논점 매수신청대리인의 의무 정답 ④

④ 개업공인중개사 乙이 중개업을 휴업한 경우에는 지방법원장은 매수신청대리업무를 정지하는 처분을 하여야 한다.

제2과목: 부동산공법 중 부동산 중개에 관련되는 규정

41

중

논점 도시·군관리계획의 내용 정답 ③

성장관리계획구역의 지정은 도시 · 군관리계획 결정대상에 해당하지 아니한다.

42

하

논점 입지규제최소구역 종합 정답 ①

② 주민은 대상 토지면적의 3분의 2 이상의 토지소유자의 동의를 받아 입지규제최소구역의 지정을 위한 도시 · 군관리계획의 입안을 제안할 수 있다.
③ 세 개 이상의 노선이 교차하는 대중교통 결절지로부터 1킬로미터 이내에 위치한 지역과 그 주변지역의 전부 또는 일부를 입지규제최소구역으로 지정할 수 있다
④ 다른 법률에서 도시 · 군관리계획의 결정을 의제하고 있는 경우에도 이 법에 따르지 아니하고 입지규제최소구역의 지정과 입지규제최소구역계획을 결정할 수 없다.
⑤ 입지규제최소구역으로 지정된 지역은 「건축법」 상 특별건축구역으로 지정된 것으로 본다.

43

상

논점 용도지역 안의 행위제한 특례 정답 ④

① 하나의 대지(1500㎡)가 도로변에 띠 모양으로 지정된 일반상업지역에 900㎡, 제1종일반주거지역에 600㎡가 걸친 경우 전체 대지의 건폐율 및 용적률은 가중평균값을 적용한다.
② 위 ①의 경우 건축제한은 일반상업지역의 기준이 적용된다.
③ 하나의 건축물이 방화지구와 근린상업지역에 걸쳐 있는 경우에는 그 전부에 대하여 방화지구의 건축물에 관한 규정을 적용한다.
⑤ 녹지지역의 건축물이 고도지구에 걸친 경우에는 그 건축물 및 대지의 전부에 대하여 고도지구의 건축물 및 대지에 관한 규정을 적용한다.

44

상

논점 산업 · 유통개발진흥지구의 지정 제안 정답 ①

② 지정 대상 지역의 전체 면적에서 계획관리지역의 면적이 차지하는 비율이 100분의 50 이상이어야 한다.
③ 위 ②의 경우 자연녹지지역 또는 생산관리지역 중 도시 · 군기본계획에 반영된 지역은 계획관리지역으로 보아 그 면적을 산정한다.
④ 산업·유통개발진흥지구의 지정에 대한 도시 · 군관리계획입안의 제안은 그 제안 일부터 45일 이내에 반영여부를 제안자에게 통보하여야 한다.
⑤ 위 ④의 제안을 도시 · 군관리계획입안에 반영할 것인지 여부를 결정함에 있어서는 중앙도시계획위원회 또는 지방도시계획위원회의 자문을 거칠 수 있다.

45
중

논점 방재지구와 방화지구의 지정목적 비교 등 정답 ③

① 방재지구는 풍수해, 산사태, 지반의 붕괴 등 그 밖의 재해를 예방하기 위하여 그 지정을 도시 · 군관리계획으로 결정하고, 화재의 위험예방은 방화지구의 지정목적에 해당한다.
② 방재지구 안에서 건축제한에 도시 · 군계획조례에 따른다.
④ 시·도지사(대도시시장)는 「연안관리법」 상 연안침식관리구역으로 지정된 지역에 대하여 방재지구의 지정을 도시·군관리계획으로 결정하여야 한다.
⑤ 위 ④의 방재지구의 지정을 위한 도시·군관리계획의 내용에는 해당 방재지구의 재해저감대책에 관한 사항을 포함하여야 한다.

46
중

논점 개발행위 허가의 절차 종합 정답 ②

① 개발행위를 제한할 사유가 없어진 경우에는 그 제한기간이 끝나기 전이라도 지체 없이 개발행위허가의 제한을 해제하여야 한다.
③ 지구단위계획구역으로 지정된 지역은 개발행위 허가의 제한 기간을 한 차례 2년 범위에서 연장할 수 있다.
④ 위 ③의 개발행위허가의 제한기간을 연장하려는 경우에는 중앙도시계획위원회나 지방도시계획위원회의 심의를 거치지 아니한다.
⑤ 농림지역에서는 3만㎡ 미만의 토지형질변경이 허가 될 수 있다.

47
하

논점 개발제한구역 종합 정답 ②

① 주민(이해관계자를 포함한다)은 개발제한구역의 지정 및 변경에 관한 도시 · 군관리계획의 입안을 제안할 수 없다.
③ 개발제한구역의 지정 및 변경에 관한 도시 · 군관리계획은 국토교통부장관이 결정한다.
④ 개발제한구역은 도시의 무질서한 확산을 방지하고 도시주변의 자연환경을 보전하여 도시민의 건전한 생활환경을 확보하기 위하여 도시의 개발을 제한할 필요가 있거나 국방부장관의 요청이 있어 보안상 도시의 개발제한을 목적으로 지정한다.
⑤ 개발제한구역에 대하여는 「건축법」 상 특별건축구역을 지정할 수 없다.

48
상

논점 도시 · 군계획시설 결정 해제입안 등 정답 ⑤

지방의회에 보고한 장기미집행 도시 · 군계획시설등 중 도시 · 군계획시설결정이 해제되지 아니한 장기미집행 도시 · 군계획시설등에 대하여 최초로 지방의회에 보고한 때부터 2년마다 지방의회에 보고하여야 한다.

49
하

논점 개발밀도관리구역 지정효과 등 정답 ③

① 해당 지역의 전년도 개발행위허가 건수가 전전년도 개발행위허가 건수보다 20퍼센트 이상 증가한 지역은 기반시설부담구역의 지정대상이다.
② 지정권자는 특별시장 · 광역시장 · 특별자치시장 · 특별자치도지사 · 시장 또는 군수이다.
④ 개발밀도관리구역을 지정하거나 변경하려면 지방도시계획위원회의 심의를 거쳐야 하나 주민의견은 청취하지 아니한다.
⑤ 기반시설부담구역의 지정고시일부터 1년이 되는 날까지 기반시설설치계획을 수립하지 아니하면 그 1년이 되는 날의 다음날에 기반시설부담구역의 지정은 해제된 것으로 본다.

50
중

논점 지구단위계획구역에서 건폐율 등 완화 정답 ①

㉠ 도시지역 외에 지정하는 지구단위계획구역에서는 지구단위계획으로 당해 용도지역 또는 개발진흥지구에 적용되는 건폐율의 (150)% 및 용적률의 (200)% 이내에서 완화하여 적용할 수 있다.
㉡ 지정된 지구단위계획구역 내 준주거지역에서 도심 공공주택 복합사업 또는 「빈집 및 소규모주택 정비에 관한 특례법」 에 따른 소규모재개발사업을 시행하는 경우에는 지구단위계획으로 해당지역 용적률의 (140)% 이내의 범위에서 용적률을 완화하여 적용할 수 있다.
㉢ 지정된 지구단위계획구역 내 준주거지역에서는 지구단위계획으로 「건축법」 에 따른 채광(採光) 등의 확보를 위한 건축물의 높이 제한을 (200)% 이내의 범위에서 완화하여 적용할 수 있다.

51
중

논점 도시 · 군계획시설의 분류 및 관리 등 종합 정답 ⑤

보건위생시설	장사시설 · 도축장 · 종합의료시설
환경기초시설	하수도 · 폐기물처리 및 재활용시설 · 빗물저장 및 이용시설 · 수질오염방지시설 · 폐차장

52
중

논점 행정쟁송 등 정답 ②

도시 · 군기본계획은 일반국민에 대한 법적구속력이 없으므로 행정쟁송의 대상이 될 수 없다.

53
하

논점 도시개발구역 안의 행위제한 정답 ④

경작지에서의 관상용 죽목의 임시 식재는 임의사항에서 제외되기 때문에 허가를 받아야 한다.

54

중

논점 수용방식 종합 정답 ③

① 토지수용의 주체는 도시개발사업의 시행자여야 한다. 따라서 시행자가 아닌 지정권자는 토지수용의 주체가 될 수 없다.

② 「지방공기업법」 상 지방공사인 시행자는 수용을 위한 동의요건을 필요로 하지 아니한다.

④ 시행자는 토지 소유자가 원하면 토지등의 매수 대금의 일부를 지급하기 위하여 토지상환채권을 발행할 수 있다.

⑤ 시행자는 조성토지등을 공급하려고 할 때에는 조성토지등의 공급 계획을 작성하여야 하며, 지정권자가 아닌 시행자는 작성한 조성토지등의 공급 계획에 대하여 지정권자의 승인을 받아야 한다.

55

중

논점 입체환지 전반 정답 ⑤

입체환지로 주택을 공급하는 경우에 「수도권정비계획법」 에 따른 과밀억제권역에 위치하지 아니하는 도시개발구역의 토지 소유자는 소유주택 수 만 큼 공급할 수 있다.

56

중

논점 조성토지 공급방법 정답 ④

330제곱미터 이하인 단독주택용지를 공급하는 경우는 추첨방법으로 공급하고, 나머지는 모두 수의계약방법에 의한다.

57

중

논점 도시개발조합 정답 ④

① 조합의 임원은 의결권을 가진 조합원이어야 하고, 정관으로 정한 바에 따라 총회에서 선임한다.

② 조합장 또는 이사의 자기를 위한 조합과의 계약이나 소송에 관하여는 감사가 조합을 대표한다.

③ 조합의 조합원은 도시개발구역의 토지 소유자로 한다.

⑤ 조합의 임원으로 선임된 자가 결격사유에 해당하게 된 경우에는 그 다음 날부터 임원의 자격을 상실한다.

58

하

논점 청산금 전반 정답 ④

행정청인 시행자는 청산금을 내야 할 자가 이를 내지 아니하면 국세 또는 지방세 체납처분의 예에 따라 징수할 수 있으나, 행정청이 아닌 시행자는 특별자치도지사 · 시장 · 군수 또는 구청장에게 그 징수를 위탁할 수 있다.

59

상

논점 주거환경개선사업구역의 지정효과 정답 ①

② 환지로 공급하는 방법 – 제2종 일반주거지역

③ 시행자가 정비구역의 전부 또는 일부를 수용하여 주택을 건설한 후 토지등소유자에게 우선 공급하거나 대지를 토지등소유자 또는 토지등소유자 외의 자에게 공급하는 방법 : 제3종일반주거지역

④ 관리처분계획에 따라 주택 및 부대시설 · 복리시설을 건설하여 공급하는 방법 : 제3종 일반주거지역

⑤ 공공지원민간임대주택 또는 「공공주택 특별법」 에 따른 공공건설임대주택을 200세대 이상 공급하려는 경우로서 해당 임대주택의 건설지역을 포함하여 정비계획에서 따로 정하는 구역 : 준주거지역

60

하

논점 분양공고 및 손실보상의 협의 시점 등 정답 ②

① 사업시행자는 사업시행계획인가의 고시가 있은 날부터 120일 이내에 다음의 사항을 토지등소유자에게 통지하고, 분양의 대상이 되는 대지 또는 건축물의 내역 등을 해당 지역에서 발간되는 일간신문에 공고하여야 한다.

③ 투기과열지구의 정비사업에서 관리처분계획에 따라 분양대상자 및 그 세대에 속한 자는 분양대상자 선정일부터 5년 이내에는 분양신청을 할 수 없다.

④ 기본계획의 수립권자는 기본계획을 수립하거나 변경하려는 경우에는 14일 이상 주민에게 공람하여 의견을 들어야 하며, 제시된 의견이 타당하다고 인정되면 이를 기본계획에 반영하여야 한다.

⑤ 기본계획의 수립권자는 기본계획에 대하여 5년마다 타당성을 검토하여 그 결과를 기본계획에 반영하여야 한다.

61

중

논점 주택공급 수 정답 ⑤

① ~ ④는 토지등소유자가 소유한 주택 수 만 큼 공급할 수 있고, 과밀억제권역에 위치한 재건축사업의 토지등소유자(투기과열지구 또는 조정대상지역에서 최초 사업시행계획인가를 신청하는 재건축사업의 경우에는 그러하지 아니하다)는 토지등소유자가 소유한 주택의 수 범위에서 3주택까지 공급할 수 있다.

62

상

논점 조합원 자격 등 정답 ①

② 조합설립인가 후 1명의 토지등소유자로부터 토지 또는 건축물의 소유권이나 지상권을 양수하여 여러 명이 소유하게 된 때에는 그 여러 명을 대표하는 1명을 조합원으로 본다.

③ 투기과열지구로 지정된 지역에서 재건축사업을 시행하는 경우에는 조합설립인가 후 해당 정비사업의 건축물 또는 토지를 양수한 자는 조합원이 될 수 없다. (단, 상속 · 이혼으로 인한 양도 · 양수의 경우는 제외한다)

④ 위 ③의 경우에 양도인이 세대원 모두 해외로 이주하는 경우 그 양도인으로부터 그 건축물 또는 토지를 양수한 자는 그러하지 아니하다

⑤ 정관기재사항 중 조합원의 자격에 관한사항을 변경하는 경우에는 조합원 3분의 2 이상의 찬성으로 한다.

63

중

논점 재건축사업의 안전진단 정답 ④

재건축사업의 안전진단은 주택단지의 건축물을 대상으로 한다.

64

중

논점 주거환경개선사업 종합 정답 ②

① 단독주택 및 다세대주택이 밀집한 지역에서 정비기반시설과 공동이용 시설 확충을 통하여 주거환경을 보전 · 정비 · 개량하기 위한 사업이다.
③ 토지등소유자가 스스로 주택을 보전 · 정비하거나 개량하는 방법으로 시행하는 주거환경개선사업은 시장 · 군수등이 직접 시행하되, 토지주택공사등을 사업시행자로 지정하여 시행하게 하려는 경우에는 토지등소유자의 과반수의 동의를 받아야 한다.
④ 주거환경개선사업에 따른 건축허가를 받은 때와 부동산등기를 하는 때에는 「주택도시기금법」 제8조의 국민주택채권의 매입에 관한 규정을 적용하지 아니한다.
⑤ 사업시행자는 주거환경개선사업의 시행으로 철거되는 주택의 소유자에게 해당 정비구역 안과 밖에 위치한 임대주택 등의 시설에 임시로 거주하게 하거나 주택자금의 융자를 알선하는 등 임시거주에 상응하는 조치를 하여야 한다.

65

상

논점 「건축법」 적용범위 정답 ①

② 「주택법」에 따른 사업계획승인을 받아 주택 등이 건설된 주택단지는 2 이상의 필지를 1개의 대지로 본다.
③ 3필지 일부에 대하여 「산지관리법」에 따른 산지전용허가를 받은 경우 그 허가받은 부분의 토지는 1개의 대지로 본다.
④ 가설건축물은 조경 등의 조치 대상에서 제외 된다.
⑤ 대지(650㎡)가 근린상업지역(500㎡)과 제1종 일반주거지역(150㎡)에 걸치는 경우에는 그 건축물과 대지의 전부에 대하여 대지의 과반이 속하는 근린상업지역의 건축물 및 대지 등에 관한 이 법의 규정을 적용한다.

66

중

논점 건축허가의 제한 정답 ②

① 국토교통부장관은 국토관리를 위하여 특히 필요하다고 인정하거나 주무부장관이 국방, 문화재보존, 환경보전 또는 국민경제를 위하여 특히 필요하다고 인정하여 요청하면 허가권자의 건축허가를 제한할 수 있다.
③ 건축허가를 제한하는 경우 제한기간은 2년 이내로 한다.
④ 다만, ③의 경우에 1회에 한하여 1년 이내의 범위에서 제한기간을 연장할 수 있다.
⑤ 국토교통부장관은 특별시장 · 광역시장 · 도지사의 제한 내용이 지나치다고 인정하면 그 해제를 명할 수 있다.

67

중

논점 가설건축물의 존치기간 정답 ④

존치기간을 연장하려는 가설건축물의 건축주는 허가 대상 가설건축물은 존치기간 만료일 14일 전까지 허가 신청하여야 한다.

68

중

논점 대지면적 등의 산정방법 정답 ④

건축물의 옥상에 설치되는 승강기탑 · 계단탑 · 옥탑 등으로서 그 수평투영면적의 합계가 해당 건축물 건축면적의 8분의 1 이하인 경우로서 그 부분의 높이가 12미터를 넘는 경우에는 그 넘는 부분만 해당 건축물의 높이에 산입한다.

69

하

논점 건축사 설계대상 정답 ①

「주택법」에 따른 리모델링을 하는 건축물의 리모델링 설계만 건축사 설계대상에 해당하고 나머지는 건축사 설계대상에서 제외된다.

70

중

논점 사용승인 등 정답 ②

허가권자는 사용승인신청일로부터 7일 이내에 검사에 합격된 건축물에 대하여는 사용승인서를 내주어야 한다.

71

상

논점 건축협정과 결합건축의 비교 정답 ⑤

① 「도시 및 주거환경정비법」상 주거환경개선사업을 시행하기 위하여 지정 · 고시된 정비구역은 "건축협정"을 체결할 수 있고, 건축주가 서로 합의한 경우 2개의 대지를 대상으로 결합건축을 할 수도 있다.
② 건축협정은 토지 또는 건축물의 소유자, 지상권자 등의 전원의 합의로 가능하고, 건축협정을 폐지하려는 경우에는 협정체결자 과반수의 동의를 받아 국토교통부령으로 정하는 바에 따라 건축협정인가권자의 인가를 받아야 한다.
③ 둘 이상의 토지를 소유한 자가 1인인 경우에도 그 토지 소유자는 해당 토지의 구역을 건축협정 대상 지역으로 하는 건축협정을 정할 수 있다.
④ 국가 · 지방자치단체 또는 공공기관이 소유하는 건축물과 결합건축을 하는 경우에는 3개 이상 대지의 건축주 등이 서로 합의한 경우 3개 이상의 대지를 대상으로 결합건축을 할 수 있다.

72

상

논점 도시형 생활주택 종합 정답 ④

① 300세대 미만의 국민주택규모에 해당하는 주택으로서 도시지역에 건설하여야 한다.
② 분양가상한제 적용을 받지 아니한다.
③ 단지형 연립주택과 단지형다세대주택은 건축위원회의 심의를 받은 경우에는 주택으로 쓰는 층수를 5개 층까지 건축할 수 있다.
⑤ 소형주택으로 주거전용면적이 30제곱미터 미만인 경우에는 욕실 및 보일러실을 제외한 부분을 하나의 공간으로 구성할 것

73

중

논점 저당권 등 설정 제한 정답 ④

건설된 주택에 대하여는 소유권보존등기와 동시에 부기등기를 하여야 한다.

74
중

논점 용어정의 정답 ④

① 폭 8미터 이상인 도시계획예정도로 분리된 주택단지는 이를 별개의 단지로 본다.

② 주차장, 관리사무소, 담장 및 주택단지 안의 도로, 건축설비는 "부대시설" 이다.

③ 어린이놀이터, 근린생활시설, 유치원, 주민운동시설 및 경로당은 "복리시설" 이다

⑤ 「경제자유구역의 지정 및 운영에 관한 특별법」 에 따른 경제자유구역개발사업에 의하여 개발 · 조성되는 공동주택이 건설되는 용지 "공공택지" 에 해당한다(환지방식으로 시행하는 사업과 혼용방식 중 환지방식이 적용되는 구역에서 시행하는 사업만 해당한다).

75
중

논점 리모델링 절차 정답 ②

위 ①의 경우 조합은 주택단지 전체를 리모델링하는 경우에는 주택단지 전체 구분소유자 및 의결권의 각 75% 이상의 동의와 각 동별 구분소유자 및 의결권의50% 이상의 동의를 받아야 한다.

76
중

논점 사용검사 및 사전방문 정답 ⑤

① 주택조합의 가입을 신청한 자는 가입비등을 예치한 날부터 30일 이내에 주택조합 가입에 관한 청약을 철회할 수 있다.

② 청약 철회를 서면으로 하는 경우에는 청약 철회의 의사를 표시한 서면을 발송한 날에 그 효력이 발생한다.

③ 모집주체는 조합의 가입을 신청한 자가 청약 철회를 한 경우 청약 철회 의사가 도달한 날부터 7일 이내에 예치기관의 장에게 가입비등의 반환을 요청하여야 한다.

④ 예치기관의 장은 가입비등의 반환 요청을 받은 경우 요청 일부터 10일 이내에 그 가입비등을 예치한 자에게 반환하여야 한다.

77
중

논점 주택건설사업의 지원 및 간선시설의 설치 정답 ①

② 사업주체가 토지매수 업무와 손실보상 업무를 위탁할 때에는 그 토지매수 금액과 손실보상 금액의 2%의 범위에서 위탁수수료를 해당 지방자치단체에 지급하여야 한다.

③ 사업주체가 100호 또는 100세대 이상의 주택건설사업을 시행하거나 16,500㎡ 이상의 대지조성사업을 시행하는 경우에는 간선시설을 설치하여야 한다.

④ 위 ③의 경우에 간선시설 중 도로 및 상 · 하수도시설은 해당 지방자치단체가 설치하여야 한다.

⑤ 사업주체가 국민주택용지로 사용하기 위하여 도시개발사업시행자에게 체비지의 매각을 요구한 경우 그 시행자는 체비지의 총면적의 50%의 범위에서 우선적으로 사업주체에게 매각할 수 있다.

78
중

논점 공급질서 교란방지 및 조정대상지역 정답 ②

① 조정대상지역의 지정권자는 국토교통부장관이다.

③ 반기마다 주거정책심의위원회의 회의를 소집하여 해당 지역의 주택가격 안정 여건의 변화 등을 고려하여 조정대상지역 지정의 유지 여부를 재검토하여야 한다.

④ 조정대상지역에서 건설 · 공급되는 주택 및 그 입주자로 선정된 지위는 해당 주택의 입주자로 선정된 날부터 해당 주택에 대한 소유권이전등기일까지이고, 그 기간이 3년을 초과하는 경우에는 3년으로 한다.

⑤ 시 · 도지사 또는 시장 · 군수 · 구청장은 조정대상지역 지정 후 해당 지역의 주택가격이 안정되는 등 조정대상지역으로 유지할 필요가 없다고 판단되는 경우에는 국토교통부장관에게 그 지정의 해제를 요청할 수 있다.

79
중

논점 농지취득자격증명 및 농지의 처분 정답 ②

① 대리경작자는 시장 · 군수 또는 구청장이 농업인 또는 농업법인으로서 대리경작을 하려는 자 중 지정하여야 한다.

③ 대리경작 기간은 따로 정하지 아니하면 3년으로 한다.

④ 대리경작자는 수확량의 100분의 10을 토지사용료로 지급하여야 한다.

⑤ 농지의 소유권자가 그 농지를 스스로 경작하려면 대리경작 기간이 끝나기 3개월 전까지 지정 중지를 신청하여야 한다.

80
하

논점 농지취득자격증명 및 농지의 처분 정답 ②

① 60세 이상이 되어 더 이상 농업경영에 종사하지 아니하게 된 자로서 자기의 농업경영에 이용한 기간이 5년이 넘은 농지는 임대하거나 사용대할 수 있다.

③ 임대차계약은 그 등기가 없는 경우에도 임차인이 농지소재지를 관할하는 시 · 구 · 읍 · 면의 장의 확인을 받고, 해당 농지를 인도받은 경우에는 그 다음 날부터 제3자에 대하여 효력이 생긴다.

④ 임대차기간은 3년 이상으로 하여야 하고, 임대차기간을 정하지 아니하거나 3년보다 짧은 경우에는 3년으로 약정된 것으로 본다.

⑤ 임대차계약의 당사자는 임대차기간, 임차료 등 임대차계약에 관하여 서로 협의가 이루어지지 아니한 경우에는 농지소재지를 관할하는 시장, 군수 또는 구청장에게 조정을 신청할 수 있다.

2교시

제1과목: 부동산공시에 관한 법령 및 부동산 관련 세법

부동산공시법									
1	2	3	4	5	6	7	8	9	10
①	⑤	⑤	⑤	④	③	②	④	②	③
11	12	13	14	15	16	17	18	19	20
④	③	③	②	⑤	①	③	②	①	②
21	22	23	24						
①	②	④	⑤						

1
하

논점 토지대장의 등록사항 정답 ①

ⓑ [×] 대지권 비율은 대지권등록부에만 등록되는 사항이다.
ⓢ [×] 소유권의 지분은 공유지연명부와 대지권등록부에 등록할 사항이며, 토지대장 및 임야대장에는 등록하지 않는다.

2
중

논점 면적의 오차처리 정답 ⑤

등록전환을 하는 경우 임야대장의 면적과 등록전환될 면적의 차이가 허용범위를 초과하는 경우 임야대장의 면적과 임야도의 경계는 지적소관청이 직권으로 정정하여야 한다.

3
중

논점 직권으로 정정할 수 있는 사항 정답 ⑤

부동산종합공부 중 토지의 표시와 소유권에 관한 사항은 공간정보의 구축 및 관리등에 관한 법률에 따른 지적공부의 내용을 기준으로 등록하므로 부동산종합공부의 내용과 다른 경우는 직권정정대상에 해당하지 않는다.

직권정정의 대상
㉠ 토지이동정리결의서의 내용과 다르게 정리된 경우
㉡ 지적도 및 임야도에 등록된 필지가 면적의 증감없이 경계의 위치만 잘못된 경우
㉢ 1필지가 각각 다른 지적도 또는 임야도에 등록되어 있는 경우로서 지적공부에 등록된 면적과 측량한 실제면적은 일치하지만 지적도 또는 임야도에 등록된 경계가 서로 접합되지 아니하여 지적도 또는 임야도에 등록된 경계를 지상의 경계에 맞추어 정정하여야 하는 토지가 발견된 경우
㉣ 지적공부의 작성 또는 재작성 당시 잘못 정리된 경우
㉤ 지적측량성과와 다르게 정리된 경우
㉥ 지적측량적부심사 또는 재심사 의결서의 사본을 송부받은 지적소관청이 지적공부의 등록사항을 정정하여야 하는 경우
㉦ 지적공부의 등록사항이 잘못 입력된 경우
㉧ 토지의 합필제한 규정에 등기신청을 각하하고 등기관이 그 사유를 지적공부지적소관청에 통지한 경우
㉨ 법률 제2801호 지적법개정법률 부칙 제3조의 규정에 의한 면적환산이 잘못된 경우

4
하

논점 지상 경계의 위치표시 및 결정 정답 ⑤

도시개발사업 등의 사업시행자가 사업지구의 경계를 결정하기 위하여 토지를 분할하는 경우에는 지상 경계가 지상건축물을 걸리게 결정할 수 있다. 분할에 따른 지상 경계는 지상건축물을 걸리게 결정해서는 아니 된다. 다만, 다음의 어느 하나에 해당하는 경우에는 그러하지 아니하다.

① 법원의 확정판결이 있는 경우
② 공공사업 등으로 학교용지, 도로, 철도용지, 제방, 하천, 구거, 유지, 수도용지 등의 지목으로 되는 토지를분할하는 경우
③ 도시개발사업 등의 사업시행자가 사업지구의 경계를 결정하기 위하여 분할하고자 하는 경우
④ 국토의계획및관리에관한법률등 규정에 의한 도시관리계획 결정고시와 지형도면 고시가 된 지역의 도시·군관리계획선에 따라 토지를 분할하고자 하는 경우

5
중

논점 대지권등록부의 등록사항 정답 ④

대지권등록부의 등록사항은 다음과 같다.
㉮ 토지의 소재
㉯ 지 번
㉰ 대지권비율
㉱ 소유자의 성명 또는 명칭, 주소 및 주민등록번호
㉲ 토지의 고유번호
㉳ 전유부분의 건물표시
㉴ 건물명칭
㉵ 집합건물별 대지권등록부의 장 번호
㉶ 토지소유자가 변경된 날과 그 원인
㉷ 소유권 지분

6
하

논점 지상 경계점 등록부의 등록사항 정답 ③

지상 경계점 등록부 등록사항의 등록사항은 다음과 같다.(규칙 제60조 제2항)

㉠ 토지의 소재
㉡ 지번
㉢ 경계점 좌표(경계점좌표등록부 시행지역에 한정)
㉣ 경계점 위치 설명도
㉤ 경계점의 사진 파일
㉥ 공부상지목과 실제토지이용지목
㉦ 경계점표지의 종류 및 경계점의 위치

7

중

논점 토지의 분할 **정답** ②

① 1필지 중 일부가 형질변경 등으로 용도가 다르게 되는 경우에는 토지소유자가 60일 이내에 분할을 신청하여야 한다.

③ 분할의 지번부여원칙은 분할 후 하나의 필지는 분할 전 지번을 부여하며 나머지 필지의 지번은 본번의 최종부번 다음 부번으로 하여 부번을 부여하는 것이 원칙이다.

④ 분할은 지적측량대상이며 면적도 측정하여야 한다.

⑤ 도시개발사업시행자가 사업시행지역의 경계를 결정하는 경우에는 지상건축물을 걸치게 분할 할 수 있다.

8

중

논점 지적공부의 관리 **정답** ④

토지소유자가 자기 토지에 대한 지적전산자료를 신청하거나, 토지소유자가 사망하여 그 상속인이 피상속인의 토지에 대한 지적전산자료를 신청하는 경우 또는 개인정보를 제외한 지적전산자료를 신청하는 경우에는 관계 중앙행정기관의 심사를 받지 아니할 수 있다.

9

중

논점 축척변경 **정답** ②

축척변경시행지역안의 토지소유자 또는 점유자는 시행 공고가 있는 날부터 30일 이내에 시행공고일 현재 점유하고 있는 경계에 경계점 표지를 설치하여야 한다.

10

중

논점 지적측량의 의뢰절차 **정답** ③

지적삼각측량성과 및 경위의측량방법으로 실시한 지적확정측량의 경우 국토교통부장관이 고시하는 일정면적이상일 경우 시 · 도지사 또는 대도시시장의 검사를 받아야 하며 면적미만일 경우 지적소관청에 검사를 받아야 한다.

> **측량성과의 검사(지적측량수행자가 지적측량을 실시한 때)**
>
> ① 지적소관청 또는 시 · 도지사의 검사 : 지적측량수행자는 측량부 · 측량결과도 · 면적측정부 등 측량성과에 관한 자료를 지적소관청(시장, 군수, 구청장) 또는 시도지사에게 제출하여 그 성과의 정확성에 관한 검사를 받아야 함
>
> ② 다만, 지적삼각점측량성과 및 경위의측량방법으로 실시한 지적확정측량성과인 경우에는 다음에 따라 검사를 받아야 한다.
>
> ㉠ 국토교통부장관이 고시하는 면적규모 이상의 지적확정측량성과 : 시 · 도지사 또는 대도시 시장
>
> ㉡ 국토교통부장관이 고시하는 면적규모 미만의 지적확적측량성과 : 지적소관청
>
> ③ 검사를 요하지 않는 경우 : 지적공부를 정리하지 아니하는 지적측량(경계복원측량, 지적현황측량)

11

중

논점 토지이동 신청 및 지적정리 **정답** ④

소유권 정정 시 첨부하여야 할 서류(토지소유자에 관한 사항인 경우)

1. 등기된 토지
   정정사항이 토지소유자에 관한 사항인 경우에는 등기필증, 등기사항증명서, 등기완료통지서 또는 등기관서에서 제공한 등기전산정보자료에 의한다.
2. 미등기토지
   미등기토지로서 신청한 정정사항이 토지소유자의 성명 또는 명칭, 주민등록번호, 주소 등에 관한 사항으로서 명백히 잘못 기재된 경우에는 가족관계기록사항에 관한 증명서 등 관계서류에 의한다.

12

중

논점 토지의 이동에 따른 지번부여방법 **정답** ③

분할의 지번부여

원칙 : 분할의 경우에는 분할 후의 필지 중 1필지의 지번은 분할 전의 지번으로 하고, 나머지 필지의 지번 은 본번의 최종 부번 다음 순번으로 부번을 부여한다(시행령 제56조 제3항 제3호 전문)

예외 : 분할의 경우 분할 후의 필지 중 주거 · 사무실 등의 건축물이 있는 필지에 대해서는 분할 전의 지번을 우선하여 부여하여야 한다.

13

중

논점 등기의 유효요건 **정답** ③

경정등기가 가능한 것은 등기가 마친 후에 유효한 등기에 대해서만 경정등기를 할 수 있고 등기가 끝난 후에 무효등기에 대해서는 말소등기의 대상이 되는 것이지 경정등기의 대상으로 할 수 없다. 그러므로 ③전세권설정등기를 하기로 합의하였으나 당사자 신청의 착오로 임차권으로 등기된 경우, 그 불일치는 경정등기로 시정할 수 있다.는 지문은 틀린 지문이 되는 것이고 권리의 종류가 다르므로 이는 말소등기의 대상이 될 뿐이다.

14

하

논점 등기의 대상 **정답** ②

지상권과 같은 용익권은 부동산에 일부에 설정할 수 있으므로 분할절차를 선행할 필요가 없다.

15

중

논점 가압류 · 가처분 등기 **정답** ⑤

① 소유권에 대한 가압류등기는 주등기로 한다.

② 처분금지가처분등기가 되어 있는 토지에 대하여는 지상권설정등기를 신청할 수 있다.

③ 가압류등기의 말소등기는 집행법원의 촉탁으로 한다.

④ 부동산에 대한 처분금지가처분등기의 경우, 금전채권을 목적으로 하지 않으므로 채권금액을 기록하지 않으나 가압류등기를 실행함에는 금전채권을 피보전권리로 하므로 채권의 청구금액을 등기기록에 기록한다.

16

중

논점 임차권등기절차 정답 ①

임대차의 존속기간은 최장 기간 또는 최단기간의 제한이 없으므로 확정기간도 가능하고 불확정기간도 가능하다.

② 구분임차권등기는 존재하지 않는다.

③ 임차권등기명령을 원인으로 한 임차권등기가 마쳐진 경우 그 등기에 기초한 임차권이전등기는 할 수 없다.

④ 임차권은 차임과 범위가 요소이고 보증금은 요소가 아니므로 임차보증금이 없는 임차권등기도 할 수 있다.

⑤ 미등기 주택에 대하여 임차권등기명령에 의한 등기촉탁이 있는 경우에는 등기관은 직권으로 소유권보존등기를 한 후 주택임차권등기를 실행하여야 하며 등기촉탁을 각하하지 않는다.

17

중

논점 유증으로 인한 등기 정답 ③

유증에 따른 소유권이전등기는 포괄유증, 특정유증 모두 상속등기를 거치지 않고 직접 수증자 명의로 직접 소유권이전등기를 신청할 수 있다.

유증에 따른 등기절차

1) 등기된 부동산의 경우
   유증으로 인한 소유권이전등기는 포괄유증이든 특정유증이든 모두 상속등기를 거치지 않고 유증자로부터 직접 수증자 명의로 등기를 신청하여야 한다. 그러나 유증으로 인한 소유권이전등기 전에 상속등기가 이미 경료된 경우에는 상속등기를 말소함이 없이 상속인으로부터 유증으로 인한 소유권이전등기를 신청할 수 있다.
2) 유증의 목적 부동산이 미등기인 경우
   ① 포괄유증 받은 경우 직접 수증자명의로 소유권보존등기를 신청할 수 있다.
   ② 특정유증의 경우 유증의 목적 부동산이 미등기인 경우에는 직접 수증자 명의로 소유권보존등기를 신청할 수 없고, 유언집행자가 상속인 명의로 소유권보존등기를 한 다음 유증으로 인한 소유권이전등기를 신청하여야 한다.

18

중

논점 가등기 신청절차 정답 ②

가등기가처분명령에 의한 가등기는 부동산소재지관할 법원으로부터 가등기가처분명령을 받아 가등기권리자가 단독으로 신청할 등기이지 법원촉탁에 의한 등기가 아니다.

① 가등기는 채권적 청구권 뿐만 가능할 뿐 물권적 청구권을 보전하기 위한 가등기나 소유권보존등기의 가등기는 허용하지 않는다.

③ 소유권이전청구권가등기 후 그 본등기 전에 제3자에게 소유권이 이전되었다하여도 가등기에 기한 본등기는 원래 가등기의무자가 본등기의 무자이지 제3취득자가 본등기의무자가 될 수 없다.

④ 소유권이전등기청구권 가등기에 의한 본등기를 하는 경우 가등기 후의 등기는 본등기와 양립할 수 없는 경우는 등기관이 직권으로 말소하여야 하고 본등기와 양립할 수 있는 등기는 직권으로 말소할 수 없고 후순위로 존재하게 된다.

⑤ 소유권이전을 목적으로 가등기를 한 후 가등기권리자가 본등기에 의하지 않고 다른 원인으로 소유권이전등기를 하였다면 가등기는 혼동으로 소멸하였으므로 가등기에 의한 본등기를 신청할 수 없다.

19

중

논점 등기필정보의 작성 정답 ①

등기필정보는 등기권리자가 신청한 경우에 작성하는 것이므로 ② 채권자대위에 의하여 소유권이전등기를 하는 경우, ③ 등기관의 직권에 의하여 소유권보존등기를 하는 경우, ④ 승소한 등기의무자의 신청에 의하여 소유권이전등기를 하는 경우는 등기필정보를 작성하지 않으며 ⑤ 주소변경에 따라 등기명의인 표시변경등기를 하는 경우도 새로운 권리의 등기가 아니므로 등기필 정보를 작성하지 않는다.

※ 등기필정보를 작성하는 경우

1. 등기법 제 3조에서 규정하고 있는 권리를 보존, 설정, 이전하는 등기를 하는 경우
2. 위 1의 권리의 설정 또는 이전의 가등기를 하는 경우
3. 권리자를 추가하는 경정 또는 변경등기(갑의 단독소유 등기를 갑과을의 공유로 경정하거나 합유자가 추가되는 합유명의인표시변경등기)를 하는 경우

20

중

논점 소유권등기신청 절차 정답 ②

수용에 의한 소유권이전등기를 할 경우, 그 부동산을 위해 존재하는 지역권등기와 선순위 소유권을 제외한 나머 지 등기는 등기관이 직권으로 말소한다. 그러므로 그 부동산의 처분제한등기는 등기관이 직권으로 말소하여야 한다(법 제99조 제4항).

수용 시 직권말소하는 등기와 직권말소할 수 없는 등기

직권말소하는 등기	직권말소할 수 없는 등기
• 수용일 이후에 경료된 소유권이전등기 • 소유권 이외의 권리에 관한 등기(지상권, 전세권, 저당권, 임차권 등) • 가등기, 압류등기, 가압류등기, 가처분등기	• 수용한 날 전의 실행된 소유권보존등기 및 소유권이전등기 • 수용한 날 전에 상속을 받은 경우나 경락대금을 완납한 경우의 소유권이전등기 • 그 부동산을 위하여 존재하는 지역권의 등기 • 토지수용위원회의 재결로써 존속이 인정된 권리의 등기

21

중

논점 등기신청의 각하 정답 ①

공동가등기권자 중 1명의 가등기권리자는 자기지분만의 본등기는 청구할 수 있으나 전원명의의 본등기는 청구할 수 없다. 그러나 나머지 사유는 각하하여야 한다.

부동산등기규칙 52조

> 제52조(사건이 등기할 것이 아닌 경우)
> 법 제29조 제2호에서 "사건이 등기할 것이 아닌 경우"란 다음 각 호의 어느 하나에 해당하는 경우를 말한다.
> 1. 등기능력 없는 물건 또는 권리에 대한 등기를 신청한 경우
> 2. 법령에 근거가 없는 특약사항의 등기를 신청한 경우
> 3. 구분건물의 전유부분과 대지사용권의 분리처분 금지에 위반한 등기를 신청한 경우
> 4. 농지를 전세권설정의 목적으로 하는 등기를 신청한 경우
> 5. 저당권을 피담보채권과 분리하여 양도하거나, 피담보채권과 분리하여 다른 채권의 담보로 하는 등기를 신청한 경우
> 6. 일부지분에 대한 소유권보존등기를 신청한 경우
> 7. 공동상속인 중 일부가 자신의 상속지분만에 대한 상속등기를 신청한 경우
> 8. 관공서 또는 법원의 촉탁으로 실행되어야 할 등기를 신청한 경우
> 9. 이미 보존등기된 부동산에 대하여 다시 보존등기를 신청한 경우
> 10. 그 밖에 신청취지 자체에 의하여 법률상 허용될 수 없음이 명백한 등기를 신청한 경우

22

상

논점 각종 권리별 이전등기의 신청절차 정답 ②

수용에 의한 토지소유권이전등기는 단독 신청할 등기이며 예외적으로 수용권자가 국가나 지방자체단체일 경우 촉탁에 의해 실행한다.

23

중

논점 공동소유 등기 정답 ④

① 법인 아닌 사단의 사원이 소유자로서 물건을 소유하는 것은 총유로 한다.
② 공유자 중 1인의 지분포기로 인한 소유권이전등기는 지분을 포기한 공유자와 다른 공유자가 공동으로 신청한다.
③ 사원총회결의서는 법인 아닌 사단이 등기의무자일 경우 제공하여야 한다.
⑤ 각 공유자는 자유롭게 공유물의 분할을 청구할 수 있으나 특약에 의하여 분할을 제한할 수 있으며 이에 따른 등기는 공유자 전원이 등기를 신청하여야 하며 각 공유자가 단독으로 신청하지 못한다.

24

중

논점 공동저당 대위등기 정답 ⑤

공동저당 부동산 중 일부의 매각대금을 먼저 배당하여 경매부동산의 후순위 저당권자가 대위등기를 할 때, 매각대금을 기록하는 것이 아니라 선순위 저당권자가 변제받은 금액을 기록해야 한다.

부동산세법									
				25	26	27	28	29	30
				⑤	①	④	③	①	④
31	32	33	34	35	36	37	38	39	40
②	④	②	②	②	①	③	③	③	⑤

25

상

논점 조세의 납세의무에 관한 설명 **정답** ⑤

⑤ 甲이 乙로부터 증여받은 것이라면 그 계약일에 취득세 납세의무가 성립한다. 따라서 그 계약일 말일부터 3개월 이내는 취득세 신고납부 기간을 말하는 것이다.

26

상

논점 이의신청 · 심판청구에 관한 설명 **정답** ①

① 「지방세기본법」에 따른 과태료의 부과처분을 받은 자는 이의신청, 심사청구 또는 심판청구를 할 수 없다.

27

중

논점 자본적지출액 또는 양도비 **정답** ④

④ 양도 자산의 취득 후 쟁송이 있는 경우 그 소유권을 확보하기 위하여 직접 소요된 소송비용으로서 그 지출한 연도의 각 사업소득금액 계산시 필요경비에 산입된 금액은 필요경비에 포함되지 아니한다. 따라서 양도 자산의 취득 후 쟁송이 있는 경우 그 소유권을 확보하기 위하여 직접 소요된 소송비용으로서 그 지출한 연도의 각 사업소득금액 계산시 필요경비에 산입된 금액을 제외한 금액은 필요경비에 포함한다.

28

중

논점 장기보유특별공제와 양도소득기본공제 **정답** ③

③ 장기보유특별공제액은 해당 자산의 양도차익에 보유기간별 공제율을 곱하여 계산한다.

29

상

논점 부당행의계산부인 **정답** ①

② 양도차익 계산 시 취득가액은 甲의 취득 당시를 기준으로 한다.
③ 양도소득세에 대해서는 甲과 乙이 연대하여 납세의무를 진다.
④ 甲은 양도소득세 납세의무자이다.
⑤ 乙이 납부한 증여세는 양도차익 계산 시 필요경비에 산입하지 아니한다.

30

중

논점 양도소득세 신고납부 **정답** ④

④ 예정신고납부할 세액이 1천 5백만원인 자는 그 세액의 1천만원을 초과하는 금액을 납부기한이 지난 후 2개월 이내에 분할납부할 수 있다.

※ 세목별 분납제도의 비교

구분	재산세	종합부동산세	양도소득세 33회
대상자	250만원 초과	250만원 초과	1,000만원 초과
분납기한	2개월 이내	6개월 이내	2개월 이내
분납 가능세액	• 500만원 이하 ⇒ 250만원 초과액 • 500만원 초과 ⇒ 그 세액의 50% 이하	• 500만원 이하 ⇒ 250만원 차감액 • 500만원 초과 ⇒ 해당 세액의 50% 이하	• 2,000만원 이하 ⇒ 1,000만원 초과액 • 2,000만원 초과 ⇒ 그 세액의 50% 이하
분납신청	납부기한까지 신청서 제출	납부기한 이내 신청서 제출	예정신고 · 확정신고기한까지

31

중

논점 양도소득세 비과세 **정답** ②

② 법원의 결정에 의하여 양도 당시 취득에 관한 등기가 불가능한 미등기 주택은 양도소득세 비과세가 배제되는 미등기 양도자산에 해당하지 아니한다.

32

중

논점 재산세의 납세의무자 **정답** ④

④ 「도시개발법」에 따라 시행하는 환지방식에 의한 도시개발사업 및 「도시 및 주거환경정비법」에 따른 주택재 개발사업의 시행에 따른 환지계획에서 일정한 토지를 환지로 정하지 아니하고 체비지로 정한 경우: 사업시행자

33

중

논점 재산세의 표준세율 **정답** ②

② 취득세 중과대상인 별장은 폐지되었다. 따라서 재산세의 세율은 초과누진세율이다.(개정법)

34

중

논점 재산세와 부과 · 징수 **정답** ②

• 토지의 재산세 납기는 매년 9월 16일부터 9월 30일까지이다.
• 지방자치단체의 장은 재산세의 납부할 세액이 500 만원을 초과하는 경우 100분의 50이하의 금액은 납부 기한이 지난 날부터 2개월 이내 분할납부하게 할 수 있다.
• 재산세는 관할지방자치단체의 장이 세액을 산정하여 보통징수의 방법으로 부과 · 징수한다.

35

중

논점 종합부동산세에 관한 설명 **정답** ②

① 종합부동산세는 부과 · 징수가 원칙이며 납세의무자의 선택에 의하여 신고납부도 가능하다.

③ 주택분 종합부동산세액에서 공제되는 재산세액은 재산세 표준세율의 100분의 50의 범위에서 가감된 세율이 적용된 경우에는 그 세율이 적용된 세액으로 하고, 재산세 세부담 상한을 적용받은 경우에는 그 상한을 적용받은 세액으로 한다.

④ 관할세무서장이 종합부동산세를 징수하고자 하는 때에는 납세고지서에 주택 및 토지로 구분한 과세표준과 세액을 기재하여 납부기간 개시 5일 전까지 발부하여야 한다.

⑤ 과세기준일 현재 토지분 재산세의 납세의무자로서 국내에 소재하는 별도합산과세대상 토지의 공시가격을 합한 금액이 80억원을 초과하는 자는 토지에 대한 종합부동산세의 납세의무자이다.

36

중

논점 취득세 납세의무 **정답** ①

① 증여로 인한 승계취득의 경우 해당 취득물건을 등기 · 등록을 하지 않고 취득일부터 60일 이내에 공증받은 공정증서에 의하여 계약이 해제된 사실이 입증되는 경우에는 취득한 것으로 보지 아니한다.

37

하

논점 취득세 중과세율 **정답** ③

- 임 · 직원 등이 사용하는 법인 소유의 별장은 취득세, 재산세 중과세가 폐지되었다.(개정세법)
- 과밀억제권역 안에서 법인 본점으로 사용하는 사업용부동산을 취득하는 경우에는 표준세율에 중과기준세율(1,000분의 20)의 100분의 200을 합한 세율을 적용한다.

38

중

논점 취득세에 관한 설명 **정답** ③

① 건축물 중 부대설비에 속하는 부분으로서 그 주체구조부와 하나가 되어 건축물로서의 효용가치를 이루고 있는 것에 대하여는 주체구조부 취득자 외의 자가 가설한 경우에도 주체구조부의 취득자가 함께 취득한 것으로 본다.

② 세대별 소유주택 수에 따른 중과 세율을 적용함에 있어 주택으로 재산세를 과세하는 오피스텔(2023년 취득)은 해당 오피스텔을 소유한 자의 주택 수에 가산한다.

④ 공사현장사무소 등 임시건축물의 취득에 대하여는 그 존속기간이 1년 이하인 경우에만 취득세를 부과하지 아니하며, 존속기간이 1년 초과인 경우에는 취득세를 부과한다.

⑤ 토지를 취득한 자가 취득한 날부터 1년 이내에 그에 인접한 토지를 취득한 경우 그 취득가액이 100만원일 때에는 취득세를 부과한다.

39

중

논점 등록면허세에 관한 설명 **정답** ③

③ 「한국은행법」 및 「한국수출입은행법」 에 따른 은행업을 영위하기 위하여 대도시에서 법인을 설립함에 따른 등기를 한 법인이 그 등기일부터 2년 이내에 업종 변경이나 업종 추가가 없는 때에는 등록면허세의 세율을 중과하지 아니한다.

40

중

논점 부동산과 관련된 사업소득 **정답** ⑤

⑤ 주거용 건물 임대업에서 발생한 결손금은 종합소득 과세표준을 계산할 때 공제한다. 따라서 해당 과세기간의 주거용 건물 임대업을 제외한 부동산임대업에서 발생한 결손금은 종합소득 과세표준을 계산할 때 공제하지 아니한다.

제 6 회 실전모의고사 정답 & 해설

1교시

정답

1	2	3	4	5	6	7	8	9	10	11	12	13	14	15	16	17	18	19	20
③	④	②	①	④	①	④	⑤	⑤	⑤	⑤	①	①	⑤	③	⑤	③	⑤	⑤	①
21	22	23	24	25	26	27	28	29	30	31	32	33	34	35	36	37	38	39	40
⑤	②	⑤	④	④	④	①	④	⑤	④	⑤	①	⑤	②	④	⑤	④	③	①	③
41	42	43	44	45	46	47	48	49	50	51	52	53	54	55	56	57	58	59	60
②	①	③	⑤	④	③	④	④	③	⑤	④	⑤	①	①	③	⑤	②	④	⑤	⑤
61	62	63	64	65	66	67	68	69	70	71	72	73	74	75	76	77	78	79	80
②	⑤	②	②	⑤	③	①	③	①	④	⑤	⑤	④	①	③	⑤	①	④	②	③

제1과목: 공인중개사의 업무 및 부동산 거래 신고 등에 관한 법령 및 중개실무

01 중

논점 용어의 정의 정답 ③

③ "중개업" 이라 함은 다른 사람의 의뢰에 의하여 일정한 보수를 받고 중개를 업으로 행하는 것을 말한다.(법 제2조 제3호).

02 상

논점 중개대상물의 범위 정답 ④

① 영업용 건물의 영업시설 · 비품 등 유형물이나 거래처, 신용, 영업상의 노하우 또는 점포 위치에 따른 영업상의 이점 등 무형의 재산적 가치는 「공인중개사법」 제3조에서 정한 중개대상물이라고 할 수 없다(대판 2009.1.15.2008도9427).

② 대토권은 주택이 철거될 경우 일정한 요건하에 택지개발지구 내에 이주자택지를 공급받을 지위에 불과하고 특정한 토지나 건물 기타 정착물 또는 법 시행령이 정하는 재산권 및 물건에 해당한다고 볼 수 없으므로 중개대상물에 해당하지 않는다고 볼 것이다. 또한 대토권이 중개대상물에서 제외되는 이상 태토권의 매매 등을 알선한 행위가 공제사업자를 상대로 개업공인중개사의 손해배상책임을 물을 수 있는 중개행위에 해당한다고도 할 수 없다(대판 2011.5.26. 2011다23682)

③ 특정한 아파트에 입주할 수 있는 권리가 아니라 아파트에 대한 추첨기일에 신청을 하여 당첨이 되면 아파트의 분양예정자로 선정될 수 있는 지위를 가리키는 데 불과한 입주권은 중개대상물인 건물에 해당한다고 보기 어렵다(대판 1991.4.23. 90도1287)

⑤ 세차장 구조물은 콘크리트 지반 위에 볼트조립방식 등을 사용하여 철제 파이크 또는 철골의 기둥을 세우고 그 상부에 철골 트러스트 또는 샌드위치 판넬 지붕을 덮었으며, 기둥과 기둥 사이에 차량이 드나드는 쪽을 제외한 나머지 2면 또는 3면에 천막이나 유리 등으로 된 구조물로서 주벽이라고 할 만한 것이 없고, 볼트만 해체하면 쉽게 토지로부터 분리 · 철거가 가능하므로 이를 토지의 정착물이라 볼 수는 없다고 할 것이다(대판 2009.1.15. 2008도9427).

03 하

논점 공인중개사 시험 제도 정답 ②

② 세부사항 공고는 시험시행일 90일 전까지 하여야 한다.

04 중

논점 등록의 기준 및 절차 정답 ①

① 개업공인중개사가 폐업후 1년이내에 개설등록을 신청하거나, 소속공인중개사가 고용관계종료후 1년이내에 개설등록을 신청하는 경우에는 실무교육을 다시 수료하지 않아도 된다.

② 등록은 중개업을 영위하기 위한 적법요건일뿐 효력요건은 아니므로 개설등록을 받지 아니하고 중개업을 영위하는 자의 중개로 인하여 성사된 거래당사자간의 법률행위의 효력은 그대로 유효하다.

③ 개업공인중개사가 등록을 한 후 3월을 초과하여도 업무를 개시하지 않으면 휴업신고의무 위반에 해당하게 된다.

④ 반드시 건축물대장에 기재된 건물을 확보하여야 하는 것은 아니고 예외적으로 준공검사등을 받은 건물을 확보한 상태에서도 개설등록신청이 가능하다.

⑤ 업무정지처분기간 중에 있는 개업공인중개사도 그 기간 중에 폐업은 가능하다.

05 중

논점 등록의 결격사유 정답 ④

피성년후견인 또는 피한정후견인은 등록의 결격사유에 대항하지만, 피특정후견인은 등록의 결격사유에 해당하지 않는다.

06 중

논점 중개대상물의 표시 광고 정답 ①

① 개업공인중개사가 의뢰받은중개대상물에 대하여 표시 · 광고를 하려면 중개사무소, 개업공인중개사에 관한 사항으로서 대통령령으로 정하는 사항을 명시하여야 하며, 중개보조원에 관한 사항은 명시해서는 아니 된다.

07
하

논점 중개업 등록 신청 정답 ④

등록을 신청하는 때에 공인중개사자격증 사본을 제출하지 아니 한다.

08
중

논점 등록의 결격사유 정답 ⑤

ㄱ. 선고유예를 받고 그 유예기간 중에 있는 자는 결격사유에 해당하지 않는다.
ㄴ. 일반사면을 받아 집행이 면제된 자는 결격사유에 해당하지 않는다.
ㄹ. 「공인중개사법」이 아닌 다른 법 위반으로 300만원 이상의 벌금형을 선고받고 3년이 경과되지 아니한 자는 결격사유에 해당하지 않는다.
ㅁ. 소속공인중개사 · 중개보조원, 개업공인중개사의 법인의 사원 또는 임원의 「공인중개사법」 위반행위로 인하여 양벌규정이 적용되어 개업공인중개사가 300만원 이상의 벌금형을 선고받은 경우에는 개업공인중개사에게 결격사유가 적용되지 않는다.

09
중

논점 등록의 결격사유 정답 ⑤

① 등록기준 미달로 등록취소된 경우이므로 결격사유에 해당하지 않는다.
② 징역 1년형을 선고받은 날부터 4년간 등록의 결격사유에 해당한다.
③ 벌금형 선고 후 3년간 등록의 결격사유에 해당한다.
④ 등록취소 후 2년간 등록의 결격사유에 해당한다.

10
하

논점 게시의무 정답 ⑤

⑤ 실무교육 수료확인증은 게시의무에 포함되지 않는다.

11
하

논점 법인의 겸업허용 범위 정답 ⑤

주택 및 상가는 법인인 개업공인중개사가 분양대행할 수있다.

12
하

논점 업무의 범위 정답 ①

② 부칙상의 개업공인중개사는 경 · 공매 부동산에 대한 권리분석 및 취득의 알선, 매수신청대리 또는 입찰신청의 대리업을 영위할 수 없다.
③ 공인중개사인 개업공인중개사는 이사업체를 소개할 수 있다.
④ 부칙상의 개업공인중개사도 상업용 건축물에 대한 관리대행을 할 수 있다.
⑤ 법인인 개업공인중개사는 문구점을 영위할 수 없다.

13
중

논점 개업공인중개사의 고용인 정답 ①

① 거래계약서는 법령상의 서식이 없으므로 당해업무를 수행한 소속공인중개사가 확인설명서에서명 및 날인하는 것 외에는 없다.
② 개업공인중개사는 고용인의 업무상고의과실에 대하여 무과실책임을 지나, 적어도 고용인에게는 업무상귀책사유가 있어야 한다
③ 중개보조원은 직무교육의 의무가 없다.
④ <u>고용인의 고용과 고용관계종료는 모두 신고사항</u>이다.
⑤ 고용인이 본법상 행정형벌에 해당하는 위반행위를 한 때에는 그 행위자를 벌하는 외에 그 개업공인중개사에 대하여도 해당 조에 규정된 벌금형을 과한다. 다만, 그 개업공인중개사가 그 위반행위를 방지하기 위하여 해당 업무에 관하여 상당한 주의와 감독을 게을리하지 아니한 경우에는 그러하지 아니하다.

14
중

논점 인장등록 의무 정답 ⑤

당해 중개행위를 수행한 소속공인중개사는 개업공인중개사와 함께 확인 · 설명서에 서명 및 날인을 하여야 하나 확인 · 설명서를 작성할 의무가 있는 것은 아니다.

15
중

논점 게시의무 정답 ③

③ 소속공인중개사를 고용한 <u>개업공인중개사가 소속공인중개사의 자격증 원본을 게시하여야</u> 한다.

16
중

논점 거래계약서 작성의무 정답 ⑤

중개완성시 작성하는 거래계약서의 필수적 기재사항은 다음과 같다.
① 거래당사자의 인적 사항
② 물건의 표시
③ 계약일
④ 거래금액 · 계약금액 및 그 지급일자 등 지급에 관한 사항
⑤ 물건의 인도일시
⑥ 권리이전의 내용
⑦ 계약의 조건이나 기한이 있는 경우에는 그 조건 또는 기한
⑧ 중개대상물확인 · 설명서 교부일자
⑨ 그 밖의 약정내용

17

상

논점 중개대상물 확인설명의무 정답 ③

③ 개업공인중개사는 확인 · 설명을 위하여 필요한 경우 중개대상물의 매도의뢰인에게 당해 중개대상물의 상태에 관한 자료를 요구할 수 있다. 불응한 경우 취득의뢰인에게 설명하고 확인 · 설명서에 기재하여야 한다.

① 조세에 관한 설명은 당해 중개대상물의 권리를 취득함에 따라 부담해야 할 조세의 종류 및 세율을 설명하면 족하고 세액까지 설명할 의무는 없다.

② 개업공인중개사는 매도의뢰인이 중개대상물의 상태에 관한 자료요구에 불응한 경우에는 그 사실을 매수의뢰인에게 설명하고 중개대상물 확인 · 설명서에 기재하여야 한다.

④ 개업공인중개사는 중개대상물의 확인 · 설명서에 서명 및 날인하고, 그 원본, 사본 또는 전자문서를 3년간 보존하여야 한다. 이를 위반 시에는 업무정지처분사유에 해당된다.

⑤ 개업공인중개사가 법인인 경우에 중개대상물의 확인 · 설명서에 주사무소의 경우에는 대표자와 당해 업무를 수행한 소속공인중개사가 함께 서명 및 날인하여야 한다.

18

중

논점 전속중개계약에 따른 개업공인중개사의 의무 정답 ⑤

⑤ 거래정보사업자에게는 통보의무가 적용되나, 일간신문에 공개한 경우에는 적용되지 않는다.

① 전속중개계약서는 3년간 보존의무가 있다.

② 다른 개업공인중개사에게 의뢰하여 거래가 되면 중개보수에 해당하는 금액을 위약금으로 지급하여야 한다.

③ 정보공개는 7일 이내에 하여야 한다.

④ 업무처리 상황보고의무는 2주일에 1회 이상하여야 하며, 문서(서면)로 하여야 한다.

19

중

논점 부동산거래정보망의 설치 및 운영 정답 ⑤

① 500명 이상의 개업공인중개사로부터 받은 부동산거래정보망가입 · 이용신청서 및 그 개업공인중개사의 '개설등록증 사본' 을 제출하여야 한다.

② 운영규정은 '지정을 받은 자' 가 3월 내에 정하여 승인을 받는다.

③ '지정을 받은 날부터' 1년 이내에 부동산거래정보망을 설치 · 운영하지 않은 경우 지정을 취소 '할 수 있다.'

④ 거짓으로 공개한 개업공인중개사는 '업무정지' 처분을 받을 수 있다.

20

중

논점 거래정보사업자의 지정요건 등 정답 ①

② 부동산거래정보망은 개업공인중개사 상호간에 부동산매매 등에 관한 정보의 공개와 유통을 촉진하기 위한 제도이다.

③ 지정신청인의 주된 컴퓨터의 용량 및 성능을 확인할 수 있는 서류가 필요하다.

④ 거래정보사업자는 개업공인중개사로부터 의뢰받은 중개대상물의 정보에 한하여 이를 공개하여야 한다.

⑤ 거래정보사업자는 개인도 지정의 요건을 갖추면 지정받을 수 있다.

21

하

논점 부동산거래질서교란행위 정답 ⑤

시세에 부당한 영향을 줄 목적으로 개업공인중개사등에게 중개대상물을 시세보다 현저하게 높게 표시 · 광고하도록 강요하거나 대가를 약속하고 시세보다 현저하게 높게 표시 · 광고하도록 유도하는 행위가 금지된다.

22

중

논점 계약금등의 반환채무 이행보장 정답 ②

개업공인중개사는 거래의 안전을 보장하기 위하여 필요하다고 인정하는 경우에는 거래계약의 이행이 완료될 때까지 계약금 · 중도금 또는 잔금(이하 이조에서 "계약금등" 이라한다)을 개업공인중개사 또는 대통령령이 정하는 자의 명의로 금융기관, 제42조의 규정에 의하여 공제사업을 하는 자 또는 「신탁업법」 에 의한 신탁회사 등에 예치하도록 거래당사자에게 권고할 수 있다. ④ 동일한 중개대상물에 대하여 동일한 당사자간에 매매를 포함하여 2 이상의 거래를 동일한 기회에 중개한 경우에는 매매금액만을 중개보수 계산시 거래금액으로 적용한다.

⑤ 상가건물의 임대차에 대한 중개보수는 거래금액의 1천분의 8 이내에서 중개의뢰인과 개업공인중개사가 서로 협의하여 결정한다.

23

중

논점 중개보수청구권 정답 ⑤

⑤ 상가건물의 임대차에 대한 중개보수는 거래금액의 1천분의 9 이내에서 중개의뢰인과 개업공인중개사가 서로 협의하여 결정한다.

24

상

논점 중개보수의 계산 정답 ④

동일한 중개대상물에 대하여 매매와 임대차계약의 당사자가 동일하므로 거래금액은 매매금액만 적용하며, 보수요율은 중개대상물인 건축물 중 주택의 면적이 2분의 1 미만이므로 주택 외의 중개보수 규정을 적용하여 거래금액의 1천분의 9를 적용한다. 1억원 × 1천분의 9= 90만원을 甲과 乙로부터 각각 받을 수 있다. 따라서 A가 甲과 乙로부터 받을 수 있는 중개보수의 총액은 1,800,000원이다.

25

중

논점 공인중개사협회의 설립등 정답 ④

① 협회는 회원 300인 이상이 발기인이 되어 정관을 작성하여 창립총회의 의결을 거친 후 국토교통부장관의 인가를 받아 그 주된 사무소의 소재지에서 설립등기를 함으로써 성립한다.

② 600인 이상의 회원이 참석해야 하는 창립총회에는 서울특별시에서는 100인 이상, 광역시 · 도 및 특별자치도에서는 각각 20인 이상의 회원이 참여해야 한다.

③ 이 법에서는 협회가 시 · 도 지부를, 시 · 군 · 구에 지회를 둘 의무를 부과하고 있지 않지만, 지부를 둔 경우에는 시 · 도지사에게 신고하면 된다.

⑤ 협회는 총회의 의결내용을 지체없이 국토교통부장관에게 보고해야 한다.

26

하

논점 행정수수료 납부의무 정답 ④

④ 업무를 위탁받은 자가 결정 · 공고한다. 다만, 위탁한 자의 승인은 받아야 한다.

27

하

논점 외국인의 부동산취득에 관한 특례 정답 ①

① 계약에 의한 토지 취득으로서 "60일" 이다. 나머지는 계약 "외" 의 원인에 의한 취득으로써 "6월" 이다.

28

하

논점 외국인등의 토지취득 허가 정답 ④

④ 토지거래계약에 관한 허가를 받은 경우에는 특례규정에 따르는 외국인 취득허가를 받지 아니한다.

29

중

논점 공인중개사법 일반 정답 ⑤

⑤ 법인 또는 분사무소별로 업무의 정지를 명할 수 있다.

30

상

논점 계약서 검인제도 정답 ④

④ 2개 이상의 시 군 구에 있는 수개의 부동산의 소유권이전을 내용으로 하는 계약서 또는 판결서등을 검인받고자 하는 경우에는 그 중 1개의 시·군·구를 관할하는 시장 등에게 검인을 신청할 수 있다. 이 경우 검인을 한 시장 등은 그 각 부동산의 소재지를 관할하는 세무서장에게 그 계약서 또는 판결서등의 사본 1통을 각각 송부하여야 한다.

31

중

논점 중개대상물의 조사확인 정답 ⑤

① 토지경계의 확인은 지적도를 참조하여야 한다.

② 도시지역 이외의 지역의 경우에도 그밖의 공법에 의해 많은 공법상의 이용규제와 거래규제가 있을 수 있으므로 토지이용계획확인서를 발급받아 확인해야 한다.

③ 이전의뢰인이 확인설명하지 말 것을 요구하였다하여 개업공인중개사의 확인설명의무가 면제되는 것은 아니다.

④ 저당권은 등기사항증명서 乙구에서 확인할 수 있다. 법정지상권이나 유치권은 실제조사(현장조사)에 의해 확인해야 한다

32

상

논점 중개대상물 확인설명서 작성 정답 ①

㉡ ' 중개보수 '는 중개보수 등에 관한 사항란에 기재하는 사항이며, ㉤ 수도 · 전기 · 소방과 ㉦ 일조 · 소음 · 진동은 세부확인사항란에 기재하는 사항이다.

33

상

논점 중개대상물 확인설명서 기재사항 정답 ⑤

① '대상물건의 표시란' 중 건축물의 '내진설계 적용여부 및 내진능력' 은 주거용 건축물 확인 · 설명서와 '비 주거용건축물 확인설명서' 에 기재사항 란이 있다.

② '내 · 외부시설물의 상태' 란의 '단독경보형감지기' 설치 여부는 주거용 건축물 확인 · 설명서에만(아파트의 경우 기재 제외) 있으며 '비 주거용건축물 확인설명서' 에는 소화전 비상벨의 기재사항 란이 있다.

③ '비선호시설(1㎞이내)' 의 기재사항란은 주거용 건축물 확인 · 설명서와 '토지 확인설명서' 에만 기재사항 란이 있다.

④ 교육시설, 판매 및 의료시설, 도배상태는 '주거용건축물 확인 · 설명서' 에만 기재하나 벽면의 균열과 누수여부는 '비주거용 건축물 확인 · 설명서' 에도 기재한다.

34

중

논점 거래계약서의 법적성질 정답 ②

② 매매계약 체결 대리권을 수여받은 대리인은 특별한 사정이 없는 한 그 매매계약에서 약정한 바에 따른 중도금이나 잔금을 수령 할 권한이 있다(대판 1991.1.29.,90다9247).

35

중

논점 장사등에 관한 법률 정답 ④

④ 가족묘지는 100㎡를 초과하여 설치하지 못한다.

36

하

논점 등기신청의무 정답 ⑤

계약을 원인으로 부동산의 소유권이전계약을 체결하면 다음 기준일로부터 60일이내에 소유권이전등기를 신청하여야 한다. 단, 계약이 취소 해제 무효된경우에는 예외로 한다

37

중

논점 명의신탁 정답 ④

계약명의신탁에서 매도인이 선의인 경우에만 물권변동이 무효가 되지 않는다.

38

상

논점 주택임대차보호법상의 임차인 보호 정답 ③

① 차임 및 보증금의 증액청구에 관한 제한 규정은 임대차계약이 종료된 후 재계약을 하는 경우에는 적용되지 않는다. 따라서 임대차계약이 종료된 후 재계약을 하는 경우에는 약정한 차임 및 보증금의 20분을 1을 초과할 수 있다.

② 임차인이 확정일자를 먼저 받았더라도 주택의 인도와 전입신고일이 저당권자의 저당권설정등기일과 같다면 임차인의 대항력은 전입신고일 그 다음 날 발생하므로 저당권자가 임차인에 우선한다.

④ 주택임차인이 그 지위를 강화하고자 별도로 전세권설정등기를 마쳤더라도 「주택임대차보호법」 상 대항요건을 상실하면 이미 취득한 「주택임대차보호법」 상 대항력과 우선변제권을 상실한다.

⑤ 주택을 인도받고 주민등록을 마친 때에도 확정일자를 받아야 주택의 경매 시 후순위저당권자보다 우선하여 보증금을 변제받을 수 있다.

주택을 인도받고 주민등록을 마친 때에도 확정일자를 받지 않았다면 주택의 경매 시 후순위저당권자보다 우선하여 보증금을 변제받을 수 없다.

39

중

논점 상가건물임대차보호법상의 임차인 보호 정답 ①

① 단순히 상품의 보관 · 제조 · 가공 등 사실행위만이 이루어지는 공장 · 창고 등은 영업용으로 사용하는 경우라고 할 수 없으나 그 곳에서 그러한 사실행위와 더불어 영리를 목적으로 하는 활동이 함께 이루어진다면 「상가건물임대차보호법」 적용대상인 상가건물에 해당한다(대판 2011.7.28., 2009다40967)

40

중

논점 매수신청대리인 등록 정답 ③

③ 중개업무의 실무교육은 시 · 도지사가 하나, 매수신청대리업무의 실무교육은 법원행정처장이 지정하는 교육기관에서 받아야 한다.

제2과목: 부동산공법 중 부동산 중개에 관련되는 규정

41

중

논점 광역계획권의 지정권자 및 광역도시계획의 수립 정답 ②

① 광역계획권의 지정권자는 국토교통부장관이다.

③ 광역계획권을 지정한 날부터 3년이 지날 때까지 관할 시 · 도지사로부터 광역도시계획의 승인 신청이 없는 경우에는 국토교통부장관이 수립하여야 한다.

④ 관할 시 · 도지사는 광역도시계획의 내용에 관하여 서로 협의가 되지 아니하면 공동이나 단독으로 국토교통부장관에게 조정을 신청할 수 있다.

⑤ 국토교통부장관은 단독으로 조정신청을 받은 경우에 기한을 정하여 당사자 간에 협의를 하도록 권고할 수 있으며, 기한까지 협의가 이루어지지 아니하면 직접 조정할 수 있다.

42

상

논점 도시 · 군관리계획의 입안을 기초조사 포함사항 정답 ①

②~④는 기초조사를 아니할 수 있는 경우에 해당하고, ⑤는 토지적성평가를 아니할 수 있는 경우에 해당한다.

43

상

논점 대지가 둘 이상의 용도지역 등에 걸친 경우의 특례 정답 ③

위 조건에서 가중평균용적률을 구하면 다음과 같다.

∴ 가중평균용적률은 (300 × 150)+(700 × 400) ÷ 1,000 = 325%

44

중

논점 용도지역 · 용도지구 및 용도구역 안에서의 건축제한의 예외 등 정답 ⑤

방재지구 안에서는 용도지역 안에서의 건축제한 중 층수 제한에 있어서는 1층 전부를 필로티 구조로 하는 경우 필로티 부분을 층수에서 제외한다.

45

중

논점 복합용도지구 안의 행위제한 등 정답 ④

① 효율적이고 복합적인 토지이용을 도모하기 위하여 특정시설의 입지를 완화할 필요가 있는 용도지구이다

② 일반주거지역, 일반공업지역, 계획관리지역에 지정할 수 있다.

③ 용도지역의 지정목적이 크게 저해되지 아니하도록 해당 용도지역 전체 면적의 3분의 1 이하의 범위에서 지정하여야 한다.

⑤ 일반공업지역에 지정된 복합용도지구에서는 준공업지역에서 허용되는 건축물을 건축할 수 있다. 다만 다음의 건축물은 제외한다.

가. 아파트

나. 제2종 근린생활시설 중 단란주점 및 안마시술소

46
중
논점 지구단위계획(구역) 종합 정답 ③

개발제한구역에서 해제된 구역은 그 면적의 규모와 관계 없이 지구단위계획구역을 지정할 수 있는 임의적 지정대상에 해당한다.

47
상
논점 개발진흥지구에 지정된 지구단위계획구역 안의 행위제한 등 정답 ④

주거기능, 공업기능, 유통·물류기능 및 관광·휴양기능 중 2 이상의 기능을 중심으로 개발·정비를 목적으로 복합개발진흥지구를 지정할 수 있다.

48
중
논점 도시·군계획시설 부지에서의 개발행위 정답 ④

철거비용은 철거대상 가설건축물이나 공작물 소유자의 부담으로 한다.

49
중
논점 도시·군계획시설채권의 발행 등 정답 ③

① 매수의무자가 지방자치단체인 경우에는 발행할 수 있다.

② 부재부동산소유자의 토지로서 매수대금이 3천만 원을 초과한 경우 그 초과금액은 토지소유자가 원하지 않는 경우에도 채권으로 지급할 수 있다.

④ 이율은 채권 발행 당시 「은행법」에 따른 인가를 받은 은행 중 전국을 영업으로 하는 은행이 적용하는 1년 만기 정기예금 금리의 평균이상으로 조례로 정한다.

⑤ 채권의 발행절차 등에 관하여는 이 법에 특별한 규정이 있는 경우 외에는 「지방재정법」을 준용한다.

50
중
논점 성장관리계획(구역) 종합 정답 ⑤

① 성장관리계획구역의 지정권자는 특별시장·광역시장·특별자치시장·특별자치도지사·시장 또는 군수이다.

② 녹지지역, 관리지역, 농림지역 및 자연환경보전지역 중 성장관리계획구역을 지정할 수 있다.

③ 성장관리계획구역에서는 계획관리지역은 50% 이하, 생산관리지역·농림지역 및 자연녹지지역과 생산녹지지역은 30% 이하 범위에서 조례로 정하는 비율까지 건폐율을 완화하여 적용할 수 있다.

④ 성장관리계획구역 내 계획관리지역에서는 125% 이하의 범위에서 조례로 정하는 비율까지 용적률을 완화하여 적용할 수 있다.

51
중
논점 개발행위 허가절차 등 정답 ④

① 개발밀도관리구역 안에서는 허가신청 시 기반시설의 설치나 그에 필요한 용지의 확보에 관한 계획서를 제출하지 아니한다.

② 개발행위허가의 신청에 대하여 특별한 사유가 없으면 15일 이내에 허가 또는 불허가의 처분을 하여야 한다.

③ 개발행위허가를 하는 경우에는 환경오염 방지, 경관, 조경 등에 관한 조치를 할 것을 조건으로 개발행위허가를 할 수 있다.

⑤ 토석의 채취가 완료된 후 비탈면에 조경을 할 필요가 있는 경우 이행보증금을 예치하게 할 수 있다.

52
중
논점 도시·군계획시설사업 종합 정답 ⑤

행정청이 아닌 도시·군계획시설사업 시행자의 처분에 대하여는 「행정심판법」에 따라 행정심판을 제기할 수 없고, 그 시행자를 지정한 자에게 행정심판을 제기하여야 한다.

53
상
논점 도시개발구역의 지정 정답 ①

② 자연취락지구에서는 도시개발구역 지정 후 개발계획을 수립할 수 있다.

③ 위 ②의 개발계획은 광역도시계획과 도시·군기본계획에 들어맞아야 한다.

④ 도시개발구역 안의 토지소유자가 조합을 설립하여 이를 시행할 수 있다.

⑤ 자연녹지지역은 광역도시계획이나 도시·군기본계획의 수립이 되지 아니한 경우에도 1만제곱미터 이상으로 도시개발구역을 지정 할 수 있다.

54
중
논점 환지계획의 내용 및 인가권자 등 정답 ①

② 행정청이 아닌 시행자가 환지계획을 작성한 경우에는 특별자치도지사·시장·군수 또는 구청장의 인가를 받아야 한다.

③ 종전 토지의 합필 또는 분필로 환지명세가 변경되는 경우에는 그 인가를 받지 아니한다.

④ "기준일"의 다음 날부터 1필지의 토지가 여러 개의 필지로 분할되는 경우 해당 토지 또는 건축물에 대하여 금전으로 청산할 수 있다.

⑤ 공공시설의 용지에 대하여는 환지계획을 정할 때 그 위치·면적 등에 관하여 적응환지기준을 적용하지 아니할 수 있다.

55
중
논점 선수금 수취 정답 ③

위 ②의 경우 도시개발사업의 공사 진척률이 100분의 10 이상이어야 한다.

56
하
논점 조성토지의 공급가격 정답 ⑤

토지상환채권에 의하여 토지를 상환하는 경우는 수의계약으로 할 수 있는 경우에 해당한다.

57

중

논점 환지예정지처분 종합 **정답** ②

① 시행자는 종전의 토지에 대한 임차권자등이 있으면 해당 환지예정지에 대하여 해당 권리의 목적인 토지 또는 그 부분을 아울러 지정하여야 하나, 환지예정지처분은 임차권자의 동의를 요건으로 하지 아니한다.

③ 시행자는 환지예정지를 지정한 경우에 해당 토지를 사용하거나 수익하는 데에 장애가 될 물건이 있으면 그 토지의 사용 또는 수익을 시작할 날을 따로 정할 수 있다.

④ 체비지의 용도로 환지예정지가 지정되어 처분된 체비지를 취득한 자가 소유권이전등기를 마친 때 그 소유권을 취득한 것으로 본다.

⑤ 환지 예정지의 지정으로 사용하거나 수익할 수 있는 자가 없게 된 토지는 환지 예정지의 지정 일부터 환지처분을 공고한 날까지 시행자가 관리한다.

58

중

논점 환지처분의 효과 등 **정답** ④

① 시행자는 지정권자에 의한 준공검사를 받은 경우에는 60일 이내에 환지처분을 하여야 한다.

② 도시개발사업의 시행으로 행사할 이익이 없어진 지역권은 환지처분이 공고된 날이 끝나는 때에 소멸한다.

③ 환지계획에서 환지를 정하지 아니한 종전의 토지에 있던 권리는 그 환지처분이 공고된 날이 끝나는 때에 소멸한다.

⑤ 환지처분이 공고되면 공고 후 14일 이내에 관할 등기소에 이를 알리고 토지와 건축물에 관한 등기를 촉탁하거나 신청하여야 한다.

59

중

논점 공공재개발사업 및 공공재건축사업 **정답** ⑤

지정권자는 공공재개발사업 예정구역이 지정 · 고시된 날부터 2년이 되는 날까지 공공재개발사업 예정구역이 정비구역으로 지정되지 아니하거나, 사업 시행자가 지정되지 아니하면 그 2년이 되는 날의 다음 날에 공공재개발사업 예정구역 지정을 해제하여야 한다.

60

중

논점 재개발정비사업조합 전반 **정답** ⑤

시장 · 군수등이 시공자를 선정하거나 관리처분계획의 방법으로 시행하는 주거환경개선사업의 사업시행자가 시공자를 선정하는 경우에 주민대표회의 또는 토지등소유자 전체회의는 시공자를 추천할 수 있다.

61

중

논점 관리처분계획 종합 **정답** ②

① 관리처분계획의 인가 전 기존 건축물의 붕괴 등 안전사고의 우려가 있는 경우에는 건축물소유자의 동의 및 시장 · 군수등의 허가를 받아 이를 철거할 수 있다.

③ 관리처분계획에 포함되는 주거환경개선사업 또는 재개발사업의 재산 또는 권리를 평가할 때는 시장 · 군수등이 선정 · 계약한 2인 이상의 감정평가법인등이 평가한 금액을 산술평균하여 산정한다.

④ 위 ③의 경우 재건축사업은 시장 · 군수등이 선정 · 계약한 1인 이상의 감정평가법인등과 조합총회의 의결로 선정 · 계약한 1인 이상의 감정평가법인등이 평가한 금액을 산술평균하여 산정한다.

⑤ 2명 이상이 1주택 또는 1토지를 공유한 경우에는 1주택만 공급한다.

62

상

논점 준공인가 등에 따른 정비구역의 해제 등 **정답** ⑤

위 ④의 경우 대지 또는 건축물을 분양받을 자는 고시가 있은 날의 다음 날에 그 대지 또는 건축물의 소유권을 취득한다.

63

중

논점 정비사업조합의 정관변경 **정답** ②

[조합의 정관을 변경하는 경우 조합원 3분의 2 이상의 동의가 필요한 사항]

㉠ 조합의 명칭 및 사무소의 소재지
㉡ 조합원의 자격
㉢ 조합원의 제명 · 탈퇴 및 교체
㉣ 정비구역의 위치 및 면적
㉤ 조합의 비용부담 및 조합의 회계
㉥ 정비사업비의 부담 시기 및 절차
㉦ 시공자 · 설계자의 선정 및 계약서에 포함될 내용

64

중

논점 정비구역의 지정 **정답** ②

① 정비구역의 지정권자는 특별시장 · 광역시장 · 특별자치시장 · 특별자치도지사 · 시장 또는 군수이다.

③ 지정권자는 정비구역의 진입로 설치를 위하여 필요한 경우에는 진입로 지역과 그 인접지역을 포함하여 정비구역을 지정할 수 있다.

④ 정비구역의 지정권자는 정비구역 지정을 위하여 직접 정비계획을 입안할 수 있다.

⑤ "구청장등" 은 정비계획을 입안하여 특별시장 · 광역시장에게 정비구역 지정을 신청하여야 한다.

65

하

논점 다중이용건축물의 정의 **정답** ⑤

관광숙박시설은 다중이용건축물이고, 관광휴게시설은 준다중이용건축물의 용도에 해당한다.

66

중

논점 건축물의 용도분류 및 용도변경 정답 ③

① 안마원, 치과의원, 한의원, 침술원, 조산소는 제1종근린생활시설이다.
② 관계 법령에서 정하는 용도제한에 적합한 범위에서 제1종 근린생활시설과 제2종 근린생활시설 상호 간의 용도변경은 건축물대장 기재내용의 변경을 신청하지 아니한다.
④ 허가 대상인 경우로서 용도변경하려는 부분의 바닥면적의 합계가 500제곱미터 이상인 용도변경의 설계에 관하여는 제23조(건축물의 설계)를 준용한다.
⑤ 건축주는 건축물의 용도를 복수로 하여 건축허가, 건축신고 및 용도변경 허가 · 신고 또는 건축물대장 기재내용의 변경 신청을 할 수 있다.

67

하

논점 대수선의 범위 정답 ①

내력벽을 증설 또는 해체하거나, 내력벽의 벽면적 30㎡ 이상을 수선 또는 변경하는 것이 대수선에 해당한다.

68

중

논점 건축절차 등 정답 ③

① 착공신고 전에 경매 또는 공매 등으로 건축주가 대지의 소유권을 상실한 때부터 6개월이 지난 이후 공사의 착수가 불가능하다고 판단되는 경우에는 건축허가를 취소하여야 한다.
② 자연환경과 수질보호를 위하여 도지사가 지정 · 공고한 구역에 건축하는 건축물로서 층수가 3층 이상 또는 연면적의 합계가 1천㎡ 이상인 위락시설과 숙박시설은 사전승인의 대상이 된다.
④ 건축위원회의 심의를 받은 자가 그 결과를 통지 받은 날부터 2년 이내에 건축허가를 신청하지 아니하면 건축위원회 심의의 효력이 상실된다.
⑤ 건축주가 건축물의 노후화 등의 문제로 신축하기 위하여 건축물 및 해당 대지의 공유자 수의 100분의 80 이상의 동의를 얻고 동의한 공유자의 지분 합계가 전체 지분의 100분의 80 이상인 경우에는 해당 대지의 소유권 확보 없이 건축허가를 신청할 수 있다.

69

중

논점 건축위원회의 심의 대상 정답 ①

㉠ ㉡은 중앙건축위원회의 심의대상이고, ㉢ ㉣ ㉤은 지방건축위원회의 심의대상이다.

70

중

논점 건축물의 대지 및 조경 정답 ④

① 하나의 건축물이 방화지구와 그 밖의 구역에 걸치는 경우에는 그 전부에 대하여 방화지구 안의 건축물에 관한 이 법의 규정을 적용한다.
② 건폐율과 용적률에 관하여 이 법에서 기준을 완화하거나 강화하여 적용하도록 규정한 경우에는 그에 따른다.
③ 건축물이 있는 대지는 녹지지역에서 200제곱미터 범위에서 해당 지방자치단체의 조례로 정하는 면적에 못 미치게 분할할 수 없다.
⑤ 주거지역 또는 상업지역에 건축하는 연면적의 합계가 1천500제곱미터 미만인 물류시설은 조경조치를 하여야 한다.

71

중

논점 위반건축물에 대한 조치 정답 ⑤

최초의 시정명령이 있었던 날을 기준으로 하여 1년에 2회 이내의 범위에서 반복하여 부과 · 징수할 수 있다.

72

중

논점 주택의 건설 사업주체 정답 ⑤

고용자가 그 근로자의 주택을 건설하는 경우에는 등록사업자와 공동으로 사업을 시행하여야 한다.

73

중

논점 주택건설사업의 절차 정답 ④

① 주택건설사업의 경우 동별로 공사가 완료된 때 임시사용승인을 신청할 수 있다.
② 주택건설사업을 시행하려는 자는 600세대 이상의 주택단지를 공구별로 분할하여 주택을 건설 · 공급할 수 있다
③ 사업계획승인의 신청을 받았을 때에는 정당한 사유가 없으면 신청 받은 날부터 60일 이내에 사업주체에게 승인 여부를 통보하여야 한다.
⑤ 「도시 및 주거환경정비법」 상 주거환경개선사업(토지등소유자가 스스로 주거환경을 보전 · 정비 · 개량에 해당하는 방법으로 시행하는 경우만 해당한다)을 시행하기 위하여 건설하는 공동주택은 50세대 이상을 사업계획 승인 대상으로 한다.

74

중

논점 분양가상한제 적용주택의 거주의무기간 정답 ①

가. 공공택지에서 건설 · 공급되는 주택의 경우
㉠ 분양가격이 인근지역 주택매매가격의 80% 미만인 주택: (5)년
㉡ 분양가격이 인근지역주택매매가격의 80% 이상 100%미만인 주택: (3)년
나. 공공택지 외의 택지에서 건설 · 공급되는 주택의 경우
ⓐ 분양가격이 인근지역주택매매가격의 80% 미만인 주택: (3)년
ⓑ 분양가격이 인근지역주택매매가격의 80% 이상 100% 미만인 주택: (2)년

75

중

논점 사업주체의 행위제한 정답 ③

① 행위제한기간은 입주자 모집공고 승인 신청일 이후부터 입주예정자가 그 주택 및 대지의 소유권이전등기를 신청할 수 있는 날 이후 60일까지이다.
② 위 "소유권이전등기를 신청할 수 있는 날"이란 사업주체가 입주예정자에게 통보한 입주가능일을 말한다.
④ 위 행위제한기간 동안 사업주체는 입주예정자의 동의 없이 해당 주택 및 대지에 등기되는 부동산임차권을 설정하는 행위를 할 수 없다.
⑤ 저당권설정 등의 제한을 할 때 사업주체는 해당 주택 또는 대지가 입주예정자의 동의 없이는 양도하거나 제한물권을 설정하거나 압류·가압류·가처분 등의 목적물이 될 수 없는 재산임을 소유권등기에 부기등기하여야 한다. 다만, 사업주체가 국가·지방자치단체 및 한국토지주택공사 등 공공기관인 경우에는 그러하지 아니하다.

76

중

논점 토지 임대부 분양주택 전반 정답 ⑤

토지임대부 분양주택에 관하여 이 법에서 정하지 아니한 사항은 「집합건물의 소유 및 관리에 관한 법률」, 「민법」 순으로 적용한다.

77

하

논점 투기과열지구 지정기준 정답 ①

직전월부터 소급하여 주택공급이 있었던 2개월 동안 해당 지역에서 공급되는 주택의 월평균 청약경쟁률이 모두 5대 1을 초과하였거나 국민주택규모 주택의 월평균 청약경쟁률이 모두 10대 1을 초과한 곳

78

하

논점 리모델링기본계획 전반 정답 ④

리모델링 기본계획을 수립하거나 변경하려면 14일 이상 주민에게 공람하고, 지방의회의 의견을 들어야 한다.

79

하

논점 농지의 위탁경영이 허용여부 정답 ②

3개월 이상 국외로 여행 중인 경우만 위탁경영이 허용된다.

80

중

논점 농지보전부담금 정답 ③

① 농지의 타 용도 일시 사용허가를 받으려는 자는 농지보전부담금의 납입대상에 해당하지 아니한다.
② 농지보전부담금의 ㎡당 금액은 가장 최근에 공시된 「부동산 가격공시에 관한 법률」에 따른 해당 농지의 개별공시지가의 100분의 30으로 한다.
④ 농지보전부담금은 신용카드, 직불카드 등으로 납부할 수 있다.
⑤ 공공기관과 지방공기업이 산업단지의 시설용지로 농지를 전용하는 경우에는 농지보전부담금을 나누어 내게 할 수 있다.

2교시

제1과목: 부동산공시에 관한 법령 및 부동산 관련 세법

부동산공시법									
1	2	3	4	5	6	7	8	9	10
⑤	⑤	①	①	③	⑤	③	①	⑤	②
11	12	13	14	15	16	17	18	19	20
⑤	⑤	⑤	①	②	③	③	⑤	④	①
21	22	23	24						
④	④	⑤	①						

1

중

논점 지번의 부여 정답 ⑤

도시개발사업 등의 준공 전 지번부여 : 도시개발사업 등의 준공 전에 지번을 미리 부여하는 경우에는 도시개발 사업계획도에 따라 지번을 부여할 수 있다.

2

중

논점 지목의 설정 정답 ⑤

① 물을 상시적으로 이용하지 아니하고 곡물, 원예작물, 묘목, 관상수 등을 재배하는 토지는 "전"으로 한다.
② 자연의 유수가 있거나 있을 것으로 예상되는 소규모 수로부지의 지목은 "구거"로 한다.
③ 학교용지·공원·종교용지 등 다른 지목으로 된 토지 안에 있는 유적·고적·기념물 등을 보호하기 위하여 구획된 토지는 사적지에서 제외한다.
④ 물건 등을 보관 또는 저장하기 위하여 독립적으로 설치된 보관시설물의 부지와 이에 접속된 부속시설물의 부지는 "창고용지"로 한다.

3

하

논점 지목의 등록방법 정답 ①

② 공장용지 – 장
③ 광천지 – 광
④ 목장용지 – 목
⑤ 양어장 – 양

4

중

논점 지상경계점등록부의 등록사항 **정답** ①

지적소관청이 지상경계점을 등록하고자 하는 때에는 지상경계점등록부에 다음의 사항을 등록하여야 한다(규칙 제60조 제①항).

㉠ 토지의 소재
㉡ 지번
㉢ 경계점 좌표(경계점좌표등록부 시행지역에 한정한다)
㉣ 경계점 위치 설명도
㉤ 경계점에 대한 사진 파일
㉥ 공부상지목과 실제토지이용지목
㉦ 경계점 표지의 종류 및 경계점의 위치

5

중

논점 면적의 결정 **정답** ③

면적측정대상

세부측량을 하는 경우 다음의 어느 하나에 해당하면 필지마다 면적을 측정하여야 한다(지적측량시행규칙 제19조 제1항).
그러나 경계복원측량과 지적현황측량을 하는 경우에는 필지마다 면적을 측정하지 아니한다(동조 제2항).
① 지적공부를 복구하는 경우
② 신규등록하는 경우
③ 등록전환을 하는 경우
④ 분할을 하는 경우
⑤ 축척변경을 하는 경우
⑥ 도시개발사업 등으로 인한 토지의 이동에 따라 토지의 표시를 새로 결정하는 경우
⑦ 면적 또는 경계를 정정하는 경우
⑧ 경계복원측량 및 현황측량에 면적측정이 수반되는 경우

6

중

논점 공유지연명부와 대지권등록부의 등록사항 **정답** ⑤

ㄴ. 토지소유자가 변경된 날과 그 원인,
ㄷ. 토지의 소재,
ㄹ. 토지의 고유번호,
ㅁ. 소유권 지분은 공통 등록사항에 속하나
ㄱ. 전유부분의 건물표시는 대지권등록부에만 등록을 한다.

공유지연명부	대지권등록부
㉮ 토지의 소재 ㉯ 지 번 ㉰ 소유권지분 ㉱ 소유자의 성명 또는 명칭, 주소 및 주민등록번호 ㉲ 토지의 고유번호 ㉳ 필지별 공유지연명부의 장 번호 ㉴ 토지소유자가 변경된 날과 그 원인	㉮ 토지의 소재 ㉯ 지 번 ㉰ 대지권비율 ㉱ 소유자의 성명 또는 명칭, 주소 및 주민등록번호 ㉲ 토지의 고유번호 ㉳ 전유부분의 건물표시 ㉴ 건물명칭 ㉵ 집합건물별 대지권등록부의 장 번호 ㉶ 토지소유자가 변경된 날과 그 원인 ㉷ 소유권 지분

7

하

논점 토지대장과 임야대장의 등록사항 **정답** ③

건축물과 구조물의 위치는 도면의 등록사항이다.

토지대장 및 임야대장의 등록사항

1. 토지의 소재와 지번
2. 지목
3. 면적
4. 토지소유자의 표시
5. 고유번호
6. 지적도 또는 임야도의 번호
7. 필지별 토지대장 또는 임야대장의 장번호
8. 축척
9. 토지의 이동사유
10. 토지등급 또는 기준수확량등급과 그 설정 · 수정 연월일
11. 개별공시지가와 그 기준일
12. 토지소유자가 변경된 날과 그 원인

8

중

논점 토지표시의 복구자료 **정답** ①

지적공부의 복구에 관한 관계 자료(이하 "복구자료"라 한다)는 다음 각 호와 같다(규칙 제72조).

1. 지적공부의 등본
2. 측량 결과도
3. 토지이동정리 결의서
4. 부동산등기부 등본 등 등기사실을 증명하는 서류
5. 지적소관청이 작성하거나 발행한 지적공부의 등록내용을 증명하는 서류
6. 법 제69조 제3항에 따라 복제된 지적공부
7. 법원의 확정판결서 정본 또는 사본

9
중

논점 신규등록과 등록전환에 따른 지적정리 정답 ⑤

등록전환의 경우 지적측량을 실시하여 토지의 경계 및 면적 등을 결정하여야 한다. 이 경우 측량 후 면적이 허용오차를 초과하는 경우 임야대장의 면적과 임야도의 경계는 지적소관청이 직권으로 정정하여야 하고 허용오차이내의 경우에는 등록전환 될 면적을 등록전환 면적으로 한다.

10
중

논점 바다로 된 토지의 등록말소 정답 ②

지적소관청으로부터 등록말소 신청 통지를 받은 자가 통지를 받은 날부터 90일 이내에 등록말소 신청을 하지 아니하면 직권으로 그 지적공부의 등록사항을 말소하여야 한다.

11
중

논점 토지소유자 정리 정답 ⑤

지적소관청은 필요하다고 인정하는 경우에는 관할 등기관서의 등기부를 열람하여 지적공부와 부동산등기부가 일치하는지 여부를 조사 · 확인하여야 하며, 일치하지 아니하는 사항을 발견하면 등기사항증명서 또는 등기관서에서 제공한 등기전산정보자료에 따라 지적공부를 직권으로 정리하거나, 토지소유자나 그 밖의 이해관계인에게 그 지적공부와 부동산등기부가 일치하게 하는 데에 필요한 신청 등을 하도록 요구할 수 있다.

12
중

논점 축척변경 정답 ⑤

지적소관청은 시행공고일 현재 축척변경시행지역의 각 필지에 대하여 가격을 조사하여 축척변경위원회에 제출하여야 한다.

13
중

논점 등기의 효력 정답 ⑤

대지권에 관한 등기로 효력이 있는 등기와 대지권의 목적인 토지 등기기록에 한 등기의 순위는 접수번호에 의한다.

14
중

논점 가등기신청 절차 정답 ①

② 가등기를 한 경우에 본등기의 순위는 가등기순위에 따른다. 그러나 물권변동의 효력은 본등기시 발생한다.
③ 해당 가등기에 대한 가압류 등기는 직권 말소되지 아니한다.
④ 소유권에 관한 가등기명의인이 가등기말소등기를 신청하는 경우 가등기명의인의 인감증명을 첨부하여야 한다.
⑤ 가등기는 신청서에 가등기의무자의 승낙서 또는 가처분명령의 정본을 첨부하여 가등기권리자가 신청할 수 있다(법 제37조).

15
중

논점 소유권보존등기 신청적격 정답 ②

특별자치도지사, 시장, 군수 또는 구청장의 확인에 의하여 자기의 소유권을 증명하는 자는 건물로 한정한다.

16
중

논점 유증으로 인한 소유권이전등기 정답 ③

유증으로 인한 소유권이전등기는 상속등기 없이 수증자 명의로 소유권이전등기를 신청할 수 있다. 다만, 이미 상속등기되어 있는 경우라면 그 상속인으로부터 수증자 명의로 소유권이전등기할 수 있다.

17
하

논점 지상권설정등기 신청절차 정답 ③

① 지상권설정의 목적과 범위는 지상권설정등기신청서의 필요적 기재사항이다.
② 지료는 지상권설정등기신청서의 임의적 기재사항이다.
④ 농지에 대하여도 지상권설정등기를 할 수 있다.
⑤ 존속기간을 불확정기간으로 하는 지상권설정등기도 허용된다.

18
중

논점 등기신청적격 정답 ⑤

동민이 법인 아닌 사단을 구성하고 그 명칭을 행정구역인 동 명의와 동일하게 한 경우에는 그 동민의 대표자가 동 명의로 등기신청을 할 수 있다.
① 법인 아닌 사단이나 재단은 전자신청 할 수 없다.
② 학교는 등기신청적격을 인정하지 않는다.
③ 등기를 전자신청하는 경우 대리인은 변호사나 법무사로 한정한다.
④ 읍과 면은 등기신청적격을 인정하지 않는다.

19
하

논점 신청정보의 기록사항 정답 ④

소유권보존등기는 '등기원인과 그 연월일' 을 적지 아니한다.

20
중

논점 등기필정보의 작성 정답 ①

갑소유 토지에 을이 전세권설정가등기를 신청한 경우 등기필정보를 작성하여 등기권리자에게 통지하여야 한다. 그러나 ②③④⑤의 경우 등기필정보를 작성하지 않는다.

등기필정보를 작성하지 않는 경우

1. 등기권리자가 등기필정보의 통지를 원하지 아니하는 경우(법 제50조)
2. 국가 또는 지방자치단체가 등기권리자인 경우(법 제50조)
3. 전자신청 : 등기필정보를 전산정보처리조직으로 통지받아야 할 자가 수신이 가능한 때부터 3개월 이내에 전산정보처리조직을 이용하여 수신하지 않은 경우(규칙 제109조)
4. 방문신청 : 등기필정보통지서를 수령할 자가 등기를 마친 때부터 3개월 이내에 그 서면을 수령하지 않은 경우(규칙 제109조)
5. 승소한 등기의무자가 등기신청을 한 경우(규칙 제109조)
6. 등기권리자를 대위하여 등기신청을 한 경우(채권자 대위신청)(규칙 제109조)
7. 등기관이 직권으로 소유권보존등기를 한 경우(규칙 제109조)

21

중

논점 부가등기 대상 정답 ④

부동산표시의 변경등기는 표제부 등기이므로 언제나 주등기방식에 의한다.

22

중

논점 저당권의 등기 신청절차 정답 ④

대지권등기를 한 구분건물은 분리처분을 금지하므로 토지 또는 건물만을 목적으로 한 소유권이전등기, 저당권설정등기, 압류, 가압류등기 등은 허용하지 않는다.

23

중

논점 토지수용으로 인한 소유권이전등기 정답 ⑤

수용은 원시취득이기 때문에 모든 등기는 직권말소한다.
다만, 수용개시일 이전의 소유권보존등기와 소유권이전등기 및 요역지지역권등기, 관할토지수용위원회에서 재결로 인정한 권리는 말소하지 않는다.

24

중

논점 단독신청 등기 정답 ①

ㄹ. 특정유증으로 인한 소유권이전등기는 공동신청에 의한 등기이며
ㅁ. 승역지에 지역권설정등기를 하였을 경우, 요역지지역권등기는 등기관이 직권으로 실행한다.

부동산세법									
				25	26	27	28	29	30
				②	②	②	⑤	①	④
31	32	33	34	35	36	37	38	39	40
②	③	⑤	①	③	④	②	⑤	④	①

25

하

논점 납세의무의 확정 정답 ②

ㄱ. ㅁ 취득세, 등록에 대한 등록면허세(지방세) : 납세의무자가 신고하는 때 확정(무신고시 과세권자가 결정하는 때 확정)
ㄴ. 종합부동산세(국세) : 과세권자가 결정하는 때 확정(선택시 신고하는 때 확정)
ㄷ. 재산세(지방세) : 과세권자가 결정하는 때 확정
ㄹ. 양도소득세(국세) : 납세의무자가 신고하는 때 확정(무신고시 과세권자가 결정하는 때 확정)
ㅂ. 지방교육세와 농어촌특별세는 본세 납부 방법에 따라 확정된다.

26

중

논점 독립세와 부가세 정답 ②

① 종합부동산세에는 납부세액의 100분의 20에 해당하는 농어촌특별세가 부가된다. 따라서 감면세액에는 부가되지 아니한다.
② 취득세에는 표준세율에서 1천분의 20을 뺀 세율을 적용하여 산출한 취득세액의 100분의 20에 해당하는 지방교육세(중과기준세율이 적용되는 경우는 제외)가 부가된다.
③ 취득세에는 표준세율을 100분의 2를 적용하여 산출한 취득세액의 100분의 20에 해당하는 농어촌특별세가 부가된다.
④ 등록면허세 및 재산세에는 납부세액의 100분의 20에 해당하는 지방교육세가 부가된다. 단, 재산세의 지방교육세 20%에는 도시지역분을 제외한다.
⑤ 양도소득세에는 감면세액의 100분의 20에 해당하는 농어촌특별세가 부가된다. 따라서 납부세액에는 부가되지 아니한다. 납부세액의 10%인 지방소득세는 독립세이다.

27

중

논점 취득세 납세의무 정답 ②

② 법인설립 시에 발행하는 주식을 취득함으로써 과점주주가 된 때에는 해당 법인의부동산 등을 취득한 것으로 보지 아니한다.

28

중

논점 중과기준세율 정답 ⑤

ㄱ(1천분의 28), ㄹ(1천분의 23)은 표준세율을 적용한다.
단, ㄱ의 경우 가액의 증가한 경우에는 중과기준세율을 적용한다.
다만, 면적이 중가하는 경우에는 원시취득에 대한 세율을 적용한다.

29

중

논점 취득세 세율 정답 ①

② 회원제 골프장용 부동산 등에 대한 취득세는 표준세율에 중과기준세율의 100분의 400을 합한 세율을 적용하고 과밀억제권역 내 법인의 본점 주사무소용 부동산에 대한 취득세는 표준세율에 중과기준세율의 100분의 200을 합산 세율로 중과세한다.

③ 상속의 경우 농지는 1,000분의 23을, 농지를 제외한 경우는 1,000분의 28을 적용한다.

④ 증축으로 인하여 면적이 증가한 경우 원시취득으로 보아 1,000분의 28의 세율을 적용한다.

⑤ 동일한 취득물건에 2 이상의 세율이 동시에 적용되는 경우 그중 높은 세율을 적용한다.

30

중

논점 등록면허세의 과세표준 및 세율 정답 ④

① 가압류 · 저당권 · 가처분 · 경매신청 등기시 등록면허세의 세율은 채권금액의 1,000분의 2이다.

② 상속으로 인한 소유권의 취득시 등록면허세의 세율은 일률적으로 부동산가액의 1,000분의 8이다.

③ 상속 이외의 무상(증여)으로 인한 소유권의 취득시 등록면허세의 세율은 부동산가액의 1,000분의 15이다.

⑤ 임차권 말소 등기 시 등록면허세의 세율은 1건당 6,000원이다.

31

중

논점 재산세 과세대상 중 주택 정답 ②

② 납세의무자가 해당 지방자치단체 관할구역에 2개 이상의 주택을 소유하고 있는 경우 그 주택별 가액을 과세표준으로 하여 주택의 세율을 적용한다.

32

중

논점 재산세의 공장용지 정답 ③

③ 시의 주거지역 · 상업지역 · 녹지지역에 있는 공장용지로서 기준면적 이내의 토지는 별도합산과세대상이다.

33

중

논점 종합부동산세법상 1세대 1주택 정답 ⑤

① ~다른 주택을 소유하지 아니한 경우 신청한 경우에 한하여 공동명의 1주택자를 혜당 1주택에 대한 납세의무자로 한다.

② 합산배제 신고한 「문화재보호법」에 따른 국가 · 시 · 도 등록문화재에 해당하는 주택은 1세대가 소유한 주택 수에서 제외한다.

③ ~그 주택소유자가 실제 거주하고 있는 경우에 한정하여 1세대 1주택자에 해당한다.

④ 1세대 1주택자는 주택의 공시가격을 합산한 금액에서 12억원을 공제한 금액에 공정시장가액비율을 곱한 금액을 과세표준으로 한다.(개정법)

34

상

논점 부동산 임대와 관련한 사업소득 정답 ①

① 주택임대소득이 과세되는 고가주택은 과세기간 종료일 현재 기준시가 12억원을 초과하는 주택을 말한다.(개정법)

35

하

논점 양도소득에 해당여부 정답 ③

③ 사업에 사용하는 자산(토지 · 건물)과 함께 양도하는 영업권은 양도소득세 과세대상이다.

36

중

논점 1세대 1주택의 특례 정답 ④

- 영농의 목적으로 취득한 귀농주택으로서 수도권 밖의 지역 중 면지역에 소재하는 주택과 일반주 택을 국내에 각각 1개씩 소유하고 있는 1세대가 귀농주택을 취한 날부터 5년 이내에 일반주택을 양도하는 경우에는 국내에 1개의 주택을 소유하고 있는 것으로 보아 제154조 제1항을 적용한다.
- 취학 등 부득이한 사유로 취득한 수도권 밖에 소재하는 주택과 일반주택을 국내에 각각 1개씩 소유하고 있는 1세대가 부득이한 사유가 해소된 날부터 3년 이내에 일반주택을 양도하는 경우에는 국내에 1개의 주택을 소유하고 있는 것으로 보아 제154조 제1항을 적용한다.
- 1주택을 보유하는 자가 1주택을 보유하는 자와 혼인함으로써 1세대가 2주택을 보유하게 되는 경우 혼인한 날부터 5년 이내에 먼저 양도하는 주택은 이를 1세대 1주택으로 보아 제154 제1항을 적용한다.

37

하

논점 소득세법상 취득시기 및 양도시기 정답 ②

② 점유로 인한 부동산소유권의 취득시효(「민법」 제245조 제1항)에 의하여 부동산의 소유권을 취득하는 경우에는 해당 부동산의 점유를 개시한 날을 취득시기로 한다. 다만, 취득세에 취득시기는 등기.등록일이다.

38

중

논점 소득세법상 양도소득세의 과세표준 정답 ⑤

⑤ 양도소득기본공제는 양도소득이 있는 거주자에 대하여 해당 연도 양도소득금액에서 양도소득별로 각각 연 250만원을 공제한다(단, 미등기 양도자산은 제외).

39

상

논점 양도소득과세표준 정답 ④

④ 1세대 1주택 비과세 요건을 충족하는 고가주택의 양도 가액이 15억원이고 양도차익이 5억원인 경우 양도소득세가 과세되는 양도차익은 1억원이다. 〔5억원 ×(3억원/15억원)〕

40

상

논점 국외자산 양도 **정답** ①

② 국외자산의 양도소득에 대하여 해당 외국에서 과세를 하는 경우 그 양도소득에 대하여 대통령령이 정하는 국외자산양도소득에 대한 세액을 납부하였거나 납부할 것이 있는 때에는 외국납부세액공제와 필요경비 산입의 방법 중 하나를 선택하여 적용 받을 수 있다.

③ 국외자산의 양도에 대한 양도소득세는 해당 자산의 양도일까지 계속 5년 이상 국내에 주소 또는 거소를 둔 거주자에 한하여 납세의무를 진다.

④ 국외자산 양도에 따른 양도소득 과세표준 계산시 장기보유특별공제를 적용하지 아니한다. 단, 양도소득기본공제는 적용한다.

⑤ 양도소득이 국외에서 외화를 차입하여 취득한 자산을 양도하여 발생하는 소득으로서 환율변동으로 인한 환차익을 포함하고 있는 경우에는 해당 환차익을 양도소득의 범위에 제외한다.

제 7 회 실전모의고사 정답 & 해설

1교시

정답

1	2	3	4	5	6	7	8	9	10	11	12	13	14	15	16	17	18	19	20
④	①	③	⑤	⑤	④	③	③	④	④	①	⑤	②	④	④	④	③	①	⑤	②
21	22	23	24	25	26	27	28	29	30	31	32	33	34	35	36	37	38	39	40
②	④	②	③	④	②	③	④	②	②	④	③	③	④	④	②	③	⑤	④	⑤
41	42	43	44	45	46	47	48	49	50	51	52	53	54	55	56	57	58	59	60
⑤	②	③	④	④	①	①	②	⑤	①	②	⑤	③	①	③	②	①	②	①	②
61	62	63	64	65	66	67	68	69	70	71	72	73	74	75	76	77	78	79	80
②	①	④	②	①	⑤	②	④	⑤	⑤	②	③	③	②	①	②	②	⑤	⑤	①

제1과목: 공인중개사의 업무 및 부동산 거래 신고 등에 관한 법령 및 중개실무

01

중

논점 용어의 정의 정답 ④

"중개보조원" 이라 함은 공인중개사가 아닌 자로서 개업공인중개사에 소속되어 중개대상물에 대한 현장안내 및 일반서무 등 개업공인중개사의 중개업무와 관련된 단순한 업무를 보조하는 자를 말한다.

02

상

논점 중개대상물의 범위 정답 ①

ㄱ. 세차장구조물은 콘크리트 지반 위에 볼트조립방식 등을 사용하여 철제 파이프 또는 철골의 기둥을 세우고 2면 또는 3면에 천막이나 유리 등으로 된 구조물로서 주벽이라고 할 만한 것이 없고, 볼트만 해체하면 쉽게 토지로부터 분리 · 철거가 가능하므로 이를 토지의 정착물이라 할 수 없다(대판 2009.1.15., 2008도9427)

ㄴ. 입주권 중 특정 동 · 호수에 대하여 피분양자가 선정되거나 분양계약이 체결되지는 아니하였다고 하더라도, 대상 아파트 전체의 건축이 완료됨으로써 분양 대상이 될 세대들이 객관적으로 존재하여 분양 목적물로의 현실적인 제공 또는 가능한 상태에 이르렀다면 분양 대상물이 상당히 구체화되었다고 할 것이어서, 이에 대한 거래를 중개하는 것은 건축물의 중개에 해당한다고 할 수 있다(대판 2013.1.24., 2010다16519).

ㄷ. 영업용 건물의 비품 등 유형물의 대가, 거래처, 신용, 영업상의 노하우 또는 점포 위치에 따른 영업상의 이점 등 무형의 재산적 가치는 중개대상물에 해당하지 아니한다(대판 2009.1.15., 2008도9427).

ㄹ. 소유권보존등기가 경료된 수목의 집단은 입목으로서 소유권 및 저당권설정 목적인 중개대상물이 될 수 있으나, 명인방법을 갖춘 수목의 집단은 소유권 목적인 중개대상물이 될 수 있을 뿐 저당권설정 목적은 될 수 없다.

ㅁ. 대토권은 주택이 철거될 경우 일정한 요건하에 택지개발지구 내에 이주자택지를 공급받을 지위에 불과하고 특정한 토지나 건물 기타 정착물 또는 「공인중개사법 시행령」 이 정하는 재산권 및 물건에 해당한다고 볼 수 없으므로 중개대상물에 해당하지 않는다(대판 2011.5.26. 2011다23682).

03

중

논점 공인중개사정책심의위원회 운영 정답 ③

① 위원장이 부득이한 사유로 직무를 수행할 수 없을 때에는 위원장이 미리 지명한 위원이 그 직무를 대행한다.

② 위원의 임기는 2년으로 하되, 위원의 사임 등으로 새로 위촉된 위원의 임기는 전임위원 임기의 남은 기간으로 한다.

④ 회의 개최 7일 전까지 통보하여야 한다.

⑤ 심의위원회의 회의는 재적위원 과반수의 출석으로 개의하고, 출석위원 과반수의 찬성으로 심의사항을 의결한다.

04

중

논점 등록의 기준과 절차 정답 ⑤

① 개업공인중개사의 종별변경은 원칙적으로 다시 등록신청 하여야 한다.

② 종별변경을 위하여 등록 신청하는 경우에는 종전에 제출하였던 서류는 다시제출하지 아니하여도 된다.

③ 건축물대장에 기재된 건물에 소유·전세·임대차 또는 사용대차 등의 방법에 의하여 사용권을 확보하면 된다.

⑤ 법인인 개업공인중개사가 분사무소를 설치 할 수 있는 것은 이중사무소 설치금지에 대한 예외이지 이중등록에 대한 예외가 아니다.

05

중

논점 등록의 위반과 효과 정답 ⑤

⑤ 공인중개사가 아닌 자의 중개업은 법에 의하여 금지된 행위로서 형사처벌의 대상이 되는 범죄행위에 해당하는 것으로서 사회통념상 도저히 용인될 수 없는 정도로 반사회성을 띠는 경우에 해당하여 업무방해죄의 보호대상이 되는 업무라고 볼 수 없다(대판 2007.1.12., 2006도6599)

06
중

논점 등록의 결격사유 정답 ④

피성년후견인 또는 피한정후견인은 등록의 결격사유에 대항하지만, 피특정후견인은 등록의 결격사유에 해당하지 않는다.

07
하

논점 중개대상물의 표시광고 정답 ③

개업공인중개사가 의뢰받은 중개대상물에 대하여 표시 · 광고하는 경우 중개보조원에 관한 사항은 명시해서는 아니 된다. 그러나 소속공인중개사에 관한 사항을 명시하는 것이 금지되는 것은 아니다.

08
중

논점 법인인 개업공인중개사의 업무범위 정답 ③

③ 고용인인 소속공인중개사는 고용신고일전 1년 이내에 실무교육을 수료하여야 한다.
① 경영기법 및 경영정보의 제공은 개업공인중개사만을 대상으로 할 수 있으므로, 중개업 창업을 준비 중인 공인중개사를 대상으로 행하는 것은 공인중개사법 위반이 된다.
② 분사무소는 시 군 구별로 1개를 초과할 수 없으므로 부산광역시 부산진구에 2개의 분사무소를 개설할 수 없다.
④ 중개법인은 상업용건축물 및 주택은 분양대행할 수 있다.
⑤ 경매대상 부동산에 대한 권리분석 및 취득의 알선은 법인인 개업공인중개사가 대법원규칙상의 등록을 필하지 않고도 수행 할 수 있다.

09
중

논점 공인중개사법 일반 정답 ④

④ 소속공인중개사도 인장등록의무가 있다.
① 법부칙제6조2의 개업공인중개사의 업무지역범위는 사무소가 속한 지역을 관할하는 특별시 · 광역시 · 도 이므로, 원칙적으로는 甲은 경기도만이 업무지역범위이다.
② 계약은 체결의 자유가 있으므로 의뢰인이 전속중개의뢰를 하였다하여 개업공인중개사가 반드시 승낙하여야할 의무가 있는 것은 아니다.
③ 공인중개사법에 위반하여 징역형을 선고받아야 자격취소사유가 된다.
⑤ 감독상 명령 할 수 있는 경우에 해당되는 경우에만 지도감독을 행 할 수 있다.

10
중

논점 개업공인중개사의 고용인 정답 ④

① 공동사용사무소에서도 고용인은 개별적으로 고용해야 한다.
② 고용인의 고의 또는 과실 없이 발생한 의뢰인의 재산상손해에 대해서는 고용인은 물론 그를 고용한 개업공인중개사도 책임을 물을 수 없다.
③ 민법상 사용자로서 구상권 행사가 가능하다.(민법 제756조 제3항)
⑤ 고용인이 금지행위를 위반한 경우 그를 고용한 개업공인중개사의 행위로 보아 등록이 취소될 수 있을 뿐이지 등록을 취소하여야 하는 것은 아니다.

11
하

논점 법인의 분사무소 정답 ①

분사무소 설치신고시에도 수수료를 납부하여야 한다.

12
중

논점 게시의무 정답 ⑤

법부칙제6조2항의 개업공인중개사가 소속공인중개사를 고용한 경우에는 당해 소속공인중개사의 자격증 원본을 게시하여야 한다.

13
하

논점 휴업 및 폐업 등 정답 ②

② 법인인 개업공인중개사는 분사무소 별로 휴업 및 폐업 등을 할 수 있다.

14
중

논점 전속중개계약 정답 ④

① 전속중개계약 → 일반중개계약
② 표준서식의 중개계약서를 사용할 의무가 없다.
③ 중개대상물의 공시지가를 공개하지 아니할 수 있다. 따라서 공개해도 된다.
⑤ 중개보수의 50%에 해당하는 금액의 범위 안에서 개업공인중개사가 중개행위를 할 때 소요된 비용을 지불하여야 한다.

15
중

논점 거래정보사업자 지정 정답 ④

① 법인인 개업공인중개사는 지정을 받을 수 없다.
② 정보처리기사 1인 이상과 공인중개사 1인 이상을 확보하여야 한다.
③ 외국인도 거래정보사업자로 지정을 받을 수 있다.
⑤ 지정을 받고자 하는 자가 국토교통부장관이 정하는 용량 및 성능을 갖춘 컴퓨터설비를 확보하여야 한다.

16
중

논점 거래계약서 작성의무 정답 ④

① 개업공인중개사가 계약서에 서명 및 날인하지 않으면 당사자간의 거래계약은 유효하다.② 거래당사자가 매매조건에 합의하여 계약서에 서명은 하였으나 날인을 하지 않은 경우에도 계약의 효력은 발생한다.
③ 당해 업무를 보조한 고용인이 모두 개업공인중개사와 함께 서명 및 날인 하여야 하는 것은 아니고, 당해업무를 수행한 소속공인중개사가 서명 및 날인의무가 있다. 따라서 중개보조원에게는 서명 및 날인의 의무가 발생하지 않는다.
⑤ 계약서를 작성한 개업공인중개사는 계약서에 서명 및 날인하여야 한다. 이 경우 개업공인중개사가 법인인 경우에는 주사무소에서는 대표자가 분사무소에서는 책임자가 서명 및 날인하면 된다.

17

중

논점 확인설명의무 정답 ③

③ 중개대상물건에 근저당이 설정된 경우에는 개업공인중개사는 채권최고액만을 조사·확인해서 의뢰인에게 설명하면 족하고, 실제의 현재 채무액까지 설명해 주어야 할 의무는 없다.

④, ⑤ 중개대상물에 대한 설명은 권리를 취득하려는 의뢰인에게 하여야 하나, 보증에 관한 설명(보장기간 등)은 거래당사자 쌍방에게 설명하여야 한다.

18

상

논점 공인중개사법 일반 정답 ①

② 경매 등록신청을 받은 지방법원장은 14일 이내에 등록을 통지한다.

③ 개업공인중개사가 보증금 등으로 손해배상을 한 때에는 15일 이내에 보증보험 또는 공제에 가입하거나 부족하게 된 공탁금을 보전하여야 한다.

④ 국토교통부장관이 거래정보사업자의 지정신청을 받은 때에는 기준에 적합한 경우 30일 이내에 거래정보사업자 지정서를 교부하여야 한다.

⑤ 시·도지사가 공인중개사 자격을 취소한 때에는 5일 이내에 다른 시·도지사에게 통보하고, 국토교통부장관에게 보고 하여야 한다.

19

상

논점 부동산거래질서교란행위 신고센터의 설치 및 운영 정답 ⑤

신고센터는 제출받은 부동산거래질서교란행위 신고사항에 대해 시·도지사 및 등록관청 등에 조사 및 조치를 요구해야 한다. 다만, 다음의 어느 하나에 해당하는 경우에는 국토교통부장관의 승인을 받아 접수된 신고사항의 처리를 종결할 수 있다.

1. 신고내용이 명백히 거짓인 경우
2. 신고인이 신고받은 사항에 보완요청에 불응한 경우
3. 신고인이 신고사항의 처리결과를 통보받은 사항에 대하여 정당한 사유 없이 다시 신고한 경우로서 새로운 사실이나 증거자료가 없는 경우
4. 신고내용이 이미 수사기관에서 수사 중이거나 재판이 계속 중이거나 법원의 판결에 의해 확정된 경우

20

중

논점 부동산거래질서교란행위 정답 ②

부동산거래질서교란행위 신고사항에 대해 조사 및 조치를 요구를 받은 시·도지사 및 등록관청 등은 신속하게 조사 및 조치를 완료하고, 완료한 날부터 10일 이내에 그 결과를 신고센터에 통보해야 한다.

21

중

논점 업무보증설정의무 정답 ②

법인은 4억원이상의 업무보증을 설정하여야 하나 분사무소 추가시 마다 2억원이상을 추가하여 설정하여야 한다. 따라서 당해 중개법인은 총14억원이상의 업무보증이 설정되어야 한다.

① 개업공인중개사는 업무보증설정한도액 범위내에서만 배상책임을 지는 것이아니므로, 재산상손해가 보증기관의 보증금 지급한도를 초과하는 경우에도 당사자는 개업공인중개사를 상대로 손해배상청구권을 행사할 수 있다.

③ 고용인의 업무상 행위로 중개의뢰인에게 재산상 손해를 발생하게 한 경우 개업공인중개사는 무과실책임을 진다.

④ 개업공인중개사가 자기의 중개사무소를 다른 사람의 중개행위의 장소로 제공함으로서 거래당사자에게 손해를 발생하게 한 때에는 사무소를 제공한 개업공인중개사에게 직접적인 업무상 귀책사유가 없어도 손해배상책임이 있다.

⑤ 개업공인중개사의 귀책사유는 중과실 또는 경과실을 불문하고 손해배상책임이 발생한다.

22

하

논점 교육 정답 ④

거래정보사업자는 실무교육 위탁기관이 아니다.

23

중

논점 계약금등의 반환채무 이행보장제도 정답 ②

① 개업공인중개사는 거래계약의 이행이 완료될 때까지 계약금 등의 예치를 거래당사자에게 권고할 수 있다. 즉, 개업공인중개사는 거래의 안전을 보장하기 위하여 필요하다고 인정하는 경우에는 거래계약의 이행이 완료될 때 까지 계약금 중도금 또는 잔금(계약금 등)을 개업공인중개사 또는 대통령령이 정하는 자의 명의로 금융기관, 공제사업을 하는 자 또는 신탁업자 등에게 예치하도록 거래당사자에게 권고할 수 있다.

③ 계약금 등을 미리 수령할 권리가 있는 자는 매도인 임대인 등 권리취득 의뢰인이다.

④ 예치 대상에 해당하는 보증을 설정할 의무는 개업공인중개사의 명의로 예치하는 경우에 한한다.

⑤ 개업공인중개사는 계약금 등의 반환채무이행보장에 소요되는 실비를 매수 임차 그 밖의 권리를 취득하고자 하는 중개의뢰인에게 영수증 등을 첨부하여 청구할 수 있다.

24

상

논점 행정형벌 정답 ③

③ 명의신탁자는 5년 이하의 징역 또는 2억원 이하의 벌금형에 처하도록 규정되어 있다.

① 개업공인중개사에게는 1년 이하의 징역 또는 1천만원 이하의 벌금형이 과해질 수 있다.

② 금품초과 수수에 해당한다. 따라서 1년 이하의 징역 또는 1천만원 이하의 벌금형이 처해질 수 있다.

④ 투기조장행위이므로 3년 이하의 징역 또는 3천만원 이하의 벌금형이 처해질 수 있다.

⑤ 해당 개업공인중개사는 의뢰인과 직접 거래에 해당하여 3년 이하의 징역 또는 3천만원 이하의 벌금형이 과해질 수 있다.

25
중

논점 행정질서벌 정답 ④

중개대상물에 관한 표시 · 광고를 하면서 성명 · 명칭 · 연락처 · 사무소 소재지를 명시하지 않는 행위는 100만원이하의 과태료 사유이다.

26
중

논점 포상금 제도 정답 ②

거짓 그 밖의 부정한 방법으로 중개사무소 개설 등록을 한 자를 신고 또는 고발한 경우에는 포상금을 지급받을 수 있으나 거짓 그 밖의 부정한 방법으로 공인중개사 자격을 취득을 한자를 신고 고발한 행위는 포상금 지급 대상이 아니다.

27
중

논점 포상금제도 정답 ③

공인중개사법령상 신고 또는 고발시 포상금 지급받을 수 있는 위반행위는 다음과 같다.

1. 중개사무소의 개설등록을 하지 아니하고 중개업을 한 자
2. 거짓 그 밖의 부정한 방법으로 중개사무소의 개설등록을 한 자
3. 중개사무소등록증 또는 공인중개사자격증을 다른 사람에게 양도 · 대여하거나 다른 사람으로부터 양수 · 대여받은 자
4. 개업공인중개사가 아닌자로서 중개대상물의 표시 · 광고를 한 자
5. 개업공인중개사 등으로서 부동산거래질서 교란행위를 한 자
6. 제33조제2항의 부동산거래질서 교란행위를 하여 개업공인중개사등의 업무를 방해한 자

28
중

논점 외국인의 부동산취득에 관한 특례 정답 ④

④ 토지거래계약에 관한 허가를 받은 경우에는 취득허가를 받지 아니한다.

29
중

논점 토지거래허가구역의 지정 정답 ②

법령의 제정·개정 또는 폐지나 그에 의한 고시·공고로 인하여 토지이용에 대한 행위제한이 완화되거나 해제되는 지역이다.

30
하

논점 중개대상물 조사확인 정답 ②

② 도로상황이나 지세는 공부상으로 확인할 수 없으므로 개업공인중개사가 임장활동을 통하여 확인하여야 한다.

① 경계는 지적도(임야도)를 통해 확인한다.

③ 토지대장(임야대장)을 통해 확인한다.

④ 면적은 토지대장을 통하여 확인한다.

⑤ 현장답사를 통하여 확인하여야 한다.

31
하

논점 중개대상물 조사확인 방법 정답 ④

유치권은 미등기 권리이므로 부동산등기사항증명서를 통하여 확인할 수 없다. 따라서 현장조사 및 권리를 이전하고자 하는 중개의뢰인에게 문의하여 확인한다.

32
하

논점 확인설명서 작성방법 정답 ③

③ 공동중개 시 참여한 개업공인중개사(소속공인중개사를 포함)는 모두 서명 및 날인하여야 하여야 한다.

33
중

논점 전자계약 정답 ③

③ 10년간 → 5년간

34
상

논점 계약서 검인제도 정답 ④

④ 2개 이상의 시 군 구에 있는 수개의 부동산의 소유권이전을 내용으로 하는 계약서 또는 판결서등을 검인받고자 하는 경우에는 그 중 1개의 시·군·구를 관할하는 시장 등에게 검인을 신청할 수 있다. 이 경우 검인을 한 시장 등은 그 각 부동산의 소재지를 관할하는 세무서장에게 그 계약서 또는 판결서등의 사본 1통을 각각 송부하여야 한다.

35
중

논점 검인의 대상 정답 ④

④ 검인대상은 계약을 원인으로 한 부동산소유권이전계약이므로 경매 공용수용 상속 거래당사자의 일방이 국가나 지방자치단체인 경우, 입목 공장재단 광업재단에 대한 계약, 임대차 등의 경우는 제외된다.

36
상

논점 장사등에 관한 법률 정답 ②

① 공설묘지, 가족묘지, 종중 · 문중묘지 또는 법인묘지안의 분묘 1기 및 당해 분묘의 상석, 비석 등 시설물의 설치구역 면적은 10평방미터(합장의 경우에는 15평방미터)를 초과하여서는 아니된다.

③ 설치기간이 지난 분묘의 연고자가 시 · 도지사, 시장 · 군수 · 구청장 또는 법인묘지의 설치 · 관리를 허가받은 자에게 그 설치기간의 연장을 신청하는 경우에는 1회에 한하여 그 설치기간을 30년에 한정하여 그 설치기간을 연장하여야 한다.

④ 개인묘지는 30평방미터를 초과하여서는 아니된다.

⑤ 설치기간이 종료된 분묘의 연고자는 설치기간이 종료된 날부터 1년 이내에 당해 분묘에 설치된 시설물을 철거하고 매장된 유골을 화장 또는 납골하여야 한다.

37

상

논점 명의신탁의 효과 정답 ③

① 甲과 丙 간의 명의신탁약정 및 丙 명의의 등기는 무효이다.

② 甲은 乙에게 소유권이전등기를 청구할 수 있다.

④ 甲은 5년 이하의 징역 또는 2억원 이하의 벌금에 처해지며, 丙은 3년 이하의 징역 또는 1억원 이하의 벌금에 처해진다.

⑤ 甲에 대하여 횡령죄가 적용되지 않는다.

38

상

논점 상가건물임대차보호법 정답 ⑤

⑤ 임차인의 차임연체액이 3기의 차임액에 달하는 때에는 임대인은 계약을 해지할 수 있다

① 상가건물임대차보호법 개정으로 종전에는 환산보증금이 일정액을 초과하는 임차인에게 계약갱신요구, 묵시의 갱신, 갱신시 차임과 보증금 증감청구만 인정하였으나 여기에 대항력과 권리금 관련 신설 규정도 적용하도록 하였다.

② 상가건물임대차보호법상의 권리금 계약이란 신규임차인이 되려는 자가 임차인에게 권리금을 지급하기로 하는 계약을 말한다.

③ 임대인은 임대차 기간이 끝나기 6개월 전부터 임대차 종료 시까지 다음의 어느 하나에 해당하는 행위를 함으로써 권리금 계약에 따라 임차인이 주선한 신규임차인이 되려는 자로부터 권리금을 지급받는 것을 방해하여서는 아니 된다.

1. 임차인이 주선한 신규임차인이 되려는 자에게 권리금을 요구하거나 임차인이 주선한 신규임차인이 되려는 자로부터 권리금을 수수하는 행위
2. 임차인이 주선한 신규임차인이 되려는 자로 하여금 임차인에게 권리금을 지급하지 못하게 하는 행위
3. 임차인이 주선한 신규임차인이 되려는 자에게 상가건물에 관한 조세, 공과금, 주변 상가건물의 차임 및 보증금, 그 밖의 부담에 따른 금액에 비추어 현저히 고액의 차임과 보증금을 요구하는 행위
4. 그 밖에 정당한 사유 없이 임대인이 임차인이 주선한 신규임차인이 되려는 자와 임대차계약의 체결을 거절하는 행위

④ 임대차 목적물인 상가건물이 「유통산업발전법」 제2조에 따른 대규모점포 또는 준대규모 점포의 일부이거나 「국유재산법」에 따른 국유재산 또는 「공유재산 및 물품관리법」에 따른 공유재산인 경우에는 권리금 적용 대상에서 제외한다.

⑤ 임차인의 차임연체액이 3기의 차임액에 달하는 때에는 임대인은 계약을 해지할 수 있다

39

중

논점 경매절차 정답 ④

④ 최선순위로 설정된 전세권은 전세권자가 배당요구를 하면 매각으로 소멸한다.

40

중

논점 매수신청대리인 등록 정답 ⑤

① 공인중개사라 하더라도 중개사무소의 개설등록을 하지 아니한 자는 매수신청대리인 등록을 신청할 수 없다.

② 보수의 지급 시기는 매수신청인과 매수신청대리인의 약정에 따르며, 약정이 없을 때에는 매각대금의 지급 기한일로 한다.

③ 처분을 할 수 있다. → 처분을 하여야 한다.

④ 취소할 수 있다. → 취소하여야 한다.

제2과목: 부동산공법 중 부동산 중개에 관련 되는 규정

41
하

논점 도시 · 군기본계획 종합 정답 ⑤

① 도시 · 군기본계획의 내용이 광역도시계획의 내용과 다를 때에는 광역도시계획의 내용이 우선한다.
② 지역여건상 필요하다고 인정되면 인접한 특별시 · 광역시 · 특별자치시 · 특별자치도 · 시 또는 군의 관할 구역 전부 또는 일부를 포함하여 도시 · 군기본계획을 수립할 수 있다.
③ 기초조사의 내용에 "토지적성평가" 와 "재해취약성분석" 을 포함하여야 한다.
④ 특별시장 · 광역시장 · 특별자치시장 또는 특별자치도지사는 도시 · 군기본계획을 수립하거나 변경하려면 관계 행정기관의 장과 협의한 후 지방도시계획위원회의 심의를 거쳐야 한다.

42
하

논점 도시 · 군관리계획을 입안절차의 주민의견청취 정답 ②

국방상 또는 국가안전보장상 기밀을 지켜야 할 필요가 있는 사항으로 관계 중앙행정기관의 장이 요청하는 것은 주민의견을 듣지 아니한다.

43
중

논점 도시자연공원구역 및 수산자원보호구역 정답 ③

① 도시자연공원구역의 지정권자는 시 · 도지사 또는 대도시 시장이고, 수산자원보호구역의 지정권자는 해양수산부장관이다.
② 도시의 무질서한 확산을 방지하고 도시주변의 자연환경을 보전하여 도시민의 건전한 생활환경을 확보 등을 목적으로 지정하는 것은 개발제한구역이다.
④ 수산자원보호구역 안에서의 건축제한은 「수산자원관리법」 에 따른다.
⑤ 수산자원보호구역 안의 건폐율은 40% 이하, 용적률은 80% 이하 범위 안에서 도시 · 군계획조례가 정하는 비율을 초과하여서는 아니 된다.

44
중

논점 용도지구의 지정목적 정답 ④

① 특화경관지구 : 지역 내 주요 수계의 수변 또는 문화적 보존가치가 큰 건축물 주변의 경관 등 특별한 경관을 보호 또는 유지하거나 형성하기 위하여 필요한 지구
② 자연방재지구: 토지의 이용도가 낮은 해안변, 하천변, 급경사지 주변 등의 지역으로서 건축 제한 등을 통하여 재해 예방이 필요한 지구
③ 자연취락지구 : 녹지지역 · 관리지역 · 농림지역 또는 자연환경보전지역안의 취락을 정비하기 위하여 필요한 지구
⑤ 고도지구: 쾌적한 환경 조성 및 토지의 효율적 이용을 위하여 건축물 높이의 최고한도를 규제할 필요가 있는 지구

45
중

논점 지구단위계획(구역) 종합 정답 ④

① 주민은 지구단위계획의 변경에 관한 도시 · 군관리계획의 입안을 제안할 수 있다.
② 도시 · 군계획 수립대상 지역의 일부에 대하여 수립하는 도시 · 군관리계획이다.
③ 지구단위계획 또는 관계 법률에 따른 개발계획을 수립하고 있는 개발진흥지구에서는 지구단위계획 또는 관계 법률에 따른 개발계획에 위반하여 건축물을 건축할 수 없다.
⑤ 시장 또는 군수가 입안한 지구단위계획의 수립 · 변경에 관한 도시 · 군관리계획은 은 시장 또는 군수가 직접 결정한다.

46
하

논점 용도지역 안의 용적률 정답 ①

① 준주거지역 – 500퍼센트 이하
② 계획관리지역 – 100퍼센트 이하
③ 제3종일반주거지역 – 300퍼센트 이하
④ 자연녹지지역 – 100퍼센트 이하

47
중

논점 도시 · 군계획시설부지의 매수청구 정답 ①

② ~④는 장기미집행 도시 · 군계획시설부지의 매수거부 또는 매수지연시 허가될 수 있는 개발행위이다.

48
중

논점 기반시설 중 도로의 분류 정답 ②

자동차전용도로가 맞고 자동차우선도로는 존재하지 아니한다.

49
상

논점 장기미집행 도시 · 군계획시설의 지방의회 보고 정답 ⑤

지방자치단체의 장은 지방의회에 보고한 장기미집행 도시 · 군계획시설 중 도시 · 군계획시설 결정이 해제되지 아니한 장기미집행 도시 · 군계획시설에 대하여 최초로 지방의회에 보고한 때부터 2년마다 지방의회에 보고하여야 한다.

50

중

논점 기반시설부담구역에 설치가 필요한 기반시설 정답 ①

② 도로(인근의 간선도로로부터 기반시설부담구역까지의 진입도로를 포함한다)
③ 학교(「고등교육법」 제2조에 따른 대학은 제외한다)
④ 수도(인근의 수도로부터 기반시설부담구역까지 연결하는 수도를 포함한다)
⑤ 하수도(인근의 하수도로부터 기반시설부담구역까지 연결하는 하수도를 포함한다)

51

중

논점 공동구 및 광역시설의 설치 및 관리 정답 ②

① 공동구는 특별시장 · 광역시장 · 특별자치시장 · 특별자치도지사 · 시장 또는 군수가 관리한다.
③ 가스관과 하수도관은 "공동구협의회" 의 심의를 거쳐 공동구에 수용할 수 있다.
④ 광역시설의 설치 및 관리는 도시 · 군계획시설의 설치 · 관리에 따른다.
⑤ 국가계획으로 설치하는 광역시설은 그 광역시설의 설치 · 관리를 사업목적 또는 사업종목으로 하여 다른 법률에 따라 설립된 법인이 설치 · 관리할 수 있다.

52

중

논점 개발행위 허가의 절차 정답 ⑤

건축물의 건축에 관하여 건축법상 사용승인을 받은 경우에는 이 법상 준공검사를 받지 아니하고 또한 토지의 분할과 물건을 쌓아 놓는 행위는 물리적이 공사가 수반되지 아니 하므로 준공검사를 받지 아니한다.

53

중

논점 도시개발사업의 시행자 정답 ③

① 도시개발구역의 전부를 환지방식으로 시행하는 경우에는 토지 소유자나 조합을 시행자로 지정한다.
② 「국가철도공단법」에 따른 국가철도공단은 「역세권의 개발 및 이용에 관한 법률」에 따른 역세권개발사업을 시행하는 경우에만 시행자로 지정 될 수 있다.
④ 실시계획의 인가를 받은 후 2년 이내에 사업을 착수하지 아니하는 경우에는 그 시행자를 변경할 수 있다.
⑤ 의결권을 가진 조합원의 수가 50인 이상인 조합은 총회의 권한을 대행하게 하기 위하여 대의원회를 둘 수 있다.

54

중

논점 실시계획 및 도시개발사업의 시행방식 정답 ①

실시계획은 개발계획에 맞게 작성하여야 한다.

55

중

논점 원형지 공급 정답 ③

① 공급될 수 있는 원형지의 면적은 도시개발구역 전체 토지 면적의 3분의 1 이내로 한정한다.
② 공급가격은 개발계획이 반영된 원형지의 감정가격에 시행자가 원형지에 설치한 기반시설 등의 공사비를 더한 금액을 기준으로 시행자와 원형지개발자가 협의하여 결정한다.
④ 위 ③의 원형지개발자 선정은 경쟁입찰의 방식으로 하며, 경쟁입찰이 2회 이상 유찰된 경우에는 수의계약의 방법으로 할 수 있다.
⑤ 지정권자는 원형지에 대한 공급승인을 할 때에는 용적률 등 개발밀도, 토지용도별 면적 및 배치, 교통처리계획 및 기반시설의 설치 등에 관한 이행조건을 붙일 수 있다.

56

중

논점 환지예정지처분에 따른 임차권자 등 보호 정답 ②

위 ①의 경우에 환지예정지 지정의 효력발생일로부터 60일이 지나면 임대료 · 지료 그 밖의 사용료 등의 증감을 청구할 수 없다.

57

중

논점 도시개발구역의 지정 후 개발계획에 포함할 수 있는 것 정답 ①

도시개발구역의 명칭 · 위치 및 면적을 제외한 나머지는 전부가 도시개발구역을 지정한 후에 개발계획에 포함시킬 수 있다.

58

중

논점 환지처분 후 절차 정답 ②

① 시행자는 환지처분이 공고되면 공고 후 14일 이내에 관할 등기소에 이를 알리고 토지와 건축물에 관한 등기를 촉탁하거나 신청하여야 한다.
③ 행정청인 시행자는 도시개발사업의 시행으로 사업 시행 후의 토지 가액의 총액이 사업 시행 전의 토지 가액의 총액보다 줄어든 경우에는 그 차액에 해당하는 감가보상금을 지급하여야 한다.
④ 위 ③의 감가보상금은 종전의 토지 소유자나 임차권자등에게 지급하여야 한다.
⑤ 환지를 정하지 아니하는 토지에 대하여는 환지처분 전이라도 청산금을 교부할 수 있다.

59

중

논점 "토지등소유자", "정비기반시설" 등의 용어정의 정답 ①

② 도로 · 상하수도 · 구거(溝渠: 도랑) · 공원 · 공용주차장 · 공동구는 정비기반시설이다.
③ 재건축사업: 정비기반시설은 양호하나 노후 · 불량건축물에 해당하는 공동주택이 밀집한 지역에서 주거환경을 개선하기 위한 사업
④ 주거환경개선사업 : 단독주택 및 다세대주택이 밀집한 지역에서 정비기반시설과 공동이용시설 확충을 통하여 주거환경을 보전 · 정비 · 개량하기 위한 사업
⑤ 해당 건축물을 준공일 기준으로 40년까지 사용하기 위하여 보수 · 보강하는 데 드는 비용이 철거 후 새로운 건축물을 건설하는 데 드는 비용보다 클 것으로 예상되는 건축물

60

중

논점 도시 · 주거환경정비 기본방침의 수립단위 및 타당성 검토 정답 ②

(국토교통부장관)은 도시 및 주거환경을 개선하기 위하여 (10)년마다 다음의 사항을 포함한 기본방침을 정하고, 5년마다 타당성을 검토하여 그 결과를 기본방침에 반영하여야 한다.
㉠ 도시 및 주거환경 정비를 위한 국가 정책 방향
㉡ 도시 · 주거환경정비기본계획의 수립 방향
㉢ 노후 · 불량 주거지 조사 및 개선계획의 수립
㉣ (도시 및 주거환경 개선에 필요한 재정지원계획)

61

상

논점 정비기본계획의 생략사항 등 정답 ②

기본계획의 수립권자는 기본계획에 다음의 사항을 포함하는 경우에는 정비예정구역의 개략적 범위, 단계별 정비사업 추진계획의 사항을 생략할 수 있다.

㉠ 생활권의 설정, 생활권별 기반시설 설치계획 및 주택수급계획
㉡ 생활권별 주거지의 정비 · 보전 · 관리의 방향

62

중

논점 재건축사업의 시행방법 및 시행자 등 정답 ①

관리처분계획에 따라 주택, 부대시설 · 복리시설 및 오피스텔을 건설하여 공급하는 방법으로 한다.

63

중

논점 정비사업조합의 조합원자격 정답 ④

투기과열지구에서 재개발사업을 시행하는 경우에는 관리처분계획의 인가 후 해당 정비사업의 건축물 또는 토지를 양수한 자는 조합원이 될 수 없다.

64

중

논점 사업시행계획 전반 정답 ②

재건축사업의 경우 사업시행계획에는 임대주택의 건설계획이 제외 되고, 주거환경개선사업의 경우에는 국민주택규모 주택의 건설계획이 제외된다.

65

중

논점 건축, 주요구조부 등 용어정의 정답 ①

② "주요구조부"란 내력벽, 기둥, 바닥, 보, 지붕틀 및 주계단을 말한다.
③ 용적률을 개별 대지마다 적용하지 아니하고, 2개 이상의 대지를 대상으로 통합 적용하여 건축물을 건축하는 것은 "결합건축"을 설명한 것이다.
④ 「하천법」에 따른 하천구역 내의 수문조작실은 이 법의 적용을 받지 아니한다.
⑤ 도시지역 및 지구단위계획구역, 동이나 읍(동이나 읍에 속하는 섬의 경우에는 인구가 500명 이상인 경우만 해당된다)의 지역은 이 법상 대지분할제한규정의 적용받는다.

66

상

논점 범죄예방 기준에 따라 건축하여야 건축물 정답 ⑤

교육연구시설 중 연구소 및 도서관, 문화 및 집회시설 중동 · 식물원은 범죄예방 기준에 따라 건축하여야 건축물에서 제외한다.

67

중

논점 건축절차 종합 정답 ②

① 위락시설과 숙박시설로서 주거환경이나 교육환경에 부적합하다고 인정되는 경우 건축위원회의 심의를 거쳐 건축허가를 하지 아니할 수 있다.
③ 「산업집적활성화 및 공장설립에 관한 법률」에 따라 공장의 신설 · 증설 또는 업종변경의 승인을 받은 공장은 건축허가를 받고 3년 이내에 공사에 착수하지 아니한 경우에는 그 허가를 취소하여야 한다.
④ 대지의 소유권을 확보하지 못하였으나 그 대지를 사용할 수 있는 권원을 확보한 경우에는 소유권 확보 없이 건축허가를 신청할 수 있다(분양을 목적으로 하는 공동주택은 제외한다).
⑤ 연면적이 1천제곱미터 이상인 건축물은 건축공사비의 1퍼센트의 범위에서 공사현장이 방치되는 것에 대비하여 미리 미관 개선과 안전관리에 필요한 예치금을 예치하게 할 수 있다.

68

상

논점 대지 및 대지와 도로의 관계 정답 ④

가설건축물은 조경 등의 조치 대상에서 제외된다.

69

중

논점 건축선 지정 및 공개공지 정답 ⑤

① 너비 8m 이상이거나 4m 미만의 도로에 접한 대지는 도로의 모퉁이의 건축선 지정의 규정을 적용하지 않는다.
② 도로의 교차각이 120° 이상인 경우 도로의 모퉁이의 건축선 지정의 규정을 적용하지 않는다.
③ 특별자치시장 · 특별자치도지사 또는 시장 · 군수 · 구청장은 「국토의 계획 및 이용에 관한 법률」에 따른 도시지역에는 4미터 이하의 범위에서 건축선을 따로 지정할 수 있다.
④ 위 ③의 건축선과 도로경계선 사이의 면적은 대지면적에서 포함된다.

70

중

논점 내진능력 공개대상 정답 ⑤

㉠, ㉡, ㉢, ㉣에 해당하는 건축물 모두가 건축물의 내진능력 공개대상에 해당한다.

71

상

논점 일조 등의 확보를 위한 건축물의 높이제한 정답 ②

위 ①의 용도지역에서 건축하는 건축물의 높이가 9미터 이하인 부분은 정북방향의 인접 대지경계선으로부터 1.5미터 이상을 띄어 건축하여야 한다.

72

중

논점 용어의 정의 **정답** ③

① 세대구분형 공동주택 : 공동주택의 주택 내부 공간의 일부를 세대별로 구분하여 생활이 가능한 구조로 하되, 그 구분된 공간의 일부를 구분소유 할 수 없는 주택으로서 대통령령으로 정하는 기준 등에 적합한 주택

② 준주택 : 주택 외의 건축물과 그 부속토지로서 주거시설로 이용 가능한 시설 등을 말하며 기숙사, 다중생활시설, 노인복지주택, 오피스텔이 해당한다.

④ 민영주택 : 국민주택을 제외한 주택

⑤ 토지임대부 분양주택 : 토지의 소유권은 건설사업을 시행하는 자가 가지고, 건축물 및 복리시설 등에 대한 소유권은 주택을 분양받은 자가 가지는 주택

73

중

논점 주택조합업무의 대행 **정답** ③

업무대행자는 사업연도별로 분기마다 해당 업무의 실적보고서를 작성하여 주택조합 또는 주택조합의 발기인에게 제출하여야 한다.

74

중

논점 사업계획승인 **정답** ②

지방자치단체가 주택건설사업을 시행하려는 경우에는 국토교통부장관의 승인 대상에 해당하지 않는다.

75

중

논점 임시사용승인을 받을 수 있는 시기 등 **정답** ①

- 주택건설사업의 경우: (동별로 공사)가 완료된 때
- 대지조성사업의 경우: (구획별로 공사)가 완료된 때
- 사용검사권자는 임시사용승인의 대상이 공동주택인 경우에는 (세대별)로 임시사용승인을 할 수 있다.

76

중

논점 주택상환사채의 발행 **정답** ②

① 한국토지주택공사와 등록사업자가 발행할 수 있다.

③ 주택상환사채를 발행하려는 자는 주택상환사채발행계획을 수립하여 국토교통부장관의 승인을 받아야 한다.

④ 사채권자의 명의변경은 취득자의 성명과 주소를 사채원부에 기록하는 방법으로 하며, 취득자의 성명을 채권에 기록하지 아니하면 사채발행자 및 제3자에게 대항할 수 없다.

⑤ 주택상환사채를 발행한 등록사업자의 등록이 말소된 경우에도 그가 발행한 주택상환사채의 효력에는 영향을 미치지 아니한다.

77

중

논점 투기과열지구에서 전매제한대상 및 제한기간 **정답** ②

① 투기과열지구에서 건설 · 공급되는 주택 및 그 입주자로 선정된 지위는 전매제한의 대상이 된다.

③ 위 ②의 경우 그 기간이 5년을 초과하는 경우 전매제한기간은 5년으로 한다.

④ 전매제한기간은 주택의 수급 상황 및 투기 우려 등을 고려하여 대통령령으로 지역별로 달리 정할 수 있다.

⑤ 상속에 따라 취득한 주택으로 세대원 전원이 이전하는 경우에는 전매제한을 받지 않는다.

78

중

논점 공동주택의 리모델링허가 등 **정답** ⑤

공동주택의 리모델링은 주택단지별 또는 동별로 하고, 복리시설을 분양하기 위한 것이 아니어야 한다.

79

중

논점 이행강제금 부과 등 **정답** ⑤

① 감정평가법인등이 감정평가한 감정가격 또는 개별공시지가 중 더 높은 가액의 100분의 25에 해당하는 이행강제금을 부과한다.

② 최초로 처분명령을 한 날을 기준으로 하여 그 처분명령이 이행될 때까지 이행강제금을 매년 1회 부과 · 징수할 수 있다.

③ 처분명령을 받은 자가 처분명령을 이행하면 새로운 이행강제금의 부과는 즉시 중지하되, 이미 부과된 이행강제금은 징수하여야 한다.

④ 이행강제금 부과처분에 불복하는 자는 그 처분을 고지받은 날부터 30일 이내에 시장 · 군수 또는 구청장에게 이의를 제기할 수 있다.

80

중

논점 농지위원회 **정답** ①

농지의 취득 및 이용의 효율적인 관리를 위해 시 · 구 · 읍 · 면에 각각 농지위원회를 둔다.

2교시

제1과목: 부동산공시에 관한 법령 및 부동산 관련 세법

부동산공시법									
1	2	3	4	5	6	7	8	9	10
①	①	③	②	③	⑤	④	④	③	①
11	12	13	14	15	16	17	18	19	20
③	⑤	⑤	①	⑤	③	③	⑤	④	⑤
21	22	23	24						
③	⑤	②	①						

01

중

논점 토지의 등록 정답 ①

② 지적소관청은 토지의 이용현황을 직권으로 조사·측량하여 토지의 지번·지목·면적·경계 또는 좌표를 결정하려는 때에는 토지이동현황 조사계획을 수립하여야 한다.

③ 지번변경은 지적소관청이 시·도지사 또는 대도시 시장의 승인을 받아 변경하는 것이며 신청할 수는 없다.

④ 지목설정원칙 중 영속성의 원칙에 의하여 토지가 일시적 또는 임시적인 용도로 사용되는 경우에는 지목을 변경할 수 없다.

⑤ 지적도의 축척이 600분의 1인 지역과 경계점좌표등록부에 등록하는 지역의 1필지 면적이 0.1제곱미터 미만일 때에는 0.1제곱미터로 한다.

02

중

논점 지목의 구분 정답 ①

② 천일제염 방식으로 하지 아니하고 동력으로 바닷물을 끌어들여 소금을 제조하는 공장시설물의 부지는 '염전'이 아니라 '공장용지'로 분류한다.

③ 자동차 등의 판매 목적으로 설치된 물류장 및 야외전시장은 '주차장'에서 제외된다.

④ 자동차·선박·기차 등의 제작 또는 정비공장 안에 설치된 급유·송유 시설의 부지는 '주유소용지'가 아니라 '공장용지'로 한다.

⑤ 학교용지·공원·종교용지 등 다른 지목으로 된 토지에 있는 유적·고적·기념물을 보호하기 위하여 구획된 토지는 '사적지'에서 제외된다.

03

중

논점 지목의 구분 정답 ③

체육시설로서의 영속성과 독립성이 미흡한 정구장·골프연습장·실내수영장 및 체육도장과 유수(流水)를 이용한 요트장 및 카누장 등의 토지는 '체육용지'로 보지 아니한다.

04

중

논점 지상경계점등록부의 등록사항 정답 ②

지상경계점등록부의 등록사항

㉠ 토지의 소재
㉡ 지번
㉢ 경계점 좌표(경계점좌표등록부 시행지역에 한정한다)
㉣ 경계점 위치 설명도
㉤ 경계점에 대한 사진 파일
㉥ 공부상지목과 실제토지이용지목
㉦ 경계점 표지의 종류 및 경계점의 위치

05

중

논점 면적의 결정 정답 ③

임야도의 축척은 1/3,000 또는 1/6,000을 사용하므로 1제곱미터 미만은 1제곱미터로 하여야 한다.

06

상

논점 지적공부의 관리 정답 ⑤

지적전산자료를 이용 또는 활용하고자 하는 자는 먼저 관계중앙행정기관의 심사를 거친 후 국토교통부장관 등에게 제공을 신청하여야 한다.

07

중

논점 경계점좌표등록부를 갖춰 두는 지역의 지적공부 정답 ④

경계점좌표등록부를 갖춰두는 지역의 경계결정과 경계복원은 지적도에 의할 수 없고 좌표에 의한다.

08

중

논점 등록전환 신청절차 정답 ④

임야대장의 면적과 등록전환될 면적의 차이가 법령에 규정된 허용범위 이내인 경우에는 등록전환될 면적을 등록전환면적으로 결정하고, 허용범위를 초과하는 경우에는 임야대장의 면적 또는 임야도의 경계를 지적소관청이 직권으로 정정하여야 한다(영 제19조 제1항 제1호 나목).

09

중

논점 토지합병 신청절차 정답 ③

합병하려는 토지에 소유권, 지상권, 전세권, 임차권 및 승역지에 대한 지역권설정등기가 된 토지, 합병하려는 토지에 등기원인과 연월일과 접수번호가 같은 저당권설정등기가 설정된 경우 및 합병하려는 각 필지의 부동산등기법 제81조 제1항의 내용이 같은 신탁등기가 존재할 경우 합병할 수 있다(2020.2.4. 개정).

10

상

논점 지적측량 정답 ①

모두 옳은 지문이다.

11

중

논점 축척변경 정답 ③

① 축척변경위원회의 위원은 5명 이상 10명 이하로 하고, 위원의 1/2 이상을 토지소유자로 하여야 한다(시행령 제79조 제1항).

② 지적소관청은 청산금의 결정을 공고한 날부터 20일 이내에 토지소유자에게 청산금의 납부고지 또는 수령통지를 하여야 한다(시행령 제76조 제1항).

④ 지적소관청은 시·도지사 또는 대도시 시장으로부터 축척변경 승인을 받았을 때에는 20일 이상 시행공고를 하여야 한다(시행령 제71조 제1항).

⑤ 지적소관청은 축척변경을 위해서는 축척변경 시행지역의 토지소유자 3분의 2 이상 동의를 받아야 한다(법 제83조 제3항).

12

중

논점 토지소유자 정리 정답 ⑤

⑤ 지적소관청은 필요하다고 인정하는 경우에는 관할 등기관서의 등기부를 열람하여 지적공부와 부동산등기부가 일치하는지 여부를 조사·확인하여야 하며, 일치하지 아니하는 사항을 발견하면 등기사항증명서 또는 등기관서에서 제공한 등기전산정보자료에 따라 지적공부를 정리하여야 하고 가족관계기록사항에 관한 증명서에 따라 정정하는 것이 아니다.

13

중

논점 등기의 효력 정답 ⑤

대지권에 관한 등기로 효력이 있는 등기와 대지권의 목적인 토지등기기록에 한 등기의 순위는 접수번호에 의한다.

14

무

논점 단독신청 등기 정답 ①

ㄹ. 특정유증으로 인한 소유권이전등기는 공동신청에 의한 등기이며

ㅁ. 공매처분에 따라 매수인 명의의 소유권이전등기는 촉탁에 의한 등기이다.

15

중

논점 등기신청 일반절차 정답 ⑤

⑤ 전자표준양식에 의한 등기(e-FORM)의 경우에는 방문신청의 한 예로써 신청인에 대한 제한이 없다. 그러므로 등기신청을 대리가 하는 경우라도 자격자대리인(법무사 등)이 아닌 자도 타인을 대리하여 등기를 신청할 수 있다.

16

상

논점 등기필정보 정답 ③

채권자가 채무자를 대위하여 등기를 신청한 경우 등기를 마친 등기관은 등기필 정보를 작성,통지하지 않으며 대위채권자와 피대위채무자에게 등기완료의 통지를 하여야 한다.

17

중

논점 소유권보존등기 정답 ③

① 자치구 구청장의 확인서면에 의하여 건물 소유권보존등기는 할 수 있으나 토지소유권보존등기는 할 수 없다.

② 가처분등기를 위하여 직권으로 소유권보존등기한 경우 그 가처분등기가 말소된다는 이유로 소유권보존등기까지 말소하는 것은 아니다.

④ 소유권보존등기를 하는 경우 등기원인과 일자는 기재하지 않는다.

⑤ 미등기인 토지를 수용한 경우에는 소유권보존등기를 한다.

18

중

논점 토지수용으로 인한 소유권이전등기 정답 ⑤

수용은 원시취득이기 때문에 모든 등기는 직권말소한다. 다만, 수용개시일 이전의 소유권보존등기와 소유권이전등기 및 요역지 지역권등기, 관할토지수용위원회에서 재결로 인정한 권리는 말소하지 않는다.

19

중

논점 공동소유에 관한 등기 정답 ④

합유자가 다른 합유자의 동의를 얻어 합유 지분을 처분하는 경우 합유지분이전등기를 할 수 없으므로 기존의 합유자와 새로운 합유자가 공동으로 합유명의인변경등기를 하여야 한다.

20

중

논점 공동소유에 관한 등기 정답 ⑤

① 미등기 부동산의 공유자 중 1인은 전체 부동산에 대한 소유권보존등기를 신청할 수 있다

② 공유자 중 1인의 지분포기로 인한 소유권이전등기는 지분을 포기한 공유자와 다른 공유자가 공동으로 신청한다.

③ 등기된 공유물 분할금지기간 약정을 갱신하는 경우, 공유자 전원이 신청하여야 한다.

④ 공유지분에 대한 전세권설정등기를 할 수 없다.

21

중

논점 저당권등기 정답 ③

① 저당권설정등기 시 필요적 기록사항은 채권액과 채무자를 기록하여야 하며 이자는 저당권설정등기의 임의적 기록사항이다.

② 등기관은 동일한 채권에 관해 5개 부동산에 저당권설정등기를 할 때는 공동담보목록을 작성해야 한다.

④ 일정한 금액을 목적으로 하지 않는 채권을 담보하는 저당권설정의 등기는 채권평가액을 기록하여야 한다.

⑤ 공동저당 부동산 중 일부의 매각대금을 먼저 배당하여 경매부동산의 후순위 저당권자가 대위등기를 할 때 기록하여야 하는 사항은 매각부동산, 매각대금, 선순위 저당권자가 변제받은 금액, 후순위 저당권자의 채권금액을 기록해야 한다.

22

하

논점 부기등기와 주등기 정답 ⑤

말소등기는 언제나 주등기방식에 의한다.

23
상

논점 가등기에 기한 본등기의 효력 **정답** ②

지상권설정등기청구권보전 가등기에 의하여 지상권설정의 본등기를 한 경우, 가등기 후 본등기 전에 마쳐진 저당권설정등기는 지상권설정의 본등기와 양립할 수 있는 등기이므로 등기관이 직권으로 말소할 수 없다.

24
중

논점 촉탁에 따른 등기 **정답** ①

가처분채권자가 가처분 채무자를 상대로 권리의 이전, 말소 또는 설정등기를 신청하는 경우 해당 가처분등기 이후에 등기는 가처분 채권자 단독신청에 의해 말소하여야 한다.

부동산세법									
				25	26	27	28	29	30
				①	③	①	⑤	③	③
31	32	33	34	35	36	37	38	39	40
②	⑤	③	②	⑤	②	④	⑤	①	④

25
중

논점 법정신고기한 또는 납기 **정답** ①

① 납세자가 국내에 주소를 둔 경우 부동산의 상속으로 인한 취득세의 법정신고기한은 상속개시일에 속하는 달의 말일부터 6월 이내이다. 단, 외국에 주소를 둔 상속인이 있는 경우에는 상속개시일에 속하는 달의 말일부터 9월 이내이다

26
중

논점 납세의무 성립시기 **정답** ③

③ 지방교육세는 본세(재산세)에 부가되는 부가세이다. 본세(재산세)납세의무가 성립하는 때이다. 따라서 재산세는 과세기준일(6월 1일)에 납세의무가 성립하므로 매년 6월 1일이다.

27
하

논점 양도소득세 과세여부 **정답** ①

① 대물변제로 양도에 해당된다.
② 증여에 해당한다.
③ 양도로 보지 아니한다. 단, 채무불이행시에는 양도로 본다.
④, ⑤ 사업자는 양도로 보지 아니한다.

28
중

논점 실거래가액방식에 의한 양도차익의 산정 **정답** ⑤

⑤ 「지적재조사에 관한 특별법」에 다른 경계의 확정으로 지적공부상의 면적이 증가되어 징수한 조정금은 취득가액에 포함되지 않는다. 따라서 「지적재조사에 관한 특별법」 제18조에 따른 경계의 확정으로 지적공부상의 면적이 감소되어 지급받는 조정금은 비과세한다.

29
상

논점 장기보유특별공제 **정답** ③

ㄱ. 양도소득금액은 양도차익에서 장기보유특별공제를 공제한 금액으로 한다.
ㄴ. 배우자 또는 직계존비속간의 증여재산에 대한 이월과세 적용시 장기보유특별공제액은 증여자가 취득한 날부터 기산한 보유기간별 공제율을 적용한다.
ㄹ. 동일 연도에 장기보유특별공제의 대상이 되는 자산을 수회 양도한 경우에도 공제요건에 해당하는 경우에는 자산별로 각각 공제한다.

30
중

논점 지방세법 취득의 시기 정답 ③

③ 「도시 및 주거환경정비법」 제16조 제2항에 따른 주택재건축조합이 주택재건축사업을 하면서 조합원으로부터 취득하는 토지 중 조합원에게 귀속되지 아니하는 토지를 취득하는 경우에는 「도시 및 주거환경정비법」 제54조 제2항에 따른 소유권 이전 고시일의 다음 날 그 토지를 취득한 것으로 본다.

31
중

논점 소득세법상 미등기양도자산 정답 ②

① 미등기양도자산도 양도소득에 대한 소득세의 비과세에 관한 규정을 적용할 수 없다.
③ 미등기양도자산의 양도소득금액 계산 시 양도소득 기본공제를 적용할 수 없다.
④ 미등기양도자산은 양도소득세 과세표준에 100분의 70를 곱한 금액을 산출세액으로 한다.
⑤ 미등기양도자산의 양도소득금액 계산 시 장기보유특별공제를 적용할 수 없다.

32
중

논점 취득세의 과세표준 정답 ⑤

⑤ 부동산 등을 무상취득하는 경우(상속에 따른 무상취득의 경우는 제외) 취득 당시의 가액으로 한다. 이 경우 취득 당시의 가액은 취득시기 현재 불특정 다수인 사이에 자유롭게 거래가 이루어지는 경우 통상적으로 성립된다고 인정되는 가액(매매사례가액, 감정가액, 공매가액 등 대통령령으로 정하는 바에 따라 시가로 인정되는 가액을 말하며, 이하 "시가인정액"이라 한다)으로 한다.(개정법)

33
중

논점 취득세의 사실상취득가액 정답 ③

③ 법인이 아닌 자가 취득한 경우 건설자금에 충당한 차입금의 이자 또는 이와 유사한 금융비용은 사실상 취득가액에 포함하지 아니한다.(개정법)

34
중

논점 취득세 중과대상인 고급주택 정답 ②

② 1구 건축물 대지면적이 662㎡ 초과 + 주택 시가표준액이 9억원 초과인 단독주택은 고급주택이다.

※ 지방세법상 고급주택의 범위

고급주택	단독주택	1구의 건물의 연면적 331㎡ 초과 또는 대지면적 662㎡ 초과 + 주택의 취득 당시 시가표준액 9억 원 초과
		엘리베이터 설치 + 주택의 취득 당시 시가표준액 9억 원 초과
		에스컬레이터 또는 67㎡ 이상의 수영장 중 1개 이상 설치된 것
	공동주택	전용면적 245㎡(복층형 : 274㎡, 1개 층 면적 245㎡ 초과 시 제외) 초과+주택의 취득 당시 시가표준액 9억 원 초과 (단, 다가구용 주택을 포함하되, 한 가구가 독립 거주할 수 있도록 구획된 부분을 각각 1구의 건물로 본다)

35
하

논점 등록면허세에 관한 설명 정답 ⑤

① 지방자치단체의 장은 등록면허세의 세율을 표준세율의 100분의 50의 범위에서 가감할 수 있다.
② 등록 당시에 감가상각의 사유로 가액이 달라진 경우, 그 가액이 증명되는 경우, 변경된 가액을 과세표준으로 한다.
③ 부동산 등록에 대한 신고가 없는 경우 등록 당시 시가표준액을 과세표준으로 한다.
④ 지목이 묘지인 토지의 등록에 대하여 등록면허세를 부과하지 아니한다.

36
중

논점 재산세의 별도합산과세대상 정답 ②

② 의 경우는 분리과세대상 토지이다.

37
중

논점 재산세의 납세의무 정답 ④

④ 공부상에 개인 등의 명의로 등재되어 있는 사실상의 종중재산으로서 종중소유임을 신고하지 아니한 경우 공부상소유자를 납세의무자로 본다. 따라서 사실상의 종중재산으로서 종중소유임을 신고한 경우 사실상소유자인 종중을 납세의무자로 본다.

38
상

논점 재산세 과세대상에 대한 표준세율 정답 ⑤

⑤ 주택에 대한 토지와 건물의 소유자가 다를 경우 해당 주택의 토지와 건물의 가액을 합산한 과세표준에 주택의 세율을 적용한다.

토지	분리과세	물세(토지별 과세)
	별도합산과세	인세(인별합산 과세)
	종합합산과세	인세(인별합산 과세)
주택	주택	물세(주택별 과세)
	별장	
건축물	물세(건축물별 과세)	

39
중

논점 이의신청 또는 심판청구 정답 ①

① 이의신청, 심판청구는 그 처분의 집행에 효력을 미치지 아니한다. 다만, 압류한 재산에 대하 여는 이의신청, 심판청구의 결정처분이 있는 날부터 30일까지 공매처분을 보류할 수 있다.

40

상

논점 양도차익 계산 정답 ④

1. 양도가액(매매사례가액) : 3억원
2. 취득가액(환산취득가액) : 3억원 × (1억원 / 2억원) = 1억 5천만원
3. 기타필요경비 : 필요경비개산공제(취득당시 기준시가 × 공제율) = 1억원 × 공제율(3%) = 3백만원
4. 취득가액이 환산취득가액인 경우, 세부담의 최소화하는 필요경비 : ①과 ② 중 큰 금액
5. ① (환산가액 + 필요경비개산공제액)이 합계액 = 1억5천3백만원
   ② (자본적지출액 + 양도비)합계액 = 1억5천만원
6. 양도소득세 부담을 최소화하기 위한 양도차익 = 3억원 - 1억5천3백만원 = 1억4천7백만원

제 8 회 실전모의고사 정답 & 해설

1교시

정답

1	2	3	4	5	6	7	8	9	10	11	12	13	14	15	16	17	18	19	20
④	③	⑤	④	②	⑤	⑤	⑤	③	④	⑤	⑤	④	⑤	⑤	④	③	③	③	④
21	22	23	24	25	26	27	28	29	30	31	32	33	34	35	36	37	38	39	40
④	④	⑤	②	⑤	③	⑤	④	①	⑤	⑤	④	⑤	②	④	④	⑤	③	①	④
41	42	43	44	45	46	47	48	49	50	51	52	53	54	55	56	57	58	59	60
④	④	②	①	①	②	③	②	⑤	③	④	④	②	④	②	⑤	④	⑤	①	⑤
61	62	63	64	65	66	67	68	69	70	71	72	73	74	75	76	77	78	79	80
⑤	④	③	⑤	④	⑤	④	③	⑤	⑤	③	③	⑤	②	②	③	⑤	③	⑤	③

제1과목: 공인중개사의 업무 및 부동산 거래 신고 등에 관한 법령 및 중개실무

01

중

논점 용어의 정의 정답 ④

① 환매계약을 알선하는 것도 공인중개사법상의 중개에 해당한다.

② 중개를 중개대상물에 대한 매매 · 교환 · 임대차에 그 밖에 권리의 득실 변경에 관한 행위를 알선하는 것으로 정의하는 경우 '그 밖의 권리'에 저당권은 포함되나 유치권의 설정, 질권등은 포함되지 않는다.

③ 등록은 중개업을 영위하기위한 적법요건이나 중개업이 되기 위한 효력요건은 아니므로 중개사무소개설등록을 하지 아니하고 다른 사람의 의뢰에 의하여 일정한 보수를 받고 중개를 업으로 행하는 것도 중개업이 될 수 있다.

⑤ 중개행위에 해당하는지 여부는 거래관념이나 사회통념에 맞게 객관적으로 판단되어야 한다.

02

중

논점 중개대상물의 범위 정답 ③

ㄴ, ㄷ, ㅁ 는 중개대상물이 될 수 없다.

03

상

논점 공인중개사시험 제도 정답 ⑤

특별시장 · 광역시장 · 도지사 · 특별자치도지사는 「공인중개사법」 제5조제1항에 따른 시험합격자의 결정 공고일부터 1개월 이내에 시험합격자에 관한 사항을 별지 제2호서식의 공인중개사자격증교부대장에 기재한 후, 시험 합격자에게 별지 제3호서식의 공인중개사자격증을 교부하여야 한다. (시행규칙 제3조 1항)

① 시험시행기관장은 시험을 시행하고자 하는 때에는 시험시행에 관한 개략적인 사항을 매년 2월 말일까지 일간신문, 관보, 방송 중 하나 이상에 공고하고, 인터넷 홈페이지 등에도 이를 공고해야 한다.

② 공인중개사 시험을 시행하고자 하는 때에는 시험의 시행에 관하여 필요한 사항을 시험시행일 90일 전까지 일간신문, 관보, 방송 중 하나 이상에 공고하고, 인터넷 홈페이지 등에도 이를 공고해야 한다.

③ 제2차 시험에 있어서, 시험시행기관장이 공인중개사의 수급상 필요하다고 인정하여 심의위원회의 의결을 거쳐 선발예정인원을 미리 공고한 경우에는 매 과목 40점 이상인 자 중에서 선발예정인원의 범위 안에서 전 과목 총득점의 고득점자순으로 합격자를 결정한다.

④ 시험시행기관장은 응시생의 형평성 확보 등을 위하여 필요하다고 인정하는 경우에는 심의위원회의 의결을 거쳐 최소선발인원 또는 응시자 대비 최소선발비율을 미리 공고할 수 있다.

04

상

논점 법인의 등록의 기준 정답 ④

① 등록이 취소되면 3년간 결격사유에 해당하므로 甲 법인은 향후 6월이 경과하여야 등록이 가능하다.

② 등록을 할 수 있는 법인에서 협동조합기본법상의 협동조합에는 사회적 협동조합은 제외한다.

③ 대표자는 공인중개사이어야 하며, 대표자를 제외한 임원 또는 사원의 1/3이상은 공인중개사이어야 한다.

⑤ 법인은 대표자를 포함한 임 · 사원 전원이 실무교육을 수료하였어야 한다.

05
중

논점 등록의 위반과 효과 정답 ②

필요적등록취소사유에 해당되는 경우라도 등록관청의 취소처분이 있기 전까지는 원칙적으로 등록의 효력은 지속된다.

06
중

논점 등록의 결격사유 정답 ⑤

① 벌금형을 선고받은 후 3년간 중개사무소 개설등록을 할 수 없다.
② 등록의 결격사유에 해당하지 않는다.
③ 등록의 결격사유에 해당하지 않는다.
④ 등록취소처분을 받은 후 2년간 중개사무소 개설등록을 할 수 없다.

07
상

논점 인터넷 표시 · 광고 모니터링 정답 ⑤

국토교통부장관이 인터넷을 이용한 중개대상물에 대한 표시 광고의 법 규정 준수여부 모니터링을 위하여 필요하여 행한 관련 자료의 제출을 요구에 불응한 정보통신서비스 제공자는 500만원이하의 과태료처분의 대상이 된다.

08
하

논점 업무지역의 범위 정답 ⑤

업무지역의 범위에 대한 제한은 부칙상의 개업공인중개사만 있다.

09
중

논점 개업공인중개사의 고용인 정답 ③

① 고용인이 이 법상 형벌에 해당하는 위반행위를 한 경우 개업공인중개사가 그 위반행위를 방지하기위하여 해당 업무에 관하여 상당한 주의와 감독을 게을리하지 아니한 경우에는 양벌규정이 적용되지 않는다.
② 옥외광고물을 설치하는 경우 고용인의 성명을 표기할 의무는 없다.
④ 소속공인중개사가 자격정지기간 중에 중개업무를 하게 한 경우에 개업공인중개사는 절대적등록취소사유에 해당된다.
⑤ 소속공인중개사의 공인중개사자격증을 중개사무소 보기 쉬운곳에 게시하지 않은 경우 개업공인중개사가 100만원 이하의 과태료처분을 받는다.

10
하

논점 인장등록 정답 ④

개업공인중개사는 등록한 인장을 사용하여야 한다. 인장을 변경하여도 변경등록되지 않은 상태에서 먼저 사용하는 것은 본 법 위반에 해당한다. 개업공인중개사가 인장을 변경한때에는 7일이내에 변경등록하여야 한다.

11
중

논점 소속공인중개사와 중개보조원의 구분 정답 ⑤

㉠ 중개업무 수행
㉢ 행정처분의 대상
㉣ 인장등록의무
㉤ 품위유지의무
㉦ 서명 및 날인 의무 는 고용인중 소속공인중개사 만이 대상이 된다.

12
중

논점 공인중개사법」 및 「대법원규칙」상의 게시의무 정답 ⑤

실무교육 수료확인증은 게시의무에 포함되지 않는다.

13
중

논점 휴 폐업등의 신고 정답 ④

휴업기간 중에 있는 개업공인중개사가 다른 개업공인중개사의 소속공인중개사가 되는 것은 이중소속 금지에 위반된다.

14
중

논점 전속중개계약 정답 ⑤

① 개업공인중개사는 2주일에 1회 이상 중개업무 처리상황을 중개의뢰인에게 문서로 통지해야 한다.
② 전속중개계약의 유효기간은 당사자간 다른 약정이 없는 경우 3개월을 원칙으로 한다.
③ 중개의뢰인이 유효기간 중에 다른 개업공인중개사의 중개로 거래하거나, 개업공인중개사의 소개로 알게된 상대방과 개업공인중개사를 배제하고 직접거래한 경우에는 중개보수에 해당하는 위약금을 지불해야 한다.
④ 개업공인중개사는 중개의뢰인이 비공개를 요청한 경우에는 정보를 공개하지 아니하여야 한다.

15
상

논점 부동산거래정보망의 설치 및 운용 정답 ⑤

⑤ 공인중개사협회는 부동산의 정보제공업무를 할 수 있으므로 거래정보사업자가 될 수 있으나, 법인인 개업공인중개사는 법 제14조에 허용되지 아니한 거래정보사업자 업무는 수행할 수 없다.
① 부가통신사업자가 일정한 요건을 갖춘 경우에 국토교통부장관은 부동산거래정보망을 설치 · 운영할 자로 지정할 수 있다.
② 거래정보사업자로 지정을 받기 위해서는 전국적으로 500명이상의 개업공인중개사가 가입하여야 하며, 2개 이상의 시 도에서 30인 이상의 개업공인중개사가 가입하여야 한다.
③ 거래정보사업자로 지정 받기 위해서는 반드시 공인중개사 1인 이상, 정보처리기사 1인 이상을 확보하여야 한다.
④ 부동산거래정보망이란 개업공인중개사 상호간에 중개대상물의 중개에 관한 정보를 교환하는 체계를 말한다.

16
중

논점 거래계약서 작성의무 정답 ④

① 개업공인중개사가 중개완성시 사용해야할 거래계약서 표준서식이 정하여져 있는 것은 아니다.

② 당해 중개행위를 한 소속공인중개사라 하더라도 거래계약서를 작성할 의무는 없다.

③ 개업공인중개사 또는 소속공인중개사가 거래금액등 거래내용을 거짓으로 작성하거나 서로 다른 2 이상의 거래계약서를 작성한 때에는 상대적등록취소사유이다.

⑤ 개업공인중개사는 거래계약서 원본, 사본 또는 전자문서를 5년간 보존하여야 한다.

17
중

논점 확인설명의무 정답 ③

③ 법령상 의무가 있는 것은 아니지만 중개대상물 확인 · 설명서에는 이전의뢰인과 취득의뢰인이 서명 또는 날인하는 란이 있으며, 개업공인중개사는 확인 · 설명서를 발급하였다는 것을 입증하기 위하여여 당사자에게 서명 또는 날인을 받아둘 필요가 있다.

① 개업공인중개사는 중개가 완성되어 거래계약서를 작성하는 때에는 반드시 확인 · 설명서도 함께 작성해야 한다.

② 중개대상물에 대한 확인 · 설명서에는 해당 중개행위를한 소속공인중개사가 서명 및 날인할 의무가 있다.

④ 중개보수를 받지 않는 무상중개의 경우에도 확인 · 설명의무는 있다.

⑤ 확인 · 설명의무는 중개의뢰시 중개완성전까지 하여야 한다.

18
하

논점 공인중개사법 일반 정답 ③

③은 개업공인중개사와 소속공인중개사에게 인정된 의무이다.

19
상

논점 공인중개사법 상의 기간 및 기일 적용 정답 ③

① 공인중개사법상 실무교육시간은 28시간 이상 32시간 이하로 한다.

② 장사등에 관한 법률상 개인묘지는 설치한 후 30일 이내에 시장 등에게 신고하여야 한다.

④ 공인중개사 시험의 공고는 시험일정 등의 개략적인 사항을 매년 2월 말일까지 관보, 일간신문, 방송중 하나 이상과 인터넷 홈페이지에 공고하여야 한다.

⑤ 응시원서 접수마감일의 다음 날부터 7일 이내에 접수를 취소하는 경우에는 납입한 수수료의 100분의 60을 반환한다.

20
중

논점 업무보증 제도 정답 ④

④ 1개 분사무소 설치시마다 2억 원 이상을 추가로 설정하여야 하므로 3개의 분사무소를 두는 경우 해당 법인이 설정해야 할 총 보증설정금액은 주된 사무소의 설정금액 4억원 + 3개 분사무소의 설정금액 6억원, 총 10억 원 이상이어야 한다.

21
상

논점 중개보수청구권 정답 ④

④ 공동중개의 경우에 개업공인중개사는 일방의뢰인에게만 중개보수를 받게된다.

① 중개보수 청구권의 행사는 중개가 완성되어야 가능하다.

② 중개대상물이 일반주택인 경우 국토부령이 정한 한도 내에서 시도조례가 정하는 요율 및 한도액 표의 범위 내에서 받을 수 있다.

③ 임대차 중 보증금 외에 차임이 있는 경우에는 월 단위의 차임액에 100을 곱한 금액을 보증금에 합산한 금액을 거래금액으로 한다. 다만, 합산한 금액이 5천만원 미만인 경우에는 월 단위의 차임액에 70을 곱한 금액과 보증금을 합산한 금액을 거래금액으로 한다.

⑤ 주택 외의 중개대상물에 대한 중개보수는 중개의뢰인 쌍방으로부터 각각 받되, 그 쌍방으로부터 각각 받을 수 있는 중개보수의 한도는 거래금액의 1천분의 9이내이다.

22
중

논점 중개보수 계산 정답 ④

아파트 분양권의 매매를 중개한 경우에는 기납입금에 프리미엄을 합산한 금액으로 거래가액을 산정하여야 한다.

23
중

논점 행정처분 정답 ⑤

⑤ 행정절차법에 따른 청문을 생략할 수 있다.

① 7일 이내에 자격증을 교부한 시 · 도지사에게 자격증 반납

② 자격취소처분전 사전구제절차로 청문을 실시하여야한다.

③ 5일 이내에 보고하여야 한다.

④ 자격이 취소되면 개업공인중개사 등의 결격사유에 해당되므로 등록을 취소하여야 한다.

24
중

논점 행정처분 정답 ②

국토교통부령이 정하는 전속중개계약서에 의하지 않고 전속중개계약을 체결한 경우 개업공인중개사는 업무정지 처분의 대상이되나, 전속중개계약을 포함한 중개계약은 개업공인중개사와 의뢰인과의 계약이므로 소속공인중개사는 해당 의무의 준수대상이 아니다.

25
상

논점 공인중개사협회의 업무 정답 ⑤

개업공인중개사를 대상으로 한 중개업의 경영기법 및 경영정보 제공에 관한 업무는 법제14조에 규정된 법인인 개업공인중개사의 업무범위이다.

26
중

논점 공제사업운영위원회 정답 ③

③ 위원의 임기는 '2년' 으로 하되, 1회에 한하여 연임할 수 있다.

27
중

논점 부동산거래신고등에 관한 법령 위반 정답 ⑤

자진 신고하려는 부동산등의 거래계약과 관련하여 「국세기본법」 또는 「지방세법」 등 관련 법령을 위반한 사실 등이 관계기관으로부터 조사기관에 통보된 경우에는 과태료를 감경·면제하지 않는다.

28
중

논점 부동산거래신고의무 등 정답 ④

거래당사자는 부동산거래 신고한 후 해당 거래계약이 해제, 무효 또는 취소(이하 "해제등" 이라 한다)된 경우 해제등이 확정된 날부터 30일 이내에 해당 신고관청에 공동으로 신고하여야 한다.

29
중

논점 부동산거래신고 및 외국인의 부동산 취득신고 방법 정답 ①

① 매매계약 체결후 30일 이내에 부동산 거래신고를 해야 한다.

30
하

논점 토지거래허가구역의 지정 정답 ⑤

토지거래허가구역의 지정기간은 5년 이내로 한다.

31
상

논점 법정지상권 정답 ⑤

⑤ 건물에 관하여는 그 건물의 소유를 목적으로 한 관습법상의 법정지상권을 취득하지만, 지상물 중 독립된 건물로 볼 수 없는 단순한 지상구조물인 자전거보관소와 철봉 등과 같은 물건에 관하여는 관습법상의 법정지상권이 발생될 여지가 없다.

32
중

논점 중개대상물 조사확인 정답 ④

업공인중개사는 매도 또는 임대의뢰인이 중개대상물의 상태에 관한 자료요구에 불응한 경우 그러한 사실을 매수 또는 임차의뢰인에게 설명하고 중개대상물의 확인,설명서에 기재하여야 한다.

33
상

논점 중개대상물확인설명서 작성 정답 ⑤

① '대상물건의 표시란' 중 건축물의 '내진설계 적용여부 및 내진능력' 은 주거용 건축물 확인·설명서와 '비 주거용건축물 확인설명서' 에 기재사항 란이 있다.

② '내·외부시설물의 상태' 란의 '단독경보형감지기' 설치 여부는 주거용 건축물 확인·설명서에만(아파트의 경우 기재 제외) 있으며 '비주거용건축물 확인설명서' 에는 소화전 비상벨의 기재사항 란이 있다.

③ '비선호시설(1km이내)' 의 기재사항란은 주거용 건축물 확인·설명서와 '토지 확인설명서' 에만 기재사항 란이 있다.

④ 교육시설, 판매 및 의료시설, 도배상태는 '주거용건축물 확인·설명서' 에만 기재하나 벽면의 균열과 누수여부는 '비주거용 건축물 확인·설명서' 에도 기재한다.

34
중

논점 부동산거래의 전자계약 정답 ②

계약을 해제하고자 하는 때에는 전자계약시스템에 로그인한 후 '매매(임대차)계약 조회' 메뉴에서 해제하고자 하는 계약완료건에 대하여 '계약해제' 를 클릭한다. 해제된 계약은 '계약해제내역조회' 메뉴에서 조회할 수 있다.

35
중

논점 명의신탁 정답 ④

④ 명의신탁자 및 그 교사자는 5년 이하의 징역 또는 2억 원 이하의 벌금에 처한다.

36
상

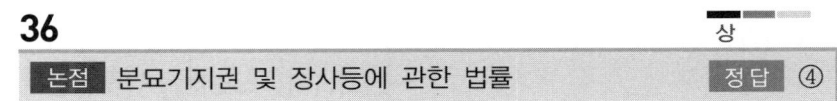

논점 분묘기지권 및 장사등에 관한 법률 정답 ④

④ 분묘의 수호 관리나 봉제사에 대하여 현실적으로 또는 관습상 호주상속인인 종손이 그 권리를 가지고 있다면 그 권리는 종손에게 전속하는 것이다(대판 2007.6.28.,2005다44114)

② 대판 2007.6.14.,2006다84423.

37

상

논점 주택임대차보호법상의 계약갱신 정답 ⑤

① 임대인이 임대차기간이 끝나기 6개월 전부터 2개월 전까지의 기간에 임차인에게 갱신거절의 통지를 하지 아니하거나 계약조건을 변경하지 아니하면 갱신하지 아니한다는 뜻의 통지를 하지 아니한 경우에는 그 기간이 끝난때에 전 임대차와 동일한 조건으로 다시 임대차한 것으로 본다. 임차인이 임대차기간이 끝나기 2개월 전까지 통지하지 아니한 경우에도 또한 같다.(법 제6조 / 20.06.09 개정시행)

⑤ 손해배상액은 거절 당시 당사자 간에 손해배상액의 예정에 관한 합의가 이루어지지 않는 한 다음의 금액 중 큰 금액으로 한다.

> 1. 갱신거절 당시 월차임(차임 외에 보증금이 있는 경우에는 본 법상의 "환산월차임")의 3개월분에 해당하는 금액
> 2. 임대인이 제3자에게 임대하여 얻은 환산월차임과 갱신거절 당시 환산월차임 간 차액의 2년분에 해당하는 금액
> 3. 갱신거절로 인하여 임차인이 입은 손해액

38

상

논점 주택임차인의 갱신요구권 정답 ③

③ 임대차계약 체결 당시 공사시기 및 소요기간 등을 포함한 철거 또는 재건축 계획을 임차인에게 구체적으로 고지하고 그 계획에 따라 목적 주택의 전부 또는 대부분을 철거하거나 재건축하기 위하여 목적 주택의 점유를 회복할 필요가 있는 경우

39

상

논점 민사집행법상의 경매절차 정답 ①

배당요구를 하여야 배당받을 수 있는 권리자는 법원이 결정 공고하는 배당요구종기 전까지 배당요구를 하여야 한다.

40

중

논점 매수신청대리인의 의무 정답 ④

④ 개업공인중개사 乙이 중개업을 휴업한 경우에는 지방법원장은 매수신청대리업무를 정지하는 처분을 하여야 한다.

제2과목: 부동산공법 중 부동산 중개에 관련되는 규정

41

중

논점 국토계획법상 승인규정의 종합 정답 ④

시장(대도시 시장은 제외한다)이나 군수는 지구단위계획구역의 지정·변경과 지구단위계획의 수립·변경에 관한 지형도면을 작성하면 도지사의 승인을 받지 아니 한다.

42

중

논점 광역도시계획 정답 ④

도시·군기본계획의 수립의 경우 기초조사의 내용에 토지적성평가와 재해취약성분석을 포함하여야 하고, 광역도시계획의 기초조사에는 토지적성평가와 재해취약성분석을 포함하지 아니한다.

43

중

논점 용도지역 지정의 특례 및 행위제한 정답 ②

「산업입지 및 개발에 관한 법률」의 규정에 따른 국가산업단지, 일반산업단지 및 도시첨단산업단지는 도시지역으로 결정·고시된 것으로 보나 농공단지는 그러하지 아니하다.

44

중

논점 도시·군관리계획의 결정·고시의 효과 정답 ①

시·도지사는 국토교통부장관이 입안하여 결정한 도시·군관리계획을 변경하는 사항에 관한 도시·군관리계획을 결정하려면 미리 국토교통부장관과 협의하여야 한다.

45

중

논점 도시지역의 세분 정답 ①

② 도시·군계획조례가 정하는 바에 따라 공동주택의 건축이 가능하지만 4층 이하의 건축물에 한한다. 따라서 아파트 건축은 허용되지 않는다.

③ 취락정비를 목적으로 자연취락지구를 지정할 수 있다.

④ 도시지역이 세부적인 용도지역으로 지정되지 않은 지역은 보전녹지지역의 행위제한을 적용받는다.

⑤ 도시·군계획조례로 정할 수 있는 건폐율은 20% 이하, 용적률은 100% 이하 이다.

46

중

논점 용도지구의 신설 정답 ②

위 ①의 용도지구는 당해 용도지역 또는 용도구역의 행위제한을 완화하는 용도지구를 신설할 수 없다.

47

중

논점 도시 · 군계획시설 정답 ③

공동구는 특별시장 · 광역시장 · 특별자치시장 · 특별자치도지사 · 시장 또는 군수가 관리한다.

48

중

논점 지구단위계획 정답 ②

㉠ 지구단위계획구역(도시지역 외에 지정하는 경우로 한정한다)에서는 지구단위계획으로 당해 용도지역 또는 개발진흥지구에 적용되는 건폐율의 (150)% 및 용적률의 (200)% 이내에서 건폐율 및 용적률을 완화하여 적용할 수 있다.

㉡ 개발진흥지구에 지정된 지구단위계획구역에 대하여는 공동주택 중 아파트 및 연립주택은 허용되지 아니한다. 다만, (계획관리지역)에 지정된 개발진흥지구를 제외한다.

49

중

논점 개발행위 허가의 절차 정답 ⑤

개발행위허가의 대상인 토지가 2 이상의 용도지역에 걸치는 경우에는 각각의 용도지역에 위치하는 토지부분에 대하여 각각의 용도지역의 개발행위의 규모에 관한 규정을 적용한다.

50

중

논점 도시 · 군계획시설사업의 시행 정답 ③

시행자는 특히 필요하다고 인정되면 도시 · 군계획시설에 인접한 토지 · 건축물 또는 그 토지에 정착된 물건 등 일시 사용할 수 있으나 수용은 허용되지 않는다.

51

중

논점 도시 · 군계획시설 정답 ④

광장은 교통광장, 일반광장, 경관광장, 지하광장, 건축물부설광장으로 세분할 수 있다.

52

중

논점 용어의 정의 정답 ④

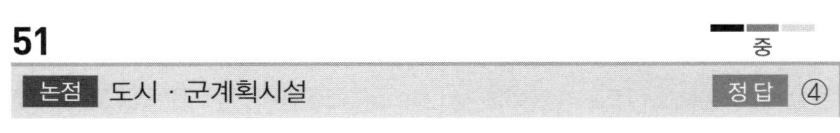

(시가화용도) : 토지의 이용 및 건축물의 용도 · 건폐율 · 용적률 · 높이 등에 대한 용도지역의 제한에 따라 개발행위허가의 기준을 적용하는 주거지역 · 상업지역 및 공업지역

(유보용도) : 도시계획위원회의 심의를 통하여 개발행위허가의 기준을 강화 또는 완화하여 적용할 수 있는 계획관리지역 · 생산관리지역 및 자연녹지지역

(보전용도) : 도시계획위원회의 심의를 통하여 개발행위허가의 기준을 강화하여 적용할 수 있는 보전관리지역 · 농림지역 · 자연환경보전지역 및 생산녹지지역 및 보전녹지지역

53

중

논점 도시개발구역의 지정 정답 ②

제안하려는 지역이 둘 이상의 시 · 군 또는 구의 행정구역에 걸쳐 있는 경우에는 그 지역에 포함된 면적이 가장 큰 행정구역의 시장 · 군수 또는 구청장에게 제안에 따른 서류를 제출하여야 한다.

54

하

논점 도시개발사업의 계획 정답 ④

개발계획의 작성 기준 및 방법은 국토교통부장관이 정한다.

55

중

논점 실시계획 및 도시개발사업의 시행방식 정답 ②

계획적이고 체계적인 도시개발 등 집단적인 조성과 공급이 필요한 경우에는 수용방식으로 정한다.

56

상

논점 환지방식에 의한 사업시행 정답 ⑤

① 행정청이 아닌 시행자가 환지계획을 작성한 경우에는 특별자치도지사 · 시장 · 군수 또는 구청장의 인가를 받아야 한다.

② 종전 토지의 합필 또는 분필로 환지명세가 변경되는 경우에는 변경인가를 받지 아니한다.

③ 토지 소유자가 신청하거나 동의하면 해당 토지의 전부 또는 일부에 대하여 환지를 정하지 아니할 수 있지만, 해당 토지에 관하여 임차권자등이 있는 경우에는 그 동의를 받아야 한다.

④ 시행자는 토지 면적의 규모를 조정할 특별한 필요가 있으면 면적이 작은 토지는 과소토지가 되지 아니하도록 면적을 늘려 환지를 정하거나 환지 대상에서 제외할 수 있다.

57

상

논점 환지계획작성 기준 정답 ④

ㄴ. 환지계획구역의 외부와 연결되는 환지계획구역 안의 도로로서 너비 25m 이상의 간선도로는 토지소유자가 도로의 부지를 부담하고, 관할 지방자치단체가 공사비를 보조하여 건설할 수 있다.

58

중

논점 환지예정지 처분 정답 ⑤

① 환지예정지처분은 환지방식의 사업절차에서 임의적 절차이다. 즉, 지정하지 아니할 수 있다.

② 환지예정지처분은 종전의 토지에 대한 임차권자 등의 동의를 필요로 하지 아니한다.

③ 환지예정지 지정의 효력발생 시기는 시행자가 환지예정지 지정을 할 때 그 시기를 정하여 종전토지소유자나 임차권자 등에게 통지한다.

④ 환지예정지 처분의 효력은 환지예정지 지정의 효력발생일부터 환지처분이 공고되는 날까지만 존속한다.

59
중

논점 용어정의 정답 ①

도로 · 상하수도 · 공원 · 공용주차장 · 공동구는 정비기반시설이다.

60
중

논점 정비구역 안의 행위제한 정답 ⑤

정비구역에서 임의사항

㉠ 농림수산물의 생산에 직접 이용되는 것으로서 국토교통부령으로 정하는 간이공작물의 설치
㉡ 경작을 위한 토지의 형질변경
㉢ 정비구역의 개발에 지장을 주지 아니하고 자연경관을 손상하지 아니하는 범위에서의 토석의 채취
㉣ 정비구역에 존치하기로 결정된 대지에 물건을 쌓아놓는 행위
㉤ 관상용 죽목의 임시식재(경작지에서의 임시식재는 제외한다)

61
중

논점 정비사업의 시행자 정답 ⑤

위 ④의 시장 · 군수등은 사업대행개시결정 · 고시를 한 날의 다음 날부터 사업대행완료를 고시하는 날까지 자기의 이름 및 사업시행자의 계산으로 사업시행자의 업무를 집행하고 재산을 관리한다.

62
중

논점 정비사업조합 정답 ④

조합 총회의 의결사항으로서 조합원과반수의 찬성으로 의결되는 것은 사업시행계획서의 작성 및 변경과 관리처분계획의 수립 및 변경이 해당한다.

63
중

논점 관리처분계획 인가 · 고시의 효과 정답 ③

사업시행자는 기존 건축물의 붕괴 등 안전사고의 우려가 있는 경우에는 기존 건축물 소유자의 동의 및 시장 · 군수등의 허가를 받아 해당 건축물을 철거할 수 있다.

64
상

논점 관리처분계획 수립기준 정답 ⑤

단독주택 또는 다가구주택이 다세대주택으로 전환되는 경우에는 "기준일" 의 다음 날을 기준으로 건축물을 분양받을 권리를 산정한다.

65
상

논점 도로 및 대지와도로의 관계 정답 ④

건축물의 옥상에 설치되는 승강기탑 · 계단탑 · 망루 · 장식탑 등의 그 수평투영면적의 합계가 해당 건축물 건축면적의 8분의 1 이하인 경우에는 그 부분의 높이가 12미터를 넘는 경우에 그 12미터를 넘는 부분만 높이에 산입한다.

66
중

논점 건축사 설계대상 및 착공신고 정답 ⑤

건축주가 축조신고를 한 가설건축물은 착공신고와 사용승인대상에 해당하지 아니한다.

67
상

논점 건축허가 등 정답 ④

착공신고 전에 경매 또는 공매 등으로 건축주가 대지의 소유권을 상실한 때부터 6개월이 지난 이후 공사의 착수가 불가능하다고 판단되는 경우에는 건축허가를 취소하여야 한다.

68
하

논점 건축선 지정 및 공개공지 정답 ③

공개공지등의 면적은 대지면적의 100분의 10 이하의 범위에서 건축조례로 정하되, 조경면적과 매장문화재의 현지보존 조치 면적을 공개공지등의 면적으로 할 수 있다.

69
상

논점 건축허가 등 정답 ⑤

※ 참고) ⑤의 "주민편의시설 등" 은 다음의 시설을 말한다.

㉠ 제1종 근린생활시설
㉡ 제2종 근린생활시설(총포판매소, 장의사, 다중생활시설, 제조업소, 단란주점, 안마시술소 및 노래연습장은 제외한다)
㉢ 문화 및 집회시설(공연장 및 전시장으로 한정한다)해설 : 위 ④의 주민편의 시설에는 업무시설 중 오피스텔을 제외한다.
㉣ 의료시설
㉤ 교육연구시설
㉥ 노유자시설
㉦ 운동시설
㉧ 업무시설(오피스텔은 제외한다)

70
중

논점 용어정의 정답 ⑤

막다른 도로로서 그 길이가 35미터 이상인 경우에는 그 너비가 6미터이상이어야 이법에 의한 도로에 해당한다.

71
중

논점 결합건축, 이행강제금 정답 ③

「도시 및 주거환경정비법」 에 따른 주거환경개선사업의 시행을 위한 구역이어야 한다.

72
중

논점 용어정의 정답 ③

㉠ 구분된 공간의 세대수는 기존 세대를 포함하여 2세대 이하일 것
㉡ 세대구분형 공동주택의 세대수가 해당 주택단지 안의 공동주택 전체 세대수의 10분의 1과 해당 동의 전체 세대수의 3분의 1을 각각 넘지 않을 것

73
중

논점 투기과열지구 정답 ⑤

입주자로 선정된 지위 또는 주택의 일부를 배우자에게 증여하는 경우에만 전매가 허용된다.

74
중

논점 용어정의 정답 ②

㉠ 사용검사일 또는 사용승인일부터 15년이 경과된 공동주택을 각 세대의 주거전용면적의 (30)% 이내에서 증축할 수 있다.
㉡ 각 세대의 증축 가능 면적을 합산한 면적의 범위에서 기존 세대수의 (15)% 이내에서 세대수를 증가하는 증축을 할 수 있다.
㉢ 주택단지 전체를 리모델링하고자 주택조합을 설립하려는 경우에는 주택단지 전체의 구분소유자와 의결권의 각 (3분의 2)의 결의 및 각 동의 구분소유자와 의결권의 각 (과반수)의 결의를 증명하는 서류를 첨부하여 관할 시장 · 군수 · 구청장의 인가를 받아야 한다.

75
중

논점 저당권설정제한 등 정답 ②

당해 대지에 대한 등기되는 부동산임차권을 설정하는 행위가 제한대상이다. 부동산 임차권설정은 제한 대상이 아니다.

76
중

논점 사업계획승인 정답 ③

국가 및 한국토지주택공사가 주택건설사업을 시행하는 경우에는 국토교통부장관의 승인을 받아야 한다.

77
중

논점 주택건설사업의 지원 정답 ⑤

임대주택을 건설을 목적으로 하는 경우에는 조성원가를 기준으로 할 수 있다.

78
상

논점 사업계획승인 정답 ③

공구별로 사업계획승인을 받은 경우 최초로 공사를 진행하는 공구 외의 공구는 해당 주택단지에 대한 최초 착공신고일부터 2년 이내에 공사를 시작하지 아니한 경우는 사업계획 승인의 취소대상에서 제외된다.

79
중

논점 농지법상 농지의 범위 정답 ⑤

지목이 전 · 답, 과수원이 아닌 토지로서 농작물 경작지 또는 다년생식물 재배지로 계속하여 이용되는 기간이 3년 미만인 토지는 농지에서 제외되는 것에 해당한다.

80
중

논점 농지법상 이행강제금 부과 정답 ③

처분명령을 받은 자가 처분명령을 이행하면 새로운 이행강제금의 부과는 즉시 중지하되, 이미 부과된 이행강제금은 징수하여야 한다.

2교시

제1과목: 부동산공시에 관한 법령 및 부동산 관련 세법

부동산공시법									
1	2	3	4	5	6	7	8	9	10
⑤	⑤	⑤	④	③	②	④	③	⑤	②
11	12	13	14	15	16	17	18	19	20
④	④	①	①	④	④	③	⑤	④	③
21	22	23	24						
②	④	①	④						

1
중

논점 지적의 관한 내용 정답 ⑤

지적정보 전담 관리기구의 설치

① 국토교통부장관은 지적공부의 효율적인 관리 및 활용을 위하여 지적정보 전담 관리기구를 설치·운영한다.

② 국토교통부장관은 지적공부를 과세나 부동산정책자료 등으로 활용하기 위하여 주민등록전산자료, 가족관계등록전산자료, 부동산등기전산자료 또는 공시지가전산자료 등을 관리하는 기관에 그 자료를 요청할 수 있으며 요청을 받은 관리기관의 장은 특별한 사정이 없는 한 이에 응하여야 한다.

2
하

논점 지번의 부여 정답 ⑤

① 지적소관청이 지번을 변경하기 위해서는 시·도지사 또는 대도시 시장의 승인을 받아야 한다.

② 임야대장 및 임야도에 등록하는 토지의 지번은 숫자 뒤에 "산" 자를 붙이는 것이 아니라 숫자 앞에 "산" 을 붙인다.

③ 지번은 본번(本番)과 부번(副番)으로 구성하며, 북동에서 남서가 아니라 북서에서 남동으로 하여로 순차적으로 부여한다.

④ 분할의 경우에는 분할된 필지마다 새로운 본번을 부여하는 것이 아니라 분할 후 1필지의 지번은 분할 전의 지번을 그대로 부여하고 나머지 토지의 경우에는 본번의 최종 부번에 다음 부번으로 하여 순차적으로 부여하여야 한다.

3
중

논점 지목의 구분 정답 ⑤

봉안당과 이에 접속된 부속시설물의 부지는 "묘지" 로 하나 묘지의 관리를 위한 건축물의 부지는 "대" 로 하여야 한다.

4
중

논점 지적측량의 검사 정답 ④

④ 지적삼각측량과 경위의측량방법에 의한 지적확정측량성과에 대하여 국토교통부장관이 정하는 일정한 면적이상일 경우 시·도지사 또는 대도시시장의 검사를 받아야 하며 일정한 면적 미만일 경우 지적소관청의 검사를 받아야 한다.

5
중

논점 지적측량적부심사 정답 ③

청구서를 받은 시·도지사는 일정한 사항을 심사한 후 30일 이내에 지방지적위원회에게 회부 하여야 하며 회부 받은 지방지적위원회의 경우 부득이 한 사정이 없는 한 60일 이내에 심의·의결 하여야 한다.

6
중

논점 축척변경 정답 ②

납부고지되거나 수령통지된 청산금에 관하여 이의가 있는 자는 납부고지 또는 수령통지를 받은 날부터 "1개월" 이내에 지적소관청에 이의신청을 할 수 있다(시행령 제77조 제1항).

7
중

논점 토지이동 신청 정답 ④

① 신규등록의 경우에 토지의 표시사항은 소관청이 조사하여 등록하고 소유권의 표시는 등기부가 존재하지 아니하므로 지적소관청이 조사하여 등록한다.

② 등록전환은 토지의 이용도와 도면의 정밀도를 높이기 위하여 임야대장 및 임야도에 등록된 토지를 토지대장 및 지적도에 옮겨서 등록하는 것을 말한다.

③ 저당권이 설정된 토지와 설정되지 아니한 토지의 합병은 불능하다.

⑤ 토지 또는 건축물의 용도가 변경된 경우에도 지목변경이 가능하다.

8
중

논점 경계점좌표등록부 정답 ③

경계점좌표등록부를 시행하는 지적도에는 끝에 "(좌표)" 라고 표시하여야 하며 지적도 오른쪽 아래 부분에 '이 도면에 의해 측량할 수 없음' 이라고 적어야 한다.

9
하

논점 토지의 신규등록 정답 ⑤

신규등록을 한 경우 지적소관청은 등기부가 존재하지 아니하므로 등기촉탁을 하지 아니한다.

10
중

논점 면적의 결정 정답 ②

임야대장에 등록할 면적의 측정결과가 123.55㎡인 경우에는 임야대장에 등록되는 면적은 124㎡로 등록된다. 임야도의 축척은 1/3,000 또는 1/6,000을 사용하기 때문에 자연수까지만 등록을 하여야 한다.

11
중

논점 등록사항 정정 　**정답** ④

④ 등기된 토지의 지적공부 등록사항 정정내용이 '토지소유자에 관한 사항인 경우' 에는 등기필증, 등기완료통지서, 등기사항증명서 또는 등기관서에서 제공한 등기전산정보자료에 따라 정정하여야 한다(법 제84조 제4항 본문)

12
상

논점 토지이동 신청 특례 　**정답** ④

④ 지방지적위원회 또는 중앙지적위원회의 지적측량 적부(재)심사의결서 사본을 받은 지적소관청은 그 내용에 따라 지적공부의 등록사항을 정정하거나 측량성과를 수정하여야 하며(법 제 29조 제 10항), 이에 따라 지적공부의 등록사항을 정정하는 경우 지적소관청은 지적공부의 등록사항에 잘못이 있는지를 직권으로 조사·측량하여 정정할 수 있다(시행령 제 82조 제 1항 제 6호). 따라서 이 경우 지적소관청은 지적측량 적부(재)심사의결서에 따라 직권으로 지적공부의 경계를 정정하여야 하며 토지소유자나 이해관계인이 신청할 필요 없다.

13
중

논점 등기신청각하사유 　**정답** ①

법제 29조 7호 신청정보상 등기의무자 표시가 등기기록과 다른 경우는 각하할 사유에 해당하나 법제 27조에 따른 포괄승계인의 등기는 각하하지 않는다.

② 법 제29조 2호
③ 법 제29조 6호
④ 법 제29조 2호
⑤ 법 제29조 11호

14
중

논점 검인계약서 　**정답** ①

검인 계약서는 계약을 원인으로 소유권이전등기를 신청하는 경우 제공하여야 하므로 신탁계약을 등기원인으로 소유권이전등기를 신청하는 경우 검인 받은 신탁계약서를 제공하여야 하며 검인을 받지 않은 경우 각하사유에 해당한다.

15
중

논점 가등기에 기한 본등기의 효력 　**정답** ④

저당권설정가등기에 의해 본등기를 신청하는 경우 가등기 후에 실행이 된 등기는 저당권설정의 본등기를 하는 경우 저당권설정등기와 양립할 수 있으므로 등기관이 직권으로 말소할 수 없으며 후순위로 존재하게 된다.

> 소유권이전가등기에 의한 본등기시 가등기 후 용익권등기 – 직권말소 대상
> 용익권설정가등기에 의한 본등기시 가등기 후 용익권등기 – 직권말소 대상
> 저당권설정가등기에 의한 본등기시 가등기 후 용익권등기 – 직권말소 못함

16
중

논점 말소등기시 이해관계인 　**정답** ④

말소등기상 등기상 이해관계 있는 제3자라 함은 어느 등기의 말소로 인하여 등기의 형식상 손해를 입을 염려가 있는 제3자를 말하므로 기존 등기를 말소하는 경우 기존등기 말소와 더불어 같이 말소하는 등기를 말한다. 그러나 2번 등기를 말소하는 경우 선순위 권리자인 1번 순위 등기나 후순위인 3번 순위 등기의 경우는 등기상 이해관계인에 속하지 않는 것이다.

> 말소등기시 이해관계인 여부
> • 해당하는 경우
> ① 지상권 · 전세권 말소등기시 지상권 · 전세권을 목적으로 한 저당권자
> ② 전세권말소등기시 전세권을 목적으로 한 가압류권자
> ③ 소유권보존등기나 소유권이전등기를 말소하는 경우 소유권을 목적으로 한 저당권설정등기 등
> • 해당하지 않는 경우
> ① 전세권설정등기를 말소하는 경우 선순위나 후순위 저당권자
> ② 저당권을 말소하는 경우 후순위 전세권자 등

17
중

논점 토지소유권보존등기 　**정답** ③

판결의 상대방은 원칙은 대장상 최초소유자를 상대로 하여야 하나 대장상 소유자가 일부 기재가 없거나 누락이 있어 소유자를 특정할 수 없는 경우에는 토지의 경우 국가를 상대로 한 확인판결에 의하고 건물의 경우에는 시장 · 군수 · 구청장을 상대로 소유권확인판결을 받아 소유권보존등기를 신청하여야 한다.

18

중

논점 등기필정보 정답 ⑤

유증으로 인한 소유권이전등기를 신청하는 경우 포괄유증, 특정유증 모두 공동신청 할 등기이므로 등기신청 시 등기의무자 등기필정보를 제공하여야 한다.

※ 등기필정보의 제공을 요하지 않는 경우

구분	등기필정보를 제공하지 않는 경우	등기필정보를 제공할 경우
상속	상속등기	상속인에 의한 등기신청, 유증을 원인으로 한 소유권이전등기
판결	승소한 등기권리자가 판결에 의하여 단독으로 등기를 신청할 경우	승소한 등기의무자가 판결에 의하여 단독으로 등기를 신청할 경우
단독신청	① 소유권보존등기 ② 부동산표시변경·경정등기 ③ 등기명의인의 표시변경 · 경정등기	
촉탁등기	① 관공서가 등기권리자 또는 등기의무자로서 촉탁하는 경우 ② 관공서가 변호사 또는 법무사에게 위임하여 신청하는 경우 ③ 경매, 공매에 의한 촉탁	
수용	① 단독신청(기업자가 관공서가 아닌 때) ② 촉탁(기업자가 관공서인 때)	

19

상

논점 판결에 의한 등기신청 정답 ④

판결에 의한 등기를 신청하는 경우 등기원인에 대하여 행정관청의 허가, 동의 또는 승낙이 필요한 경우 판결이유에 그 허가서 등의 현존사실이 기재되어 있다면 그 허가서 등을 첨부정보로 제공할 필요가 없다. 그러나 소유권이전등기를 명하는 판결의 경우 판결문에 제3자의 허가등게 관한 사항이 기록되어 있어도 별도로 제공하여야 한다.(부동산등기특별조치법 제5조)

20

중

논점 등기필정보의 작성 및 통지 정답 ③

채권자대위에 의한 등기는 등기권리자가 신청한 등기가 아니므로 등기필정보를 작성하지 않는다.

등기필정보를 작성 또는 통지할 필요가 없는 경우

1. 등기필정보를 전산정보처리조직으로 통지받아야 할 자가 수신이 가능한 때부터 3개월 이내에 전산정보처리조직을 이용하여 수신하지 않은 경우
2. 등기필정보통지서를 수령할 자가 등기를 마친 때부터 3개월 이내에 그 서면을 수령하지 않은 경우
3. 승소한 등기의무자가 등기신청을 한 경우
4. 채권자가 채무자를 대위하여 등기신청을 한 경우
5. 등기관이 직권으로 소유권보존등기를 한 경우
6. 등기신청인이 국가 또는 지방자치단체의 경우

21

상

논점 근저당권이전 또는 변경등기 정답 ②

근저당권이전등기 등기절차 〈대법원등기예규 근저당권에 관한 등기사무처리지침〉

① 근저당권의 피담보채권이 확정되기 전의 근저당권 이전등기의 신청은 다음 각 호와 같이 한다.
  1. 근저당권의 피담보권이 확정되기 전에 근저당권의 기초가 되는 기본계약상의 채권자 지위가 제3자에게 전부 또는 일부 양도된 경우, 그 양도인 및 양수인은 "계약 양도"(채권자의 지위가 전부 제3자에게 양도된 경우), "계약의 일부 양도"(채권자의 지위가 일부 제3자에게 양도된 경우) 또는 "계약가입"(양수인이 기본계약에 가입하여 추가로 채권자가 된 경우)을 등기원인으로 하여 근저당권이전등기를 신청할 수 있다.
  2. 위 1.호의 등기를 신청하는 경우 근저당권설정자가 물상보증인이거나 소유자가 제3취득자인 경우에도 그의 승낙을 증명하는 정보를 등기소에 제공할 필요가 없다.
  3. 근저당권의 피담보채권이 확정되기 전에 그 피담보채권이 양도 또는 대위변제된 경우에는 이를 원인으로 하여 근저당권이전등기를 신청할 수는 없다.

② 근저당권의 피담보채권이 확정된 후의 근저당권이전등기의 신청은 다음 각 호와 같이 한다.
  1. 근저당권의 피담보채권이 확정된 후에 그 피담보채권이 양도 또는 대위변제된 경우에는 근저당권자 및 그 채권양수인 또는 대위변제자는 채권양도에 의한 저당권이전등기에 준하여 근저당권이전등기를 신청할 수 있다. 이 경우 등기원인은 "확정채권 양도" 또는 "확정채권 대위변제" 등으로 기록한다.
  2. 위 1.호의 등기를 신청하는 경우 근저당권설정자가 물상보증인이거나 소유자가 제3취득자인 경우에도 그의 승낙을 증명하는 정보를 등기소에 제공할 필요가 없다.

22

중

논점 가처분등기의 효력 정답 ④

가처분등기 이후에 된 등기의 말소는 가처분권리자 단독신청에 의해 말소한다.

> 가처분등기 이후의 등기의 말소
> (1)소유권에 대한 가처분등기
> ① 소유권이전등기청구권 또는 소유권이전등기말소등기(소유권보존등기말소등기를 포함한다) 청구권을 보전하기 위한 가처분등기가 마쳐진 후 그 가처분채권자가 가처분채무자를 등기의무자로 하여 소유권이전등기 또는 소유권말소등기를 신청하는 경우에는, 법 제94조 제1항에 따라 가처분등기 이후에 마쳐진 제3자 명의의 등기의 말소를 단독으로 신청할 수 있다. 다만, 다음 각 호의 등기는 그러하지 아니하다.
>
> > 1. 가처분등기 전에 마쳐진 가압류에 의한 강제경매개시결정등기
> > 2. 가처분등기 전에 마쳐진 담보가등기, 전세권 및 저당권에 의한 임의경매개시결정등기
> > 3. 가처분채권자에게 대항할 수 있는 주택임차권등기 등
>
> ③ 위 ①의 경우 해당 가처분등기는 등기관이 직권으로 말소하여야 한다.

23

중

논점 등기실행 여부 정답 ①

소유권이전청구권을 목적으로 가등기를 한 경우에도 해당 가등기를 목적으로 한 처분제한등기(가압류,가처분등기)는 가능하다.

24

중

논점 등기신청 의무 정답 ④

① 토지의 면적이나 지목이 변경이 생긴 경우 그 토지의 등기명의인은 1월 이내에 변경등기를 신청하여야 한다.

② 건물의 경우 대지지번의 변경이 있다거나 부속건물 등의 신축으로 건물의 변경이 있을 경우 1월 이내에 등기를 신청하여야 한다.

③ 소유권보존등기는 그자체로 등기신청 의무를 부과하지 않는 것이 원칙이나 예외적으로 미등기 상태에서 소유권이전 계약을 체결한 경우 60일 이내에 소유권보존등기의 신청의무를 부과한다.

⑤ 부동산 매매계약(쌍무계약)을 원인으로 등기를 신청하는 경우 매매계약일이 아니라 일방의 이행완료일로부터 60일 이내에 등기를 신청하여야 한다.

부동산세법

				25	26	27	28	29	30
				⑤	③	①	③	⑤	④
31	32	33	34	35	36	37	38	39	40
②	②	④	①	②	①	④	②	②	③

25

하

논점 소멸사유 정답 ⑤

납세의무 소멸사유에는 1. 납부 2. 충당 3. 부과취소 4. 부과권의 제척기간의 만료 5. 징수권의소멸시효완성이 있다.

따라서 ㉢ 결손처분 ㉥ 부과철회는 소멸사유가 아니라 연기사유에 해당한다

26

중

논점 조세채권과 일반채권의 관계 정답 ③

③ 취득세 신고서를 납세지 관할 지방자치단체장에게 제출한 날 후에 저당권 설정 등기 사실이 증명되는 재산을 매각하여 그 매각금액에서 취득세를 징수하는 경우, 저당권에 따라 담보된 채권은 취득세에 우선하지 아니한다. 따라서 취득세의 신고일과 저당권의 등기일 중 빠른 것을 우선하므로 취득세가 저당권에 따라 담보된 채권보다 우선한다.

27

중

논점 양도차익계산에 관한 설명 정답 ①

① 취득당시 실거래가액을 확인할 수 없는 경우에는 매매사례가액 – 감정가액 – 환산취득가액 –기준시가를 순차로 적용하여 산정한 가액을 취득가액으로 한다. 다만 양도당시 가액이 실거래가액이 확인되지 않는 경우에는 매매사례가액 – 감정가액 – 기준시가 순서로 추계 조사결정 경정할 수 있다. 환산취득가액의 경우, 취득가액의 경우에는 적용하지만 양도가액의 경우 적용하지 아니한다.

28

중

논점 양도소득세의 세율 정답 ③

③ 상속받은 경우 피상속인이 취득일부터 양도일까지 보유기간을 계산한다. 1년 7개월 보유한 등기된 건물을 상속인이 상속받아 6개월 보유하고 양도하는 경우, 보유기간은 2년 1월이다. 따라서 세율은 6%에서 45%까지 8단계 초과누진세율이다.

④ 조정대상지역에 있는 주택으로서 1세대 3주택 이상에 해당하는 주택을 양도하는 경우의 세율은 기본세율(6%에서 45%까지 8단계 초과누진세율)에 100분의 30을 더한 세율이다. 다만, 22.5.10부터 24.5.9까지 양도한 경우에는 기본세율(6%에서 45%까지 8단계 초과누진세율)을 적용한다.

29
중

논점 이월과세 정답 ⑤

① 양도소득세 납세의무자는 乙이다.
② 증여자의 취득일부터 기산하므로 양도소득금액 계산시 장기보유특별공제가 적용된다.
③ 양도차익 계산시 양도가액에서 공제할 취득가액은 3억원이다.
④ 乙이 납부한 증여세는 양도소득세 양도차익 계산시 필요경비에 산입한다.

30
중

논점 1세대 1주택 비과세 정답 ④

④ 「건축법 시행령」 별표 1 제1호 다목에 해당하는 다가구주택은 해당 다가구주택을 구획된 부분별로 분양하지 아니하고 하나의 매매단위로 하여 양도하는 경우 그 전체를 하나의 주택으로 본다.

31
상

논점 양도소득세 계산에 관한 설명 정답 ②

② 양도일부터 소급하여 10년 이내에 그 배우자로부터 증여 받은 토지의 양도차익을 계산할 때 그 증여받은 토지에 대하여 납부한 증여세는 양도가액에서 공제할 필요경비에 산입한다.(개정법)

32
상

논점 1세대 1주택 정답 ②

① 주택 및 그 부수토지(사업인정고시일 이전에 취득한 경우에 한함)의 전부 또는 일부가 관련 법률에 의하여 협의매수 또는 수용되는 경우(이 경우 양도일 또는 수용일로부터 5년 이내에 양도하는 그 잔존주택 및 그 부수토지 포함)에는 보유기간의 제한을 받지 아니한다.
③ 해외이주로 세대 전원이 출국하는 경우에는 보유기간의 제한을 받지 아니한다. 단, 출국일 현재 1주택을 보유하고 있는 경우로서 출국일부터 2년 이내에 양도하는 경우에 한한다.
④ 1년 이상 계속하여 국외 거주를 필요로 하는 취학 또는 근무상의 형편으로 세대 전원이 출국하는 경우에는 보유기간의 제한을 받지 아니한다. 단, 출국일 현재 1주택을 보유하고 있는 경우로서 출국일부터 2년 이내에 양도하는 경우에 한한다.
⑤ 「민간임대주택에 관한 특별법」 상 건설임대주택을 취득하여 양도하는 경우로서 해당 건설임대주택의 임차일부터 양도일까지의 거주기간이 5년 이상인 경우에는 보유기간의 제한을 받지 아니한다.

33
중

논점 임차권 설정등기의 계산 정답 ④

① 등록면허세의 과세표준은 50만원이다.
② 등록면허세의 세율은 월임대차금액의 1천분의 2이다.
③ 등록면허세는 부과된다.
④ 등록면허세 및 부가세의 납부세액은 *7,200원이다.

> * 7,200원
> • 50만원 × 0.2% = 1,000원이지만 6,000원으로 한다.(등록면허세)
> • 6,000원 × 20% = 1,200원(지방교육세)
> • 6,000원 + 1,200원 = 7,200원

⑤ 등록면허세의 납부의무자는 乙이다.

34
중

논점 취득세 부과 · 징수 정답 ①

② 등기 또는 등록신청서를 등기 · 등록관서에 접수하는 날까지 취득세를 신고하고 납부하여야 한다.
③ ~ 그 허가일부터 60일 이내에 신고하고 납부하여야 한다.
④ 「지방세법」 제13조의2 제1항 제2호에 따라 일시적 2주택으로 신고하였으나 그 취득일로부터 3년 이내에 종전주택을 처분하지 못하여 1주택으로 되지 아니한 경우 「지방세기본법」 에 따라 산출한 가산세를 합한 금액을 세액으로 하여 보통징수의 방법으로 징수한다.
⑤ ~ 신고불성실가산세(무신고납부세액)를 50% 감면받을 수 있다.

35
중

논점 취득세에 관한 설명 정답 ②

② 「주택법」 제2조 제3호에 따른 공동주택의 개수(「건축법」 제2조 제1항 제9호에 따른 대수선은 제외함)로 인한 취득 중 개수로 인한 취득 당시 「지방세법」 제4조에 따른 주택의 시가표준액이 9억원 이하인 주택과 관련된 개수로 인한 취득에 대해서는 취득세를 부과하지 아니한다.

36
중

논점 재산세에 관한 설명 정답 ①

① 재산세의 과세대상 물건을 공부상 등재현황과 달리 이용함으로써 재산세 부담이 낮아지는 경우 등 대통령령으로 정하는 경우에는 공부상 등재현황에 따라 재산세를 부과한다.

37
중

논점 재산세에 관한 설명 정답 ④

④ 甲의 재산세 납세의무는 2028년 5월 31일까지 지방자치단체가 부과하지 아니하면 소멸한다.

38

중

논점 논점 재산세에 관한 설명 정답 ②

② 지방자치단체가 1년 이상 공용으로 사용하는 재산으로서 유료로 사용하는 경우에는 재산세를 부과한다.

39

상

논점 종합부동산세법상 주택에 대한 과세 및 납세지 정답 ②

② 납세의무자가 일반법인이며 3주택 이상 소유한 경우 소유한 주택 수에 따라 과세표준에 5%의 세율을 적용(공익법인 제외)하여 계산한 금액을 주택분 종합부동산세액으로 한다.

40

상

논점 겸용주택 과세 정답 ③

- 주택이 주택 이외 면적보다 작거나 같은 경우의 비과세 여부는 다음과 같다.
- 주택의 연면적이 주택 이외의 연면적보다 작거나 같을 때에는 주택 외의 부분은주택으로 보지 않는다. 즉, 주거부분만 주택으로 본다. 따라서 양도소득세가 과세되는 건물면적은 120㎡이다.
- 주택부수토지 : 주택에 딸린 토지는 전체 토지면적에 주택의 연면적이 건물의 연면적에서 차지하는 비율을 곱하여 계산한다(안분토지).
  - ㉠ 주택부수토지 = 800㎡ × (80㎡ / 200㎡) = 320㎡
  - ㉡ 상가부수토지 = 800㎡ × (120㎡ / 200㎡) = 480㎡
- 도시지역 내이므로 주택정착면적(80㎡)의 3배인 240㎡(부수토지 한도)와 주택을 안분한 토지(320㎡)중 작은면적을 비과세한다.
- 따라서 부수토지는 240㎡는 비과세 토지이고 한도를 초과하는 80㎡ + 480㎡ =560㎡는 과세되는 토지이다.

2023 인강드림 공인중개사

2차 실전모의고사

초판인쇄 2023년 7월 17일
초판발행 2023년 7월 17일

편 저 자 인강드림 공인중개사 교수진 편저
펴 낸 곳 인강드림
펴 낸 이 서혜영
출 판 이승순, 김용수
주 소 서울시 서초구 서초대로 132, 4층 401호
전 화 1544-3363
팩 스 02-6000-9443
홈페이지 http://www.ingangdream.com
이 메 일 help@youclass.co.kr

값 34,000원
ISBN 979-11-93057-38-4

성　명

교시 기재란	
(　　)교시	① ② ③

문제지 형별 기재란	
(　　)형	Ⓐ Ⓑ

선 택 과 목 1
선 택 과 목 2

수 험 번 호							
⓪	⓪	⓪	⓪	⓪	⓪	⓪	⓪
①	①	①	①	①	①	①	①
②	②	②	②	②	②	②	②
③	③	③	③	③	③	③	③
④	④	④	④	④	④	④	④
⑤	⑤	⑤	⑤	⑤	⑤	⑤	⑤
⑥	⑥	⑥	⑥	⑥	⑥	⑥	⑥
⑦	⑦	⑦	⑦	⑦	⑦	⑦	⑦
⑧	⑧	⑧	⑧	⑧	⑧	⑧	⑧
⑨	⑨	⑨	⑨	⑨	⑨	⑨	⑨

감독위원 확인
(인)

(　　　　)년도 (　　　　　　　　) 제(　　)차 국가전문자격시험 답안카드

1	① ② ③ ④ ⑤	21	① ② ③ ④ ⑤	41	① ② ③ ④ ⑤	61	① ② ③ ④ ⑤	81	① ② ③ ④ ⑤	101	① ② ③ ④ ⑤	121	① ② ③ ④ ⑤
2	① ② ③ ④ ⑤	22	① ② ③ ④ ⑤	42	① ② ③ ④ ⑤	62	① ② ③ ④ ⑤	82	① ② ③ ④ ⑤	102	① ② ③ ④ ⑤	122	① ② ③ ④ ⑤
3	① ② ③ ④ ⑤	23	① ② ③ ④ ⑤	43	① ② ③ ④ ⑤	63	① ② ③ ④ ⑤	83	① ② ③ ④ ⑤	103	① ② ③ ④ ⑤	123	① ② ③ ④ ⑤
4	① ② ③ ④ ⑤	24	① ② ③ ④ ⑤	44	① ② ③ ④ ⑤	64	① ② ③ ④ ⑤	84	① ② ③ ④ ⑤	104	① ② ③ ④ ⑤	124	① ② ③ ④ ⑤
5	① ② ③ ④ ⑤	25	① ② ③ ④ ⑤	45	① ② ③ ④ ⑤	65	① ② ③ ④ ⑤	85	① ② ③ ④ ⑤	105	① ② ③ ④ ⑤	125	① ② ③ ④ ⑤
6	① ② ③ ④ ⑤	26	① ② ③ ④ ⑤	46	① ② ③ ④ ⑤	66	① ② ③ ④ ⑤	86	① ② ③ ④ ⑤	106	① ② ③ ④ ⑤		
7	① ② ③ ④ ⑤	27	① ② ③ ④ ⑤	47	① ② ③ ④ ⑤	67	① ② ③ ④ ⑤	87	① ② ③ ④ ⑤	107	① ② ③ ④ ⑤		
8	① ② ③ ④ ⑤	28	① ② ③ ④ ⑤	48	① ② ③ ④ ⑤	68	① ② ③ ④ ⑤	88	① ② ③ ④ ⑤	108	① ② ③ ④ ⑤		
9	① ② ③ ④ ⑤	29	① ② ③ ④ ⑤	49	① ② ③ ④ ⑤	69	① ② ③ ④ ⑤	89	① ② ③ ④ ⑤	109	① ② ③ ④ ⑤		
10	① ② ③ ④ ⑤	30	① ② ③ ④ ⑤	50	① ② ③ ④ ⑤	70	① ② ③ ④ ⑤	90	① ② ③ ④ ⑤	110	① ② ③ ④ ⑤		
11	① ② ③ ④ ⑤	31	① ② ③ ④ ⑤	51	① ② ③ ④ ⑤	71	① ② ③ ④ ⑤	91	① ② ③ ④ ⑤	111	① ② ③ ④ ⑤	수험자	
12	① ② ③ ④ ⑤	32	① ② ③ ④ ⑤	52	① ② ③ ④ ⑤	72	① ② ③ ④ ⑤	92	① ② ③ ④ ⑤	112	① ② ③ ④ ⑤	여러분의	
13	① ② ③ ④ ⑤	33	① ② ③ ④ ⑤	53	① ② ③ ④ ⑤	73	① ② ③ ④ ⑤	93	① ② ③ ④ ⑤	113	① ② ③ ④ ⑤	합격을	
14	① ② ③ ④ ⑤	34	① ② ③ ④ ⑤	54	① ② ③ ④ ⑤	74	① ② ③ ④ ⑤	94	① ② ③ ④ ⑤	114	① ② ③ ④ ⑤	기원합니다.	
15	① ② ③ ④ ⑤	35	① ② ③ ④ ⑤	55	① ② ③ ④ ⑤	75	① ② ③ ④ ⑤	95	① ② ③ ④ ⑤	115	① ② ③ ④ ⑤		
16	① ② ③ ④ ⑤	36	① ② ③ ④ ⑤	56	① ② ③ ④ ⑤	76	① ② ③ ④ ⑤	96	① ② ③ ④ ⑤	116	① ② ③ ④ ⑤		
17	① ② ③ ④ ⑤	37	① ② ③ ④ ⑤	57	① ② ③ ④ ⑤	77	① ② ③ ④ ⑤	97	① ② ③ ④ ⑤	117	① ② ③ ④ ⑤		
18	① ② ③ ④ ⑤	38	① ② ③ ④ ⑤	58	① ② ③ ④ ⑤	78	① ② ③ ④ ⑤	98	① ② ③ ④ ⑤	118	① ② ③ ④ ⑤		
19	① ② ③ ④ ⑤	39	① ② ③ ④ ⑤	59	① ② ③ ④ ⑤	79	① ② ③ ④ ⑤	99	① ② ③ ④ ⑤	119	① ② ③ ④ ⑤		
20	① ② ③ ④ ⑤	40	① ② ③ ④ ⑤	60	① ② ③ ④ ⑤	80	① ② ③ ④ ⑤	100	① ② ③ ④ ⑤	120	① ② ③ ④ ⑤	인강드림	

성　명

교시 기재란	
(　　)교시	① ② ③

문제지 형별 기재란	
(　　)형	Ⓐ Ⓑ

선 택 과 목 1
선 택 과 목 2

수 험 번 호							
⓪	⓪	⓪	⓪	⓪	⓪	⓪	⓪
①	①	①	①	①	①	①	①
②	②	②	②	②	②	②	②
③	③	③	③	③	③	③	③
④	④	④	④	④	④	④	④
⑤	⑤	⑤	⑤	⑤	⑤	⑤	⑤
⑥	⑥	⑥	⑥	⑥	⑥	⑥	⑥
⑦	⑦	⑦	⑦	⑦	⑦	⑦	⑦
⑧	⑧	⑧	⑧	⑧	⑧	⑧	⑧
⑨	⑨	⑨	⑨	⑨	⑨	⑨	⑨

감독위원 확인
(인)

(　　　　)년도 (　　　　　　　　) 제(　　)차 국가전문자격시험 답안카드

1	① ② ③ ④ ⑤	21	① ② ③ ④ ⑤	41	① ② ③ ④ ⑤	61	① ② ③ ④ ⑤	81	① ② ③ ④ ⑤	101	① ② ③ ④ ⑤	121	① ② ③ ④ ⑤
2	① ② ③ ④ ⑤	22	① ② ③ ④ ⑤	42	① ② ③ ④ ⑤	62	① ② ③ ④ ⑤	82	① ② ③ ④ ⑤	102	① ② ③ ④ ⑤	122	① ② ③ ④ ⑤
3	① ② ③ ④ ⑤	23	① ② ③ ④ ⑤	43	① ② ③ ④ ⑤	63	① ② ③ ④ ⑤	83	① ② ③ ④ ⑤	103	① ② ③ ④ ⑤	123	① ② ③ ④ ⑤
4	① ② ③ ④ ⑤	24	① ② ③ ④ ⑤	44	① ② ③ ④ ⑤	64	① ② ③ ④ ⑤	84	① ② ③ ④ ⑤	104	① ② ③ ④ ⑤	124	① ② ③ ④ ⑤
5	① ② ③ ④ ⑤	25	① ② ③ ④ ⑤	45	① ② ③ ④ ⑤	65	① ② ③ ④ ⑤	85	① ② ③ ④ ⑤	105	① ② ③ ④ ⑤	125	① ② ③ ④ ⑤
6	① ② ③ ④ ⑤	26	① ② ③ ④ ⑤	46	① ② ③ ④ ⑤	66	① ② ③ ④ ⑤	86	① ② ③ ④ ⑤	106	① ② ③ ④ ⑤		
7	① ② ③ ④ ⑤	27	① ② ③ ④ ⑤	47	① ② ③ ④ ⑤	67	① ② ③ ④ ⑤	87	① ② ③ ④ ⑤	107	① ② ③ ④ ⑤		
8	① ② ③ ④ ⑤	28	① ② ③ ④ ⑤	48	① ② ③ ④ ⑤	68	① ② ③ ④ ⑤	88	① ② ③ ④ ⑤	108	① ② ③ ④ ⑤		
9	① ② ③ ④ ⑤	29	① ② ③ ④ ⑤	49	① ② ③ ④ ⑤	69	① ② ③ ④ ⑤	89	① ② ③ ④ ⑤	109	① ② ③ ④ ⑤		
10	① ② ③ ④ ⑤	30	① ② ③ ④ ⑤	50	① ② ③ ④ ⑤	70	① ② ③ ④ ⑤	90	① ② ③ ④ ⑤	110	① ② ③ ④ ⑤		
11	① ② ③ ④ ⑤	31	① ② ③ ④ ⑤	51	① ② ③ ④ ⑤	71	① ② ③ ④ ⑤	91	① ② ③ ④ ⑤	111	① ② ③ ④ ⑤	수험자	
12	① ② ③ ④ ⑤	32	① ② ③ ④ ⑤	52	① ② ③ ④ ⑤	72	① ② ③ ④ ⑤	92	① ② ③ ④ ⑤	112	① ② ③ ④ ⑤	여러분의	
13	① ② ③ ④ ⑤	33	① ② ③ ④ ⑤	53	① ② ③ ④ ⑤	73	① ② ③ ④ ⑤	93	① ② ③ ④ ⑤	113	① ② ③ ④ ⑤	합격을	
14	① ② ③ ④ ⑤	34	① ② ③ ④ ⑤	54	① ② ③ ④ ⑤	74	① ② ③ ④ ⑤	94	① ② ③ ④ ⑤	114	① ② ③ ④ ⑤	기원합니다.	
15	① ② ③ ④ ⑤	35	① ② ③ ④ ⑤	55	① ② ③ ④ ⑤	75	① ② ③ ④ ⑤	95	① ② ③ ④ ⑤	115	① ② ③ ④ ⑤		
16	① ② ③ ④ ⑤	36	① ② ③ ④ ⑤	56	① ② ③ ④ ⑤	76	① ② ③ ④ ⑤	96	① ② ③ ④ ⑤	116	① ② ③ ④ ⑤		
17	① ② ③ ④ ⑤	37	① ② ③ ④ ⑤	57	① ② ③ ④ ⑤	77	① ② ③ ④ ⑤	97	① ② ③ ④ ⑤	117	① ② ③ ④ ⑤		
18	① ② ③ ④ ⑤	38	① ② ③ ④ ⑤	58	① ② ③ ④ ⑤	78	① ② ③ ④ ⑤	98	① ② ③ ④ ⑤	118	① ② ③ ④ ⑤		
19	① ② ③ ④ ⑤	39	① ② ③ ④ ⑤	59	① ② ③ ④ ⑤	79	① ② ③ ④ ⑤	99	① ② ③ ④ ⑤	119	① ② ③ ④ ⑤		
20	① ② ③ ④ ⑤	40	① ② ③ ④ ⑤	60	① ② ③ ④ ⑤	80	① ② ③ ④ ⑤	100	① ② ③ ④ ⑤	120	① ② ③ ④ ⑤	인강드림	

마 킹 주 의

바르게 마킹 : ●
잘 못 마킹 : ⊗, ⊙, ⊘, ◎, ⦶, ⊖, ◯̣, ◉

(예 시) ⟶

성 명
홍 길 동

교시 기재란
(1)교시 ● ② ③
문제지 형별 기재란
(A)형 ● Ⓑ
선 택 과 목 1
선 택 과 목 2

수 험 번 호

0	1	3	2	9	8	0	1
●	⓪	⓪	⓪	⓪	⓪	●	⓪
①	●	①	①	①	①	①	●
②	②	②	●	②	②	②	②
③	③	●	③	③	③	③	③
④	④	④	④	④	④	④	④
⑤	⑤	⑤	⑤	⑤	⑤	⑤	⑤
⑥	⑥	⑥	⑥	⑥	⑥	⑥	⑥
⑦	⑦	⑦	⑦	⑦	⑦	⑦	⑦
⑧	⑧	⑧	⑧	⑧	●	⑧	⑧
⑨	⑨	⑨	⑨	●	⑨	⑨	⑨

감독위원 확인
김 감㊞ 독

수험자 유의사항

1. 시험 중에는 통신기기(휴대전화 · 소형 무전기 등) 및 전자기기(초소형 카메라 등)를 소지하거나 사용할 수 없습니다.
2. 부정행위 예방을 위해 시험문제지에도 수험번호와 성명을 반드시 기재하시기 바랍니다.
3. **시험시간이 종료되면 즉시 답안작성을 멈춰야** 하며, 종료시간 이후 계속 답안을 작성하거나 감독위원의 답안카드 제출지시에 불응할 때에는 당해 시험이 무효처리 됩니다.
4. 기타 감독위원의 정당한 지시에 불응하여 타 수험자의 시험에 방해가 될 경우 퇴실조치 될 수 있습니다.

답안카드 작성 시 유의사항

1. 답안카드 기재 · 마킹 시에는 **반드시 검정색 사인펜을 사용**해야 합니다.
2. 답안카드를 잘못 작성했을 시에는 카드를 교체하거나 수정테이프를 사용하여 수정할 수 있습니다.
   그러나 불완전한 수정처리로 인해 발생하는 전산자동판독불가 등 불이익은 수험자의 귀책사유입니다.
   - 수정테이프 이외의 수정액, 스티커 등은 사용 불가
   - 답안카드 왼쪽(성명 · 수험번호 등)을 제외한 '답안란'만 수정테이프로 수정 가능
3. 성명란은 수험자 본인의 성명을 정자체로 기재합니다.
4. 교시 기재란은 해당교시를 기재하고 해당 란에 마킹합니다.
5. 시험문제지 형별기재란은 시험문제지 형별을 기재하고, 우측 형별마킹난은 해당 형별을 마킹합니다.
6. 수험번호란은 숫자로 기재하고 아래 해당번호에 마킹합니다.
7. 시험문제지 형별 및 수험번호 등 마킹착오로 인한 불이익은 전적으로 수험자의 귀책사유입니다.
8. 감독위원의 날인이 없는 답안카드는 무효처리 됩니다.
9. 상단과 우측의 검은색 띠(▌▌▌) 부분은 낙서를 금지합니다.
10. 답안카드의 채점은 전산 판독결과에 따르며, 문제지 형별 및 답안 란의 마킹누락, 마킹착오, 불완전한 마킹 등은 수험자의 귀책사유에 해당하므로 이의제기를 하더라도 받아들여지지 않습니다.

부정행위 처리규정

시험 중 다음과 같은 행위를 하는 자는 당해 시험을 무효처리하고 자격별 관련 규정에 따라 일정기간 동안 시험에 응시할 수 있는 자격을 정지합니다.

1. 시험과 관련된 대화, 답안카드 교환, 다른 수험자의 답안 · 문제지를 보고 답안 작성, 대리시험을 치르거나 치르게 하는 행위, 시험문제 내용과 관련된 물건을 휴대하거나 이를 주고받는 행위
2. 시험장 내외로부터 도움을 받아 답안을 작성하는 행위, 공인어학성적 및 응시자격서류를 허위기재하여 제출하는 행위
3. 통신기기(휴대전화 · 소형 무전기 등) 및 전자기기(초소형 카메라 등)를 휴대하거나 사용하는 행위
4. 다른 수험자와 성명 및 수험번호를 바꾸어 작성 · 제출하는 행위
5. 기타 부정 또는 불공정한 방법으로 시험을 치르는 행위

마 킹 주 의

바르게 마킹 : ●
잘 못 마킹 : ⊗, ⊙, ⊘, ◎, ⦶, ⊖, ◯̣, ◉

(예 시) ⟶

성 명
홍 길 동

교시 기재란
(1)교시 ● ② ③
문제지 형별 기재란
(A)형 ● Ⓑ
선 택 과 목 1
선 택 과 목 2

수 험 번 호

0	1	3	2	9	8	0	1
●	⓪	⓪	⓪	⓪	⓪	●	⓪
①	●	①	①	①	①	①	●
②	②	②	●	②	②	②	②
③	③	●	③	③	③	③	③
④	④	④	④	④	④	④	④
⑤	⑤	⑤	⑤	⑤	⑤	⑤	⑤
⑥	⑥	⑥	⑥	⑥	⑥	⑥	⑥
⑦	⑦	⑦	⑦	⑦	⑦	⑦	⑦
⑧	⑧	⑧	⑧	⑧	●	⑧	⑧
⑨	⑨	⑨	⑨	●	⑨	⑨	⑨

감독위원 확인
김 감㊞ 독

수험자 유의사항

1. 시험 중에는 통신기기(휴대전화 · 소형 무전기 등) 및 전자기기(초소형 카메라 등)를 소지하거나 사용할 수 없습니다.
2. 부정행위 예방을 위해 시험문제지에도 수험번호와 성명을 반드시 기재하시기 바랍니다.
3. **시험시간이 종료되면 즉시 답안작성을 멈춰야** 하며, 종료시간 이후 계속 답안을 작성하거나 감독위원의 답안카드 제출지시에 불응할 때에는 당해 시험이 무효처리 됩니다.
4. 기타 감독위원의 정당한 지시에 불응하여 타 수험자의 시험에 방해가 될 경우 퇴실조치 될 수 있습니다.

답안카드 작성 시 유의사항

1. 답안카드 기재 · 마킹 시에는 **반드시 검정색 사인펜을 사용**해야 합니다.
2. 답안카드를 잘못 작성했을 시에는 카드를 교체하거나 수정테이프를 사용하여 수정할 수 있습니다.
   그러나 불완전한 수정처리로 인해 발생하는 전산자동판독불가 등 불이익은 수험자의 귀책사유입니다.
   - 수정테이프 이외의 수정액, 스티커 등은 사용 불가
   - 답안카드 왼쪽(성명 · 수험번호 등)을 제외한 '답안란'만 수정테이프로 수정 가능
3. 성명란은 수험자 본인의 성명을 정자체로 기재합니다.
4. 교시 기재란은 해당교시를 기재하고 해당 란에 마킹합니다.
5. 시험문제지 형별기재란은 시험문제지 형별을 기재하고, 우측 형별마킹난은 해당 형별을 마킹합니다.
6. 수험번호란은 숫자로 기재하고 아래 해당번호에 마킹합니다.
7. 시험문제지 형별 및 수험번호 등 마킹착오로 인한 불이익은 전적으로 수험자의 귀책사유입니다.
8. 감독위원의 날인이 없는 답안카드는 무효처리 됩니다.
9. 상단과 우측의 검은색 띠(▌▌▌) 부분은 낙서를 금지합니다.
10. 답안카드의 채점은 전산 판독결과에 따르며, 문제지 형별 및 답안 란의 마킹누락, 마킹착오, 불완전한 마킹 등은 수험자의 귀책사유에 해당하므로 이의제기를 하더라도 받아들여지지 않습니다.

부정행위 처리규정

시험 중 다음과 같은 행위를 하는 자는 당해 시험을 무효처리하고 자격별 관련 규정에 따라 일정기간 동안 시험에 응시할 수 있는 자격을 정지합니다.

1. 시험과 관련된 대화, 답안카드 교환, 다른 수험자의 답안 · 문제지를 보고 답안 작성, 대리시험을 치르거나 치르게 하는 행위, 시험문제 내용과 관련된 물건을 휴대하거나 이를 주고받는 행위
2. 시험장 내외로부터 도움을 받아 답안을 작성하는 행위, 공인어학성적 및 응시자격서류를 허위기재하여 제출하는 행위
3. 통신기기(휴대전화 · 소형 무전기 등) 및 전자기기(초소형 카메라 등)를 휴대하거나 사용하는 행위
4. 다른 수험자와 성명 및 수험번호를 바꾸어 작성 · 제출하는 행위
5. 기타 부정 또는 불공정한 방법으로 시험을 치르는 행위

성 명

교시 기재란	
( )교시	①②③

문제지 형별 기재란	
( )형	Ⓐ Ⓑ

선 택 과 목 1

선 택 과 목 2

수 험 번 호

⓪⓪⓪⓪⓪⓪⓪⓪
①①①①①①①①
②②②②②②②②
③③③③③③③③
④④④④④④④④
⑤⑤⑤⑤⑤⑤⑤⑤
⑥⑥⑥⑥⑥⑥⑥⑥
⑦⑦⑦⑦⑦⑦⑦⑦
⑧⑧⑧⑧⑧⑧⑧⑧
⑨⑨⑨⑨⑨⑨⑨⑨

감독위원 확인

(인)

( )년도 ( ) 제( )차 국가전문자격시험 답안카드

1	①②③④⑤	21	①②③④⑤	41	①②③④⑤	61	①②③④⑤	81	①②③④⑤	101	①②③④⑤	121	①②③④⑤
2	①②③④⑤	22	①②③④⑤	42	①②③④⑤	62	①②③④⑤	82	①②③④⑤	102	①②③④⑤	122	①②③④⑤
3	①②③④⑤	23	①②③④⑤	43	①②③④⑤	63	①②③④⑤	83	①②③④⑤	103	①②③④⑤	123	①②③④⑤
4	①②③④⑤	24	①②③④⑤	44	①②③④⑤	64	①②③④⑤	84	①②③④⑤	104	①②③④⑤	124	①②③④⑤
5	①②③④⑤	25	①②③④⑤	45	①②③④⑤	65	①②③④⑤	85	①②③④⑤	105	①②③④⑤	125	①②③④⑤
6	①②③④⑤	26	①②③④⑤	46	①②③④⑤	66	①②③④⑤	86	①②③④⑤	106	①②③④⑤		
7	①②③④⑤	27	①②③④⑤	47	①②③④⑤	67	①②③④⑤	87	①②③④⑤	107	①②③④⑤		
8	①②③④⑤	28	①②③④⑤	48	①②③④⑤	68	①②③④⑤	88	①②③④⑤	108	①②③④⑤		
9	①②③④⑤	29	①②③④⑤	49	①②③④⑤	69	①②③④⑤	89	①②③④⑤	109	①②③④⑤		
10	①②③④⑤	30	①②③④⑤	50	①②③④⑤	70	①②③④⑤	90	①②③④⑤	110	①②③④⑤		
11	①②③④⑤	31	①②③④⑤	51	①②③④⑤	71	①②③④⑤	91	①②③④⑤	111	①②③④⑤		수험자 여러분의 합격을 기원합니다.
12	①②③④⑤	32	①②③④⑤	52	①②③④⑤	72	①②③④⑤	92	①②③④⑤	112	①②③④⑤		
13	①②③④⑤	33	①②③④⑤	53	①②③④⑤	73	①②③④⑤	93	①②③④⑤	113	①②③④⑤		
14	①②③④⑤	34	①②③④⑤	54	①②③④⑤	74	①②③④⑤	94	①②③④⑤	114	①②③④⑤		
15	①②③④⑤	35	①②③④⑤	55	①②③④⑤	75	①②③④⑤	95	①②③④⑤	115	①②③④⑤		
16	①②③④⑤	36	①②③④⑤	56	①②③④⑤	76	①②③④⑤	96	①②③④⑤	116	①②③④⑤		
17	①②③④⑤	37	①②③④⑤	57	①②③④⑤	77	①②③④⑤	97	①②③④⑤	117	①②③④⑤		
18	①②③④⑤	38	①②③④⑤	58	①②③④⑤	78	①②③④⑤	98	①②③④⑤	118	①②③④⑤		
19	①②③④⑤	39	①②③④⑤	59	①②③④⑤	79	①②③④⑤	99	①②③④⑤	119	①②③④⑤		
20	①②③④⑤	40	①②③④⑤	60	①②③④⑤	80	①②③④⑤	100	①②③④⑤	120	①②③④⑤		인강드림

성 명

교시 기재란	
( )교시	①②③

문제지 형별 기재란	
( )형	Ⓐ Ⓑ

선 택 과 목 1

선 택 과 목 2

수 험 번 호

⓪⓪⓪⓪⓪⓪⓪⓪
①①①①①①①①
②②②②②②②②
③③③③③③③③
④④④④④④④④
⑤⑤⑤⑤⑤⑤⑤⑤
⑥⑥⑥⑥⑥⑥⑥⑥
⑦⑦⑦⑦⑦⑦⑦⑦
⑧⑧⑧⑧⑧⑧⑧⑧
⑨⑨⑨⑨⑨⑨⑨⑨

감독위원 확인

(인)

( )년도 ( ) 제( )차 국가전문자격시험 답안카드

1	①②③④⑤	21	①②③④⑤	41	①②③④⑤	61	①②③④⑤	81	①②③④⑤	101	①②③④⑤	121	①②③④⑤
2	①②③④⑤	22	①②③④⑤	42	①②③④⑤	62	①②③④⑤	82	①②③④⑤	102	①②③④⑤	122	①②③④⑤
3	①②③④⑤	23	①②③④⑤	43	①②③④⑤	63	①②③④⑤	83	①②③④⑤	103	①②③④⑤	123	①②③④⑤
4	①②③④⑤	24	①②③④⑤	44	①②③④⑤	64	①②③④⑤	84	①②③④⑤	104	①②③④⑤	124	①②③④⑤
5	①②③④⑤	25	①②③④⑤	45	①②③④⑤	65	①②③④⑤	85	①②③④⑤	105	①②③④⑤	125	①②③④⑤
6	①②③④⑤	26	①②③④⑤	46	①②③④⑤	66	①②③④⑤	86	①②③④⑤	106	①②③④⑤		
7	①②③④⑤	27	①②③④⑤	47	①②③④⑤	67	①②③④⑤	87	①②③④⑤	107	①②③④⑤		
8	①②③④⑤	28	①②③④⑤	48	①②③④⑤	68	①②③④⑤	88	①②③④⑤	108	①②③④⑤		
9	①②③④⑤	29	①②③④⑤	49	①②③④⑤	69	①②③④⑤	89	①②③④⑤	109	①②③④⑤		
10	①②③④⑤	30	①②③④⑤	50	①②③④⑤	70	①②③④⑤	90	①②③④⑤	110	①②③④⑤		
11	①②③④⑤	31	①②③④⑤	51	①②③④⑤	71	①②③④⑤	91	①②③④⑤	111	①②③④⑤		수험자 여러분의 합격을 기원합니다.
12	①②③④⑤	32	①②③④⑤	52	①②③④⑤	72	①②③④⑤	92	①②③④⑤	112	①②③④⑤		
13	①②③④⑤	33	①②③④⑤	53	①②③④⑤	73	①②③④⑤	93	①②③④⑤	113	①②③④⑤		
14	①②③④⑤	34	①②③④⑤	54	①②③④⑤	74	①②③④⑤	94	①②③④⑤	114	①②③④⑤		
15	①②③④⑤	35	①②③④⑤	55	①②③④⑤	75	①②③④⑤	95	①②③④⑤	115	①②③④⑤		
16	①②③④⑤	36	①②③④⑤	56	①②③④⑤	76	①②③④⑤	96	①②③④⑤	116	①②③④⑤		
17	①②③④⑤	37	①②③④⑤	57	①②③④⑤	77	①②③④⑤	97	①②③④⑤	117	①②③④⑤		
18	①②③④⑤	38	①②③④⑤	58	①②③④⑤	78	①②③④⑤	98	①②③④⑤	118	①②③④⑤		
19	①②③④⑤	39	①②③④⑤	59	①②③④⑤	79	①②③④⑤	99	①②③④⑤	119	①②③④⑤		
20	①②③④⑤	40	①②③④⑤	60	①②③④⑤	80	①②③④⑤	100	①②③④⑤	120	①②③④⑤		인강드림

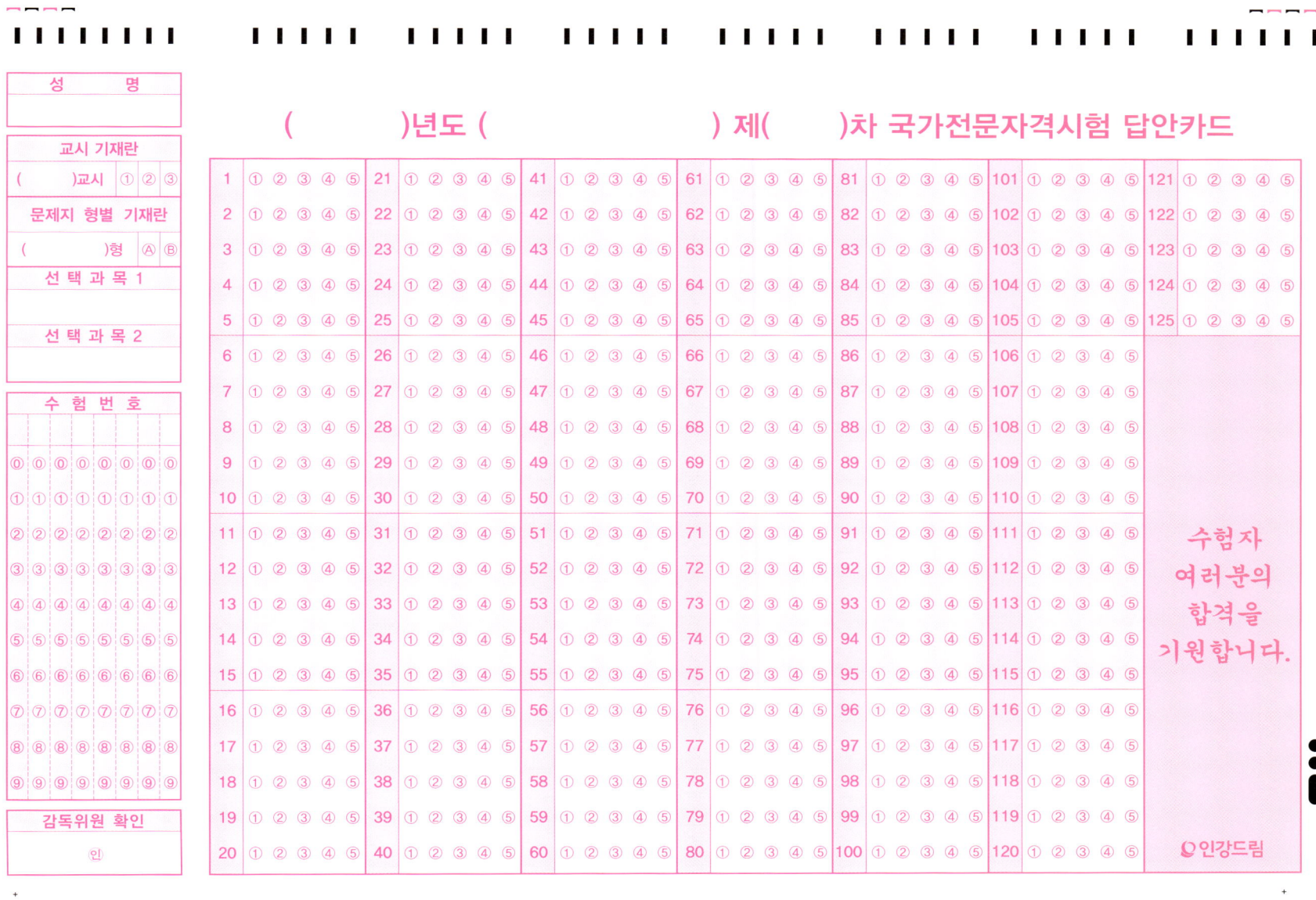

마 킹 주 의 | 바르게 마킹 : ● / 잘 못 마킹 : ⊗, ⊙, ⊘, ◎, ⦶, ⊖, ◌, ◍

(예 시)

수험자 유의사항

1. 시험 중에는 통신기기(휴대전화 · 소형 무전기 등) 및 전자기기(초소형 카메라 등)를 소지하거나 사용할 수 없습니다.
2. 부정행위 예방을 위해 시험문제지에도 수험번호와 성명을 반드시 기재하시기 바랍니다.
3. **시험시간이 종료되면 즉시 답안작성을 멈춰야** 하며, 종료시간 이후 계속 답안을 작성하거나 감독위원의 답안카드 제출지시에 불응할 때에는 당해 시험이 무효처리 됩니다.
4. 기타 감독위원의 정당한 지시에 불응하여 타 수험자의 시험에 방해가 될 경우 퇴실조치 될 수 있습니다.

답안카드 작성 시 유의사항

1. 답안카드 기재 · 마킹 시에는 **반드시 검정색 사인펜을 사용**해야 합니다.
2. 답안카드를 잘못 작성했을 시에는 카드를 교체하거나 수정테이프를 사용하여 수정할 수 있습니다.
   그러나 불완전한 수정처리로 인해 발생하는 전산자동판독불가 등 불이익은 수험자의 귀책사유입니다.
   - 수정테이프 이외의 수정액, 스티커 등은 사용 불가
   - 답안카드 왼쪽(성명 · 수험번호 등)을 제외한 '답안란'만 수정테이프로 수정 가능
3. 성명란은 수험자 본인의 성명을 정자체로 기재합니다.
4. 교시 기재란은 해당교시를 기재하고 해당 란에 마킹합니다.
5. 시험문제지 형별기재란은 시험문제지 형별을 기재하고, 우측 형별마킹난은 해당 형별을 마킹합니다.
6. 수험번호란은 숫자로 기재하고 아래 해당번호에 마킹합니다.
7. 시험문제지 형별 및 수험번호 등 마킹착오로 인한 불이익은 전적으로 수험자의 귀책사유입니다.
8. 감독위원의 날인이 없는 답안카드는 무효처리 됩니다.
9. 상단과 우측의 검은색 띠(▌▌▌) 부분은 낙서를 금지합니다.
10. 답안카드의 채점은 전산 판독결과에 따르며, 문제지 형별 및 답안 란의 마킹누락, 마킹착오, 불완전한 마킹 등은 수험자의 귀책사유에 해당하므로 이의제기를 하더라도 받아들여지지 않습니다.

부정행위 처리규정

시험 중 다음과 같은 행위를 하는 자는 당해 시험을 무효처리하고 자격별 관련 규정에 따라 일정기간 동안 시험에 응시할 수 있는 자격을 정지합니다.

1. 시험과 관련된 대화, 답안카드 교환, 다른 수험자의 답안 · 문제지를 보고 답안 작성, 대리시험을 치르거나 치르게 하는 행위, 시험문제 내용과 관련된 물건을 휴대하거나 이를 주고받는 행위
2. 시험장 내외로부터 도움을 받아 답안을 작성하는 행위, 공인어학성적 및 응시자격서류를 허위기재하여 제출하는 행위
3. 통신기기(휴대전화 · 소형 무전기 등) 및 전자기기(초소형 카메라 등)를 휴대하거나 사용하는 행위
4. 다른 수험자와 성명 및 수험번호를 바꾸어 작성 · 제출하는 행위
5. 기타 부정 또는 불공정한 방법으로 시험을 치르는 행위

성 명
홍 길 동

교시 기재란	
(1)교시	● ② ③
문제지 형별 기재란	
(A)형	● Ⓑ
선 택 과 목 1	
선 택 과 목 2	

수 험 번 호

0	1	3	2	9	8	0	1
●	⓪	⓪	⓪	⓪	⓪	●	⓪
①	●	①	①	①	①	①	●
②	②	②	●	②	②	②	②
③	③	●	③	③	③	③	③
④	④	④	④	④	④	④	④
⑤	⑤	⑤	⑤	⑤	⑤	⑤	⑤
⑥	⑥	⑥	⑥	⑥	⑥	⑥	⑥
⑦	⑦	⑦	⑦	⑦	⑦	⑦	⑦
⑧	⑧	⑧	⑧	⑧	●	⑧	⑧
⑨	⑨	⑨	⑨	●	⑨	⑨	⑨

감독위원 확인
김 감 독

마 킹 주 의 | 바르게 마킹 : ● / 잘 못 마킹 : ⊗, ⊙, ⊘, ◎, ⦶, ⊖, ◌, ◍

(예 시)

수험자 유의사항

1. 시험 중에는 통신기기(휴대전화 · 소형 무전기 등) 및 전자기기(초소형 카메라 등)를 소지하거나 사용할 수 없습니다.
2. 부정행위 예방을 위해 시험문제지에도 수험번호와 성명을 반드시 기재하시기 바랍니다.
3. **시험시간이 종료되면 즉시 답안작성을 멈춰야** 하며, 종료시간 이후 계속 답안을 작성하거나 감독위원의 답안카드 제출지시에 불응할 때에는 당해 시험이 무효처리 됩니다.
4. 기타 감독위원의 정당한 지시에 불응하여 타 수험자의 시험에 방해가 될 경우 퇴실조치 될 수 있습니다.

답안카드 작성 시 유의사항

1. 답안카드 기재 · 마킹 시에는 **반드시 검정색 사인펜을 사용**해야 합니다.
2. 답안카드를 잘못 작성했을 시에는 카드를 교체하거나 수정테이프를 사용하여 수정할 수 있습니다.
   그러나 불완전한 수정처리로 인해 발생하는 전산자동판독불가 등 불이익은 수험자의 귀책사유입니다.
   - 수정테이프 이외의 수정액, 스티커 등은 사용 불가
   - 답안카드 왼쪽(성명 · 수험번호 등)을 제외한 '답안란'만 수정테이프로 수정 가능
3. 성명란은 수험자 본인의 성명을 정자체로 기재합니다.
4. 교시 기재란은 해당교시를 기재하고 해당 란에 마킹합니다.
5. 시험문제지 형별기재란은 시험문제지 형별을 기재하고, 우측 형별마킹난은 해당 형별을 마킹합니다.
6. 수험번호란은 숫자로 기재하고 아래 해당번호에 마킹합니다.
7. 시험문제지 형별 및 수험번호 등 마킹착오로 인한 불이익은 전적으로 수험자의 귀책사유입니다.
8. 감독위원의 날인이 없는 답안카드는 무효처리 됩니다.
9. 상단과 우측의 검은색 띠(▌▌▌) 부분은 낙서를 금지합니다.
10. 답안카드의 채점은 전산 판독결과에 따르며, 문제지 형별 및 답안 란의 마킹누락, 마킹착오, 불완전한 마킹 등은 수험자의 귀책사유에 해당하므로 이의제기를 하더라도 받아들여지지 않습니다.

부정행위 처리규정

시험 중 다음과 같은 행위를 하는 자는 당해 시험을 무효처리하고 자격별 관련 규정에 따라 일정기간 동안 시험에 응시할 수 있는 자격을 정지합니다.

1. 시험과 관련된 대화, 답안카드 교환, 다른 수험자의 답안 · 문제지를 보고 답안 작성, 대리시험을 치르거나 치르게 하는 행위, 시험문제 내용과 관련된 물건을 휴대하거나 이를 주고받는 행위
2. 시험장 내외로부터 도움을 받아 답안을 작성하는 행위, 공인어학성적 및 응시자격서류를 허위기재하여 제출하는 행위
3. 통신기기(휴대전화 · 소형 무전기 등) 및 전자기기(초소형 카메라 등)를 휴대하거나 사용하는 행위
4. 다른 수험자와 성명 및 수험번호를 바꾸어 작성 · 제출하는 행위
5. 기타 부정 또는 불공정한 방법으로 시험을 치르는 행위

성 명
홍 길 동

교시 기재란	
(1)교시	● ② ③
문제지 형별 기재란	
(A)형	● Ⓑ
선 택 과 목 1	
선 택 과 목 2	

수 험 번 호

0	1	3	2	9	8	0	1
●	⓪	⓪	⓪	⓪	⓪	●	⓪
①	●	①	①	①	①	①	●
②	②	②	●	②	②	②	②
③	③	●	③	③	③	③	③
④	④	④	④	④	④	④	④
⑤	⑤	⑤	⑤	⑤	⑤	⑤	⑤
⑥	⑥	⑥	⑥	⑥	⑥	⑥	⑥
⑦	⑦	⑦	⑦	⑦	⑦	⑦	⑦
⑧	⑧	⑧	⑧	⑧	●	⑧	⑧
⑨	⑨	⑨	⑨	●	⑨	⑨	⑨

감독위원 확인
김 감 독

성 명

교시 기재란	
( )교시	① ② ③

문제지 형별 기재란	
( )형	Ⓐ Ⓑ

선 택 과 목 1
선 택 과 목 2

수 험 번 호							
0	0	0	0	0	0	0	0
①	①	①	①	①	①	①	①
②	②	②	②	②	②	②	②
③	③	③	③	③	③	③	③
④	④	④	④	④	④	④	④
⑤	⑤	⑤	⑤	⑤	⑤	⑤	⑤
⑥	⑥	⑥	⑥	⑥	⑥	⑥	⑥
⑦	⑦	⑦	⑦	⑦	⑦	⑦	⑦
⑧	⑧	⑧	⑧	⑧	⑧	⑧	⑧
⑨	⑨	⑨	⑨	⑨	⑨	⑨	⑨

감독위원 확인
인

( )년도 ( ) 제( )차 국가전문자격시험 답안카드

1	① ② ③ ④ ⑤	21	① ② ③ ④ ⑤	41	① ② ③ ④ ⑤	61	① ② ③ ④ ⑤	81	① ② ③ ④ ⑤	101	① ② ③ ④ ⑤	121	① ② ③ ④ ⑤
2	① ② ③ ④ ⑤	22	① ② ③ ④ ⑤	42	① ② ③ ④ ⑤	62	① ② ③ ④ ⑤	82	① ② ③ ④ ⑤	102	① ② ③ ④ ⑤	122	① ② ③ ④ ⑤
3	① ② ③ ④ ⑤	23	① ② ③ ④ ⑤	43	① ② ③ ④ ⑤	63	① ② ③ ④ ⑤	83	① ② ③ ④ ⑤	103	① ② ③ ④ ⑤	123	① ② ③ ④ ⑤
4	① ② ③ ④ ⑤	24	① ② ③ ④ ⑤	44	① ② ③ ④ ⑤	64	① ② ③ ④ ⑤	84	① ② ③ ④ ⑤	104	① ② ③ ④ ⑤	124	① ② ③ ④ ⑤
5	① ② ③ ④ ⑤	25	① ② ③ ④ ⑤	45	① ② ③ ④ ⑤	65	① ② ③ ④ ⑤	85	① ② ③ ④ ⑤	105	① ② ③ ④ ⑤	125	① ② ③ ④ ⑤
6	① ② ③ ④ ⑤	26	① ② ③ ④ ⑤	46	① ② ③ ④ ⑤	66	① ② ③ ④ ⑤	86	① ② ③ ④ ⑤	106	① ② ③ ④ ⑤		
7	① ② ③ ④ ⑤	27	① ② ③ ④ ⑤	47	① ② ③ ④ ⑤	67	① ② ③ ④ ⑤	87	① ② ③ ④ ⑤	107	① ② ③ ④ ⑤		
8	① ② ③ ④ ⑤	28	① ② ③ ④ ⑤	48	① ② ③ ④ ⑤	68	① ② ③ ④ ⑤	88	① ② ③ ④ ⑤	108	① ② ③ ④ ⑤		
9	① ② ③ ④ ⑤	29	① ② ③ ④ ⑤	49	① ② ③ ④ ⑤	69	① ② ③ ④ ⑤	89	① ② ③ ④ ⑤	109	① ② ③ ④ ⑤		
10	① ② ③ ④ ⑤	30	① ② ③ ④ ⑤	50	① ② ③ ④ ⑤	70	① ② ③ ④ ⑤	90	① ② ③ ④ ⑤	110	① ② ③ ④ ⑤		
11	① ② ③ ④ ⑤	31	① ② ③ ④ ⑤	51	① ② ③ ④ ⑤	71	① ② ③ ④ ⑤	91	① ② ③ ④ ⑤	111	① ② ③ ④ ⑤	수험자	
12	① ② ③ ④ ⑤	32	① ② ③ ④ ⑤	52	① ② ③ ④ ⑤	72	① ② ③ ④ ⑤	92	① ② ③ ④ ⑤	112	① ② ③ ④ ⑤	여러분의	
13	① ② ③ ④ ⑤	33	① ② ③ ④ ⑤	53	① ② ③ ④ ⑤	73	① ② ③ ④ ⑤	93	① ② ③ ④ ⑤	113	① ② ③ ④ ⑤	합격을	
14	① ② ③ ④ ⑤	34	① ② ③ ④ ⑤	54	① ② ③ ④ ⑤	74	① ② ③ ④ ⑤	94	① ② ③ ④ ⑤	114	① ② ③ ④ ⑤	기원합니다.	
15	① ② ③ ④ ⑤	35	① ② ③ ④ ⑤	55	① ② ③ ④ ⑤	75	① ② ③ ④ ⑤	95	① ② ③ ④ ⑤	115	① ② ③ ④ ⑤		
16	① ② ③ ④ ⑤	36	① ② ③ ④ ⑤	56	① ② ③ ④ ⑤	76	① ② ③ ④ ⑤	96	① ② ③ ④ ⑤	116	① ② ③ ④ ⑤		
17	① ② ③ ④ ⑤	37	① ② ③ ④ ⑤	57	① ② ③ ④ ⑤	77	① ② ③ ④ ⑤	97	① ② ③ ④ ⑤	117	① ② ③ ④ ⑤		
18	① ② ③ ④ ⑤	38	① ② ③ ④ ⑤	58	① ② ③ ④ ⑤	78	① ② ③ ④ ⑤	98	① ② ③ ④ ⑤	118	① ② ③ ④ ⑤		
19	① ② ③ ④ ⑤	39	① ② ③ ④ ⑤	59	① ② ③ ④ ⑤	79	① ② ③ ④ ⑤	99	① ② ③ ④ ⑤	119	① ② ③ ④ ⑤		
20	① ② ③ ④ ⑤	40	① ② ③ ④ ⑤	60	① ② ③ ④ ⑤	80	① ② ③ ④ ⑤	100	① ② ③ ④ ⑤	120	① ② ③ ④ ⑤	인강드림	

성 명

교시 기재란	
( )교시	① ② ③

문제지 형별 기재란	
( )형	Ⓐ Ⓑ

선 택 과 목 1
선 택 과 목 2

수 험 번 호							
0	0	0	0	0	0	0	0
①	①	①	①	①	①	①	①
②	②	②	②	②	②	②	②
③	③	③	③	③	③	③	③
④	④	④	④	④	④	④	④
⑤	⑤	⑤	⑤	⑤	⑤	⑤	⑤
⑥	⑥	⑥	⑥	⑥	⑥	⑥	⑥
⑦	⑦	⑦	⑦	⑦	⑦	⑦	⑦
⑧	⑧	⑧	⑧	⑧	⑧	⑧	⑧
⑨	⑨	⑨	⑨	⑨	⑨	⑨	⑨

감독위원 확인
인

( )년도 ( ) 제( )차 국가전문자격시험 답안카드

1	① ② ③ ④ ⑤	21	① ② ③ ④ ⑤	41	① ② ③ ④ ⑤	61	① ② ③ ④ ⑤	81	① ② ③ ④ ⑤	101	① ② ③ ④ ⑤	121	① ② ③ ④ ⑤
2	① ② ③ ④ ⑤	22	① ② ③ ④ ⑤	42	① ② ③ ④ ⑤	62	① ② ③ ④ ⑤	82	① ② ③ ④ ⑤	102	① ② ③ ④ ⑤	122	① ② ③ ④ ⑤
3	① ② ③ ④ ⑤	23	① ② ③ ④ ⑤	43	① ② ③ ④ ⑤	63	① ② ③ ④ ⑤	83	① ② ③ ④ ⑤	103	① ② ③ ④ ⑤	123	① ② ③ ④ ⑤
4	① ② ③ ④ ⑤	24	① ② ③ ④ ⑤	44	① ② ③ ④ ⑤	64	① ② ③ ④ ⑤	84	① ② ③ ④ ⑤	104	① ② ③ ④ ⑤	124	① ② ③ ④ ⑤
5	① ② ③ ④ ⑤	25	① ② ③ ④ ⑤	45	① ② ③ ④ ⑤	65	① ② ③ ④ ⑤	85	① ② ③ ④ ⑤	105	① ② ③ ④ ⑤	125	① ② ③ ④ ⑤
6	① ② ③ ④ ⑤	26	① ② ③ ④ ⑤	46	① ② ③ ④ ⑤	66	① ② ③ ④ ⑤	86	① ② ③ ④ ⑤	106	① ② ③ ④ ⑤		
7	① ② ③ ④ ⑤	27	① ② ③ ④ ⑤	47	① ② ③ ④ ⑤	67	① ② ③ ④ ⑤	87	① ② ③ ④ ⑤	107	① ② ③ ④ ⑤		
8	① ② ③ ④ ⑤	28	① ② ③ ④ ⑤	48	① ② ③ ④ ⑤	68	① ② ③ ④ ⑤	88	① ② ③ ④ ⑤	108	① ② ③ ④ ⑤		
9	① ② ③ ④ ⑤	29	① ② ③ ④ ⑤	49	① ② ③ ④ ⑤	69	① ② ③ ④ ⑤	89	① ② ③ ④ ⑤	109	① ② ③ ④ ⑤		
10	① ② ③ ④ ⑤	30	① ② ③ ④ ⑤	50	① ② ③ ④ ⑤	70	① ② ③ ④ ⑤	90	① ② ③ ④ ⑤	110	① ② ③ ④ ⑤		
11	① ② ③ ④ ⑤	31	① ② ③ ④ ⑤	51	① ② ③ ④ ⑤	71	① ② ③ ④ ⑤	91	① ② ③ ④ ⑤	111	① ② ③ ④ ⑤	수험자	
12	① ② ③ ④ ⑤	32	① ② ③ ④ ⑤	52	① ② ③ ④ ⑤	72	① ② ③ ④ ⑤	92	① ② ③ ④ ⑤	112	① ② ③ ④ ⑤	여러분의	
13	① ② ③ ④ ⑤	33	① ② ③ ④ ⑤	53	① ② ③ ④ ⑤	73	① ② ③ ④ ⑤	93	① ② ③ ④ ⑤	113	① ② ③ ④ ⑤	합격을	
14	① ② ③ ④ ⑤	34	① ② ③ ④ ⑤	54	① ② ③ ④ ⑤	74	① ② ③ ④ ⑤	94	① ② ③ ④ ⑤	114	① ② ③ ④ ⑤	기원합니다.	
15	① ② ③ ④ ⑤	35	① ② ③ ④ ⑤	55	① ② ③ ④ ⑤	75	① ② ③ ④ ⑤	95	① ② ③ ④ ⑤	115	① ② ③ ④ ⑤		
16	① ② ③ ④ ⑤	36	① ② ③ ④ ⑤	56	① ② ③ ④ ⑤	76	① ② ③ ④ ⑤	96	① ② ③ ④ ⑤	116	① ② ③ ④ ⑤		
17	① ② ③ ④ ⑤	37	① ② ③ ④ ⑤	57	① ② ③ ④ ⑤	77	① ② ③ ④ ⑤	97	① ② ③ ④ ⑤	117	① ② ③ ④ ⑤		
18	① ② ③ ④ ⑤	38	① ② ③ ④ ⑤	58	① ② ③ ④ ⑤	78	① ② ③ ④ ⑤	98	① ② ③ ④ ⑤	118	① ② ③ ④ ⑤		
19	① ② ③ ④ ⑤	39	① ② ③ ④ ⑤	59	① ② ③ ④ ⑤	79	① ② ③ ④ ⑤	99	① ② ③ ④ ⑤	119	① ② ③ ④ ⑤		
20	① ② ③ ④ ⑤	40	① ② ③ ④ ⑤	60	① ② ③ ④ ⑤	80	① ② ③ ④ ⑤	100	① ② ③ ④ ⑤	120	① ② ③ ④ ⑤	인강드림	

마 킹 주 의	바르게 마킹 : ● 잘 못 마킹 : ⊗, ⊙, ⓥ, ◎, ⦶, ⊖, ◌, ●

(예 시) →

성 명
홍 길 동

교시 기재란
(1)교시 ● ② ③

문제지 형별 기재란
(A)형 ● Ⓑ

선 택 과 목 1

선 택 과 목 2

수 험 번 호
0 1 3 2 9 8 0 1

감독위원 확인
김 감 독

수험자 유의사항

1. 시험 중에는 통신기기(휴대전화 · 소형 무전기 등) 및 전자기기(초소형 카메라 등)를 소지하거나 사용할 수 없습니다.
2. 부정행위 예방을 위해 시험문제지에도 수험번호와 성명을 반드시 기재하시기 바랍니다.
3. **시험시간이 종료되면 즉시 답안작성을 멈춰야** 하며, 종료시간 이후 계속 답안을 작성하거나 감독위원의 답안카드 제출지시에 불응할 때에는 당해 시험이 무효처리 됩니다.
4. 기타 감독위원의 정당한 지시에 불응하여 타 수험자의 시험에 방해가 될 경우 퇴실조치 될 수 있습니다.

답안카드 작성 시 유의사항

1. 답안카드 기재 · 마킹 시에는 **반드시 검정색 사인펜을 사용**해야 합니다.
2. 답안카드를 잘못 작성했을 시에는 카드를 교체하거나 수정테이프를 사용하여 수정할 수 있습니다.
   그러나 불완전한 수정처리로 인해 발생하는 전산자동판독불가 등 불이익은 수험자의 귀책사유입니다.
   - 수정테이프 이외의 수정액, 스티커 등은 사용 불가
   - 답안카드 왼쪽(성명 · 수험번호 등)을 제외한 '답안란'만 수정테이프로 수정 가능
3. 성명란은 수험자 본인의 성명을 정자체로 기재합니다.
4. 교시 기재란은 해당교시를 기재하고 해당 란에 마킹합니다.
5. 시험문제지 형별기재란은 시험문제지 형별을 기재하고, 우측 형별마킹난은 해당 형별을 마킹합니다.
6. 수험번호란은 숫자로 기재하고 아래 해당번호에 마킹합니다.
7. 시험문제지 형별 및 수험번호 등 마킹착오로 인한 불이익은 전적으로 수험자의 귀책사유입니다.
8. 감독위원의 날인이 없는 답안카드는 무효처리 됩니다.
9. 상단과 우측의 검은색 띠(▮▮▮) 부분은 낙서를 금지합니다.
10. 답안카드의 채점은 전산 판독결과에 따르며, 문제지 형별 및 답안 란의 마킹누락, 마킹착오, 불완전한 마킹 등은 수험자의 귀책사유에 해당하므로 이의제기를 하더라도 받아들여지지 않습니다.

부정행위 처리규정

시험 중 다음과 같은 행위를 하는 자는 당해 시험을 무효처리하고 자격별 관련 규정에 따라 일정기간 동안 시험에 응시할 수 있는 자격을 정지합니다.

1. 시험과 관련된 대화, 답안카드 교환, 다른 수험자의 답안 · 문제지를 보고 답안 작성, 대리시험을 치르거나 치르게 하는 행위, 시험문제 내용과 관련된 물건을 휴대하거나 이를 주고받는 행위
2. 시험장 내외로부터 도움을 받아 답안을 작성하는 행위, 공인어학성적 및 응시자격서류를 허위기재하여 제출하는 행위
3. 통신기기(휴대전화 · 소형 무전기 등) 및 전자기기(초소형 카메라 등)를 휴대하거나 사용하는 행위
4. 다른 수험자와 성명 및 수험번호를 바꾸어 작성 · 제출하는 행위
5. 기타 부정 또는 불공정한 방법으로 시험을 치르는 행위

마 킹 주 의	바르게 마킹 : ● 잘 못 마킹 : ⊗, ⊙, ⓥ, ◎, ⦶, ⊖, ◌, ●

(예 시) →

성 명
홍 길 동

교시 기재란
(1)교시 ● ② ③

문제지 형별 기재란
(A)형 ● Ⓑ

선 택 과 목 1

선 택 과 목 2

수 험 번 호
0 1 3 2 9 8 0 1

감독위원 확인
김 감 독

수험자 유의사항

1. 시험 중에는 통신기기(휴대전화 · 소형 무전기 등) 및 전자기기(초소형 카메라 등)를 소지하거나 사용할 수 없습니다.
2. 부정행위 예방을 위해 시험문제지에도 수험번호와 성명을 반드시 기재하시기 바랍니다.
3. **시험시간이 종료되면 즉시 답안작성을 멈춰야** 하며, 종료시간 이후 계속 답안을 작성하거나 감독위원의 답안카드 제출지시에 불응할 때에는 당해 시험이 무효처리 됩니다.
4. 기타 감독위원의 정당한 지시에 불응하여 타 수험자의 시험에 방해가 될 경우 퇴실조치 될 수 있습니다.

답안카드 작성 시 유의사항

1. 답안카드 기재 · 마킹 시에는 **반드시 검정색 사인펜을 사용**해야 합니다.
2. 답안카드를 잘못 작성했을 시에는 카드를 교체하거나 수정테이프를 사용하여 수정할 수 있습니다.
   그러나 불완전한 수정처리로 인해 발생하는 전산자동판독불가 등 불이익은 수험자의 귀책사유입니다.
   - 수정테이프 이외의 수정액, 스티커 등은 사용 불가
   - 답안카드 왼쪽(성명 · 수험번호 등)을 제외한 '답안란'만 수정테이프로 수정 가능
3. 성명란은 수험자 본인의 성명을 정자체로 기재합니다.
4. 교시 기재란은 해당교시를 기재하고 해당 란에 마킹합니다.
5. 시험문제지 형별기재란은 시험문제지 형별을 기재하고, 우측 형별마킹난은 해당 형별을 마킹합니다.
6. 수험번호란은 숫자로 기재하고 아래 해당번호에 마킹합니다.
7. 시험문제지 형별 및 수험번호 등 마킹착오로 인한 불이익은 전적으로 수험자의 귀책사유입니다.
8. 감독위원의 날인이 없는 답안카드는 무효처리 됩니다.
9. 상단과 우측의 검은색 띠(▮▮▮) 부분은 낙서를 금지합니다.
10. 답안카드의 채점은 전산 판독결과에 따르며, 문제지 형별 및 답안 란의 마킹누락, 마킹착오, 불완전한 마킹 등은 수험자의 귀책사유에 해당하므로 이의제기를 하더라도 받아들여지지 않습니다.

부정행위 처리규정

시험 중 다음과 같은 행위를 하는 자는 당해 시험을 무효처리하고 자격별 관련 규정에 따라 일정기간 동안 시험에 응시할 수 있는 자격을 정지합니다.

1. 시험과 관련된 대화, 답안카드 교환, 다른 수험자의 답안 · 문제지를 보고 답안 작성, 대리시험을 치르거나 치르게 하는 행위, 시험문제 내용과 관련된 물건을 휴대하거나 이를 주고받는 행위
2. 시험장 내외로부터 도움을 받아 답안을 작성하는 행위, 공인어학성적 및 응시자격서류를 허위기재하여 제출하는 행위
3. 통신기기(휴대전화 · 소형 무전기 등) 및 전자기기(초소형 카메라 등)를 휴대하거나 사용하는 행위
4. 다른 수험자와 성명 및 수험번호를 바꾸어 작성 · 제출하는 행위
5. 기타 부정 또는 불공정한 방법으로 시험을 치르는 행위

성 명

교시 기재란

( )교시 ① ② ③

문제지 형별 기재란

( )형 Ⓐ Ⓑ

선 택 과 목 1

선 택 과 목 2

수 험 번 호

⓪	⓪	⓪	⓪	⓪	⓪	⓪	⓪
①	①	①	①	①	①	①	①
②	②	②	②	②	②	②	②
③	③	③	③	③	③	③	③
④	④	④	④	④	④	④	④
⑤	⑤	⑤	⑤	⑤	⑤	⑤	⑤
⑥	⑥	⑥	⑥	⑥	⑥	⑥	⑥
⑦	⑦	⑦	⑦	⑦	⑦	⑦	⑦
⑧	⑧	⑧	⑧	⑧	⑧	⑧	⑧
⑨	⑨	⑨	⑨	⑨	⑨	⑨	⑨

감독위원 확인

인

( )년도 ( ) 제( )차 국가전문자격시험 답안카드

1	① ② ③ ④ ⑤	21	① ② ③ ④ ⑤	41	① ② ③ ④ ⑤	61	① ② ③ ④ ⑤	81	① ② ③ ④ ⑤	101	① ② ③ ④ ⑤	121	① ② ③ ④ ⑤
2	① ② ③ ④ ⑤	22	① ② ③ ④ ⑤	42	① ② ③ ④ ⑤	62	① ② ③ ④ ⑤	82	① ② ③ ④ ⑤	102	① ② ③ ④ ⑤	122	① ② ③ ④ ⑤
3	① ② ③ ④ ⑤	23	① ② ③ ④ ⑤	43	① ② ③ ④ ⑤	63	① ② ③ ④ ⑤	83	① ② ③ ④ ⑤	103	① ② ③ ④ ⑤	123	① ② ③ ④ ⑤
4	① ② ③ ④ ⑤	24	① ② ③ ④ ⑤	44	① ② ③ ④ ⑤	64	① ② ③ ④ ⑤	84	① ② ③ ④ ⑤	104	① ② ③ ④ ⑤	124	① ② ③ ④ ⑤
5	① ② ③ ④ ⑤	25	① ② ③ ④ ⑤	45	① ② ③ ④ ⑤	65	① ② ③ ④ ⑤	85	① ② ③ ④ ⑤	105	① ② ③ ④ ⑤	125	① ② ③ ④ ⑤
6	① ② ③ ④ ⑤	26	① ② ③ ④ ⑤	46	① ② ③ ④ ⑤	66	① ② ③ ④ ⑤	86	① ② ③ ④ ⑤	106	① ② ③ ④ ⑤		
7	① ② ③ ④ ⑤	27	① ② ③ ④ ⑤	47	① ② ③ ④ ⑤	67	① ② ③ ④ ⑤	87	① ② ③ ④ ⑤	107	① ② ③ ④ ⑤		
8	① ② ③ ④ ⑤	28	① ② ③ ④ ⑤	48	① ② ③ ④ ⑤	68	① ② ③ ④ ⑤	88	① ② ③ ④ ⑤	108	① ② ③ ④ ⑤		
9	① ② ③ ④ ⑤	29	① ② ③ ④ ⑤	49	① ② ③ ④ ⑤	69	① ② ③ ④ ⑤	89	① ② ③ ④ ⑤	109	① ② ③ ④ ⑤		
10	① ② ③ ④ ⑤	30	① ② ③ ④ ⑤	50	① ② ③ ④ ⑤	70	① ② ③ ④ ⑤	90	① ② ③ ④ ⑤	110	① ② ③ ④ ⑤		
11	① ② ③ ④ ⑤	31	① ② ③ ④ ⑤	51	① ② ③ ④ ⑤	71	① ② ③ ④ ⑤	91	① ② ③ ④ ⑤	111	① ② ③ ④ ⑤		
12	① ② ③ ④ ⑤	32	① ② ③ ④ ⑤	52	① ② ③ ④ ⑤	72	① ② ③ ④ ⑤	92	① ② ③ ④ ⑤	112	① ② ③ ④ ⑤		
13	① ② ③ ④ ⑤	33	① ② ③ ④ ⑤	53	① ② ③ ④ ⑤	73	① ② ③ ④ ⑤	93	① ② ③ ④ ⑤	113	① ② ③ ④ ⑤		
14	① ② ③ ④ ⑤	34	① ② ③ ④ ⑤	54	① ② ③ ④ ⑤	74	① ② ③ ④ ⑤	94	① ② ③ ④ ⑤	114	① ② ③ ④ ⑤		
15	① ② ③ ④ ⑤	35	① ② ③ ④ ⑤	55	① ② ③ ④ ⑤	75	① ② ③ ④ ⑤	95	① ② ③ ④ ⑤	115	① ② ③ ④ ⑤		
16	① ② ③ ④ ⑤	36	① ② ③ ④ ⑤	56	① ② ③ ④ ⑤	76	① ② ③ ④ ⑤	96	① ② ③ ④ ⑤	116	① ② ③ ④ ⑤		
17	① ② ③ ④ ⑤	37	① ② ③ ④ ⑤	57	① ② ③ ④ ⑤	77	① ② ③ ④ ⑤	97	① ② ③ ④ ⑤	117	① ② ③ ④ ⑤		
18	① ② ③ ④ ⑤	38	① ② ③ ④ ⑤	58	① ② ③ ④ ⑤	78	① ② ③ ④ ⑤	98	① ② ③ ④ ⑤	118	① ② ③ ④ ⑤		
19	① ② ③ ④ ⑤	39	① ② ③ ④ ⑤	59	① ② ③ ④ ⑤	79	① ② ③ ④ ⑤	99	① ② ③ ④ ⑤	119	① ② ③ ④ ⑤		
20	① ② ③ ④ ⑤	40	① ② ③ ④ ⑤	60	① ② ③ ④ ⑤	80	① ② ③ ④ ⑤	100	① ② ③ ④ ⑤	120	① ② ③ ④ ⑤		

수험자 여러분의 합격을 기원합니다.

인강드림

성 명

교시 기재란

( )교시 ① ② ③

문제지 형별 기재란

( )형 Ⓐ Ⓑ

선 택 과 목 1

선 택 과 목 2

수 험 번 호

⓪	⓪	⓪	⓪	⓪	⓪	⓪	⓪
①	①	①	①	①	①	①	①
②	②	②	②	②	②	②	②
③	③	③	③	③	③	③	③
④	④	④	④	④	④	④	④
⑤	⑤	⑤	⑤	⑤	⑤	⑤	⑤
⑥	⑥	⑥	⑥	⑥	⑥	⑥	⑥
⑦	⑦	⑦	⑦	⑦	⑦	⑦	⑦
⑧	⑧	⑧	⑧	⑧	⑧	⑧	⑧
⑨	⑨	⑨	⑨	⑨	⑨	⑨	⑨

감독위원 확인

인

( )년도 ( ) 제( )차 국가전문자격시험 답안카드

1	① ② ③ ④ ⑤	21	① ② ③ ④ ⑤	41	① ② ③ ④ ⑤	61	① ② ③ ④ ⑤	81	① ② ③ ④ ⑤	101	① ② ③ ④ ⑤	121	① ② ③ ④ ⑤
2	① ② ③ ④ ⑤	22	① ② ③ ④ ⑤	42	① ② ③ ④ ⑤	62	① ② ③ ④ ⑤	82	① ② ③ ④ ⑤	102	① ② ③ ④ ⑤	122	① ② ③ ④ ⑤
3	① ② ③ ④ ⑤	23	① ② ③ ④ ⑤	43	① ② ③ ④ ⑤	63	① ② ③ ④ ⑤	83	① ② ③ ④ ⑤	103	① ② ③ ④ ⑤	123	① ② ③ ④ ⑤
4	① ② ③ ④ ⑤	24	① ② ③ ④ ⑤	44	① ② ③ ④ ⑤	64	① ② ③ ④ ⑤	84	① ② ③ ④ ⑤	104	① ② ③ ④ ⑤	124	① ② ③ ④ ⑤
5	① ② ③ ④ ⑤	25	① ② ③ ④ ⑤	45	① ② ③ ④ ⑤	65	① ② ③ ④ ⑤	85	① ② ③ ④ ⑤	105	① ② ③ ④ ⑤	125	① ② ③ ④ ⑤
6	① ② ③ ④ ⑤	26	① ② ③ ④ ⑤	46	① ② ③ ④ ⑤	66	① ② ③ ④ ⑤	86	① ② ③ ④ ⑤	106	① ② ③ ④ ⑤		
7	① ② ③ ④ ⑤	27	① ② ③ ④ ⑤	47	① ② ③ ④ ⑤	67	① ② ③ ④ ⑤	87	① ② ③ ④ ⑤	107	① ② ③ ④ ⑤		
8	① ② ③ ④ ⑤	28	① ② ③ ④ ⑤	48	① ② ③ ④ ⑤	68	① ② ③ ④ ⑤	88	① ② ③ ④ ⑤	108	① ② ③ ④ ⑤		
9	① ② ③ ④ ⑤	29	① ② ③ ④ ⑤	49	① ② ③ ④ ⑤	69	① ② ③ ④ ⑤	89	① ② ③ ④ ⑤	109	① ② ③ ④ ⑤		
10	① ② ③ ④ ⑤	30	① ② ③ ④ ⑤	50	① ② ③ ④ ⑤	70	① ② ③ ④ ⑤	90	① ② ③ ④ ⑤	110	① ② ③ ④ ⑤		
11	① ② ③ ④ ⑤	31	① ② ③ ④ ⑤	51	① ② ③ ④ ⑤	71	① ② ③ ④ ⑤	91	① ② ③ ④ ⑤	111	① ② ③ ④ ⑤		
12	① ② ③ ④ ⑤	32	① ② ③ ④ ⑤	52	① ② ③ ④ ⑤	72	① ② ③ ④ ⑤	92	① ② ③ ④ ⑤	112	① ② ③ ④ ⑤		
13	① ② ③ ④ ⑤	33	① ② ③ ④ ⑤	53	① ② ③ ④ ⑤	73	① ② ③ ④ ⑤	93	① ② ③ ④ ⑤	113	① ② ③ ④ ⑤		
14	① ② ③ ④ ⑤	34	① ② ③ ④ ⑤	54	① ② ③ ④ ⑤	74	① ② ③ ④ ⑤	94	① ② ③ ④ ⑤	114	① ② ③ ④ ⑤		
15	① ② ③ ④ ⑤	35	① ② ③ ④ ⑤	55	① ② ③ ④ ⑤	75	① ② ③ ④ ⑤	95	① ② ③ ④ ⑤	115	① ② ③ ④ ⑤		
16	① ② ③ ④ ⑤	36	① ② ③ ④ ⑤	56	① ② ③ ④ ⑤	76	① ② ③ ④ ⑤	96	① ② ③ ④ ⑤	116	① ② ③ ④ ⑤		
17	① ② ③ ④ ⑤	37	① ② ③ ④ ⑤	57	① ② ③ ④ ⑤	77	① ② ③ ④ ⑤	97	① ② ③ ④ ⑤	117	① ② ③ ④ ⑤		
18	① ② ③ ④ ⑤	38	① ② ③ ④ ⑤	58	① ② ③ ④ ⑤	78	① ② ③ ④ ⑤	98	① ② ③ ④ ⑤	118	① ② ③ ④ ⑤		
19	① ② ③ ④ ⑤	39	① ② ③ ④ ⑤	59	① ② ③ ④ ⑤	79	① ② ③ ④ ⑤	99	① ② ③ ④ ⑤	119	① ② ③ ④ ⑤		
20	① ② ③ ④ ⑤	40	① ② ③ ④ ⑤	60	① ② ③ ④ ⑤	80	① ② ③ ④ ⑤	100	① ② ③ ④ ⑤	120	① ② ③ ④ ⑤		

수험자 여러분의 합격을 기원합니다.

인강드림

마 킹 주 의	바르게 마킹 : ● 잘 못 마킹 : ⊗, ⊙, ⓥ, ◎, ⓘ, ⊖, ◌., ◉

(예 시)

수험자 유의사항

1. 시험 중에는 통신기기(휴대전화 · 소형 무전기 등) 및 전자기기(초소형 카메라 등)를 소지하거나 사용할 수 없습니다.
2. 부정행위 예방을 위해 시험문제지에도 수험번호와 성명을 반드시 기재하시기 바랍니다.
3. **시험시간이 종료되면 즉시 답안작성을 멈춰야** 하며, 종료시간 이후 계속 답안을 작성하거나 감독위원의 답안카드 제출지시에 불응할 때에는 당해 시험이 무효처리 됩니다.
4. 기타 감독위원의 정당한 지시에 불응하여 타 수험자의 시험에 방해가 될 경우 퇴실조치 될 수 있습니다.

답안카드 작성 시 유의사항

1. 답안카드 기재 · 마킹 시에는 **반드시 검정색 사인펜을 사용**해야 합니다.
2. 답안카드를 잘못 작성했을 시에는 카드를 교체하거나 수정테이프를 사용하여 수정할 수 있습니다.
   그러나 불완전한 수정처리로 인해 발생하는 전산자동판독불가 등 불이익은 수험자의 귀책사유입니다.
   - 수정테이프 이외의 수정액, 스티커 등은 사용 불가
   - 답안카드 왼쪽(성명 · 수험번호 등)을 제외한 '답안란'만 수정테이프로 수정 가능
3. 성명란은 수험자 본인의 성명을 정자체로 기재합니다.
4. 교시 기재란은 해당교시를 기재하고 해당 란에 마킹합니다.
5. 시험문제지 형별기재란은 시험문제지 형별을 기재하고, 우측 형별마킹난은 해당 형별을 마킹합니다.
6. 수험번호란은 숫자로 기재하고 아래 해당번호에 마킹합니다.
7. 시험문제지 형별 및 수험번호 등 마킹착오로 인한 불이익은 전적으로 수험자의 귀책사유입니다.
8. 감독위원의 날인이 없는 답안카드는 무효처리 됩니다.
9. 상단과 우측의 검은색 띠(▌▌▌) 부분은 낙서를 금지합니다.
10. 답안카드의 채점은 전산 판독결과에 따르며, 문제지 형별 및 답안 란의 마킹누락, 마킹착오, 불완전한 마킹 등은 수험자의 귀책사유에 해당하므로 이의제기를 하더라도 받아들여지지 않습니다.

부정행위 처리규정

시험 중 다음과 같은 행위를 하는 자는 당해 시험을 무효처리하고 자격별 관련 규정에 따라 일정기간 동안 시험에 응시할 수 있는 자격을 정지합니다.

1. 시험과 관련된 대화, 답안카드 교환, 다른 수험자의 답안 · 문제지를 보고 답안 작성, 대리시험을 치르거나 치르게 하는 행위, 시험문제 내용과 관련된 물건을 휴대하거나 이를 주고받는 행위
2. 시험장 내외로부터 도움을 받아 답안을 작성하는 행위, 공인어학성적 및 응시자격서류를 허위기재하여 제출하는 행위
3. 통신기기(휴대전화 · 소형 무전기 등) 및 전자기기(초소형 카메라 등)를 휴대하거나 사용하는 행위
4. 다른 수험자와 성명 및 수험번호를 바꾸어 작성 · 제출하는 행위
5. 기타 부정 또는 불공정한 방법으로 시험을 치르는 행위

성 명
홍 길 동

교시 기재란
(1)교시 ● ② ③
문제지 형별 기재란
(A)형 ● Ⓑ
선 택 과 목 1
선 택 과 목 2

수 험 번 호							
0	1	3	2	9	8	0	1

감독위원 확인
김 감 독

마 킹 주 의	바르게 마킹 : ● 잘 못 마킹 : ⊗, ⊙, ⓥ, ◎, ⓘ, ⊖, ◌., ◉

(예 시)

수험자 유의사항

1. 시험 중에는 통신기기(휴대전화 · 소형 무전기 등) 및 전자기기(초소형 카메라 등)를 소지하거나 사용할 수 없습니다.
2. 부정행위 예방을 위해 시험문제지에도 수험번호와 성명을 반드시 기재하시기 바랍니다.
3. **시험시간이 종료되면 즉시 답안작성을 멈춰야** 하며, 종료시간 이후 계속 답안을 작성하거나 감독위원의 답안카드 제출지시에 불응할 때에는 당해 시험이 무효처리 됩니다.
4. 기타 감독위원의 정당한 지시에 불응하여 타 수험자의 시험에 방해가 될 경우 퇴실조치 될 수 있습니다.

답안카드 작성 시 유의사항

1. 답안카드 기재 · 마킹 시에는 **반드시 검정색 사인펜을 사용**해야 합니다.
2. 답안카드를 잘못 작성했을 시에는 카드를 교체하거나 수정테이프를 사용하여 수정할 수 있습니다.
   그러나 불완전한 수정처리로 인해 발생하는 전산자동판독불가 등 불이익은 수험자의 귀책사유입니다.
   - 수정테이프 이외의 수정액, 스티커 등은 사용 불가
   - 답안카드 왼쪽(성명 · 수험번호 등)을 제외한 '답안란'만 수정테이프로 수정 가능
3. 성명란은 수험자 본인의 성명을 정자체로 기재합니다.
4. 교시 기재란은 해당교시를 기재하고 해당 란에 마킹합니다.
5. 시험문제지 형별기재란은 시험문제지 형별을 기재하고, 우측 형별마킹난은 해당 형별을 마킹합니다.
6. 수험번호란은 숫자로 기재하고 아래 해당번호에 마킹합니다.
7. 시험문제지 형별 및 수험번호 등 마킹착오로 인한 불이익은 전적으로 수험자의 귀책사유입니다.
8. 감독위원의 날인이 없는 답안카드는 무효처리 됩니다.
9. 상단과 우측의 검은색 띠(▌▌▌) 부분은 낙서를 금지합니다.
10. 답안카드의 채점은 전산 판독결과에 따르며, 문제지 형별 및 답안 란의 마킹누락, 마킹착오, 불완전한 마킹 등은 수험자의 귀책사유에 해당하므로 이의제기를 하더라도 받아들여지지 않습니다.

부정행위 처리규정

시험 중 다음과 같은 행위를 하는 자는 당해 시험을 무효처리하고 자격별 관련 규정에 따라 일정기간 동안 시험에 응시할 수 있는 자격을 정지합니다.

1. 시험과 관련된 대화, 답안카드 교환, 다른 수험자의 답안 · 문제지를 보고 답안 작성, 대리시험을 치르거나 치르게 하는 행위, 시험문제 내용과 관련된 물건을 휴대하거나 이를 주고받는 행위
2. 시험장 내외로부터 도움을 받아 답안을 작성하는 행위, 공인어학성적 및 응시자격서류를 허위기재하여 제출하는 행위
3. 통신기기(휴대전화 · 소형 무전기 등) 및 전자기기(초소형 카메라 등)를 휴대하거나 사용하는 행위
4. 다른 수험자와 성명 및 수험번호를 바꾸어 작성 · 제출하는 행위
5. 기타 부정 또는 불공정한 방법으로 시험을 치르는 행위

성 명
홍 길 동

교시 기재란
(1)교시 ● ② ③
문제지 형별 기재란
(A)형 ● Ⓑ
선 택 과 목 1
선 택 과 목 2

수 험 번 호							
0	1	3	2	9	8	0	1

감독위원 확인
김 감 독

성 명

교시 기재란	
( )교시	① ② ③
문제지 형별 기재란	
( )형	Ⓐ Ⓑ
선 택 과 목 1	
선 택 과 목 2	

수 험 번 호							
⓪	⓪	⓪	⓪	⓪	⓪	⓪	⓪
①	①	①	①	①	①	①	①
②	②	②	②	②	②	②	②
③	③	③	③	③	③	③	③
④	④	④	④	④	④	④	④
⑤	⑤	⑤	⑤	⑤	⑤	⑤	⑤
⑥	⑥	⑥	⑥	⑥	⑥	⑥	⑥
⑦	⑦	⑦	⑦	⑦	⑦	⑦	⑦
⑧	⑧	⑧	⑧	⑧	⑧	⑧	⑧
⑨	⑨	⑨	⑨	⑨	⑨	⑨	⑨

감독위원 확인
인

( )년도 ( ) 제( )차 국가전문자격시험 답안카드

1	① ② ③ ④ ⑤	21	① ② ③ ④ ⑤	41	① ② ③ ④ ⑤	61	① ② ③ ④ ⑤	81	① ② ③ ④ ⑤	101	① ② ③ ④ ⑤	121	① ② ③ ④ ⑤
2	① ② ③ ④ ⑤	22	① ② ③ ④ ⑤	42	① ② ③ ④ ⑤	62	① ② ③ ④ ⑤	82	① ② ③ ④ ⑤	102	① ② ③ ④ ⑤	122	① ② ③ ④ ⑤
3	① ② ③ ④ ⑤	23	① ② ③ ④ ⑤	43	① ② ③ ④ ⑤	63	① ② ③ ④ ⑤	83	① ② ③ ④ ⑤	103	① ② ③ ④ ⑤	123	① ② ③ ④ ⑤
4	① ② ③ ④ ⑤	24	① ② ③ ④ ⑤	44	① ② ③ ④ ⑤	64	① ② ③ ④ ⑤	84	① ② ③ ④ ⑤	104	① ② ③ ④ ⑤	124	① ② ③ ④ ⑤
5	① ② ③ ④ ⑤	25	① ② ③ ④ ⑤	45	① ② ③ ④ ⑤	65	① ② ③ ④ ⑤	85	① ② ③ ④ ⑤	105	① ② ③ ④ ⑤	125	① ② ③ ④ ⑤
6	① ② ③ ④ ⑤	26	① ② ③ ④ ⑤	46	① ② ③ ④ ⑤	66	① ② ③ ④ ⑤	86	① ② ③ ④ ⑤	106	① ② ③ ④ ⑤		
7	① ② ③ ④ ⑤	27	① ② ③ ④ ⑤	47	① ② ③ ④ ⑤	67	① ② ③ ④ ⑤	87	① ② ③ ④ ⑤	107	① ② ③ ④ ⑤		
8	① ② ③ ④ ⑤	28	① ② ③ ④ ⑤	48	① ② ③ ④ ⑤	68	① ② ③ ④ ⑤	88	① ② ③ ④ ⑤	108	① ② ③ ④ ⑤		
9	① ② ③ ④ ⑤	29	① ② ③ ④ ⑤	49	① ② ③ ④ ⑤	69	① ② ③ ④ ⑤	89	① ② ③ ④ ⑤	109	① ② ③ ④ ⑤		
10	① ② ③ ④ ⑤	30	① ② ③ ④ ⑤	50	① ② ③ ④ ⑤	70	① ② ③ ④ ⑤	90	① ② ③ ④ ⑤	110	① ② ③ ④ ⑤		
11	① ② ③ ④ ⑤	31	① ② ③ ④ ⑤	51	① ② ③ ④ ⑤	71	① ② ③ ④ ⑤	91	① ② ③ ④ ⑤	111	① ② ③ ④ ⑤		
12	① ② ③ ④ ⑤	32	① ② ③ ④ ⑤	52	① ② ③ ④ ⑤	72	① ② ③ ④ ⑤	92	① ② ③ ④ ⑤	112	① ② ③ ④ ⑤		
13	① ② ③ ④ ⑤	33	① ② ③ ④ ⑤	53	① ② ③ ④ ⑤	73	① ② ③ ④ ⑤	93	① ② ③ ④ ⑤	113	① ② ③ ④ ⑤		
14	① ② ③ ④ ⑤	34	① ② ③ ④ ⑤	54	① ② ③ ④ ⑤	74	① ② ③ ④ ⑤	94	① ② ③ ④ ⑤	114	① ② ③ ④ ⑤		
15	① ② ③ ④ ⑤	35	① ② ③ ④ ⑤	55	① ② ③ ④ ⑤	75	① ② ③ ④ ⑤	95	① ② ③ ④ ⑤	115	① ② ③ ④ ⑤		
16	① ② ③ ④ ⑤	36	① ② ③ ④ ⑤	56	① ② ③ ④ ⑤	76	① ② ③ ④ ⑤	96	① ② ③ ④ ⑤	116	① ② ③ ④ ⑤		
17	① ② ③ ④ ⑤	37	① ② ③ ④ ⑤	57	① ② ③ ④ ⑤	77	① ② ③ ④ ⑤	97	① ② ③ ④ ⑤	117	① ② ③ ④ ⑤		
18	① ② ③ ④ ⑤	38	① ② ③ ④ ⑤	58	① ② ③ ④ ⑤	78	① ② ③ ④ ⑤	98	① ② ③ ④ ⑤	118	① ② ③ ④ ⑤		
19	① ② ③ ④ ⑤	39	① ② ③ ④ ⑤	59	① ② ③ ④ ⑤	79	① ② ③ ④ ⑤	99	① ② ③ ④ ⑤	119	① ② ③ ④ ⑤		
20	① ② ③ ④ ⑤	40	① ② ③ ④ ⑤	60	① ② ③ ④ ⑤	80	① ② ③ ④ ⑤	100	① ② ③ ④ ⑤	120	① ② ③ ④ ⑤		

수험자 여러분의 합격을 기원합니다.

인강드림

성 명

교시 기재란	
( )교시	① ② ③
문제지 형별 기재란	
( )형	Ⓐ Ⓑ
선 택 과 목 1	
선 택 과 목 2	

수 험 번 호							
⓪	⓪	⓪	⓪	⓪	⓪	⓪	⓪
①	①	①	①	①	①	①	①
②	②	②	②	②	②	②	②
③	③	③	③	③	③	③	③
④	④	④	④	④	④	④	④
⑤	⑤	⑤	⑤	⑤	⑤	⑤	⑤
⑥	⑥	⑥	⑥	⑥	⑥	⑥	⑥
⑦	⑦	⑦	⑦	⑦	⑦	⑦	⑦
⑧	⑧	⑧	⑧	⑧	⑧	⑧	⑧
⑨	⑨	⑨	⑨	⑨	⑨	⑨	⑨

감독위원 확인
인

( )년도 ( ) 제( )차 국가전문자격시험 답안카드

1	① ② ③ ④ ⑤	21	① ② ③ ④ ⑤	41	① ② ③ ④ ⑤	61	① ② ③ ④ ⑤	81	① ② ③ ④ ⑤	101	① ② ③ ④ ⑤	121	① ② ③ ④ ⑤
2	① ② ③ ④ ⑤	22	① ② ③ ④ ⑤	42	① ② ③ ④ ⑤	62	① ② ③ ④ ⑤	82	① ② ③ ④ ⑤	102	① ② ③ ④ ⑤	122	① ② ③ ④ ⑤
3	① ② ③ ④ ⑤	23	① ② ③ ④ ⑤	43	① ② ③ ④ ⑤	63	① ② ③ ④ ⑤	83	① ② ③ ④ ⑤	103	① ② ③ ④ ⑤	123	① ② ③ ④ ⑤
4	① ② ③ ④ ⑤	24	① ② ③ ④ ⑤	44	① ② ③ ④ ⑤	64	① ② ③ ④ ⑤	84	① ② ③ ④ ⑤	104	① ② ③ ④ ⑤	124	① ② ③ ④ ⑤
5	① ② ③ ④ ⑤	25	① ② ③ ④ ⑤	45	① ② ③ ④ ⑤	65	① ② ③ ④ ⑤	85	① ② ③ ④ ⑤	105	① ② ③ ④ ⑤	125	① ② ③ ④ ⑤
6	① ② ③ ④ ⑤	26	① ② ③ ④ ⑤	46	① ② ③ ④ ⑤	66	① ② ③ ④ ⑤	86	① ② ③ ④ ⑤	106	① ② ③ ④ ⑤		
7	① ② ③ ④ ⑤	27	① ② ③ ④ ⑤	47	① ② ③ ④ ⑤	67	① ② ③ ④ ⑤	87	① ② ③ ④ ⑤	107	① ② ③ ④ ⑤		
8	① ② ③ ④ ⑤	28	① ② ③ ④ ⑤	48	① ② ③ ④ ⑤	68	① ② ③ ④ ⑤	88	① ② ③ ④ ⑤	108	① ② ③ ④ ⑤		
9	① ② ③ ④ ⑤	29	① ② ③ ④ ⑤	49	① ② ③ ④ ⑤	69	① ② ③ ④ ⑤	89	① ② ③ ④ ⑤	109	① ② ③ ④ ⑤		
10	① ② ③ ④ ⑤	30	① ② ③ ④ ⑤	50	① ② ③ ④ ⑤	70	① ② ③ ④ ⑤	90	① ② ③ ④ ⑤	110	① ② ③ ④ ⑤		
11	① ② ③ ④ ⑤	31	① ② ③ ④ ⑤	51	① ② ③ ④ ⑤	71	① ② ③ ④ ⑤	91	① ② ③ ④ ⑤	111	① ② ③ ④ ⑤		
12	① ② ③ ④ ⑤	32	① ② ③ ④ ⑤	52	① ② ③ ④ ⑤	72	① ② ③ ④ ⑤	92	① ② ③ ④ ⑤	112	① ② ③ ④ ⑤		
13	① ② ③ ④ ⑤	33	① ② ③ ④ ⑤	53	① ② ③ ④ ⑤	73	① ② ③ ④ ⑤	93	① ② ③ ④ ⑤	113	① ② ③ ④ ⑤		
14	① ② ③ ④ ⑤	34	① ② ③ ④ ⑤	54	① ② ③ ④ ⑤	74	① ② ③ ④ ⑤	94	① ② ③ ④ ⑤	114	① ② ③ ④ ⑤		
15	① ② ③ ④ ⑤	35	① ② ③ ④ ⑤	55	① ② ③ ④ ⑤	75	① ② ③ ④ ⑤	95	① ② ③ ④ ⑤	115	① ② ③ ④ ⑤		
16	① ② ③ ④ ⑤	36	① ② ③ ④ ⑤	56	① ② ③ ④ ⑤	76	① ② ③ ④ ⑤	96	① ② ③ ④ ⑤	116	① ② ③ ④ ⑤		
17	① ② ③ ④ ⑤	37	① ② ③ ④ ⑤	57	① ② ③ ④ ⑤	77	① ② ③ ④ ⑤	97	① ② ③ ④ ⑤	117	① ② ③ ④ ⑤		
18	① ② ③ ④ ⑤	38	① ② ③ ④ ⑤	58	① ② ③ ④ ⑤	78	① ② ③ ④ ⑤	98	① ② ③ ④ ⑤	118	① ② ③ ④ ⑤		
19	① ② ③ ④ ⑤	39	① ② ③ ④ ⑤	59	① ② ③ ④ ⑤	79	① ② ③ ④ ⑤	99	① ② ③ ④ ⑤	119	① ② ③ ④ ⑤		
20	① ② ③ ④ ⑤	40	① ② ③ ④ ⑤	60	① ② ③ ④ ⑤	80	① ② ③ ④ ⑤	100	① ② ③ ④ ⑤	120	① ② ③ ④ ⑤		

수험자 여러분의 합격을 기원합니다.

인강드림

마 킹 주 의

바르게 마킹 : ●
잘 못 마킹 : ⊗, ⊙, ⓥ, ◎, ⓘ, ⊖, ◌, ◉

(예 시) →

성 명
홍 길 동

교시 기재란
(1)교시 ● ② ③

문제지 형별 기재란
(A)형 ● Ⓑ

선 택 과 목 1

선 택 과 목 2

수 험 번 호							
0	1	3	2	9	8	0	1
●	⓪	⓪	⓪	⓪	⓪	●	⓪
①	●	①	①	①	①	①	●
②	②	②	●	②	②	②	②
③	③	●	③	③	③	③	③
④	④	④	④	④	④	④	④
⑤	⑤	⑤	⑤	⑤	⑤	⑤	⑤
⑥	⑥	⑥	⑥	⑥	⑥	⑥	⑥
⑦	⑦	⑦	⑦	⑦	⑦	⑦	⑦
⑧	⑧	⑧	⑧	⑧	●	⑧	⑧
⑨	⑨	⑨	⑨	●	⑨	⑨	⑨

감독위원 확인
김 감㊞ 독

수험자 유의사항

1. 시험 중에는 통신기기(휴대전화 · 소형 무전기 등) 및 전자기기(초소형 카메라 등)를 소지하거나 사용할 수 없습니다.
2. 부정행위 예방을 위해 시험문제지에도 수험번호와 성명을 반드시 기재하시기 바랍니다.
3. **시험시간이 종료되면 즉시 답안작성을 멈춰야** 하며, 종료시간 이후 계속 답안을 작성하거나 감독위원의 답안카드 제출지시에 불응할 때에는 당해 시험이 무효처리 됩니다.
4. 기타 감독위원의 정당한 지시에 불응하여 타 수험자의 시험에 방해가 될 경우 퇴실조치 될 수 있습니다.

답안카드 작성 시 유의사항

1. 답안카드 기재 · 마킹 시에는 **반드시 검정색 사인펜을 사용**해야 합니다.
2. 답안카드를 잘못 작성했을 시에는 카드를 교체하거나 수정테이프를 사용하여 수정할 수 있습니다.
   그러나 불완전한 수정처리로 인해 발생하는 전산자동판독불가 등 불이익은 수험자의 귀책사유입니다.
   - 수정테이프 이외의 수정액, 스티커 등은 사용 불가
   - 답안카드 왼쪽(성명 · 수험번호 등)을 제외한 '답안란'만 수정테이프로 수정 가능
3. 성명란은 수험자 본인의 성명을 정자체로 기재합니다.
4. 교시 기재란은 해당교시를 기재하고 해당 란에 마킹합니다.
5. 시험문제지 형별기재란은 시험문제지 형별을 기재하고, 우측 형별마킹난은 해당 형별을 마킹합니다.
6. 수험번호란은 숫자로 기재하고 아래 해당번호에 마킹합니다.
7. 시험문제지 형별 및 수험번호 등 마킹착오로 인한 불이익은 전적으로 수험자의 귀책사유입니다.
8. 감독위원의 날인이 없는 답안카드는 무효처리 됩니다.
9. 상단과 우측의 검은색 띠(▌▌▌) 부분은 낙서를 금지합니다.
10. 답안카드의 채점은 전산 판독결과에 따르며, 문제지 형별 및 답안 란의 마킹누락, 마킹착오, 불완전한 마킹 등은 수험자의 귀책사유에 해당하므로 이의제기를 하더라도 받아들여지지 않습니다.

부정행위 처리규정

시험 중 다음과 같은 행위를 하는 자는 당해 시험을 무효처리하고 자격별 관련 규정에 따라 일정기간 동안 시험에 응시할 수 있는 자격을 정지합니다.

1. 시험과 관련된 대화, 답안카드 교환, 다른 수험자의 답안 · 문제지를 보고 답안 작성, 대리시험을 치르거나 치르게 하는 행위, 시험문제 내용과 관련된 물건을 휴대하거나 이를 주고받는 행위
2. 시험장 내외로부터 도움을 받아 답안을 작성하는 행위, 공인어학성적 및 응시자격서류를 허위기재하여 제출하는 행위
3. 통신기기(휴대전화 · 소형 무전기 등) 및 전자기기(초소형 카메라 등)를 휴대하거나 사용하는 행위
4. 다른 수험자와 성명 및 수험번호를 바꾸어 작성 · 제출하는 행위
5. 기타 부정 또는 불공정한 방법으로 시험을 치르는 행위

마 킹 주 의

바르게 마킹 : ●
잘 못 마킹 : ⊗, ⊙, ⓥ, ◎, ⓘ, ⊖, ◌, ◉

(예 시) →

성 명
홍 길 동

교시 기재란
(1)교시 ● ② ③

문제지 형별 기재란
(A)형 ● Ⓑ

선 택 과 목 1

선 택 과 목 2

수 험 번 호							
0	1	3	2	9	8	0	1
●	⓪	⓪	⓪	⓪	⓪	●	⓪
①	●	①	①	①	①	①	●
②	②	②	●	②	②	②	②
③	③	●	③	③	③	③	③
④	④	④	④	④	④	④	④
⑤	⑤	⑤	⑤	⑤	⑤	⑤	⑤
⑥	⑥	⑥	⑥	⑥	⑥	⑥	⑥
⑦	⑦	⑦	⑦	⑦	⑦	⑦	⑦
⑧	⑧	⑧	⑧	⑧	●	⑧	⑧
⑨	⑨	⑨	⑨	●	⑨	⑨	⑨

감독위원 확인
김 감㊞ 독

수험자 유의사항

1. 시험 중에는 통신기기(휴대전화 · 소형 무전기 등) 및 전자기기(초소형 카메라 등)를 소지하거나 사용할 수 없습니다.
2. 부정행위 예방을 위해 시험문제지에도 수험번호와 성명을 반드시 기재하시기 바랍니다.
3. **시험시간이 종료되면 즉시 답안작성을 멈춰야** 하며, 종료시간 이후 계속 답안을 작성하거나 감독위원의 답안카드 제출지시에 불응할 때에는 당해 시험이 무효처리 됩니다.
4. 기타 감독위원의 정당한 지시에 불응하여 타 수험자의 시험에 방해가 될 경우 퇴실조치 될 수 있습니다.

답안카드 작성 시 유의사항

1. 답안카드 기재 · 마킹 시에는 **반드시 검정색 사인펜을 사용**해야 합니다.
2. 답안카드를 잘못 작성했을 시에는 카드를 교체하거나 수정테이프를 사용하여 수정할 수 있습니다.
   그러나 불완전한 수정처리로 인해 발생하는 전산자동판독불가 등 불이익은 수험자의 귀책사유입니다.
   - 수정테이프 이외의 수정액, 스티커 등은 사용 불가
   - 답안카드 왼쪽(성명 · 수험번호 등)을 제외한 '답안란'만 수정테이프로 수정 가능
3. 성명란은 수험자 본인의 성명을 정자체로 기재합니다.
4. 교시 기재란은 해당교시를 기재하고 해당 란에 마킹합니다.
5. 시험문제지 형별기재란은 시험문제지 형별을 기재하고, 우측 형별마킹난은 해당 형별을 마킹합니다.
6. 수험번호란은 숫자로 기재하고 아래 해당번호에 마킹합니다.
7. 시험문제지 형별 및 수험번호 등 마킹착오로 인한 불이익은 전적으로 수험자의 귀책사유입니다.
8. 감독위원의 날인이 없는 답안카드는 무효처리 됩니다.
9. 상단과 우측의 검은색 띠(▌▌▌) 부분은 낙서를 금지합니다.
10. 답안카드의 채점은 전산 판독결과에 따르며, 문제지 형별 및 답안 란의 마킹누락, 마킹착오, 불완전한 마킹 등은 수험자의 귀책사유에 해당하므로 이의제기를 하더라도 받아들여지지 않습니다.

부정행위 처리규정

시험 중 다음과 같은 행위를 하는 자는 당해 시험을 무효처리하고 자격별 관련 규정에 따라 일정기간 동안 시험에 응시할 수 있는 자격을 정지합니다.

1. 시험과 관련된 대화, 답안카드 교환, 다른 수험자의 답안 · 문제지를 보고 답안 작성, 대리시험을 치르거나 치르게 하는 행위, 시험문제 내용과 관련된 물건을 휴대하거나 이를 주고받는 행위
2. 시험장 내외로부터 도움을 받아 답안을 작성하는 행위, 공인어학성적 및 응시자격서류를 허위기재하여 제출하는 행위
3. 통신기기(휴대전화 · 소형 무전기 등) 및 전자기기(초소형 카메라 등)를 휴대하거나 사용하는 행위
4. 다른 수험자와 성명 및 수험번호를 바꾸어 작성 · 제출하는 행위
5. 기타 부정 또는 불공정한 방법으로 시험을 치르는 행위

성 명

교시 기재란		
( )교시	① ② ③	
문제지 형별 기재란		
( )형	Ⓐ Ⓑ	
선 택 과 목 1		
선 택 과 목 2		

수 험 번 호							
⓪	⓪	⓪	⓪	⓪	⓪	⓪	⓪
①	①	①	①	①	①	①	①
②	②	②	②	②	②	②	②
③	③	③	③	③	③	③	③
④	④	④	④	④	④	④	④
⑤	⑤	⑤	⑤	⑤	⑤	⑤	⑤
⑥	⑥	⑥	⑥	⑥	⑥	⑥	⑥
⑦	⑦	⑦	⑦	⑦	⑦	⑦	⑦
⑧	⑧	⑧	⑧	⑧	⑧	⑧	⑧
⑨	⑨	⑨	⑨	⑨	⑨	⑨	⑨

감독위원 확인
인

( )년도 ( ) 제( )차 국가전문자격시험 답안카드

1	① ② ③ ④ ⑤	21	① ② ③ ④ ⑤	41	① ② ③ ④ ⑤	61	① ② ③ ④ ⑤	81	① ② ③ ④ ⑤	101	① ② ③ ④ ⑤	121	① ② ③ ④ ⑤
2	① ② ③ ④ ⑤	22	① ② ③ ④ ⑤	42	① ② ③ ④ ⑤	62	① ② ③ ④ ⑤	82	① ② ③ ④ ⑤	102	① ② ③ ④ ⑤	122	① ② ③ ④ ⑤
3	① ② ③ ④ ⑤	23	① ② ③ ④ ⑤	43	① ② ③ ④ ⑤	63	① ② ③ ④ ⑤	83	① ② ③ ④ ⑤	103	① ② ③ ④ ⑤	123	① ② ③ ④ ⑤
4	① ② ③ ④ ⑤	24	① ② ③ ④ ⑤	44	① ② ③ ④ ⑤	64	① ② ③ ④ ⑤	84	① ② ③ ④ ⑤	104	① ② ③ ④ ⑤	124	① ② ③ ④ ⑤
5	① ② ③ ④ ⑤	25	① ② ③ ④ ⑤	45	① ② ③ ④ ⑤	65	① ② ③ ④ ⑤	85	① ② ③ ④ ⑤	105	① ② ③ ④ ⑤	125	① ② ③ ④ ⑤
6	① ② ③ ④ ⑤	26	① ② ③ ④ ⑤	46	① ② ③ ④ ⑤	66	① ② ③ ④ ⑤	86	① ② ③ ④ ⑤	106	① ② ③ ④ ⑤		
7	① ② ③ ④ ⑤	27	① ② ③ ④ ⑤	47	① ② ③ ④ ⑤	67	① ② ③ ④ ⑤	87	① ② ③ ④ ⑤	107	① ② ③ ④ ⑤		
8	① ② ③ ④ ⑤	28	① ② ③ ④ ⑤	48	① ② ③ ④ ⑤	68	① ② ③ ④ ⑤	88	① ② ③ ④ ⑤	108	① ② ③ ④ ⑤		
9	① ② ③ ④ ⑤	29	① ② ③ ④ ⑤	49	① ② ③ ④ ⑤	69	① ② ③ ④ ⑤	89	① ② ③ ④ ⑤	109	① ② ③ ④ ⑤		
10	① ② ③ ④ ⑤	30	① ② ③ ④ ⑤	50	① ② ③ ④ ⑤	70	① ② ③ ④ ⑤	90	① ② ③ ④ ⑤	110	① ② ③ ④ ⑤		
11	① ② ③ ④ ⑤	31	① ② ③ ④ ⑤	51	① ② ③ ④ ⑤	71	① ② ③ ④ ⑤	91	① ② ③ ④ ⑤	111	① ② ③ ④ ⑤		수험자
12	① ② ③ ④ ⑤	32	① ② ③ ④ ⑤	52	① ② ③ ④ ⑤	72	① ② ③ ④ ⑤	92	① ② ③ ④ ⑤	112	① ② ③ ④ ⑤		여러분의
13	① ② ③ ④ ⑤	33	① ② ③ ④ ⑤	53	① ② ③ ④ ⑤	73	① ② ③ ④ ⑤	93	① ② ③ ④ ⑤	113	① ② ③ ④ ⑤		합격을
14	① ② ③ ④ ⑤	34	① ② ③ ④ ⑤	54	① ② ③ ④ ⑤	74	① ② ③ ④ ⑤	94	① ② ③ ④ ⑤	114	① ② ③ ④ ⑤		기원합니다.
15	① ② ③ ④ ⑤	35	① ② ③ ④ ⑤	55	① ② ③ ④ ⑤	75	① ② ③ ④ ⑤	95	① ② ③ ④ ⑤	115	① ② ③ ④ ⑤		
16	① ② ③ ④ ⑤	36	① ② ③ ④ ⑤	56	① ② ③ ④ ⑤	76	① ② ③ ④ ⑤	96	① ② ③ ④ ⑤	116	① ② ③ ④ ⑤		
17	① ② ③ ④ ⑤	37	① ② ③ ④ ⑤	57	① ② ③ ④ ⑤	77	① ② ③ ④ ⑤	97	① ② ③ ④ ⑤	117	① ② ③ ④ ⑤		
18	① ② ③ ④ ⑤	38	① ② ③ ④ ⑤	58	① ② ③ ④ ⑤	78	① ② ③ ④ ⑤	98	① ② ③ ④ ⑤	118	① ② ③ ④ ⑤		
19	① ② ③ ④ ⑤	39	① ② ③ ④ ⑤	59	① ② ③ ④ ⑤	79	① ② ③ ④ ⑤	99	① ② ③ ④ ⑤	119	① ② ③ ④ ⑤		
20	① ② ③ ④ ⑤	40	① ② ③ ④ ⑤	60	① ② ③ ④ ⑤	80	① ② ③ ④ ⑤	100	① ② ③ ④ ⑤	120	① ② ③ ④ ⑤		인강드림

성 명

교시 기재란		
( )교시	① ② ③	
문제지 형별 기재란		
( )형	Ⓐ Ⓑ	
선 택 과 목 1		
선 택 과 목 2		

수 험 번 호							
⓪	⓪	⓪	⓪	⓪	⓪	⓪	⓪
①	①	①	①	①	①	①	①
②	②	②	②	②	②	②	②
③	③	③	③	③	③	③	③
④	④	④	④	④	④	④	④
⑤	⑤	⑤	⑤	⑤	⑤	⑤	⑤
⑥	⑥	⑥	⑥	⑥	⑥	⑥	⑥
⑦	⑦	⑦	⑦	⑦	⑦	⑦	⑦
⑧	⑧	⑧	⑧	⑧	⑧	⑧	⑧
⑨	⑨	⑨	⑨	⑨	⑨	⑨	⑨

감독위원 확인
인

( )년도 ( ) 제( )차 국가전문자격시험 답안카드

1	① ② ③ ④ ⑤	21	① ② ③ ④ ⑤	41	① ② ③ ④ ⑤	61	① ② ③ ④ ⑤	81	① ② ③ ④ ⑤	101	① ② ③ ④ ⑤	121	① ② ③ ④ ⑤
2	① ② ③ ④ ⑤	22	① ② ③ ④ ⑤	42	① ② ③ ④ ⑤	62	① ② ③ ④ ⑤	82	① ② ③ ④ ⑤	102	① ② ③ ④ ⑤	122	① ② ③ ④ ⑤
3	① ② ③ ④ ⑤	23	① ② ③ ④ ⑤	43	① ② ③ ④ ⑤	63	① ② ③ ④ ⑤	83	① ② ③ ④ ⑤	103	① ② ③ ④ ⑤	123	① ② ③ ④ ⑤
4	① ② ③ ④ ⑤	24	① ② ③ ④ ⑤	44	① ② ③ ④ ⑤	64	① ② ③ ④ ⑤	84	① ② ③ ④ ⑤	104	① ② ③ ④ ⑤	124	① ② ③ ④ ⑤
5	① ② ③ ④ ⑤	25	① ② ③ ④ ⑤	45	① ② ③ ④ ⑤	65	① ② ③ ④ ⑤	85	① ② ③ ④ ⑤	105	① ② ③ ④ ⑤	125	① ② ③ ④ ⑤
6	① ② ③ ④ ⑤	26	① ② ③ ④ ⑤	46	① ② ③ ④ ⑤	66	① ② ③ ④ ⑤	86	① ② ③ ④ ⑤	106	① ② ③ ④ ⑤		
7	① ② ③ ④ ⑤	27	① ② ③ ④ ⑤	47	① ② ③ ④ ⑤	67	① ② ③ ④ ⑤	87	① ② ③ ④ ⑤	107	① ② ③ ④ ⑤		
8	① ② ③ ④ ⑤	28	① ② ③ ④ ⑤	48	① ② ③ ④ ⑤	68	① ② ③ ④ ⑤	88	① ② ③ ④ ⑤	108	① ② ③ ④ ⑤		
9	① ② ③ ④ ⑤	29	① ② ③ ④ ⑤	49	① ② ③ ④ ⑤	69	① ② ③ ④ ⑤	89	① ② ③ ④ ⑤	109	① ② ③ ④ ⑤		
10	① ② ③ ④ ⑤	30	① ② ③ ④ ⑤	50	① ② ③ ④ ⑤	70	① ② ③ ④ ⑤	90	① ② ③ ④ ⑤	110	① ② ③ ④ ⑤		
11	① ② ③ ④ ⑤	31	① ② ③ ④ ⑤	51	① ② ③ ④ ⑤	71	① ② ③ ④ ⑤	91	① ② ③ ④ ⑤	111	① ② ③ ④ ⑤		수험자
12	① ② ③ ④ ⑤	32	① ② ③ ④ ⑤	52	① ② ③ ④ ⑤	72	① ② ③ ④ ⑤	92	① ② ③ ④ ⑤	112	① ② ③ ④ ⑤		여러분의
13	① ② ③ ④ ⑤	33	① ② ③ ④ ⑤	53	① ② ③ ④ ⑤	73	① ② ③ ④ ⑤	93	① ② ③ ④ ⑤	113	① ② ③ ④ ⑤		합격을
14	① ② ③ ④ ⑤	34	① ② ③ ④ ⑤	54	① ② ③ ④ ⑤	74	① ② ③ ④ ⑤	94	① ② ③ ④ ⑤	114	① ② ③ ④ ⑤		기원합니다.
15	① ② ③ ④ ⑤	35	① ② ③ ④ ⑤	55	① ② ③ ④ ⑤	75	① ② ③ ④ ⑤	95	① ② ③ ④ ⑤	115	① ② ③ ④ ⑤		
16	① ② ③ ④ ⑤	36	① ② ③ ④ ⑤	56	① ② ③ ④ ⑤	76	① ② ③ ④ ⑤	96	① ② ③ ④ ⑤	116	① ② ③ ④ ⑤		
17	① ② ③ ④ ⑤	37	① ② ③ ④ ⑤	57	① ② ③ ④ ⑤	77	① ② ③ ④ ⑤	97	① ② ③ ④ ⑤	117	① ② ③ ④ ⑤		
18	① ② ③ ④ ⑤	38	① ② ③ ④ ⑤	58	① ② ③ ④ ⑤	78	① ② ③ ④ ⑤	98	① ② ③ ④ ⑤	118	① ② ③ ④ ⑤		
19	① ② ③ ④ ⑤	39	① ② ③ ④ ⑤	59	① ② ③ ④ ⑤	79	① ② ③ ④ ⑤	99	① ② ③ ④ ⑤	119	① ② ③ ④ ⑤		
20	① ② ③ ④ ⑤	40	① ② ③ ④ ⑤	60	① ② ③ ④ ⑤	80	① ② ③ ④ ⑤	100	① ② ③ ④ ⑤	120	① ② ③ ④ ⑤		인강드림

마 킹 주 의

바르게 마킹 : ●
잘 못 마킹 : ⊗, ⊙, ⓥ, ◎, ⦶, ⊖, ○, ◉

(예 시) →

성 명
홍 길 동

교시 기재란			
(1)교시	●	②	③

문제지 형별 기재란		
(A)형	●	Ⓑ

선 택 과 목 1

선 택 과 목 2

수 험 번 호

0	1	3	2	9	8	0	1
●	⓪	⓪	⓪	⓪	⓪	●	⓪
①	●	①	①	①	①	①	●
②	②	②	●	②	②	②	②
③	③	●	③	③	③	③	③
④	④	④	④	④	④	④	④
⑤	⑤	⑤	⑤	⑤	⑤	⑤	⑤
⑥	⑥	⑥	⑥	⑥	⑥	⑥	⑥
⑦	⑦	⑦	⑦	⑦	⑦	⑦	⑦
⑧	⑧	⑧	⑧	⑧	●	⑧	⑧
⑨	⑨	⑨	⑨	●	⑨	⑨	⑨

감독위원 확인

김 감 독

수험자 유의사항

1. 시험 중에는 통신기기(휴대전화 · 소형 무전기 등) 및 전자기기(초소형 카메라 등)를 소지하거나 사용할 수 없습니다.
2. 부정행위 예방을 위해 시험문제지에도 수험번호와 성명을 반드시 기재하시기 바랍니다.
3. **시험시간이 종료되면 즉시 답안작성을 멈춰야** 하며, 종료시간 이후 계속 답안을 작성하거나 감독위원의 답안카드 제출지시에 불응할 때에는 당해 시험이 무효처리 됩니다.
4. 기타 감독위원의 정당한 지시에 불응하여 타 수험자의 시험에 방해가 될 경우 퇴실조치 될 수 있습니다.

답안카드 작성 시 유의사항

1. 답안카드 기재 · 마킹 시에는 **반드시 검정색 사인펜을 사용**해야 합니다.
2. 답안카드를 잘못 작성했을 시에는 카드를 교체하거나 수정테이프를 사용하여 수정할 수 있습니다.
   그러나 불완전한 수정처리로 인해 발생하는 전산자동판독불가 등 불이익은 수험자의 귀책사유입니다.
   - 수정테이프 이외의 수정액, 스티커 등은 사용 불가
   - 답안카드 왼쪽(성명 · 수험번호 등)을 제외한 '답안란'만 수정테이프로 수정 가능
3. 성명란은 수험자 본인의 성명을 정자체로 기재합니다.
4. 교시 기재란은 해당교시를 기재하고 해당 란에 마킹합니다.
5. 시험문제지 형별기재란은 시험문제지 형별을 기재하고, 우측 형별마킹난은 해당 형별을 마킹합니다.
6. 수험번호란은 숫자로 기재하고 아래 해당번호에 마킹합니다.
7. 시험문제지 형별 및 수험번호 등 마킹착오로 인한 불이익은 전적으로 수험자의 귀책사유입니다.
8. 감독위원의 날인이 없는 답안카드는 무효처리 됩니다.
9. 상단과 우측의 검은색 띠(▌▌▌) 부분은 낙서를 금지합니다.
10. 답안카드의 채점은 전산 판독결과에 따르며, 문제지 형별 및 답안 란의 마킹누락, 마킹착오, 불완전한 마킹 등은 수험자의 귀책사유에 해당하므로 이의제기를 하더라도 받아들여지지 않습니다.

부정행위 처리규정

시험 중 다음과 같은 행위를 하는 자는 당해 시험을 무효처리하고 자격별 관련 규정에 따라 일정기간 동안 시험에 응시할 수 있는 자격을 정지합니다.

1. 시험과 관련된 대화, 답안카드 교환, 다른 수험자의 답안 · 문제지를 보고 답안 작성, 대리시험을 치르거나 치르게 하는 행위, 시험문제 내용과 관련된 물건을 휴대하거나 이를 주고받는 행위
2. 시험장 내외로부터 도움을 받아 답안을 작성하는 행위, 공인어학성적 및 응시자격서류를 허위기재하여 제출하는 행위
3. 통신기기(휴대전화 · 소형 무전기 등) 및 전자기기(초소형 카메라 등)를 휴대하거나 사용하는 행위
4. 다른 수험자와 성명 및 수험번호를 바꾸어 작성 · 제출하는 행위
5. 기타 부정 또는 불공정한 방법으로 시험을 치르는 행위

마 킹 주 의

바르게 마킹 : ●
잘 못 마킹 : ⊗, ⊙, ⓥ, ◎, ⦶, ⊖, ○, ◉

(예 시) →

성 명: 홍 길 동

교시 기재란: (1)교시 ● ② ③

문제지 형별 기재란: (A)형 ● Ⓑ

선 택 과 목 1

선 택 과 목 2

수 험 번 호: 0 1 3 2 9 8 0 1

감독위원 확인: 김 감 독

수험자 유의사항

1. 시험 중에는 통신기기(휴대전화 · 소형 무전기 등) 및 전자기기(초소형 카메라 등)를 소지하거나 사용할 수 없습니다.
2. 부정행위 예방을 위해 시험문제지에도 수험번호와 성명을 반드시 기재하시기 바랍니다.
3. **시험시간이 종료되면 즉시 답안작성을 멈춰야** 하며, 종료시간 이후 계속 답안을 작성하거나 감독위원의 답안카드 제출지시에 불응할 때에는 당해 시험이 무효처리 됩니다.
4. 기타 감독위원의 정당한 지시에 불응하여 타 수험자의 시험에 방해가 될 경우 퇴실조치 될 수 있습니다.

답안카드 작성 시 유의사항

1. 답안카드 기재 · 마킹 시에는 **반드시 검정색 사인펜을 사용**해야 합니다.
2. 답안카드를 잘못 작성했을 시에는 카드를 교체하거나 수정테이프를 사용하여 수정할 수 있습니다.
   그러나 불완전한 수정처리로 인해 발생하는 전산자동판독불가 등 불이익은 수험자의 귀책사유입니다.
   - 수정테이프 이외의 수정액, 스티커 등은 사용 불가
   - 답안카드 왼쪽(성명 · 수험번호 등)을 제외한 '답안란'만 수정테이프로 수정 가능
3. 성명란은 수험자 본인의 성명을 정자체로 기재합니다.
4. 교시 기재란은 해당교시를 기재하고 해당 란에 마킹합니다.
5. 시험문제지 형별기재란은 시험문제지 형별을 기재하고, 우측 형별마킹난은 해당 형별을 마킹합니다.
6. 수험번호란은 숫자로 기재하고 아래 해당번호에 마킹합니다.
7. 시험문제지 형별 및 수험번호 등 마킹착오로 인한 불이익은 전적으로 수험자의 귀책사유입니다.
8. 감독위원의 날인이 없는 답안카드는 무효처리 됩니다.
9. 상단과 우측의 검은색 띠(▌▌▌) 부분은 낙서를 금지합니다.
10. 답안카드의 채점은 전산 판독결과에 따르며, 문제지 형별 및 답안 란의 마킹누락, 마킹착오, 불완전한 마킹 등은 수험자의 귀책사유에 해당하므로 이의제기를 하더라도 받아들여지지 않습니다.

부정행위 처리규정

시험 중 다음과 같은 행위를 하는 자는 당해 시험을 무효처리하고 자격별 관련 규정에 따라 일정기간 동안 시험에 응시할 수 있는 자격을 정지합니다.

1. 시험과 관련된 대화, 답안카드 교환, 다른 수험자의 답안 · 문제지를 보고 답안 작성, 대리시험을 치르거나 치르게 하는 행위, 시험문제 내용과 관련된 물건을 휴대하거나 이를 주고받는 행위
2. 시험장 내외로부터 도움을 받아 답안을 작성하는 행위, 공인어학성적 및 응시자격서류를 허위기재하여 제출하는 행위
3. 통신기기(휴대전화 · 소형 무전기 등) 및 전자기기(초소형 카메라 등)를 휴대하거나 사용하는 행위
4. 다른 수험자와 성명 및 수험번호를 바꾸어 작성 · 제출하는 행위
5. 기타 부정 또는 불공정한 방법으로 시험을 치르는 행위

성 명

교시 기재란	
( )교시	① ② ③

문제지 형별 기재란	
( )형	Ⓐ Ⓑ

선 택 과 목 1
선 택 과 목 2

수 험 번 호							
0	0	0	0	0	0	0	0
①	①	①	①	①	①	①	①
②	②	②	②	②	②	②	②
③	③	③	③	③	③	③	③
④	④	④	④	④	④	④	④
⑤	⑤	⑤	⑤	⑤	⑤	⑤	⑤
⑥	⑥	⑥	⑥	⑥	⑥	⑥	⑥
⑦	⑦	⑦	⑦	⑦	⑦	⑦	⑦
⑧	⑧	⑧	⑧	⑧	⑧	⑧	⑧
⑨	⑨	⑨	⑨	⑨	⑨	⑨	⑨

감독위원 확인
인

( )년도 ( ) 제( )차 국가전문자격시험 답안카드

1	① ② ③ ④ ⑤	21	① ② ③ ④ ⑤	41	① ② ③ ④ ⑤	61	① ② ③ ④ ⑤	81	① ② ③ ④ ⑤	101	① ② ③ ④ ⑤	121	① ② ③ ④ ⑤
2	① ② ③ ④ ⑤	22	① ② ③ ④ ⑤	42	① ② ③ ④ ⑤	62	① ② ③ ④ ⑤	82	① ② ③ ④ ⑤	102	① ② ③ ④ ⑤	122	① ② ③ ④ ⑤
3	① ② ③ ④ ⑤	23	① ② ③ ④ ⑤	43	① ② ③ ④ ⑤	63	① ② ③ ④ ⑤	83	① ② ③ ④ ⑤	103	① ② ③ ④ ⑤	123	① ② ③ ④ ⑤
4	① ② ③ ④ ⑤	24	① ② ③ ④ ⑤	44	① ② ③ ④ ⑤	64	① ② ③ ④ ⑤	84	① ② ③ ④ ⑤	104	① ② ③ ④ ⑤	124	① ② ③ ④ ⑤
5	① ② ③ ④ ⑤	25	① ② ③ ④ ⑤	45	① ② ③ ④ ⑤	65	① ② ③ ④ ⑤	85	① ② ③ ④ ⑤	105	① ② ③ ④ ⑤	125	① ② ③ ④ ⑤
6	① ② ③ ④ ⑤	26	① ② ③ ④ ⑤	46	① ② ③ ④ ⑤	66	① ② ③ ④ ⑤	86	① ② ③ ④ ⑤	106	① ② ③ ④ ⑤		
7	① ② ③ ④ ⑤	27	① ② ③ ④ ⑤	47	① ② ③ ④ ⑤	67	① ② ③ ④ ⑤	87	① ② ③ ④ ⑤	107	① ② ③ ④ ⑤		
8	① ② ③ ④ ⑤	28	① ② ③ ④ ⑤	48	① ② ③ ④ ⑤	68	① ② ③ ④ ⑤	88	① ② ③ ④ ⑤	108	① ② ③ ④ ⑤		
9	① ② ③ ④ ⑤	29	① ② ③ ④ ⑤	49	① ② ③ ④ ⑤	69	① ② ③ ④ ⑤	89	① ② ③ ④ ⑤	109	① ② ③ ④ ⑤		
10	① ② ③ ④ ⑤	30	① ② ③ ④ ⑤	50	① ② ③ ④ ⑤	70	① ② ③ ④ ⑤	90	① ② ③ ④ ⑤	110	① ② ③ ④ ⑤		
11	① ② ③ ④ ⑤	31	① ② ③ ④ ⑤	51	① ② ③ ④ ⑤	71	① ② ③ ④ ⑤	91	① ② ③ ④ ⑤	111	① ② ③ ④ ⑤		
12	① ② ③ ④ ⑤	32	① ② ③ ④ ⑤	52	① ② ③ ④ ⑤	72	① ② ③ ④ ⑤	92	① ② ③ ④ ⑤	112	① ② ③ ④ ⑤		
13	① ② ③ ④ ⑤	33	① ② ③ ④ ⑤	53	① ② ③ ④ ⑤	73	① ② ③ ④ ⑤	93	① ② ③ ④ ⑤	113	① ② ③ ④ ⑤		
14	① ② ③ ④ ⑤	34	① ② ③ ④ ⑤	54	① ② ③ ④ ⑤	74	① ② ③ ④ ⑤	94	① ② ③ ④ ⑤	114	① ② ③ ④ ⑤		
15	① ② ③ ④ ⑤	35	① ② ③ ④ ⑤	55	① ② ③ ④ ⑤	75	① ② ③ ④ ⑤	95	① ② ③ ④ ⑤	115	① ② ③ ④ ⑤		
16	① ② ③ ④ ⑤	36	① ② ③ ④ ⑤	56	① ② ③ ④ ⑤	76	① ② ③ ④ ⑤	96	① ② ③ ④ ⑤	116	① ② ③ ④ ⑤		
17	① ② ③ ④ ⑤	37	① ② ③ ④ ⑤	57	① ② ③ ④ ⑤	77	① ② ③ ④ ⑤	97	① ② ③ ④ ⑤	117	① ② ③ ④ ⑤		
18	① ② ③ ④ ⑤	38	① ② ③ ④ ⑤	58	① ② ③ ④ ⑤	78	① ② ③ ④ ⑤	98	① ② ③ ④ ⑤	118	① ② ③ ④ ⑤		
19	① ② ③ ④ ⑤	39	① ② ③ ④ ⑤	59	① ② ③ ④ ⑤	79	① ② ③ ④ ⑤	99	① ② ③ ④ ⑤	119	① ② ③ ④ ⑤		
20	① ② ③ ④ ⑤	40	① ② ③ ④ ⑤	60	① ② ③ ④ ⑤	80	① ② ③ ④ ⑤	100	① ② ③ ④ ⑤	120	① ② ③ ④ ⑤		

수험자 여러분의 합격을 기원합니다.

인강드림

성 명

교시 기재란	
( )교시	① ② ③

문제지 형별 기재란	
( )형	Ⓐ Ⓑ

선 택 과 목 1
선 택 과 목 2

수 험 번 호							
0	0	0	0	0	0	0	0
①	①	①	①	①	①	①	①
②	②	②	②	②	②	②	②
③	③	③	③	③	③	③	③
④	④	④	④	④	④	④	④
⑤	⑤	⑤	⑤	⑤	⑤	⑤	⑤
⑥	⑥	⑥	⑥	⑥	⑥	⑥	⑥
⑦	⑦	⑦	⑦	⑦	⑦	⑦	⑦
⑧	⑧	⑧	⑧	⑧	⑧	⑧	⑧
⑨	⑨	⑨	⑨	⑨	⑨	⑨	⑨

감독위원 확인
인

( )년도 ( ) 제( )차 국가전문자격시험 답안카드

1	① ② ③ ④ ⑤	21	① ② ③ ④ ⑤	41	① ② ③ ④ ⑤	61	① ② ③ ④ ⑤	81	① ② ③ ④ ⑤	101	① ② ③ ④ ⑤	121	① ② ③ ④ ⑤
2	① ② ③ ④ ⑤	22	① ② ③ ④ ⑤	42	① ② ③ ④ ⑤	62	① ② ③ ④ ⑤	82	① ② ③ ④ ⑤	102	① ② ③ ④ ⑤	122	① ② ③ ④ ⑤
3	① ② ③ ④ ⑤	23	① ② ③ ④ ⑤	43	① ② ③ ④ ⑤	63	① ② ③ ④ ⑤	83	① ② ③ ④ ⑤	103	① ② ③ ④ ⑤	123	① ② ③ ④ ⑤
4	① ② ③ ④ ⑤	24	① ② ③ ④ ⑤	44	① ② ③ ④ ⑤	64	① ② ③ ④ ⑤	84	① ② ③ ④ ⑤	104	① ② ③ ④ ⑤	124	① ② ③ ④ ⑤
5	① ② ③ ④ ⑤	25	① ② ③ ④ ⑤	45	① ② ③ ④ ⑤	65	① ② ③ ④ ⑤	85	① ② ③ ④ ⑤	105	① ② ③ ④ ⑤	125	① ② ③ ④ ⑤
6	① ② ③ ④ ⑤	26	① ② ③ ④ ⑤	46	① ② ③ ④ ⑤	66	① ② ③ ④ ⑤	86	① ② ③ ④ ⑤	106	① ② ③ ④ ⑤		
7	① ② ③ ④ ⑤	27	① ② ③ ④ ⑤	47	① ② ③ ④ ⑤	67	① ② ③ ④ ⑤	87	① ② ③ ④ ⑤	107	① ② ③ ④ ⑤		
8	① ② ③ ④ ⑤	28	① ② ③ ④ ⑤	48	① ② ③ ④ ⑤	68	① ② ③ ④ ⑤	88	① ② ③ ④ ⑤	108	① ② ③ ④ ⑤		
9	① ② ③ ④ ⑤	29	① ② ③ ④ ⑤	49	① ② ③ ④ ⑤	69	① ② ③ ④ ⑤	89	① ② ③ ④ ⑤	109	① ② ③ ④ ⑤		
10	① ② ③ ④ ⑤	30	① ② ③ ④ ⑤	50	① ② ③ ④ ⑤	70	① ② ③ ④ ⑤	90	① ② ③ ④ ⑤	110	① ② ③ ④ ⑤		
11	① ② ③ ④ ⑤	31	① ② ③ ④ ⑤	51	① ② ③ ④ ⑤	71	① ② ③ ④ ⑤	91	① ② ③ ④ ⑤	111	① ② ③ ④ ⑤		
12	① ② ③ ④ ⑤	32	① ② ③ ④ ⑤	52	① ② ③ ④ ⑤	72	① ② ③ ④ ⑤	92	① ② ③ ④ ⑤	112	① ② ③ ④ ⑤		
13	① ② ③ ④ ⑤	33	① ② ③ ④ ⑤	53	① ② ③ ④ ⑤	73	① ② ③ ④ ⑤	93	① ② ③ ④ ⑤	113	① ② ③ ④ ⑤		
14	① ② ③ ④ ⑤	34	① ② ③ ④ ⑤	54	① ② ③ ④ ⑤	74	① ② ③ ④ ⑤	94	① ② ③ ④ ⑤	114	① ② ③ ④ ⑤		
15	① ② ③ ④ ⑤	35	① ② ③ ④ ⑤	55	① ② ③ ④ ⑤	75	① ② ③ ④ ⑤	95	① ② ③ ④ ⑤	115	① ② ③ ④ ⑤		
16	① ② ③ ④ ⑤	36	① ② ③ ④ ⑤	56	① ② ③ ④ ⑤	76	① ② ③ ④ ⑤	96	① ② ③ ④ ⑤	116	① ② ③ ④ ⑤		
17	① ② ③ ④ ⑤	37	① ② ③ ④ ⑤	57	① ② ③ ④ ⑤	77	① ② ③ ④ ⑤	97	① ② ③ ④ ⑤	117	① ② ③ ④ ⑤		
18	① ② ③ ④ ⑤	38	① ② ③ ④ ⑤	58	① ② ③ ④ ⑤	78	① ② ③ ④ ⑤	98	① ② ③ ④ ⑤	118	① ② ③ ④ ⑤		
19	① ② ③ ④ ⑤	39	① ② ③ ④ ⑤	59	① ② ③ ④ ⑤	79	① ② ③ ④ ⑤	99	① ② ③ ④ ⑤	119	① ② ③ ④ ⑤		
20	① ② ③ ④ ⑤	40	① ② ③ ④ ⑤	60	① ② ③ ④ ⑤	80	① ② ③ ④ ⑤	100	① ② ③ ④ ⑤	120	① ② ③ ④ ⑤		

수험자 여러분의 합격을 기원합니다.

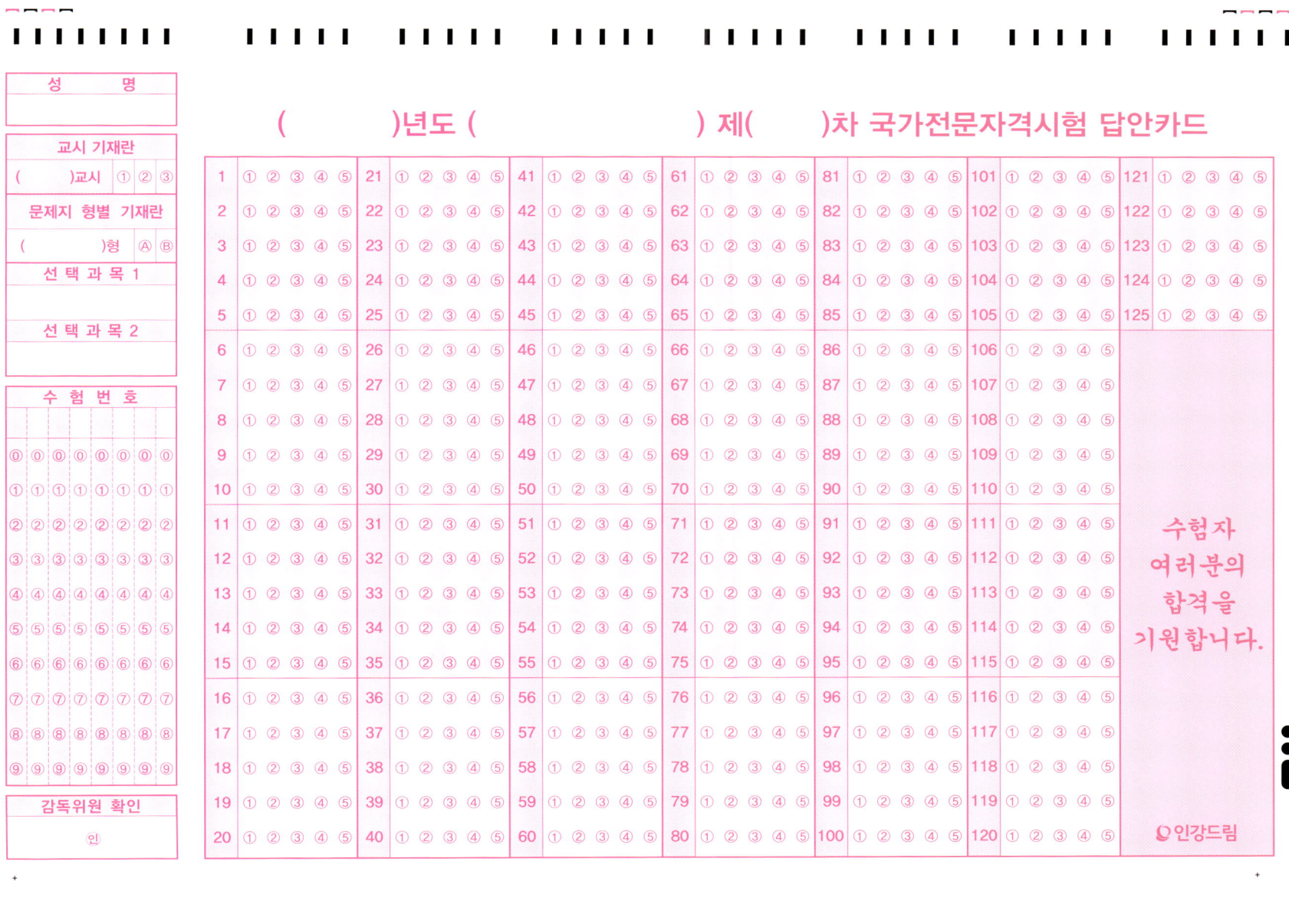

인강드림

마 킹 주 의

바르게 마킹 : ●
잘 못 마킹 : ⊗, ⊙, ⊘, ◎, ①, ⊖, ◌, ◉

(예 시) →

성 명
홍 길 동

교시 기재란
(1)교시 ● ② ③
문제지 형별 기재란
(A)형 ● Ⓑ
선 택 과 목 1
선 택 과 목 2

수 험 번 호: 0 1 3 2 9 8 0 1

감독위원 확인: 김 감 독

수험자 유의사항

1. 시험 중에는 통신기기(휴대전화 · 소형 무전기 등) 및 전자기기(초소형 카메라 등)를 소지하거나 사용할 수 없습니다.
2. 부정행위 예방을 위해 시험문제지에도 수험번호와 성명을 반드시 기재하시기 바랍니다.
3. **시험시간이 종료되면 즉시 답안작성을 멈춰야** 하며, 종료시간 이후 계속 답안을 작성하거나 감독위원의 답안카드 제출지시에 불응할 때에는 당해 시험이 무효처리 됩니다.
4. 기타 감독위원의 정당한 지시에 불응하여 타 수험자의 시험에 방해가 될 경우 퇴실조치 될 수 있습니다.

답안카드 작성 시 유의사항

1. 답안카드 기재 · 마킹 시에는 **반드시 검정색 사인펜을 사용**해야 합니다.
2. 답안카드를 잘못 작성했을 시에는 카드를 교체하거나 수정테이프를 사용하여 수정할 수 있습니다.
   그러나 불완전한 수정처리로 인해 발생하는 전산자동판독불가 등 불이익은 수험자의 귀책사유입니다.
   - 수정테이프 이외의 수정액, 스티커 등은 사용 불가
   - 답안카드 왼쪽(성명 · 수험번호 등)을 제외한 '답안란'만 수정테이프로 수정 가능
3. 성명란은 수험자 본인의 성명을 정자체로 기재합니다.
4. 교시 기재란은 해당교시를 기재하고 해당 란에 마킹합니다.
5. 시험문제지 형별기재란은 시험문제지 형별을 기재하고, 우측 형별마킹란은 해당 형별을 마킹합니다.
6. 수험번호란은 숫자로 기재하고 아래 해당번호에 마킹합니다.
7. 시험문제지 형별 및 수험번호 등 마킹착오로 인한 불이익은 전적으로 수험자의 귀책사유입니다.
8. 감독위원의 날인이 없는 답안카드는 무효처리 됩니다.
9. 상단과 우측의 검은색 띠(▌▌▌) 부분은 낙서를 금지합니다.
10. 답안카드의 채점은 전산 판독결과에 따르며, 문제지 형별 및 답안 란의 마킹누락, 마킹착오, 불완전한 마킹 등은 수험자의 귀책사유에 해당하므로 이의제기를 하더라도 받아들여지지 않습니다.

부정행위 처리규정

시험 중 다음과 같은 행위를 하는 자는 당해 시험을 무효처리하고 자격별 관련 규정에 따라 일정기간 동안 시험에 응시할 수 있는 자격을 정지합니다.

1. 시험과 관련된 대화, 답안카드 교환, 다른 수험자의 답안 · 문제지를 보고 답안 작성, 대리시험을 치르거나 치르게 하는 행위, 시험문제 내용과 관련된 물건을 휴대하거나 이를 주고받는 행위
2. 시험장 내외로부터 도움을 받아 답안을 작성하는 행위, 공인어학성적 및 응시자격서류를 허위기재하여 제출하는 행위
3. 통신기기(휴대전화 · 소형 무전기 등) 및 전자기기(초소형 카메라 등)를 휴대하거나 사용하는 행위
4. 다른 수험자와 성명 및 수험번호를 바꾸어 작성 · 제출하는 행위
5. 기타 부정 또는 불공정한 방법으로 시험을 치르는 행위

마 킹 주 의

바르게 마킹 : ●
잘 못 마킹 : ⊗, ⊙, ⊘, ◎, ①, ⊖, ◌, ◉

(예 시) →

성 명
홍 길 동

교시 기재란
(1)교시 ● ② ③
문제지 형별 기재란
(A)형 ● Ⓑ
선 택 과 목 1
선 택 과 목 2

수 험 번 호: 0 1 3 2 9 8 0 1

감독위원 확인: 김 감 독

수험자 유의사항

1. 시험 중에는 통신기기(휴대전화 · 소형 무전기 등) 및 전자기기(초소형 카메라 등)를 소지하거나 사용할 수 없습니다.
2. 부정행위 예방을 위해 시험문제지에도 수험번호와 성명을 반드시 기재하시기 바랍니다.
3. **시험시간이 종료되면 즉시 답안작성을 멈춰야** 하며, 종료시간 이후 계속 답안을 작성하거나 감독위원의 답안카드 제출지시에 불응할 때에는 당해 시험이 무효처리 됩니다.
4. 기타 감독위원의 정당한 지시에 불응하여 타 수험자의 시험에 방해가 될 경우 퇴실조치 될 수 있습니다.

답안카드 작성 시 유의사항

1. 답안카드 기재 · 마킹 시에는 **반드시 검정색 사인펜을 사용**해야 합니다.
2. 답안카드를 잘못 작성했을 시에는 카드를 교체하거나 수정테이프를 사용하여 수정할 수 있습니다.
   그러나 불완전한 수정처리로 인해 발생하는 전산자동판독불가 등 불이익은 수험자의 귀책사유입니다.
   - 수정테이프 이외의 수정액, 스티커 등은 사용 불가
   - 답안카드 왼쪽(성명 · 수험번호 등)을 제외한 '답안란'만 수정테이프로 수정 가능
3. 성명란은 수험자 본인의 성명을 정자체로 기재합니다.
4. 교시 기재란은 해당교시를 기재하고 해당 란에 마킹합니다.
5. 시험문제지 형별기재란은 시험문제지 형별을 기재하고, 우측 형별마킹란은 해당 형별을 마킹합니다.
6. 수험번호란은 숫자로 기재하고 아래 해당번호에 마킹합니다.
7. 시험문제지 형별 및 수험번호 등 마킹착오로 인한 불이익은 전적으로 수험자의 귀책사유입니다.
8. 감독위원의 날인이 없는 답안카드는 무효처리 됩니다.
9. 상단과 우측의 검은색 띠(▌▌▌) 부분은 낙서를 금지합니다.
10. 답안카드의 채점은 전산 판독결과에 따르며, 문제지 형별 및 답안 란의 마킹누락, 마킹착오, 불완전한 마킹 등은 수험자의 귀책사유에 해당하므로 이의제기를 하더라도 받아들여지지 않습니다.

부정행위 처리규정

시험 중 다음과 같은 행위를 하는 자는 당해 시험을 무효처리하고 자격별 관련 규정에 따라 일정기간 동안 시험에 응시할 수 있는 자격을 정지합니다.

1. 시험과 관련된 대화, 답안카드 교환, 다른 수험자의 답안 · 문제지를 보고 답안 작성, 대리시험을 치르거나 치르게 하는 행위, 시험문제 내용과 관련된 물건을 휴대하거나 이를 주고받는 행위
2. 시험장 내외로부터 도움을 받아 답안을 작성하는 행위, 공인어학성적 및 응시자격서류를 허위기재하여 제출하는 행위
3. 통신기기(휴대전화 · 소형 무전기 등) 및 전자기기(초소형 카메라 등)를 휴대하거나 사용하는 행위
4. 다른 수험자와 성명 및 수험번호를 바꾸어 작성 · 제출하는 행위
5. 기타 부정 또는 불공정한 방법으로 시험을 치르는 행위

성 명

교시 기재란	
( )교시	① ② ③

문제지 형별 기재란	
( )형	Ⓐ Ⓑ

선 택 과 목 1
선 택 과 목 2

수 험 번 호							
⓪	⓪	⓪	⓪	⓪	⓪	⓪	⓪
①	①	①	①	①	①	①	①
②	②	②	②	②	②	②	②
③	③	③	③	③	③	③	③
④	④	④	④	④	④	④	④
⑤	⑤	⑤	⑤	⑤	⑤	⑤	⑤
⑥	⑥	⑥	⑥	⑥	⑥	⑥	⑥
⑦	⑦	⑦	⑦	⑦	⑦	⑦	⑦
⑧	⑧	⑧	⑧	⑧	⑧	⑧	⑧
⑨	⑨	⑨	⑨	⑨	⑨	⑨	⑨

감독위원 확인
(인)

( )년도 ( ) 제( )차 국가전문자격시험 답안카드

1 ① ② ③ ④ ⑤	21 ① ② ③ ④ ⑤	41 ① ② ③ ④ ⑤	61 ① ② ③ ④ ⑤	81 ① ② ③ ④ ⑤	101 ① ② ③ ④ ⑤	121 ① ② ③ ④ ⑤
2 ① ② ③ ④ ⑤	22 ① ② ③ ④ ⑤	42 ① ② ③ ④ ⑤	62 ① ② ③ ④ ⑤	82 ① ② ③ ④ ⑤	102 ① ② ③ ④ ⑤	122 ① ② ③ ④ ⑤
3 ① ② ③ ④ ⑤	23 ① ② ③ ④ ⑤	43 ① ② ③ ④ ⑤	63 ① ② ③ ④ ⑤	83 ① ② ③ ④ ⑤	103 ① ② ③ ④ ⑤	123 ① ② ③ ④ ⑤
4 ① ② ③ ④ ⑤	24 ① ② ③ ④ ⑤	44 ① ② ③ ④ ⑤	64 ① ② ③ ④ ⑤	84 ① ② ③ ④ ⑤	104 ① ② ③ ④ ⑤	124 ① ② ③ ④ ⑤
5 ① ② ③ ④ ⑤	25 ① ② ③ ④ ⑤	45 ① ② ③ ④ ⑤	65 ① ② ③ ④ ⑤	85 ① ② ③ ④ ⑤	105 ① ② ③ ④ ⑤	125 ① ② ③ ④ ⑤
6 ① ② ③ ④ ⑤	26 ① ② ③ ④ ⑤	46 ① ② ③ ④ ⑤	66 ① ② ③ ④ ⑤	86 ① ② ③ ④ ⑤	106 ① ② ③ ④ ⑤	수험자 여러분의 합격을 기원합니다.
7 ① ② ③ ④ ⑤	27 ① ② ③ ④ ⑤	47 ① ② ③ ④ ⑤	67 ① ② ③ ④ ⑤	87 ① ② ③ ④ ⑤	107 ① ② ③ ④ ⑤	
8 ① ② ③ ④ ⑤	28 ① ② ③ ④ ⑤	48 ① ② ③ ④ ⑤	68 ① ② ③ ④ ⑤	88 ① ② ③ ④ ⑤	108 ① ② ③ ④ ⑤	
9 ① ② ③ ④ ⑤	29 ① ② ③ ④ ⑤	49 ① ② ③ ④ ⑤	69 ① ② ③ ④ ⑤	89 ① ② ③ ④ ⑤	109 ① ② ③ ④ ⑤	
10 ① ② ③ ④ ⑤	30 ① ② ③ ④ ⑤	50 ① ② ③ ④ ⑤	70 ① ② ③ ④ ⑤	90 ① ② ③ ④ ⑤	110 ① ② ③ ④ ⑤	
11 ① ② ③ ④ ⑤	31 ① ② ③ ④ ⑤	51 ① ② ③ ④ ⑤	71 ① ② ③ ④ ⑤	91 ① ② ③ ④ ⑤	111 ① ② ③ ④ ⑤	
12 ① ② ③ ④ ⑤	32 ① ② ③ ④ ⑤	52 ① ② ③ ④ ⑤	72 ① ② ③ ④ ⑤	92 ① ② ③ ④ ⑤	112 ① ② ③ ④ ⑤	
13 ① ② ③ ④ ⑤	33 ① ② ③ ④ ⑤	53 ① ② ③ ④ ⑤	73 ① ② ③ ④ ⑤	93 ① ② ③ ④ ⑤	113 ① ② ③ ④ ⑤	
14 ① ② ③ ④ ⑤	34 ① ② ③ ④ ⑤	54 ① ② ③ ④ ⑤	74 ① ② ③ ④ ⑤	94 ① ② ③ ④ ⑤	114 ① ② ③ ④ ⑤	
15 ① ② ③ ④ ⑤	35 ① ② ③ ④ ⑤	55 ① ② ③ ④ ⑤	75 ① ② ③ ④ ⑤	95 ① ② ③ ④ ⑤	115 ① ② ③ ④ ⑤	
16 ① ② ③ ④ ⑤	36 ① ② ③ ④ ⑤	56 ① ② ③ ④ ⑤	76 ① ② ③ ④ ⑤	96 ① ② ③ ④ ⑤	116 ① ② ③ ④ ⑤	
17 ① ② ③ ④ ⑤	37 ① ② ③ ④ ⑤	57 ① ② ③ ④ ⑤	77 ① ② ③ ④ ⑤	97 ① ② ③ ④ ⑤	117 ① ② ③ ④ ⑤	
18 ① ② ③ ④ ⑤	38 ① ② ③ ④ ⑤	58 ① ② ③ ④ ⑤	78 ① ② ③ ④ ⑤	98 ① ② ③ ④ ⑤	118 ① ② ③ ④ ⑤	
19 ① ② ③ ④ ⑤	39 ① ② ③ ④ ⑤	59 ① ② ③ ④ ⑤	79 ① ② ③ ④ ⑤	99 ① ② ③ ④ ⑤	119 ① ② ③ ④ ⑤	
20 ① ② ③ ④ ⑤	40 ① ② ③ ④ ⑤	60 ① ② ③ ④ ⑤	80 ① ② ③ ④ ⑤	100 ① ② ③ ④ ⑤	120 ① ② ③ ④ ⑤	인강드림

성 명

교시 기재란	
( )교시	① ② ③

문제지 형별 기재란	
( )형	Ⓐ Ⓑ

선 택 과 목 1
선 택 과 목 2

수 험 번 호							
⓪	⓪	⓪	⓪	⓪	⓪	⓪	⓪
①	①	①	①	①	①	①	①
②	②	②	②	②	②	②	②
③	③	③	③	③	③	③	③
④	④	④	④	④	④	④	④
⑤	⑤	⑤	⑤	⑤	⑤	⑤	⑤
⑥	⑥	⑥	⑥	⑥	⑥	⑥	⑥
⑦	⑦	⑦	⑦	⑦	⑦	⑦	⑦
⑧	⑧	⑧	⑧	⑧	⑧	⑧	⑧
⑨	⑨	⑨	⑨	⑨	⑨	⑨	⑨

감독위원 확인
(인)

( )년도 ( ) 제( )차 국가전문자격시험 답안카드

1 ① ② ③ ④ ⑤	21 ① ② ③ ④ ⑤	41 ① ② ③ ④ ⑤	61 ① ② ③ ④ ⑤	81 ① ② ③ ④ ⑤	101 ① ② ③ ④ ⑤	121 ① ② ③ ④ ⑤
2 ① ② ③ ④ ⑤	22 ① ② ③ ④ ⑤	42 ① ② ③ ④ ⑤	62 ① ② ③ ④ ⑤	82 ① ② ③ ④ ⑤	102 ① ② ③ ④ ⑤	122 ① ② ③ ④ ⑤
3 ① ② ③ ④ ⑤	23 ① ② ③ ④ ⑤	43 ① ② ③ ④ ⑤	63 ① ② ③ ④ ⑤	83 ① ② ③ ④ ⑤	103 ① ② ③ ④ ⑤	123 ① ② ③ ④ ⑤
4 ① ② ③ ④ ⑤	24 ① ② ③ ④ ⑤	44 ① ② ③ ④ ⑤	64 ① ② ③ ④ ⑤	84 ① ② ③ ④ ⑤	104 ① ② ③ ④ ⑤	124 ① ② ③ ④ ⑤
5 ① ② ③ ④ ⑤	25 ① ② ③ ④ ⑤	45 ① ② ③ ④ ⑤	65 ① ② ③ ④ ⑤	85 ① ② ③ ④ ⑤	105 ① ② ③ ④ ⑤	125 ① ② ③ ④ ⑤
6 ① ② ③ ④ ⑤	26 ① ② ③ ④ ⑤	46 ① ② ③ ④ ⑤	66 ① ② ③ ④ ⑤	86 ① ② ③ ④ ⑤	106 ① ② ③ ④ ⑤	수험자 여러분의 합격을 기원합니다.
7 ① ② ③ ④ ⑤	27 ① ② ③ ④ ⑤	47 ① ② ③ ④ ⑤	67 ① ② ③ ④ ⑤	87 ① ② ③ ④ ⑤	107 ① ② ③ ④ ⑤	
8 ① ② ③ ④ ⑤	28 ① ② ③ ④ ⑤	48 ① ② ③ ④ ⑤	68 ① ② ③ ④ ⑤	88 ① ② ③ ④ ⑤	108 ① ② ③ ④ ⑤	
9 ① ② ③ ④ ⑤	29 ① ② ③ ④ ⑤	49 ① ② ③ ④ ⑤	69 ① ② ③ ④ ⑤	89 ① ② ③ ④ ⑤	109 ① ② ③ ④ ⑤	
10 ① ② ③ ④ ⑤	30 ① ② ③ ④ ⑤	50 ① ② ③ ④ ⑤	70 ① ② ③ ④ ⑤	90 ① ② ③ ④ ⑤	110 ① ② ③ ④ ⑤	
11 ① ② ③ ④ ⑤	31 ① ② ③ ④ ⑤	51 ① ② ③ ④ ⑤	71 ① ② ③ ④ ⑤	91 ① ② ③ ④ ⑤	111 ① ② ③ ④ ⑤	
12 ① ② ③ ④ ⑤	32 ① ② ③ ④ ⑤	52 ① ② ③ ④ ⑤	72 ① ② ③ ④ ⑤	92 ① ② ③ ④ ⑤	112 ① ② ③ ④ ⑤	
13 ① ② ③ ④ ⑤	33 ① ② ③ ④ ⑤	53 ① ② ③ ④ ⑤	73 ① ② ③ ④ ⑤	93 ① ② ③ ④ ⑤	113 ① ② ③ ④ ⑤	
14 ① ② ③ ④ ⑤	34 ① ② ③ ④ ⑤	54 ① ② ③ ④ ⑤	74 ① ② ③ ④ ⑤	94 ① ② ③ ④ ⑤	114 ① ② ③ ④ ⑤	
15 ① ② ③ ④ ⑤	35 ① ② ③ ④ ⑤	55 ① ② ③ ④ ⑤	75 ① ② ③ ④ ⑤	95 ① ② ③ ④ ⑤	115 ① ② ③ ④ ⑤	
16 ① ② ③ ④ ⑤	36 ① ② ③ ④ ⑤	56 ① ② ③ ④ ⑤	76 ① ② ③ ④ ⑤	96 ① ② ③ ④ ⑤	116 ① ② ③ ④ ⑤	
17 ① ② ③ ④ ⑤	37 ① ② ③ ④ ⑤	57 ① ② ③ ④ ⑤	77 ① ② ③ ④ ⑤	97 ① ② ③ ④ ⑤	117 ① ② ③ ④ ⑤	
18 ① ② ③ ④ ⑤	38 ① ② ③ ④ ⑤	58 ① ② ③ ④ ⑤	78 ① ② ③ ④ ⑤	98 ① ② ③ ④ ⑤	118 ① ② ③ ④ ⑤	
19 ① ② ③ ④ ⑤	39 ① ② ③ ④ ⑤	59 ① ② ③ ④ ⑤	79 ① ② ③ ④ ⑤	99 ① ② ③ ④ ⑤	119 ① ② ③ ④ ⑤	
20 ① ② ③ ④ ⑤	40 ① ② ③ ④ ⑤	60 ① ② ③ ④ ⑤	80 ① ② ③ ④ ⑤	100 ① ② ③ ④ ⑤	120 ① ② ③ ④ ⑤	인강드림

마 킹 주 의 | 바르게 마킹 : ● / 잘 못 마킹 : ⊗, ⊙, ⓥ, ◎, ⦶, ⊖, ◌, ◉ ——— (예 시) ———→

성 명: 홍 길 동

교시 기재란: (1)교시 ● ② ③

문제지 형별 기재란: (A)형 ● Ⓑ

선 택 과 목 1

선 택 과 목 2

수 험 번 호: 0 1 3 2 9 8 0 1

감독위원 확인: 김 감 독

수험자 유의사항

1. 시험 중에는 통신기기(휴대전화・소형 무전기 등) 및 전자기기(초소형 카메라 등)를 소지하거나 사용할 수 없습니다.
2. 부정행위 예방을 위해 시험문제지에도 수험번호와 성명을 반드시 기재하시기 바랍니다.
3. **시험시간이 종료되면 즉시 답안작성을 멈춰야** 하며, 종료시간 이후 계속 답안을 작성하거나 감독위원의 답안카드 제출지시에 불응할 때에는 당해 시험이 무효처리 됩니다.
4. 기타 감독위원의 정당한 지시에 불응하여 타 수험자의 시험에 방해가 될 경우 퇴실조치 될 수 있습니다.

답안카드 작성 시 유의사항

1. 답안카드 기재・마킹 시에는 **반드시 검정색 사인펜을 사용**해야 합니다.
2. 답안카드를 잘못 작성했을 시에는 카드를 교체하거나 수정테이프를 사용하여 수정할 수 있습니다.
   그러나 불완전한 수정처리로 인해 발생하는 전산자동판독불가 등 불이익은 수험자의 귀책사유입니다.
   - 수정테이프 이외의 수정액, 스티커 등은 사용 불가
   - 답안카드 왼쪽(성명・수험번호 등)을 제외한 '답안란'만 수정테이프로 수정 가능
3. 성명란은 수험자 본인의 성명을 정자체로 기재합니다.
4. 교시 기재란은 해당교시를 기재하고 해당 란에 마킹합니다.
5. 시험문제지 형별기재란은 시험문제지 형별을 기재하고, 우측 형별마킹난은 해당 형별을 마킹합니다.
6. 수험번호란은 숫자로 기재하고 아래 해당번호에 마킹합니다.
7. 시험문제지 형별 및 수험번호 등 마킹착오로 인한 불이익은 전적으로 수험자의 귀책사유입니다.
8. 감독위원의 날인이 없는 답안카드는 무효처리 됩니다.
9. 상단과 우측의 검은색 띠(▌▌▌) 부분은 낙서를 금지합니다.
10. 답안카드의 채점은 전산 판독결과에 따르며, 문제지 형별 및 답안 란의 마킹누락, 마킹착오, 불완전한 마킹 등은 수험자의 귀책사유에 해당하므로 이의제기를 하더라도 받아들여지지 않습니다.

부정행위 처리규정

시험 중 다음과 같은 행위를 하는 자는 당해 시험을 무효처리하고 자격별 관련 규정에 따라 일정기간 동안 시험에 응시할 수 있는 자격을 정지합니다.

1. 시험과 관련된 대화, 답안카드 교환, 다른 수험자의 답안・문제지를 보고 답안 작성, 대리시험을 치르거나 치르게 하는 행위, 시험문제 내용과 관련된 물건을 휴대하거나 이를 주고받는 행위
2. 시험장 내외로부터 도움을 받아 답안을 작성하는 행위, 공인어학성적 및 응시자격서류를 허위기재하여 제출하는 행위
3. 통신기기(휴대전화・소형 무전기 등) 및 전자기기(초소형 카메라 등)를 휴대하거나 사용하는 행위
4. 다른 수험자와 성명 및 수험번호를 바꾸어 작성・제출하는 행위
5. 기타 부정 또는 불공정한 방법으로 시험을 치르는 행위

마 킹 주 의 | 바르게 마킹 : ● / 잘 못 마킹 : ⊗, ⊙, ⓥ, ◎, ⦶, ⊖, ◌, ◉ ——— (예 시) ———→

성 명: 홍 길 동

교시 기재란: (1)교시 ● ② ③

문제지 형별 기재란: (A)형 ● Ⓑ

선 택 과 목 1

선 택 과 목 2

수 험 번 호: 0 1 3 2 9 8 0 1

감독위원 확인: 김 감 독

수험자 유의사항

1. 시험 중에는 통신기기(휴대전화・소형 무전기 등) 및 전자기기(초소형 카메라 등)를 소지하거나 사용할 수 없습니다.
2. 부정행위 예방을 위해 시험문제지에도 수험번호와 성명을 반드시 기재하시기 바랍니다.
3. **시험시간이 종료되면 즉시 답안작성을 멈춰야** 하며, 종료시간 이후 계속 답안을 작성하거나 감독위원의 답안카드 제출지시에 불응할 때에는 당해 시험이 무효처리 됩니다.
4. 기타 감독위원의 정당한 지시에 불응하여 타 수험자의 시험에 방해가 될 경우 퇴실조치 될 수 있습니다.

답안카드 작성 시 유의사항

1. 답안카드 기재・마킹 시에는 **반드시 검정색 사인펜을 사용**해야 합니다.
2. 답안카드를 잘못 작성했을 시에는 카드를 교체하거나 수정테이프를 사용하여 수정할 수 있습니다.
   그러나 불완전한 수정처리로 인해 발생하는 전산자동판독불가 등 불이익은 수험자의 귀책사유입니다.
   - 수정테이프 이외의 수정액, 스티커 등은 사용 불가
   - 답안카드 왼쪽(성명・수험번호 등)을 제외한 '답안란'만 수정테이프로 수정 가능
3. 성명란은 수험자 본인의 성명을 정자체로 기재합니다.
4. 교시 기재란은 해당교시를 기재하고 해당 란에 마킹합니다.
5. 시험문제지 형별기재란은 시험문제지 형별을 기재하고, 우측 형별마킹난은 해당 형별을 마킹합니다.
6. 수험번호란은 숫자로 기재하고 아래 해당번호에 마킹합니다.
7. 시험문제지 형별 및 수험번호 등 마킹착오로 인한 불이익은 전적으로 수험자의 귀책사유입니다.
8. 감독위원의 날인이 없는 답안카드는 무효처리 됩니다.
9. 상단과 우측의 검은색 띠(▌▌▌) 부분은 낙서를 금지합니다.
10. 답안카드의 채점은 전산 판독결과에 따르며, 문제지 형별 및 답안 란의 마킹누락, 마킹착오, 불완전한 마킹 등은 수험자의 귀책사유에 해당하므로 이의제기를 하더라도 받아들여지지 않습니다.

부정행위 처리규정

시험 중 다음과 같은 행위를 하는 자는 당해 시험을 무효처리하고 자격별 관련 규정에 따라 일정기간 동안 시험에 응시할 수 있는 자격을 정지합니다.

1. 시험과 관련된 대화, 답안카드 교환, 다른 수험자의 답안・문제지를 보고 답안 작성, 대리시험을 치르거나 치르게 하는 행위, 시험문제 내용과 관련된 물건을 휴대하거나 이를 주고받는 행위
2. 시험장 내외로부터 도움을 받아 답안을 작성하는 행위, 공인어학성적 및 응시자격서류를 허위기재하여 제출하는 행위
3. 통신기기(휴대전화・소형 무전기 등) 및 전자기기(초소형 카메라 등)를 휴대하거나 사용하는 행위
4. 다른 수험자와 성명 및 수험번호를 바꾸어 작성・제출하는 행위
5. 기타 부정 또는 불공정한 방법으로 시험을 치르는 행위